Dieser Band behandelt die Geschichte Rußlands – von der Frühgeschichte bis zum Überfall auf die Sowjetunion 1941. Im Mittelpunkt der Darstellung steht die Entwicklung der russischen Gesellschafts- und Wirtschaftsverfassung. Die Autoren des vorliegenden Bandes haben versucht, »den sozialgeschichtlichen Aspekt in den Vordergrund zu stellen« und die umfangreiche sowjetische Forschung zur Sozialgeschichte ihres Landes auf- und einzuarbeiten. Ein solcher Versuch betritt Neuland: Die bisherigen Gesamtdarstellungen der Geschichte Rußlands sind – soweit sie aus nichtmarxistischer deutscher Feder stammen – überwiegend auf die politische und Geistesgeschichte hin konzipiert. Prof. Hellmann, Münster, behandelt in Teil 1 und 2 die geographischen Grundlagen der Geschichte Rußlands sowie seine Ur- und Frühgeschichte und beschreibt die Entwicklung des Kiever Reiches bis zum »Mongolensturm«. Die Darstellung der »Moskauer Periode« vom 13. bis zum Ende des 17. Jhs. (Teil 3) stammt von Prof. Goehrke, Zürich, der auch die Einleitung verfaßt hat. Prof. Scheibert, Marburg, beschäftigt sich mit der Entwicklung des Petrinischen Kaiserreichs bis zur Februarrevolution 1917 (Teil 4). Im Schlußteil (Teil 5) untersucht Prof. Lorenz, Marburg, die Entstehung der sowjetischen Sozial- und Wirtschaftsordnung und ihre Entwicklung bis etwa 1941. Die Einzelbeiträge unterscheiden sich naturgemäß nicht nur stilistisch, sondern auch methodisch. Für die verschiedenen Zeitabschnitte, mit je unterschiedlicher Quellenlage, konnte nicht ein gleichförmiger Ansatz gewählt werden. Darüber hinaus vertreten die Autoren ein unterschiedliches Begriffsverständnis von ›Sozialgeschichte‹ und eine unterschiedliche Auffassung vom Stellenwert der sozialgeschichtlichen Perspektive innerhalb der ›Gesamtgeschichte‹ – dies wird besonders deutlich etwa beim Vergleich der Teile 4 und 5 des Bandes. Diese Differenzen dokumentieren Aspekte der aktuellen wissenschaftlichen Diskussion. Der Band ist in sich abgeschlossen und mit Abbildungen, Kartenskizzen und einem Literaturverzeichnis ausgestattet. Ein Personen- und Sachregister erleichtert dem Leser die rasche Orientierung.

DIE VERFASSER DIESES BANDES

Manfred Hellmann,

geb. 1912. Studium in Riga und Königsberg. Promotion zum Dr. phil. 1938. Wissenschaftl. Assistent in Leipzig und Freiburg. 1952 Habilitation; seit 1956 Dozent, seit 1960 ordentlicher Professor für Osteuropäische Geschichte an der Universität Münster. Veröffentlichungen u. a.: ›Das Lettenland im Mittelalter‹, Münster/Köln 1954, ›Geschichte Litauens und des litauischen Volkes‹, Darmstadt 1966, ›Ivan IV. der Schreckliche. Rußland an der Schwelle der Neuzeit‹, Göttingen 1956/Den Haag 1968. Hrsg. von : ›Corona Regni. Studien über die Krone als Symbol des Staates im späteren Mittelalter‹, Darmstadt/Weimar 1961, ›Die russische Revolution 1917. Von der Abdankung des Zaren bis zum Staatsstreich der Bolschewiki‹, München 1964/1969, ›Quellen und Studien zur Geschichte des östlichen Europa‹, seit 1968 fünf Bände, Wiesbaden. Mitherausgeber: ›Jahrbücher für Geschichte Osteuropas‹, N. F. München, ›Glossar zur frühmittelalterlichen Geschichte im östlichen Europa‹, Wiesbaden. (Verfasser von Teil 1 und 2)

Carsten Goehrke,

geb. 1937. 1957–62 Studium in Tübingen und Münster. 1963 wissenschaftl. Prüfung für das Lehramt an h. Schulen. 1967 Promotion zum Dr. phil. mit einer Arbeit über ›Die Wüstungen in der Rus. Studien zur Siedlungs-, Bevölkerungs- und Sozialgeschichte‹. Wissenschaftl. Assistent in Münster. Seit 1971 außerordentlicher Professor und Inhaber des Lehrstuhls für Osteuropäische Geschichte an der Universität Zürich. (Verfasser von Einleitung und Teil 3)

Peter Scheibert,

geb. 1915. Promotion zum Dr. phil. 1939 mit einer Arbeit aus der Geschichte Finnlands. 1939–45 wissenschaftl. Hilfsarbeiter im Auswärtigen Amt bzw. Wehrdienst; Mitarbeiter der Deutschen Forschungsgemeinschaft. 1955 Habilitation in Köln mit dem ersten Band einer Ideengeschichte der russischen revolutionären Bewegung ›Von Bakunin zu Lenin‹, Leiden 1957 (^{2}1967). Er veröffentlichte 1972 ›Die russischen politischen Parteien 1905 bis 1917‹. Seit 1959 Professor der Osteuropäischen Geschichte an der Universität Marburg. 1963 Gastprofessor an der Indiana University. 1972/73 an der Columbia University, New York. (Verfasser von Teil 4)

Richard Lorenz,

geb. 1934. 1952–56 Studium in Leipzig, 1957–62 in West-Berlin, Frankfurt/Main und Marburg. 1964 Dr. phil., anschließend Lehr- und Forschungstätigkeit am Seminar für Osteuropäische Geschichte in Marburg. 1968–71 Stipendiat der Deutschen Forschungsgemeinschaft, 1971 Habilitation mit einer Arbeit über ›Das Ende der Neuen Ökonomischen Politik. Zur Vorgeschichte des Stalinismus (1927–1929)‹. Im Wintersemester 1971/72 Vertretung des Lehrstuhls für Osteuropäische Geschichte in Göttingen. Veröffentlichungen: ›Anfänge der bolschewistischen Industriepolitik‹, Köln 1965. Hrsg. von: ›Proletarische Kulturrevolution in Sowjetrußland (1917–1921)‹, München 1969. (Verfasser von Teil 5)

Fischer Weltgeschichte

Band 31

Rußland

Herausgegeben
und verfaßt von
Carsten Goehrke
Manfred Hellmann
Richard Lorenz
Peter Scheibert

Fischer Taschenbuch Verlag

Fachredaktion: Helmut Altrichter
Umschlagentwurf: Wolf D. Zimmermann
unter Verwendung des Fotos ›Lenin spricht zu Arbeitern und Soldaten‹
(Foto Günter Dill, Offenbach am Main)
Harald und Ruth Bukor zeichneten die Abbildungen 1, 7, 9, 14, 15, 16, 24

Illustrierte Originalausgabe
mit 29 Abbildungen
Veröffentlicht im Fischer Taschenbuch Verlag GmbH,
Frankfurt am Main, Januar 1973

61.–67. Tausend: April 1984

Wissenschaftliche Leitung: Jean Bollack, Paris

Druck und Bindung: Clausen & Bosse, Leck
Printed in Germany
ISBN-3-596-60031-6

INHALTSVERZEICHNIS

BEMERKUNGEN ZUR TRANSKRIPTION

Russische Ausdrücke und Namen werden nach der wissenschaftlichen Transliteration wiedergegeben. Bei ihrer Aussprache ist folgendes besonders zu beachten:

russ.	translit.	wird ausgesprochen wie
В, в	v	w, auslautend wie f
Ж, ж	ž	stimmhaftes sch (wie franz. journal)
З, з	z	stimmhaftes s
С, с	s	stimmloses s (wie daß)
Ц, ц	c	z (wie Zeit)
Ч, ч	č	tsch
Ш, ш	š	stimmloses sch
Щ, щ	šč	schtsch
Ы, ы	y	dumpfes i (Laut zwischen i und ü)

Ein ′ nach einem Konsonanten bedeutet, daß der vorhergehende Konsonant weich ausgesprochen wird. Eingedeutschte russische Wörter wie Zar (eigentl. Car′), Wolga (eigentl. Volga) und dergl. wurden nicht transliteriert.

ERKLÄRUNG RUSSISCHER MASSE UND GEWICHTE

1 Desjatine	=	1,09 ha
1 Werst	=	1,067 km
1 Pud	=	16,381 kg

Einleitung

Während die bisherigen Gesamtdarstellungen der russischen Geschichte, soweit sie aus nichtmarxistischer deutscher Feder stammen, überwiegend auf die politische und Geistesgeschichte hin konzipiert worden sind, haben die Verfasser des vorliegenden Bandes versucht, den sozialgeschichtlichen Aspekt in den Vordergrund zu rücken. Sie haben es als ihre Aufgabe betrachtet, eine Darstellung der Geschichte Rußlands mit dem Schwerpunkt auf der gesellschaftlichen Verfassung zu schreiben, die die Ergebnisse auch der sowjetischen Forschung aufarbeitet, ohne deren mehr oder minder festgefügtes ideologisches Schema zu übernehmen. Dabei soll die ganze Vielfalt des historischen Kräftespiels mit der wechselnden Intensität und dem wechselnden Mit- und Gegeneinander seiner einzelnen Elemente – geographischer Gegebenheiten, wirtschaftlicher, sozialer, politischer, religiöser, ideeller Faktoren wie auch der Geschichtswirksamkeit einzelner hervorragender Persönlichkeiten – herausgearbeitet werden.

Ein kurzer Überblick über die wesentlichen historisch wirksamen Kräfte und einige daraus resultierende Grundprobleme der russischen Geschichte mag an dieser Stelle nicht nur dem Leser als Einführung in die folgende Darstellung dienen, sondern auch den sozialgeschichtlichen Ansatz der Verfasser auf breiterer Basis begründen.

Daß die geographischen Gegebenheiten die russische Geschichte wesentlich mitgeprägt haben, läßt sich durch alle Epochen hindurch verfolgen, ohne daß man darin einen geographischen Determinismus sehen müßte. Vor allem die erdräumliche Lage Rußlands, die ihm eine Brückenstellung zwischen Europa und Asien zuweist, hat je nach dem bestehenden Kräfteverhältnis die Aggressionen fremder Mächte oder die eigene Expansion begünstigt. Der teilfürstliche Partikularismus der späten Kiever Periode – der für die Durchdringung und Erschließung des weiten Raumes durchaus seine Verdienste hatte – erwies sich jedoch als unfähig, den Mongolensturm in der Mitte des 13. Jahrhunderts zu brechen. Wenn auch die Folgen dieses Ereignisses für die russische Geschichte häufig überschätzt werden, haben sie im Zusammenwirken mit anderen Kräften das der Tatarenherrschaft unterworfene ostslavische Gebiet für mehrere Jahrhunderte doch dem Westen stärker entfremden können. Erst als mit der zunehmenden Zersetzung der tatarischen Herrschaft und der gleichzeitigen inneren Konsolidierung des Moskauer Reiches an dessen Süd- und Ostflanke ein Machtvakuum entstanden war, begann — durch die räumliche Struktur begünstigt — in der Mitte des 16. Jahrhunderts jene territoriale Expansion, die die russische Geschichte in all ihren Teilbereichen seitdem entscheidend bestimmt hat. Raum als Reizfaktor für eine Expansion ist also — bei aller notwendigen Differenzierung — ein Phänomen, das bei der Untersuchung der neueren russischen Sozialgeschichte intensive Aufmerksamkeit erfordert. Gerade die schnelle Ausdehnung des Reiches trug wesentlich mit dazu bei, daß die staatlichen Aufgaben dem Wachstum des Sozialprodukts davoneilten und die Regierung die für die innere Entwicklung der wirtschaftlichen und geistigen Kräfte benötigten Mittel anderweitig einsetzte. Dadurch erstarrten jedoch zunehmend Wirtschafts- und Sozialverfassung, wahrte Rußland den Charakter eines immer rückständiger werdenden Agrarlandes, bis schließlich der Krimkrieg die Diskrepanz zwischen imperialem Anspruch und wirtschaftlichen wie sozialen Möglichkeiten schonungslos der Weltöffentlichkeit preisgab und das riesige Reich als einen »Koloß auf tönernen Füßen« entlarvte.

Diese Kluft, die sich vom späten Mittelalter bis ins 20. Jahrhundert hinein zwischen den jeweiligen wirtschaftlichen Möglichkeiten und den staatlichen Aufgaben öffnete, wirft zugleich die Frage nach der ökonomischen und technischen Entwicklung und ihrer Bedeutung für die russische Geschichte auf. Auch hier läßt sich der Einfluß der erdräumlichen Lage nicht verkennen, da die ostslavische Landnahme wegen des langsamen bäuerlichen Vordringens und der späten staatlichen Konsolidierung die Randmeere erst zu einem Zeitpunkt erreichte, als die Aktivität ausländischer Kaufleute, seien es nun Skandinavier, Araber, Armenier, Griechen, Wolgabulgaren oder später Hansen und Italiener, den Außenhandel Osteuropas bereits weitgehend an sich gezogen hatte. Rußland blieb damit im internationalen Geschäft bis weit in die Neuzeit hinein vorwiegend das passive kontinentale Hinterland des aktiven maritimen Europa. Es mußte weitgehend darauf verzichten, aus dem Export seiner Produkte auf eigenen Schiffen und aus einer totalen Kontrolle des Transithandels jene Gewinne zu schöpfen, die die Binnenwirtschaft hätten beleben und das Städtewesen hätten fortentwickeln können. Dem u. a. hieraus resultierenden Problem des Kapitalmangels für eine fortschreitende wirtschaftliche Entwicklung des Landes und den damit zusammenhängenden Fragen des Verhältnisses von Natural- und Geldwirtschaft, von Gewerbe- und Agrarprodukten, von Stadt und Land werden die Verfasser breiten Raum widmen.

Das infolge später Kolonisation, Weite des Raumes und relativ geringer Bevölkerungsdichte bereits während des hohen Mittelalters schwächer als in Westeuropa ausgeprägte Städtewesen

wurde durch den Mongolensturm noch weiter zurückgeworfen, der Kapitalmangel durch die bis zum Ende des 15. Jahrhunderts zu leistenden schweren Tribute verschärft. Infolgedessen waren die Moskauer Großfürsten gezwungen, ihren Militäradel zu einer Zeit noch mit Landgütern zu entlohnen, da im übrigen Europa bereits fast überall Söldnerheere ihren Einzug gehalten hatten. In Verbindung mit der seit dem 16. Jahrhundert sich durchsetzenden Gutswirtschaft bedeutete dies aber, daß von nun an das wirtschaftliche und soziale Leben durch ein Interessenbündnis von agrarisch wirtschaftendem Adel und Autokratie bestimmt wurde, das Städtewesen und ein kapitalkräftiger bürgerlicher Mittelstand sich auch weiterhin nicht entfalten konnten und das allgemeine Bildungsniveau niedrig blieb. Je länger aber Autokratie und Gutsadel den Status quo zu zementieren suchten, desto höher wuchs der Berg der zu bewältigenden Aufgaben, wenn man in Wirtschaft, Lebensstandard und Bildungswesen den Anschluß an die fortgeschritteneren Staaten erreichen wollte. An dieser Aufgabe ist das Zarenreich schließlich zerbrochen und hat sie als wohl schwerstes Erbe den Bolschewiki hinterlassen.
In enger wechselseitiger Beziehung zu den geographischen Gegebenheiten wie zur ökonomischen Entwicklung stehen die Bevölkerungs- und die Sozialgeschichte. Schon V. O. Ključevskijs bekannter — wenn auch zweifellos bewußt überspitzter — Satz, russische Geschichte sei »Kolonisationsgeschichte«, geht von dieser Erkenntnis aus. Mit der zunehmenden Ausdehnung des ostslavischen Siedlungs-, später des Moskauer Staatsgebietes und der Einbeziehung unterschiedlicher Landschafts- und Wirtschaftsräume machte sich immer stärker das Spannungsverhältnis zwischen Waldland und Steppe, zwischen Bauerntum und Nomadenvölkern bemerkbar, das Vordringen und Rückzug der bäuerlichen Siedler bis zur Neuzeit wesentlich bestimmt hat. Auf der Basis der geographischen Gegebenheiten erwiesen sich unter bestimmten wirtschaftlichen Bedingungen und bei bestimmten politischen Konstellationen relative oder absolute Übervölkerung immer wieder als Sprengkräfte, die die russische Gesellschaft erschütterten wie etwa die endgültige Bindung der Bauern an die Scholle am Ende des 16. Jahrhunderts auf Grund des Bevölkerungsabflusses in die Schwarzerdegebiete oder wie die auch nach der Bauernbefreiung von 1861 weiterhin ihrer Lösung harrende Agrarfrage.
Prägende Impulse auf die soziale Entwicklung gingen aber auch vom Staat, von den Herrschern aus, die sich sowohl durch bestimmte politische Konstellationen als auch durch die territoriale Expansion zu steigenden Anforderungen an ihre Untertanen gezwungen sahen. Die daraus erwachsende Notwendigkeit der materiellen Sicherung des immer stärker anschwellenden

Dienstadels zog in Zusammenhang mit der Ausbreitung der Gutswirtschaft die bäuerliche Leibeigenschaft nach sich, wie andererseits die hektischen Reformen Peters des Großen die seit der Kirchenspaltung von 1666/67 sich öffnende Kluft zwischen Teilen des einfachen Volkes und der Oberschicht erweiterten. Durch beides wurden Spannungen angestaut, die sich immer wieder in sozialen Unruhen entluden und schließlich — als die Unfähigkeit des Zarenregimes immer offensichtlicher wurde, die wirtschaftlichen und sozialen Notwendigkeiten des heraufziehenden Industriezeitalters zu bewältigen — ihren Höhepunkt in den Revolutionen zu Beginn unseres Jahrhunderts fanden.

Schließlich wird immer wieder auch nach der historischen Bedeutung religiöser und geistiger Triebkräfte zu fragen sein, die ja ihrerseits in enger Wechselbeziehung zu dem gesellschaftlichen und Verfassungsleben stehen. Daß Rußland das Christentum in seiner orthodoxen Gestalt angenommen hat und damit auch in die geistige und kulturelle Sphäre von Byzanz einbezogen worden ist, hat für die Entwicklung des russischen Staats- und Verfassungsdenkens weitreichende Folgen gehabt. Der russisch-orthodoxen Theologie mangelte es in ihrer Entwicklung weitgehend an Eigenständigkeit und Originalität, sie hat weder eine Scholastik gekannt noch die geistigen Voraussetzungen für die Absonderung einer eigenen säkularen, das abstrakte Denken schulenden Philosophie geschaffen. Geschichtsschreibung und »Publizistik« blieben in Rußland bis ins 17. Jahrhundert hinein religiös geprägt und damit auf die theologisch überhöhte Autokratie hin ausgerichtet; ein säkulares Staatsdenken wurde erst im Zeitalter der Aufklärung aus Westeuropa übernommen, verstärkte dadurch aber die Spannungen zwischen den alten einheimischen Denk- und Lebensgewohnheiten und den »modernistischen« Tendenzen. Aus dem Fehlen einer über das Zeitalter des Humanismus in der Antike verwurzelten Bildungstradition erklären sich zu einem guten Teil die Wissenschaftsgläubigkeit und die Radikalität, mit der seit der Mitte des 19. Jahrhunderts die geistige und dann revolutionäre Opposition nach dem Verlust der religiösen Bindungen Staat und Gesellschaft in der bestehenden Form den Kampf ansagte.

Im Denken der Ostkirche hat zudem die Gemeinschaft der Gläubigen stets eine sehr viel größere Rolle gespielt als das Gott gegenüber unmittelbar verantwortliche Individuum, und an diese Denktraditionen knüpften im 19. Jahrhundert nicht nur die Slavophilen an, sondern auch noch mittelbar die Vorstellungen russischer Sozialisten und Marxisten von der Bedeutung des Kollektivs.

Römisches Recht hat in Rußland erst seit den Petrinischen

Reformen Eingang gefunden, daher konnte anders als im lateinischen Westen ein Widerstandsrecht gegen herrscherliche Übergriffe nicht fixiert werden, kam korporatives Denken ebensowenig auf wie ein in echter, rechtlich normierter Selbstverwaltung verankertes Städtewesen als eigene soziale und politische Kraft.

Schwerlich lassen sich Wurzeln und Fortbestand der für die russische Geschichte so bestimmenden Autokratie ohne den religiösen und geistigen Hintergrund freilegen, auf den sie umgekehrt allerdings auch wieder zurückgewirkt hat. So stellt sich ganz von selbst die Frage nach dem Verhältnis von Staat und Kirche, von geistigen Traditionen und theoretischen wie revolutionären Neuansätzen zur Veränderung der erstarrten Verfassungsstrukturen.

In diesem Zusammenhang wird auch die Rolle einzelner historischer Persönlichkeiten einen angemessenen Platz finden müssen. Immer wieder taucht ja die Frage auf, inwieweit bestimmte Individuen die historische Entwicklung tatsächlich in neue Bahnen gelenkt haben wie etwa Vladimir der Heilige, Ivan III., Ivan IV., Peter der Große oder Lenin, in welchem Maße sie einem ohnehin bereits in Gang befindlichen Trend nachgaben oder ihn gar bewußt zu hemmen suchten wie die beiden letzten russischen Kaiser mit ihrer reaktionären Politik. Nicht nur in dieser Beziehung ergibt sich dabei also zugleich auch die Notwendigkeit, den geschichtlichen Prozeß insgesamt wie in seinen einzelnen Teilbereichen stets von neuem auf Kontinuität und Kontinuitätsbrüche hin zu untersuchen. Erst unter dieser Perspektive öffnet sich der Blick dafür, wie stark die Geschichte Rußlands selbst in der neuesten Zeit noch von Bedingungen und Konstellationen mitgeprägt ist, die in vergangenen Jahrhunderten wurzeln.

Aus dem ständiger Wandlung unterworfenen In- und Gegeneinanderspiel der angedeuteten historischen Kräfte erwachsen gewisse Grundprobleme, die die geschichtliche Entwicklung auf weite Strecken begleiten und die sich daher als roter Faden auch durch die folgende Darstellung ziehen. Es sind dies vor allem die Spannung zwischen den ökonomischen Notwendigkeiten und ihrer Bewältigung oder Nichtbewältigung durch die jeweils herrschenden Gruppen, das Verhältnis von Beharrung und Fortschritt, von Staatsgewalt und wirtschaftlicher wie politischer Freiheit des einzelnen, von herrschaftlichen und genossenschaftlichen Elementen, von Zentralismus und Regionalismus oder gar Partikularismus, von Russen und durch sie beherrschten Nichtrussen. Letztlich münden alle diese Grundprobleme in eine Frage ein: den besonderen Weg Rußlands innerhalb der europäischen Geschichte, der es in vielem selbst von der Entwicklung seiner engsten Nachbarn trennte, zu bestimmen und zu ergründen. Für dieses Ziel scheint den Verfassern aber der sozialgeschichtliche Ansatzpunkt der fruchtbarste zu sein, denn von ihm aus öffnen sich die Zugänge zu allen anderen Teilbereichen der historischen Entwicklung.

1. Geographische Voraussetzungen der Geschichte Osteuropas – Vorzeit und Frühzeit

Schier endlose Weiten, die Einförmigkeit riesiger Ebenen kennzeichnen den Raum, der zum Schauplatz der Geschichte Rußlands geworden ist. Im Süden und Südwesten begrenzen Hochgebirge – hier der Kaukasus, dort die Karpaten – das osteuropäische Tafelland. Die Küsten im Norden, am Weißen Meer und am Eismeer, und im Süden, am Schwarzen und am Kaspischen Meer, sind nur schwach gegliedert. Im Süden erreicht das osteuropäische Flachland, das auch als »Landozean« bezeichnet worden ist, lediglich Binnenmeere.
Als das Eis allmählich von Süden nach Norden abschmolz, hinterließ es mannigfache Ablagerungen, Grundmoränen, Endmoränen, Sanderflächen, so daß sich bei aller Gleichförmigkeit des Reliefs im großen doch eine Fülle landschaftlicher Kleinformen ergab. Im Süden auf Lößboden sind die Steppen und Waldsteppen von vielen Schluchten durchzogen, deren Netz durch den Eingriff des Menschen, die Abtragung der schützenden Pflanzendecke durch den kolonisierenden Bauern noch erweitert worden ist. In Mittelrußland wurden die eiszeitlichen Ablagerungen im Laufe der Jahrtausende verändert, die Konturen des Reliefs verwaschen. Im jüngeren Hügellande Nord- und Nordwestrußlands, wo das Eis am spätesten wich, ist der Wechsel zwischen feuchten Niederungen und trockenen Höhen häufiger, die Kammerung in Kleinräume deutlicher.
Nach Westen und nach Osten ist das osteuropäische Flachland offen. Weder die westlichen Sumpfgebiete (Pripjet-Sümpfe) noch der Ural sind eigentliche Verkehrshindernisse; am Sumpfgebiet führt eine von Westen kommende trockene Landbrücke vorbei, die über Smolensk ins Herz des mittelrussischen Raumes zielt. Der Ural mit seinen mäßig hohen Bergketten bietet bequeme Übergänge nach Westsibirien, das in seiner Gliederung nach Vegetationszonen eine kontinentale Fortsetzung des europäischen Rußlands darstellt. Eine Grenze verläuft am Rande des gebirgigen Mittel- und Ostsibirien, das das Amurbecken vom Westen trennt und schwer passierbar ist, so daß man etwa den Enisej als Grenzfluß bezeichnen könnte.[1] Infolgedessen bot sich, auch nachdem Ostsibirien dem russischen Imperium eingefügt und die ostsibirische Pazifikküste erreicht worden war, keine geeignete Basis für den Ausbau dieser Stellung am offenen Ozean. Da keine westöstlich streichenden Gebirge den osteuropäischen Tieflandsraum gliedern und der Ural wie die Gebirge des amerikanischen Kontinents von Norden nach Süden

zieht, ist auch das Klima dadurch bestimmt, daß mitunter kalte Polarluft schnell nach Süden durchstoßen kann, ohne aufgehalten zu werden. Frühe Wintereinbrüche und Sommerfröste nach Regentagen brachten und bringen in periodischer Wiederkehr Mißernten und verursachten zeitweilige Kolonisations- und Wanderbewegungen von Nord nach Süd. Die Winter sind kalt und schneereich und dauern lange; die Sommer sind kurz und heiß, sofern sie nicht durch plötzliche Kälteeinbrüche unterbrochen werden. Frühling und Herbst sind die Jahreszeiten, da sich die Wege in zähen Schlamm verwandeln und der Verkehr zu erlahmen beginnt, insbesondere, wenn das Eis der Flüsse noch nicht geschmolzen oder noch nicht fest genug für den Schlitten ist, der das Verkehrsmittel des Raumes darstellt. Denn die Flüsse, die fast alle von Nord nach Süd oder von Süd nach Nord fließen, sind wichtige Leitlinien des Verkehrs. Die Wasserscheiden bilden Grenzräume. Im allgemeinen ziehen auch die trockenen Höhengebiete den Verkehr an sich. Die bäuerlichen Siedlungen folgen den Flüssen bis in ihre Quellgebiete hinauf, sofern die Bodengüte es zuläßt.
Diese und die klimatischen Verhältnisse haben die drei großen Vegetationszonen geschaffen, die den osteuropäischen Tieflandsraum von West nach Ost durchschneiden und ihn deutlich in drei Teile gliedern: die Steppenzone im Süden, die begrenzt wird von einer nördlich anschließenden Waldsteppenzone, die Laub- und Mischwaldzone der Mitte sowie die Nadelwaldzone Nordrußlands, an die sich die Tundra der Eisregion anschließt, die dem bäuerlichen Siedler keine Lebensmöglichkeiten bietet.
Die Bodenarten: der Schwarzerdegürtel im Süden, die daran nördlich anschließenden Grauerdeböden, die weiter im Norden nur mehr inselhaft vorkommen, schließlich die Podsolböden der Waldzonen sind nacheinander von der bäuerlichen Kolonisation in Besitz genommen worden. Aber der Siedlungsverdichtung waren damit natürliche Grenzen gesetzt, die auch moderne Agrartechnik nur geringfügig hat verschieben können.
Der osteuropäische Tieflandsraum ist Durchgangsland. Die Fernhandelsstraßen, die ihn durchqueren, sei es über Land, sei es auf den großen Strömen, der Düna, dem Dnepr, der Wolga, verbanden die Ostsee mit dem Schwarzen und dem Kaspischen Meer, die skandinavischen und baltischen Gebiete mit Mittelasien und Persien, mit Byzanz und Kleinasien. Sofern wirtschaftliche Zentren an den großen Durchgangsstraßen erwuchsen und sich behaupten konnten, wie, um nur einige der wichtigsten zu nennen, Kiev am Dnepr (bis 1240), Bolgar an der Wolga (bis 1238), Novgorod am Ausfluß des Volchov aus dem Ilmensee (bis 1462/78) oder Smolensk am oberen Dnepr (bis ins 17. Jahrhundert), waren sie zugleich auch politische Schöpfungen von zeitweise bedeutender Macht und lebten nicht nur

vom Fern- und Transithandel, sondern auch von der Herrschaft über ein größeres oder kleineres Hinterland, das sie auch wirtschaftlich zu organisieren verstanden.
Am eindrücklichsten und nachhaltigsten ist das Novgorod gelungen; aber auch das 1147 erstmals erwähnte, zu Anfang ganz unbedeutende Moskau verstand es allmählich, allen Handel eines stetig sich erweiternden Gebiets auf sich zu ziehen, bis ihm Ivan IV. in den 50er Jahren des 16. Jahrhunderts die Wolgastraße öffnete und den Landweg nach Sibirien und an das Weiße Meer wies. Dies aber heißt nichts anderes, als daß in einem nach allen Seiten offenen Durchgangsland allein die Tatkraft des Menschen aufgerufen war und ist, Grenzen zu errichten und zu verändern. Nur in der Gebirgsregion des Kaukasus bietet die Landesnatur die Voraussetzung für Rückzugsgebiete, in die sich Menschengruppen zu flüchten vermochten. Wenn die Zurückdrängung und Assimilierung fremder Völkerschaften und Stämme den kolonisierenden Ostslaven verhältnismäßig mühelos gelang, so ist dies sicher auch auf die Landesnatur zurückzuführen.

Schon in der Altsteinzeit bot der osteuropäische Raum Menschen Wohnung. Gruppen von Jägern und Sammlern, die den Gebrauch des Feuers und die Verwendung von Stein und Holz zu Gerät und Waffen kannten, lebten in den damaligen Waldzonen.[2] In der Mittelsteinzeit vollzogen sich kulturelle Differenzierungen, bildeten sich zwei Kulturkreise, ein nördlicher, der mit Mitteleuropa und Westsibirien in Verbindung stand, und ein südlicher (Krim, Kaukasus und angrenzende Steppenregionen) heraus. In der Jungsteinzeit, die gegenüber der jüngeren Periode der Mittelsteinzeit durch einen kulturellen Aufschwung gekennzeichnet ist, bildeten sich die heutigen Vegetationszonen, veränderten sich die Lebensbedingungen des Menschen. Neue Menschengruppen wanderten ein; bisher fremde Lebensweisen und Techniken wurden übernommen. Ackerbau, Viehzucht und Töpferei breiteten sich aus. Die Jäger und Sammler der nördlichen Waldzonen übernahmen nur die Töpferei und verzierten ihre Gefäße mit einem Kamm- oder Grübchenmuster (»Kammkeramiker«). Die südlichen Gruppen an Dnepr und Donec, am Nordufer des Schwarzen Meeres und auf der Krim übten primitive Bodenbearbeitung, hielten Haustiere (Pferd, Rind, Schaf, Schwein) und verwendeten Metalle (Gold, Kupfer) für Schmuckstücke. Sie gingen zugrunde, als sich von Südosteuropa eine bäuerliche Kultur in die Waldsteppengebiete nördlich des Schwarzen Meeres ausbreitete (Tripolje-Kultur, 4. Jahrtausend v. Chr.), die voll entfalteten Ackerbau und Viehzucht kannte und bereits Kupfer zu Geräten verwandte. Im 3. Jahrtausend

v. Chr. wuchs die Bevölkerung der Tripolje-Kultur und drang bis an den mittleren Dnepr vor, wo sie mit den »Kammkeramikern« zusammentraf. In den Steppenzonen am unteren Dnepr und der unteren Wolga läßt sich etwa gleichzeitig eine andere, mit dem Osten (Aralsee, Altaj-Enisej-Gebiet) in Beziehung stehende Kultur nachweisen, deren wichtigstes Kennzeichen die sogen. Kurgane (Grabhügel aus Erde oder Steinen) sind, in welchen Angehörige einer sozialen Oberschicht beigesetzt wurden. Grundlage der Kurgan-Kultur bzw. der gleichzeitig oder später auftretenden Katakombengräber-Kultur waren Ackerbau und Viehzucht, wobei nun das Pferd als Haustier auftrat. Soziale und regionale Differenzierung nahm zu, zumal dort, wo die Tripolje-Kultur und die Kurgan-Kultur aufeinandertrafen. Von Mitteleuropa drang zudem in der späteren Jungsteinzeit die Kultur der sogen. »Schnurkeramiker« – ihre Tongefäße trugen schnurartige Verzierungen – vor. Am Ende der Jungsteinzeit ergab sich eine Zweiteilung in die Jäger und Fischer der nördlichen Waldzonen, die aber z. T. auch Ackerbau und Viehzucht kennenlernten und übernahmen, und die Ackerbauern und Viehzüchter der südlichen Waldsteppe und Steppenregionen. Während man in den erstgenannten Gruppen die Vorfahren der finnisch-ugrischen Stämme vermutet, sieht man in den »Schnurkeramikern« Angehörige der indogermanischen Sprachfamilie, ohne daß scharfe Grenzen gezogen oder die verschiedenen Mischgruppen (z. B. die Fat'janovo-Gruppe) eindeutig identifiziert werden könnten.
Der im Vorderen Orient im 3. vorchristlichen Jahrtausend einsetzende Gebrauch der Bronze führt im zweiten Jahrtausend auch im osteuropäischen Raum die Bronzezeit herauf: neue Gruppen entstehen, und von Mitteleuropa bis nach Sibirien reichen Handelsbeziehungen und verbinden weit entfernte Räume miteinander. Während im Waldgürtel die Jäger- und Fischerbevölkerung an ihrer bisherigen Lebensweise auch nach Übernahme der Bronze festhält, aber allmählich zurückgedrängt bzw. überformt wird, werden die Gruppen der Ackerbauern und Viehzüchter der Waldsteppen- bzw. Steppengebiete z. T. von den Hochkulturen des Vorderen Orients beeinflußt. Von Osten her dringt eine Viehzüchter-Kultur (sogen. Karasuk-Kultur) vor, die mit dem China der Shang-Dynastie Beziehungen unterhält. Mit indoiranischen Gruppen will man die nördlich des Kaspischen Meeres bis an den Altaj reichende Andronovo-Kultur identifizieren. Die Steppenregionen von der unteren Wolga über Don und Dnepr bis an den Dnestr werden von Trägern der Balkengräber-Kultur bewohnt, die unmittelbar aus der Kurgan-Kultur sich entwickelt hat; Ackerbau, Vieh- und Pferdezucht, Metallurgie (Kupfer, Zinn) und Weberei wurden betrieben.

Die nachfolgende Periode der frühen Eisenzeit führt in Bereiche, auf die durch schriftliche (orientalische und griechische) Quellen einiges spärliche Licht fällt. Archäologisch ist sie vorerst noch durch eine Fülle von verschiedenen Fundgruppen gekennzeichnet; die Diskussion um deren ethnische Deutung und Zuordnung ist in vollem Gange. Während ein Teil der Forscher die Stämme der Katakombengräber-Kultur für die Vorfahren der von Herodot bezeugten und bezeichneten Kimmerier hält und die Nachkommen der Balkengräber-Kultur für Skythen, sehen andere Kimmerier in den Trägern der Koban-Kultur im nördlichen Kaukasusvorlande. Die Koban-Kultur (Ende des 2. vorchristlichen Jahrtausends bis zum 7. Jh. v. Chr. – manche datieren bis zum 5./4. Jh. v. Chr.), benannt nach einem Nebenfluß des Terek, umfaßt das gesamte Einzugsgebiet des Terek bis in die Steppenregionen am Kaspischen Meer und dem nördlichen Zentralkaukasus. Ihre Träger waren Reiternomaden, die Beziehungen zum Vorderen Orient hatten, so daß die Vermutung, in ihnen seien die reiternomadischen Kimmerier zu sehen, manches für sich hat.[3] Ihre Herkunft und Sprache sind noch weitgehend ungeklärt oder umstritten. Sie vereinigten verschiedene Kulturgruppen der Waldsteppenzone unter ihrer Herrschaft. Diese verschiedenen Gruppen ethnisch zu identifizieren ist bisher nicht gelungen. Ihnen allen ist lediglich gemeinsam, daß sie erst spät, um die Mitte des 7. Jh. v. Chr., die Bronze endgültig durch das Eisen ersetzten. Die Kimmerier mußten den von Osten vordringenden Skythen weichen, als diese den Araxes (Amu-Dar'ja) überschritten und in das Land der Kimmerier einfielen.
Skythen erschienen schon um die Wende vom 9. zum 8. Jh. nördlich des Schwarzen Meeres; die Bildung eines zahlreiche Gruppen umfassenden skythischen Stämmeverbandes fällt in das 8. bzw. 7. Jh. v. Chr.[4] Im 7. Jh. errichteten sie ihre Herrschaft nördlich des Schwarzen Meeres zwischen Dnestr und Don; östlich davon saßen die ihnen sprachlich verwandten nomadischen Sarmaten. Die Gebirge der Halbinsel Krim bewohnten die noch verhältnismäßig primitiven Taurier. Herrschender Stamm der Skythen waren die sogen. »königlichen Skythen« am linken Ufer des unteren Dnepr und auf der nördlichen Krim; die viehzüchtenden nomadischen Stämme der Skythen siedelten in den Steppen nördlich und östlich davon, ackerbautreibende Skythen um den großen Dnepr-Bogen bis in die Waldsteppe hinein, weitere ackerbauende Skythenstämme (Herodot unterscheidet deutlich zwischen ihnen) in der Mischwaldzone. Aus den Bestattungen der »skythischen Periode« (6. vorchristliches bis 2. nachchristliches Jh.) ist eine sehr ausgeprägte soziale Differenzierung und ein Gefolgschaftswesen erschlossen worden. Im Waldsteppengebiet sind zahlreiche be-

festigte Burgberge (gorodišče) bekannt geworden, in denen neben den Burgherren auch Handwerker (Schmiede, Töpfer u. a.) saßen. Die Hauptstadt der führenden »königlichen Skythen« war vom Ende des 5. bis ins 2. Jh. v. Chr. vermutlich das Kamenskoe gorodišče an der Mündung der Konka in den unteren Dnepr, in dem man die Residenz des Skythenkönigs Atheas vermutet, der in seinem neunzigjährigen Leben (gest. in den 40er Jahren des 4. Jh. v. Chr.) seine Herrschaft bis an die untere Donau auszudehnen vermochte. Die großartigen Schöpfungen der skythischen Kunst und des Kunsthandwerks, vor allem die Schmuckstücke mit Verzierungen im »skythischen« Tierstil legen Zeugnis ab von weiträumigen Zusammenhängen zwischen den Nomadenvölkern der Steppen vom Schwarzen Meer bis nach Transbaikalien. Sie geben eine Vorstellung von der Umwelt, aber auch der geistigen Vorstellungskraft ihrer Schöpfer und lassen gelegentlich griechische Einflüsse erkennen. Vor den von Osten her andrängenden Sarmaten wichen die Skythen seit dem Ende des 3. Jhs. auf die Krim zurück, wo im 2. Jh. die neue Hauptstadt Neapolis (beim heutigen Simferopol') entstand. Außer der Krim blieben Gebiete am Unterlauf des Dnepr und südlichen Bug unter skythischer Herrschaft. Sie hielt sich bis zur Mitte des 3. Jhs. n. Chr., als die Goten ihr ein Ende bereiteten.

Schon im 7. Jh. v. Chr. waren im Zuge der großen griechischen Kolonisationsbewegung im Mittelmeerraum die Griechen auch in das Schwarze Meer vorgestoßen.[5] Kolonisten aus Milet gründeten Tyras an der Dnestrmündung, Olbia an der Mündung des südlichen Bug, Theodosia auf der westlichen Krim, Pantikapeion (Kerč) und Phanagoria auf der Taman-Halbinsel am sogen. »kimmerischen Bosporus« (Meerenge von Kerč). Milesische Kolonisten der Insel Lesbos legten unweit von Phanagoria die Stadt Hermonassa (bei der heutigen Tamanskij-Station) an. Neben verschiedenen kleineren Kolonistenstädten entstand Gorgippia (heute Anapa) als bedeutender Hafen. Endlich gründeten im letzten Viertel des 5. Jhs. Siedler aus Megara von Herakleia Pontika am Südufer des Schwarzen Meeres aus die Stadt Chersonesos (bei Sevastopol'), die sich bald eine bedeutende Machtstellung zu erringen wußte. Es entstanden drei voneinander deutlich unterschiedene Gebiete griechischen Lebens: Olbia und andere kleinere Siedlungen am Liman von Bug und Dnepr, die Griechenstädte um die Meerenge von Kerč und die Griechenstädte an der Südküste der Krim mit Chersonesos als Vorort.

Die Griechenstädte am »kimmerischen Bosporus« wurden von den politischen Führern von Pantikapeion zu einem auch nichtgriechische Stämme umschließenden Reich unter den Dynastien der Archeanaktiden, seit 438 v. Chr. der Spartokiden zusam-

mengefügt. Dieses Bosporanische Reich entfaltete zeitweilig eine bedeutende wirtschaftliche und politische Macht, die erst zu versiegen begann, als die Skythen sich vor den Sarmaten auf die Krim zurückzogen und die griechischen Städte gefährdeten. Der letzte König des Bosporanischen Reiches bat den pontischen König Mithradates VI. Eupator (den Gründer von Eupatoria an der Westküste der Krim) um Schutz. Als die Römer ihn unterwarfen, geriet das Bosporanische Reich unter römische Oberhoheit, blieb aber den Nachfolgern des Mithradates unterstellt. Eine zweite Blüte erlebte es im 1. und 2. nachchristlichen Jahrhundert, wobei nunmehr neben Skythen auch Sarmaten als Handelspartner und in steigendem Umfang auch als Zuwanderer in den griechischen Städten auftraten.
Chersonesos endlich, das sich stets gegen die benachbarten nomadischen Skythen und die Taurier wehren mußte, mit denen wenig oder gar keine Handelsbeziehungen bestanden, beherrschte ein verhältnismäßig großes landwirtschaftlich genutztes Territorium, in dem Getreide und Wein gebaut wurden. In seiner inneren Struktur eine griechische Polis, bewahrte es seine Unabhängigkeit bis zum Ende des 2. vorchristlichen Jahrhunderts. Seit 110 v. Chr. unterstand es der Schutzherrschaft Mithradates' VI. Eupator und seiner Nachkommen und beherbergte zeitweilig auch eine römische Besatzung. Die Abhängigkeit vom pontischen Reich wurde Mitte des 2. Jhs. n. Chr. gelöst. Chersonesos gehorchte bei voller Wahrung seines Griechentums nunmehr Rom unmittelbar und konnte sich seine faktische Unabhängigkeit auch dann bewahren, als das Bosporanische Reich von den Goten zerstört wurde.
Die Griechenstädte der Nordküste des Schwarzen Meeres waren für die nördlichen Nachbarn von größter Bedeutung, verbanden sie doch die Skythen, die Sarmaten, später die Goten mit der Welt der Antike. Hier schlug auch das Christentum Wurzeln und entstanden Höhlenklöster christlicher Gemeinschaften. Von hier gingen mancherlei religiöse Einflüsse auf die nördlichen und nordöstlichen Nachbargebiete aus. Die griechischen Kolonien blieben, sofern sie die Stürme der Völkerwanderungszeit überstanden, wie vor allem Chersonesos, wichtige politische und wirtschaftliche Stützpunkte des römischen bzw. oströmischen (byzantinischen) Reiches, über die ein reger Handelsverkehr zu den nördlichen Nachbarn abgewickelt wurde.
Die nomadischen Sarmaten, von neu von Osten her zuwandernden Stämmen nach Westen gedrängt, eroberten im 2. und 1. vorchristlichen Jahrhundert den größten Teil des Skythenreiches und bedrängten ihrerseits die Griechenstädte.[6] Sie waren den Skythen nahe verwandt und sprachen wie diese eine zur nordiranischen Sprachgruppe gehörende indogermanische Sprache. Ein Teil von ihnen widmete sich nach der Landnahme

Ackerbau und Viehzucht, die soziale Oberschicht in erheblichem Umfange auch dem Handel. Sarmatische Stämme, wie die Alanen am unteren Don und im Kaukasusvorlande, zogen sich beim Hunneneinfall des 4. Jhs. n. Chr. in den inneren Kaukasus zurück.

Ende des 2. Jhs. n. Chr. wanderten die Goten und Gepiden vom Weichselmündungsgebiet nach Südosten.[7] Um 230 n. Chr. mag die Landnahme der Goten beendet gewesen sein. Sie dehnten ihre Herrschaft bis an die Grenzen des römischen Reiches aus und griffen auch das Bosporanische Reich an; Tanais wurde genommen und zerstört; Goten setzten sich im Jahre 267 n. Chr. am »kimmerischen Bosporus« fest, eroberten Pantikapeion und unterbrachen zeitweilig die bisher noch bestehenden Verbindungen der Griechenstädte mit Rom. Ihrer größten Machtentfaltung unter dem Ostgotenkönig Ermanarich folgte der jähe Zusammenbruch, als die aus Zentralasien nach Westen vorstoßenden Hunnen 375 das Ostgotenreich und im darauffolgenden Jahr das Westgotenreich Athanarichs zerstörten. Sie überfielen im letzten Drittel des 4. Jhs. auch das Bosporanische Reich, vernichteten die Städte und verschleppten oder erschlugen deren Bewohner. Nur die Städte an der Südküste der Krim mit Chersonesos als Mittelpunkt blieben infolge ihrer günstigen Lage im Schutz der Gebirge unzerstört. Die Goten und Gepiden wurden von den Hunnen nach Westen mitgerissen.

Ob einzelne Stämme der Slaven zum Gotenreiche Ermanarichs gehört haben und verschiedene von den Archäologen entdeckte Gruppen der sogen. »Gräberfelder-Kultur«* im Gürtel inselhafter Waldverbreitung und die ihr nahe verwandte sogen. Černjachov-Kultur**, und deren ältere Variante, die Kultur von Zarubincy (Dorf im Gebiet Kiev), die in den Gebieten von Gomel' und Mogilev sowie in den südlichen Teilen von Minsk und Brest bis ins 5. nachchristliche Jahrhundert verbreitet war, Vorfahren der Slaven zugeschrieben werden können, ist umstritten und unsicher.

Die Sprachwissenschaft hat die »Urheimat« der Slaven anhand verschiedener Kriterien zwischen mittlerer und oberer Weichsel nördlich der Karpaten und dem mittleren Dnepr, jedenfalls im Bereich des Laubmischwaldes bestimmt.[8] Frühe sprachliche Berührungen sind mit eine iranische Sprache sprechenden Nachbarn, wohl den Sarmaten oder Alanen, nachweisbar, wie andererseits germanische Lehnworte schon im Altslavischen zu finden sind und auf die Berührung mit den Goten zurückgehen dürften. Endlich gibt es enge Beziehungen des Urslavischen mit

* So benannt nach großen Gräberfeldern

** Benannt nach dem Fundort Černjachow nördlich Žitomir (Ukraine), nachweisbar vom 2. Jh. nach Chr. bis ins 4. Jh.

den baltischen Sprachen, d. h. mit den nördlichen Nachbarn. Für das Slaventum noch größere Bedeutung als der Vorstoß der Hunnen nach Westen hatte der rasche Vormarsch des innerasiatischen Reitervolkes der Awaren, die den Hunnen folgend schon zu Beginn des 6. Jhs. die Steppen nördlich des Schwarzen Meeres besetzt hatten. Unter ihrem Khan Bajan erschienen sie um 556/557 an den Grenzen des oströmischen und wenig später auch des fränkischen Reiches und besetzten 570 die pannonische Tiefebene. Sie trieben slavische Gruppen vor sich her oder zwangen sie in Abhängigkeit, lösten jedenfalls die slavische Völkerwanderung aus, die das ethnische Bild Europas seit dem 6. und 7. Jh. völlig veränderte. Die Bevölkerung der von den Awaren durchstreiften Gebiete der Steppenzone, soweit sie am Leben blieb, floh in die Waldgebiete. Seither blieb die offene Steppenzone unbesiedelt, während slavische Gruppen, nachdem der Awarensturm verebbt war, sich in die Randgebiete der Waldsteppe vorwagten. Eine zweite Welle slavischer Einwanderer kam seit dem 8. Jahrhundert nach Osteuropa; ihnen darf die Kultur von Romny-Borševskoe zwischen mittlerem Dnepr und Donec zugeschrieben werden, während die Träger der Kultur von Saltov-Majackoe, die auf der östlichen Hälfte der Krim, nördlich des Asowschen Meeres bis zum Kuban sowie am Unterlauf von Don, Donec und Oskol nachgewiesen ist, alanisch-bulgarische Stämme gewesen sein dürften. Beiden Kulturbereichen ist die Errichtung von Burgen – im Norden Holz-Erde-Befestigungen, im Süden Steinburgen wie Verchnij Saltov am Donec nördlich Char'kov – gemeinsam, um die sich die Dörfer, im Süden oft von erstaunlicher Größe, scharten. Neben Ackerbau und Viehzucht ist reger Handelsverkehr mit den Nachbargebieten und mit den griechischen Kolonien am Nordufer des Schwarzen Meeres nachweisbar.

Wann und in welcher Weise sich die Einwanderung und Formierung der ostslavischen Stämme vollzogen hat, deren Namen und Siedelgebiete die den meisten altrussischen Chroniken vorangestellte »Erzählung von den vergangenen Jahren« (Povest' vremennych let) mehrfach aufzählt, ist ungewiß. Eines wird man mit Sicherheit sagen dürfen: daß alle infolge der slavischen Wanderung seit dem 6. Jh. in dem Raum zwischen Ostsee, Elbe, Saale und Böhmerwald, Ostalpen, Agäis, Schwarzem Meer und Dnepr ansässig gewordenen slavischen Gruppen sich nach der Landnahme neu formiert hatten, also Ergebnisse von Wanderungs- und Ausgleichsvorgängen waren. Daß sie bei der Landnahme und in den ihr folgenden Siedlungsvorgängen, durch die sie ihr Territorium bis in die Waldsteppengebiete des Südens ausweiteten, auch vorgefundene Gruppen anderer Herkunft und Sprache einschmolzen oder aber verdrängten,

läßt sich insbesondere bezüglich der baltischen und finno-ugrischen Stämme aus dem sprachlichen und archäologischen Befund erweisen.[9] Baltische Stämme (Vorfahren der Letten, Litauer und Prußen oder Altpreußen) saßen einst bis in den Raum der oberen Wolga, Oka und des oberen Dnepr und wurden in einem allmählichen, sich auch in den archäologischen Funden widerspiegelnden Prozeß nach Nordwesten, in die Küstengebiete der östlichen Ostsee abgedrängt; dort zwangen sie ihrerseits die ostseefinnischen Vorbewohner sich nach Norden bzw. Nordosten, in das heutige Estland, zurückzuziehen. Slavische Siedler folgten und besetzten nach 800 n. Chr. den Ostrand des Hügellandes von Lettgallen an der westlichen Düna. Im ehemaligen finnischen Gebiet erreichten sie im Norden und Nordosten den Ilmensee und die Msta, im Osten wohl nur die obere Oka. Einsiedlung kleinerer oder größerer Verbände erfolgte auch noch nach der Landnahme, wie andererseits bereits bestehende Verbände ihre Siedlungsgebiete ausweiteten.
Ein Teil der Slaven geriet unter die Oberherrschaft des Chazarenreiches, das Ende des 5. Jhs. zwischen unterer Wolga und Don entstanden war.[10] Seine Hauptstadt war Itil' im Wolgadelta. Es umschloß sehr verschiedene ethnische Elemente (u. a. Magyaren, Alanen); die Chazaren selbst, türkischer Sprache und Herkunft, bildeten wohl nur eine Minderheit, stellten aber die Oberschicht; diese bekannte sich z. T. seit Beginn des 9. Jhs. zum jüdischen Glauben; andere Chazaren traten zum Islam, einige auch zum Christentum über; ein großer Teil blieb heidnisch. Seit 624 bestanden politische und wirtschaftliche Beziehungen zum Oströmischen Reich, wobei die griechischen Kolonien auf der Krim als Vermittler eine wichtige Rolle spielten. Die Tributherrschaft der Chazaren über die ostslavischen Stämme am Dnepr und über die seit der Mitte des 7. Jhs. an der unteren Kama und mittleren Wolga ansässigen Bulgaren (Wolgabulgaren) scheint keinen starken Widerstand gefunden zu haben. Zur Stärkung ihrer Macht errichteten die Chazaren mit Hilfe byzantinischer Baumeister im ersten Drittel des 9. Jhs. die Feste Sarkel (russ. Bela Veža) am Don. Versuche, sie für das orthodoxe Christentum zu gewinnen, wie z. B. die Missionsreise des »Slavenapostels« Konstantin/Kyrill nach Itil (860) hatten wenig Erfolg.
Auch nordgermanische Händler und Krieger haben schon früh die Küstenländer der östlichen Ostsee aufgesucht. Gotländische und schwedische Kolonien an der Küste Kurlands (Saeborg bei Grobin), in Nordwestlitauen (Apulen bei Skuodas/Schoden), an der Küste und auf den Inseln Estlands sind zwischen etwa 650 und 850 archäologisch und auch durch schriftliche Hinweise nachgewiesen.[11] Diese Nordgermanen drangen auch in die Mündungen der großen Ströme Osteuropas ein und zogen

stromauf in das Innere. Besondere Bedeutung gewannen die Düna und die Neva als Einfallstore. Von hier aus wurde die Wolga, seit dem 9. Jh. auch der Dnepr befahren. Die nordgermanischen Schiffsbesatzungen bestanden aus bewaffneten Gefolgsleuten des Schiffseigners. Sie gingen auf Beute aus, so daß ein beträchtlicher Teil des Handels Raubhandel gewesen sein dürfte. Ihr Ziel war die Verbindung mit den Märkten Mittelasiens, wobei die Chazaren, seit dem 11. Jhr. dann die Wolgabulgaren, den Zwischenhandel ausgeübt haben dürften. Der Handel mit Byzanz spielte für Nordeuropa kaum eine Rolle und wurde, sofern überhaupt, über die mittel- und westeuropäischen Handelswege abgewickelt. Diese Wikinger oder Waräger (vom russ. Wort varjag, das auf das altnordische vaering = Eidgenosse zurückgeht und damit einen Hinweis auf die Verfassung der Schiffsgenossenschaften gibt) setzten sich, oft von der ansässigen Bevölkerung in deren inneren Auseinandersetzungen zu Hilfe gerufen oder gegen Entlohnung angeworben, an verschiedenen, meist verkehrsgünstig gelegenen Orten im osteuropäischen Raum fest und errichteten kleinere oder größere befestigte Stützpunkte, von denen aus sie Herrschaft über die Bevölkerung der näheren Umgebung auszuüben versuchten. Freilich waren die Bedingungen dafür örtlich sehr verschieden.

Das Problem, ob und in welchem Umfange die Waräger an der Gründung und dem Aufbau des altrussischen Staatswesens von Kiev teilgenommen haben, ist seit über 200 Jahren immer wieder erörtert worden.[12] 1729 legte der deutsche Historiker Gottlieb Siegfried Bayer der noch jungen, 1725 gegründeten und anfänglich fast nur mit Ausländern, vornehmlich Deutschen besetzten Akademie der Wissenschaften zu Petersburg eine Abhandlung in lateinischer Sprache mit dem Titel »De Varagis« vor, in der er nachwies, daß erste ostslavische Herrschaftsbildung zwischen Novgorod und Kiev auf über die Ostsee gekommene Skandinavier, die Rus' oder (griech.) Rhos zurückzuführen sei. 20 Jahre später ließ Gerhard Friedrich Müller, Akademiemitglied und Historiker wie Bayer, eine Schrift »Origines gentis et nominis Russorum« erscheinen, die die These Bayers bekräftigte. Zehn Jahre später verhinderten der Dichter V. K. Trediakovskij (1703–1769) und der Universalgelehrte M. V. Lomonosov (1711–1765) einen Vortrag Müllers über die Warägerfrage. Während Trediakovskij die Rus' zu Ostslaven erklärte, wies Lomonosov die Thesen Bayers und Müllers als für die Russen beleidigend zurück, da sie geeignet seien, ihnen jede staatsbildende Fähigkeit abzusprechen. Seither sind »Normannisten«, d. h. die Verfechter der These von der nordgermanischen Herkunft der Rus', und »Antinormannisten« nicht müde geworden, die bereits 1729 bzw. 1749 vorgebrachten Argumente zu stützen bzw. zu widerlegen. Seitdem August Ludwig Schlözer (1735–1809) sich mit der sogen. Nestor-Chronik beschäftigt hatte und 1768 eine erste Vorstudie veröffentlichte, wurde die Diskussion jahrzehntelang ausschließlich von Historikern geführt. 1877 veröffentlichte der dänische Sprachforscher Wilhelm Thomsen (1842–1927) eine Abhandlung »The Relations between ancient Russia and Scandinavia and the Origin of the Russian State«, in der auf das überlieferte Namenmaterial (Personennamen, Ortsnamen, darunter die Namen der Dneprstromschnellen) hingewiesen wurde. Erst verhältnismäßig spät schaltete sich auch die Archäologie ein. Der schwedische Archäologe Ture Arne ließ 1914 sein Buch »La Suède et l'Orient« erscheinen. Von einer Übereinstimmung in der Bewertung des Umfanges der skandinavischen Einflüsse in Osteuropa bis ins 11. Jh. ist man jedoch noch immer weit entfernt. Erschwerend fiel ins Gewicht, daß stets aufs neue nationalpolitische Emotionen, wie schon bei Lomonosov, die Erörterung belastet haben und noch belasten. So wenig geleugnet werden konnte, daß skandinavische Händler und Krieger den osteuropäischen Raum durchzogen haben, so heftig ist umstritten, ob die Bezeichnung Rus' — ein Femininabstraktum, Name für Land und Volk des Reiches von Kiev, möglicherweise in einer territorialen Begrenzung (nach Nasonov der südliche Teil mit Kiev und Černigov als Mittelpunkten) — ursprünglich nur die Skandinavier meinte oder einen ostslavischen Stammesverband (oder Einzelstamm) namens »Ros« oder »Rus« um Kiev, der als Träger der ostslavischen Staatsbildung des Mittelalters anzusehen wäre. Da die Archäologen im 6. und 7. Jh. an dem Fluß Ros', einem Nebenfluß des Dnepr südliche Kiev im Waldsteppengebiet, eine zweifelsohne von Slaven getragene Kultur feststellen konnten, lag es nahe, in ihr die Hinterlassenschaft jener Menschen zu sehen, die das Reich von Kiev gegründet haben sollten. Demgegenüber war schon 1729 von Bayer auf die Nachricht der Annalen von St. Bertin zum Jahre 839 aufmerksam gemacht worden, in der davon die Rede ist, daß Gesandte des byzantinischen Kaisers Theophylos (829–842) an den Hof Kaiser Ludwigs des Frommen gekommen seien, um mit ihm ein Bündnis zu schließen. Unter diesen befanden sich Angehörige eines Volkes Rhos, die infolge der Sperrung der Straßen durch wilde und barbarische Völker nicht auf direktem Wege in ihre Heimat zurückkehren konnten. Der byzantinische Kaiser bat den fränkischen Herrscher, er möge ihnen die Heimreise ermöglichen. Es stellte sich heraus, daß die Rhos Schweden waren. Daß mithin die Bezeichnung »Rhos« von den Byzantinern für die Skandinavier im osteuropäischen Raum verwendet wurde, unterliegt nach diesem und anderen Zeugnissen keinem Zweifel, wobei dahingestellt

sein mag, ob alle mit »Rus« oder »Ros« zusammengesetzten Ortsnamen, deren es sowohl im ostbaltischen Küstengebiet als auch im Dreieck um Ilmensee, Ladogasee und Beloozero sowie im Gebiet südlich Kiev zahlreiche gibt, auf die Skandinavier bezogen werden können. Am einleuchtendsten ist noch immer die Erklärung Thomsens, daß die finnische Bezeichnung für die Schweden (Ruotsi, wahrscheinlich »die Ruderer«) die Entsprechung für das ostslavische Rus', das griechische Rhos darstellt und damit, zunächst jedenfalls, Skandinavier, dann allgemein Angehörige des Reiches von Kiev gemeint waren. Damit ist allerdings noch nichts über den Anteil der Skandinavier an der Entstehung des Kiever Reiches ausgesagt. Man wird zugeben müssen, daß er mitunter wohl ohne genügende Beweise überschätzt worden ist, wobei das Vorhandensein ostslavischer Stammesverbände mit eigenen Herrschern übersehen wurde. Andererseits wird man wohl nicht leugnen können, daß die Namen der ersten Fürsten von Kiev, die man als historisch ansehen kann, sowie des größten Teiles ihrer Gefolgsleute skandinavisch sind. Dies weist darauf hin, daß es Herrschaftsbildungen von Warägern in verschiedenen Gegenden Osteuropas gab; darüber hinaus wurden warägische Gefolgsleute als Söldner noch bis ins 11. Jh. angeworben. Daß seit der Mitte des 11. Jhs. der warägische Zustrom aufhörte, hängt mit Wandlungen in Skandinavien selbst zusammen, nicht zuletzt mit der auch für die innere Struktur der skandinavischen Länder bedeutsamen Ausbreitung und Festigung des Christentums.
Freilich waren die Bedingungen für warägische Herrschaftsbildungen im osteuropäischen Raum sehr verschieden. Die ostslavischen Stämme des 9. Jhs. befanden sich keineswegs alle im gleichen Entwicklungsstadium.[13] Die Poljanen am Dnepr um Kiev, die in der chronikalischen Überlieferung im Mittelpunkt stehen, sowie ihre nordwestlichen Nachbarn in der Waldzone, die Derevljanen um den Pripjet, hatten sich zu festeren Verbänden unter Fürsten, deren Herrschaft den gesamten Stamm umfaßte, zusammengeschlossen. Insbesondere den Poljanen wird in der ältesten Chronik ein besonderer Platz zugewiesen. Die Dynastie der Stammesfürsten wird von dem sagenhaften Gründer Kievs, Kij, hergeleitet, der sogar von Byzanz anerkannt worden sei. Die Herrschaft seines Geschlechtes stützte sich auf Burgen. Solche Burgherrschaften verschiedenen Umfanges dürften auch das Kennzeichen der Sozialstruktur der übrigen ostslavischen Stämme gewesen sein, wie man in Analogie zu den Verhältnissen bei anderen slavischen Stammesverbänden Europas annehmen kann. Nur bei den Poljanen und Derevljanen scheint es ein die Burgherrschaften übergreifendes Stammesfürstentum gegeben zu haben. Für die Dregovičen zwischen Pripjet und Düna, die Poločanen an der Mündung der

Abb. 1: Die Völker Osteuropas am Anfang des 10. Jahrhunderts

Polota in die Düna, für die Severjanen an Desna, Sejm und Sula und die Slovenen am Ilmensee fehlen solche Hinweise. Für die Krivičen an der oberen Wolga, Düna und am oberen Dnepr wird ihre Burg, Smolensk, genannt. Die Radimičen am Sož und die weit im Osten an der Oka, im baltisch-finnischen Grenzgebiet siedelnden Vjatičen wird »ljachische« (d. h. westslavische) Herkunft, also Zuwanderung aus dem Westen unter Führung eines Radim und Vjatko, angegeben. Vjatko erscheint sogar als Führer eines Sippenverbandes (rod). Hier dürften wir es mit einer strafferen herrschaftlichen Organisation zu tun haben. Von zwei südlichen Stämmen, den Ulučen oder Uličen und den Tivercen am Dnestr, wird gesagt, daß sie Burgen gehabt und früher weiter östlich gewohnt hätten, möglicherweise abgewandert sind, um sich der Herrschaft der Poljanen zu entziehen. Alle ostslavischen Stämme mit Ausnahme der zugewanderten Radimičen und Vjatičen sowie der Uličen und Tivercen und der Slovenen am Ilmensee tragen ihre Namen nach landschaftlichen Gegebenheiten, die Poljanen von pole = Feld, die Derevljanen von drevo, derevo = Wald usw. Analoge Bezeichnungen finden sich bei West- und Südslaven und deuten darauf hin, daß es sich um Neustämme nach der Wanderperiode handelt. Einzig der Name der Slovenen am Ilmensee ist gemeinslavisch. Von ihnen wird gesagt, daß sie keine Ordnung zu schaffen vermochten und sich in inneren Kämpfen – »Familie gegen Familie« – verzehrten. Hier jedenfalls dürften die kleinen Burgherrschaften nicht in einem größeren Stammesverband zusammengeschlossen worden sein.

Nicht gelungen ist bislang die überzeugende archäologische Abgrenzung der Siedelgebiete der ostslavischen Stämme. Angesichts ihrer nahen Verwandtschaft untereinander dürfte dies mit den gegenwärtigen Möglichkeiten archäologischer Forschung kaum gelingen. Dagegen lassen sich für alle Ostslaven der frühen Stammeszeit allgemeine Beobachtungen machen. Sie waren seßhafte Ackerbauern und Viehzüchter. Der Wald spielte als Wirtschaftsfaktor eine bedeutende Rolle; er diente als Weide und als Lieferant von Laubheu und von Holz für Acker- und Hausgerät; bei allen Slaven und den baltischen Stämmen war die Waldbienenzucht verbreitet. Ob es schon in diesen Jahrhunderten verschiedene Wirtschaftsweisen, Feldgraswirtschaft und Mehrfelderwirtschaft nebeneinander gab, ist nicht sicher auszumachen. Die Siedlungen, Einzelhofgruppen, kleine locker gefügte Weiler, aber auch große Dörfer in geschlossener Siedellage, lehnten sich an Wasserläufe an, die die Leitlinien der Besiedlung darstellten. Daher waren Wasserscheiden zugleich auch Siedlungsgrenzen. Das Land war nur inselhaft besiedelt. Zwischen den Siedlungskernen, die sich in alten Offenlandschaften oder neu erschlossenen Rodegebieten[14] mit günstigen, leicht bearbeitbaren Böden gebildet hatten, lagen weite Strecken Öd- und Unlandes oder riesige Wälder. Daher war eine herrschaftliche Erfassung nur von Orten aus möglich, die an großen Verkehrswegen lagen. Die hervorragende Bedeutung Kievs, das selbst schon im Gebiet geschlossener Waldbedeckung, aber nahe der Waldsteppe im Grenzgebiet zweier Vegetationszonen und über dem Dnepr am rechten Hochufer des Stromes lag, erklärt sich dadurch ebenso wie die von Alt-Ladoga an der Einmündung des Volchov in den Ladogasee oder die von Novgorod am Ausfluß des Volchov aus dem Ilmensee.

2. Die Kiever Periode

I. ENTSTEHUNG DES KIEVER FÜRSTENTUMS (9. u. erste Hälfte des 10. Jhs.)

Schon in der Frühzeit waren im osteuropäischen Raum alle Formen von Herrschaftsbildungen erwachsen, die uns im Mittelalter wiederbegegnen: an den Küsten des Schwarzen Meeres Handelsstädte mit größerem oder kleinerem abhängigem Hinterland, die sich allein organisierten oder im Verbande zu mehreren zusammenschlossen. Einige von ihnen besaßen die Verfassung einer griechischen Polis (sicher Chersonesos); andere waren nach einer Übergangsepoche der Herrschaft einer Dynastie unterstellt, wie die Städte des Bosporanischen Reiches. In den Steppenregionen waren Nomadenreiche von teilweise beträchtlicher Ausdehnung, bedeutender Macht und längerer zeitlicher Dauer entstanden, wie das Reich der Kimmerier und vor allem das Skythenreich, in welchen Angehörige verschiedener Stämme und Gruppen unterschiedlicher Siedlungs- und Wirtschaftsweise unter lockerer Oberherrschaft einer ursprünglichen nomadischen Oberschicht mit monarchischer Spitze zusammengeschlossen waren. Die Steppenzone bot sich für derartige Herrschaftsbildungen geradezu an; daher ist es kein Zufall, daß seit den Kimmeriern bis zu den Mongolen/Tataren des 13. Jhs. zwischen Dnestr bzw. südl. Bug und Don bzw. Kuban die Nomadenreiche einander über zweieinhalb Jahrtausende lang abgelöst haben. Selbst das Gotenreich Ermanarichs wird man mindestens zum Teil als ein solches bezeichnen dürfen, da der Übergang vom reinen Ackerbauern zum Reiter sich bei einem Teil nicht nur des herrschenden Stammes der Ostgoten, sondern auch bei den Westgoten, vor allem aber bei Wandalen und Burgundern, soweit Gruppen von ihnen in die pontischen Steppen gelangten, nachweisen läßt. Der Schwerpunkt des Gotenreiches lag zwar im Waldgürtel der Mitte, aber die Goten beherrschten auch die Steppenzone, und dies war ohne Reiterei nicht möglich.[1]

Der Versuch bäuerlicher Gruppen vermutlich slavischer Sprach- und Stammeszugehörigkeit, über die Zone inselhafter Waldverbreitung hinauszudringen und im Angesicht der offenen Steppe am unteren Dnestr und mittleren Donec kleinräumige Burgherrschaften zu errichten, scheiterte endgültig, als die Awaren und in ihrem Gefolge verschiedene andere Reiternomaden (Bulgaren, Chazaren, Magyaren) die Steppenzone von Ost nach West durchquerten und dabei auch die Randgebiete, d. h.

die südliche Waldsteppe nicht unberührt ließen. Eine dunkle schriftliche Überlieferung, die sich auch im Ortsnamenmaterial* niedergeschlagen hat, weiß davon zu berichten, daß Magyaren bis nach Kiev vorgestoßen sind.[2] Bäuerliche Siedlung im kleinräumigen Verband, geschart um ein oder mehrere Burgen, wie sie die Spatenforschung jüngst in der Zone inselhafter Waldverbreitung für das 5.—7. Jh. nachweisen konnte, vermochte sich angesichts der Bedrohung durch Steppenvölker nicht zu halten, solange nicht Machtmittel zur Verfügung standen, um sie wirksam abzuwehren. Das aber ist erst seit der frühen Neuzeit, endgültig erst seit dem 18. Jahrhundert durch die Festungsbautechnik und ein System von Grenzersiedlungen den Kosaken, gelungen.

Ganz anders lagen die Verhältnisse im mittleren Mischwaldgürtel. Hier war von vornherein die Möglichkeit für kleinräumige Herrschaftsbildungen in den Flußtälern und in alten Offenlandschaften gegeben. In welcher Weise die Landnahme der Ostslaven erfolgte, läßt sich nicht mehr erkennen.[3] Jedenfalls werden die Ansiedler für äußere Sicherheit gesorgt haben. Dafür boten sich leicht zu befestigende Hügelkuppen in umgebendem flachen Gelände, am Zusammenfluß von Gewässern, auf Halbinseln in Seen und an ähnlichen leicht zu verteidigenden Örtlichkeiten an; hier konnten Holz—Erde-Befestigungen errichtet und durch Gräben oder abgeleitete Flußarme zusätzlich gesichert werden. Sie boten im Ernstfalle Menschen und Vieh der nächsten Umgebung Zuflucht. Da ohne eine Organisation die Errichtung dieser Burgen nicht vorstellbar ist, muß eine solche bereits auf der Wanderung und während der Landnahme vorhanden gewesen sein. Die Keimzelle eines späteren größeren Verbandes und Zusammenschlusses wird in der ältesten chronikalischen Überlieferung genannt und beschrieben: der *rod*.[4] Das Wort bedeutet sowohl die (einzelne) Familie als auch den größeren Verband der Großfamilie, die organisch gewachsene Gemeinschaft von Menschen ursprünglich gemeinsamer Abstammung. In der sogen. Nestor-Chronik überlieferten Sage von den drei Brüdern Kij, Ščsek und Choriv wird erzählt, daß jeder von ihnen auf einem Berge »saß« (d. h. siedelte); sie bauten gemeinsam eine kleine Feste (gorodok) und nannten sie nach dem ältesten Bruder Kiev. Rings um diese neue Burg (und die alten kleineren Burgen) habe es Wald gegeben und dahinter einen großen Urwald (*bor*), in dem die drei Brüder jagen konnten, erzählt die Chronik weiter. Nach dem Tode der drei Brüder habe ihre Familie (*rod*) über die Poljanen geherrscht. Damit ist die zweite Stufe der Entwicklung, der — in diesem Falle freiwillige — Zusammenschluß von Burgherr-

* In der Nähe der Stadt gibt es ein Ugorskoe (gora=Berg), das auf die Ugaren (= Ungarn) hinweist.

schaften zu einer größeren Einheit, dem Stamm (*plemja*), erreicht. Es gab Stämme verschiedener Ordnung und Größe; Kleinstämme, die eine Anzahl von Großfamilien eines bestimmten Siedlungskerns umfaßten, Großstämme oder Stammesverbände – die Poljanen und Derevljanen wird man als solche bezeichnen dürfen – und Stammesbünde, zu denen sich mehrere Großstämme zusammengeschlossen hatten. Sowohl die Großfamilie als auch der kleine oder große Stamm waren auf ein bestimmtes Territorium (*zemlja* = Land) bezogen. Ihm waren zweifellos auch Menschen zugeordnet, die zu den der Herrschaft Ausübenden in keinerlei verwandtschaftlicher Beziehung standen, aber als zu ihrem *rod* zugehörig (*na rod*, daraus das russ. Wort *narod* = Volk) angesehen wurden. Dies unterstreicht, daß die Familien- und Großfamilienverbände herrschaftlich geordnet waren, die Familienältesten über die Burgen und ihre Verteidigung geboten und möglicherweise Gerichtsgewalt ausübten. Rings um die Burgen lagen die offenen Siedlungen, deren Bewohner die Burgen zu bauen, zu sichern und zu versorgen hatten. Daß zu solchen Verbänden neben den Freien auch Unfreie gehörten (Kriegsgefangene z. B.), wird vielfach angenommen.
Die Familienverbände und Kleinstämme hatten sich freiwillig oder waren gewaltsam – das mag im Einzelfall verschieden gewesen sein – zu Großstämmen oder Stammesverbänden unter der zentralen Herrschaft eines Stammesfürsten zusammengeschlossen, wie die Poljanen um Kiev und die Derevljanen südlich des Pripjet. Der Terminus technicus für die Herrschaftsausübung der Stammesfürsten ist »*knjažiti*« = Fürst sein; derjenige, der die Herrschaft ausübt, ist der *knjaz'*, der Fürst, und dies bedeutet sowohl die Rechtmäßigkeit als auch die Erblichkeit bzw. den Erbanspruch solcher Herrschaft. Worin sie bestand, ist nirgends genau gesagt und vorerst auch archäologisch nur in Spuren und Andeutungen nachweisbar. Man wird an das Aufgebot von Kriegern im Falle feindlicher Einfälle und an die Ablieferung von Abgaben zur Erhaltung der herrschenden Familie (und ihrer Gefolgsleute) denken müssen sowie an gemeinsame Arbeiten an der Burg und anderen Befestigungen, sofern solche vorhanden waren (Grenzverhaue an den Wegen, auf denen Feinde in den eigenen Wohnbezirk eindringen konnten). Die Herrschaft war nur auszuüben oder aufrechtzuerhalten durch die Anwerbung oder Indienstnahme von Gefolgschaften, d. h. von Gruppen junger Leute, die dem Herrn als Schutztruppe, als Söldner für Beutezüge oder Angriffskriege ständig zur Verfügung standen, von ihm unterhalten wurden und in seinem Auftrage diejenigen Verwaltungsaufgaben wahrnahmen, die in diesem Stadium der Entwicklung zu erledigen waren. Wie überall in Europa waren auch in Altrußland Gefolgschaf-

ten diejenige Kraft, die die Staatsbildung trugen.[5] Gefolgschaften gab es sicherlich schon bei verschiedenen ostslavischen Stämmen, als die Waräger erschienen.

Die warägische Herrschaftsbildung vollzog sich nicht anders als die der ostslavischen Burgherren. Umstritten ist zwar noch immer, ob es überhaupt solche warägische Herrschaften neben den ostslavischen Stammesverbänden gegeben hat. Indes lassen die schriftlichen Quellen daran keinen Zweifel. Es wird die Regel gewesen sein, daß warägische Kaufleutegenossenschaften unter Führung eines Gefolgsherrn (»Seekönigs«) bereits vorhandene Herrensitze eroberten und sich damit im osteuropäischen Raum festsetzten. Von größeren Übersiedlungen skandinavischer Bauernkrieger nach Osteuropa, wie skandinavische Forscher vermutet haben, wird man wohl nicht sprechen können, weil dafür das archäologische Material nicht beweiskräftig genug ist.[6] Dagegen ist die Festsetzung von skandinavischen Gefolgsherren mit ihrem Gefolge an verschiedenen Stellen des osteuropäischen Raumes – in Alt-Ladoga, in oder bei Novgorod, in Beloozero, in Izborsk, in Polock, endlich in Kiev – schriftlich bezeugt; die Archäologie hat diese schriftlichen Zeugnisse nicht zu widerlegen vermocht, sondern zum größten Teil bestätigt.

Weil die sogen. Nestor-Chronik alle derartigen skandinavischen Herrschaftsbildungen, deren territorialer Bereich jeweils sehr begrenzt war und die sich untereinander auch heftig befehdeten, auf Rjurik zurückführt und die Begründer dieser Herrschaften bestenfalls als aufsässige oder ungetreue Gefolgsleute Rjuriks und seiner Sippe erscheinen läßt, sind ihre Mitteilungen in der »antinormannistischen« Forschung angezweifelt und als tendenziös abgetan worden. Dazu besteht kein Anlaß. Man wird sich daher neben den ostslavischen Burgherrschaften, Stämmen und größeren Stammesverbänden und Stammesbünden auch derartige skandinavische Herrschaftsbildungen unterschiedlicher politischer Macht und Bedeutung vorzustellen haben, welche im osteuropäischen Raum frühestens wohl erst seit dem späten 8. oder dem frühen 9. Jahrhundert entstanden.

Die ersten skandinavischen Herren von Kiev waren, wie die Chronik berichtet, Askol'd und Dir. In welchem Verhältnis sie zueinander standen, ist unbekannt, und alles, was über sie mitgeteilt wird, ist so dürftig, daß über Art und Dauer ihrer Herrschaft nichts ausgesagt werden kann. Nur der Name Askol'ds ist eindeutig skandinavisch; es wird von beiden berichtet, daß sie Gefolgsleute Rjuriks waren, die sich selbständig machten, den Dnepr hinabfuhren und sich in Kiev, dem einstigen Herrschaftssitz Kijs und seiner Brüder, festsetzten. »Sie sammelten viele Waräger um sich und begannen über das Land der Poljanen zu herrschen« (Nestor-Chronik). Sie seien, so wird erzählt, die Anführer des Zuges gewesen, der im Juni 860 die Kaiserstadt Konstantinopel in tödliche Gefahr brachte. Der byzantinische Kaiser Michael III. befand sich auf einem Feldzuge in Kleinasien. Daß die Flotte der Angreifer von einem Sturm vernichtet wurde, sah man als Zeichen für das Eingreifen göttlicher Gewalten an, die der Patriarch Photios durch seine Gebete beschworen habe. Möglich ist immerhin, daß die Begegnung dieser von den Byzantinern als »Rhos« bezeichneten Angreifer aus Kiev mit der christlich-orthodoxen Welt nicht nur zu regelmäßigen Handelskontakten geführt hat, sondern auch zur Taufe Askol'ds und Dirs, denn über den Gräbern beider wurden, nachdem sie 882 getötet worden waren, Kirchen errichtet. Auf jeden Fall gab es seit der Mitte des 9. Jahrhunderts Christen in Kiev.[7]

Zur gleichen Zeit, zu Beginn der 60er Jahre, setzten sich Skandinavier auch im Norden fest, nach Mitteilung der Chronik in Novgorod, Beloozero — hier mitten im finnisch besiedelten Gebiet im Nordosten — und in Izborsk im ostslavisch-estnischen Grenzgebiet. Ihr Anführer Rjurik, den man vergeblich mit einem um diese Zeit im westlichen Ostseegebiet auftauchenden Wikinger Reric zu identifizieren versucht hat, soll 20 Jahre in Novgorod geherrscht haben. Als er 879 gestorben sei, habe er, so wird in der Chronik erzählt, einen Verwandten, Oleg, zum Vormund seines kleinen Sohnes Igor bestellt.

Oleg zog 882 nach Kiev, erschlug Askol'd und Dir und setzte sich selbst in Kiev fest. Der Chronist betont, daß Oleg in der Auseinandersetzung mit Askol'd auf seine und seines Mündels Igor vornehme fürstliche Herkunft hingewiesen habe. Das Bestreben, die Legalität der Herrschaft Olegs bzw. Igors über Kiev zu erweisen, ist offensichtlich. Oleg habe bei sich sowohl Waräger als auch Slaven und andere gehabt, und alle diese habe man Rus' genannt. Man wird auch diese Nachricht ernst nehmen müssen. Die Gefolgschaft Olegs und Igors bestand keineswegs nur aus Skandinaviern, in ihr gab es sicherlich schon Slaven und Finnen.

Der Herrschaftsbereich Askol'ds und Dirs umfaßte den ostslavischen Stamm der Poljanen. Wieweit er über diesen hinausging, läßt sich nicht sagen. Oleg aber habe, wird erzählt, nicht nur die Poljanen, sondern auch andere ostslavische Stämme (die Derevljanen, Severjanen und Radimičen) beherrscht bzw. ihnen Tribute auferlegt und andere, die sich seiner Herrschaft wohl nicht beugen wollten, wie die Uličen und Tivercen im Süden, bekriegt. Dabei mußte sich sogleich die Aufgabe ergeben, die Beziehungen der neu entstandenen Herrschaft zu den Nachbarn, den Chazaren im Osten, dem byzantinischen Reich im Süden, zu regeln. Mit den Chazaren, denen die von Oleg unterworfenen ostslavischen Stämme keinen Tribut zahlen sollten, scheint es zu keiner Auseinandersetzung gekommen zu sein. Das Chazarenreich befand sich in einer schweren Krise, die durch die reiternomadischen Ungarn oder Magyaren heraufbeschworen wurde, welche zu Ende des 9. Jahrhunderts sich von chazarischer Oberherrschaft frei machten und nach Westen zogen. Dabei kamen sie angeblich nahe an Kiev vorbei, ohne jedoch sich dort aufgehalten zu haben.

Den Byzantinern waren die Ungarn als Bundesgenossen gegen die seit den 60er Jahren des 9. Jahrhunderts christlichen Bulgaren ebenso gelegen wie dem König des ostfränkischen Reiches, Kaiser Arnulf, der sie gegen seine Feinde an der Ostgrenze, die Mährer, zu Hilfe rief. Allein, die verheerenden Ungarnzüge waren ein sehr hoher Preis, den vor allem der Westen (Deutschland, Italien) zu entrichten hatte, als die Ungarn in der pannonischen Tiefebene ihr Herrschaftszentrum errichteten, ohne den Byzantinern deren Hauptfeind, den Bulgarenherrscher Simeon (893–927), vom Halse schaffen zu können. Die Bedrängnis des byzantinischen Reiches benutzte Oleg zu einem Zug gegen die Kaiserstadt, der durch einen schriftlich überlieferten Handelsvertrag und einen von Byzanz zu entrichtenden Geldtribut erfolgreich beendet wurde.[8] Der Handelsvertrag von 912 ist das einzige urkundliche Zeugnis über die Regierungszeit Olegs; in ihm sind die Namen seiner 15 Gesandten überliefert. Sie sind ausnahmslos skandinavisch, gehörten also zu dem engsten Kreis von Gefolgsleuten, die in seinem Dienste nicht nur militärische, sondern auch — wie in diesem Fall — diplomatische Aufgaben wahrnahmen. Sie werden im Vertragstext als Abgesandte Olegs und aller derjenigen, die unter seiner Herrschaft stehen, vorgestellt. Neben Oleg gab es danach noch andere Fürsten, die ihm allerdings untergeordnet waren; ob man darunter nur die von Oleg eingesetzten Statthalter zu verstehen hat oder auch jene ostslavischen Stammesfürsten, die sich ihm gegenüber zur Tributzahlung verpflichtet hatten, muß offenbleiben. In jedem Falle läßt der Handelsvertrag zwischen Oleg und Byzanz erkennen, daß es den klugen und vorsichtigen byzantinischen Politikern darauf ankam, die neuen Nachbarn auf genau zu beachtende Regeln festzulegen, gegenseitigen Schadensersatz bei Raub und Diebstahl zu verabreden und zu verhindern, daß infolge ungeregelten Waren- und Menschenverkehrs Streitigkeiten entstünden, die die Gefahr erneuter militärischer Bedrohung heraufbeschworen. Damit aber dokumentierte die byzantinische Diplomatie, daß sie fortan mit dem Kiever Reich rechnete. Als dessen eigentlichen Gründer muß man Oleg bezeichnen.

Kurz nach Abschluß des Vertrags mit Byzanz soll Oleg gestorben sein (912 oder 913). Ihm folgte Igor, angeblich Rjuriks Sohn, verheiratet mit einer, wie gesagt wird, aus Pleskau

(Pskov) stammenden Fürstentochter namens Ol'ga (Helga), für deren skandinavische Herkunft ihr Name spricht. Wie unsicher und bedroht die Herrschaft der Kiever Fürsten war, zeigte sich darin, daß die Derevljanen sich sofort gegen den neuen Fürsten erhoben und gewaltsam unterworfen werden mußten. Dies wiederholte sich im 10. Jahrhundert nahezu bei jedem Regierungswechsel und ist ein Zeugnis für den fortbestehenden stammlichen Zusammenhalt mindestens bis zum Ausgang dieses Jahrhunderts.
Zwei Ereignisse aus der bis 945 währenden Regierung Igors werden in der chronikalischen Überlieferung hervorgehoben: das erste Auftauchen der Pečenegen und ein zweiter Handelsvertrag mit Byzanz. Die Pečenegen, ein reiternomadischer Stämmebund unter Führung eines Turkvolkes, besetzte die Steppen nördlich des Schwarzen Meeres. Sie sollten fortan für ein Jahrhundert die Nachbarn der Kiever Fürsten sein; da sie die Gebiete zwischen Don und Donaumündung kontrollierten, war jeder Zug oder jede Handelsfahrt von Kaufleuten aus der Rus' den Dnepr abwärts mit Gefahren verbunden. Freilich war das Reich von Kiev für die Byzantiner wichtig genug, um die vertragliche Regelung von 912 zu erneuern, als Igor einen ersten Zug gegen die Kaiserstadt am Bosporus unternahm (941) und diesen wenige Jahre später wiederholte. Der Grund für Igors Vorgehen scheint die Einstellung der byzantinischen Tributzahlungen gewesen zu sein. Es kam zu Verhandlungen und einem neuerlichen Handelsvertrag, der im Winter 944/45 vereinbart wurde. Im allgemeinen wurden die Bestimmungen des Vertrages von 912 erneuert, in Einzelheiten allerdings präzisiert. Aus dem Text geht hervor, daß es zu dieser Zeit eine Eliaskirche in Kiev gab, die irgendwo im *podol,* in der Handelsniederlassung am Dneprufer zu suchen ist, und daß es unter den Kiever Kaufleuten Christen gab. Die 25 Gesandten aus der Rus', die namentlich genannt werden, vertraten nicht nur Fürst Igor, sondern seinen Sohn Svjatoslav, seine Gattin Ol'ga, seine Neffen Igor und Jakun (Hakon) sowie zwei weitere Verwandte (Neffen und Nichte?) Olegs, Vladislav und Predslava, die bereits slavische Namen tragen, sowie verschiedene andere Große, alle mit skandinavischen Namen. Von den Gesandten aber waren nicht mehr alle Skandinavier; zwei von ihnen waren Esten, stammten möglicherweise aus Ol'gas Heimat, einer war Live, also ebenfalls Angehöriger eines ostseefinnischen Stammes, einer war Jatvjage, gehörte also zu einem prußischen (altpreußischen) Stamm. Außer den Gesandten garantierten den Vertrag 28 Kaufleute, von denen die meisten Skandinavier waren; es befanden sich unter ihnen allerdings ein Este und ein Slave – ein Zeichen dafür, daß sowohl der Gefolgschaft als auch der Gruppe von Fernkaufleuten Menschen

verschiedener Stammeszugehörigkeit angehören konnten. Am auffallendsten ist, daß das herrschende Geschlecht bereits Mitglieder mit slavischen Namen aufwies. Dies wird man möglicherweise damit erklären müssen, daß die Verschmelzung des Rjurikidenhauses mit ostslavischen Stammesherrschern bereits in vollem Gange war. Dafür gibt es noch ein anderes Zeugnis. Als Igor im Jahre 945 einen Zug gegen die Derevljanen unternahm und dabei getötet wurde, sandte der Derevljanenfürst Mal Beauftragte nach Kiev und ließ um die Hand der verwitweten Ol'ga anhalten. Eine Eheschließung zwischen einer Angehörigen des Rjurikidenhauses und einem ostslavischen Stammesfürsten wäre demnach nichts Ungewöhnliches gewesen; Ol'ga aber nahm blutige Rache an den Mördern ihres Gatten, unterwarf erneut die Derevljanen und ließ ihre Hauptburg zerstören.

Die vormundschaftliche Regierung Ol'gas für ihren Sohn Svjatoslav (945–964) ist in mancherlei Hinsicht bemerkenswert. Ol'ga befestigte die Herrschaft der Kiever Fürsten im Lande der Derevljanen; sie zog auch Novgorod nahe an Kiev heran, indem sie dort nicht nur, wie dies Oleg getan hatte, einen Tribut einsammeln ließ, sondern die Herrschaft durch ein System von Dienstleistungen ausbaute; dazu, so wird berichtet, habe sie an Dnepr und Desna überall Stützpunkte fürstlicher Herrschaft anlegen, d. h. die Verbindungswege zwischen Kiev und Novgorod sichern lassen. Damit aber werden erste Umrisse des Herrschaftsterritoriums von Kiev sichtbar; es umfaßte das Siedlungsgebiet der Poljanen am mittleren Dnepr, griff über diesen nach Nordosten ins Flußgebiet der Desna über, umschloß das Siedlungsgebiet der Severjanen und mag auch die Radimičen am Sož erfaßt haben. Im Süden reichte es in die Waldsteppe hinein, doch waren hier die Grenzen bedroht und wenig fest. Im Norden war das Zentrum der Herrschaft des Rjurikidenhauses Novgorod, doch reichte sie im Westen über Pleskau ins estnisch-ostslavische Grenzgebiet, im Osten bis ins Flußgebiet der Msta und damit in vom finnischen Stamm der Ves' besetzte Gebiete. Die Mittelzone um Polock und Smolensk dürfte vorerst außerhalb des Kiever Herrschaftsbereiches geblieben sein. Daher war der weite Weg von Novgorod nach Kiev noch gefahrvoll und unsicher, konnte die nördliche Rus' ein gewisses Eigenleben führen.

Eine bedeutende Steigerung des Ansehens der jungen Reichsbildung ergab sich, als Ol'ga wahrscheinlich im Jahre 955 in Kiev das orthodoxe Christentum annahm und 957 mit zahlreichem Gefolge die Kaiserstadt am Bosporus besuchte, wo sie vom byzantinischen Kaiser Konstantin VII. Porphyrogennetos und seiner Gattin Helena, deren Namen sie als Christin trug, feierlich empfangen wurde.[9] Allerdings war sie nicht gewillt, sich etwaigen politischen Ansprüchen von Byzanz zu fügen; sie nahm Verbindungen auch zur führenden abendländischen Macht, zum abendländischen Reich Ottos d. Gr. auf und erbat von ihm christliche Missionare; doch war diesen kein Erfolg beschieden. Inzwischen nämlich hatte Svjatoslav, Ol'gas Sohn, die Herrschaft übernommen. Er und seine Gefolgschaft lehnten das Christentum ab, ohne es, so scheint es, zu verfolgen. Ol'ga zog sich auf ihren Landsitz Vyšgorod am Dnepr oberhalb Kievs zurück, von wo aus sie in die Geschicke des Landes eingriff, sobald dies nottat.

Unter den drei ersten Herrschern aus dem Hause Rjuriks hat sich das neue politische Gebilde vom Gefolgschaftskönigtum, das auf dem Personalverbande der Gefolgschaft (russ. *družina*) beruhte, zur Territorialherrschaft entwickelt. Das war nur möglich, wenn und soweit die vorgefundenen ostslavischen Stammesorganisationen beseitigt oder unterworfen wurden, eine zunächst sehr locker gefügte Verwaltungsorganisation — Statthalter an den vorhandenen größeren Plätzen, Anlage von Dienstsiedlungen an wichtigen Verkehrswegen — geschaffen und durch die Einhebung von Tributen, insbesondere auch von Geldtributen von Byzanz, die materiellen Mittel zum Unterhalt einer militärischen Macht gewonnen wurden.

II. KIEVS EINTRITT IN DIE EUROPÄISCHE STAATENWELT DES MITTELALTERS
(Von der Mitte des 10. bis zur Mitte des 11. Jahrhunderts)

Die Annahme des Christentums durch Ol'ga mußte dem Fürsten von Kiev auch im Westen Ansehen eintragen. Längst schon waren Handelsbeziehungen auch zum abendländischen Reich der Ottonen hergestellt; sie liefen teils über die Ostsee und über die Neva oder die westliche Düna, teils über Land von Regensburg nach Kiev. Sie brachten die begehrten Silbermünzen, die Otto-Adelheid-Pfennige ins Land, die zu Tausenden aus Schatz- und Verwahrfunden zutage gekommen sind.[1] Als Ol'ga ihrer Gesandtschaft an Otto d. Gr. den Auftrag gab, Missionare zu erbitten, handelte sie in der gleichen selbstverständlichen und selbständigen Weise wie 100 Jahre vor ihr der Fürst Boris der Bulgaren, der sich ebenfalls byzantinischem politischem Einfluß durch die Kontaktaufnahme mit Rom zu entziehen versuchte. Das setzt voraus, daß man in Kiev über die europäischen Machtverhältnisse sehr viel besser unterrichtet war, als die spärlichen Quellenzeugnisse erkennen lassen.

Wenn auch Svjatoslav (964—972) das Christentum nicht annahm, so zog er doch Gewinn aus der Entscheidung, die seine

Mutter gefällt hatte. Er hatte die Hände frei für eine großangelegte Offensive gegen den Osten. Zuerst griff er 964 die Vjatičen beiderseits der Oka an, einen ostslavischen Stamm, der den Chazaren tributpflichtig war. Anscheinend gelang es nicht, sie zu bezwingen; dafür unternahmen die Chazaren nunmehr ihrerseits einen Rachezug gegen Svjatoslav; dieser schlug in einem raschen und siegreichen Feldzug die Angreifer zurück, eroberte die chazarische Hauptstadt Itil an der Mündung der Wolga ins Kaspische Meer und nahm wolgaaufwärts ziehend auch Bolgar, die Hauptstadt des wolgabulgarischen Reiches, ein. Jetzt gelang die Unterwerfung der Vjatičen. Das Chazarenreich war vernichtet, freilich auch, wie sich bald zeigen sollte, der Schutz, den es vor den herandrängenden östlichen Nomaden geboten hatte. Als Svjatoslav sich in innerbyzantinische und byzantinisch-bulgarische Auseinandersetzungen hineinziehen ließ, erschienen erstmals die Pečenegen vor Kiev, dessen Verteidigung Ol'ga organisierte. Sie soll Svjatoslav zur Rückkehr veranlaßt und vor weiteren Abenteuern in der Ferne gewarnt haben, ehe sie 969 starb. Allein, Svjatoslav versuchte, sich in Bulgarien festzusetzen, wurde aber 971 vom byzantinischen Kaiser Johannes Tzimiskes zur Kapitulation gezwungen und zur Rückkehr nach Kiev verpflichtet. Dabei wurde er im Frühjahr 972 an den Dnepr-Stromschnellen von Pečenegen überfallen und getötet.

So abenteuerlich die kurze Regierungszeit Svjatoslavs auch gewesen sein mag, so wenig ist zu bezweifeln, daß sie dem Fürstentum Kiev einen sehr bedeutenden Zuwachs an Macht und Ansehen sowohl bei den Ostslaven als auch in Byzanz und im Abendlande eingebracht hat. Die zeitweilige Tributherrschaft über die Wolgabulgaren freilich war nicht von langer Dauer; Bolgar machte sich bald davon frei und wurde zum wichtigsten Umschlagplatz für den Handel von der Ostsee wolgaaufwärts zum Kaspischen Meer, nach Persien und Mittelasien. Die Vernichtung des bereits geschwächten Chazarenreiches öffnete die Steppenzone nördlich des Schwarzen Meeres für die Pečenegen, neue unruhige und gefährliche Nachbarn der Kiever Fürsten, aber wie des öfteren in der Geschichte hat dieser Ausgriff ins Große, ja, Maßlose, auch wenn ihm dauerhafter Erfolg versagt blieb, die Vorherrschaft des Fürsten von Kiev im ostslavischen Bereich nicht nur gestärkt, sondern unbezweifelbar und unangreifbar gemacht.

Svjatoslav hatte schon vor seinem Bulgarienfeldzug das Reich unter seine drei Söhne geteilt. Jaropolk, der älteste, erhielt Kiev, Oleg das Land der Derevljanen, Vladimir, der jüngste, aus einer Nebenehe, möglicherweise mit der Tochter des Derevljanenfürsten Mal, stammende Sohn, wurde mit Dobrynja, Bruder seiner Mutter, einem der Gefolgschaftsführer Svjatoslavs, nach Novgorod geschickt.[2] Zum erstenmal wird jene Form der Vererbung sichtbar, die in der Folgezeit zum Verhängnis des Kiever Fürstentums werden sollte: die Erbberechtigung aller männlichen Nachkommen, die zur Erbteilung führen mußte. Zugleich wird die sehr bedeutsame Stellung der großen Gefolgschaftsführer des Fürsten deutlich, die nach Svjatoslavs Tode zum Bruderkampf zwischen Jaropolk und Oleg führen sollte; einer der Gefolgschaftsführer Svjatoslavs hetzte die jungen Fürsten gegeneinander. Dabei spielten offenbar Rivalitäten unter den Gefolgschaftsführern eine Rolle. Als Oleg 977 getötet worden war, beabsichtigten Jaropolk und seine Gefolgsleute anscheinend die Einherrschaft wiederherzustellen, wie sie unter Igor und Svjatoslav bestanden hatte, und wollten auch Vladimir in Novgorod beseitigen. Dieser aber und sein Oheim Dobrynja flohen nach Schweden, warben dort skandinavische Gefolgsleute und unternahmen einen Feldzug gegen Kiev. Unterwegs wurde die Feste Polock genommen und das dort herrschende skandinavische Geschlecht ausgerottet. Vladimir zwang die überlebende Tochter des getöteten Fürsten Rogvolod (Ragnvald), Rogneda, zur Ehe und zog weiter nach Kiev, das er durch Verrat in seine Hand brachte. Jaropolk wurde von Gefolgsleuten Vladimirs ermordet, die Einherrschaft wiederhergestellt und zudem der Weg von Novgorod über Polock und die Berezina ins Derevljanenland und nach Kiev gesichert. Vladimir setzte später einen Sohn aus der Ehe mit der Polocker Fürstentochter, Izjaslav, zum Unterfürsten in Polock ein.

Der neue Fürst von Kiev, dem neben anderen charakterlichen Schwächen Verschlagenheit und Skrupellosigkeit nachgesagt wurden, sah sich, kaum hatte er Kiev genommen, Forderungen der angeworbenen skandinavischen Gefolgsleute gegenüber, deren Erfüllung ihm die mühsam errungene Herrschaft gekostet hätte. Er soll die unbequemen nordischen Gesellen nach Byzanz gewiesen haben, wo reicher Lohn zu gewinnen sei, zugleich aber den byzantinischen Kaiser vor ihnen gewarnt haben. Entspricht der Kern dieser Erzählung des Chronisten der Wirklichkeit, dann ist damit die Wiederaufnahme der Beziehungen zu Byzanz bezeugt, die auch im Interesse Vladimirs liegen mußte. Allerdings hat er, in dieser Beziehung ganz Sohn seines Vaters, vorerst keinerlei Absichten erkennen lassen, das Christentum anzunehmen.

Daß die Herrschaft des Kiever Fürsten auch jetzt noch in Frage gestellt werden konnte, geht daraus hervor, daß Vladimir in den Jahren 981 und 982 die Vjatičen unterwerfen mußte, jenen ostslavischen Stamm, den schon Svjatoslav nur mit Mühe hatte zur Tributpflicht zwingen können; auch die Radimičen, ein ursprünglich westslavischer Stamm, wurden 984 gewaltsam seiner

Herrschaft untergeordnet. Schon vor 20 Jahren war die Unterwerfung der Vjatičen nur deshalb gelungen, weil Svjatoslav damals die Wolgabulgaren durch Eroberung ihrer Hauptstadt Bolgar zur Botmäßigkeit zwingen konnte. Vladimir, der 985 das gleiche versuchte, hatte dabei keinen Erfolg und mußte das Unternehmen durch einen wohl als Kompromiß zustande gekommenen Friedensvertrag abschließen. Diese Vorgänge bezeugen, daß die gesicherte Herrschaft des Kiever Fürsten kaum über die Desna hinausgereicht und der Verbindungsweg nach Novgorod die Berezina aufwärts über Polock geführt hat. Es diente wohl der Sicherung dieses Verbindungsweges nach Norden, wenn Vladimir 983 die prußischen Jatvjagen (Jadwinger) angriff, zu denen Beziehungen schon früher bestanden haben müssen, war doch einer der Gesandten Igors in Byzanz im Jahre 944/45 jatvjagischer Herkunft. Zum erstenmal ist 981 Vladimir auch mit den westlichen Nachbarn zusammengestoßen; dabei ging es um den Besitz der Grenzburgen (Przemys'l, Červen u. a.) im Gebiet zwischen dem oberen San und oberen (nördl.) Bug. Die Ursache dieser Auseinandersetzungen ist unbekannt, doch wird man vermuten dürfen, daß Vladimir nach Westen Raum gewinnen wollte, denn über das umstrittene Gebiet liefen Verbindungswege nach Böhmen; das Karpatenvorland, dessen wichtigster Punkt Krakau war, befand sich in loser Abhängigkeit von Böhmen; hier siedelte der polnische (»ljachische«) Stamm der Wislanen; das zur gleichen Zeit wie Kiev entstandene und zu beträchtlicher Macht aufgestiegene Polen unter seinem ersten historisch bezeugten Herzog Mieszko I. († 992) hat erst rund anderthalb Jahrzehnte nach diesem Ereignis das Karpatenvorland (= Kleinpolen) gewonnen und sich damit zwischen das Kiever Reich und Böhmen vorgeschoben.[3]

Außenpolitische Mißerfolge gegen den Bulgarenherrscher Samuel und innerbyzantinische Ereignisse veranlaßten den in Bedrängnis geratenen Kaiser Basileios II. (976–1025), 987 Vladimir von Kiev um Hilfe anzurufen. Vladimir sandte ihm warägische Gefolgsleute und rettete ihn dadurch. Er verlangte freilich einen hohen Preis: die Ehe mit Anna, der »purpurgeborenen« Schwester der beiden Kaiser Basileios II. und seines Bruders Konstantin VIII. Dafür war er zur Annahme des Christentums bereit. Mit seinem eifrigen Heidenglauben, von dem viel gesprochen wurde, soll er doch sogar Opfer vor den von ihm aufgestellten Götterbildern dargebracht haben, scheint es also nicht weit her gewesen zu sein. Allein, die Verheiratung einer kaiserlichen Prinzessin mit dem heidnischen Barbarenfürsten stieß bei den byzantinischen Diplomaten auf Widerstand und verzögerte sich. Vladimir griff zur Gewalt. Er belagerte und eroberte 988 die wichtigste byzantinische Kolonie am Nordufer des Schwarzen Meeres, Cherson (altruss. Korsun') und erreichte, daß ihm nun die Byzantinerin zugesandt wurde. Daß die Taufe Vladimirs und seine Vermählung mit der Byzantinerin 989 in Cherson stattfand, wie in der sogen. »Korsuner Taufgeschichte« erzählt wird, wird man als den tatsächlichen Vorgängen gemäß ansehen dürfen.[4] Zweifellos waren die ersten Priester in Kiev Griechen; manche von ihnen kamen vielleicht aus Cherson, und es mag richtig sein, daß auch der erste Missionsbischof daher stammte. Schon zum Jahre 989 wird berichtet, daß Vladimir in Kiev nicht nur Götzenbilder beseitigen, sondern eine Kirche der Gottesmutter errichten ließ, für die er sich byzantinische Baumeister erbat. Auch die ersten heiligen Bilder, die Ikonen, kamen wohl aus Cherson. Da Vladimir dieser Kirche den Zehnten aus seinen Einkünften zuwies, wurde sie, die in ihrem Grundriß erhalten geblieben ist – die 944 erwähnte Eliaskirche ist bisher nicht gefunden worden –, später allgemein »Zehntkirche« (*desjatinnaja cerkov'*) genannt; sie stellt das erste steinerne Bauwerk auf Kiever Boden dar: eine einfache Kreuzkuppelkirche von bescheidenen Ausmaßen mit drei Apsiden, aber ausgestattet mit Fresken, Mosaiken und einem aus bunten Platten bestehenden Fußboden.[5]

Die Entscheidung Vladimirs für die Annahme des orthodoxen Christentums hat unübersehbare Folgen gezeigt. Der Fürst von Kiev trat in die christliche »Familie der Könige« des Mittelalters ein.[6] Durch seine Eheschließung mit einer byzantinischen Prinzessin rückte er sogleich unter den Fürsten seiner Zeit in die Spitzengruppe. Nicht einmal der westliche Kaiser Otto d. Gr. hatte für seinen Sohn und Mitkaiser Otto II. eine »purpurgeborene« Prinzessin aus Byzanz zu gewinnen vermocht, sondern sich mit einer Seitenverwandten des Kaisers Johannes Tzimiskes zufriedengeben müssen; diese, die Kaiserin Theophanu, hat, nach dem frühen Tode ihres Gatten von 983 bis 991 mit Energie, Klugheit und Geschick die Regierung geführt, während von Anna nicht berichtet wird, daß sie politischen Einfluß ausübte. Über die hohe Ehrung hinaus, die dem Rjurikidenhause durch diese Verbindung zuteil wurde, hat die Annahme des orthodoxen Christentums das kulturelle Schicksal des Ostslaventums entscheidend bestimmt. Seit der Mitte des 9. Jahrhunderts, seit dem Wirken der »Slavenapostel« Konstantin/Kyrill und Method in Mähren, verfügte das Slaventum über eine eigene slavische Kirchensprache. Sie wurde auch nach Kiev übertragen, da sie von den Neubekehrten verstanden werden konnte. Dies erleichterte zwar die Verbreitung der christlichen Grundtexte (Neues Testament, Psalmen, Teile des Alten Testaments); zugleich freilich gelangten keine anderen als die von den orthodoxen Missionaren (Griechen, Bulgaren) sorgfältig ausgewählten Schriften in die Kiever Rus', vor allem Predigten und Heiligenlegenden, einige wenige griechische Chroniken (Johannes Mala-

las, Georgios Hamartolos) sowie juristische, vor allem kirchenrechtliche Texte, religiöse Schriften und Dichtungen (Johannes von Damaskus z. B. und die weitverbreiteten Schriften des Johannes Chrysostomos, die Legenden von Barlaam und Josaphat, von Digenis Akrites und der Alexanderroman). Von der antiken griechischen Literatur oder Philosophie, die in Byzanz selbst doch noch immer mindestens zur künstlerischen Überhöhung des Stils herangezogen wurde, erfuhren die Ostslaven nichts. Infolgedessen fehlt dem geistigen Leben Rußlands von der Christianisierung bis ins 18. Jahrhundert die ständig sich wiederholende Auseinandersetzung mit der Welt der Antike, wie sie für den abendländischen Westen mit seiner lateinischen Kirchensprache so kennzeichnend ist. Dagegen übernahm die junge ostslavische Christenheit aus Byzanz die Abwehr alles dessen, was aus dem vom orthodoxen Glauben unterschiedenen, z. T. schon als häretisch angeprangerten lateinischen Westen stammte. Sie übernahm ferner den selbst nach Beendigung der großen innerbyzantinischen Auseinandersetzung des 8. Jahrhunderts um die Bilderverehrung (»Bilderstreit«) nie mehr ganz überwundenen Gegensatz zwischen der Staatskirche und ihrer Hierarchie und dem weltflüchtig asketischen Mönchtum, das bald auch in Kiev zu wirken begann.
Die Kirche der Rus' war, so wenig die Quellen über ihre Anfangszeit aussagen, ein Abbild der griechisch-orthodoxen Kirche von Byzanz in Dogma, Kultus, Kirchenlehre, Kirchenrecht und Verfassung.[7] Über die kirchliche Organisation der Anfangszeit ist nichts Näheres bekannt. Ein Metropolit wird in Kiev erst zum Jahre 1037 genannt. Indes ist kaum daran zu zweifeln, daß zunächst ein Missionserzbischof an der Spitze der jungen Kirche gestanden hat, daß anfänglich auch manche westlichen Einflüsse in ihr Eingang fanden, ohne ihren orthodoxen Charakter entscheidend bestimmen oder gar verändern zu können, und daß Elemente der örtlichen religiösen Vorstellungen in sie einströmten. In keinem Falle freilich haben sich Vladimir, den die orthodoxe Kirche der Rus' seit dem 13. Jahrhundert als Heiligen verehrte, und seine Nachfolger durch die Übernahme des orthodoxen Christentums politisch in Abhängigkeit von Byzanz zwingen lassen, wie sie andererseits auch nie den Anspruch auf die Herrschaft über Byzanz erhoben haben wie die Herrscher der Bulgaren und später der Serben.
Die Übernahme des orthodoxen Christentums festigte die Stellung der Fürsten von Kiev im Inneren außerordentlich. Als christlicher Herrscher, als »Gesalbter des Herrn« rückte der Fürst hoch über seine Untertanen, über die Gefolgsleute und den Stammesadel empor, sofern dieser sich noch behauptete. Die Kirche trat ihm als Ratgeber, aber auch ganz konkret als Helfer an die Seite. Wenn auch die sogen. »Kirchenordnung Vladi-

mirs« in den vorliegenden Redaktionen gewiß aus späterer Zeit stammt, so bleibt bestehen, daß die Kirche seit 889 nicht nur für die Weltgeistlichen, die Mönche und Nonnen, sondern für alle in ihrem Dienste Stehenden (die Pfarrersfrauen, die Hostienbäckerinnen, die Ärzte sowie alle Bediensteten der Hospitäler, Armenhäuser und Fremdenherbergen) einen rechtlichen Sonderstatus erhielt und ihr außerdem bestimmte Gebiete des Rechtslebens, vorab das Ehe- und Familienrecht einschließlich des Erbrechts, aber auch gewisse Gebiete der öffentlichen Verwaltung und Rechtspflege, z. B. die Aufsicht über Maße und Gewichte, dazu die Obsorge für die Kranken und Armen, Fremden und Pilger zugewiesen wurden. Man könnte bezweifeln, ob die Aufsicht über Maße und Gewichte eine ursprüngliche Aufgabe der Kirche war; aber rings um die Kirchen entfaltete sich oft das Marktleben; darüber hinaus war die Kaufmannskirche, wohl nicht nur im Ostseegebiet, auch der Ort, an dem man Waren und Geld sicher aufbewahren konnte, denn dort waren sie nicht nur durch Mauer, Tür und Schloß, sondern auch durch den besonderen Schutz und Schirm der fürstlichen Obrigkeit für den heiligen Ort gesichert. Endlich bezeugt schon Bischof Thietmar von Merseburg, der Zeitgenosse Vladimirs, daß es in Kiev viele Kirchen und Märkte gegeben habe, nennt also beide in unmittelbarem Zusammenhang. Die Kirche war auch Aufbewahrungsort der verwendeten Maße und Gewichte. Ihre Diener waren als außerhalb weltlicher Händel stehende Unparteiische besonders geeignet, ihre Richtigkeit zu prüfen. Indem Vladimir der Kirche den zehnten Teil der Gerichtsgebühren und der Einnahmen aus dem Handel sowie einen Vieh- und Kornzehnten der von ihm abhängigen Landbevölkerung zusprach und später er und seine Nachfolger ihr auch Land und Leute übergaben, entstanden kirchliche Vermögen, zunächst Sachwerte, dann aber auch Grundstücke mit darauf lebenden Menschen, die der Jurisdiktion der Kirche unterstanden, autonome Rechtsbezirke, für die das im Nomokanon kodifizierte Kirchenrecht von Byzanz galt.

Damit aber gelangten rechtliche Normen in das Kiever Reich, die dort bisher unbekannt gewesen waren. Die Stellung des Fürsten als Richter erhielt auch von dieser Seite her eine starke Stütze. Selbst wenn in Zeiten der Auseinandersetzung der Fürsten mit der Bevölkerung alle Rechte der ersteren eingeschränkt wurden, wurde nie bestritten, daß sie oder ihre Beauftragten die Rechtsprechung wahrzunehmen hatten. Dies deutet darauf hin, daß es sich um eine seit langem dem Fürsten vorbehaltene Aufgabe handelte, die in frühe Zeiten zurückweist. Es nimmt daher nicht wunder, daß zu den ältesten schriftlichen Quellen des Kiever Reiches nicht etwa die Chroniken gehören, sondern Rechtsdenkmäler: außer der »Kirchenordnung Vladimirs«

(und der seines Sohnes Jaroslav) die »Russkaja Pravda«, das altrussische Rechtsbuch, dessen älteste Fassung man in eine Zeit zurückverfolgen kann, die der Regierung Vladimirs nicht allzu fern steht. Insofern ist die Kodifizierung der Rechte der Kirchen auch für das weltliche Recht des Fürsten von Bedeutung gewesen, indem es dazu anregte, auch dieses zu kodifizieren.
Freilich gehört die »Russkaja Pravda« erst der Zeit von Vladimirs Nachfolgern an. Er selbst hat nach der Annahme des Christentums und der engen Verbindung mit Byzanz sich der Sicherung der durch die Pečenegen gefährdeten Südostgrenze seines Reiches zugewandt. Er errichtete eine durch eine Kette von Grenzburgen gesicherte Grenzbefestigung, von der Brun von Querfurt eine anschauliche Schilderung gibt; er lernte sie kennen, als er auf dem Wege zum Khan der Pečenegen von Vladimir selbst bis zu ihr begleitet wurde.[8] Die sehr lange und sehr feste Grenze muß aus Wall und Graben bestanden und Tore besessen haben, die bewacht wurden. Jedenfalls war sie geeignet, die Angreifer zurück- oder mindestens aufzuhalten. Kiev selbst ließ Vladimir neu befestigen. Die auf einem Hügel gelegene sogen. »Vladimirstadt« war freilich von bescheidenem Umfange und auch der posad, die damals wohl noch offene Handelssiedlung zu Füßen der Burg am Ufer des Dnepr, wies zu Vladimirs Zeiten zwar schon Anfänge eines städtischen Lebens auf, dürfte indes noch nicht wesentlich vergrößert worden sein. Mittelpunkt des kirchlichen Lebens war die Zehntkirche in der Vladimirstadt, in die im Jahre 1007 Reliquien übertragen wurden; zu dieser Zeit war sie zwar noch nicht vollendet, aber jedenfalls schon benutzbar.
Wie seine Großmutter Ol'ga, so hat auch Vladimir das Novgoroder Land unter seiner unmittelbaren Herrschaft festgehalten und weilte zu Ende des Jahrhunderts selbst im Norden. Er gab es zuerst seinem Sohn Vyšeslav, nach dessen Tode (1001) dem jüngeren Jaroslav, ebenfalls einem Sohn der Polocker Fürstentochter Rogneda; der führte anscheinend dort ein sehr selbstherrliches Regiment und war nicht gesonnen, sich Kiev unterzuordnen. Wie seinerzeit Vladimir selbst, so verpflichtete auch Jaroslav bei den 1014 ausbrechenden Streitigkeiten mit seinen Brüdern Waräger aus Skandinavien als Gefolgsleute. Ein anderer Sohn Vladimirs, Svjatopolk, war als Statthalter nach Turov am Pripjet, einem neuen Fürstensitz, geschickt worden; von den jüngeren Söhnen hatte zuerst Jaroslav, nach 1001 Boris das recht weit im Nordosten gelegene Rostov, Gleb das im finnischen Siedelgebiet gelegene Murom erhalten; Svjatoslav war im Derevljanenlande, Vsevolod in Vladimir Volynsk (in Wolhynien), Mstislav gar in dem fernen Tmutarakan' an der Meerenge von Kerč als Fürst-Statthalter eingesetzt worden. Der Umkreis der Herrschaft Vladimirs ist damit angegeben; neu

hinzugekommen sind zu Beginn des 11. Jahrhunderts die nordöstlichen Gebiete von Murom bis Rostov und die südwestlichen Gebiete, d. h. vor allem Vladimir Volynsk und die »červenichen Burgen« bis an den oberen San. Daß die Gegend um Rostov, geographisch eine Insel fruchtbaren Bodens, ethnographisch bereits im Gebiet der finnischen Merja, zu Beginn des 11. Jahrhunderts auch von ostslavischen, von Westen kommenden Siedlern erreicht worden ist, wird man annehmen dürfen.[9] Mit Rostov und dem südöstlich davon an der Oka gelegenen Murom war das Flußgebiet der Wolga erreicht. Es waren zugleich die östlichsten Punkte, über die die Ostslaven im Mittelalter nicht wesentlich hinausgelangt sind. Während Rostov wohl von Westen von Menschen aus dem Gebiet der Slovenen und Krivičen besiedelt worden ist, erfolgte die Gewinnung von Murom von Südwesten her. Voraussetzung dafür war die Unterordnung der Vjatičen und die Sicherung der Straße vom oberen Don zur oberen Oka. Hieraus ergibt sich, daß das Fürstentum Kiev aus dem Kernraum um Kiev, Černigov und Perejaslavl' heraus sowohl nach Südwesten wie nach Nordosten seine Herrschaft ausgedehnt hatte und neue Herrschaftszentren Bedeutung zu gewinnen begannen.

In den Bruderkämpfen, die unter Vladimirs Söhnen nach seinem Tode einsetzten, bemächtigte sich Svjatopolk, den Vladimir in Kiev hatte einsperren lassen, des Fürstensitzes Kiev. Noch im gleichen Jahr wurden Boris und Gleb erschlagen. Beide Brüder galten als fromme und unschuldige Opfer ihres bösen Bruders und genossen schon bald nach ihrem Tode als Heilige hohe Verehrung. Daß auch Jaroslav an der Beseitigung des Boris nicht ganz unschuldig war, berichtet die spätere, aber auf zeitgenössische Nachrichten zurückgehende Eymundarsaga, während in der altrussischen Überlieferung Jaroslav als der Rächer der beiden erscheint. Das Bild, daß die altrussische Überlieferung von Jaroslav »dem Weisen« (*Mudry*) zeichnet, ist bewußt stilisiert worden und nicht zuverlässig. Sie berichtet, daß auch Svjatoslav von Svjatopolk verfolgt und umgebracht worden sei und der siegreiche Fürst erklärt habe, er wolle alle seine Brüder beseitigen, um Alleinherrscher zu sein.[10] Indes konnte Svjatopolk sich seines Sieges über die ihm als Rivalen gefährlich gewordenen Brüder nicht lange erfreuen. Schon 1016 besetzte Jaroslav mit der in Skandinavien angeworbenen Gefolgschaft Kiev und vertrieb Svjatopolk; dieser floh nach Polen. Er war mit einer Tochter des Polenherzogs Bolesław I. Chrobry vermählt und konnte seinen Schwiegervater, der nach langen Kämpfen mit König Heinrich II. 1015 zu Merseburg Frieden geschlossen und damit die Hände frei hatte, 1018 zu einem Zug gegen Kiev bewegen, auf dem ihn nicht nur ein deutsches Hilfskontingent, sondern auch ein deutscher Bischof, Reinbern von Kolberg, ein Sachse, begleiteten.[11] Freilich war die Besetzung Kievs nur von kurzer Dauer; Bolesław I. zog sich zurück, Svjatopolk floh zu den Pečenegen, die er als Hilfstruppe herbeiholte; allerdings gelang es ihm nicht, Jaroslav aus Kiev zu vertreiben. Als Landesflüchtiger ist er ums Leben gekommen.

Die Herrschaft Jaroslavs war damit allerdings noch keineswegs gesichert; er hat Kiev zeitweilig seinem Neffen Brjačislav Izjaslavič von Polock überlassen müssen und nicht verhindern können, daß Mstislav von Tmutarakan' sich am linken Dneprufer mit dem Mittelpunkt Černigov ein neues Herrschaftsgebiet erkämpfte. Ein 1024 mit Hilfe von neu angeworbenen skandinavischen Warägern unternommener Versuch, Mstislav zu vertreiben, schlug fehl. Erst 1026 konnte sich Jaroslav Kievs erneut bemächtigen und schloß nun mit Mstislav einen Teilungsvertrag. Mstislav behielt die Gebiete links des Dnepr, Brjačislav scheint sich nach Polock zurückgezogen zu haben.[12] Erst nachdem Mstislav 1036 gestorben war, konnte Jaroslav die Oberherrschaft über das gesamte Reich in seine Hand nehmen; wieweit sie auch das Polocker Land erfaßte, ist nicht mit Sicherheit zu sagen.

Nicht erst seit 1036, sondern bereits während des Kampfes um Kiev hat Jaroslav Beziehungen zunächst zu Herrschern und Mächten Nordeuropas, dann zum Reich, zu Polen, Böhmen, Ungarn und Frankreich aufgenommen, von denen die altrussische Chronistik infolge ihrer gegen den römisch-katholischen Westen gerichteten Grundeinstellung so gut wie gar nichts berichtet. 1019 heiratete er die Tochter König Olofs von Schweden, Ingigerd-Irene († 1050), von deren bedeutender Stellung am Fürstenhof zu Kiev die nordischen Sagas mancherlei zu erzählen wissen. Bei dem Kampf um Kiev stieß er mit dem Schwiegervater seines Bruders Svjatopolk, Herzog Bolesław I. Chrobry (»der Tapfere«) von Polen zusammen, und der Kampf um das Gebiet der červenischen Burgen im Grenzbereich Polens und des Kiever Reiches zog sich lange mit wechselnden Erfolgen hin. Mit Kaiser Konrad II. (1024–1039) ergab sich nach Bolesławs I. Tode (1025) ein politisches Zusammenspiel gegen dessen Sohn Mieszko II., sowie nach dessen Tode (1034) im gemeinsamen Eintreten für dessen Sohn Kasimir I., den Erneuerer der herzoglichen Machtstellung in Polen. Jaroslav und Konrad II. verhalfen dem ins Reich geflüchteten Polenherzog zur Rückkehr, und Jaroslav vermählte ihn mit einer wohl erheblich jüngeren Stiefschwester, während er für seinen Sohn Izjaslav die Hand der Schwester Kasimirs, Gertrud, gewann. Da Kasimirs Mutter Richenza von Vaterseite dem Lothringer Pfalzgrafenhause entstammte, das mit den Karolingern verwandt war, mütterlicherseits als leibliche Nichte Kaiser Ottos III.

dem Kaiserhause der Ottonen angehörte, ergab sich dadurch auch für das Kiever Fürstenhaus eine verwandtschaftliche Beziehung zu den beiden vornehmsten Häusern der abendländischen Welt. Es verwundert daher nicht, daß Jaroslav 1042 den Versuch machte, eine seiner Töchter, Anna, mit dem Erben des Reiches, dem jungen König Heinrich III., zu vermählen, doch gelang dies nicht. Dafür konnte Jaroslav für seinen Sohn Svjatoslav eine Frau aus höchstem sächsischem Adel gewinnen. Anna wurde im gleichen Jahre 1043 mit König Heinrich I. von Frankreich vermählt, eine andere Tochter Anastasia 1046 mit König Andreas I. von Ungarn, während seine Tochter Elisabeth schon 1043 mit König Harald Hardraade von Norwegen verheiratet war. Diese Heiratspolitik spiegelt die weitgespannten politischen Absichten des Kiever Fürsten.
Nach jahrzehntelangen friedlichen Beziehungen zu Byzanz ließ Jaroslav 1043 seinen Sohn Vladimir mit einer starken Truppe gegen das östliche Kaiserreich ziehen. Welche Absichten ihn dazu bewogen, ist unklar; das Unternehmen brachte auch nichts ein, aber noch vor 1052 erfolgte nach Aussöhnung mit Byzanz die Eheschließung seines Sohnes Vsevolod mit einer Verwandten (Tochter oder Nichte?) des Kaisers Konstantin IX. Monomachos. Gerade diese Verbindung ist von der späteren russischen Überlieferung besonders herausgestellt worden. Der byzantinische Kaiser, so erzählte man später, habe dem Kiever Fürsten damals mit seiner Tochter auch eine Krone zugesandt. In der Tat ist im Großfürstentum Moskau eine »Mütze Monomachs« als Herrschaftszeichen benutzt worden. Freilich handelt es sich dabei um einen aus Ägypten stammenden goldenen Prunkhelm, den erst im 14. Jahrhundert der Tatarenkhan dem Großfürsten Ivan I. Kalita geschenkt hat.
Der Fürst von Kiev war durch seine Verbindungen mit vornehmsten Familien im Norden und Westen und in Byzanz in jene »Familie der Könige« eingerückt, die die Geschicke des mittelalterlichen Europa bestimmten. Daß er nicht gesonnen war, sich in seine freie Entscheidung hineinreden zu lassen, beweist die Ernennung eines altrussischen Mönches, Ilarion, zum Metropoliten der seit 1037 sicher bezeugten Metropolie von Kiev ohne Billigung und Einverständnis des Patriarchen von Konstantinopel (1051). Welches Ansehen Jaroslav im eigenen Lande genossen haben muß, bezeugt jene von ungelenker Hand in den Verputz eines Pfeilers der Sophienkathedrale zu Kiev geritzte Inschrift, daß am 20. Februar (1054) »unser Zar« gestorben sei.[13] Derjenige, der dies schrieb, vielleicht einer der Geistlichen der Kirche, gab damit seinem Herrn den Titel, den die schriftlichen Denkmäler allein dem byzantinischen Kaiser und den Herrschern der östlichen Nomadenreiche vorbehalten. Jaroslav selbst hat sich und seine Familie auf dem Stifterbild

Abb. 2: Einritzung an einem Pfeiler der Sophienkathedrale in Kiev: »Im (Jahre) 6562 (1054) im Monat Februar am 20. Tod unseres Zaren . . .«

in der Sophienkathedrale, das nur in Teilen erhalten, aber aus alten Beschreibungen bekannt ist, in kaiserähnlicher Tracht und Art darstellen lassen; der weiße Marmorsarkophag, in dem er sich beisetzen ließ, ist den byzantinischen kaiserlichen Prunksarkophagen nachgebildet, Zeugnis eines Selbstbewußtseins und Selbstverständnisses, das in dieser Form freilich vereinzelt geblieben ist.

Die spätere Überlieferung hat Jaroslav den Beinamen »der Weise« (Mudry) gegeben. Damit ist angedeutet, daß nicht seine kriegerischen Taten und politischen Erfolge seine Bedeutung ausmachen sollten, sondern die Obsorge für die kulturelle Entwicklung seines Landes. Er baute Kiev zu einer der politischen Macht des Fürsten entsprechenden Residenz aus, umgab sie mit einer Mauer, in die er dem Vorbild der Kaiserstadt Byzanz folgend auch ein Goldenes Tor mit einer kleinen Muttergotteskirche darüber einfügen ließ. Er stiftete ein Männerkloster, zu dessen Patron er den hl. Georg bestimmte, dessen Namen er selbst in der Taufe empfangen hatte, und ein Frauenkloster der hl. Irene nach dem Taufnamen seiner Gattin Ingigerd. Er soll persönlich die Geistlichen und die Mönche gefördert, die Übersetzung griechischer Werke ins Slavische angeregt und die Verbreitung von Bildung bei seinen Untertanen gefördert haben. Der von ihm ernannte Metropolit Ilarion, ein griechisch gebildeter Mann, hat einige Schriften, unter ihnen die berühmt gewordene Predigt über das Gesetz (d. h. das Alte Testament) und die Gnade (das Evangelium Christi) mit einem Lob auf Vladimir, den Vater Jaroslavs, hinterlassen, aus denen sich Bildung und Weltsicht dieses ersten ostslavischen Hierarchen erkennen lassen.[14] Das künstlerische Schaffen erreichte während der Regierungszeit Jaroslavs in der Kiever Sophienkathedrale, die wie ihr byzantinisches Vorbild der Sophia, der göttlichen Weisheit, geweiht war, einen ersten Höhepunkt. Die Kreuzkuppelkirche mit fünf Apsiden und offenen Galerien mit Arkadenbögen an der Nord-, Süd- und Westseite erhielt reichen Schmuck an Mosaiken, unter denen das Bild der betenden Gottesmutter über der Hauptapsis an Qualität byzantinischen Vorbildern nahekommt.[15] Die Sophienkathedrale wurde das Vorbild für die gleichfalls unter Jaroslav begonnene Sophienkathedrale in Novgorod und die Erlöserkathedrale in Černigov, die Mstislav errichten ließ. Die in das Kiever Reich gekommenen byzantinischen Künstler holten sich schon während der Arbeiten an der Sophienkathedrale einheimische Schüler dazu, so daß seit Mitte des 11. Jahrhunderts eine zwar von byzantinischem Vorbilde geprägte, aber ungeachtet dessen durchaus eigenständige und eigenartige Kunstprovinz sich herauszubilden begann.

Jaroslav und seiner Zeit werden auch zwei wichtige Rechtsdenkmäler zugeschrieben: die sogen. »Kirchenordnung (Ustav) Jaroslavs« und die älteste Redaktion des altrussischen Rechts, die »Russkaja Pravda«.[16] Bei der »Kirchenordnung« handelt es sich um Ergänzungen und Weiterbildungen der Bestimmungen aus der Zeit Vladimirs, in der Hauptsache Vorschriften über das Ehe- und Familienleben und Festsetzung von Strafen für Vergehen gegen die kirchlichen Eherechte sowie um die Regelung von Kompetenz und Umfang des geistlichen (bischöflichen) Gerichts über den seiner Rechtsprechung unterstehenden Personenkreis. Hier nun weist ein Artikel, der vermutlich schon der ersten Redaktion angehört hat, auf die Immunität hin: »Aber was getan wird von Hausleuten und von Kirchenleuten und Klöstern, in das sollen sich die fürstlichen Amtsleute (tiuny = Vögte) nicht einmischen, sondern das verwalten die bischöflichen Amtsleute, und ihr erbenloses Vermögen fällt an den Bischof«. Dabei wird auch auf die inzwischen entstandene kirchliche Organisation hingewiesen, die neben dem Metropoliten von Kiev Bischöfe umfaßte; unter den Bischofssitzen dürfte Novgorod vielleicht schon zu Lebzeiten Vladimirs eingerichtet worden sein; Černigov und Belgorod, das von Vladimir begründet worden war, werden schon früh als weitere Bischofssitze genannt. Aus den Bestimmungen der »Kirchenordnung« läßt sich unschwer herauslesen, in welchem Maße der fortschreitende Ausbau der kirchlichen Organisation und das Anwachsen kirchlichen Grundbesitzes auch die sozialen Verhältnisse verändert haben, ganz abgesehen davon, daß neue soziale Gruppen in die Rus' kamen oder sich dort bildeten, wie die verschiedenen am Kirchenbau und in der kirchlichen Kunst tätigen Handwerker und Künstler. Auch die für die Kirche arbeitende bäuerliche Bevölkerung genoß Sonderrechte, obwohl sie, wie sich später zeigte, auch zu allgemeinen, vom Fürsten geforderten Lasten und Abgaben herangezogen wurde. Sie unterstand nicht den vom Fürsten eingesetzten weltlichen Richtern. Dies hat in späterer Zeit zu Fluchtbewegungen der Bauern unter den Schutz der als milder geltenden geistlichen Grundherren geführt.

Die »Russkaja Pravda« gibt in ihrer ältesten Fassung einen ersten Einblick in die sozialen Verhältnisse Altrußlands um die Mitte des 11. Jahrhunderts. Freilich dürfte nur ein Ausschnitt sichtbar werden, nämlich diejenigen sozialen Gruppen, für die die Bestimmungen der ältesten Redaktion der »Russkaja Pravda« gedacht waren. Schon die Einführung des Wergeldes (*vira*) als einer Bußtaxe anstelle der bis dahin wohl geübten Blutrache, die übrigens für bestimmte enge Verwandtenkreise erlaubt blieb, zeugt davon, daß der Fürst von Kiev das oberste Richteramt beanspruchte und durchsetzte, die — seit dem Ausgang des vorangegangenen Jahrhunderts christliche — Obrigkeit die Obsorge für die öffentliche Sicherheit und Ordnung übernahm. Den Gefolgschaften, welche sich zu einem Teil aus Skandinaviern zusammensetzten, wurden in der »Russkaja Pravda« besondere Rechte eingeräumt; ihr Leben und ihr Besitz wurden durch die höchsten Wergelder geschützt.[17] Diese Gefolgschaft (altruss. *družina*) bildete vorerst noch eine einheitliche Gruppe der »fürstlichen Leute«. Später wurden zwei Gruppen daraus, eine »ältere Gefolgschaft« (staršaja družina), die die mächtigen und reichen »großen Bojaren« mit eigenen Gefolgschaften umfaßte, und eine »jüngere« (»*mladšaja družina*«, später auch »Bojarenkinder«, »*deti*«, »*deti bojarskie*« genannt), die aus Kriegern bestand, welche sich als einzelne bei dem Fürsten verdingten. Eidlich bekräftigte Verträge banden Fürst und Gefolgschaft gegenseitig. Die Entlohnung, Verpflegung und Versorgung der Gefolgschaften war oft die Veranlassung zu beutesicheren Feldzügen; eine Vergabe von Land an die Gefolgschaften erfolgte im 10. und noch im 11. Jahrhundert sicher noch nicht, da dies dem Wesen der družina widersprochen hätte. Allerdings wurden Angehörige der »älteren« Gefolgschaft als Statthalter des Fürsten in die verschiedenen Reichsgebiete entsandt, aber nur in Einzelfällen mögen sie dort für dauernd seßhaft geworden sein. Gefolgschaften und Gefolgschaftsführer als Berater, Erzieher und wohl auch als Bewacher wurden den Söhnen der Fürsten beigegeben, denen Fürstensitze zugeteilt wurden. Dabei kam es schon früh zu Rivalitätskämpfen der Gefolgschaftsführer, deren Einfluß von Macht und Ansehen des Fürsten, dem sie dienten, abhing. Sicher ist, daß unter den Angehörigen der beiden Gruppen von Gefolgsleuten neben Skandinaviern und Ostslaven Angehörige finnischer und baltischer Stämme zu finden waren.

Zu unterscheiden von diesen Gefolgschaften, die das auf Zeit vom Fürsten angeworbene und unterhaltene Heer darstellten, ist das allgemeine Aufgebot (*opolčenie*) der gesamten freien und waffentragenden Bevölkerung durch den Fürsten mit einer dem Dezimalsystem folgenden Einteilung (Hundertschaften, Tausendschaften), dessen Herkunft unbekannt ist.[18] Unklar ist, ob dieses Aufgebot noch einen Rest der Stammesorganisation darstellte, unter den besonderen Bedingungen des frühen Kiever Fürstenstaates zeitweilig an Bedeutung verlor und erst im Zusammenhang mit dem sich bildenden Städtewesen diese wieder zurückgewann. In jedem Falle umfaßte es die freie, waffentragende Bevölkerung, worunter man sich vor allem die große Masse der Bauern zu denken hat.

Kein anderes Problem ist von der russischen und sowjetischen Forschung so viel diskutiert worden, wie das Verhältnis der Fürsten und der sozialen Oberschicht zu den Bauern.[19] Eine Art von Herrschaft über die in einem bestimmten Umkreis wohnende landbebauende Bevölkerung haben wohl schon die ostslavischen Herren der Burgen in der Frühzeit ausgeübt. Nach der Entstehung des Kiever Reiches werden vor allem in den Rechtsaufzeichnungen verschiedene Gruppen bäuerlicher Bevölkerung genannt, deren rechtliche und tatsächliche Stellung schwer auszumachen und gegeneinander abzugrenzen ist. Kaum ein Zweifel besteht darüber, daß die größte Gruppe, die Smerden (*smerdy*), freie Bauern waren, die als Waffenträger dem allgemeinen Aufgebot zu folgen hatten. Sofern auch sie Abgaben, z. B. Gerichtsgebühren, zu leisten hatten, zog sie der Fürst selbst oder durch Beauftragte als Landesherr und oberster Richter ein. Ob dieses freie Bauerntum bereits im 10. und 11. Jahrhundert auch in bestimmten Verwaltungsbezirken zusammengefaßt war, ist nicht zu sagen. Die Bezeichnung für »Herrschaft« (*volost'*, *vlast'*) in den Chroniken wird erst später auf einen bestimmten territorialen Bereich bezogen. Allerdings gab es Verwaltungseinheiten, die sicherlich auf Eingriffe der Fürsten zurückgehen: Steuer- und Abgabenbezirke, die, wie dies von der Fürstin Ol'ga berichtet wird, aus dem übrigen Lande für die Fürsten »ausgesondert« wurden. In ihrer Bezeichnung (*pogost'*) steckt das Grundwort *gost'* (Gast); die Abgaben, die sie zu leisten hatten, waren mit der Gastung, der Aufnahme und Verpflegung des Fürsten oder seines Beauftragten verbunden, der in einer Zeit der vorwiegenden Naturalwirtschaft große Bedeutung zukam. Diese in einer byzantinischen Quelle als »*poljud'e*« bezeichnete Einsammlung der Abgaben durch den Fürsten selbst bzw. seine Beauftragten wurde ergänzt durch die Einrichtung von Dienstsiedlungen mit vom Fürsten abhängigen Leuten für bestimmte Handwerke (Schmiede, Töpfer), für Vieh- und Pferdezucht, für die Jagd, Fischerei, die Biber- und Waldbienenzucht.

Im Zusammenhang mit der Einrichtung solcher Dienstsiedlungen dürften auch Veränderungen im Siedlungsbild verbunden gewesen sein, jedenfalls dort, wo die fürstliche Herrschaft sich schon früh auch auf dem Lande festsetzen konnte. Das geschah vor allem im Norden, für den die agrarischen Verhältnisse auch am besten bezeugt sind. Hier entstanden mit einem fürstlichen Hof oder doch einem Sammelplatz für die Abgaben als Mittelpunkt (*selo* = Dorf genannt) agrarische Verbände, die eine Reihe von Siedlungen (*derevnja* = Dörfchen, Kleinsiedlung) zusammenfaßten. Auch die Kirche folgte in ihrer Organisation dieser ländlichen Durchdringung bzw. Umgestaltung, indem im Dorf auch eine Kapelle, später eine Kirche, der Mittelpunkt des Pfarrsprengels, angelegt wurde, wie dies im Norden bezeugt ist.[20] Inwiefern die fürstlichen Dienstleute ihrer sozialen Stellung nach Halb- oder Unfreie waren, läßt sich aus den Quellen nicht klar erkennen; aber daß es solche Abhängigkeitsverhältnisse (Schuldknechtschaft, Schutzherrschaft, mit Arbeitsverpflichtung, vertragliche und wohl auch zeitlich begrenzte Arbeit für einen Herrn) gab, ist bezeugt. Sklaverei im eigentlichen und strengen Sinne kam zwar vor, aber auch die Sklaven (*raby, cholopy*), Kriegsgefangene oder durch andere Umstände unfrei gewordene Leute, bildeten nur eine Gruppe neben anderen in dieser breiten sozialen Unterschicht; von »Massen«, wie dies in der sowjetischen Forschung in der Regel bedenkenlos geschieht, wird man für das Mittelalter mit seiner geringen Bevölkerung auf riesigen Räumen ohnehin nicht sprechen können.

Eine eigene Gruppe bildeten die nach der Einführung des Christentums geistlichen Grundherren unterstellten Bauern, die »Kirchenleute«. Es mag sein, daß die später allgemein verwendete russische Bezeichnung für den Bauern (*krest'janin* aus *christianin* = Christ) ursprünglich die auf Kirchenland ansässigen, für Kirche oder Kloster arbeitenden Bauern, die kirchlichen Dienstleute meinte, die naturgemäß auch als diejenigen gelten dürfen, die das Christentum, das sich gewiß nur langsam unter der bäuerlichen Bevölkerung ausbreitete, als erste annahmen.

Eine besondere Gruppe bildeten die in den Quellen früh genannten »*izgoi*«.[21] Das Wort bedeutet eigentlich den aus einem bestimmten Lebenszusammenhang (Familie, Siedelgemeinschaft) Ausgestoßenen oder Hinausgetriebenen. Das konnten Bauern einer Siedlung sein, die sich im umliegenden Waldlande ein Stück gerodet und sich darauf niedergelassen hatten, oder auch solche, die ihre Familie verstoßen hatte; ein »*izgoj*« konnte auch ein Fürstensohn sein, den seine Verwandten um sein Erbe gebracht und vertrieben hatten; »*izgoi*« waren aber auch verarmte, als Bettler durchs Land wandernde Leute verschiedenster Herkunft. Sie fielen unter die Obhut der Kirche und ihrer Gerichtsbarkeit.

Die nachhaltigsten Veränderungen im sozialen Leben Osteuropas brachte die Entstehung der Städte mit sich.[22] Ständige oder zeitweise besuchte Handelsplätze, Emporien, gab es im osteuropäischen Raum, der nur im Süden, um das Schwarze Meer, Städte kannte, schon in der Vor- und Frühzeit. Diese lagen meist in der Nähe, mitunter zu Füßen von befestigten, auf Höhen oder in sonstiger Schutzlage angelegten Burgsiedlungen, meist unmittelbar am Fluß oder See, über den der Handelsverkehr abgewickelt wurde. Neben Emporien, deren Besucher zum überwiegenden Teil als Fernhändler von weit her kamen, gab es jene »nichtagrarischen Wirtschaftszentren«, von denen aus Handwerk und Gewerbe einen beschränkten Umkreis mit Waren versorgten. Die Anfänge der Stadtentstehung, die vor allem die sowjetische Forschung lange Zeit in das

Abb. 3: Silbermünzen, Vladimir dem Heiligen zugeschrieben, aus dem Anfang des 11. Jahrhunderts, möglicherweise aber erst unter Vladimir II. Monomach geprägt. Sie zeigen auf der Vorderseite Christus mit dem Kreuzstab, auf der Rückseite das Hauszeichen (stilisierter Falke) der Rjurikiden.

Abb. 4: Geschäftsbrief auf Birkenrinde, Novgorod, Wende vom 11. zum 12. Jahrhundert: »Von Tverdjata an Zouber. Ziehe von der Herrin dreizehn Rezan (= kleine Geldmünze) ein.«

7. oder 8. Jahrhundert zurückverlegte, lassen sich für den größten Teil der städtischen Siedlungen der Rus' nicht über das 10. Jahrhundert zurückverfolgen.[23] Diese als *podol* (später *posad*) bezeichneten Siedlungen, die zunächst unbefestigt bzw. nur schwach befestigt und regellos waren, enthielten neben Markt und Warenlagern, Häusern für die ständige Einwohnerschaft, Werkstätten und Herbergen, früh auch Kirchen, wie die Eliaskirche in Kiev, von der bezeugt wird, daß sie im *podol* lag. In Kiev, der Hauptstadt des Reiches, lag der *podol* am Dneprufer, während die sogen. Vladimirstadt und die daneben errichtete, um vieles größere »Jaroslavstadt« auf Hügeln des Dnepr-Hochufers lagen. Die verschiedenen Bezirke sind nie ganz zu einer Einheit verschmolzen. In Novgorod schied der Volchov den Sitz des Fürsten und des Bischofs, die nach der Sophienkathedrale benannte »Sophienseite« (auch »*Detinec*«, d. h. Burg) auf dem rechten Ufer des Volchov, von der »Handelsseite« auf dem gegenüberliegenden linken Ufer. Auch in Polock waren Burg und Handelsniederlassung keine Einheit. Neben diese und viele andere meist an Verkehrsknotenpunkten oder im Zentrum eines Stammesgebietes erwachsenen städtischen Siedlungen trat seit dem 10. Jahrhundert, seit der Festigung der Herrschaft der Kiever Fürstenfamilie die Gründungsstadt als Burg und Grenzbefestigung, zugleich aber auch als wirtschaftlicher, als kirchlicher und Verwaltungs-Mittelpunkt, wie etwa Belgorod, dessen überraschende Größe die Ausgrabungen erkennen lassen, oder Grodno, das zwar nicht sehr groß, dafür aber nach einheitlichem Plan zur gleichen Zeit errichtet wurde, wie durch Ausgrabungen bezeugt wird.

Über die soziale Differenzierung der Bewohnerschaft dieser städtischen Siedlungen, insbesondere der kleinen Handwerks- und Gewerbemittelpunkte, ist kaum Genaues bekannt. Unbestreitbar ist, daß in den großen Verkehrsmittelpunkten der Fernhandel eine bedeutende Rolle spielte und demnach die Fernhändler eine der Gruppen der Oberschicht bildeten. Den Anteil der Waräger unter ihnen lassen die Griechenverträge der ersten Hälfte des 10. Jahrhunderts erkennen. Die Oberschicht bildeten sowohl die im Dienste des Fürsten stehenden, in den Städten wohnenden »großen Bojaren« als auch die seit der Christianisierung und Ausbildung einer kirchlichen Hierarchie in den Städten wohnenden Bischöfe und Priester der nach und nach entstehenden Kirchen, während die Klöster Zellen eigenen Lebens bildeten. Dazu kam als Unterschicht die durch die Burg oder den befestigten Hof des Fürsten in die Stadt gezogenen Gruppen des fürstlichen Gesindes, der unfreien Handwerker und anderer dienender Berufe. Die fürstlichen Gefolgsleute bildeten eine abgesonderte Gruppe, die schon für die Frühzeit der städtischen Siedlungen von der übrigen Bewohnerschaft deutlich unterschieden wird. Die großen Städte — Kiev, Novgorod, Černigov, Polock, Rostov u. a. m. — zeigten eine ungleich mannigfaltigere soziale Schichtung als die vielen kleinen Ortschaften. Hier standen Handwerk und Nahhandel wohl im Vordergrund. Im allgemeinen hatten sich die Bewohnerschaften der großen Städte nach dem, was wir von ihnen erfahren, möglicherweise schon gelegentlich gegen die Willkür von miteinander um die Herrschaft ringenden Fürstensöhnen und insbesondere die Gefolgschaften und deren Führer zur Wehr gesetzt, aber noch nicht, wie dies seit dem Zerfall der Kiever Fürstenmacht, d. h. seit der zweiten Hälfte des 11. Jahrhunderts geschah, in eigenen genossenschaftlichen Zusammenschlüssen organisiert. Weder rechtlich noch tatsächlich waren die städtischen Siedlungen, insbesondere die kleineren und kleinen, gegenüber dem flachen Lande abgegrenzt, es sei denn durch eine Befestigung, die in der Regel nur die Grenzburgen, die Hauptstädte und die befestigten fürstlichen Höfe von ihrer Umgebung schied. Das Vorhandensein vieler derartiger städtischer Siedlungen, »nichtagrarischer Wirtschaftszentren« (H. Ludat) fiel auswärtigen Beobachtern aus dem Norden und dem Orient auf; die Skandinavier nannten das Kiever Reich daher das »Burgenreich« (*Gardariki*).

III. DAS KIEVER REICH ZWISCHEN ZENTRALISMUS UND FÖDERALISMUS
(Mitte des 11. bis Mitte des 13. Jhs.)

Die Periode nach Jaroslavs Tod (1054) wird in der russischen bzw. sowjetischen Geschichtsschreibung als die Epoche der Udel-Fürstentümer (udel = Teil) oder, in marxistischer Terminologie, der »feudalen Zersplitterung« bezeichnet. Der Begriff »Feudalismus« hat im Sprachgebrauch der sowjetischen Geschichtsschreibung nach der in den Jahren 1950/51 veranstalteten Diskussion über die Periodisierung der Geschichte und die Abgrenzung des »Feudalismus« gegen die vorangehende gesellschaftliche »Formation«, die Periode der »militärischen Demokratie« der Stammeszeit, und die nachfolgende Epoche des »Kapitalismus« kaum noch konkreten historischen Inhalt, sondern erschöpft sich in pseudohistorischen Leerformeln.[1] Daher wird man ebensowenig von »feudal« wie von »Zersplitterung« sprechen können. Die Entstehung und Verfestigung der Teilfürstentümer, als deren erstes Polock an der oberen Düna anzusehen ist, bedeutet vor allem eine herrschaftliche Erfassung der riesigen Räume Osteuropas durch das Fürstenhaus der Rjurikiden. Seit dem 11. Jahrhundert erst dringt die Fürstenherrschaft in Gebiete vor, die bisher von ihr nur oberflächlich oder am Rande erreicht worden waren.

Das zeigte sich, als 1054 Jaroslavs Söhne das Reich teilten. Während Izjaslav als Senior die Zentrale des Reiches, Kiev, sowie Novgorod und dazu noch das einstige Derevljanenland mit Turov und Pinsk in seiner Hand vereinigte, übernahm Svjatoslav den Fürstensitz Černigov mit dem nordöstlich davon gelegenen Murom und nach dem Tode Vladimirs, eines weiteren Bruders, auch das ferne Tmutarakan', also im wesentlichen das Gebiet, das Jaroslavs Bruder Mstislav bis an seinen Tod (1036) innegehabt hatte. Vsevolod wurde Fürst in Perejaslavl' und Rostov, während Igor seinen Fürstensitz in Vladimir Volynsk, Vjačeslav in dem wichtigen Smolensk am oberen Dnepr erhielten. Der Ausgriff nach Südwesten, in das Grenzgebiet gegen Polen, war bereits von Vladimir d. Hl. eingeleitet worden. Mit der Einrichtung eines Fürstensitzes in Vladimir begann der Aufstieg dieses südwestlichen Grenzgebietes zwischen oberem Pripjet und nördlichem Karpatenvorland, der schon im folgenden Jahrhundert politisch von großer Bedeutung werden sollte. Mit der Einrichtung eines Fürstensitzes in Smolensk wurde der wichtige Handelsplatz am Übergang vom Stromgebiet des Dnepr in das der oberen Düna zum Zentrum eines sehr bald auch besonderes politisches Eigengewicht gewinnenden Herrschaftsbereiches. Jetzt erst wurde die Zwischenzone zwischen dem Novgoroder Gebiet und den nördlichen Randgebieten des Kiever Raumes in den Herrschaftsbereich des Rjurikidenhauses eingefügt. Zugleich freilich zeigten fortan alle die bereits bestehenden oder neu entstandenen Fürstentümer die Tendenz zur Lockerung ihrer Bindung an die Zentrale oder sogar zur Verselbständigung. Derartige Erscheinungen, zuerst in Novgorod erkennbar, als dort Vladimir d. Hl., dann Jaroslav als Statthalter ihrer Väter saßen, früh in Polock nachweisbar, traten überall zutage, als die faktische Macht des in Kiev residierenden Fürsten nachließ bzw. gar in Frage gestellt wurde.

Zur gleichen Zeit wurde erkennbar, daß die seit dem 10. Jahrhundert neu entstandenen oder zu bedeutenden wirtschaftlichen Zentren erwachsenen Handels-, Gewerbe- und Verkehrsmittelpunkte, in denen sich eine sozial bereits differenzierte Bevölkerung angesammelt hatte, nicht mehr gewillt waren, sich bedingungs- und widerspruchslos den Fürsten zu fügen. Dem 10. und frühen 11. Jh. zugeschriebene Erwähnungen von Willenskundgebungen der Bewohner solcher städtischer Siedlungen durch die Einrichtung eines veče, einer »Volksversammlung«, gehören sicherlich erst der zweiten Hälfte des 11. Jhs. an. Gerade diese Zeit aber brachte eine schwere Krise der Kiever Fürstenherrschaft mit sich.

Nach allem, was wir wissen, scheinen die ersten anderthalb Jahrzehnte nach Jaroslavs Tode, in denen das »Triumvirat« der drei Brüder Izjaslav, Svjatoslav und Vsevolod die Herrschaft über das Reich innehatte, ohne große innere Auseinandersetzungen verlaufen zu sein. Die Krise wurde ausgelöst, als ein bis dahin unbekanntes innerasiatisches Reitervolk, die Polovcer oder Kumanen, in den Steppen nördlich des Schwarzen Meeres erschien und das ihm entgegengesandte Heer unter Führung Vsevolods besiegt wurde (1061). Diese Schwächung des »Triumvirats« scheint die Veranlassung für innere Kämpfe zwischen verschiedenen Neffen und den »Triumvirn« gewesen zu sein, wobei der Angriff Vseslavs, des Fürsten von Polock, auf Novgorod die Stellung des Seniors Izjaslav von Kiev unmittelbar betraf. Die Gefangennahme und Inhaftierung des Polocker Fürsten in Kiev (1067) schien die Gefahr zwar abgewendet zu haben. Indes überfielen die Polovcer im nächsten Jahr erneut die Südostgebiete des Reiches. Die »Triumvirn« erlitten an der Alta eine vernichtende Niederlage. Izjaslav und Vsevolod flohen in die Mauern Kievs, Svjatoslav nach Černigov.

In diesem Augenblick einer tödlichen Gefahr für die Hauptstadt des Reiches tritt das veče der Kiever Bewohner handelnd auf und schickt sich an, über die Zukunft der Stadt mit zu bestimmen. Soweit sich eine derartige Mitbestimmung der politischen Verhältnisse in der ersten Hälfte des 11. Jhs. andeutete, wie 1015/16 in Novgorod, 1024 in Kiev, blieb sie auf gelegentliche Auseinandersetzungen mit der fürstlichen Gefolgschaft oder mit einem Eindringling und auf die beiden wichtigsten Zentren des Reiches beschränkt. 1068 und 1069 entscheidet erstmals das veče, die Versammlung »der Kiever«, über die Besetzung des Großfürstenthrones. Zunächst wird Izjaslav vertrieben, der von ihm eingekerkerte Neffe Vseslav befreit und als Fürst eingesetzt. Als der Vertriebene mit Hilfstruppen des mit ihm verschwägerten Herzogs Bolesław II. von Polen im nächsten Jahr zurückkehrt und Vseslav vor ihm nach Polock, in sein angestammtes Fürstentum, flieht, nehmen »die Kiever« durch Vermittlung Svjatoslavs von Černigov Verbindung zu Izjaslav auf und unterwerfen sich ihm, obwohl er ein strenges Strafgericht über die Rädelsführer der »Rebellion« abhalten läßt. Er trifft Maßnahmen, um das wirtschaftliche Leben der Stadt schärfer zu kontrollieren und politische Bewegungen unter der Stadtbevölkerung zu verhindern. Noch also, so läßt sich das Ergebnis der Vorgänge von 1068/69 in Kiev zusammenfassen, ist das veče als Organ der Stadtbevölkerung nicht in der Lage, sich gegenüber dem Fürsten, seiner Gefolgschaft und den von ihm herbeigeholten Hilfstruppen durchzusetzen bzw. auch nur zu behaupten.

Als wenig später (1071) Izjaslav abermals aus Kiev vertrieben wurde, waren nicht »die Kiever«, sondern seine Brüder Svjatoslav und Vsevolod die Verursacher dieses zweiten Exils. Die Motive der Auseinandersetzungen bleiben unklar und werden vom Chronisten in dem angeblichen Machtstreben des neuen Kiever Fürsten Svjatoslav gesehen. Dieses mag auch für die vorangehenden, die gleichzeitigen und die nachfolgenden Fürstenfehden die Regel gewesen sein, denn nur sehr selten lassen sich rationale Gründe für die zahllosen Streitigkeiten, Feldzüge und Bluttaten der Brüder, Vettern und Neffen aus dem Rjurikidenhause erkennen. Gleichwohl ist auffallend, daß mit den Vorgängen von 1068/69 in Kiev, da zum erstenmal das Kiever veče handelnd auftritt, die Macht der Kiever Fürsten geschwächt wird und, sieht man von vorübergehenden Stabilitätsperioden ab, seither nicht nur immer wieder umstritten, sondern in ihrer Effektivität auch in Frage gestellt war, ohne daß es angesichts der wachsenden Zahl von Konkurrenten aus der eigenen Familie gelungen wäre, sie zu festigen. Dies wiederum erleichterte es den Stadtbewohnern von Kiev und Novgorod, sehr bald aber auch denen anderer Fürstensitze (Černigov, Perejaslavl', Polock, Smolensk und Rostov) in den Fürstenfehden ihren Willen kundzutun und auch durchzusetzen, wobei je nach den Umständen das veče der Stadtbevölkerung hier mehr, dort weniger Macht zu entfalten vermochte. Einschränkung bzw. auch nur gebietsmäßige Eingrenzung der Fürstenmacht durch Erbteilungen und Emporkommen der Stadtbevölkerung, die sich im veče ihr zentrales Organ schaffen, bedingen einander. Da im veče das genossenschaftliche Prinzip verkörpert wird und die fürstliche Macht überall da, wo das veče sich durchsetzt, Einschränkungen erfährt, schließen herrschaftliche und genossenschaftliche Prinzipien der Verfassungsstruktur einander aus; dies wird in steigendem Maße zum Kennzeichen russischen Verfassungslebens werden.[2]

Izjaslavs Exile von 1068/69 und 1073–1077 brachten ihn in persönliche Beziehungen mit Herrschern des Westens.[3] Bolesław II. von Polen verhalf ihm 1069 zur Rückkehr nach Kiev. König Heinrich III., mit dem er um die Jahreswende 1074/75 in Mainz zusammentraf, entsandte zwar den Domprobst Burchard von Trier, dessen Schwester mit dem Fürsten Svjatoslav verheiratet war, nach Kiev; doch dieser konnte nichts ausrichten. Darauf schickte Izjaslav seinen Sohn Jaropolk zu Papst Gregor VII. nach Rom, aber die von diesem ausgesprochene päpstliche Schutzherrschaft – Jaropolk wurde vom Papst förmlich belehnt – hatte keinen politischen Effekt. Die engen Beziehungen der Rjurikidenfürsten zum hohen deutschen Adel, zu Polen, Böhmen und Ungarn in dieser Epoche – Heinrich IV. heiratete selbst die verwitwete Gräfin Eupraxia-Adelheid von Stade, eine Nichte Izjaslavs – hatten kaum politische Auswirkungen, wurden dagegen von der orthodoxen hohen Geistlichkeit des Kiever Reiches mit höchstem Mißtrauen betrachtet, da nicht nur durch die endgültige Spaltung der Christenheit in Ost- und Westkirche (1054), sondern schon durch die der jungen Kirche der Rus' von Byzanz mitgegebene Lateinerfeindlichkeit westliche Beziehungen den Angehörigen des Rjurikidenhauses eher schadeten als nützten. In den altrussischen Quellen werden diese Beziehungen übrigens sorgfältig verschwiegen, so daß wir von ihnen gar nichts wüßten, wenn nicht westliche Quellen sie uns überliefern würden.

Während des zweiten Exils Izjaslavs hatte sein Bruder Svjatoslav die Herrschaft in Kiev inne. Als er Ende 1076 starb, folgte ihm Vsevolod, der jedoch bei der Rückkehr Izjaslavs im Sommer 1077 sich mit ihm einigte und das Fürstentum Černigov, das Erbe seines verstorbenen Bruders Svjatoslav, übernahm. Darüber kam es zu Kämpfen mit den Neffen, in denen Izjaslav 1078 getötet wurde. Die nachfolgende Regierungszeit Vsevolods — er starb 1093 — war erfüllt von derartigen Verwandtenkämpfen, während die äußeren Feinde, die Polovcer, die Schwäche und Zerrissenheit des Reiches zu immer wieder unternommenen Beutezügen nützten; Versuche, sie abzuwehren, schlugen fehl. Svjatopolk, der zweite Sohn Izjaslavs, der 1093–1113 den Fürstenthron in Kiev innehatte, erlitt schon unmittelbar nach seinem Regierungsantritt eine schwere Niederlage gegen die Polovcer. Um seine Herrschaft zu sichern, heiratete er die Tochter des Khans der Polovcer, ohne daß diese Verbindung Ruhe vor ihnen gebracht hätte. Ende des 11. Jahrhunderts (1097) wurde erstmals der Versuch unternommen, auf einem »Fürstentag« in der Burg von Ljubeč am Dnepr nördlich Kiev eine Einigung unter den Vettern und Neffen zu erzielen. Jedem sollte das Territorium, das er beherrschte, als sein »Vatererbe«, sein Erbland (*otčina*) anerkannt werden. Diese Friedensregelung hatte allerdings keinen Bestand, denn noch im gleichen Jahre gingen die inneren Kämpfe weiter, in denen sich Vladimir, ein Sohn Vsevolods und der byzantinischen Prinzessin aus dem Hause der Monomachoi, mehr und mehr hervortat, nicht zuletzt dadurch, daß er geeignet schien, die in den letzten Jahrzehnten gelockerte Verbindung zu Byzanz wiederherzustellen. Er war es auch, den »die Kiever«, wie die Chronik berichtet, zum Nachfolger beriefen, als Svjatopolk 1113 starb.

Vladimir II., bei der Übernahme der Regierung bereits ein Sechziger, verschaffte dem Kiever Reich noch einmal Ansehen nach außen und hielt die auseinanderstrebenden Kräfte im Innern zusammen. In Kiev selbst und in Novgorod war die Herrschaft Vladimirs II. unangefochten. Wo sich in den Teilfürstentümern rebellische Kräfte regten, wurden sie niedergeworfen. Man sagte ihm nach, daß er die Ordnung wiederher-

Abb. 5: Ljubeč nördlich von Kiev am Dnepr, 11. Jahrhundert. Blick auf die Ausgrabungen (1957—1960)

Abb. 6: Ljubeč am Dnepr, Rekonstruktion

gestellt, dem Recht erneut Respekt verschafft, mit den Nachbarn in der Steppe einen modus vivendi hergestellt habe. Freilich, das von den Polovcern besetzte kleine Fürstentum Tmutarakan', das in dem Jahrhundert seines Bestehens ein weit entlegener Außenposten gewesen war, ging für immer verloren. Aber Vladimir II. konnte die Ostgrenze des Reiches so weit sichern, daß schwere Schäden durch die unruhigen Nachbarn vermieden wurden. Durch seine erste Gemahlin Gyda, die Tochter König Haralds II. von England, hatte er die skandinavischen Verbindungen seiner Vorfahren erneuert, während die zweite Ehe mit einer Polovcer Fürstentochter der Friedenssicherung im Osten diente.

Vladimirs II. Name trägt die in die Chronik eingefügte »Belehrung« (poučenie) seiner Söhne, eine Art von »Fürstenspiegel«, dessen literarische Verwandte in der europäischen Literatur der Zeit bis nach England und Spanien zu finden sind und die davon Zeugnis ablegt, daß der Zusammenhang der altrussischen Literatur mit Byzanz noch recht eng war.[4] Die »Belehrung«, die einzelne biographische Angaben aus Vladimirs II. Laufbahn enthält, so daß angenommen werden kann, ihr Verfasser habe dem Fürsten nahegestanden, stellt dar, was man von einem rechten christlichen Herrscher erwartete: Frömmigkeit, Gerechtigkeit und Tapferkeit. Wieweit Vladimir II. dem in der »Belehrung« gezeichneten Bilde des christlichen Herrschers entsprach und der »bewunderungswürdige Fürst« war, als den ihn der Chronist preist, sei dahingestellt.

Das Ansehen, das er dem Kiever Fürstensitz unter den übrigen Fürstentümern der Rjurikiden verschafft hatte, trug auch noch die kurze Regierungszeit seines ältesten Sohnes Mstislav-Harald (1125–1132), mit dessen Tode Kiev zum Spielball der Rivalitätskämpfe zwischen den verschiedenen Vettern und Neffen des Rjurikidenhauses wurde. Sie nahmen um die Mitte des 12. Jahrhunderts an Heftigkeit zu und bewirkten, daß das Ansehen der Reichshauptstadt fortlaufend sank.

Die einzige Stadt, die sich angesichts dieser Sachlage endgültig aus der Abhängigkeit von Kiev befreite, war Novgorod[5]. Zwar waren bereits in der zweiten Hälfte des 11. Jahrhunderts mehrfach Fürsten von der Stadtbevölkerung vertrieben worden. Entscheidend war, daß die Novgoroder das Statthalteramt in ihre Hand zu bringen verstanden. Dieses Amt des »Statthalters« (posadnik) neben dem Fürsten gab es vor Beginn des 12. Jahrhunderts nicht, da der Fürst selbst Statthalter des Kiever Fürsten war. Erst um das Jahr 1117 wird von einem förmlichen Vertrag zwischen dem Fürsten und der Stadt gesprochen, und 1132 wird der Fürst vertrieben und muß – es handelt sich in beiden Fällen um die gleiche Persönlichkeit, einen Sohn des Kiever Fürsten Mstislav-Harald – einen neuen Vertrag abschließen. Die Novgoroder leisten ihm zwar Heeresfolge, aber mit einem eigenen Kontingent unter dem Kommando des von ihnen gewählten Statthalters, den sie übrigens nach einem mißglückten Feldzug kurzerhand absetzen. 1136 endlich wird der Fürst wiederum, diesmal endgültig, vertrieben. Seither bestimmen die Novgoroder, wer ihr Fürst sein soll. Dieses neue »Amtsfürstentum«, dessen Bedingungen die Novgoroder festlegen — der Fürst hat Gericht zu halten und den militärischen Schutz zu gewährleisten —, übt keine Regierung in der Stadt und ihrem Gebiet, das sich ständig erweiterte und vom Zentrum aus verwaltet wurde, mehr aus. Seit 1141 kann das veče, die Volks- oder Landesversammlung, als das oberste Organ der Stadtbevölkerung angesehen werden. Es wurde je nach Bedarf einberufen, um über die Gesamtheit betreffende Dinge zu entscheiden, wobei die sozial höhere Schicht natürlich bestimmend wirken konnte. Parteiungen und mitunter sehr heftige Gruppenkämpfe blieben nicht aus. Diese werden vielfach von sowjetischen Historikern nach dem einfachen marxistischen Schema als »Klassenkämpfe« gedeutet, ohne daß dies in allen Fällen gerechtfertigt, geschweige denn quellenmäßig zu belegen wäre. Die soziale Schichtbildung dürfte im Novgorod des ausgehenden 11. und der ersten Hälfte des 12. Jahrhunderts noch keineswegs abgeschlossen gewesen sein. Soviel ist indes sicher, daß sich Novgorod schon unter der Regierung Vladimirs II. Monomach aus der Abhängigkeit von Kiev zu lösen begann, daß diese Loslösung von der Stadtbevölkerung ausging, daß das veče als Institution die Wahl des Fürsten und seine »Anstellung auf Vertrag« sowie die Entscheidung über außenpolitische Aktionen (Krieg und Frieden) vornahm und sich im Statthalter (posadnik) den Führer des städtischen Aufgebots wählte. Der Fürst blieb oberstes Vollzugsorgan, vor allem mit der Wahrnehmung der Gerichtsbarkeit beauftragt, aber auch mit der allgemeinen Verwaltung zunächst noch befaßt. Ein kommunales Ämterwesen hat sich wohl erst im Laufe des 13. Jahrhunderts herausgebildet. Dennoch war mit der Lösung von Kiev der Weg zur »Stadtrepublik« beschritten. Damit entzog sich der gesamte Nordwesten des Reiches einschließlich der Novgoroder Beistadt Pleskau (Pskov) sowie das riesige Novgoroder Territorium der Oberherrschaft des Fürsten von Kiev.

In der Reichshauptstadt Kiev[6] gelang es der Bevölkerung und ihrem veče zwar, zeitweilig entscheidenden Einfluß auf die Besetzung des Fürstenthrones zu gewinnen und mit den Fürsten vertraglich geregelte Beziehungen herzustellen, mißliebige oder eidbrüchige Fürsten wohl auch zu vertreiben, aber die Stadt konnte sich nicht von der Fürstenherrschaft freimachen. Das veče trat nicht regelmäßig zusammen, sondern wurde je nach Bedarf von den Fürsten oder auf Initiative aus den Reihen der

Kiever einberufen und tagte je nach den Umständen an verschiedenen Orten im Stadtgebiet. Zwar scheinen Anfänge einer kommunalen Ämterhierarchie und Verwaltung auch in Kiev geschaffen worden zu sein, denn hier wird gelegentlich einmal ein Stadtviertel (konec) erwähnt, wie es deren in Novgorod vier, später fünf als kommunale Untergliederungen gab. Da seit 1132 der Kampf um die Herrschaft über die Reichshauptstadt unter verschiedenen Angehörigen des Herrschaftshauses tobte, wobei die Stadt öfters den Besitzer wechselte und darunter wirtschaftlich und politisch zu leiden hatte, verlor Kiev zunehmend an Bedeutung. Dazu kamen Veränderungen der allgemeinen politischen und wirtschaftlichen Situation: die Unsicherheit der Handelswege über die Steppe bzw. dneprabwärts durch die Polovcer, der Verlust des als Handelsstützpunkt wichtigen Tmutarakan', das Eindringen der Italiener, zunächst seit den 70er und 80er Jahren des 11. Jhs. der Venezianer, dann der Genuesen in das Schwarze Meer und deren beherrschende Stellung im Handel von Byzanz und schließlich eine allmähliche, schleichende Entvölkerung vorab der Grenzgebiete des Fürstentums Kiev. Die Grenzbefestigungen aus der Zeit Vladimirs d. Hl. begannen zu zerbröckeln, die im Schutze derselben angelegten Siedlungen wurden z. T. verlassen. Macht, Ansehen und Bedeutung des Fürstentums Kiev sanken hinter die der Fürstentümer im Südwesten und im Nordosten zurück.

Im Südwesten des Reiches[7] entstanden zwei Machtkomplexe: das ältere Fürstentum Vladimir Volynsk, das in den Fürstenfehden lange unter der Oberherrschaft Kievs festgehalten wurde, und das jüngere und südlichere Halyč, das unter einem Enkel Jaroslavs des Weisen, Rostislav, früh seinen eigenen Weg ging. Nicht nur die Landesnatur, die neben fruchtbaren Ackerböden in den Wäldern des Karpatenvorlandes und Wolhyniens Schutz vor den Überfällen der Steppennomaden bot, sondern auch die Verkehrslage schufen günstige Voraussetzungen für einen wirtschaftlichen und politischen Aufstieg. Wichtige Fernstraßen führten durch das Land, wie die »hohe Straße« von Westeuropa über die mittlere Oder und obere Weichsel nach Kiev mit Abzweigung zum Schwarzen Meer. Daher entwickelten sich die Städte schnell: das nördliche Landeszentrum Vladimir Volynsk, daneben Luck, Dorogobuž und Danilov, das ältere südliche Landeszentrum Peremys'l (poln. Przemyśl), das seit den 40r Jahren des 12. Jhs. zum Landeszentrum aufgestiegene Halyč, daneben Zvenigorod, Terebovl' u. a. Die leicht überschreitbaren Karpatenpässe stellten die Verbindung mit dem südlichen Nachbarn Ungarn her, während die westliche Grenzzone gegen Polen hin lange umkämpft war. Aber dieser gewiß oft wenig freundliche Kontakt mit den westlichen Nachbarn übte Einfluß auch auf die politischen und sozialen Verhältnisse

Abb. 7: Das Kiever Reich in der zweiten Hälfte des 12. Jahrhunderts

schon im 11. und vor allem im 12. Jh. aus. Die Fürsten konnten, gestützt auf ihre Gefolgschaft, die hier durch zunehmende Landvergaben bald zum landsässigen Adel wurde, ihre Macht gegenüber den auch hier nachweisbaren Selbständigkeitsbestrebungen der Stadtbewohner uneingeschränkt behaupten. Unter dem Fürsten Roman Mstislavič (1170–1205) wurden Vladimir Volynsk und Halyč 1199 vereint; der plötzliche Tod des Fürsten stürzte die vereinigten Fürstentümer allerdings für

ein Menschenalter in eine Periode der Wirren, in denen auch die Nachbarn die Beute an sich zu bringen versuchten.
Der Nordosten des Kiever Reiches[8] gehörte, anders als der Südwesten, zu den früh durch Münz- und Siedlungsfunde und schriftliche Nachrichten bezeugten Gebieten ostslavischer Kolonisation in ursprünglich finnisch besiedelten Waldregionen und starken Handelsverkehrs von der Ostsee zur oberen Wolga hin. Eine Insel waldfreien fruchtbaren Ackerbodens zwischen Vladimir an der Kljaz'ma und Perejaslavl'-Zalesskij (jenseits des Waldes) bot bäuerlicher Siedlung Raum, und die günstige Verkehrslage ließ Städte emporwachsen: Rostov am Nero-See, Suzdal', Perejaslavl'-Zalesskij, endlich Vladimir an der Kljaz'ma, das Vladimir II. 1108 befestigt hatte und das unter seinem dritten Sohne Jurij Dolgorukij (= Langhand) zum politischen Mittelpunkt des Landes wurde. Die Bewohnerschaft der älteren Städte organisierte sich nicht anders als die der übrigen Städte der alten Rus', schuf sich im veče ihre Interessenvertretung. Wie in Novgorod, so gab auch hier das Bojarentum politisch den Ton an. Jurij Dolgorukij, der die Fürstentümer von seinem Vater Vladimir II. erbte, wußte die Herrschaft auszubauen. Er befestigte ihre Grenze gegen das Reich der Wolgabulgaren und gründete neue Städte, darunter neben Jur'ev-Polskij das 1147 als kleine Burg eines Bojaren genannte, 1156 von Jurij neu ausgebaute Moskau. Er wurde in die Rivalitätskämpfe um den Fürstenthron von Kiev hineingezogen, den er dreimal gewann, zuletzt für drei Jahre (1154—1157), und überließ Rostov und Suzdal' seinem Sohne Andrej »Bogoljubskij«, der unweit Vladimir eine Pfalz, Bogoljubovo, erbauen ließ, bei der auf seine Bitte Bauleute aus dem Reich Friedrich Barbarossas, vermutlich Norditaliener, mitgewirkt haben; sie haben auch an der Mariä-Himmelfahrts-Kirche (Uspenskij Sobor) mitgebaut, die Andrej 1158—1161 für die 1155 aus Vyšgorod bei Kiev entführte byzantinische Ikone der Muttergottes mit dem Kinde errichten ließ, und die kleinere, in ihrer harmonischen Geschlossenheit zu den eindruckvollsten Baudenkmälern des Landes zählende Dmitrij-Kirche ausgeschmückt. Andrej umgab Vladimir mit einer neuen, weiter ausgreifenden Mauer, in die er ein »Goldenes Tor« mit einer kleinen Muttergotteskapelle darauf entsprechend dem Kiever Vorbilde einfügen ließ. Seine Bautätigkeit hatte symbolische Bedeutung. Als seine Truppen 1169 Kiev eroberten, setzte er dort seinen Bruder Gleb als Fürst-Statthalter ein, während er selbst als »Großfürst« in Vladimir blieb. Sein Versuch, auch Novgorod zu unterwerfen (1170) und damit das Reich, nunmehr von Nordosten her, zu einigen, scheiterte. Eine Empörung der Rostover und Suzdal'er Bojarenschaft kostet ihn 1175 das Leben. Sein Bruder Vsevolod III. (1176—1212), den die

Abb. 8: Vladimir, Demetriuskathedrale, 12. Jahrhundert

Chronisten seiner vielen Nachkommen wegen »das große Nest« nannten, setzte seine Politik in vorsichtigerer Form fort.
Auch die Fürstentümer der Mittelzone gingen, kaum daß sie von der Rjurikidenherrschaft erfaßt worden waren, ihren eigenen Weg.[9] Polock hatte unter seiner angestammten Dynastie der Izjaslaviči, den Nachkommen von Vladimirs d. Hl. Sohne Izjaslav, stets ein Eigenleben geführt und wurde erst 1101 in Teilfürstentümer aufgeteilt, unter denen Minsk als wirtschaftliches Zentrum im 12. Jh. emporkam. Der rege Handelsverkehr, den Polock im 12. Jahrhundert die Düna abwärts zur Ostsee trieb, ließ »die Polocker«, die Stadtbewohner, sich energisch gegen die Versuche ihrer Fürsten zur Wehr setzen, das Schicksal des Landes allein bestimmen zu wollen. Auch Smolensk am oberen Dnepr, als Handelsmittelpunkt von Wichtigkeit für den Verkehr von der Ostsee zum Schwarzen Meer, ging seine eigenen Wege. Erstmals 1096 hatten die Smolensker einen ihnen nicht genehmen Fürsten abgelehnt. Seit 1127 herrschte hier ein Enkel Vladimirs II., Rostislav, dessen Nachkommen dieses Fürstentum zu einer eigenen politischen Einheit ausbauten.
So läßt sich seit der zweiten Hälfte des 11. Jahrhunderts im gesamten Raum des Kiever Reiches eine Territorialisierung beobachten. Die Zentrale verliert an Bedeutung, die Städte und die Länder (zemli) oder Bezirke (volosti) gewinnen fortschreitend ein Eigenleben. Dies bedeutet, daß sie auch ihre eigene Außenpolitik treiben. Einigendes Band ist nicht mehr der »Großfürst« – der Titel festigt sich erst in dieser Periode, doch wandert er seit 1169 und wird von den jeweils Mächtigsten unter den Fürsten beansprucht –, sondern im Grunde allein die Kirche.[10] Sie baute im Laufe des 11. und 12. Jahrhunderts nicht nur ihre Hierarchie aus – die Metropolie in Kiev umfaßte 1170 insgesamt 10 Bistümer –, sondern durchdrang auch das flache Land. Seitdem Jaroslav der Weise in Kiev ein Männerkloster des Hl. Georg und ein Frauenkloster der Hl. Irene gegründet hatte, wurden überall Klöster errichtet, als erstes die berühmte Kievskaja Lavra, das Höhlenkloster bei Kiev. Die Kirche war es, die die Fürsten, meist vergeblich, zum Frieden untereinander ermahnte, die das Bewußtsein der Zusammengehörigkeit unter der Bewohnerschaft der verschiedenen Städte und Territorien weckte und wach erhielt und durch ihre Chronisten das Geschichtsbewußtsein entschieden formte. Die »Rus'« als die Gemeinschaft aller auf dem Boden des Kiever Reiches lebenden orthodoxen Christen wurde durch sie zur Bezeichnung von Land und Volk. Sie versuchte freilich auch, Fürsten und Volk von allen Einflüssen von außen, insbesondere von dem als häretisch angesehenen Westen, abzuschirmen und widerriet allen politischen Eheverbindungen, wie sie das Rjurikidenhaus im 11. und 12. Jh. mit nahezu allen Fürstenhäusern Europas geschlossen hatte.

Die soziale Entwicklung dieser Periode ist gekennzeichnet durch eine zunehmende Differenzierung der Bevölkerung und die Ausdehnung der Herrschaft des Fürsten, der Kirche, der Klöster und einer wachsenden Schicht von Adligen über Land und Leute. Neben die Fürsten, ihre engste Umgebung von dienenden Leuten und ihre Gefolgschaft (družina) als die ihnen allein zu Gehorsam verpflichtete, dafür von ihnen unterhaltene und entlohnte Truppe traten die Bevölkerungsgruppen in den Städten, Territorien und Bezirken.[11] Die Quellenzeugnisse sind freilich dürftig und heftig umstritten. Unklar ist, wann die Landgüter der Adligen, der Bojaren, entstanden sind. Begriff und Bezeichnung »Bojar« sind in ihrer Herkunft nicht geklärt. Es wird damit eine Oberschicht von landbesitzenden, meist aber in der Stadt lebenden Grundherren bezeichnet, die ihre Besitzungen von anderen (Sklaven, Knechten, vielleicht auch freien Pächtern oder abhängigen Bauern) bewirtschaften ließen. Umstritten ist auch, wie diese Schicht von Landbesitzern entstanden ist, ob es sich um eine eingesessene, noch aus der Stammeszeit herrührende Aristokratie oder um mit Landbesitz begabte fürstliche Gefolgsleute oder möglicherweise um Angehörige beider Gruppen handelte. In Novgorod z. B. sind neben den Bojaren als Angehörige der obersten Schicht der Bevölkerung noch ogniščane (= Hofleute) und grid'ba (= fürstliche Gefolgsleute) bezeugt, die sich vom Fürstendienst gelöst hatten und mit den Bojaren und den reichen Kaufleuten zu einer einheitlichen Schicht der Stadtaristokratie verschmolzen. Der in ihrem Besitz befindliche Grund und Boden wurde zu einem beträchtlichen Teil in Eigenwirtschaft mit unfreiem oder halbfreiem Gesinde (čeljad') betrieben. Daneben aber gab es sicherlich auf Gütern, die den Fürsten und der Kirche gehörten, abhängige, aber nicht unfreie Bauern (smerdy). Die Kirchengüter waren aus der fürstlichen Oberherrschaft herausgenommen und genossen Freiheit von Abgaben und Gerichtsgebühren, die die Bewohner statt dessen an die Kirche zu entrichten hatten. Kirchengüter stellen die ersten Immunitätsbezirke in der Rus' dar. Insgesamt läßt sich feststellen, daß im Laufe des 11., 12. und 13. Jhs. durch die Ausdehnung der Grundherrschaften die freien Bauerngemeinden zunehmend in Abhängigkeit gerieten, die zunächst nur wirtschaftlicher Natur war, aber damit auch die persönliche Freiheit mindestens einschränkte. Andererseits besserte sich die Lage der Unfreien (cholopy) und Sklaven (raby) dadurch, daß immer häufiger Freilassungen erfolgten, die sie zu zinszahlenden Bauern auf Herrenland machten und es den Fürsten und der Kirche ermöglichten, bisher nicht genutztes Land mit ihnen aufzusiedeln.

Neben den Bojaren gab es – in Novgorod und Smolensk ausdrücklich bezeugt – eine Mittelschicht von wohlhabenden Leuten (in Novgorod žitie ljudi = begüterte Leute genannt), die Grundbesitz ihr eigen nannten und wohl aus der Kaufmannschaft, möglicherweise aus der Handwerkerschaft und aus kleinen Grundbesitzern hervorgegangen waren. Die Anfänge der Ausformung dieser Schicht, die später in Novgorod eine recht bedeutende Rolle spielte, ohne doch die höchsten Ämter in Stadt und städtischem Aufgebot besetzen zu können, reichen ins 12. Jh. und die Periode der allmählichen Ausformung der städtischen Verwaltung und des Ämterwesens zurück.

Die soziale Unterschicht in den Städten (čern', černye ljudi = schwarze Masse, meist einfach ljudi-Leute genannt) bildeten folgende soziale Gruppen: die abgabenpflichtigen Handwerker; sie waren zwar nicht in Zünften organisiert, aber kannten z. B. in Novgorod einen festen Ausbildungsgang mit Lehrlingen und Meistern (mastery); die noch einen landwirtschaftlichen Betrieb besitzenden Stadtbewohner, die Gärtner, aber auch die Fischer und die den Handel mit landwirtschaftlichen Erzeugnissen betreibenden Kleinkaufleute (Krämer). Alle diese Gruppen wird man als persönlich frei, aber abgabenpflichtig ansehen können. Sie unterschieden sich dadurch deutlich von dem unfreien Gesinde der Fürsten, der Bojaren und der geistlichen Anstalten (Kirchen, Klöster).

Über die Bevölkerungsdichte und -zahl[12] der Kiever Rus' sind keinerlei Angaben möglich, die einen auch nur einigermaßen sicheren Anhaltspunkt gäben. Für die Stadt Kiev wird man im 12. Jh. mehr als 20 000 Einwohner veranschlagen dürfen. Novgorod, die zweitgrößte Stadt, blieb etwas unter diesem Schätzwert, und die anderen altrussischen Städte folgten in erheblichem Abstand. Vollends unsicher ist, wie hoch die Bevölkerungszahlen auf dem Lande waren. Es gab große Unterschiede, Gebiete mit verhältnismäßig dichter ländlicher Siedlung und solche, die kaum oder gar nicht von ihr erfaßt waren.

IV. ZERFALL UND UNTERGANG DES KIEVER REICHES

Mit der Verlegung der Residenz des Großfürsten in den Nordosten, nach Vladimir an der Kljaz'ma (1169) wurde offenbar, daß die alte Reichshauptstadt Kiev nur noch als Sitz des Metropoliten, des kirchlichen Oberhauptes der orthodoxen Kirche der alten Rus', Bedeutung besaß. Die weitreichenden Handelsbeziehungen der Stadt Kiev dneprabwärts nach Byzanz und nach Mittelasien waren schon im Laufe des 12. Jhs. mehr und mehr geschrumpft. Die Eroberung von Konstantinopel durch die Teilnehmer des Vierten Kreuzzuges (1204) und die Errichtung eines lateinischen Kaisertums und Patriarchats am

Bosporus ließen nicht nur die wirtschaftlichen, sondern auch die kirchlichen Beziehungen zu Kiev absterben. Die Venezianer beherrschten fortan den Handel im östlichen Mittelmeer und am Ausgang des Schwarzen Meeres. Der orthodoxe Patriarch von Konstantinopel war nach Nikaia in Kleinasien geflohen. An ihm hielt die orthodoxe Kirche der alten Rus' fest, und sie erkannte auch den in Nikaia gewählten und residierenden byzantinischen Kaiser als rechtmäßigen Herrn über Reich und Kirche an. Damit wurde auch von kirchlicher Seite die bestehende Kluft zum lateinischen Westen noch weiter vertieft.
Ungeachtet dessen lockerten sich die Verbindungen der Fürsten des Rjurikidenhauses zum Westen noch nicht. Im Laufe des 12. Jhs. wurden zahlreiche Eheverbindungen zu den polnischen Piasten, den böhmischen Přemysliden, den ungarischen Arpaden, den pommerschen Herzögen, aber auch zu skandinavischen und deutschen Fürstenhäusern geknüpft[1], ohne daß sich daraus immer politische Folgerungen ergaben. In dem Rivalitätskampf zwischen Jurij Dolgorukij von Suzdal'-Vladimir und seinem Neffen Izjaslav II. um Kiev gewann der Letztgenannte die Unterstützung König Gézas II. von Ungarn; er geriet damit in Gegensatz zum byzantinischen Kaiser Manuel I. Komnenos, der eben damals sich mit dem staufischen König Konrad III. gegen Eroberungspläne des sizilischen Normannenkönigs Roger II. im östlichen Mittelmeer verbunden hatte. Als Izjaslav II. 1147 einen Ostslaven, Kliment von Smolensk, zum Metropoliten einsetzte, bestätigte ihn der Patriarch von Konstantinopel nicht, und Jurij Dolgorukij setzte ihn, als er 1154 die Herrschaft über Kiev gewann, wieder ab. Es war freilich die einzige unmittelbare Folge dieser vorübergehenden engeren Beziehung Kievs mit dem Westen.
Dagegen brachte die selbständige Außenpolitik der verschiedenen Territorien diese in Berührung mit den europäischen Mächten im Westen und Norden[2]. Seitdem 1158 Lübeck gegründet worden war und der deutsche Kaufmann über Wisby auf Gotland in den 60er Jahren des 12. Jhs. in die Ostsee vorzudringen begann und dort die schwedischen und vor allem die dänischen Kaufleute zurückdrängte, wurden die seit Jahrhunderten bestehenden Handels- und Kulturbeziehungen, die Schweden und Dänemark mit den Küstenländern am Finnischen und Rigaschen Meerbusen verbanden, allmählich auf neue Grundlagen gestellt. Der Handel auf der Düna hatte Fürstentum und Stadt Polock veranlaßt, gegen Ende des 12. Jhs. Stützpunkte und schließlich sogar Kleinfürstentümer in das Gebiet der heidnischen Letten und Liven vorzuschieben; Novgorod betrieb nicht nur Handel über die Ostsee bis Lübeck, der schon für die 60er Jahre des 12. Jhs. bezeugt ist, sondern auch nach Osten und Norden, wo es sich ein riesiges Kolonialgebiet bis

ans Weiße Meer und den Ural nutzbar machte. Seine Beistadt Pleskau im Grenzgebiet gegen die heidnischen Stämme der ostseefinnischen Esten dehnte ihre Einflußsphäre ins Esten- und das nördliche Lettenland aus. Auch das Fürstentum Smolensk, dessen Herrschaftsbereich den oberen Dnepr, die obere Düna und die obere Moskva umfaßte, gewann durch den Dünahandel an Bedeutung als Umschlagplatz nach Osten bzw. Süden, während deutsche Kaufleute seit den 60er Jahren des 12. Jhs. regelmäßig die Dünamündung aufsuchten. Um 1180 begann ein die Kaufleute begleitender Schiffskaplan, Meinhard, Augustinerchorherr aus dem holsteinischen Stift Segeberg, mit Erlaubnis des Fürsten von Polock unter den Liven Mission zu treiben. Schon 1186 wurde er vom Papst zum Bischof für das Livenland geweiht. In knapp zwei Jahrzehnten erwuchs aus bescheidenen Anfängen nicht nur ein lateinisches Bistum, sondern eine deutsche Kolonie. Der dritte Bischof des Livenlandes, Albert von Buxhöveden aus einer ritterlichen Ministerialenfamilie des Erzbistums Bremen, gründete 1201 die Stadt Riga, 1202 den Orden der Schwertbrüder und begann die Unterwerfung der Liven und Letten. Die polockischen Teilfürstentümer Kukenois und Gerzike fielen den Deutschen zum Opfer. 1210 griff auch Dänemark in die baltischen Dinge ein. 1219 unternahm König Waldemar II. einen Feldzug nach Estland und gründete an der Stelle der Estenburg Lyndonisse die Stadt Reval. Ihr estnischer Name (Tallinn = Dänenstadt) erinnert daran. Das nördliche Estland wurde dänische Kolonie, in der sich freilich vor allem deutsche Ritter und Stadtbürger niederließen, das südliche Estland, das Liven- und Lettenland wurde von Deutschen unterworfen. Zwei weitere Bistümer, Dorpat an der Stelle der Estenburg Tartu, und Ösel-Wiek, die estnischen Inseln und die estnische Küstenlandschaft der Wiek umfassend, wurden gegründet. 1237 trat der seit 1231 an der unteren Weichsel im Lande der Prußen tätige Deutsche Orden das Erbe des im Kampf gegen die Litauer nahezu vernichteten Schwertbrüderordens an. Er unterwarf in den nächsten Jahren auch das Land der lettischen Semgaller und der Kuren. Die Litauer freilich, nahe Verwandte der Prußen und Letten und wie diese Heiden, vermochte er nicht zu bezwingen.[3] Litauische Kleinfürsten richteten ihre Angriffe nicht nur gegen die werdende deutsche Kolonie Livland, sondern auch gegen ihre östlichen und südlichen Nachbarn. Schon Ende des 12. Jhs. konnte ein Litauer sich zeitweilig in Polock festsetzen. Zu Beginn der 30er Jahre des 13. Jhs. behauptete sich jahrelang der Litauer Ringold (Rimgaudas) in Polock und sogar Smolensk. Es waren Vorboten einer Entwicklung, die in der Folgezeit für den gesamten Westen und Südwesten der alten Rus' von schicksalhafter Bedeutung werden sollte.

Die tödliche Gefahr für die altrussischen Fürstentümer freilich ballte sich im Osten zusammen.[4] Gerüchte von einem neuen großen Reich im Osten drangen sogar bis an den päpstlichen Hof. Naive Gemüter hofften darin einen Verbündeten der Christen im Kampf gegen den Islam um das Heilige Land zu gewinnen, insbesondere, als islamische Länder ihm zum Opfer fielen. Aber der 1206 auf einer Versammlung der mongolischen Stämme zum Herrn erhobene Temiidžin, der als Khan den Namen Tschingis annahm, hatte andere Pläne als die, den Christen gegen ihre islamischen Feinde zu helfen. In einem ungeheure Räume überwindenden Siegeszuge unterwarfen seine Heere in den ersten zwei Jahrzehnten des 13. Jhs. China, das Reich Chorezma in Mittelasien, das Westturkestan und Persien umfaßte, und drangen über den Kaukasus in die Steppen zwischen Kaspischem und Schwarzem Meer vor. Hier stieß eine Erkundungsabteilung auf die Polovcer, die die altrussischen Fürsten um Hilfe gegen die schreckenerregenden unbekannten Feinde baten. Ahnungslos ließen sich viele von ihnen in einen Feldzug ein, der mit einer vernichtenden Niederlage an der Kalka, einem Nebenfluß des Kalmius nördlich des Azovschen Meeres endete (Frühjahr 1223). Einige Fürsten, darunter der derzeitige Inhaber des Fürstenthrones in Kiev, fielen, anderen gelang mit genauer Not die Flucht. Das mongolische Heer kehrte allerdings bald um. In der Rus' glaubte man daher an eine von Gott für alle begangenen Sünden verfügte Prüfung, ohne zu wissen, wer diese Mongolen oder Tataren, wie man sie auch nannte, weil sie zahlreiche türkisch sprechende Stämme in ihre Verbände aufgenommen hatten, eigentlich seien. Die Gefahr, die sich da angekündigt hatte, begriff man nicht. Die Rivalitätskämpfe unter den Rjurikidenfürsten gingen weiter. Der Großfürst Jurij II., der zweite Sohn Vsevolods III. und nach dem Tode seines älteren Bruders Konstantin (1218) Inhaber der Großfürstenwürde, war in schwere Kämpfe um sein Vatererbe verstrickt und kümmerte sich nicht um die südlicheren Städte und Fürstentümer.

Es blieb daher in der Kiever Rus' verborgen, daß die Mongolen nach Tschingis Khans Tode (1227) seinen Sohn Ögädäi zum Groß-Khan gewählt hatten (1229) und auf seiner 1235 in Qara Qorum, dem Sitz des Herrschers, abgehaltenen Reichsversammlung der Angriff gegen den Westen beschlossen worden war. Zum Feldherrn wurde ein Enkel Tschingis Khans, Bātū, bestimmt, dem bei der Reichsteilung 1229 der Südwesten des Reiches zugefallen war. Nach längerer Vorbereitung begann er mit seinen Mongolen und den zu seinem Reichsteil gehörigen türkischen Stämmen, deren Sprache und Religion, den Islam, die Mongolen später übernahmen, den Vormarsch. Als erste fielen ihm die Wolgabulgaren zum Opfer, deren Reich um Kazan' an der mittleren Wolga als Handelsumschlagsplatz zwischen West und Ost noch immer eine nicht geringe Bedeutung besaß und Angriffen des Großfürsten Jurij II. zähen Widerstand geleistet hatte. Im Winter 1237/38 drangen die Mongolen in die Fürstentümer Rjazan', Vladimir und Suzdal' ein. Hier kamen der Großfürst Jurij II. und alle seine Söhne um. Bātū rückte bis vor Toržok im Grenzgebiet Novgorods, kehrte aber um, als Tauwetter die Wege in Sümpfe verwandelte. Dadurch blieben Novgorod und die nordwestlichen Fürstentümer verschont. Bātū richtete sich in Sarāi an der unteren Wolga eine Residenz ein und unternahm von dort aus Vorstöße gegen die südöstlichen Fürstentümer. 1239 fielen Černigov und Perejaslavl', am 6. Dezember 1240 die alte Reichshauptstadt Kiev. In raschem Vorstoß durchstreiften die Mongolen die südwestlichen Fürstentümer der Rus', drangen in Polen ein, nahmen Krakau, verwüsteten Breslau und besiegten in der Schlacht bei Liegnitz (9. April 1241) ein aus Polen und Deutschen bestehendes Heer unter dem Oberbefehl Herzog Heinrichs II. von Breslau, der selbst getötet wurde. Sie drangen durch die Mährische Pforte in Ungarn ein. König Béla IV., der vergeblich um Hilfe bei Kaiser und Papst gebeten hatte, floh auf eine der dalmatinischen Inseln. Nur dem Umstand, daß der Groß-Khan Ögädäi im Dezember 1241 starb, verdankte es die europäische Welt, daß Bātū im Frühjahr 1242 abzog, um an den Neuwahlen des Groß-Khans in Qara Qorum teilzunehmen.

Während für Polen, Schlesien, Mähren und Ungarn der Mongolenzug nur ein zwar furchtbares, aber insgesamt doch bald wieder vergessenes einmaliges Erlebnis blieb, bedeutete er für die Fürstentümer des einstigen Kiever Reiches eine Schicksalswende. Sie blieben der Mongolenherrschaft unterworfen oder ordneten sich ihr, wie Novgorod, freiwillig unter. Die Verbindungen insbesondere Novgorods sowie die von Polock und Smolensk mit dem Ostseebereich blieben indes erhalten. Aber für Jahrhunderte lastete auch auf ihnen das Joch der Mongolenherrschaft, das alle übrigen altrussischen Fürstentümer noch viel härter traf.

3. Die Moskauer Periode

I. DIE ZEIT DER UNMITTELBAREN MONGOLENHERRSCHAFT UND IHRE FOLGEN FÜR DIE RUSSISCHE GESCHICHTE

Mit der Aufrichtung der Mongolenherrschaft tritt Osteuropa bis zur Mitte des 14. Jahrhunderts in eine Übergangsphase seiner Geschichte ein, die man in doppelter Hinsicht als »dunkles Zeitalter« bezeichnen kann. Auf der einen Seite hat sich die Abhängigkeit von den Mongolen zweifellos in mancher Hinsicht verhängnisvoll auf die Geschichte der Ostslaven ausgewirkt, wenn im einzelnen dazu die Meinungen auch weit auseinandergehen. Auf der anderen Seite wissen wir über die politischen Ereignisse und vor allem die Lebensweise breiter Bevölkerungskreise einfach viel weniger, weil die schriftlichen Nachrichten karger werden, für einige Gebiete sogar völlig versiegen und auch die archäologische Wissenschaft die materiellen Relikte dieser Übergangszeit noch nicht stärker zu profilieren vermocht hat. Hinter diesem Schleier beginnen sich jedoch, noch bevor Moskau in das Rampenlicht tritt, bereits jene grundlegenden Umwälzungen anzubahnen, die den weiteren Verlauf der russischen, ja der gesamten osteuropäischen Geschichte entscheidend bestimmt haben.

a) Die Konsolidierungsphase der Mongolenherrschaft

Als die Überlebenden nach dem Abzug der Tatarenhorden aus ihren Waldverstecken zurückkehrten, ging der Wiederaufbau in den weniger getroffenen Landstrichen sehr rasch vonstatten. Die Teilfürsten der nordöstlichen Rus' hatten sich durch den Feldzug Bātūs nicht einmal in ihren internen Fehden stören lassen. Offensichtlich glaubte man, wie schon die anderen Nomadeneinfälle in den Jahrhunderten zuvor werde auch dieser eine einmalige »Aktion« ohne weiterreichende Folgen bleiben. Bestärkt wurde diese Ansicht dadurch, daß die mongolische Herrschaft über Osteuropa sich erst sehr allmählich formierte, da keine Truppenkontingente in den ostslavischen Teilfürstentümern verblieben und Bātūs Aufmerksamkeit zunächst durch ein Zerwürfnis mit dem Groß-Khan Göjük in Qara Qorum, dann durch die Sicherung seines eigenen Reiches nach Süden hin für zehn Jahre anderweitig in Anspruch genommen war.

Diese Atempause nutzten jene ostslavischen Fürsten, die sich einer Unterwerfung unter den Willen der Mongolen nicht beugen mochten. Zu ihren Exponenten rückten Großfürst Andrej Jaroslavič von Vladimir im Nordosten und Fürst Daniil Romanovič von Halyč-Wolhynien im Südwesten auf. Beide verfolgten den Mongolen gegenüber die gleiche doppelbödige Politik der hinhaltenden nominellen Unterwerfung bei gleichzeitiger Sammlung der Kräfte im Inneren. Im Gegensatz zu ihnen scharte sich eine andere Gruppe um den Novgoroder Fürsten Alexander, genannt Nevskij, einen Bruder Andrejs, dessen politische Vorstellungen entscheidend von seinen Abwehrkämpfen gegen das Vordringen der Schweden an der Neva (1240) und der deutschen Ordensritter auf dem Eise des Peipussees (1242) geprägt waren. Vor die Wahl gestellt, sich der Herrschaft der religiös duldsamen und von seinem Fürstentum weit entfernten Mongolen zu unterwerfen oder jener der benachbarten und damit gefährlichen »Lateiner«, die zugleich den orthodoxen Glauben bedrohten, neigte er zur Kooperation mit den heidnischen Nomaden. Zugleich bot ihm das antimongolische Engagement seines Bruders die Aussicht, diesen mit Hilfe Bātūs aus der Großfürstenwürde zu verdrängen. Quer durch die Familien gingen also die Parteiungen.

1250/51 war die wirtschaftliche und militärische Konsolidierung der Nordost-Rus' und Halyč-Wolhyniens so weit gediehen, daß Andrej und Daniil ihre Maske abstreiften und ein Bündnis schließen konnten. Nun sah Alexander Nevskij seine Chance. Er intrigierte gegen Andrej bei Bātū und vermochte große Teile des Adels, der im Falle der Auflehnung offenbar ein tatarisches Strafgericht befürchtete, auf seine Seite zu ziehen. Auch der Klerus ergriff überwiegend Partei für ihn, da Daniil durch Verhandlungen mit dem Papst und ein Bündnis mit Béla IV. von Ungarn der Lateinerfreundlichkeit verdächtig war. Bātū setzte 1252 zwei Heere gegen die Koalitionspartner in Marsch, nachdem er vorher Alexander Nevskij mit der Großfürstenwürde von Vladimir betraut hatte. Andrej unterlag den Tataren in der Schlacht bei Perejaslavl'-Zalesskij, während Daniil die endgültige Unterwerfung noch bis 1258/59 hinauszögern konnte. Damit war der organisierte Widerstand gegen die mongolische Herrschaft für mehr als ein Jahrhundert erloschen. Daß die Ursachen dafür keineswegs in der Übermacht der Mongolen allein, sondern ebensosehr in der Bereitschaft großer Teile der ostslavischen Oberschicht zur Zusammenarbeit mit ihnen zu suchen ist, muß mit aller Deutlichkeit gesagt werden. Mit gleicher Entschiedenheit ist aber auch hervorzuheben, daß die doppelbödige Ostpolitik des Papstes Innozenz IV., die eine antimongolische Koalition mit der Kirchenunion zu verbinden suchte und Schweden wie Ordensritter zu gleichzeitigen Kreuzzügen in ostslavisches Gebiet ermunterte, zu dieser Kollaborationsbereitschaft wesentlich beigetragen hat.

Unter Alexander Nevskij als Großfürst (1252–1263) vollzog sich die endgültige Konsolidierung der mongolischen Herrschaft. Vor allem wurden nun auch jene Gebiete in das System eingegliedert, die Bātūs Truppen bis dahin noch nicht drangsaliert hatten wie etwa das Novgoroder Land. Widerstand wußte Alexander mit Härte zu brechen.

b) Das mongolische Herrschaftssystem

Osteuropa gehörte zum Machtbereich der »Blauen Horde«, die in der »Qypčaq«-Steppe nördlich des Kaspischen und des Schwarzen Meeres nomadisierte und deren Khan in Sarāi an der unteren Wolga residierte. Ostslaven und Abendländer bevorzugten die Bezeichnung »Goldene Horde« — wohl unter dem Eindruck des goldgeschmückten Zeltes, später Palastes des Khans.[1] Nominell unterstand der Khan der Goldenen Horde dem Groß-Khan im fernen Qara Qorum, doch schon unter Berke (1257–1266) wurden Anzeichen einer Ablösung vom Gesamtbereich sichtbar, die sich später zunehmend verstärkten.
Die ostslavischen Fürsten hatten es daher vornehmlich mit dem jeweiligen Khan der Goldenen Horde zu tun. Ihm hatten die Anwärter auf die Großfürstenwürde durch persönliche Reise nach Sarāi zu huldigen, um die Ernennung aus seiner eigenen Hand durch eine Gnadenurkunde, den sogen. jarlyk, entgegenzunehmen; er forderte die Bereitstellung von Hilfstruppen und erhob Tribut. Dieser Tribut scheint außerordentlich differenziert und belastend gewesen zu sein. Grundbesitzer und Bauern zahlten ihn als eine Art Grundsteuer in Gestalt des Zehnten (jasaq, russ. desjatinnaja), Handwerker und Kaufleute als Warenabgabe (tamga, wohl nach dem fiskalischen Auslösungstempel); hinzu traten kleinere Abgaben wie Postgelder zur Unterhaltung des Kurierdienstes der Horde oder außergewöhnliche Tributforderungen. Grundlage für die Abgabenerhebung bildeten die in den Jahren 1257–59 und 1273 von tatarischen Fachleuten durchgeführten schriftlichen Veranlagungen, die unter der Bevölkerung heftige Unruhen und Widerstände hervorriefen. Anfänglich dürften die Mongolen ihre Tribute selber eingetrieben haben, denn es begegnen uns in den altrussischen Chroniken gelegentliche Hinweise auf muselmanische Steuerpächter. Doch schon das Testament des Fürsten Vladimir Vasil'kovič von Wolhynien (1287) weist als Einzieher des hier tatarščina genannten Tributes den Fürsten selbst aus. Gegen Ende des 13. Jahrhunderts scheinen die Khane in Zusammenhang mit der vorübergehenden Doppelherrschaft zur Zeit Nogais auch den Großfürsten von Vladimir zur Einsammlung des Tributes ermächtigt zu haben. An dieser Tributhandhabung,

die dann bis zum Ende der Tatarenherrschaft andauerte, läßt sich bereits die ziemlich lockere Form der Herrschaft ablesen, die der Khan der Goldenen Horde über die altrussischen Fürsten ausübte. Ein gewisses Maß an Autonomie war also zweifellos gegeben.

Die noch bis vor kurzem gültige Ansicht, daß die Mongolen die Ostslaven durch ein ganzes Netz von Garnisonen mit Baskaken (»Pressern«) an der Spitze botmäßig gehalten hätten[2], ist inzwischen widerlegt worden[3]. Ein »Baskakensystem« dieser Art hat es – mit Ausnahme vielleicht einiger Landstriche am Saum der Steppe – nicht gegeben. Dem Khan genügten an den einzelnen Fürstenhöfen Baskaken als Beobachter, die ihn über die politischen Vorgänge auf dem laufenden hielten und mangelndes Wohlverhalten unverzüglich nach Sarāi meldeten. Unbotmäßige Fürsten wurden dann entweder zum Khan befohlen und zur Rechenschaft gezogen oder durch eine Strafexpedition tatarischer Truppen zur Willfährigkeit gezwungen. Weitergehende Kontrollmaßnahmen waren schon deshalb unnötig, weil die Mongolen sehr schnell begriffen, daß die Fürsten selber sich untereinander argwöhnisch belauerten und zu Intrigen und Anschwärzungen beim Khan schnell bereit waren. Der Hebel, mit dessen Hilfe der Khan dieses Spiel in Gang hielt, war die Vergabe des Großfürstentitels. Als Großfürst setzte der Khan stets einen Mann seines Vertrauens ein, und dieses Vertrauen wollte erst durch andere überbietende Kollaborationsbereitschaft erworben werden. Einen in der Regel wohlwollenden Mittler hatten die Khane schließlich auch in der orthodoxen Kirche, deren Angelegenheiten sie nicht tangierten und deren Geistlichkeit sie seit einem Gnadenbrief Möngkä Temürs von 1267 mit immer wieder erweiterten steuerlichen Privilegien ausstatteten.

Die betont auf Erfüllung der mongolischen Wünsche ausgerichtete Politik des Großfürsten Alexander Nevskij trug ihre Früchte. Nicht nur bewahrte sie die Nordost-Rus' zu Lebzeiten Alexanders vor schwereren Einfällen der Reiternomaden, sondern sie verschaffte zugleich dem Großfürsten den nötigen Rückhalt vor allem gegenüber Groß-Novgorod und dem Fürstentum Tver', wo latent antimongolische Strömungen sich unter der Oberfläche verbanden und immer wieder zu Eruptionen drängten.

Die recht starke Stellung, die Alexander nicht zuletzt kraft seiner großen persönlichen Autorität besaß, vermochten seine Nachfolger gegen wachsende Widerstände nicht aufrechtzuerhalten. Um sich gegen die Konkurrenz der anderen Teilfürsten durchsetzen zu können, waren sie auf zunehmende Hilfeleistung der Goldenen Horde angewiesen. Schon 1273 bediente sich Großfürst Vasilij Jaroslavič offen mongolischer Truppen gegen das widerspenstige Novgorod. Im letzten Viertel des 13. Jahrhunderts lag die Schwäche der Großfürsten von Vladimir so klar zutage, daß die Khane sich zunehmend der Fürsten von Rostov als Vertrauensleute bedienten.

Als in den 1270er Jahren der als Hausmeier (Emir) der Khane zu Macht und Ansehen gekommene Noḫai (türk. Nogai) sich immer stärker in die Außenpolitik einschaltete und damit die Grundlagen für die Absonderung der Nogai-Horde im westlichen Qypčaq legte, nutzten viele ostslavische Fürsten diese Gelegenheit, um ihren Bewegungsspielraum durch Ausmanövrierung der beiden tatarischen Gruppierungen zu erweitern. Ebendies aber provozierte wachsende militärische Eingriffe der Mongolen, die zusammen mit ständigen litauischen Einfällen und den Streitigkeiten der Fürsten untereinander im letzten Viertel des 13. Jahrhunderts die Nordost-Rus' an den Rand des Abgrundes brachten. Die Chroniken berichten für die 25 Jahre zwischen 1273 und 1297 von 15 militärischen Aktionen der Mongolen. Den Feldzug Tudāns (russ. Djuden') 1293 vergleichen die zeitgenössischen Quellen in seinen Folgen mit dem Bātūs.

Während des ersten Viertels des 14. Jahrhunderts ging das Gemetzel unerbittlich weiter. Vor allem kristallisierten sich nun beim Kampf um die Großfürstenwürde zwei rivalisierende Fürstenhäuser heraus, die einander mit allen Mitteln und mit wechselnder tatarischer Hilfe bekämpften: die von Tver' und Moskau. Erst als Ivan I. von Moskau 1328 das Großfürstentum durch geschickte Anbiederung bei den Tataren endgültig für seine Dynastie sichern konnte, kehrten etwas ruhigere Verhältnisse im Lande ein.

Die Macht der Goldenen Horde erreichte unterdessen unter Khan Özbeg (1313–1341) einen letzten Höhepunkt, und die tatarische Herrschaft über die ostslavischen Fürsten blieb noch unangefochten. Doch scheint es, daß spätestens unter Ivan I. die ständige Vertretung des Khans durch Gesandte (Baskaken) an den meisten Fürstenhöfen erloschen ist. Dies hat seine Ursache wohl weniger in den Aufständen der Bewohner einzelner Städte, wie sowjetische Historiker meinen, als in der anhaltenden Zwietracht der altrussischen Fürsten, in der verläßlichen Wächterrolle der Moskauer Dynastie und schließlich in der unbestreitbaren Machtposition Özbegs, die insgesamt das bis dahin geübte doppelte Kontrollsystem aus der Mode brachten.

c) Die Bevölkerungsverlagerung und ihre Auswirkungen

Zu den bedeutsamsten Folgen des Mongolensturms für die russische Geschichte zählen die durch ihn hervorgerufenen Bevölkerungsverschiebungen. Während man früher glaubte, daß schon der Feldzug Bātūs die Bewohner der steppennahen und daher besonders betroffenen und gefährdeten Gebiete zum Abzug veranlaßt habe, zeichnet die Forschung seit kurzem ein sehr viel differenzierteres Bild.

Keinem Zweifel kann es unterliegen, daß die am weitesten nach Süden exponierten Landstriche zwischen oberem Donec und Südlichem Bug, also die Fürstentümer Perejaslavl' und Kiev sowie der Südteil der Fürstentümer Černigov und Novgorod-Seversk, schon unmittelbar nach dem Mongolensturm weitgehend verödeten. Kiev, die »Mutter der Städte der Rus'«, schrumpfte zusammen, die Bergstadt blieb bis zur Neuzeit größtenteils wüst.

Sehr viel später erst setzte die Bevölkerungsverlagerung in der nordöstlichen Rus', in dem Gebiet zwischen Oka und Wolga, ein. Gerade hier hatte sich ja nach dem Feldzug Bātūs sehr bald wieder eine militärische Opposition gegen die Mongolen formiert. Dies spricht eigentlich dafür, daß die Verheerungen der Jahre 1238/39 hier nicht so hart gewesen sein können wie die von 1239–1241 im Süden und daß das Wirtschaftsleben sich wieder recht schnell konsolidierte. Erst als nach dem Tode Alexander Nevskijs durch die neu aufflammenden Zwistigkeiten unter den Fürsten die Mongolen für ein gutes halbes Jahrhundert immer stärker in die russische Innenpolitik einzugreifen gezwungen waren, suchten viele Einwohner der am stärksten und regelmäßig in Mitleidenschaft gezogenen Landstriche ihr Heil in der Flucht. Nicht ganz zufällig handelt es sich hierbei ebenfalls um die am stärksten nach der Steppe hin exponierten Gebiete an der Kljaz'ma, um Murom und Rjazan' und um das Fürstentum Perejaslavl'-Zalesskij. Gewiß war die Entvölkerung nicht so tiefgreifend wie im Süden. Aber sie genügte, um die Fürsten von Rjazan' am Ende des 13. Jahrhunderts zu veranlassen, ihren Sitz von Alt-Rjazan' hart an der Steppengrenze weiter okaaufwärts nach Perejaslavl' zu verlegen, dem heutigen Rjazan'. Auch der Machtverfall der Großfürsten von Vladimir nach dem Tode Alexanders läßt auf Entvölkerung und schrumpfende Geldquellen in den zugehörigen Territorien schließen.

Die abziehenden Bevölkerungsgruppen strebten vor allem in Landstriche, die von gemeinsamen Aktionen mongolischer und ostslavischer Truppen weniger heimgesucht wurden. Im allgemeinen scheinen sie nicht sehr weit geflohen zu sein oder größere Entfernungen doch zumindest in mehreren Etappen zurückgelegt zu haben. Die sowjetischen Archäologen haben mit verfeinerten Arbeitsmethoden einige Wanderungswege bereits zu rekonstruieren vermocht. Andere Auffanggebiete lassen sich nur sekundär erschließen. So dürfte etwa das Auftauchen zahlreicher Fürstentümer an der oberen Oka und Desna im ausgehenden 13. und 14. Jahrhundert ganz wesentlich auf Zuwanderung aus dem mittleren Dnepr-Becken zurückzuführen sein. Doch in der Hauptsache waren es drei Zentren, denen der Bevölkerungsabfluß zugute kam: Halyč-Wolhynien im Südwesten, die Fürstentümer Moskau und Tver' im Westen und schließlich die weiten Waldländer nördlich und nordöstlich der oberen Wolga. Dieser Bevölkerungszustrom brachte zusätzliche Arbeitskräfte, steigende wirtschaftliche Produktivität, letzten Endes mehr Machtmittel. So ist es nicht verwunderlich, daß die bevorzugten Zuwanderungsgebiete zu den neuen Machtzentren der Mongolenzeit aufstiegen, während die in den Abzugsgebieten gelegenen alten Herrschaftsmittelpunkte wie Kiev, dann auch Vladimir a. d. Kljaz'ma verfielen.

Konsequent suchte Daniil von Halyč-Wolhynien durch Ansiedlung von Flüchtlingen vor allem aus den Steppengrenzgebieten zwischen Dnepr und Dnestr sein Reich wieder zu sanieren. Besonderen Wert legte er auf handwerkliche Spezialisten, die er in neu gegründeten Städten ansiedelte. »Und Handwerksmeister jeglicher Art flohen vor den Tataren, Sattler und Bogenmacher und Köchermacher und Eisen- und Kupfer- und Silberschmiede«, berichtet die Hypatius-Chronik unter dem Jahr 1259 über die Gründung der Stadt Cholm[4], »und es war Leben, und sie füllten die Höfe, rings um die Stadt aber Feld und Dörfer«. Bei seinen anderen Lokationen Lemberg (L'vov), Danilov, Ugrovesk wird Daniil kaum anders verfahren sein. Dieses Kräftepotential, das sich in seinem Herrschaftsgebiet konzentrierte, bot ihm erst die Möglichkeit für seine Obstruktionspolitik gegenüber den Mongolen und die erfolgreiche Abriegelung seiner Nordgrenzen gegen den zunehmenden Druck der Litauer. Auch nachdem der tatarische Heerführer Burundai 1258/59 die faktische Unterwerfung des Fürstentums – übrigens ohne größeren Widerstand – erzwungen hatte, änderte sich wenig. Halyč-Wolhynien blieb im Gegensatz zu dem östlich vorgelagerten Podolien vor den Mongolen relativ sicher, wenn auch Truppen der Goldenen Horde beim Durchzug auf dem Weg nach Polen oder Litauen das Gebiet ihrer »Verbündeten« des öfteren plünderten. Daniil kehrte nach 1259 wieder als Herrscher in sein Vatererbe zurück. Zwar vermochten seine Nachfolger die alte Machtstellung nicht mehr wiederzugewinnen, doch zeigt ihr starkes Interesse an den politischen Vorgängen bei ihren westlichen Nachbarn, daß sie sich an die Horde weit lockerer gebunden fühlten als die Fürsten des Nordostens.

Moskau war gegen das waldarme und von den Mongolen oft heimgesuchte »Gefilde« (Pole) von Vladimir-Suzdal' durch einen breiten Gürtel von Waldsümpfen geschützt, Tver' zusätzlich durch seine noch größere Entfernung von der Steppe. Beide Orte hatten in ihrer historischen Entwicklung einander

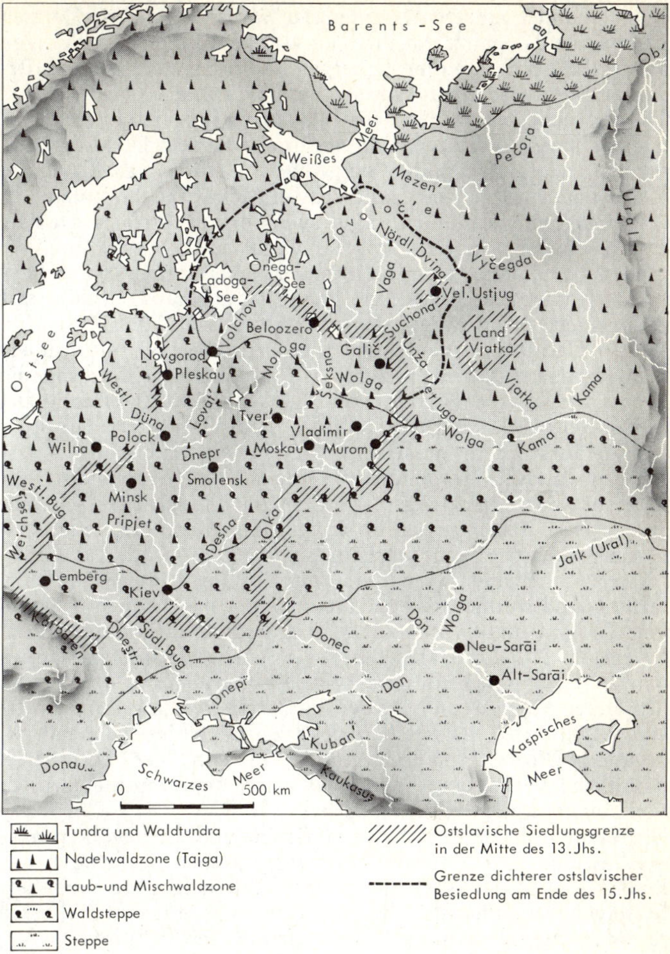

Abb. 9: Vegetationszonen und Kolonisationsbewegungen im 13.—15. Jahrhundert

wenig voraus, beide waren in der ersten Hälfte des 13. Jahrhunderts noch recht unbedeutende Burgstädte gewesen und hatten sich erst nach dem Mongolensturm zu ständigen Teilfürstensitzen entwickelt. Wenn die Fürsten von Moskau und Tver' im ersten Viertel des 14. Jahrhunderts bereits als einzige ernsthafte Konkurrenten zum Kampf um die Großfürstenwürde

gegeneinander antreten konnten, so läßt sich an dieser kurzen Zeitspanne das ganze Ausmaß der wirtschaftlichen Wandlungen ablesen, die sich dahinter verbergen und die ohne erhebliche Bevölkerungszuwanderung kaum zu erklären sind.
Die Vorgabe, die evtl. Tver' als Anziehungspunkt für Zuwanderer wegen seiner günstigen Lage an einem Drehkreuz des Wolgahandels anfänglich gegenüber Moskau besaß, mußte dieses anderweitig wettmachen. Zwei Möglichkeiten boten sich an: einerseits konnten die Moskauer Fürsten durch territoriale Expansion, sei es mittels Erbschaft, Kauf oder Okkupation, ihre Machtbasis ständig ausweiten, andererseits galt es die unliebsamen Konkurrenten aus Tver' am Hof des Khans in Mißkredit zu bringen. Beide Möglichkeiten wurden von Fürst Jurij und seinem Nachfolger Ivan in reichlichem Maße und mit unüberbietbarer Geschicklichkeit genutzt. Die dabei allmählich an die Wand gedrängten Fürsten von Tver' suchten Anlehnung bei einem neuen Nachbarn im Westen, dem litauischen Großfürsten Gedimin, dem sie seit 1320 auch verwandtschaftlich verbunden waren. Damit leiteten sie eine Politik ein, der sich später nicht nur ihre Nachfahren, sondern im 15. Jahrhundert auch eine interne Machtgruppe in Novgorod bediente, um wachsenden Druck von seiten Moskaus abzuwehren. Doch das Großfürstentum Litauen stand erst am Anfang seiner Machtentfaltung und vermochte gegenüber dem gemeinsamen Agieren von Tataren und Moskowitern noch keinen wirksamen Schutz zu bieten. Als daher 1327 in Tver' ein Volksaufstand gegen einen tatarischen Bevollmächtigten losbrach, fiel es dem neuen Moskauer Fürsten und Bruder Jurijs, Ivan, leicht, mit tatarischer Hilfe die lästige Konkurrenz für einige Zeit auszuschalten. Durch die Vergeltungsaktion war Tver' auch wirtschaftlich so weit gebrochen, daß es einige Zeit brauchte, um sich von diesem Schlage wieder zu erholen.
Nicht eine größere wirtschaftliche Potenz und die Bevölkerungsverdichtung durch Zuwanderung waren es also, die letztlich das Rennen zugunsten Moskaus entschieden, sondern die Kunst des besseren Intrigenspiels, die konsequentere und skrupellosere protatarische Einstellung, die Dynamik der territorialen Expansion und schließlich auch die Unterstützung durch die Kirche. Die Ernte dieser im Prinzip bereits seit dem Anfang des 14. Jahrhunderts betriebenen Politik fuhr Ivan von Moskau ein. Als Tributeinnehmer der Horde im Großfürstentum Vladimir und in Groß-Novgorod[5] schaffte er nicht nur einen Teil des einkommenden Geldes in die eigene Tasche (daher sein Spottname »Kalita« – Geldbeutel) und gründete damit das finanzielle Fundament für den weiteren Machtaufstieg, sondern er legte bereits einen erheblichen Teil dieses Geldes in ausgedehnten Landkäufen an – teils einzelner Dörfer, teils gan-

zer Fürstentümer. Eine aktive Heiratspolitik flankierte diese Maßnahmen und zog andere Fürstenlinien an die eigene heran. Die Weichen für die »Moskauer Periode« der russischen Geschichte waren gestellt.[6]

Das dritte Gebiet, das aus der Bevölkerungsverlagerung Nutzen zog, war das nordrussische Waldland – jener als Tajga bezeichnete Nadelwaldgürtel, den die ostslavische Kolonisation etwa längs der Linie Wolga–Mologa–Ladogasee–Neva bereits um die Jahrtausendwende erreicht, aber vor dem Mongolensturm auf breiter Front nicht überschritten hatte. Solange im Laub-Mischwaldgebiet noch genügend Landreserven zur Verfügung standen, bestand dazu auch keinerlei Notwendigkeit, zumal der Nadelwald dem noch stark komplex wirtschaftenden ostslavischen Waldbauerntum weder günstige Waldweide noch Bienenbäume zu bieten hatte. In vormongolischer Zeit finden sich ostslavische Siedlungsnester daher nur vereinzelt inmitten des weiten, von finno-ugrischen Volksgruppen dünn besiedelten Raumes – charakteristischerweise vorwiegend an den Hauptwasserwegen von der Wolga über den Onega- oder Ladogasee zum Finnischen Meerbusen (so um Beloozero) oder zum Weißen Meer und Ural (z. B. Velikij Ustjug).

Beherrscht wurde der nördliche Teil dieses weiten Waldlandes von Novgorod, das bereits im 12. Jahrhundert über ein Netz von Stützpunkten (pogosti) von den Einheimischen Tribute erhob. Daß es sich bei allen dieser pogosti um dauerhafte Ansiedlungen mit Repräsentanten der Novgoroder Administration gehandelt hat, ist kaum anzunehmen. Im wesentlichen ging es um die extensive Ausbeutung des Landes, vor allem des Reichtums an Pelztieren, Falken und Walroßzähnen, die sich durch Expeditionen und Saisonsiedlungen bewerkstelligen ließ.

Dieses ganze dünn besiedelte Gebiet nördlich und nordöstlich der Wolga lag geradezu vor der Haustür des alten Bevölkerungszentrums um Vladimir-Suzdal' und bot sich daher als weitere Ausweichmöglichkeit vor den Tataren an. Trotz schlechter Böden, stärkerer Vermoorung und geringerer wirtschaftlicher Nutzungsfähigkeit wählte ein erheblicher Teil der Abzügler diesen Weg. Die Massenabwanderung vollzog sich dabei auf drei verschiedenen Hauptbahnen: nach Norden die Mologa und Šeksna aufwärts, nach Nordosten die Suchona aufwärts in Richtung auf das Weiße Meer und die Vyčegda, die die pelztierreichen Landstriche westlich des Ural erschloß, endlich nach Osten in die Flußbecken von Unža und Vetluga mit Ausläufern bis nach Vjatka.

In der kurzen Zeitspanne zwischen der Mitte des 13. und der Mitte des 14. Jahrhunderts läßt sich vor allem in dem unmittelbar jenseits der Wolga gelegenen Gebietsstreifen eine bemerkenswerte Bevölkerungsverdichtung feststellen. Weiter nach

Norden und Nordosten hin dünnte die Besiedlung aus und konzentrierte sich vor allem auf die großen Wasserwege. Doch muß selbst im fernen Vjatka die Zuwanderung so erheblich gewesen sein, daß sich im 14. Jahrhundert dort um die 5 älteren Burgen jene ethnisch gemischte »Republik« herausbilden konnte, deren Bewohner wegen ihrer Räubereien und rauhen Sitten und der eigenwilligen kirchlichen Gewohnheiten ihrer Priester bis zur Unterwerfung durch ein Moskauer Heer 1489 der Schrecken ihrer zivilisierten Nachbarn waren.
Dieser Bevölkerungsstrom, der sich aus den sogen. »Unteren Fürstentümern« in das Zavoloč'e, das Land jenseits der Wasserscheide (volok) zwischen Wolga und Weißem Meer ergoß, drückte gegen die offene Flanke des Novgoroder Herrschaftsgebietes im Norden. Die Novgoroder verloren die Kontrolle über das Suchona-Becken, wo Velikij Ustjug nun zum Vorposten des unterländischen, d. h. sehr bald des Moskauer Einflusses wurde.

d) Wirtschaftliche Folgen der Mongolenherrschaft

In unmittelbarem Zusammenhang mit Rückgang und Verlagerung der Bevölkerung zogen die Jahrzehnte ständiger mongolischer Übergriffe schwere wirtschaftliche Schäden nach sich. Hier griffen verschiedene Kausalitäten ineinander. Da die Bauern durch fortwährende Massaker und Plünderungen Haus und Hof, Vieh und Saatgut verloren, wenn sie nicht gar ihr eigenes Leben einbüßten, brach der Wirtschaftskreislauf zwischen Dorf und Stadt weitgehend zusammen. Die bäuerliche Wirtschaft beschränkte sich weitgehend auf die Selbstversorgung. Den Städten ging damit ein Teil der Abnehmer ihrer gewerblichen Produkte verloren. Doch nicht allein dadurch wurde die wirtschaftliche Position der Städte erschüttert. Darüber hinaus verschleppten die Tataren gerade die qualifizierten Handwerker, um sie größtenteils in Sarāi wieder anzusiedeln. Einzelne Spezialisten gelangten sogar bis nach Mittelasien, denn der Franziskanermönch Plano Carpini, der 1246 als Päpstl. Gesandter in Qara Qorum weilte, berichtet, daß der Thron des Groß-Khans von dem russischen Meister Kosmas gefertigt worden sei. Hochentwickelte Handwerkstechniken wie die Emaillier- und Filigrankunst oder die polychrome glasierte Baukeramik verschwinden für ein Jahrhundert oder mehr von der Bildfläche und setzen im späten Mittelalter auf sehr viel niedrigerem Niveau wieder ein. Kirchenneubauten konnten in den meisten Gebieten für drei und mehr Generationen nicht mehr in Stein errichtet werden; selbst in dem unmittelbar von den Tataren nicht heimgesuchten Novgorod verdrängte bis zum Ende des 13. Jahrhunderts vorübergehend Holz als Baumaterial für Kirchen den Naturstein und die Ziegel. Die Werkstätten im wolhynischen Ovruč stellten die Massenproduktion an schiefernen Spinnwirteln* endgültig ein, die Bevölkerung kehrte auch in den Städten wie in vorchristlicher Zeit zum tönernen Spinnrocken zurück. Kostbare Geschmeide, Gläser, wertvolle Importwaren verschwinden weitgehend aus den Funden dieser Zeit, selbst anspruchsvollere Keramikformen, wie sie in vormongolischer Zeit in wohlsituierten Stadthaushalten nicht fehlen durften, wurden nicht mehr hergestellt.

Zu der beträchtlichen Senkung des Lebensstandards freilich hat ganz besonders die schwere Belastung durch die Tribute beigetragen, die das Silber aus dem Land zogen und damit den wirtschaftlichen Aufschwung blockierten. Dieser Effekt wurde durch die Bevölkerungsverlagerung noch verstärkt. In den Abzugsgebieten konnte das Städtewesen bis tief in die Neuzeit hinein diesen Aderlaß nicht wieder wettmachen. Der Nadelwaldgürtel schließlich zerstreute die eingesogenen Kolonisten; die extensive Kolonisation gab einen schlechten Nährboden ab für die organische Entstehung von Wirtschafts- und Kulturzentren. So gelang es auf diesem riesigen Raum bis zum Beginn der Neuzeit nur ganz wenigen Siedlungen wie Ustjug, Vologda, Cholmogory und Kargopol' zu echten Städten aufzusteigen.

Lediglich da, wo die Abwanderer sich im Altsiedelland niederließen wie um Moskau, Tver', Cholm in Wolhynien, oder wo der Widerhall des permanenten Kriegszustandes schwächer war, etwa im abgelegenen Land von Novgorod und Pleskau, prägte sich charakteristischerweise der Verfall des städtischen Lebens weniger stark aus, ja läßt sich gebietsweise sogar ein gewisser Aufschwung feststellen.

Transit- und Fernhandel wurden vom Mongolensturm und seinen Folgen offenbar nicht in gleichem Umfange berührt wie das Wirtschaftsleben insgesamt. In den Trümmern des zerstörten Kiev traf Plano Carpini schon 1245 wieder ausländische Kaufleute. Nach einer kurzen Schockpause begannen die internationalen Handelsverbindungen sich um die Mitte des 13. Jahrhunderts erneut zu konsolidieren, wenn auch unter einigen charakteristischen Strukturveränderungen.

Die Kontakte der Nordost-Rus' zum Schwarzmeerraum rissen bis zum 14. Jahrhundert völlig ab, nur Halyč-Wolhynien konnte sich weiterhin als Handelsvermittler zwischen Krim und Westeuropa betätigen. Statt dessen richtete sich der Handel der nordöstlichen Fürstentümer unter mongolischer Ägide immer stärker nach Mittelasien aus. Als Haupthandelsweg gewann die Wolga erneut an Bedeutung. Schon im 14./15. Jahr-

* Spinnwirtel: die an der Spindel befestigte Rolle zur Aufnahme des Antriebsbandes.

hundert läßt sich dies an dem kontinuierlichen Wachstum der Wolgastädte Uglič, Kostroma, Jaroslavl' und Nižnij-Novgorod ablesen. Unberührt blieb auch der Ostseehandel. Schon um die Mitte des 13. Jahrhunderts erneuerte der Fürst von Smolensk den 1229 mit den deutschen Kaufleuten aus Gotland geschlossenen Handelsvertrag, und ein neues Übereinkommen zur Sicherung des Handelsverkehrs mit den Ostseestädten traf um 1262/63 auch Novgorod. Zugleich gelang es dieser Stadt zunehmend, Smolensk und den Dünahandel in ihrer Bedeutung zurückzudrängen; nicht wenig trug dazu bei, daß Smolensk sich wachsendem litauischem Druck ausgesetzt sah und die ständigen Überfälle das Handelsleben beeinträchtigten.

Auch unter der Herrschaft der Goldenen Horde blieb Osteuropa für den internationalen Handel Brückenland. Zwar traten die einheimischen Kaufleute als Vermittler nicht nur der Produkte und Rohstoffe des eigenen Landes, sondern in offenbar erheblichem Umfange auch des Transithandels auf, aber weitgehend doch nur innerhalb der eigenen Grenzen. Schon in der zweiten Hälfte des 12. Jahrhunderts drängte der Zusammenschluß der deutschen Kaufleute die Ostslaven immer stärker aus dem aktiven Ostseehandel zurück. Anders als der Vertragsentwurf von 1189, der einen russischen Direkthandel sowohl mit Gotland als auch mit deutschen Städten in Rechnung stellte, erwähnen die Verträge Novgorods mit den Deutschen von 1262/63 und später nur noch direkten Eigenhandel mit Gotland. Beim Dünahandel schob sich seit der zweiten Hälfte des 13. Jahrhunderts anstelle des »Gotländischen Ufers« Riga als Vertragspartner der westrussischen Fürsten und der Großfürsten von Litauen in den Vordergrund. Im Schwarzmeergebiet schließlich zogen die Genueser seit den 1260er Jahren von Kaffa auf der Krim aus die Fäden des internationalen Geschäftes an sich und schalteten die griechische Konkurrenz aus.

Doch nicht nur von dem eigentlichen Fern- und Transithandel blieben die Russen außerhalb ihrer eigenen Grenzen weitgehend ausgeschlossen; die fremden Kaufleute drängten auch selber auf den russischen Markt oder suchten unter Umgehung des russischen Zwischenhandels direkte Kontakte mit Mittelasien. Rigenser und andere deutsche Kaufleute ließen sich von Khan Möngkä Temür das Recht auf direkten Handel mit der Goldenen Horde um 1270 verbriefen, und im 14./15. Jahrhundert tätigten Genueser, Griechen, Armenier aus Kaffa in Moskau direkt ihre Geschäftsabschlüsse, obgleich eine besondere Gruppe von Moskauer Kaufleuten, die der gosti-surožane*, ihrerseits auch einen umfangreichen Handel mit der Krim betrieb.

* gosti von gost' (eigentl. »gast«, im Altruss. der Fernhändler); surožane: Name abgeleitet von Surož, damals eine der wichtigsten Handelsstädte auf der Krim.

Doch dies ist nicht erst eine Entwicklung, die sich den Tataren in die Schuhe schieben ließe, denn der Abstieg des russischen Fernhandels setzte bereits im 12. Jahrhundert ein. Nicht zuletzt hängt dies wohl mit dem Beginn der »münzlosen Periode« zusammen, die die Russen zwang, den im Lauf der ersten Hälfte des 12. Jahrhunderts völlig versiegenden Zustrom westeuropäischer Silbermünzen durch Barrensilber (Grivnen, in Novgorod seit der Mitte des 13. Jahrhunderts Rubel genannt) und für kleinere Werte durch Eichhörnchenfelle (belki) zu ersetzen. Daß man wegen des mangelnden Interesses der Fürsten und Städte, eigene Münzen zu schlagen, zu so primitiven Formen des Geschäftsverkehrs zurückkehren mußte, war nicht dazu angetan, die Nachteile der geographischen Lage zu überspielen und die wachsende Konkurrenz der sich genossenschaftlich organisierenden ausländischen Kaufleute abzuwehren. Die Mongolenherrschaft hat an dieser Entwicklung zu Lasten der russischen Kaufleute nichts geändert, vielmehr durch die langanhaltende öffentliche Unsicherheit und die schweren Tribute die Hortfunktion des Silbers noch gesteigert.
Immerhin ist es aber doch erstaunlich, daß – innerhalb der festgestellten Grenzen – der russische Anteil an der Vermittlung des Transithandels und der eigenen Exporte durch den Mongolensturm keinen entscheidenden Einschnitt erfahren hat. Vergleicht man dieses Ergebnis mit dem gut hundert Jahre anhaltenden parallellaufenden Niedergang des Städtewesens, so erscheint die Frage berechtigt, ob die Bedeutung des Transit- und Fernhandels für das Wirtschaftsleben der hochmittelalterlichen osteuropäischen Stadt nicht doch von vielen Historikern auf Kosten des Binnen- und Nahhandels überschätzt worden ist. Der Verfall des städtischen Lebens während der ersten hundert Jahre der Tatarenherrschaft ist kaum anders zu erklären, als daß durch den Zusammenbruch des Wirtschaftskreislaufs zwischen Stadt und Land weniger die kleine Schicht der Fernhändler und Großkaufleute als vielmehr die große Masse der vom Umland lebenden Stadtbewohner in Gestalt der Kleinhändler und Gewerbetreibenden geschädigt worden ist.

e) Die Mongolenherrschaft – Bruch oder Kontinuität für die russische Geschichte?

Daß der politische Schwerpunkt der Rus' sich von Kiev fort in den Nordosten verlagerte, ist ebenfalls nicht erst eine Folge des Mongolensturms, sondern eine Entwicklung des 12. Jahrhunderts. Nach dem Feldzug Bātūs und der anhaltenden Verödung der exponierten Landstriche am mittleren Dnepr kam eine Restitution Kievs als Sitz des Großfürsten sowieso nicht mehr in Frage. Doch als schließlich auch der Metropolit diesen Gegebenheiten Rechnung trug und um 1300 nach Vladimir übersiedelte, um die für die orthodoxe Kirche wesentliche »Harmonia« zwischen geistlicher und weltlicher Gewalt wiederherzustellen, nahm er erneut in einem siechen Land Quartier. Seit dem Tode des Alexander Nevskij residierte ja auch der jeweilige Großfürst schon nicht mehr in Vladimir, sondern in seinem eigenen Vatererbe, stritten die Fürsten sich um den Titel des Großfürsten nur noch wegen der damit verbundenen Ehre und der an ihm hängenden Territorien (Vladimir, Perejaslavl'-Zalesskij, Kostroma, später auch Nižnij-Novgorod und Gorodec an der Wolga). Die Metropoliten waren daher gezwungen, sich für eine der beiden aufstrebenden Mächte des Nordostens zu entscheiden. Daß sie nach anfänglichen Sympathien für Tver' schließlich auf die tatarenfreundlichen Moskauer Fürsten setzten und Metropolit Theognost seit 1325/1326 bereits in Moskau residierte, wurde durch die religiöse Toleranz der Tataren erleichtert. Als dann Ivan Kalita 1328 den Großfürstentitel seiner Dynastie endgültig zu sichern vermochte, waren die beiden höchsten Autoritäten der russisch-orthodoxen Welt nach 1¾ Jahrhunderten wieder an einem Ort vereint. Der Prestigegewinn, den die Moskauer Großfürsten neben der aktiven kirchlichen Unterstützung für den weiteren Ausbau ihrer Machtstellung daraus zogen, kann nicht hoch genug veranschlagt werden.

Ebenfalls in vormongolische Zeiten reicht die Bedrohung der westlichen Teilfürstentümer durch die Litauer zurück. Schon seit der Wende des 12./13. Jahrhunderts plünderten litauische Streifscharen – häufig als Hilfstruppen bei innerrussischen Fürstenfehden ins Land gerufen – die benachbarten Fürstentümer Polock, Smolensk, Turov-Pinsk und sogar Teile Wolhyniens. In der ersten Hälfte des 13. Jahrhunderts kam es bereits zu Eheverbindungen zwischen den Familien ostslavischer Dünafürsten und litauischer Großer, setzten sich einzelne litauische Fürsten vorübergehend in Polock fest. Doch eine echte Bedrohung erwuchs erst, als sich zwischen 1240 und 1250 unter Mindowe die innere herrschaftliche Konsolidierung Litauens vollzog und eine Konzeption in die Expansionsbestrebungen kam. Wenn auch der teilfürstliche Partikularismus der vormongolischen Rus' gewisse Vorarbeiten geleistet hat, so ist dieser Aufstieg der litauischen Macht doch zweifellos durch die Erschütterungen ausgelöst worden, die der Mongolensturm in der ostslavischen Staatenwelt hervorgerufen hat. An der Expansion nach Westen durch die Festsetzung des Deutschen Ritterordens in Preußen und Livland, seit Beginn des 14. Jahrhunderts auch durch die Erstarkung Polens gehindert, mußten die litauischen Großfürsten durch das Machtvakuum an ihrer Ostflanke unwiderstehlich angezogen werden. Die westrussischen Teilfürstentümer

lagen zu sehr an der Peripherie des Herrschaftsgebietes der Goldenen Horde, als daß sie gegen ihren unmittelbaren Nachbarn Litauen wirksam hätten geschützt werden können.
Nach dem Tode Mindowes (1263) blieb von seinen ostslavischen Erwerbungen zwar nur die sogen. »Schwarze Rus'« am oberen Njemen um Grodno und Novogrodek unter dauernder litauischer Herrschaft, aber als am Ende des 13. Jahrhunderts Witen die ganze litauische Macht wieder in seiner Hand vereinigen konnte, begann die entscheidende Phase der Expansion. Witen selber gliederte 1307 Polock endgültig an. Sein Bruder und Nachfolger Gedimin (1316—1341) vermochte seinen Machtbereich bereits bis an den westlichen Bug und über den Pripjet hinaus auszudehnen und Einfluß auch in Smolensk auszuüben. Olgerd (1345—1377) schließlich, dem sein für die Defensive im Westen verantwortlicher Bruder Kynstute den Rücken deckte, nahm in Konkurrenz mit dem polnischen König Kasimir III. Halyč-Wolhynien in die Zange und konnte aus den langen Kämpfen mit Polen um die Beute Wolhynien und Ostpodolien einbringen. Mit der Eroberung Kievs und fast des gesamten mittleren Dnepr-Beckens beherrschte er gut 60 % des ehemaligen Kiever Reiches. Damit war die Ausgangsposition für die folgende Rivalität mit den Großfürsten von Moskau um die Oberherrschaft über das ganze Land der Rus' abgesteckt. Versuchen, Kiev als dem alten geistlichen und kulturellen Zentrum der Rus' durch Einrichtung einer eigenen, gegen Moskau gerichteten Metropolie zu neuer Geltung zu verhelfen, blieb dauernder Erfolg jedoch versagt, nicht zuletzt deshalb, weil den litauischen Großfürsten die Legitimation als orthodoxe Herrscher fehlte. Auch den entscheidenden Schritt, seine Residenz von Wilna nach Kiev zu verlegen und damit für alle sichtbar einen Anspruch auf die Nachfolge der Kiever Großfürsten zu erheben, hat Olgerd nicht vollzogen. So läßt bereits seine Ostpolitik jene letzte Konsequenz vermissen, deren Fehlen in der Folgezeit zusammen mit der Verstrickung in polnische Interessen den Sieg Moskaus begünstigte.
Auf dem Boden der aus der teilfürstlichen Zersplitterung des ostslavischen Raumes im 14. Jahrhundert sich neu formierenden Machtgebilde vollzog sich auch die endgültige Ausformung des groß-, weiß- und kleinrussischen bzw. ukrainischen Volkstums.[7] Trotz gewisser regionaler Eigenheiten[8] waren in vormongolischer Zeit die sprachlichen, kulturellen und konfessionellen Gemeinsamkeiten der Ostslaven zu groß, als daß es zu einer wirklichen Entfremdung einzelner Volksgruppen hätte kommen können. Noch ließ die gemeinsame Schriftsprache erst Ansätze der späteren sprachlichen Scheidung erkennen. Nachdem die zunehmende teilfürstliche Zersplitterung des 12. und 13. Jahrhunderts und die Bevölkerungsverschiebungen im Ge-

folge des Mongolensturms den Boden vorbereitet hatten, gab den entscheidenden Anstoß zur allmählichen Auseinanderentwicklung der drei Volkstümer erst die territorialpolitische Konstellation des späten Mittelalters.
In drei Reichsgebilde eingebunden, von denen Polen und Litauen auf der einen, das Großfürstentum Moskau auf der anderen Seite sich als unversöhnliche Rivalen gegenüberstanden, schwanden im Laufe des 14. bis 16. Jahrhunderts die Gemeinsamkeiten. Auf Moskauer Gebiet gingen dabei durch die bis in die Neuzeit andauernde Kolonisation des riesigen Nordrußland die Assimilationsvorgänge zwischen slavischer und eingesessener, meist finno-ugrischer Bevölkerung unvermindert weiter. Für die Ausbildung des ukrainischen Volkstums schließlich wurde es wichtig, daß Polen, nachdem es aus den Kämpfen mit Litauen in der Mitte des 14. Jahrhunderts Halyč (Galizien) an sich gebracht hatte, durch die Union von Lublin 1569 sich auch die südlich des Pripjet gelegenen litauischen Wojewodschaften einverleibte. Die Union von Brest, die 1596 die orthodoxe Kirche Polens und Litauens mit Rom vereinigte, stiftete noch einen konfessionellen Gegensatz, auch wenn sich in der Folgezeit nur ein Teil der Gläubigen an diese Union gebunden fühlte.
So wurden auf dem Boden der durch den Mongolensturm ausgelösten politischen Wandlungen in Osteuropa bereits jene Bahnen markiert, die mit dem Erwachen der Nationalitäten später in die bekannten Animositäten vor allem zwischen Ukrainern und Großrussen einmündeten. Daß trotz aller Unterschiede und Spannungen jedoch das Bewußtsein einer gemeinsamen historischen Vergangenheit, Kultur und Konfession nie ganz erlosch, ist für die spätere Reintegration der Volkstümer von großer Bedeutung gewesen.
Das landläufige Urteil über die Bedeutung der Mongolenherrschaft für die russische Geschichte insgesamt pflegt vor allem die Auswirkungen auf Volkscharakter und Verfassungsformen hervorzukehren.[9] Die vorgebliche Neigung der Russen zur Grausamkeit wird in gleicher Weise wie ihre Leidensfähigkeit oder die über sie vom Schicksal scheinbar verhängte despotische Herrschaftsform den Tataren in die Schuhe geschoben. Gegenüber derartigen Pauschalurteilen nötigt das bisher Gesagte zu starker Zurückhaltung. Von lang anhaltender unmittelbarer Beeinflussung weitester Kreise der Bevölkerung durch Lebensweise und Verfassung der fremden Eroberer kann schon deshalb keine Rede sein, weil die jüngste Forschung eben nachgewiesen hat, daß die Goldene Horde sich einer indirekten Kontrolle der unterworfenen ostslavischen Gebiete bediente und tatarische Truppen – abgesehen von den eigentlichen Kriegszügen und Strafexpeditionen – nicht im Lande standen. Was

die Ostslaven von den Mongolen übernommen haben, hielt sich in recht bescheidenen Grenzen, konzentrierte sich vor allem auf Bezeichnungen aus dem Bereich des Steuer-, Zoll- und Postwesens sowie überhaupt auf die Anwendung des damit verbundenen Fachwissens. Viele dieser Errungenschaften kamen erst gegen Ende oder nach Ablauf der Mongolenherrschaft zum Tragen — so der großfürstliche Kurierdienst, die Anlegung eigener schriftlicher Steuerkataster oder das im 16. Jahrhundert wohl in Faktoreien der Stroganovs entwickelte Rechenbrett. Kurierdienste und Steuerkataster haben zweifelsohne die Zugriffsmöglichkeiten des Moskauer Großfürsten gestärkt und damit die Vollendung der Autokratie begünstigt; herbeigeführt haben sie diese Herrschaftsform nicht.
Viel stärker als dies gemeinhin geschieht, gilt es, das Augenmerk darauf zu richten, daß die Herrschaft der Goldenen Horde keinen unbedingten Kontinuitätsbruch in der russischen Geschichte herbeigeführt hat. Der Partikularismus, der während des 12. und 13. Jahrhunderts in weiten Gebieten der Rus' sich durchgesetzt hatte, wurde von den Mongolen nicht nur toleriert, sondern als willkommenes Kontrollmittel zur Ausbalancierung der teilfürstlichen Kräfte bewußt gefördert. Daß sich dann doch das Moskauer Großfürstenhaus eine wachsende Machtposition schaffen konnte, ist zunächst der von der Goldenen Horde während der chaotischen Zustände im ausgehenden 13. Jahrhundert gemachten Erfahrung zuzuschreiben, die Stellung ihres Büttels unter den Teilfürsten den ihm zufallenden Aufgaben anzupassen. Indem die Moskauer Rjurikiden jedoch den damit verbundenen Spielraum immer stärker nutzten, vermochten sie die in der Nordost-Rus' seit Jurij Dolgorukij und Andrej Bogoljubskij traditionell starke Stellung und intensivere Machtausübung des Fürsten zu beleben. Gerade hier hatten sich unter den Bedingungen eines jungen Koloniallandes zuerst jene engen Beziehungen zwischen Fürst und Territorium herausgebildet, die im Begriff des »Vatererbes« (otčina, votčina) gipfelten; gerade hier in den nordöstlichen Städten schon des 12. Jahrhunderts wirkten die genossenschaftlichen Elemente der städtischen Volksversammlung (veče) sehr viel schwächer als im Süden oder Nordwesten. Wenn also auch zweifellos Keime der Autokratie in vormongolische Zeiten zurückreichen, so haben doch die von den Khanen in die Hände der Moskauer Großfürsten gelegten fiskalischen und militärischen Mittel, ihre Rückendeckung und das Vorbild ihrer Verwaltungsorganisation den Boden für die Entwicklung der Moskauer Autokratie bereitet. Die Faktoren, die nun aber noch hinzutreten mußten, waren jedoch anderer Natur. Von ihnen wird noch zu handeln sein.
Daß der in tatarischer Abhängigkeit verbleibende Teil Osteuropas, das spätere Moskauer Reich, sich immer stärker gegen

Westen hin abzuschließen begann, ist der Goldenen Horde bestenfalls mittelbar anzulasten. Die Verlegung des großfürstlichen Sitzes von Kiev in das fern hinter Wäldern und Sümpfen gelegene neue Herrschaftszentrum im Nordosten hat sicherlich dazu beigetragen, daß Westeuropa in größere Fernen rückte. Aber da etwa Andrej Bogoljubskij auch als Großfürst von Vladimir enge Beziehungen zum Westen unterhielt, wie schon die romanischen Züge vieler seiner Bauten zeigen, können die geographischen Gegebenheiten erst unter neuen politischen Konstellationen zum Tragen gekommen sein. Diese sind — neben der stärkeren politischen Ausrichtung der altrussischen Fürsten nach Osten, nach Sarāi — vor allem in der offensiven Politik Papst Innozenz' IV. und der westlichen Anrainer der Ostslaven unmittelbar nach dem Mongolensturm zu suchen.
Kein Wunder, daß die orthodoxe Kirche, vor die Wahl zwischen der Union mit Rom oder der Kooperation mit den religiös toleranten Mongolen gestellt, sich für die letztere entschied und von nun an — sicherlich auch unter dem antilateinischen Affekt des Patriarchates von Nikaia — allen Kontakten zum lateinischen Westen mit größtem Mißtrauen gegenüberstand — um so mehr als seit der Union von Krewo zwischen Polen und Litauen (1385) sich beim westlichen Nachbarn und Rivalen Moskaus politische Ansprüche mit kirchlicher Feindschaft verbanden. Da im Mittelalter in der Rus' weitgehend die Kirche die öffentliche Meinung formte — charakteristisch die rasche Stilisierung des in der Ausübung seiner Herrschaft nicht gerade zimperlichen Alexander Nevskij zum Heiligen, weil er die militärische Gefahr aus dem Westen gebannt hatte —, mußte sich dieser Grundtenor im Lauf der Jahrhunderte auf die Mentalität auch des einfachen Volkes auswirken. Obgleich seit dem Ende des 15. Jahrhunderts vorsichtige diplomatische Kontakte zum Westen wiederaufgenommen wurden und die Beziehungen sich später immer mehr verstärkten und verästelten, blieben sie doch weitgehend auf die »oberste Etage« beschränkt und tangierten nicht die den Regierenden — wenn auch aus unterschiedlichen Gründen — bis heute recht willkommene Xenophobie.
So hat das erste Jahrhundert mongolischer Herrschaft unmittelbar zunächst die Bevölkerungsverteilung verändert. Diese zog wiederum weitere Folgen nach sich. Die Mongolenherrschaft hat in den meisten Gebieten Altrußlands ferner eine Phase langanhaltender kultureller und wirtschaftlicher Stagnation, teilweise sogar eines ausgesprochenen Verfalls nach sich gezogen. In der Moskauer Periode der russischen Geschichte ist die Entwicklung des Städtewesens dadurch zweifellos sehr gehemmt worden.
Wenn sowjetische Historiker die Goldene Horde sogar dafür verantwortlich machen wollen, daß das altrussische Städte-

wesen nicht den Anschluß an die Entwicklung der west- und südeuropäischen Kommunen mit der Ausbildung von Selbstverwaltung, Zunft-, Gildewesen und eigenem Recht gefunden hat[10], muß man dem allerdings widersprechen. Demokratische Elemente wie das veče sind mit Ausnahme des Nordwestens immer nur in Erschlaffungsphasen fürstlicher Herrschaft in den Vordergrund getreten. Sie haben aufs ganze gesehen die Dominanz der herrschaftlichen Verfassungskomponente auch in vormongolischer Zeit nicht brechen können, schon gar nicht in der Nordost-Rus'. Die letzten Lebenszeichen des veče in der zweiten Hälfte des 13. und im ersten Drittel des 14. Jahrhunderts verbanden sich meistens mit spontanen und ungeplanten Volkserhebungen, die sich aus Rudimenten früherer politischer Mitsprache und aufgestautem Haß gegen Übergriffe einzelner tatarischer Truppenführer oder Steuereinnehmer nährten, am folgenreichsten beim Aufstand der Einwohner von Tver' 1327. Daß der Großteil des Adels um des eigenen Vorteils willen mit den Tataren zusammenging, lenkte den Volkszorn zwar auch gegen ihn, aber gerade die Rückendeckung durch die Goldene Horde verhalf den Fürsten und Bojaren dazu, die letzten demokratischen Regungen in den Städten endgültig zu beseitigen.
Daß im Nordwesten, der von den Folgen der Tatarenherrschaft am wenigsten zu spüren hatte, die Traditionen der städtischen Volksversammlung aufrechterhalten und fortentwickelt wurden, ist kein Beweis für einen kausalen Zusammenhang beider, war es in Novgorod doch schon während des 12. Jahrhunderts gelungen, die Herrschaftsrechte des fürstlichen Stadtherrn immer stärker zu beschneiden. Aber hier wie in Pleskau (Pskov) entwickelte sich die städtische Verfassung bis zum Ende der Unabhängigkeit trotzdem nicht streng nach westlichem Muster, blieb das veče statt einer ständisch gegliederten Vertretung eine amorphe Masse, bildete sich keine Ratsverfassung heraus. Nur dort, wo Städte unter litauische oder polnische Hoheit fielen, wurde die im Westen entwickelte Form der Rechtsstadt — wenn meistens wohl auch nur äußerlich — auf sie übertragen. Gegen Ende des Mittelalters — noch bevor Moskau sich Novgorod und Pleskau einverleibte — haben sich daher in Osteuropa mit dem nordwestrussischen, dem moskowitischen und dem polnisch-litauischen Typ bereits drei große Stadtlandschaften herauskristallisiert. Wenn am Ende des 15. oder zu Beginn des 16. Jahrhunderts gar Kiev, die »Mutter der Städte der Rus'«, das Magdeburger Recht erhielt, dann spiegeln sich darin beispielhaft die politischen und gesellschaftlichen Wandlungen, die während des späten Mittelalters aus den Folgen des Mongolensturms, wenn auch auf der Basis älterer Ansätze, erwuchsen.

II. WIRTSCHAFTLICHE KONSOLIDIERUNG ALTRUSSLANDS UND AUFSTIEG DER GROSSFÜRSTEN VON MOSKAU
(Von der Mitte des 14. bis zur Mitte des 15. Jahrhunderts)

Um die Mitte des 14. Jahrhunderts fachte – vor allem nachdem der »Schwarze Tod« von 1352/53 und 1360–1366 überwunden war – ein frischer Wind die wirtschaftliche Entwicklung in der Rus' an. Als untrügliche Anzeiger dieses Aufschwungs lassen sich neben dem Wiederaufleben monumentaler Bautätigkeit und anspruchsvollerer Gewerbezweige eine immer weiter ausästelnde Rodetätigkeit und der Neubeginn eigener Münzprägung feststellen. Ein günstiges Klima für diese Entwicklung schufen zweifellos der unaufhaltsame Machtverfall der Goldenen Horde und der nicht zuletzt dadurch ebenso unaufhaltsame Machtgewinn Moskaus. Zwar war Moskau noch zu schwach, um die Gefährdung durch äußere Feinde wie durch innere Zwistigkeiten völlig zu bannen, doch konnte sich die Bevölkerung schon eines etwas größeren Maßes an innerer Ruhe erfreuen als in den hundert, ja hundertfünfzig Jahren zuvor. Daß sich diese Konsolidierung nicht nur im Bereich des wirtschaftlichen, sondern auch des geistigen Lebens widerspiegelt, bezeugen die von nun an immer reichlicher und vielfältiger fließenden schriftlichen Quellen (neben den Chroniken Heiligenviten und in zunehmendem Umfang Urkunden- und Aktenmaterial). Als Schrittmacherin des Siedlungsausbaus vermochte sich bis zur Mitte des 15. Jahrhunderts die bäuerliche Freizügigkeit noch uneingeschränkt zu behaupten. Doch schon folgte den Spuren der Neusiedler die Grundherrschaft, angetrieben sowohl durch den Aufstieg Moskaus als auch durch die in der Mitte des 14. Jahrhunderts machtvoll einsetzende Klosterkolonisation. Die Konsequenzen dieser Entwicklung traten dann ein Jahrhundert später immer deutlicher zutage.

a) Bäuerliche Kolonisation und bäuerliches Wirtschaftsleben

Das Ausweichen bäuerlicher Siedler vor mongolischem Druck in das Innere des Waldgürtels hat sowohl die Binnenkolonisation als auch die Erschließung der Tajga beschleunigt. Die allmähliche innenpolitische Stabilisierung, die den Aufstieg Moskaus begleitete, tat vor allem in der zweiten Hälfte des 14. und am Anfang des 15. Jahrhunderts dazu das ihrige. In kleinen Gruppen brachen sich die rodenden Bauern von den Altsiedlungen aus Bahn in die benachbarten bis dahin noch unerschlossenen Waldmassive, in kleinen Gruppen wanderten sie die Ströme abwärts in Richtung auf das Weiße Meer. Noch war dies in erheblichem Umfange die Epoche des freien, »schwarzen«[1] Siedlers, der unabhängig von herrschaftlichen Direktiven die Wildnis lichtete, der Risiko und Gewinn der Kolonisation allein trug und daher selbstbewußt auf seine Freizügigkeit pochte. Nur in den Altsiedelgebieten um die Herrschaftszentren scheint herrschaftlich gebundener Grundbesitz in der Regel schon im 14. Jahrhundert dominiert zu haben.

Etwas anders gestalteten sich die Verhältnisse im Novgoroder Land. Wegen der fortschreitenden Entmachtung des Fürsten im 12. und 13. Jahrhundert ihres Schutzes weitgehend beraubt, fielen die freien Bauern selbst der entlegenen Landstriche nördlich des Onega-Sees fast ausnahmslos spätestens im 15. Jahrhundert dem Landhunger der geistlichen Gewalten und der Bojaren zum Opfer, die mit der allmählichen Umwandlung Groß-Novgorods in eine Bojarenoligarchie im Laufe des 14. Jahrhunderts die eigentlichen Herren von Stadt und Land wurden. Lediglich im Land an der Nördlichen Dvina (im sogen. Podvin'e oder Zavoloč'e), das als Verteiler der Verkehrswege von Novgorod wie vom Wolgabecken zum Weißen Meer und zum nördlichen Uralvorland schon im 13. Jahrhundert Siedler anlockte, konnten die freien bäuerlichen Landgemeinden vor allem wohl wegen ihrer Entlegenheit das Eindringen fremder Herren in Grenzen halten.

Doch auch da, wo Klöster oder hohe geistliche Würdenträger wie etwa der Metropolit die kolonisatorischen Kräfte in ihre eigenen Kanäle lenken wollten, ließen sie der bäuerlichen Eigeninitiative freien Spielraum; eigens beauftragte Lokatoren (slobodčiki) erhielten von den jeweiligen Herren das Recht, durch großzügige Privilegien, vor allem Abgabenfreijahre, größere Scharen bäuerlicher Neusiedler anzuwerben und mit ihnen ganze Waldmassive zu erschließen. (Dieser Vorgang wiederholte sich übrigens – allerdings vorwiegend mit staatlichen Lokatoren – im 17. Jahrhundert bei der Kolonisation Sibiriens.) Die auf diese Weise erschlossenen Rodungskomplexe trugen zwar den Namen »Freiheiten« (svobody oder slobody), aber da die Ansetzung der Bauern nicht zu einem bestimmten Recht erfolgte und die Privilegien nach Ablauf eines gewissen Zeitraums in der Regel erloschen, hat diese Art der Lokation mit derjenigen der deutschen Ostkolonisation wenig gemein, sanken die bäuerlichen Kolonisten mehr oder minder schnell in die Masse der herrschaftlichen Bauern zurück und teilten später deren Schicksal.

Wenn auch die Rodeperiode eine größere Mobilität der bäuerlichen Bevölkerung in ihrer Gesamtheit mit sich brachte, als dies in der Endphase der Durchsiedlung eines Raumes der Fall zu sein pflegt, so können früher geäußerte Ansichten von einem »halbnomadischen« Charakter des ostslavischen Bauerntums[2] als widerlegt gelten. Bis zur großen Wüstungsperiode in der zweiten Hälfte des 16. Jahrhunderts blieb nicht nur die Lage, sondern auch die Besetzung der Höfe ziemlich stabil, wurde der Besitz vorwiegend über Generationen hinweg vererbt.

Gerade während des ersten Stadiums der Rodeperiode hatten die Kolonisten ihren Betrieb noch weitgehend mit den Mitteln der Brandrode- oder Schwendwirtschaft zu führen. Der Wald mußte durch zahlreiche Aushauäcker erst gelichtet werden. Die gefällten Stämme fanden als Bauholz Verwendung, Geäst und Strauchwerk wurden verbrannt, die Asche düngte den Waldboden und gab ihm die Kraft für drei, höchstens fünf Getreideernten. Es war ein hartes Brot für den Waldbauern; mit der leichten zwei- oder mehrzinkigen, eisenbeschlagenen Socha, von seinem meist einzigen Pferd gezogen (vgl. Abb. 10), riß er unter Umgehung der stehengebliebenen Baumstümpfe die Erde auf, um die Aussaat vorzubereiten. War der Boden nach mehreren Ernten verbraucht, ließ der Bauer ihn verwalden und schlug sich einen anderen Aushau. Zunehmende Bevölkerungsverdichtung schränkte dieses extensive Wirtschaftssystem immer stärker ein, immer häufiger wurden günstig gelegene, früher schon genutzte und nur mit Jungwuchs bedeckte Waldböden wieder in die Rotation der Äcker einbezogen, bis sich um die Höfe und Siedlungen mehr oder minder schnell ein Kernbestand an Daueräckern herauskristallisierte, die jedoch regelmäßige Düngung erforderten. Den Dünger lieferte das winters eingestallte Großvieh, das sommers frei im Wald weidete. Damit war zugleich der Übergang zur Mehr-, in der Regel wohl Dreifelderwirtschaft vollzogen. Anders als in den süddeutschen Altsiedellandschaften, wo die Dreifelderwirtschaft schon in der Karolingerzeit vorherrschte, ist sie in der Nordost-Rus' einwandfrei erst für die zweite Hälfte des 15. Jahrhunderts zu belegen, auf den Kernfluren jedoch mit Sicherheit bis mindestens in den Beginn des 15. Jahrhunderts zurückzudatieren. Um die Kernfluren legte sich auch in der Folgezeit meist noch ein Saum von Schwendäckern, wie überhaupt die Brandrodewirtschaft bis weit in die Neuzeit hinein vor allem im Norden Rußlands erhebliche Bedeutung behielt.

Schwendwirtschaft oder Dreifelderwirtschaft mit ergänzendem Schwenden förderten im Verein mit dem noch ungebundenen bäuerlichen Unternehmergeist und begünstigt durch den kleinräumigen Wechsel feuchter Niederungen und trockener Bodenerhebungen – einer Hinterlassenschaft der letzten Eiszeit – die Tendenz zur Kleinsiedlung von 1–3 Höfen[3] (vgl. Abb. 11) und zur Großfamilienbildung oder nachbarschaftlichen Kooperation; anders wäre die große Arbeitsbelastung kaum zu tragen gewesen.

Obgleich eben wegen dieses Saumes an Schwendäckern anfänglich die Nutzungs- und damit Besitzgrenzen der einzelnen Bauern oder Siedlungen noch keineswegs scharf gegeneinander abge-

Abb. 10: Ackerarbeit mit der hölzernen, eisenbeschlagenen, dreizinkigen Socha. Miniatur aus der »Vita des Hl. Sergij von Radonež«, Ende 16./Anf. 17. Jh.

Abb. 11: Typische Kleinsiedlung: Derevnja Rachino zwischen Novgorod und Tver'. Gereihte Anordnung von vier bis fünf Höfen. Aus dem Album Meyerbergs von 1661/62

grenzt waren und in den Akten des 14. und 15. Jahrhunderts immer wieder mit der Formel »so weit Socha, Sense und Axt gehen« charakterisiert werden, sahen sich die einzelnen bäuerlichen Betriebe dennoch in einen übergeordneten Organismus eingebunden, der das wirtschaftliche und administrative Miteinander regelte: die meist als volost' bezeichnete Landgemeinde. Diese Landgemeinde ist weder das Ergebnis slavischer Brüderlichkeit und slavischen Gleichheitsdenkens gewesen, als was die Slavophilen des 19. Jahrhunderts sie preisen zu müssen glaubten, noch läßt sie sich als Zerfallsprodukt der menschlichen Urgesellschaft im marxistischen Sinne erweisen. Alle von der Sowjethistoriographie in dieser Richtung vorgetragenen Ansichten sind bis heute hypothetische Konstruktionen geblieben.[4] Die Quellen fließen so spärlich, daß sich nicht einmal genauer abschätzen läßt, wie eng die Traditionsstränge zu den Landgemeinden der Vormongolenzeit sind, in welchem Maße die Kolonisten sich spontan zusammentaten oder dazu durch Grenzstreitigkeiten und Siedlungsverdichtung gedrängt wurden und welchen Einfluß staatliche Maßnahmen hatten.

Da wo die Quellen vom 14. Jahrhundert an Aufschlüsse über die »schwarze« Landgemeinde erlauben, tritt sie in doppelter Funktion auf: zum einen als Sachwalterin ihrer bäuerlichen Mitglieder, d. h. als markgenossenschaftlicher Verband, der die gemeinschaftliche Nutzung von Waldweide, Gewässern, z. T. auch Heuschlägen regelte, zum anderen als unterste Selbstverwaltungseinheit der staatlichen, insbesondere fiskalischen Administration; als solche hatte sie Steuern und Lasten von den Bauern durch Umlage zu erheben und an die nächsthöhere Steuerinstanz weiterzuleiten. Aus dieser Verpflichtung ergaben sich wiederum verschiedene Rechte an dem Grund und Boden auf ihrem Gebiet, z. B. das Recht auf Neuvergabe wüster Höfe und Ackerparzellen, da die auf diese entfallenden Lasten von den übrigen Bauern zusätzlich getragen werden mußten. An der Spitze der Landgemeinde stand ein meist gewählter Ältester (starosta) oder »Hundertschaftsführer« (sockij).

Es erwies sich als ein Fehler der vor allem unter den Historikern des 19. Jahrhunderts verbreiteten »Gemeindetheorie«, daß sie die bäuerliche Landgemeinde zu schematisch als erratischen Block betrachtete. Dabei war sie ein sehr kompliziertes Gebilde, das in wirtschaftlicher Hinsicht meist aus einem ganzen Geflecht kleinerer, teilweise einander überschneidender Allmend- oder bei größeren Siedlungen auch Flurzwangsverbände bestand. In diese größeren Verbände konnten wiederum Miniaturbesitz- oder Nutzungsgemeinschaften eingeschachtelt sein, die auf verwandtschaftlicher (Großfamilie) oder vertraglicher Basis (skladniki, sjabry) selbst die Ländereien eines einzelnen Hofes genossenschaftlich bewirtschafteten.

So hat sich allmählich jene vielfältige Abstufung und Buntheit der Besitz- und Wirtschaftsverfassung des spätmittelalterlichen und frühneuzeitlichen russischen Bauern entwickelt, die in Europa wohl ihresgleichen sucht und weder unter dem Begriff der Feldgemeinschaft – diese hat sich erst später ausgebreitet – noch unter dem des Privatbesitzes zu fassen ist. Zwar herrschte das Sondereigen am Ackerland vor, doch die Mobilität der russischen Besitzverfassung erlaubte wechselnde Übergänge vom ungeteilten Gemeinschaftsbesitz über den Anteilsbesitz bis zum bedingten, d. h. mit Rückkaufrecht belegten Sondereigen. Ähnliches gilt übrigens auch für die Habe von Gewerbetreibenden und Grundherren. Neben einem klar ausgeprägten Hang zum Privateigentum haben daher auch kollektivistische Neigungen die ganze Geschichte des russischen Bauerntums begleitet. Gerade das komplizierte Neben- und Miteinander dieser beiden Grundströmungen macht es dem Westeuropäer so schwer, die russische Agrargeschichte zu durchschauen; zweifellos hat es dazu beigetragen, Außenstehenden den einfachen Mužik als fremd und rätselhaft, ja »uneuropäisch« erscheinen zu lassen.

Seine differenzierteste Ausprägung fand dieses ganze Besitz- und Wirtschaftssystem in Nordrußland, weil nach der endgültigen Eingliederung Groß-Novgorods in das Moskauer Reich (1478) die größeren Grundbesitzer enteignet wurden und die Bauern, soweit sie herrschaftlich gebunden gewesen waren, die volle Verfügungsfreiheit über ihr Land zurückerhielten. In den übrigen Gebieten schränkte die allmähliche Ausbreitung des herrschaftlichen Grundbesitzes das freie bäuerliche Schalten und Walten mit dem Grund und Boden ein.

Als typische Waldbauern betrieben die Altrussen des späten Mittelalters eine komplexe Landwirtschaft, bei der Ackerbau, Großviehhaltung und Waldnutzung sich gegenseitig bedingten und ergänzten. In der Mongolenzeit verdrängte der Winterroggen endgültig die Hirse als Hauptanbauprodukt. Fischfang, Jagd, Honigsammeln von den Bäumen der Waldbiene verloren auch im 14. und 15. Jahrhundert nicht ihre Bedeutung als wichtige Nebenerwerbszweige, bis der Höhepunkt der Rodungsperiode in der ersten Hälfte des 16. Jahrhunderts die jagenswerten Waldtiere zumindest aus den zentralen Landstrichen endgültig vertrieb.

Die gleichartigen Bedingungen des Rodevorganges formten also während der Anfangsphase der Binnenkolonisation über die Grenzen der einzelnen Besitzkategorien hinweg zwischen Oka und Weißem Meer, zwischen Nördlicher und Westlicher Dvina eine noch relativ einheitliche Bauernschicht mit ähnlicher Siedlungs-, Wirtschafts- und Lebensweise und dem Recht auf Freizügigkeit. Allerdings zeigt sich innerhalb der Gruppe der herrschaftlichen Bauern bereits eine stärkere soziale und recht-

liche Differenzierung. Von den meist wohlhabenden Altsassen (starožil'cy)[5], die gerne als Gerichtszeugen und Grenzkundige (znachori) herangezogen wurden und das oft privilegierte Rückgrat der herrschaftlichen Landgemeinden bildeten, heben sich mehrere andere Gruppen ab. Zu ihnen zählen die »Hälftner« (polovniki), die im Gegensatz zu den eigentlichen Bauern dem Grundbesitzer keinen fixen Zins entrichteten, sondern gegen Ausstattung mit Saatgut, landwirtschaftlichen Geräten, z. T. Zugvieh an ihn einen bestimmten Anteil ihrer Ernte abführten. Dieser lag wegen der vom Herrn zur Verfügung gestellten Anfangsunterstützung höher als der bäuerliche Zins und konnte mehr als die Hälfte der Ernte erreichen (daher auch der Name). Gerade wegen der Starthilfe war diese Vertragsform während der Rodeperiode sehr beliebt, zumal ein Teil der Hälftner sich aus verarmten Bauern und freigelassenen Sklaven rekrutierte.
In Zusammenhang mit der allmählichen Ausweitung der Geldwirtschaft begegnen uns vor allem im 15. Jahrhundert die »Silberschuldner« (serebreniki) — Bauern, die sich bei ihren Herren durch Aufnahme von Barkrediten oder durch rückständige Zinszahlung verschuldet hatten. Von ihnen sind die Schuldknechte (kabal'nye cholopy) zu trennen, die zugleich mit der Verschuldung ein vertragliches Knechtschaftsverhältnis eingegangen waren und bis zur Befriedigung der Forderungen ihres Gläubigers an dessen Person gebunden blieben. Ihnen fehlte daher wie den »vollen Sklaven« (polnye cholopy) das Recht auf Freizügigkeit.
Der Anteil der vollen Sklaven an der Bevölkerung — das gilt auch für das Großfürstentum Litauen — scheint im 14. und 15. Jahrhundert laufend geschrumpft zu sein. Dies ist nicht zuletzt sicherlich auch den Mahnungen der Kirche zuzuschreiben, Sklaven testamentarisch freizulassen. Daß zwischen diesem Vorgang und dem Anwachsen des Hälftnertums gewisse Beziehungen bestehen, ist anzunehmen. Aber auch die Funktion des Sklaven- oder Cholopentums stand in einem Umbruch. Waren die Unfreien während der Vormongolenzeit noch weitgehend in der Hauswirtschaft ihrer Herren eingesetzt gewesen, so gingen diese mit der allmählichen Ausweitung ihres Grundbesitzes stärker dazu über, Sklaven als Vertrauensleute mit der Verwaltung von Wirtschaftshöfen oder Siedlungskomplexen zu beauftragen (ključniki) oder sie gar mit Land und Hof auszustatten und zwischen den Bauern anzusetzen. Damit war im 15. Jahrhundert der Ausgangspunkt jenes langen Angleichungsprozesses zwischen Bauern und Unfreien markiert, der im Zeitalter Peters des Großen seinen Abschluß fand.

b) Städtewesen, Handel und Wirtschaft

Das Rodezeitalter, das einen großen Teil der bäuerlichen Arbeitskraft für die Ausdehnung des Kulturlandes absorbierte, hat die extensiven Tendenzen des altrussischen Wirtschaftslebens naturgemäß gefördert. Wenn auch der Zusammenschluß zu Markgenossenschaften und die allmähliche Herausbildung und Vervollkommnung der Dreifelderwirtschaft die Produktivität der bäuerlichen Wirtschaft unstreitig erhöhten, so war dies doch ein Vorgang, der sich über Generationen hinzog und durch die Bevölkerungszunahme weitgehend wieder kompensiert wurde. Solange außerdem die Bauern gar keinen Anreiz sahen, für den Markt zu produzieren, weil Fürsten und Herren einen Großteil ihres Bedarfs an Agrarprodukten noch aus ihrer eigenen kleinen, meist von Unfreien betriebenen Herrenwirtschaft deckten und weil das Städtewesen nur schwach entwickelt war, konnte die Landwirtschaft schwerlich den Pfad intensiverer Bodennutzung beschreiten.

Was sie selber an Kleidung, Schuhwerk und Arbeitsgeräten benötigten, stellten die Bauern in Eigenproduktion her oder bezogen es vom Dorfhandwerker. D. h. in viel stärkerem Umfang als in der Vormongolenzeit lebte die ländliche Bevölkerung weitgehend autark und offensichtlich auch bescheidener. So blieb noch das ganze 15. Jahrhundert hindurch die Vorherrschaft der Naturalwirtschaft erhalten. Grundherrliche Bauern hatten ihren Zins vor allem in Getreide, Kleinvieh und Viehprodukten, daneben aber auch in Gestalt verschiedener Dienstleistungen (Fuhrpflichten, Bau-, gelegentlich auch Feldarbeiten) abzugelten. Zumindest im Novgoroder Land spielten ergänzende Geldabgaben eine gewisse Rolle. Nur der Großfürst erhob seine Steuer (dan') überwiegend in bar, um auf diese Weise den Silberhunger der Tataren befriedigen zu können.

Entsprechend dieser wirtschaftlichen Situation war der Umlauf gemünzten Geldes zunächst noch schwach entwickelt. Mit der Prägung eigenen Silbergeldes gingen in der zweiten Hälfte des 14. Jahrhunderts die Großfürsten von Moskau und von Suzdal'-Nižnij-Novgorod voran. Doch erst seit Anfang des 15. Jahrhunderts verstärkte sich der Geldumlauf, begannen auch die übrigen »Groß«- und Teilfürsten zu prägen. Groß-Novgorod, das für kurze Zeit, aber erfolglos die livländische Währung eingeführt hatte, ging 1420, Pleskau 1425 zur eigenen Münzung über. Daß während des 15. Jahrhunderts vor allem die großen Städte auch Kupfermünzen in Umlauf zu setzen begannen, läßt ein allmähliches Anwachsen des Kleinhandels erahnen.

Die Urproduktion lag auch außerhalb des Agrarsektors größtenteils in bäuerlicher Hand. Da Bodenschätze vor der Erschließung des Ural praktisch fehlten, mußte man sich auf die

Gewinnung von Eisen aus der Verhüttung von Sumpf- und Rasenerzen und auf die Salzsiederei beschränken. Beides wurde als Nebenerwerb vor allem von den Bauern jener Landstriche betrieben, die wegen klimatischer Ungunst oder starker Versumpfung nur geringe Agrarerträge abwarfen; so kristallisierten sich Ingermanland (südlich des Finnischen Meerbusens) und Karelien als frühe Zentren der Eisen- und Staraja Rusa (südlich des Ilmensees) sowie die Weißmeerküste als solche der Salzgewinnung heraus.

Unter den Rohstoffen, die den Export trugen, nahmen Pelzwerk und Wachs den ersten Platz ein — beides ebenfalls vorwiegend Produkte bäuerlichen Nebenerwerbs: Rauchwaren aus dem Novgoroder Norden und aus dem Uralvorland, Wachs bis zum Anfang des 14. Jahrhunderts vor allem aus dem Smolensker und Polocker Land, dann bis ins 17. Jahrhundert hinein aus dem Laub- und Mischwaldgürtel des mittleren Wolgabeckens.

Noch im 15. Jahrhundert blieb der Fernhandel weitgehend Luxushandel, diente er wie zuvor den Bedürfnissen der Oberschicht. Daß dabei unter den Ausfuhrgütern vor allem nach Westeuropa Rohprodukte dominierten, während die Einfuhren von Fertigwaren wie Tuchen, ferner von Edel- und Buntmetallen sowie Salz bestimmt waren, kennzeichnet die schwierige Lage der altrussischen Wirtschaft während der Mongolenzeit: den verhältnismäßig geringen Entwicklungsgrad der gewerblichen Verarbeitung und daher die Abhängigkeit des Geldumlaufs vom ausländischen Münzsilber. Auf diesem Markt hatten die ausländischen Kaufleute, insbesondere die mit ihrer ganzen geballten Macht auftretende Hanse, nicht nur aus Tradition ein ziemlich leichtes Spiel. Ihre im Laufe vieler Generationen gewachsenen Rechte ließen sich die Hansen — zunehmend vertreten durch die livländischen Städte — in immer neuen Verträgen von Groß-Novgorod bestätigen, das sich im 14. Jahrhundert endgültig zum Haupthandelsvermittler mit dem Westen aufgeschwungen hatte. Diese Stellung Novgorods blieb auch in der Folgezeit unangefochten, da der Transithandel zwischen der Rus' und Mittel- bzw. Westeuropa über das Gebiet des Großfürstentums Litauen wegen hoher litauischer Zölle und ständiger Übergriffe seit dem 15. Jahrhundert beeinträchtigt wurde.

Ein ähnliches Bild ergibt der Handel mit dem Osten, vor allem via Krim. Importiert wurden über die Krim insbesondere Luxus- und Fertigwaren aus Kleinasien, Syrien und Persien: Seiden-, Woll- und Baumwollstoffe, Gewürze, Perlen und Edelsteine, während der russische Export sich auf Pelzwerk, Jagdfalken und Leder aus eigenen Rohstoffquellen sowie auf die Vermittlung westeuropäischer Tuche konzentrierte. Charakteristischerweise bildeten auch eigene Handwerkserzeugnisse wie Waffen und Schmuck einen Bestandteil der Ausfuhr über die Krim in den Orient und nach Mittelasien; offenbar boten sich dort bei geringerer Konkurrenz bessere Absatzchancen als im handwerklich hochspezialisierten Westeuropa. Die durch diesen Handel hochgekommene, freilich zahlenmäßig beschränkte Gruppe der Krimfahrer (gosti-surožane) hat vor allem in Moskau auch politisch eine nicht zu unterschätzende Rolle gespielt.

Auf diesem Hintergrund zeichnet sich das Bild eines Städtewesens ab, das die Tiefen des ersten Jahrhunderts mongolischer Herrschaft bereits hinter sich zu lassen beginnt, an der Ungunst der allgemeinen wirtschaftlichen Lage jedoch noch immer schwer zu tragen hat. Nicht zuletzt stand ja auch die teilfürstliche Zersplitterung mit ihren zahlreichen Binnenzöllen und der anhaltenden politischen Unruhe einer stärkeren Entwicklung des innerrussischen Handels und damit zugleich des Städtewesens im Wege. Wenn sich auch seit der Mitte des 14. Jahrhunderts einige neue Städte vor allem als Sitze von Teilfürsten formierten (z. B. Serpuchov und Ruza), so blieb das Netz der Stadtsiedlungen selbst in den dichter bewohnten Landstrichen noch sehr locker geknüpft. Von den bestenfalls 40 ihrer Funktion nach als Städte anzusprechenden Ortschaften Altrußlands außerhalb des Großfürstentums Litauen dürften selbst im 15. Jahrhundert nur ganz wenige eine Zahl von 10 000 Einwohnern überschritten haben: wahrscheinlich sogar nur Moskau, Novgorod, Pleskau und vielleicht auch noch Tver'.[6] Die übrigen waren kleine Handels- und Gewerbezentren vor allem mit Verteileraufgaben, wichtig als Militärstützpunkte und Sitze der Fürsten oder ihrer Administration. Nicht viel anders stand es auch um das Städtewesen jener ostslavischen Gebiete, die an das Großfürstentum Litauen oder an das Königreich Polen gefallen waren. Unter den wenigen bedeutenden Stadtzentren ragten hier Lemberg, Polock und Smolensk hervor. Kiev war in das zweite Glied zurückgetreten.

Novgorod und Pleskau, deren wirtschaftlicher Blüte der Mongolensturm nur geringen Schaden zugefügt hatte, erklommen im Laufe des 14. Jahrhunderts den Gipfel ihrer wirtschaftlichen und politischen Bedeutung. Mit 25—30 000 Einwohnern im 15. und 16. Jahrhundert erreichte Novgorod (vgl. Abb. 12 u. 13) die Größenordnung der bedeutendsten deutschen Städte wie Köln, Nürnberg, Lübeck, Augsburg, Wien. Neben der Bedeutung für den Handelsumschlag mit dem Westen hat sein differenziertes und ungebrochenes Handwerk wesentlich dazu beigetragen; besonders die Lederherstellung und -verarbeitung war berühmt, feine Leder auch aus anderen Städten besaßen einen gewissen Stellenwert im Export. Allerdings machte sich schon im 15. Jahrhundert Moskau daran, Novgorod größenmäßig und

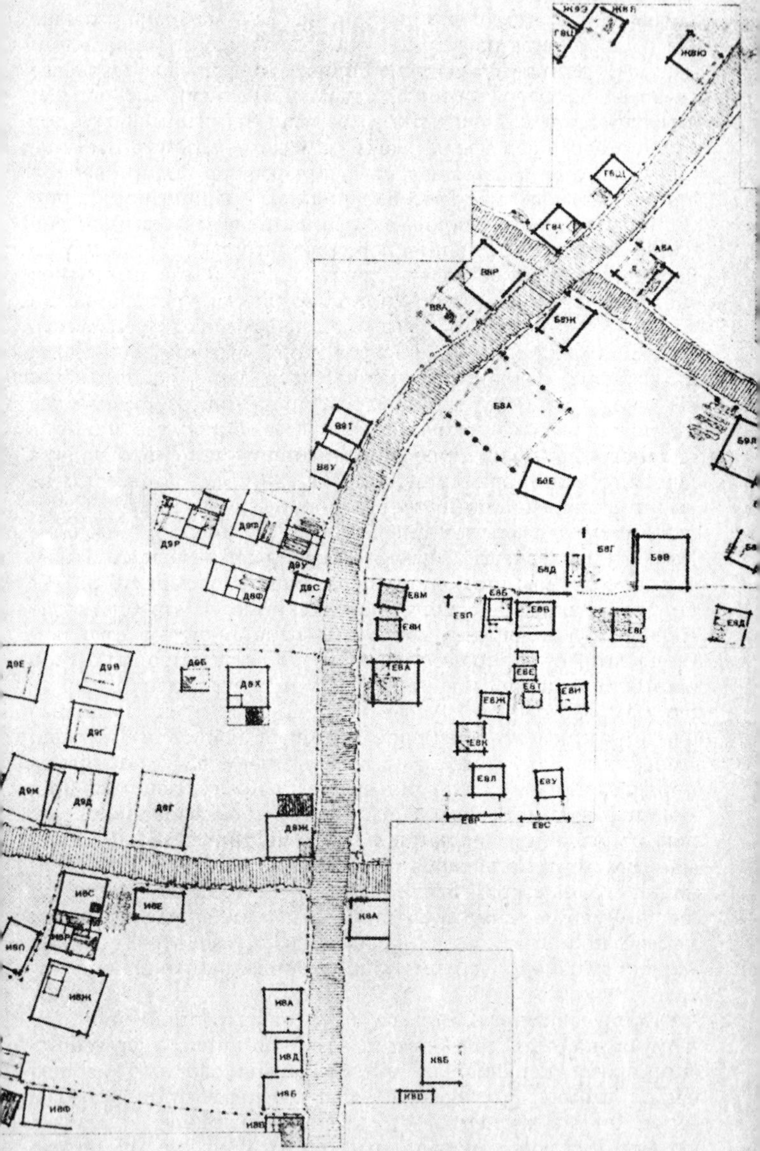
БВА
БВЕ
БВЖ
ВВР
ВВТ
ВВУ
ЕВА
ЕВЛ
ЕВУ
ЕВР
ЕВС
ДВХ
ДВГ
ДВЖ
ДВС
ИВС
ИВЕ
ИВЖ
КВА
ИВА
ИВД
ИВБ
КВБ
КВВ
ЖВЮ

Abb. 13: Novgorod, das zugehörige Rekonstruktionsmodell läßt deutlich die von der westeuropäischen verschiedene, nämlich straßenabgewandte Bebauung der Hofgrundstücke erkennen.

wirtschaftlich den Rang abzulaufen, da seine wachsende Bedeutung als großfürstliche Residenzstadt die Konsumentenschar in der Umgebung des Herrschers unausgesetzt vergrößerte und damit Handel und Gewerbe ankurbelte.

In den altrussischen Städten des 14. Jahrhunderts spielte die handwerkliche Arbeit auf Bestellung noch eine führende Rolle. Auch im 15. Jahrhundert dürfte sich für die kleineren Stadtzentren daran nur wenig geändert haben, während in den wenigen großen Städten vom 15. Jahrhundert an die Serienpro-

Abb. 12: Novgorod, Grabungsausschnitt im ehem. Nerevschen Quartier der Stadt auf der Sophienseite nördlich der Burg (detinec). Horizont der 2. Hälfte des 14. Jhs.; Fläche knapp 1 Hektar. Von N nach SW durchlaufend die bohlengepflasterte »Große Straße« (Velikaja ulica) — die Hauptverkehrsader der Sophienseite, parallel zum Volchov. Deutlich sichtbar die Kreuzungen mit der Knechtsstraße (Cholop'ja) unten und mit der Kosmas-und-Damianstraße (Kuz'modem'janskaja) oben. Gut erkennbar die durch Pfahlzaunreste voneinander abgeteilten Hofgrundstücke mit ihren Gebäudekomplexen, von denen meist das unterste Balkengeviert, häufig auch Dielenteile und Herdfundamente (bei Wohngebäuden in den Stubenecken) erhalten geblieben sind. Charakteristisch die von westeuropäischen Städten abweichende Bebauung der Hofgrundstücke: Abschließung gegenüber den Gassen durch Palisadenzäune, Zentrierung der Wohn- und Wirtschaftsgebäude zum Hofinneren hin.

duktion und damit die Fertigung für den Markt doch wohl schon überwogen hat. Gewerbliche Produktion und Handel waren dabei noch nicht immer scharf getrennt, denn in der zweiten Hälfte des 15. Jahrhunderts begegnen uns immer wieder Handwerker als Angehörige von Kaufmannskarawanen. Gildeähnliche Zusammenschlüsse der Fernkaufleute sind aus Moskau bekannt (die bereits erwähnten gosti-surožane), doch ein entwickeltes Zunftwesen wie in Westeuropa hat es unter der Handwerkerschaft nicht gegeben. Nur Ansätze städtischer Handwerkervereinigungen lassen sich vor allem für Novgorod aus den im übrigen in dieser Beziehung dunklen und widersprüchlichen Quellenangaben herausschälen.[7]
Mit der allmählichen wirtschaftlichen Konsolidierung seit der Mitte des 14. Jahrhunderts trat das altrussische Städtewesen in ein entscheidendes Stadium ein, das seine gesamte weitere Entwicklung bis hin zur Industrialisierung bestimmt hat. Daß der Durchbruch zu einem Stadttypus im Sinne der west- und mitteleuropäischen Rechtsstadt unterblieb, liegt nicht nur an dem Erbe der schon in der Kiever Zeit einsetzenden und dann vom ersten Halbjahrhundert mongolischer Herrschaft entscheidend vorangetriebenen Tendenzen, sondern ebenso an zeitgenössischen Faktoren, die wieder auf sehr komplexe Weise in das altrussische Erbe eingebettet waren. Zu keiner Zeit nämlich haben sich die Städte von der Kontrolle der Fürsten oder ihrer Statthalter freimachen können. Wo dies doch gelungen war, wie in Novgorod und Pleskau, emanzipierte sich aus der anfänglich stark kaufmännisch bestimmten Oberschicht sehr schnell eine kleine Gruppe von Großgrundbesitzern, die das Geschick der Stadt in ihre Hände nahm und sich in ihren wirtschaftlichen Interessen viel stärker an das riesige Hinterland als an die eigentliche Stadt gebunden fühlte. Auch wenn sich die führenden Großkaufleute wie in Moskau genossenschaftlich zusammenschlossen, arbeiteten sie nicht gegen den Großfürsten, sondern mit ihm zusammen, um seiner Privilegien teilhaftig zu werden und seinen Schutz zu genießen.
Viel entscheidender aber wurde, daß die Stadtbewohner gar keine innere Geschlossenheit oder ein auf genossenschaftlicher Basis gründendes Zusammengehörigkeitsgefühl entwickeln konnten, weil die »freie« (d. h. »schwarze«, steuerpflichtige, nur dem Fürsten unterstellte) Stadtgemeinde vom Anbeginn der wirtschaftlichen Konsolidierung einem schleichenden inneren Zersetzungsprozeß anheimfiel. Dieser ging von den steuerlich gefreiten Wirtschaftshöfen aus, die Fürsten, Klöster und höchste kirchliche Würdenträger auf dem Teil des Stadtgebietes anlegten, den die steuerpflichtige gewerbetreibende Bevölkerung bewohnte (der sogen. posad) — eine Entwicklung übrigens, deren Wurzeln bereits in die Kiever Zeit zurückreichen. Auf

der Basis ihrer steuerlichen Immunität und großfürstlicher Privilegien setzten die geistlichen Institutionen im Laufe der Entwicklung ganze Hofgruppen abhängiger Handwerker an und arrondierten diese ihre gefreiten (»weißen«) Enklaven durch Zuerwerb »schwarzer« Posadhöfe mittels Stiftung oder Kauf. Im Gegensatz zu Westeuropa pflanzte sich also die feudale Zersplitterung in Immunitäten hier bis in die Städte fort. Da die Stadtgemeinde durch das Ausscheiden lastenpflichtiger Höfe in ihrer Leistungskraft geschwächt und topographisch zerstückelt wurde, nahmen ihre Vertreter seit der Mitte des 15. Jahrhunderts den Widerstand gegen diese Entwicklung auf. Daß es bis zur Zeit Peters des Großen ein Kampf gegen Windmühlenflügel wurde, erhellt, welche Kräfte das Erscheinungsbild des moskauischen Städtewesens geprägt und auf einen Seitenweg der europäischen Entwicklung gedrängt haben.

c) Innen- und außenpolitische Entwicklung

Daß der Moskauer Zweig der Rjurikiden sich durch Anlehnung an die Tataren den Großfürstentitel und das damit verbundene Großfürstentum von Vladimir ständig sichern und von dieser Basis aus die übrigen Teilfürstentümer und »Länder« der Reihe nach unterwerfen konnte, ist keineswegs die Folge eines geradlinig und gewissermaßen zwanghaft ablaufenden Prozesses gewesen. Zwar hat das im vorhergehenden Kapitel geschilderte Zusammenspiel verschiedener Faktoren eine günstige Ausgangslage für den Aufstieg Moskaus geschaffen, aber noch war dieser nicht so weit gediehen, daß er Krisensituationen ohne weiteres überstanden hätte. Genauer gesagt: es bedurfte an den Kreuzwegen der Entwicklung auch einer entscheidenden historischen Persönlichkeit.
Für die Wahrung des Moskauer Führungsanspruches in einer derartigen Krisenlage hat die Gestalt des Metropoliten Aleksij (1354–1378) epochale Bedeutung gewonnen. Als 1359 Großfürst Ivan II. starb und zwei minderjährige Söhne hinterließ, war es Aleksij, der mit dem ganzen Gewicht seiner kirchlichen Autorität dafür sorgte, daß nach einem kurzen Zwischenspiel der junge Dmitrij Ivanovič von Moskau 1362/63 wieder mit dem Großfürstentum Vladimir betraut wurde. Er stand hinter Dmitrij, als dieser zu einer offensiven Politik überging und seinen Machtbereich durch Einverleibung einer Reihe von Fürstentümern über die Wolga hinweg weit nach Nordosten bis Beloozero und Galyč ausdehnte. Von den drei neuen »Großfürstentümern«, die die Tataren um die Mitte des 14. Jahrhunderts als Gegengewicht gegen die wachsende Moskauer Macht installierten (Tver', Rjazan', Suzdal'-Nižnij-Novgorod), ver-

mochte Dmitrij das letzte unter seine Kontrolle zu bringen. Ebenfalls gelang es ihm, in der zweiten Runde des Entscheidungskampfes mit Tver' (1368–75) die Oberhand zu gewinnen; Großfürst Michail von Tver' behielt zwar seine Selbständigkeit, mußte aber Dmitrij als einen »älteren Bruder«, d. h. als Übergeordneten, anerkennen und außenpolitische Beschränkungen hinnehmen.

Die Rückendeckung, die der Metropolit Aleksij den politischen Prätentionen des jungen Dmitrij gab, stand zwar durchaus in der byzantinischen Tradition der orthodoxen Kirche, doch erhielt nun die »Harmonia« zwischen geistlicher und weltlicher Gewalt eine neue, unverkennbar nationale Färbung. Der Moskauer Großfürst als Vorkämpfer der staatlichen Einigung aller orthodoxen Ostslaven – diese Konzeption steht (wenn auch noch unausgesprochen) hinter der Politik Aleksijs, dessen Herkunft aus einer alten Černigover Bojarenfamilie seinen gesteigerten politischen Verantwortungs- und Handlungsdrang zweifellos gefördert hat. Zugleich aber stieß diese eindeutige Parteinahme, ja Identifizierung der Orthodoxie mit Moskau das Tor zu jener später verhängnisvollen Entwicklung auf, die bei zunehmendem Übergewicht des weltlichen Partners die orthodoxe Staatskirche schließlich zur ideologischen Apologetin des autokratischen Regimes herabwürdigte.

Die enge Verschmelzung von Kirchen- und Machtpolitik darf allerdings nicht isoliert von dem konkreten außenpolitischen Frontwechsel gesehen werden, den Großfürst und Metropolit in den sechziger Jahren des 14. Jahrhunderts erstmals einleiteten. Angereizt durch den Zersetzungsprozeß innerhalb der Horde, der während dieses Jahrzehnts seinen ersten Höhepunkt erreichte und der dem Großfürsten von Litauen die Ausdehnung seines Reiches bis nach Kiev ermöglichte, suchten Dmitrij und Aleksij zunächst unter geschickter Anlehnung an die von Sarāi abgefallene Horde Mamāis Sarāi treu gebliebene Fürsten zu verdrängen und damit das Moskauer Herrschaftsgebiet zu arrondieren. Auch der Moskauer Anspruch auf das Gebiet des Fürstentums Vladimir als »Vatererbe« (otčina), also seine Lösung aus der freien Vergabebefugnis des Khans der Horde, scheint aus dieser Zeit zu datieren.

Als Dmitrijs Politik jedoch in Mamāis Augen zu erfolgreich wurde, dieser daher zunehmend Tver' und Rjazan' gegen Moskau zu stützen begann und gar ein Bündnis mit Litauen einging, fühlte Dmitrij sich nach dem Sieg über Tver' stark genug, auch eine Auseinandersetzung mit Mamāi zu wagen. Freilich hat er diesen Konflikt nicht gesucht, ist ihm aber auch nicht ausgewichen, als Grenzzwischenfälle sich verschärften. Sein Sieg über das tatarische Heer auf dem Schnepfenfeld (Kulikovo pole) unweit des Don im Jahre 1380 hat die Abhängigkeit von der Horde zwar nicht beseitigen können, da Khan Tohtamyš im Gegenzug schon 1382 Moskau eroberte, aber er wurde ein gewaltiges moralisches Fanal. Dmitrij trug fortan den Beinamen »Donskoj« (vom Don). Erstmals war den Tataren der Nimbus der Unbesiegbarkeit in offener Feldschlacht verlorengegangen. Der Moskauer Großfürst hatte sich – jedenfalls im öffentlichen Bewußtsein – vom Büttel der ungläubigen Nomadenherrscher zu ihrem ärgsten Widersacher und damit zum kirchlichen und nationalen Vorkämpfer der orthodoxen Ostslaven gewandelt. Die »Großfürsten« von Tver' und Rjazan' aber waren durch ihre Zusammenarbeit mit Litauen und der Horde auch religiös diskreditiert. So erwies sich der Sieg auf dem Schnepfenfeld, obgleich Metropolit Aleksij ihn nicht mehr erlebt hat, als die Krönung seiner kirchen- und machtpolitischen Intentionen.

Auch wenn die Moskauer Großfürsten in den folgenden Jahrzehnten nicht um viele Bestechungsgelder und ein geschicktes Lavieren zwischen den tatarischen Mächtegruppierungen herumkamen, so haben moralische Autorität und aus ihr erwachsender politischer Anspruch, wie sie Dmitrij Donskoj seinen Erben als Kapital des einsamen Sieges auf dem Schnepfenfeld hinterließ, jenen beständigen Aufwind angefacht, der die Moskauer Großfürsten in den folgenden Generationen endgültig nach oben getragen hat. Zugleich trat durch die allmähliche Einschmelzung der Großfürstenwürde von Vladimir in das Moskauer »Vatererbe« seit Dmitrij Donskoj der alte Herrschaftssitz immer weiter zurück, band sich das Großfürstentum im Bewußtsein der Menschen endgültig an jenes Moskau, das einer langen Periode russischer Geschichte den Namen gegeben hat.

Der wachsenden Dynamik des Moskauer Großfürstentums konnten auch die auf Mamāi folgenden tatarischen Machthaber, Khan Tohtamyš und der Emir (Hausmeier) Edigü keine andere Konzeption entgegensetzen als verstärkte Unterstützung der übrigen »Großfürsten« und Schwächung Moskaus durch gelegentliche Verheerung seines Territoriums. Edigü vermochte mit starker Hand zum letztenmal die Horde politisch zu konsolidieren und ihre Schlagkraft im Winter 1408/09 massiert gegen das Großfürstentum Moskau einzusetzen. Die Landbevölkerung litt zwar schwer unter den tatarischen Streifscharen, aber eine Eroberung Moskaus wie 1382 gelang schon nicht mehr. Als sich im Laufe der ersten Hälfte des 15. Jahrhunderts neue stabile Herrschaftsgebilde wie das Khanat der Krim und das Khanat Kazan' aus der Horde ausgliederten, waren die Tataren endgültig zu schwach, um den weiteren Aufstieg Moskaus zu verhindern. Gefährlich blieben ihre Einfälle jedoch noch gut anderthalb Jahrhunderte.

Ebenfalls durch Ausnutzung der tatarischen Schwäche fand das

Großfürstentum Litauen unter Witold mit der endgültigen Einverleibung von Smolensk (1404) und mit dem Bau von Militärstützpunkten an der nordwestlichen Schwarzmeerküste seine weiteste Ausdehnung. Witolds Arm erreichte sogar Moskau, wo er nach dem Tode seines Schwiegersohnes Vasilij I. von 1425 bis 1430 die Vormundschaft über seinen minderjährigen Enkel, den künftigen Vasilij II. ausübte. Aber nach Witolds Tod fand seine aktive Ostpolitik keinen Fortsetzer mehr. Der Vertrag von Krewo hatte 1385 die Reihe der Unionen Litauens mit Polen eröffnet; nur durch den Umstand, daß der zum König Polens gewählte litauische Großfürst Jagiełło die praktisch uneingeschränkte Verwaltung des Großfürstentums seinem Vetter Witold übertragen hatte, war diesem im Osten freie Hand gegeben worden. Dies blieb jedoch eine Ausnahme. Da die späteren litauischen Großfürsten immer wieder relativ schnell zu polnischen Königen gewählt wurden, ohne das Großfürstentum aufgeben zu wollen, wandten sie ihre Aufmerksamkeit zwangsläufig der vor allem nach Westen orientierten polnischen Außenpolitik zu, während sie an der Ostflanke in die Defensive gingen. Dies und die durch ihren Übertritt zum lateinischen Christentum vollzogene religiöse Trennung von ihren orthodoxen ostslavischen Untertanen bot den rechtgläubigen Moskauer Großfürsten zu gegebener Zeit Vorwand und Möglichkeit, die Wiederherstellung des alten Kiever Reiches auch auf Kosten Litauens in Angriff zu nehmen.

Der Tod Witolds 1430 setzte im Großfürstentum Moskau eine zwanzigjährige schwere innere Krise frei, die in blutige Selbstzerfleischung ausartete. Diesmal ging es nicht um Auseinandersetzungen mit den übrigen »Großfürsten« oder noch unabhängigen Territorien, sondern um einen Konflikt, der sich innerhalb des Moskauer Herrscherhauses an der Erbfolge entzündete. Noch einmal prallten die beiden Erbrechtsformen des Seniorats und der Primogenitur gnadenlos aufeinander, deren Antagonismus so viel Unheil über die Rus' gebracht hatte.

Aus den Testamenten der Moskauer Großfürsten läßt sich herauslesen, wie die Herrscher entsprechend der Steigerung ihrer politischen Macht die Stellung des jeweils ältesten Sohnes zu stärken suchten, um Bruderkämpfe auszuschließen. Hatte Ivan Kalita sein Erbe in gewisser Weise nach dem Grundsatz der Rechtsgleichheit und der Gesamtherrschaft an Söhne wie Gemahlin aufgeteilt, so vergrößerte der mit vier männlichen Nachkommen gesegnete Dmitrij Donskoj das Erbteil des Ältesten, Vasilij, auf Kosten seiner Brüder. Diese Absicherung, die territoriale Zerrissenheit und Unfestigkeit der mehr zur Versorgung als zur Anspornung etwaiger Herrschaftsgelüste der jüngeren Söhne gedachten Teilfürstentümer hatten einen Konflikt innerhalb der Moskauer Dynastie auch verhindern können, solange

die gewohnheitsrechtliche Erbfolgepraxis wenigstens im Grundsätzlichen gewahrt blieb. Erst als Vasilij I., das noch von seinem Vater testamentarisch praktizierte Senioratsprinzip durchbrechend, nicht seinen nächstjüngeren Bruder Jurij von Galič, sondern seinen eigenen minderjährigen Sohn Vasilij (II.) zum Nachfolger bestimmte, braute sich jener Sturm zusammen, der nach dem Erlöschen der Vormundschaft Witolds losbrach.
Jurij nahm den Kampf um sein Recht auf, den nach seinem Tod die beiden Söhne Vasilij der Schieler (Kosoj) und Dmitrij Šemjaka mit schon sehr viel fragwürdigeren Erbansprüchen fortsetzten. Bei hin- und herschwankendem Kriegsglück wechselten die Machtkoalitionen ständig, mischten sich nicht nur die russischen Gegner Moskaus, sondern auch die Tataren ein. Vasilij II., der sich infolge seiner Jugend den an ihn gestellten Anforderungen nicht gewachsen zeigte, mußte Moskau dreimal dem Widersacher überlassen. Man stach ihm die Augen aus, auch tatarische Gefangenschaft blieb ihm nicht erspart. Doch da es seinem hartnäckigsten Gegner Dmitrij Šemjaka nicht gelang, eine dauerhafte Koalition gegen ihn zustande zu bringen, behielt er letztlich doch die Oberhand.
Hauptleidtragender dieses schweren und von allen Seiten mit erbarmungsloser Härte geführten Bürgerkrieges war das einfache Volk. Nach den Verheerungen durch den Einfall Edigüs, nach schweren, immer wieder neu aufflackernden Pestepidemien und Hungersnöten in den Jahren 1417–1427 verdichteten die beiden folgenden Kriegsjahrzehnte die allgemeine Not zu einer anhaltenden Wüstungsperiode, die manche Landstriche fast völlig entvölkerte.
Wenn Vasilij den zahlreichen Demütigungen zum Trotz aus dem innenpolitischen Ringen als Sieger hervorging, so wird man darin einen Beweis für die schon erstaunlich weit gediehene Festigung der Moskauer Herrschaftsposition sehen dürfen. Dem einfachen Volk, den Großkaufleuten, der Kirche und dem gerade im Entstehen begriffenen Dienstadel galt der Großfürst von Moskau vor allem nach dem Sieg von 1380 über die Tataren offensichtlich als der einzige Garant der zunächst noch bescheidenen, aber spürbaren wirtschaftlichen wie innen- und außenpolitischen Stabilisierung. Damit zeichnet sich aber eine entscheidende Bewußtseins- und Verfassungswandlung ab, die die großfürstliche Herrschaft weniger als einen Ausfluß der persönlichen Leistung des jeweiligen Amtsträgers auffaßte — diese war schließlich unberechenbaren Kräften ausgesetzt und zerbrechlich —, sondern die auf eine bleibende, inneren und äußeren Schutz garantierende und von der Persönlichkeit des Herrschers unabhängige Institution abzielte. Auf diesem Boden konnte unter Vasilijs Nachfolgern die Entwicklung zur Autokratie ansetzen.

Grundherrschaft war im 14. Jahrhundert in Altrußland bereits verbreitet, sie konzentrierte sich vor allem in den Altsiedelgebieten und um die Städte. Doch klafften dazwischen noch weite Lücken, in denen sich die freien Landgemeinden der schwarzen Bauern behaupteten.

Art und Umfang der Herrschaftsrechte richteten sich nach der Stellung ihrer Träger; es war nicht ganz belanglos, ob es sich um den Großfürsten, um Teilfürsten oder Bojaren handelte, da bei den beiden erstgenannten Gruppen die grundherrlichen Rechte von weitergehenden hoheitlichen überwölbt wurden. Die sozialen Wurzeln des Bojarentums der Mongolenzeit, insbesondere seine etwaige genealogische und funktionale Kontinuität seit der Kiever Periode, bleiben infolge der Quellenlage weitgehend im Dunkeln. Sicher ist, daß die Bojaren Land zu Erbrecht besaßen — als »Vatererbe« (otčina, votčina), daß sie es als ihr volles Eigen betrachteten und verschenken, vertauschen oder auch verkaufen konnten. Wie es in ihren Besitz gekommen war, ist leider nur teilweise feststellbar. Überwiegend handelt es sich jedoch um fürstliche Schenkungen für geleistete oder für noch zu leistende Dienste, ohne daß damit eine direkte Verpflichtung für den Beschenkten entstanden wäre, von dem Lande zu dienen. Vielmehr konnten sich die Bojaren vertraglich noch längere Zeit ihre Freizügigkeit bewahren, und ihre votčina blieb ihnen auch dann erhalten, wenn sie in die Dienste eines anderen Fürsten überwechselten.

Von den bojarischen Großgrundbesitzern leitete eine ganze Skala mittlerer und kleinerer Grundherren zur Gruppe der freien, »schwarzen« Bauern über. Noch war die Grenze zwischen dem einfachen Landwirt und dem kleinen Erbgutsbesitzer unscharf, gelang es freien Bauern sozial aufzusteigen.

Infolge des Prinzips der Realerbteilung zersplitterten sehr bald auch viele Fürstentümer in eine Unzahl weiterer Teilfürstentümer, die sich ihrerseits wieder teilten und am Ende kaum größer waren als die Besitzungen mancher Bojaren. So zerfiel beispielsweise im Laufe des 13. und 14. Jahrhunderts das Fürstentum Rostov in die Filiationen Jaroslavl', Uglič und Beloozero, von denen Jaroslavl' und Beloozero jeweils wiederum sieben und mehr Kleinherrschaften freisetzten, darunter das Dorffürstentum Kurbskoe, Stammsitz der später in Moskauer Dienste getretenen Familie der Kurbskij. Ähnlich groß war die herrschaftliche Zersplitterung im Becken der oberen Oka. Dieses ganze buntgescheckte Durcheinander fürstlicher, bojarischer, kleinherrschaftlicher, schwarzer bäuerlicher und schließlich ja auch noch kirchlicher Siedlungen oder Siedlungskomplexe hat die Arrondierung des Moskauer Herrschafts-

gebiets zweifellos sehr erleichtert und wurde schon von Ivan Kalita durch großmaßstäblichen Aufkauf selbst einzelner Dörfer in anderen Fürstentümern systematisch genutzt.
Zugleich aber knüpfte die Streulage der Besitzungen selbst eines einzigen Herrn das Band zwischen ihm und seinen Bauern noch recht lose. Solange Naturalwirtschaft und Naturalzins vorherrschten, waren die Grundbesitzer nicht an den Erträgen eines umfangreichen Herrenackers interessiert, sondern konnten ihren Bedarf aus den bäuerlichen Naturalabgaben und den Einkünften der eigenen, in der Regel noch kleinen und überwiegend von Unfreien besorgten Wirtschaftshöfe decken. Trotz dieser lockeren wirtschaftlichen Beziehungen waren sie jedoch die »Herren« (gosudari) ihrer Hintersassen, übten sie gewisse, wenn auch sehr unterschiedliche administrative und gerichtliche Funktionen ihnen gegenüber aus, boten sie ihnen — falls sie genug Macht besaßen — Schutz gegen fremde Übergriffe.
Neben den Erbgrundbesitzungen (votčiny) fand bis zur Mitte des 15. Jahrhunderts die bedingte fürstliche Landleihe noch keine weite Verbreitung. Da wo Großfürst oder Fürsten Land unter der Bedingung des Dienstes vergaben und dieses Land anschließend wieder einzogen, handelte es sich meist um sozial geringere oder unfreie Dienstmannen (slugi). Es ist ganz charakteristisch, daß als Schrittmacher der bedingten Landleihe Klöster und geistliche Großgrundbesitzer auftraten, die selten Angehörige des höheren Adels für ihre Dienste gewinnen konnten. Ohne Zweifel ist das geringe Gewicht des Dienstgutes in dieser Zeit nicht nur aus der noch herrschenden innenpolitischen Labilität Altrußlands zu erklären, sondern auch aus dem noch recht extensiven, zu erheblichem Teil in Rodearbeit sich erschöpfenden Charakter der bäuerlichen Wirtschaft. Siedlungsverdichtung und ökonomische Entwicklung hatten einfach noch nicht jenes Stadium erreicht, das die Abtretung umfangreicher Ländereien und eines Großteils des Sozialprodukts an ein Heer von Dienstleuten erlaubt hätte.
Auf der gleichen Linie bewegte sich auch das Verwaltungssystem jener Epoche, das sogen. Kormlen'e, das im 13. Jahrhundert an die Stelle des Poljud'e getreten war. Eben weil die Vergabe von Ländereien in großem Umfang oder eine Geldentlohnung nicht möglich waren, mußten die Fürsten ihre freien Dienstleute — abgesehen von Landschenkungen zu Erbrecht — als Statthalter (namestniki) einzelner Verwaltungsbezirke (uezdy) oder als niedere Amtsträger (volosteli) in den Unterbezirken (stany) von der Bevölkerung »durchfüttern« lassen (daher die Bezeichnung Kormlen'e — »Fütterung«). Zu diesem Behufe zogen die Amtswalter des Fürsten besondere Abgaben ein. Ihre Gegenleistung bestand in der Wahrnehmung administrativer, richterlicher und fiskalischer Aufgaben stell-

vertretend für den Fürsten. Gegenüber dem Poljud'e der Kiever Periode war damit ein sichtlicher Fortschritt in der inneren Durchorganisierung der Fürstentümer erreicht. Für die Bevölkerung brachte dies allerdings nicht nur Vorteile mit sich, denn wenn auch Schutz und Gericht schneller erreichbar und damit wirksamer geworden waren, so mußte dies mit einer stärkeren Präsenz und Kontrolle des Fürsten erkauft werden.

Die Ausdehnung des herrschaftlichen Grundbesitzes vor allem seit der Mitte des 14. Jahrhunderts vollzog sich keineswegs linear und im Gefälle der eigenen Schwerkraft, sondern schubweise und in erkennbarer Abhängigkeit von den Wandlungen der wirtschaftlichen, politischen und religiösen Verhältnisse. Als Substrat dienten dabei auf der einen Seite die allmähliche wirtschaftliche Stabilisierung und die Binnenkolonisation, auf der anderen Seite die wachsende Anziehungskraft der Moskauer Großfürsten auf Bojaren, die die Zuweisung fetter Erbgüter als Lohn für treue Dienste erwarteten. Entscheidend hat sich jedoch der Umbruch in der Entwicklung des Klosterwesens ausgewirkt.

Bis zum 14. Jahrhundert waren die Klöster in der Regel fürstliche oder bojarische Gründungen gewesen, in denen die reichen Stifter (Ktitoren) ihr Leben als Mönche zu beschließen gedachten; die Schenkung großer Grundbesitzungen zum Unterhalt des Klosters hatte sich daher in Grenzen gehalten. Mit dem Aufkommen asketischer Strömungen im altrussischen Mönchtum um die Mitte des 14. Jahrhunderts trat nun ein ganz anderer Typus des Klostergründers in Erscheinung, wandelten sich zugleich aber auch geistliches Leben und sozialökonomischer Stellenwert dieser Klöster, ohne freilich die Repräsentanten der traditionellen Richtung gänzlich verdrängen zu können.

Die Initiative zu dieser neuen monastischen Bewegung ging vom Hl. Sergij von Radonež aus, der eine kleine Einsiedelei zum später größten russischen Kloster umgestaltete, zur Troice-Sergieva-Lavra. Der von ihm in diesem Kloster um 1354 neu belebten strengen Form des mönchischen Gemeinschaftslebens, der Koinobia, im Gegensatz zu der bis dahin praktizierten Idiorrhythma, bei der die Mönche unter Gütertrennung lebten und nur zum gemeinschaftlichen Gebet zusammenkamen, war gerade wegen ihrer Vorbildwirkung für die meisten Neugründungen der Folgezeit außerordentliche Bedeutung auch in wirtschaftlicher Hinsicht beschieden. Weil das Ideal persönlicher Armut des Einzelmönches eine Besitzanhäufung in den Händen der Klostergemeinschaft insgesamt nicht verbot, bahnte die Koinobie, die mit der starken Stellung des Abtes die mönchische Gemeinschaft zu einem zentral geleiteten und vitalen Organismus zusammengeschweißt hatte, der Entwicklung der Klöster zu Großgrundbesitzern, ja einer aktiven Landerwerbspolitik den Weg.

Erwachsen ist die vom Hl. Sergij repräsentierte Reformbewegung aus zwei Wurzeln: aus einer religiösen, dem Motiv der Weltflucht, und aus einer sozialen; weil die meisten Gründer neuer Klöster seit Sergij nicht mehr stadtsässige fürstliche oder hochadelige Stifter waren, sondern dem mittleren und einfachen Grundbesitzertum, bisweilen sogar gewerblichen oder bäuerlichen Kreisen entstammten, fiel es ihnen leichter, sich völlig in die Einsamkeit zurückzuziehen.
Wenn die ihrem heiligmäßigen Leben gewidmeten Viten dieses Dasein zu einem Eremitentum tief in menschenleeren Wäldern emporstilisieren und die Historiker dementsprechend die aus diesen Einsiedeleien hervorgewachsenen Klöster bis heute als Schrittmacher der Binnenkolonisation rühmen[8], so darf man dem nur bedingt zustimmen. Die Einödklöster entstanden zwar abseits der großen Siedlungszentren, vor allem im nordrussischen Nadelwaldgürtel, aber überwiegend da, wo bäuerliche Kolonisten bereits Fuß gefaßt hatten[9]. Von dem Moment an, da die Einsiedelei sich in ein regelrechtes Kloster verwandelte, das durch Stiftungen über einen wachsenden Bestand besiedelter und unbesiedelter Ländereien, damit aber auch über entsprechende wirtschaftliche Mittel verfügte, haben die Mönche allerdings auch Bauern herbeigerufen und umfangreiche Rodepolitik betrieben. Sie selbst haben sich daran kaum eigenhändig beteiligt und sind in diesem Punkt den Zisterziensern keinesfalls gleichzustellen. Künftiger Kirchengeschichtsforschung bleibt es aufgetragen, die Ursachen der so rasch gewachsenen Diskrepanz zwischen ursprünglicher Flucht in die Einsiedelei und nachfolgender Klostergründung, zwischen asketischer Armut und protzendem Klosterreichtum, zwischen monastischer Reform und Verweltlichung zu erhellen.
Daß sich gerade der klösterliche Großgrundbesitz seit der zweiten Hälfte des 14. Jahrhunderts rapide ausbreiten konnte, liegt an einer günstigen Konstellation verschiedener Faktoren. Weil die aus Einödklöstern hervorgegangenen Gründungen sich meist in solchen Gebieten einrichteten, die vom herrschaftlichen Grundbesitz noch nicht durchdrungen waren, bot sich ihnen hier eine besonders günstige Startposition. Kleine und große Grundeigentümer stifteten um ihres Seelenheiles willen den Klöstern zudem ja nicht nur bebautes und unbebautes Land, sondern auch Schmuck und Geld, so daß die Äbte am ehesten über das nötige Kapital verfügten, um die klösterlichen Besitzkomplexe durch großangelegte Käufe zu erweitern. Von Großfürsten gewährte großzügige Steuerprivilegien hoben die Anziehungskraft des Klosterlandes auf Neusiedler. Eine zentral gelenkte Wirtschaftsadministration mit schriftlicher Buchführung und Grundbüchern beugte im Verein mit dem Aufbau eines eigenen Systems von Dienstleuten, die durch die bedingte

Form der Landleihe eng an das Kloster gebunden blieben, der Besitzentfremdung gewonnenen Grund und Bodens vor, ja ermöglichte eine wirksame Landerwerbspolitik, die auch vor Urkundenfälschung und gewaltsamer Okkupation nicht zurückscheute.

Die Wachstumsphasen des Klosterlandes konzentrierten sich dabei vor allem auf die beiden Wüstungsperioden zu Beginn der zweiten Hälfte des 14. und insbesondere in der ersten Hälfte des 15. Jahrhunderts. Welchen Einfluß die partielle oder völlige Verödung weiter Landstriche gerade auf die Wandlungen der Besitzstruktur Altrußlands ausgeübt hat, wird nicht nur daran deutlich, daß Epidemien und Bürgerkrieg die Schenkungen wüsten Landes an kirchliche Institutionen sprunghaft in die Höhe schnellen ließen, sondern auch an den zahlreichen Prozessen, die freie bäuerliche Landgemeinden in der zweiten Hälfte des 15. Jahrhunderts meist vergeblich gegen Klöster anstrengten, die sich während der voraufgehenden Entsiedlungsphase heimlich »schwarzen« Grund und Boden angeeignet hatten. Schneller als Landgemeinden oder andere Großgrundbesitzer vermochten die geistlichen Institutionen die erworbenen Ödländereien durch massiven Einsatz von Kapital und Privilegien neu zu besiedeln. Sie waren daher die Hauptnutznießer der Wüstungsvorgänge.

An dieser Stelle drängt sich die Frage auf, inwieweit das Herrschaftssystem, wie es sich im Altrußland des 14. und 15. Jahrhunderts darbot, als »feudal« bezeichnet werden kann. Wenn der Begriff des Feudalismus in der vorliegenden Darstellung bisher strikt vermieden wurde, dann deshalb, weil er durch intensive Abnutzung alle schärferen Konturen eingebüßt hat. Es ist daher kein Wunder, daß marxistische und nichtmarxistische Historiker ständig aneinander vorbeireden, wenn sie vom Feudalismus sprechen, verstehen sie darunter doch völlig verschiedene Dinge: der marxistischen Historiographie dient er als Bezeichnung der auf die Sklavenhaltergesellschaft folgenden »sozialökonomischen Formation« der gesellschaftlichen Entwicklung, in welcher der Produzent sich im Besitz eines Teils der Produktionsmittel (Arbeitsgeräte etc.) befindet, aber durch den Feudalherrn als den Eigentümer des zu bearbeitenden Bodens unter Anwendung »außerökonomischen Zwangs« ausgebeutet wird; die nichtmarxistische Forschung verwendet ihn mit wachsendem Problembewußtsein im weiteren Sinne als »auf eine Typologie abzielende Beschreibung bestimmter politischer, rechtlicher und sozialer Strukturen«, wobei dieser Terminus im engeren Sinne aus der vom abendländischen Lehnswesen geprägten Herrschaftsverfassung gewonnen worden ist.[10]

Für den Feudalismus im marxistischen Sinne gibt die Rus' des

14./15. Jahrhunderts mit ihrem noch starken Anteil freier Bauern und der schwachen Ausprägung des »außerökonomischen Zwanges« auf den herrschaftlichen Besitzungen infolge des bäuerlichen Abzugsrechtes und der sozialen Begleitumstände des Rodezeitalters ein schlechtes Muster ab. Begnügt man sich hingegen mit einem deskriptiven Strukturvergleich, so lassen sich gewisse Ähnlichkeiten mit den hochentwickelten Lehnsstaaten westlicher Prägung nicht verkennen. Wie dort existierte in der Rus' unter den Bedingungen der Naturalwirtschaft eine Hierarchie der Macht mit Delegierung unterschiedlicher herrschaftlicher Befugnisse von den Fürsten über die Statthalter bis hinunter zu den Erbgrundbesitzern. Erbgut und Dienstgut lassen sich entfernt mit Allod und Feudum vergleichen. Wie im Westen gab es eine Selbsttradierung (commendatio, russ. zakladničestvo) des Erbgutsbesitzers mit seinem Land in Schutz und Dienst eines Fürsten oder Klosters.

Aber bei näherem Hinsehen ergeben sich doch starke Differenzen, verbergen sich selbst hinter äußeren Ähnlichkeiten kleinere und größere Abweichungen. Der entscheidende Unterschied liegt darin, daß die abgestufte Delegierung von Herrschaftsrechten durch die Fürsten keine Mediatisierung der Bauern und kleineren Erbgrundbesitzer nach sich zog. Alle Dienstleute des Großfürsten blieben ihm persönlich zugeordnet — ohne Unterschied, ob es sich um Fürsten, Bojaren oder Angehörige der untersten Dienstmannenschicht handelte. Im Verhältnis zu ihrem Herrn unterschieden sie sich also nur graduell; hieraus hat sich dann später das System der »Platzordnung« (mestničestvo) entwickelt.

Auch ein voll ausgebildetes Immunitätswesen hat es nicht gegeben, wie überhaupt der abstrakte Begriff der Immunität dem Altussischen fremd ist. Zwar »begnadigten« die Fürsten vor allem geistliche Großgrundbesitzer mit einer Vielzahl steuerlicher und gerichtlicher Privilegien, doch waren diese vielfältig abgestuft und teilweise sogar zeitlich befristet. Exemtion gefreiter Besitzungen und Introitusverbot für die fürstlichen Amtswalter betrafen nur ganz konkret privilegierte Teilbereiche der herrschaftlichen Befugnisse, insbesondere die Aussonderung aus der Steuerorganisation der Landgemeinde, Befreiung vom Unterhalt des fürstlichen Verwaltungsapparates, polizeiliche Befugnisse und die niedere Gerichtsbarkeit. Doch auch da, wo sich die Privilegien zu einem höheren Maß an Immunität verdichteten, blieben den Fürsten und ihren Statthaltern bestimmte Eingriffsrechte vorbehalten, so Kriminalgerichtsbarkeit, fiskalische Veranlagung und Wehrhoheit. Insgesamt gesehen gaben die Fürsten mit der Verleihung gewisser Immunitätsprivilegien weniger eigene Grundrechte als vielmehr Befugnisse ihrer administrativen Organe preis[11]; auf lange Sicht führte dies zwar zur Unterminierung des Kormlen'e-Systems, aber der direkte Draht zwischen grundherrlichen Bauern und Fürsten riß nicht ab.

Da dem Verhältnis des Fürsten zu seinen Dienstleuten die wechselseitige Treuebindung fehlte, Dienst durchaus nicht zwangsläufig mit Landleihe gekoppelt war, Status und Rechte der grundbesitzenden Oberschicht labil und fluktuierend blieben, ist der Gebrauch des Begriffes Feudalismus für die Verhältnisse des 14. und 15. Jahrhunderts in der Nordost-Rus', aber auch im Novgoroder und Pleskauer Land nur dazu angetan, falsche Assoziationen zu wecken. Am ehesten trifft noch der Terminus »Grundherrschaft«, wenngleich auch er einer spezifisch altrussischen Tönung unterliegt.

Sucht man unter diesem Aspekt die historische Bedeutung des altrussischen Adels zu bestimmen, so schält sich eine verhängnisvolle Wechselwirkung zwischen der Stärke der Fürsten- und der Schwäche der Adelsposition heraus. Weil einerseits der Nordost-Rus' mit ihrer bereits im 12. Jahrhundert außergewöhnlich starken Fürstenmacht nach dem Mongolensturm die Rolle eines Kristallisationskerns späterer russischer Staatlichkeit zufiel, weil andererseits die Bojaren ihr Recht, den Dienstherrn frei zu wählen, bis zum 15. Jahrhundert krampfhaft behaupteten und daher in ihren Besitzungen keine so festen Wurzeln schlugen wie ein landsässiger Adel, bildeten sie für die fürstliche Herrschaft keine ernstzunehmende Gefahr. Zudem zersplitterte die Praxis der Realerbteilung Fürstentümer wie weltliche Grundbesitzungen so schnell, daß ein echtes regionales Selbstbewußtsein nicht zu gedeihen vermochte. Wo ein solches sich doch artikulierte wie auf der Basis wirtschaftlicher Macht unter den Bojaren Groß-Novgorods, ferner in Vjatka oder unter den lokalen Bojaren des Landes an der Nördlichen Dvina, da geschah dies charakteristischerweise bei fehlender oder schwach entwickelter fürstlicher Gewalt und außerhalb des Kernbereiches Moskauer Einflusses. Daß ein regional verankertes Ständewesen nicht heranwachsen konnte, liegt gewiß auch in der schwachen Ausprägung der ostslavischen Stämme begründet, die über das 12. Jahrhundert hinaus keine Spuren in der russischen Geschichte hinterlassen haben.

Regionalismus und ständisches Wesen vermochten daher gar nicht erst aufzukommen, geschweige denn sich wie im Westen zu einem Gegengewicht der Fürstenmacht zu vereinigen.[12] Weil die Amtsträger der Fürsten weniger mit Land als vielmehr mit Pfründen entlohnt wurden und damit eng an ihre Dienstherren gebunden blieben, weil es den Grundherren mißlang, sich als Zwischeninstanz völlig zwischen Fürsten und Bauern zu schieben, ist es in Altrußland nicht zur Bildung geistlicher oder weltlicher Territorien und damit zu einer Verdünnung der Befugnisse des jeweiligen Herrschers gekommen. Einer weiteren Machtzusammenballung in der Hand der Moskauer Großfürsten waren damit auch von dieser Seite her keine Schranken gesetzt.

III. DIE ANFÄNGE DER AUTOKRATIE UND IHRE RÜCKWIRKUNG AUF DIE GESELLSCHAFT

(Von der Mitte des 15. bis zur Mitte des 16. Jhs.)

Die Beilegung des innerdynastischen Konflikts unter Vasilij II. leitete für Altrußland eine über hundertjährige Blüteperiode ein. Da die Machtposition der Großfürsten von Moskau sich endgültig gefestigt hatte, vermochten die bis dahin noch außerhalb des direkten Moskauer Herrschaftsbereichs gebliebenen altrussischen Länder ihre Unabhängigkeit nicht länger zu wahren. Tataren und Litauer, auf die man sich gegen Moskau früher immer wieder hatte stützen können, schieden als ernstzunehmende Bündnispartner aus – die Tataren wegen ihrer unaufhaltsamen politischen Zersplitterung, die auch der Tributherrschaft über die Rus' unwiderruflich ein Ende setzte, die Litauer wegen ihrer zunehmend defensiven Ostpolitik.
Von innen wie außen kaum bedroht, noch nicht in der Lage und willens, eine Expansionspolitik nach allen Richtungen zu betreiben, konnte das konsolidierte Moskauer Reich einen Großteil seiner Kräfte nach innen konzentrieren. Der Siedlungsausbau erreichte seinen absoluten Höhepunkt, Städtewesen, Gewerbe und Handel blühten auf.
Doch mußte dies alles um einen hohen Preis erkauft werden. Ungehemmt vermochte sich nun jene Selbstherrschaft zu entfalten, die in der Folgezeit den Verlauf der russischen Geschichte bestimmt hat. Diese Autokratie begann die Gesellschaft nach ihren eigenen wirtschaftlichen und machtpolitischen Bedürfnissen zu formen. Unter Zersetzung vor allem des kleinen und mittleren Erbgrundbesitzertums schob sich als staatstragendes Element eine wachsende Schicht von Dienstleuten in den Vordergrund. Schon zeigten sich die Anfänge einer rechtlichen Nivellierung innerhalb der Grundbesitzer, erwachsen aus dem Bestreben der Autokratie, ihre Beziehungen zu allen Untertanengruppen nach dem Prinzip von Dienst und Leistung zu regeln. Damit wurden aber auch die Bauern den immer zahlreicher auftretenden Grundherren gerade zu einem Zeitpunkt ausgeliefert, da diese unter Anpassung an Wandlungen der gesamteuropäischen ökonomischen Struktur zur Gutswirtschaft überzugehen begannen. Die Weichen für den Weg in die bäuerliche Knechtschaft waren gestellt.

a) Der Abschluß der Einigung großrussischen Gebietes unter Moskau und die Anfänge der Aggression gegen Litauen

Die marxistische Historiographie schreibt die Entstehung des »zentralisierten Moskauer Staates« in erster Linie der »Verstärkung der Wirtschaftsbeziehungen zwischen den Territorien, den einzelnen Städten und Ländern« zu.[1] Diese Argumentation von der ökonomischen Basis her stutzt das komplizierte Wechselspiel der am Aufstieg Moskaus beteiligten historischen Kräfte – unter denen wirtschaftliche allerdings keine geringe Rolle spielen – ziemlich einseitig zurecht, ganz abgesehen von der Überhöhung durch ein national-großrussisches Pathos, das die geschichtliche Kontinuität des »Einheitsstaates« von der »Sammlung des Landes der Rus'« bis zum eurasischen Sowjetimperium uneingeschränkt bejaht.[2]
Nun spielen allerdings politische, religiöse und ideologische Momente für den Zusammenhalt des Moskauer Großfürstentums in der schweren Krise des zweiten Viertels des 15. Jahrhunderts eine mindestens ebenso große Rolle wie ökonomische Interessen, die ja primär lediglich Fernkaufleuten und großen Klöstern nützen konnten. Nur die Komplexität des historischen Kräftespiels macht begreiflich, warum Vasilij II. unmittelbar nach dem Auslaufen des Bürgerkrieges und der weitreichenden Wüstungserscheinungen sein politisches Programm nahtlos fortsetzen konnte. Obgleich er den Großfürsten von Tver' noch als Gleichberechtigten neben sich anzuerkennen gezwungen war, gelang es ihm bereits 1456, durch einen Angriff stärkeren Einfluß auf die Außenpolitik Novgorods zu gewinnen. Im gleichen Jahr fiel ihm auch die Vormundschaft über den minderjährigen »Großfürsten« von Rjazan' zu, die, später abgelöst durch die Anknüpfung verwandtschaftlicher Beziehungen, das Grenzfürstentum bis zur endgültigen Einverleibung 1521 unter Moskauer Aufsicht hielt. Dem Sohn Vasilijs, Ivan III., war damit der weitere Weg vorgezeichnet.
Die Einverleibung der beiden restlichen Teilfürstentümer Jaroslavl', zu dem schon seit langem freundschaftliche Beziehungen bestanden, und Rostov bereitete keine größere Mühe. Pleskau, das schon bald nach seiner Loslösung von Groß-Novgorod (1347/48) als Gegengewicht gegen ständige Novgoroder Pressionsversuche Anlehnung bei den Großfürsten von Moskau gesucht hatte, bekundete dies seit 1469 auch offiziell dadurch, daß es die Siegelaufschrift »Vatererbe des Großfürsten Ivan Vasil'evič« führte. Obgleich Statthalter aus Moskau die Botmäßigkeit des Stadtstaates überwachten, konnten bis zur endgültigen Angliederung im Jahre 1510 die Volksversammlung und die gewählten Amtsträger weiter die inneren Angelegenheiten besorgen.

Die Novgoroder Bojarenoligarchie erkannte nach der Niederlage von 1456 endgültig, daß die Voraussetzungen ihrer früheren Schaukelpolitik zwischen Moskau und Tver' nicht mehr gegeben waren, weil Moskau ein eindeutiges Übergewicht erlangt hatte. Es galt daher eine Entscheidung zu treffen, ob man unter Moskauer oder unter litauischer Hegemonie das größte Maß an überkommenen Rechten würde wahren können. Angesichts der sich anbahnenden Entwicklung Polens zur Adelsrepublik erhielt die litauische Partei in der Stadt Auftrieb. Doch als sie 1471 durchsetzte, daß Kasimir IV. von Polen und Litauen vertraglich als Großfürst anerkannt wurde – wahrscheinlich ist dieses Dokument allerdings nie rechtskräftig geworden –, da griff Ivan III. militärisch ein. Novgorod unterlag und ging nach dem Auftreten neuer antimoskowitischer Strömungen 1478 seiner Freiheiten endgültig verlustig.

Nicht glücklicher mit der Anlehnung an Litauen war Großfürst Michail Borisovič von Tver'. Von Kasimir im Stich gelassen, von Ivan III. wegen seiner in Moskauer Augen verräterischen Kontakte mit den Lateinern prompt militärisch unter Druck gesetzt, mußte er 1485 fliehen und sein Land preisgeben. Wie ungefähr gleichzeitig in Novgorod und später in Pleskau sicherte der Großfürst von Moskau sich durch Aussiedlung fast aller Angehörigen der grundbesitzenden Oberschicht gegen eine Wiedergeburt mißliebiger Selbständigkeitsbestrebungen ab. Nachdem Ivan III. die Tributzahlung an die Horde eingestellt hatte, suchte Khan Aḥmed ihn 1480 durch eine Strafexpedition zur Rechenschaft zu ziehen, wagte dies aber nur mit litauischer Unterstützung; da die litauischen Truppen jedoch ausblieben, zog er sich unverrichteter Dinge wieder zurück. Damit beschleunigte die defensive Ostpolitik der in Polen beschäftigten Großfürsten von Litauen das Ende nicht nur der letzten bedeutenderen nichtmoskowitischen Mächte im großrussischen Gebiet, sondern auch das der Tatarenherrschaft über Moskau.

So ist es kaum verwunderlich, daß Ivan III., noch bevor Rjazan' und Pleskau seinem Reich voll eingegliedert waren, die Abwehrkraft Litauens auf die Probe zu stellen begehrte. Dies geschah zunächst nicht in der Form eines massiven Eroberungskrieges, sondern dergestalt, daß der Moskauer Großfürst sich bereitwillig in die Fehden der zahlreichen Kleinfürsten im Becken der oberen Oka und Desna hineinziehen ließ, die zwar litauischer Hoheit unterstanden hatten, aber zunehmend in Moskauer Dienste übertraten.

Alexander von Litauen, der seinem Vater Kasimir 1492 als Großfürst folgte, suchte den Expansionsdrang Moskaus 1495 durch eine Eheschließung mit Ivans III. Tochter Helene zu bremsen, schuf für seinen Schwiegervater damit aber nur die Möglichkeit, sich in innerlitauische Dinge einzumischen und die

Abb. 14: Osteuropa beim Regierungsantritt Ivans III. (1462)

religiöse Diskriminierung seiner orthodox gebliebenen Tochter zu beklagen. Ivan besaß damit ein lebendes Objekt, an dem er die seiner Westexpansion offiziell unterlegte Ideologie demonstrieren konnte: »Sammeln des Landes der Rus'«, d. h. der ehemals zum Kiever Reich gehörigen Länder und Befreiung der rechtgläubigen Christen vom Joch der Lateiner. Außenpolitisch abgesichert durch ein Bündnis mit dem Krim-Khan Mengli-Girāi, konnte Ivan sogar den offenen Krieg riskieren. Beim Waffenstillstand von 1503 mußte Alexander, seit zwei Jahren ebenfalls König von Polen und damit im Osten nur noch lust-

los engagiert, das Ergebnis des schleichenden Abbröckelns seiner östlichen Grenzfürstentümer und der militärischen Eroberungen Moskaus als vollzogene Tatsache hinnehmen: Litauen verlor das oberste Dnepr-, das obere Oka- und das Desnabecken. 1514 fiel auch noch Smolensk, der wichtige Sperriegel an der bedeutendsten Landstraße von Moskau nach Mitteleuropa. Damit mußten die Großfürsten von Moskau allerdings auch die erste Phase ihrer Ausdehnung nach Westen abschließen. Das großrussisch besiedelte Gebiet der Rus' war zwar fast geschlossen in ihrer Hand, aber nachdem auch vorher schon Offensiven gegen Livland und gegen die Schweden in Karelien gescheitert waren, fehlte zu weiterem Ausgreifen bis zur Mitte des 16. Jahrhunderts die Kraft, zumal das Krim-Khanat sich seit 1515 lieber auf die Seite Litauens schlug.
Doch außenpolitisch waren die Weichen nach Westen nunmehr gestellt, die Auseinandersetzung mit Litauen endete erst mit den polnischen Teilungen; Polen ist somit letztlich ebenfalls das Opfer jener verhängnisvollen Union von Krewo geworden. Zugleich aber stellte schon der Beginn des offenen Konflikts zwischen Moskau und Litauen die seit der späten Kiever Periode unterbrochenen Kontakte der Nordost-Rus' zu Westeuropa wieder her, denn die europäischen Gegner Polens, allen voran das Haus Habsburg, suchten bereits seit dem Ende des 15. Jahrhunderts die Moskauer Großfürsten als Bündnispartner in ihr diplomatisches Ränkespiel mit einzubeziehen. Damit war der Anfang der langwierigen und mühsamen Wiederannäherung Altrußlands an den Westen gemacht.[3]
Doch darf das Kontaktieren auf höchster Ebene nicht darüber hinwegtäuschen, daß diese Wiederannäherung gerade durch die von Ivan III. eingeleitete antilitauische Machtpolitik verhängnisvoll gebremst worden ist. Neben dem seit dem Mongolensturm verstärkten wirtschaftlichen Rückstand sind dadurch und unter dem Einfluß der orthodoxen Kirche auch die Bereiche der Wissenschaft, der Technik und des säkularen geistigen Lebens gegenüber Westeuropa zurückgeblieben – zu einem Zeitpunkt also, da im Abendland die Entwicklung der neuzeitlichen Gesellschaft gerade begann.

b) Die Anfänge der autokratischen Herrschaftsform

Daß Ivan III. die Tributherrschaft der Tataren endgültig abzuschütteln vermochte, daß während seiner Regierung die politische Einigung der großrussisch besiedelten Länder sich ihrer Vollendung zuneigte, daß Litauen immer stärker an Glanz und Macht verlor und Moskau sich bereits zur stärksten Macht Osteuropas aufschwingen konnte – dies alles mußte im herrscherlichen Selbstbewußtsein Ivans III. und damit auch in der

Herrschaftsform Spuren hinterlassen. In der Tat leitet die Epoche dieses Großfürsten – obgleich er als Persönlichkeit merkwürdig blaß und profillos bleibt – eine neue Phase der russischen Verfassungsgeschichte ein. Ohne dabei den Boden der Kontinuität zu verlassen, haben seine 43 Regierungsjahre – bewußt und unbewußt – das Fundament zu jenen Formen herrscherlicher Machtausübung gemauert, die man im allgemeinen unter dem Begriff der Autokratie zusammenfaßt.[4]

Zunächst handelte es sich beim Herrschaftsgebaren Ivans III. nicht um eine bewußte oder spontane Aneignung des byzantinischen Autokratorvorbildes, sondern um kaum mehr als die Fortführung älterer Ansätze, die dann freilich der wachsenden Machtfülle des Großfürsten angepaßt wurden. Schon Vasilij II. hatte während des erbitterten Kampfes mit den Fürsten von Galič wohl zur Unterstreichung legitimer Thronansprüche seinen Münzen die Aufschrift »Gebieter des ganzen Landes der Rus'« (gosudar' vseja zemli Russkija) aufprägen lassen – später vereinfacht zu »Gebieter der ganzen Rus'«. In der Spätphase seiner Regierung übte er bereits im Großfürstentum Rjazan' und in Novgorod das Münzregal aus, das Ivan III. schließlich generell in seine Hand brachte. Er war es auch, der als erster – wie in Byzanz – seinen Sohn (Ivan) zum Mitregenten erhob.

Ein weiterer zukunftsträchtiger Schritt fällt ebenfalls in die Zeit Vasilijs II.: nach einer 1448 durch die nichtkanonische Wahl Ionas zum Metropoliten erfolgten faktischen Lösung von dem wegen der Kirchenunion häresieverdächtigen Patriarchat und nach der Eroberung Konstantinopels durch die Osmanen 1453 zog eine 1459 nach Moskau einberufene Synode der russischen Bischöfe daraus die Konsequenz. Sie erklärte, daß der am Ort residierende »Metropolit von Kiev und der ganzen Rus'« nach seiner Wahl nicht mehr der Bestätigung durch den ökumenischen Patriarchen bedürfe, sondern daß dafür die Zustimmung des Moskauer Großfürsten genüge. Dieser Beschluß, der sich durchaus im Rahmen des in der orthodoxen Kirche geübten Verhältnisses von höchster geistlicher und weltlicher Gewalt bewegte und daher im nachhinein auch die Zustimmung des ökumenischen Patriarchen fand, hat die Autokephalie der Moskauer Kirche faktisch begründet – auch wenn der Metropolit von »Moskau und der ganzen Rus'«, wie er sich seit 1461 nannte, erst 1589 den Patriarchentitel durchsetzen konnte. Der Synodalbeschluß von 1459 erwies sich in der Folgezeit jedoch als verhängnisvoll, denn er beraubte den höchsten kirchlichen Würdenträger und damit die gesamte Moskauer Kirche ihres letzten Rückhalts außerhalb des großfürstlichen Machtbereichs und kettete sie auf Gedeih und Verderb an den »Gebieter der ganzen Rus'«.

Ansätze dieser Art konnte Ivan III. aufnehmen und in seine Politik der Festigung und Erweiterung der eigenen herrscherlichen Stellung einbauen. Eingedenk des erst kurze Zeit zurückliegenden schweren innerdynastischen Konfliktes stellten sich ihm fortschreitend mit der Beseitigung der Teilfürstentümer zwei vordringliche Aufgaben: das Wiederaufleben von Teilfürstentümern und damit von etwaigen separatistischen Bestrebungen zu verhindern und als unabdingbare Voraussetzung dafür Nachfolgefrage und Erbrecht entschiedener als bisher zu regeln.

Da Ivan III. vier jüngere Brüder hatte, die mit Teilfürstentümern ausgestattet worden waren, stellte sich für ihn dieses Problem in besonderer Schärfe. Seine Politik lief darauf hinaus, einer Entfremdung dieser Territorien mittels Vererbung vorzubeugen. Daher zog er durch Tod oder »Verrat« erledigte Teilfürstentümer seiner Brüder ein, ohne auf etwaige Erben – außer in einem Falle – Rücksicht zu nehmen. Wenn nach ihm noch Vasilij III. und Ivan IV. Teilfürstentümer an jüngere Söhne austeilten, dann taten sie dieses ruhigen Gewissens, denn diese Udely waren nicht mehr als Apanagen, die eine angemessene Versorgung sicherstellen sollten.

In der Thronfolgefrage legte Ivan III. eine bis dahin nicht erlebte, schon erkennbar autokratische Eigenmächtigkeit an den Tag. Nach dem vorzeitigen Tode seines ältesten Sohnes und designierten Nachfolgers, Ivan Ivanovič, hatte er zu wählen zwischen dem ältesten Sohn aus zweiter Ehe mit Sofija (Zoë) Palaiolog, Vasilij, oder seinem Enkel aus erster Ehe, Dmitrij Ivanovič. Seine anfängliche Entscheidung für den jungen Dmitrij, 1498 bekräftigt durch eine prunkvolle Krönung zum Mitregenten als »Großfürst von Vladimir, Moskau und der ganzen Rus'«, machte er jedoch 1502 wieder rückgängig, als er unverhofft Vasilij an seiner Statt zum Mitregenten und Nachfolger erkor. Dmitrij verkam elend im Kerker. Wenn die überraschende Wende in der Thronfolgepolitik Ivans III. auch zweifellos weniger einer persönlichen Laune entsprang als in erster Linie wohl außen-, innen- und kirchenpolitischen Notwendigkeiten[5], so erhebt sich hinter der bis zur grausamen Härte gesteigerten staatspolitischen Konsequenz gegenüber einem Angehörigen der eigenen Familie doch schon drohend der Schatten Ivans des Schrecklichen.

Hier stellt sich nun die Frage, welche Bedeutung der so viel beschworenen byzantinischen Tradition für das Herrschaftsgebaren Ivans III. zukommt. Nachdem die Forschung jahrzehntelang, einer festgefahrenen Spur folgend, erklärt hatte, Ivan III. habe sich nach dem Untergang von Byzanz (1453) durch seine Heirat mit der »Palaiologenerbin« Zoë (russ. Sofija) bewußt in die Nachfolge der byzantinischen Kaiser gestellt und zur Verdeutlichung seines Anspruchs ihr Hofzeremoniell, den Doppeladler als ihr Herrschaftszeichen und den Autokratortitel übernommen[6], ist diese Theorie von Spezialuntersuchungen der letzten Jahre arg zerpflückt worden[7]. Dabei stellte sich heraus, daß die Ehe Ivans mit Zoë vor allem auf Betreiben der an einer Kirchenunion interessierten Kurie zustande kam, daß Zoë überhaupt keine Erbrechte auf den byzantinischen Kaiserthron besaß und am Moskauer Hof eine sehr bescheidene Rolle spielte, daß ferner der Doppeladler in Byzanz nicht den Charakter eines Herrschaftssymbols getragen hat und von Ivan wahrscheinlich dem westlichen Kaiser abgeschaut worden ist, mit dem ja diplomatische Beziehungen seit 1488 bestanden. Der »Autokrator« schließlich ist den offiziellen Staatsdokumenten der Moskauer Großfürsten bis hin zu Ivan IV. fremd und wurde — in seiner russischen Form als »Samoderžec« — nicht vor dem Jahre 1589 fester Bestandteil der Herrschertitulatur.

Über dem Hinstarren auf die angeblich bewußte Übernahme des byzantinischen Erbes durch Ivan III. ist immer wieder vergessen worden, daß dieser Großfürst nur ein — wenn auch herausragendes — Glied in der langen Entwicklungskette Moskauer Herrschaftsdenkens bildet, das wesentlich vom geistigen Erbe der Orthodoxie bestimmt war. Schon in Byzanz hatte sich der von der 6. Novelle Justinians und später von der Epanagoge formulierte Gedanke der Harmonia, des engen und untrennbaren Zusammenwirkens höchster geistlicher und weltlicher Gewalt wegen der unmittelbaren Einsetzung beider durch Gott, unter dem rauhen Klima der realen Machtverhältnisse seit dem 9. Jahrhundert immer stärker zugunsten einer Betonung der sakralen Eigenschaften des Kaisers verschoben. Auf diesem Boden erwuchs jene unumschränkte Herrschaft des Basileus über Staat und Kirche, die man als »sakralen Absolutismus« oder auch als »Theokratie« bezeichnet hat.[8]

Mit der Missionierung von Byzanz aus fand dieses kirchliche Staatsdenken auch in der Rus' Eingang. Unter den Bedingungen teilfürstlicher Zersplitterung vermochte sich hier allerdings der ursprüngliche, auf Gleichberechtigung geistlicher und weltlicher Gewalt zielende Gedanke der Harmonia zwischen Metropolit und Großfürst noch am ehesten zu halten. Als die inneren Zustände durch die Verbindung der ständigen teilfürstlichen Fehden mit der Tatarenherrschaft jedoch immer unhaltbarer wurden, mußte in den Metropoliten die Einsicht reifen, daß christliche Verantwortung, orthodoxe Tradition und Schutz der Kirche die Stärkung der Position des Großfürsten erforderten. Diese Überzeugung schlug sich in der Entscheidung für das aufkommende Moskauer Herrscherhaus und der unbeirrten Unterstützung seiner Dynastie nieder.

Dadurch hat sich im Zusammenwirken mit anderen bereits genannten Faktoren die herrscherliche Macht der Moskauer Großfürsten mehr und mehr entfalten können. Daß die Entwicklung dabei im byzantinischen Sinne auf eine Herrschaft des Großfürsten über die Kirche und damit auf eine Theokratie hinauslaufen würde, war nach der Autokephalieerklärung angesichts der bereits gewonnenen Position Vasilijs II. und erst recht Ivans III. deutlich. Schon Dmitrij Donskoj hatte einen Metropoliten aus politischen Gründen abgesetzt. Neben griechischen und südslavischen Emigranten, die sich vor den Osmanen nach Moskau gerettet hatten, war es daher die geistliche Hierarchie, die aus kirchenpolitischen Gründen das byzantinische Erbe für das einzige noch unabhängige orthodoxe Imperium in Anspruch nahm.

Wenn gegen Ende des 15. Jahrhunderts Ivan III. der Selbstherrschertitel beigelegt wurde, dann von seiten der Kirche. Ivan selber hat anfänglich – wie seine Vorfahren – in der Regel nur den Titel »Großfürst« (velikij knjaz') geführt und ihn erst seit der Mitte der achtziger Jahre zögernd und nicht immer folgerichtig um das Attribut »der ganzen Rus'« (vseja Rusi) erweitert. Auch bei dieser Bezeichnung war die Kirche bereits in der Vormongolenzeit vorangegangen, doch – abgesehen von einzelnen Ausnahmen, erstmals belegt für Ivan Kalita – sind die Moskauer Herrscher diesem Vorbild auch damals nicht gefolgt. Der Titel eines Zaren (car') – ein über das Südslavische dem griechischen Καῖσαρ[9] nachgebildetes Lehnwort, mit dem die altrussischen Chroniken sowohl den byzantinischen Kaiser als auch die Khane der Nomadenvölker bezeichnen – ist von der staatsoffiziellen Terminologie konsequent wohl erst seit der Krönung Ivans IV. 1547 benutzt worden, auch wenn schon Ivan III. und Vasilij III. ihn im diplomatischen Schriftverkehr mit den Habsburgern durchzusetzen versuchten.

Ein Metropolit, Zosima, war es auch, der erstmals 1492 – also volle zwanzig Jahre nach der Eheschließung Ivans mit Zoë – jene Gedanken von Moskau als der neuen Konstantinsstadt formulierte, die dann im ersten Viertel des 16. Jahrhunderts durch den Pleskauer Mönch Filofej (Philotheos) in die klassische Lehre von »Moskau als dem dritten Rom«, d. h. als dem neuen Träger der Heilsgeschichte gegossen worden sind.[10] Etwa aus der gleichen Zeit stammt auch die theokratische Staatstheorie des Abtes Iosif von Volokolamsk.[11]

Trotzdem darf man darüber nicht vergessen, daß die herrscherliche Selbstdarstellung der Moskauer Großfürsten sich diese kirchlichen Lehren spät zu eigen gemacht hat und daß der erste von dieser Vorstellungswelt durchdrungene Zar Ivan IV. gewesen ist. Unter den Bedingungen überlegener politischer Macht und gestützt durch Iosifs theokratische Staatsvorstellung

sowie die durch eine Abstammungslegende mittlerweile ausgesponnene Lehre vom dritten Rom, konnte sich dieser (zweifellos pathologisch veranlagte) Zar aber, der übrigens den Autokratortitel noch nicht geführt hat, zu jenem Schreckensbild des jähzornigen Willkürherrschers entwickeln, das ihm in der schriftlichen Überlieferung die Umdeutung seines russischen Beinamens »Groznyj« (der Drohend-Gebieterische) in »der Schreckliche« eingetragen hat.
Die Kirche, die der Autokratie mit in den Sattel geholfen hatte, erwies sich selber damit einen Bärendienst. In dem engen und streng zentralistisch regierten Rahmen des Moskauer Reiches erfuhr die voll entwickelte Selbstherrschaft eine Steigerung, die die byzantinischen Verhältnisse weit übertraf und den ursprünglichen Gedanken der Symphonie von geistlicher und weltlicher Gewalt pervertierte: von der Ermordung des Metropoliten Filipp durch den gottberufenen Autokraten Ivan IV. bis zur Liquidierung des Russischen Patriarchats durch Peter den Großen verstrichen nur anderthalb Jahrhunderte.

c) Adel und Autokratie

Wesentlichen Anteil am Aufstieg der Moskauer Großfürsten bis hin zum Selbstherrschertum hatten diejenigen, die ihnen dazu ihre bewaffneten Arme liehen: die adligen Dienstleute. Auf der einen Seite war es der wachsende Machtgewinn der Moskauer Herrscher, der ihnen immer größere Scharen Dienstwilliger zutrieb, brachte es doch nicht nur Ehre, sondern auch Gewinn, für die finanzkräftige Dynastie des Tatarenbezwingers Dmitrij Donskoj zu kämpfen. Auf der anderen Seite halfen die Großfürsten dem Trend auch aktiv nach.
Im Minimalfall sah das so aus, daß sie bei Verträgen mit anderen Fürsten den Anwalt bojarischer Abzugsfreiheit spielten, die vor allem ihnen selbst zugute kam. Neben der bloßen Abwerbung nutzten sie aber immer stärker die Einverleibung von Teilfürstentümern, um außer der jeweiligen Dienstmannschaft in den meisten Fällen auch den Fürsten selber an sich zu ziehen. Der Übertritt von Rjurikiden unter die Hand des Großfürsten von Moskau erfolgte nicht immer unfreiwillig, denn gerade die Zersplitterung vieler Teilfürstentümer bot den Kleinherrschern in immer geringerem Maße ein standesgemäßes Leben und Schutz vor dem Annexionshunger stärkerer Nachbarn. Beides sicherten sie jedoch, wenn sie die Abhängigkeit von Moskau akzeptierten, die ihnen als Dienstfürsten den höchsten Rang in der Hierarchie des Moskauer Dienstadels eintrug. So sog das Großfürstentum zugleich mit den Territorien deren militärische Kraft in sich auf. Unzuverlässige Adelselemente wurden in den seltensten Fällen liquidiert, vielmehr

durch Zwangsumsiedlung in entfernte Gebiete des Reiches entwurzelt und in die neue Schicht der zarischen Dienstleute eingeschmolzen.
Zugleich bluteten während der Spätphase des Moskauer Aufstiegs die restlichen Teilfürstentümer durch Abwanderung großer Teile des Adels nach Moskau militärisch so weit aus, daß Widerstand gegen ernsthafte Annexionsabsichten des Großfürsten sinnlos wurde. Dies zeigte sich vor allem am Beispiel von Tver'.
Eine zweite Gruppe, die in Moskauer Diensten wachsende Bedeutung gewann, stellten die Ausländer. Dies waren noch nicht wie seit der Mitte des 16. Jahrhunderts Westeuropäer, sondern vornehmlich orthodoxe Überläufer aus dem Großfürstentum Litauen sowie Tataren. Gerade diese Ausländer erwiesen sich wegen ihrer besonderen Abhängigkeit von der Gnade des Großfürsten als seine treuen Diener.
Schon in der zweiten Hälfte des 14. Jahrhunderts hatten die Moskauer Großfürsten erste Schritte zur Einschränkung des freien Abzugs ihrer eigenen Dienstfürsten und Bojaren eingeleitet, obgleich sie andere Fürsten nachhaltig daran erinnerten, daß deren Bojaren uneingeschränktes Abzugsrecht (gemeint war: nach Moskau) besaßen. Vasilij I. handelte nach dem Grundsatz, daß Erbbesitzungen abgezogener Dienstleute konfisziert werden konnten, wenn der Dienstherr im Abzug Verrat sah. Vasilij II. wandte dann dieses Prinzip in großem Umfange gegenüber solchen seiner Bojaren an, die während des Bürgerkrieges zum Gegner übergegangen waren. Im letzten Viertel des 15. Jahrhunderts schließlich mußten Dienstfürsten und Bojaren sich bereits immer häufiger schriftlich zum Verzicht auf ihr Abzugsrecht verpflichten. Damit spielte Ivan III. die Machtstellung, die er der Mithilfe seiner Dienstleute verdankte, sofort gegen sie selber aus, um sie an sich zu binden. Diese Politik, die ja darin wurzelte, daß die Großfürsten letztlich auch die votčina als nur bedingten, d. h. an Dienst und Treue gebundenen Besitz zu betrachten begannen, führte folgerichtig zum weitgesteckten Aufbau des Pomest'e-Systems.
Schon aus diesem Grunde wäre es falsch, Ivan III. als den »Schöpfer« des Dienstgut- oder Pomest'e-Systems zu bezeichnen. Er hat — wie in vielem anderen auch — auf Grund seiner erstmals in der Geschichte des Moskauer Fürstenhauses ungefährdeten Machtstellung die Summe der Glieder einer langen Entwicklungsreihe ziehen können. Die Wurzeln des Dienstgutsystems liegen dabei neben dem wachsenden Verfügungsanspruch der Großfürsten auch über die Erbländereien ihrer Bojaren vor allem in dem von vornherein bedingten Grundbesitz unfreier Dienstmannen (slugi), die ja schon seit dem 14., insbesondere 15. Jahrhundert von kirchlichen Hierarchen,

großen Klöstern, aber auch von Groß- und Teilfürsten, ja selbst reichen Bojaren in Pflicht genommen worden waren.[12] Hinzu trat allerdings die besondere historische Situation nach der Unterwerfung Groß-Novgorods, die dem Großfürsten unermeßliche Ländereien in den Schoß warf und die Ersetzung der massenweise zwangsausgesiedelten Novgoroder Grundherren durch zuverlässige eigene Dienstleute erforderte.

Die gewaltige Vergrößerung des Reiches unter Ivan III. und Vasilij III. zwang in jedem Fall zu einem Ausbau des Militärapparates. Den Weg der westeuropäischen Staaten dieser Zeit – Anwerbung von Söldnerheeren – konnten die Großfürsten noch nicht beschreiten, da es ihnen wegen der noch gering entwickelten Wirtschaftsstruktur an ausreichendem Kapital mangelte. Daher mußten sie in einer Epoche, da im Westen für das Rittertum bereits die letzte Stunde geschlagen hatte, den Grund und Boden zur Versorgungsbasis ihrer Kriegsmannschaft machen. Die verhängnisvolle Phasenverschiebung, in welche die russische Geschichte seit der späten Kiever Zeit gegenüber der westeuropäischen Entwicklung immer mehr geraten war, wurde damit nicht nur zementiert, sondern für die Zukunft noch vergrößert.

Der Auf- und Ausbau des Pomest'e-Systems, der bis über die Zeit Ivans IV. hinaus unvermindert andauerte, brachte tiefgreifende soziale und wirtschaftliche Umwälzungen mit sich. Hatte die breite und in sich differenzierte Schicht der kleinen und mittleren Erbgrundherren bereits durch die Wüstungsperiode in der ersten Hälfte des 15. Jahrhunderts starke Einbußen erlitten, da viele Familien ihre Existenzgrundlage verloren und sich daher in die Hände von Klöstern oder Bojaren kommendiert hatten, so suchten nun zahlreiche andere, die ihren Besitzstand hatten wahren können, durch Übernahme eines Dienstguts materielle Sicherheit und Schutz vor den Repressalien stärkerer Nachbarn. Diejenigen, die sich noch nicht in Abhängigkeit zu begeben wünschten, wurden dazu spätestens unter Ivan IV. gezwungen, als sich der Grundsatz »kein Land ohne Dienst« endgültig durchgesetzt hatte.

Binnen eines Jahrhunderts vermochte also das auf der Grundlage des Pomest'e-Systems erwachsende Dienstleistungsprinzip auch den letzten kleinen grundherrlichen »Privatier« zu verschlingen, war damit die totale Dienstpflichtgesellschaft vom kleinsten Bauern bis zum höchsten Dienstfürsten verwirklicht. Auch den Freigelassenen, deren Zahl ja im 15. Jahrhundert stark anwuchs, bot sich hier ein weites Betätigungsfeld. So befanden sich unter den im Novgoroder Land angesetzten 1300 Pomeščiki nicht weniger als 280 ehemalige Cholopen.

Hatten die Großfürsten lange Zeit hindurch die schwarzen Bauern aus fiskalischem Interesse geschützt und zur Ausstat-

tung von Klöstern und Dienstleuten mit Erbgütern vorwiegend auf den Fonds ihrer eigenen Hofbesitzungen oder wüst liegenden schwarzen Landes zurückgegriffen, so vermochte sie das Problem der massenhaften Vergabe von Dienstgütern nicht mehr auf die herkömmliche Weise zu lösen. Deshalb begannen sie, in immer größerem Umfange auch besiedelte schwarze Ländereien an Dienstleute als Pomest'e auszugeben, so daß um die Mitte des 16. Jahrhunderts die freien Bauerngemeinden der Kerngebiete des Moskauer Reiches entweder fast völlig von den Dienstgütern aufgesogen oder von den Großfürsten in die Reihe ihrer Hofbesitzungen übergeführt worden waren.
Neben der Neuverleihung heimgefallener Dienstgüter oder konfiszierter votčiny fiel den landhungrigen Großfürsten eine weitere verlockende Quelle in die Augen: die weitläufigen Besitzungen der Klöster. Seit Ivan III. im letzten Viertel des 15. Jahrhunderts den Landerwerb der Klöster zu beschneiden sich bemühte, haben fast alle Großfürsten versucht, diese Quelle anzuzapfen. Aus demselben Grunde begünstigten Ivan III. und Vasilij III. längere Zeit die gegen den Klosterbesitz gerichteten monastischen Strömungen ihrer Zeit, wie sie etwa von Nil Sorskij oder Vassian Patrikeev ausgingen. Ivan tolerierte unter diesem Aspekt sogar die antiklerikale Häresie der »Judaisierenden«. Doch konnten sich weder er noch Vasilij III. gegen den Widerstand der Kirche, auf deren Hilfe sie immer noch angewiesen waren, auf die Dauer durchsetzen.
Die rasch gewachsenen Dimensionen des Moskauer Reiches, der Übergang zu einer beschränkt expansiven Außenpolitik und die Anknüpfung diplomatischer Kontakte zu westeuropäischen Mächten machten noch unter Ivan III. eine Regierungsreform erforderlich. 6 bis 8 Millionen Menschen auf rund 2 Millionen Quadratkilometern, die der Großfürst am Anfang des 16. Jahrhunderts direkt oder indirekt beherrschte, ließen sich nicht mehr durch das herkömmliche System der persönlichen Beauftragung lenken. Daher bildeten sich seit dem Ende des 15. Jahrhunderts durch Erweiterung der Kompetenzen des großfürstlichen Schatzamtes (Kazna) und der obersten Verwaltung der großfürstlichen Hofbesitzungen (Dvorec) sowie durch eine Spezialisierung der dort tätigen Sekretäre (d'jaki) auf bestimmte laufende Geschäfte im Moskauer Kreml Vorformen einer festen zentralen Verwaltungsspitze. Bis zur Mitte des 16. Jahrhunderts hatte sich dieser bürokratische Apparat dann so weit differenziert, daß selbständige Geschäftsbereiche in Gestalt der »Prikazy« gebildet werden konnten, die sich um die Militäradministration (Razrjadnyj prikaz), die Versorgung der Dienstleute (Pomestnyj prikaz) oder die laufenden diplomatischen Geschäfte (Posol'skij prikaz) kümmerten.[13]
Um die Grundlage für eine einheitliche Rechtsprechung im

Reichsmaßstab zu schaffen, wurde das geltende Gewohnheitsrecht 1497 in einem Gesetzbuch (sudebnik) kodifiziert.

An der Lenkung des in dieser Weise konsolidierten und organisierten Großreichs und an den politischen Entscheidungen des Autokraten war der hohe grundbesitzende Adel in Gestalt der Bojarenduma beteiligt. In diese Duma — ein weder größen- noch aufgabenmäßig fest umrissenes Beratungsgremium — berief der Großfürst ausgewählte Dienstfürsten und Bojaren, die Tüchtigkeit und Loyalität unter Beweis gestellt hatten.[14] Besaßen die Angehörigen dieses Organs unter Ivan III. offenbar noch ziemlich viel politischen Einfluß, so ging dieser in der Folgezeit mit der wachsenden Entfaltung der zentralen Bürokratie einerseits, der Selbstherrschaft andererseits immer mehr zurück.

An Bestrebungen des Adels, sich dieser Entwicklung und der wachsenden Autokratisierung der Herrschaft entgegenzustemmen, hat es zwar nicht gefehlt, aber da die Opposition zahlenmäßig unbedeutend blieb und sich nur in dem Wunsch nach Aufrechterhaltung des »guten alten Rechts«, nicht aber in ihren Motiven und konkreten politischen Vorstellungen einig war, gelang es den mißtrauischen Großfürsten stets, sie bereits im Keim zu ersticken.[15] Auch die lange Zeit der Minderjährigkeit Ivans IV. — vom Tode Vasilijs III. 1533 bis zu Ivans Krönung 1547 — verstand der Adel nicht zu seinen Gunsten zu nutzen. Die einflußreichsten Dienstfürstenfamilien und Adelscliquen zermürbten sich gegenseitig im Kampf um Macht und Pfründe und diskreditierten durch schamlose Ausplünderung der Staatskasse beim einfachen Volk alle antiautokratischen Bestrebungen auf das gründlichste.

Die auf den autokratischen Zentralismus eingeschworene D'jaken-Bürokratie hatte sich bereits zu sehr verfestigt, die neue Schicht der Dienstgutinhaber wußte zu gut, daß sie von einem Regiment bojarischer Großgrundbesitzer nur Unheil und Bedrückung zu erwarten hatte, der Kirche war zu sehr an der Aufrechterhaltung des inneren Friedens gelegen, als daß sie alle an einer Schwächung der Selbstherrschaft hätten interessiert sein können.

Doch liegen die Wurzeln dieser bemerkenswerten politischen Widerstandslethargie noch tiefer. Wieder stößt man auf die historische Wirkkraft der orthodoxen Geisteswelt. Anders als im westeuropäischen Bereich, wo der Herrscher eine sakrale Überhöhung wie der Basileus niemals erfahren hat und an das Recht gebunden blieb, wo Rechtsbruch von seiner Seite daher Aufkündigung der Treuepflicht und Widerstand durch die Betroffenen legitimierte[16], ließ die Ostkirche ein Widerstandsrecht gegen den Herrscher infolge seiner theokratischen Verabsolutierung nur bei einem Abfall vom rechten Glauben zu. Außerdem fehlten im Moskauer Reich die am Römischen Recht[17] und an der Tradition der scholastischen Philosophie gewachsenen und geschulten Rechtskategorien und säkularen Begriffssysteme, um die Beziehungen zwischen Individuum und Staat rational zu fassen und oppositionelle Ansätze theoretisch zu begründen. Die Ausläufer reformatorischer Bewegungen des Westens in der Rus', die wie die Sekte der »Judaisierenden« zweifellos Elemente abendländischer geistiger Rationalität aufgenommen hatten[18], scheiterten an der verschworenen Gemeinschaft der Autokratie und Orthodoxie. Nicht zuletzt wohl wegen des engen Zusammenwirkens dieser beiden Kräfte trat im Gegensatz zum benachbarten Polen und Ungarn die freie Entwicklung der Persönlichkeit als Individuum oder als Mitglied eines korporativ geprägten »Standes« zurück hinter dem Aufgehen in der Gemeinschaft der Kirche und der Unterordnung unter die mit ihr verbundene Autokratie.[19] Hier liegt der Nährboden der gesamten russischen Verfassungsentwicklung bis in die Gegenwart.

d) Wandlungen der Wirtschaftsstruktur und ihre sozialen Folgen

Der Schutz vor Bedrohungen von außen und das Ende der inneren Fehden, seit der Mitte des 15. Jahrhunderts garantiert durch den starken Arm des Moskauer Großfürsten, schufen im Rahmen eines geeinigten Reiches erstmals seit dem Mongolensturm die Grundlage für friedlichen Siedlungsausbau und wirtschaftliche Blüte. Bei jeder Verurteilung der »Moskauer Despotie« ist dies im Auge zu behalten.

Daß die Bevölkerung rapide anwuchs, läßt sich an der Vergrößerung alter und am Entstehen zahlloser neuer Siedlungen ablesen. Ohne die Möglichkeit, in die noch von Tataren beherrschten fruchtbaren Waldsteppen am Südostsaum des Moskauer Reiches auszuweichen, waren die Bauern gezwungen, sich auf den kargen Waldböden zwischen Oka und Weißem Meer einzurichten und mit wachsender Bevölkerungsverdichtung auch die anfänglich gemiedenen ertragsärmeren Zonen zu kolonisieren. Wie später niemals wieder erreichte die Verästelung in Kleinsiedlungen und Einzelhöfe während der ersten Hälfte des 16. Jahrhunderts ihren absoluten Höhepunkt.

Die Bevölkerungsverdichtung erweiterte die Arbeitsteilung und belebte damit zwangsläufig den wirtschaftlichen Austausch zwischen Stadt und Land, aber auch den Geldumlauf. Aus dem großen Reservoir der durch jahrhundertelange weitgehende Selbstversorgung handwerklich geschulten Bauern strömten frische Kräfte in die Städte. Entlang der Hauptverkehrswege verwandelten sich zahlreiche Dörfer in kleine Märkte und Gewerbesiedlungen, die Verteilerfunktionen auf engerem Raum er-

füllten. Durch die Einigung des Reiches entfielen auch manche Binnenzölle, ergab sich die Notwendigkeit einer Münzreform, die freilich erst 1534 erfolgte und die Silberkopeke als einheitliche Währung einführte. So ordnet sich der Wirtschaftsaufschwung innerhalb des Moskauer Reiches durchaus in die gleichzeitige gesamteuropäische Entwicklung ein.
Das damit verbundene Aufblühen des Städtewesens kommt im Strukturwandel des Fernhandels zum Ausdruck. Während sich beim Export in westliche Länder immer stärker Massengüter wie Flachs, Hanf, Talg in den Vordergrund schoben, verlagerte sich bei den Importen aus West wie Ost gleichfalls das Schwergewicht fort vom Luxushandel, rangierten preiswerte Woll-, bzw. Baumwoll- und Seidentuche für den Bedarf breiter Käuferkreise bald ganz vorne. Das russische Handwerk belieferte die osmanischen und mittelasiatischen Märkte mit Fertigwaren wie Lederartikeln, Waffen, Eisengeräten und Schmuck; Rohstoffe wie Pelze und Wachs traten demgegenüber bereits zurück. Voraussetzung dieser ganzen Entwicklung war jedoch, daß das städtische Gewerbe expandierte und für billige flandrische oder englische Tuche sich ein günstiger Absatzmarkt vor allem wohl bei der anwachsenden Stadtbevölkerung bildete.
Wenn die Stadtwirtschaft im Moskauer Reich indessen anteilmäßig weiterhin eine immer noch bescheidene Rolle spielte, dann wegen der fortdauernden inneren Zersetzung der lastenpflichtigen Stadtgemeinden durch die fortwuchernden gefreiten Hofkomplexe und Stadtviertel von Klöstern, weltlichen Grundherren oder gar des Großfürsten selbst. Außerdem fehlte es an Kapital, da die Abhängigkeit von Silbereinfuhren aus dem Westen auch im 16. Jahrhundert noch andauerte und westeuropäische Kaufleute über Polen hinaus nur in geringem Umfange Gelder investierten.[20] Ebenso entscheidend aber war, daß der Handel nicht auf eine bestimmte Kaufmannsschicht beschränkt blieb, sondern vom Bauern über den Handwerker bis zum Großfürsten alle an ihm teilnehmen konnten. Gerade die Konkurrenz des Großfürsten und der durch zahlreiche Handelsprivilegien besser gestellten Klöster machte es der eigentlichen Kaufmannschaft so schwer, das für große Investitionen nötige Kapital anzusammeln.
Auch auf dem Agrarsektor vollzogen sich seit dem Ende des 15. Jahrhunderts folgenschwere Umwandlungen. Das rapide Anwachsen der Bevölkerung erhöhte die Nachfrage nach Getreide. Diese Tendenz wurde noch dadurch verstärkt, daß der Prozentsatz der städtischen Bevölkerung zunahm, während das Ausgreifen der Binnenkolonisation auf minderwertige Böden den Getreideertrag nicht in gleicher Weise zu steigern vermochte. Auch die militärischen Anstrengungen des Großfürsten gegen Litauen erhöhten den Bedarf an Proviant. Infolgedessen stiegen

die Kornpreise im Laufe des 16. Jahrhunderts um etwa das Vierfache und übertrafen damit den Preiszuwachs für handwerkliche Produkte immer noch um das Doppelte.

Der Getreideanbau gewann also seit dem Beginn des 16. Jahrhunderts wachsende Bedeutung, und Bauern wie Grundherren trugen dem Rechnung. Ein beträchtlicher Teil der Grundherren erweiterte seinen Eigenacker; im Novgoroder Land beispielsweise verdoppelte sich der Anteil des auf herrschaftliche Rechnung bestellten Ackerlandes während der ersten Hälfte des 16. Jahrhunderts von 7 auf 15 Prozent. Um Feldschläge zusammenlegen zu können, gingen viele Großgrundbesitzer immer mehr dazu über, die Klein- und Streusiedlungen ihrer Hintersassen an nur wenigen Orten zu konzentrieren. Damit gerieten die Bauern aber zwangsläufig unter eine stärkere herrschaftliche Kontrolle, denn es lag nahe, den durch die Siedlungsballung verkürzten Anfahrtsweg zum Herrenacker auch dadurch zu nutzen, daß man anstelle der Sklaven die Bauern zur Fronarbeit heranzog.

Für eine Entwicklung in diese Richtung boten sich gerade damals noch andere günstige Ansatzpunkte. Zum einen hatten die Großgrundbesitzer ja die Wüstungsperiode in der ersten Hälfte des 15. Jahrhunderts dazu genutzt, die Arrondierung ihrer Besitzkomplexe voranzutreiben, und damit erst die Voraussetzungen für eine umfangreiche Eigenwirtschaft geschaffen. Die Pomeščiki mit ihren vom Staat zentral zugewiesenen und meist kleinen, deshalb allgemein weniger stark zersplitterten Dienstgütern hatten es da von vornherein leichter. Zum anderen war mit staatlicher Sanktionierung seit dem ausgehenden 15. Jahrhundert die Verschlechterung der rechtlichen und wirtschaftlichen Lage der Bauern in vollem Gange.

Zwar hatten Hintersassen, die bei ihren Herren verschuldet waren, schon seit langem bis zur Tilgung ihrer Lasten kein Abzugsrecht gehabt, aber der Freizügigkeit der übrigen Landwirte wurden erst seit der Mitte des 15. Jahrhunderts allmählich Fesseln angelegt. Ausgehend von den Klagen verschiedener großer Klöster über eine Abwerbung ihrer Bauern durch freie Landgemeinden oder die Verwalter großfürstlicher Hofbesitzungen, erließen Teilfürsten der Moskauer Linie neben Vasilij II. und Ivan III. Weisungen, bestimmten Gruppen bäuerlicher Hintersassen der Klagesteller nur noch zu einer einzigen Frist im Jahr zu erlauben, ihren Herrn zu wechseln. Als Termin wählte man einen ein- bis dreiwöchigen Zeitraum um den St. Georgstag im Herbst (Jur'ev den' osennij, 26. 11.), weil die Feldarbeiten bis dahin abgeschlossen waren und der Bauer dann am besten fortgehen konnte. In späteren Privilegien erweiterte sich der Kreis der betroffenen Bauerngruppen ständig, bis das Gesetzbuch von 1497 den Abzugstermin generell für

alle Bauern auf eine Woche vor und nach dem St. Georgstag festlegte — vorausgesetzt, die Schulden und eine kleine Ablösungssumme waren zugunsten des Herrn beglichen.[21]
Die Ursachen dieser Entwicklung sind in zwei Richtungen zu suchen. Einerseits führten die mit der Wüstungsperiode der ersten Hälfte des 15. Jahrhunderts gekoppelten Bevölkerungsverluste vorübergehend zu einem verschärften Mangel an Arbeitskräften, andererseits hatten sich um diese Zeit wirtschaftliche Macht und politischer Einfluß der Großklöster so weit verfestigt, daß nicht einmal der Großfürst es wagen konnte, hartnäckige Wünsche von ihrer Seite abschlägig zu bescheiden. Wenn die aus einer Notsituation erwachsene und regional begrenzte Einschränkung der bäuerlichen Abzugsfreiheit in den Jahrzehnten der Bevölkerungsverdichtung fortwucherte und 1497 schließlich generell sanktioniert wurde, dann läßt sich daran ablesen, daß die innere und äußere Konsolidierung des Moskauer Reiches für alle Schichten des Volkes soziale Konsequenzen hatte. Ein Großreich erzeugt Machtpolitik; um des machtpolitischen Interesses willen verließ Ivan III. den traditionellen Pfad des Schutzes der schwarzen Bauern und opferte sie dem neuen Dienstadel. Dadurch daß dieser Prozeß zeitlich in eine Phase schon weit fortgeschrittener Verfestigung der klösterlichen Grundherrschaft hineinstieß — gerade in der zweiten Hälfte des 15. Jahrhunderts fielen wachsende Verschuldung der Bauern, zunehmende Beschränkung der Abzugsfreiheit und Klagen Iosifs von Volokolamsk über die Bedrückung bäuerlicher Hintersassen durch die Aufseher der Klosterbesitzungen zusammen —, war die allgemeine Verschlechterung der bäuerlichen Lage nicht mehr aufzuhalten.
Auf dieser Basis gerieten die herrschaftlichen Bauern während der ersten Hälfte des 16. Jahrhunderts allmählich in den Sog der sich ausbreitenden Gutswirtschaft. Noch lief das alte System der Binnenkolonisation mit weitgehend individuell gesteuerter Rodewirtschaft, mit Kleinsiedlung und gestreuten Flurparzellen weiter daneben her. Aber als um die Mitte des 16. Jahrhunderts in den Kerngebieten des Moskauer Reiches der Siedlungsausbau abriß, begannen sich die Folgen der hundert Jahre zuvor eingeleiteten Entwicklung unverhüllt zu zeigen.

IV. IMPERIALE EXPANSION UND SOZIALER UMBRUCH
(Von der Mitte des 16. Jahrhunderts bis zum Jahre 1618)

Mit dem erfolgreichen Angriff auf die Tatarenkhanate Kazan' und Astrachan' leitete Zar Ivan IV. eine neue Phase außenpolitischer Aktivität ein, griff er über das traditionelle »Sammeln des Landes der Rus'« hinaus. Doch in maßloser

Überschätzung der wirtschaftlichen Leistungsfähigkeit seines Reiches riskierte er auch einen Konflikt mit Livland, der ihn zwangsläufig in einen zermürbenden Krieg mit Polen-Litauen und Schweden hineinzog. Unter dem steigenden Druck der dafür erforderlichen Steuern und Lasten, verstärkt durch die besonderen Umstände der Herrschaft Ivans IV., kam es zu einem wachsenden Bevölkerungsabfluß aus den Kerngebieten in die Randzonen des Moskauer Reiches, vor allem in die fruchtbaren Grenzsäume des Südostens. Der Zar, der mit der militärischen Sicherung der Steppengrenze dieser Entwicklung selber vorgearbeitet hatte, war dagegen machtlos. So bahnte sich die längste und schwerste innere Krise Rußlands zwischen Mongolensturm und 1917 an. Weil die Zahl der Arbeitskräfte in den Kerngebieten des Reiches rapide schrumpfte und damit die Existenz des vor allem hier angesiedelten militärisch wichtigen Dienstadels auf dem Spiel stand, wurden die Bauern bis auf Widerruf an die Scholle gebunden. Dadurch verschärften sich jedoch die sozialen Konflikte, nahm das Läuflingswesen in der Folgezeit immer größere Dimensionen an.
Das Aussterben der Moskauer Rjurikidenlinie im Jahre 1598 leitete eine Phase innenpolitischer Labilität ein, die schließlich im Kampf mehrerer Prätendenten um den Thron und im Bürgerkrieg gipfelte. Polen—Litauen und Schweden nutzten die militärische Schwäche ihres traditionellen Gegners zur Intervention. Auf dem Hintergrund dieser allgemeinen Wirren (»Smuta«) verschärfte sich die schwere wirtschaftliche und soziale Krise erneut. Als sie nach den Verträgen von Stolbovo (1617) und Deulino (1618) allmählich abklang, war das Moskauer Reich auf Jahrzehnte hinaus machtpolitisch zurückgeworfen, wirtschaftlich ruiniert, in Bevölkerungsverteilung, ökonomischer und Sozialstruktur verändert.

a) Imperiale Expansion und Smuta

Nicht zufällig gelangen in der Person Ivans IV. zum erstenmal autokratisches Herrschaftsgebaren par excellence und ein neuer außen- wie innenpolitischer Stil zur Deckung. Die Idee von Moskau als dem Dritten Rom und dem Zaren als dem gottgewollten Nachfolger des byzantinischen Weltkaisers hatten in dem jungen Ivan um so tiefer Wurzel geschlagen, als er während seiner Minderjährigkeit immer wieder Demütigungen von seiten der herrschenden Adelshäupter hatte erfahren müssen.[1] Nach der Krönung konnte er sehr bald diesen seinen übernationalen Herrschaftsanspruch dank des in jahrzehntelanger Wirtschaftsblüte entstandenen wirtschaftlichen Potentials in eine Machtpolitik umsetzen, die G. Stökl treffend als »imperial« charakterisiert hat.

Die Wahl des Tatarenkhanats von Kazan' als Angriffsziel war nicht neu. Neu waren jedoch der schnelle Erfolg und die Konsequenz, mit der nach der Eroberung dieses tatarischen Bollwerks (1552) die Expansionspolitik fortgesetzt und die Gewinnung des gesamten Wolgabeckens betrieben wurde. Als nun vier Jahre später auch Astrachan', das Zentrum der Nogaischen Horde, fiel, hatte das Moskauer Reich nicht nur den größten Teil des fruchtbaren Schwarzerdegürtels gewonnen und durch Beseitigung der Flankenbedrohung von Osten her in weiten Teilen der bäuerlichen Besiedlung geöffnet, sondern auch den Wolgahandelsweg auf seiner ganzen Länge gesichert. Der Weg nach Sibirien war frei.

Daß nicht der Zar das Machtvakuum jenseits des Urals nutzte und das schwache Westsibirische Tatarenkhanat angriff, sondern dies einer kleinen Schar freier Kosaken unter dem Anführer Ermak Timofeev überließ, die im Auftrage des Handelshauses der Stroganovs nach Sibirien vorstießen und 1582 dem Khan Kučum eine erste Niederlage beibrachten, liegt in der militärischen Agonie begründet, die das Moskauer Reich gerade zu jenem Zeitpunkt durchlebte. Erst als der Staat gegen Ende des Jahrhunderts neue Kraft zu schöpfen begann, konnte er durch Entsendung von Truppen und Anlegung von Stützpunkten den Brückenkopf ausbauen und 1598 durch endgültige Eroberung des Khanats ganz Westsibirien sichern. Da auch in den späteren Jahrhunderten das Machtvakuum an der Ostflanke des Russischen Reiches erhalten blieb und die Offenheit des Raumes neben dem günstigen Verlauf der Vegetationsgürtel und des Flußnetzes herausfordernd lockten, stieß die Expansion hier auf den geringsten Widerstand. Damit war der Weg zur späteren Verstrickung Rußlands in asiatische Probleme gebahnt.

Mit dem für die russische Außenpolitik seit dieser Zeit traditionellen Gespür für schwache Stellen im Kranz der umliegenden Staaten wandte Ivan IV. unmittelbar nach der Eroberung Astrachan's seine Aufmerksamkeit der livländischen Frage zu. Als Vorwand für den Angriff diente die Ablehnung neu erhobener Tributforderungen durch die Livländer. Den Anlaß gab die wachsende innerlivländische Uneinigkeit zwischen Kirchenfürsten, Livländischem Orden, Städten und Ritterschaften ab, die leichte Beute versprach. Die tieferen Gründe für Ivans Entscheidung dürften jedoch nicht zuletzt in dem Wunsch nach günstigen Ostseehäfen in Gestalt der reichen livländischen Küstenstädte zu suchen sein, die als wichtigste Vermittler den Rahm vom Rußlandhandel abschöpften. Der Zar betrieb selber viel zu umfangreiche Handelsgeschäfte, als daß er nicht diese Seite des Unterfangens real hätte einschätzen können.

Aus dem erhofften Blitzfeldzug wie gegen die beiden Tataren-

khanate entwickelte sich jedoch der vierundzwanzigjährige »Livländische Krieg«. Da Estland sich schwedischer, Livland litauischer Oberhoheit unterstellte, mußte der Zar gegen zwei neue Gegner Front machen. Polen-Litauen blieb zwar zunächst recht inaktiv, und Ivan konnte sehr bald Polock erobern, doch als 1579 der neue polnische König Stephan Báthory – ein erfahrener Feldherr – zur Offensive überging, vermochten die erschöpften moskauischen Truppen keinen ausreichenden Widerstand mehr zu leisten. Der Verlust eigener Grenzfestungen bewog den Zaren zu Waffenstillstandsverhandlungen, die durch Vermittlung des päpstlichen Legaten Antonio Possevino 1582 in Jam Zapol'skij mit Polen-Litauen erfolgreich abgeschlossen werden konnten. 1583 folgte ein Vertrag auch mit Schweden. Für das Moskauer Reich ergab sich dabei eine Verlustbilanz: alle Eroberungen waren verloren, ferner hatte Polen-Litauen seine Ostgrenze leicht auf Kosten Moskaus vorgeschoben und Schweden mit der Einverleibung Ingermanlands Moskau von der Ostsee isoliert (vgl. Abb. 15).
Zu dieser Niederlage hat beigetragen, daß Ivan Riga und Reval nicht zu erobern vermochte und daß der von den Geldbewilligungen des Reichstags (Sejm) abhängige polnische König nun erstmals die Früchte der noch von Sigismund II. August um die Mitte des Jahrhunderts zunächst auf den großfürstlichen Besitzungen in Litauen durchgeführten Agrarreform[2] ernten konnte. Zudem hatte der Angriff des Zaren auf Litauen die von ihm sicherlich unbeabsichtigte Folge, daß Polen und Litauen sich 1569 in der Realunion von Lublin zusammenschlossen. Litauen mußte die Union zwar durch den schmerzlichen Verzicht auf die im wesentlichen südlich des Pripjet gelegenen Länder erkaufen, tauschte damit aber eine erhöhte polnische Aktivität in der Ostpolitik ein. Der dadurch gewonnene offensive Schwung gegenüber Moskau reichte noch bis in die beiden ersten Jahrzehnte des 17. Jahrhunderts hinein.
Die Voraussetzungen für eine neuerliche Offensive keimten auf, als nach dem Aussterben der Moskauer Rjurikiden die Zarenherrschaft in die Schwebe geriet. Zwar wurde Boris Godunov, der Schwager des infantilen Zaren Fëdor Ivanovič, durch eine Reichsversammlung als Nachfolger legitimiert, doch obgleich er bereits für Fëdor die Regentschaft ausgeübt hatte und die durch Krieg und Wüstungsvorgänge aus dem Gleichgewicht geratene wirtschaftliche Lage des Reiches wieder einigermaßen zu stabilisieren verstand, war sein Regime durch die Feindschaft der über diesen Aufstieg eines Emporkömmlings aufgebrachten Dienstfürsten und alten Bojarengeschlechter nie ganz ungefährdet. Diesen Zustand machten sich polnische Abenteurer, an ihrer Spitze der einflußreiche Wojewode von Sandomierz, Georg Mniszech, zunutze, indem sie die An-

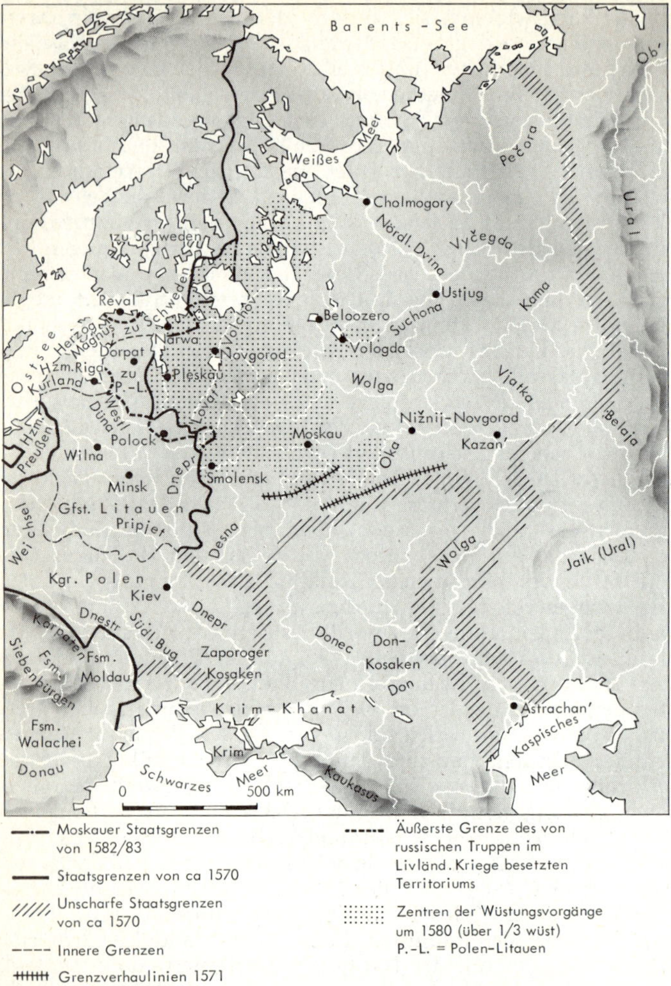

Abb. 15: Osteuropa in der zweiten Hälfte des 16. Jahrhunderts

sprüche eines nach Polen entlaufenen jungen Mannes auf den Zarenthron militärisch unterstützten, der sich als der 1591 unter bis heute ungeklärten Umständen angeblich ums Leben gekommene jüngste Sohn Ivans IV., Dmitrij, ausgab. Boris wurde der letzten militärischen Konfrontation mit dem Usurpator 1605 durch den Tod enthoben.

Da das Heer mit den Fürsten für den falschen Demetrius Partei ergriff und auch das von schweren wirtschaftlichen und sozialen Nöten geschüttelte Volk in ihm als »rechtmäßigem« Erben der Zarendynastie den Retter sah, der das alte Recht wiederherstellen würde, stand seiner Krönung nichts im Wege. Doch als der neue Zar keine Koalition mit dem Hochadel einging, als sichtbar wurde, daß er nicht das alte Recht wiederherstellen, sondern fremde, vor allem polnischem Vorbild entlehnte Vorstellungen zu verwirklichen suchte, als er sich gar mit der Katholikin Marina, der Tochter seines Förderers Mniszech, wider Tradition und Glauben trauen ließ, fegte ihn ein Moskauer Aufstand hinweg. Zu abrupt hatte sich hier ein Vorbote der »Europäisierung« gemeldet, zu offenkundig waren die guten Beziehungen zum ungläubigen polnischen Erzfeind.
Auf Pseudodemetrius folgte das endgültige politische Chaos. Der von der Hocharistokratie auf den Thron gehobene Fürst Vasilij Šujskij brachte zwar Rjurikidenblut mit, aber keine Legitimation im Sinne einer Wahl durch die Reichsversammlung und sah sich als Kreatur der Großgrundbesitzer der schärfsten Gegnerschaft des Dienstadels ausgesetzt. Unfähig, der seit der großen Hungersnot von 1601–1603 sich allmählich im ganzen Land ausbreitenden Unruhen und bewaffneten Aufstände von Kosaken, Bauern und Dienstleuten Herr zu werden, deren gefährlichster unter dem entlaufenen Sklaven Ivan Bolotnikov erst vor den Mauern Moskaus zum Erliegen kam, unfähig auch, mit einem zweiten, diesmal erkennbar falschen Demetrius fertig zu werden, der für Jahre vor den Toren der Hauptstadt eine Parallelregierung installierte und wiederum von polnischen Privatarmeen unterstützt wurde, wußte sich Zar Vasilij keine andere Hilfe, als 1609 schwedische Truppen ins Land zu holen.
Nun fühlte sich jedoch auch der polnische König Sigismund III. auf den Plan gerufen. Eine Moskauer Partei, die Sigismunds Sohn Władysław zum Zaren erheben wollte, war schnell gefunden, und als das polnische Heer im Juni 1610 auf Moskau marschierte und die zarischen Truppen vernichtend schlug, wurde Vasilij Šujskij in ein Kloster gesteckt. Einer Wahl des polnischen Prinzen stand gegen gewisse Garantien hinsichtlich der Moskauer Tradition nichts mehr im Wege. Sigismund selber vereitelte jedoch nach vollzogener Wahl die Krönung dadurch, daß er im Vollgefühl seiner militärischen Überlegenheit nun selber den Zarenthron besteigen und das Moskauer Reich gemeinsam mit Polen-Litauen regieren wollte.
Dies war das Signal zu einem allgemeinen Volksaufstand. Es kam unter dem Eindruck der Erniedrigung durch die verhaßten Andersgläubigen zu einer Annäherung unter den sozialen Gegnern innerhalb der russischen Machtgruppierungen. Patri-

arch Hermogen als Reichsverweser und Interrex schürte die antilateinischen Emotionen. So schlugen die Flammen des Fremdenhasses aus der seit dem Sturz des ersten Demetrius verhaltenen Glut wieder offen empor. Am 15. 10. 1612 mußte sich die polnische Garnison im Moskauer Kreml nach langer Belagerung dem russischen Volksaufgebot ergeben. Am 7. Februar 1613 wurde von einer Reichsversammlung der junge Michail Fedorovič Romanov zum neuen Zaren gewählt — kein Vertreter der alten Hocharistokratie, sondern der Kandidat des Dienstadels, aber immerhin der Angehörige einer Familie, aus der die erste Frau Ivans IV., Anastasia, gestammt hatte. Freilich war mit dem Beginn der fast dreihundertjährigen Ära Romanov die ausländische Intervention noch nicht beendet, und die Kämpfe mit den von Novgorod aus operierenden Schweden und den in den Moskauer Westprovinzen verschanzten Polen dauerten noch bis zu den Waffenstillständen von 1617 bzw. 1618 an. Beide Verträge aber warfen die Grenzen des Moskauer Reiches weit zurück (vgl. Abb. 16).

b) Autokratie und ständische Ansätze

Die sowjetische Historiographie ordnet das Moskauer Reich des 16. und 17. Jahrhunderts als »ständisch-repräsentative Monarchie« zwischen die frühfeudale und die absolutistische Phase der feudalen Gesellschaftsformation ein und billigt damit der russischen Verfassung die gleiche Qualität zu wie denen der meisten übrigen Länder des zeitgenössischen Europa.[3] Von einem Moskauer Ständewesen oder gar ständischer Repräsentation kann jedoch so pauschal auch für diesen Zeitraum nicht gesprochen werden.

Gewiß ist es kein Zweifel, daß Vorformen jener Institution, die im 17. Jahrhundert als »Reichsversammlung« (Zemskij Sobor) gekennzeichnet wurde, sich in der frühen Regierungszeit Ivans IV., der sogen. »Reformperiode«, auszubilden begannen. Wenn der junge Zar erstmals 1549, wie sich nunmehr nachweisen läßt[4], einen nicht näher zu fassenden, aber jedenfalls die Angehörigen der geistlichen Synode und der Bojarenduma übergreifenden Kreis von Adligen nach Moskau lud, um zur Versöhnung mit der Hocharistokratie aufzurufen, die sich durch ihre Mißwirtschaft während der Minderjährigkeit Ivans mit Makel bedeckt hatte, so geschah dies sicherlich aus persönlichem Anlaß und gutem Willen, um die Regierung ohne Mißklang zu beginnen. Vielleicht stand dahinter auch schon der Wunsch nach — um mit G. Stökl zu sprechen — »imperialer Dekoration« und nach einer Verbreiterung des politischen Fundaments, wie sie die ins Auge gefaßten expansionistischen Bestrebungen auch einem Autokraten nahelegen mußten.

Aber als Ivan während seiner schweren Erkrankung 1553 glaubte, vor allem in den Reihen des hohen Adels wieder »Verrat« wittern zu müssen, und er einige Jahre später nach dem Tod jener beiden Menschen, die einen ausgleichenden Einfluß auf ihn besaßen – seiner Frau Anastasia und des Metropoliten Makarij –, sich allmählich in den »Schrecklichen« verwandelte, stellte er die Reichsversammlung in den Dienst seiner nunmehr ganz konsequent betriebenen antiaristokratischen Politik. Dadurch daß er unter den Angehörigen der Reichsversammlung von 1566 den Vertretern des ihm treu ergebenen Dienstadels den absoluten Vorrang einräumte, schuf er sich für seine Terrormaßnahmen eine scheinlegitime Basis im »Volk«. Von einer ständisch-repräsentativen Beschränkung der Autokratie war dieses Gremium mithin weit entfernt. Unter der Herrschaft eines Zaren, der in seinem berühmten Briefwechsel mit dem nach Litauen geflohenen Heerführer und Fürsten Andrej Kurbskij kraft göttlicher Vollmacht für sich in Anspruch nahm, auch die höchstgestellten seiner Untertanen als seine Sklaven nach Belieben züchtigen zu können, war für derartige Bestrebungen kein Platz.
Als 1598 die Moskauer Rjurikidenlinie erlosch, fiel der Reichsversammlung nicht mehr nur eine beratende, sondern erstmals auch eine Wahlfunktion zu. Die Chance, die der Dynastiewechsel – analog dem Aufkeimen der polnischen Adelsrepublik seit dem 14. Jahrhundert – für eine ständische Beschränkung der autokratischen Herrschaft bot, wurde jedoch nicht wahrgenommen, da der auch in dieser Reichsversammlung dominierende Dienstadel aus Angst vor der Hocharistokratie den ihm günstig gesonnenen Boris Godunov auf den Thron erhob.
Erst als in der »Zeit der Wirren« durch das Auftreten der Usurpatoren die zarische Autorität und Macht mehr und mehr schwanden, kristallisierten sich aus dem allgemeinen Chaos so etwas wie ständische Ansätze heraus. Die Gelegenheit ergab sich anläßlich der Verhandlungen mit dem auf einer allerdings recht provisorischen Reichsversammlung zum Zaren gewählten polnischen Prinzen Władysław im Jahre 1610. Den Vertretern zunächst der ehemals um den zweiten falschen Demetrius in Tušino gescharten, schließlich aber auch der Moskauer Gruppierungen, die G. Stökl bereits in die Nähe von »Ständen« rückt[5], ging es dabei ganz konkret darum, gewisse Garantien auszuhandeln, die den ausländischen Prinzen an die Moskauer Tradition binden sollten. Unter dem unverkennbaren Einfluß der über Litauen vermittelten polnischen Verfassungsverhältnisse und des während der Wirren gewachsenen ständischen Selbstbewußtseins zeigten die Władysław vorgelegten Bedingungen jedoch darüber hinaus zumindest im Ansatz ein Streben der beteiligten Gruppen nach Teilhabe an der

Herrschaft, vor allem nach einem Mitspracherecht bei der Erhebung neuer Steuern, dem Erlaß neuer Gesetze wie überhaupt bei allen Änderungen bisheriger Verfassungszustände.
Die Wahl Michails Romanov 1613 enthob von den bei einem Ausländer angebrachten Garantien; damit fehlte aber auch etwaigen weitergehenden Forderungen nach Zugeständnissen zugunsten der »Stände« die Basis. Zwar waren an der Wahlversammlung, die sich als »ganzes Land« konstituierte, tatsächlich Vertreter fast aller sozialen Schichten und Gruppen mit Ausnahme der Unfreien und der herrschaftlichen Bauern beteiligt, zwar hatten gerade diese Gruppen in den zweieinhalb Jahren des Interregnums den Widerstand gegen die ausländische Intervention getragen und eine Verwaltung mühsam aufrechterhalten, aber Bedingungen wurden Michail vor der Wahl nicht gestellt. Obgleich der neue Zar gerade erst 16 Jahre zählte, obgleich die Reichsversammlung von 1613 bis 1622 praktisch ununterbrochen tagte, um dem jungen Herrscher zur Hand zu gehen und die inneren und äußeren Verhältnisse wieder ins rechte Lot zu bringen, nutzte niemand diese Möglichkeiten, um den Zemskij Sobor zu einem Kontroll- oder gar ständischen Herrschaftsinstrument im Sinne des polnischen Reichstages weiterzuentwickeln. Sang- und klanglos ging er nach getaner Arbeit 1622 auseinander, sang- und klanglos verdorrte nach dem Abflauen der Notstandssituation die Teilhabe größerer Bevölkerungsgruppen an der Gestaltung des staatlichen Lebens.
Daß man trotz allem 1613 wieder bei der alten Autokratie anknüpfte, fordert eine Erklärung. Gewiß waren es nicht zuletzt die chaotischen Verhältnisse der Smuta, die das Volk nach einer starken Hand rufen ließen, um Sicherheit und Wohlstand wiederherzustellen; gewiß brachte der seit der Intervention neu entbrennende Polenhaß alles von dort Kommende in Mißkredit. Doch werden daneben ältere Kontinuitätsstränge wieder sichtbar. Für die Kirche bildete die zarische Macht traditionell eine notwendige Ergänzung der eigenen geistlichen Autorität, für den in den Reichsversammlungen tonangebenden kleineren und mittleren Dienstadel hingen Schutz vor der mächtigen Hocharistokratie und damit die Existenz ebenfalls von einem starken Herrscher ab. Beide haben der Autokratie unerschütterlich die Treue gehalten.
Die Möglichkeiten einer ständischen Repräsentation, die die Smuta bot, sind daher nicht genutzt worden. Dazu fehlte in völligem Gegensatz zu Polen die regionale Verankerung des Adels; zu radikal hatten die Großfürsten von Moskau alle Ansätze in dieser Richtung durch Zwangsumsiedlung ausgerottet. Zu stark war auch der gesamte Adel in das System des Mestničestvo eingebunden, jener komplizierten und nicht

organisch gewachsenen »Platzordnung«, die jeden Adligen nach Dienst- und Geburtsrang in die allgemeine Hierarchie einstufte und durch die strenge Ausrichtung auf den Dienst für den Autokraten ein etwaiges adliges Gesamtstandesbewußtsein schon im Keim abtötete. So ist es — von vorübergehenden Ansätzen während der Ausnahmesituation der Smuta abgesehen — im Moskauer Reich weder zu Ständen im Sinne »organisierter, gesellschaftlich abgegrenzter und politisch handlungsfähiger Korporationen«[6] noch zu einer ständischen Repräsentation gekommen.

Wie stark daneben die Autokratie aber auch bereits im Bewußtsein des Volkes verwurzelt war, zeigt das erstmalige (und dann für das 17. und 18. Jahrhundert typische) Auftreten der Usurpatoren (samozvancy) gerade zu einem Zeitpunkt, wo ein durch Geburtsrecht legitimierter Zar fehlte oder das Regime die Tradition zu verletzen schien. Indem die Massen ihre Hoffnungen und Wünsche auf den richteten, der sich als den rechtmäßigen Zaren proklamierte, wuschen sie ihn und sein Amt von aller Schuld an ihrer eigenen erbärmlichen Lage rein, erwarteten sie von ihm wider alle Erfahrung, daß er die Ungerechtigkeit der Großen bestrafe und das gute alte Recht wiederherstelle. So triumphierte trotz Ivan dem Schrecklichen das Charisma der Autokratie in der Notzeit fast noch leuchtender als sonst.

c) Innere Reformen, Wirtschaftskrise und »Große Wüstungsperiode«

Die Anfänge der Regierung Ivans IV. waren von Reformen begleitet, die die Ansätze seiner beiden Vorgänger den Erfordernissen eines Großreichs entsprechend fortführen sollten. Für die angestrebte imperiale Außenpolitik hatten sie das innere Gerüst zu liefern. Als treibende Kraft und Beratungsorgan fungierte dabei ein kleiner Kreis auserwählter Leute, unter denen der Priester Sylvester und der einem aufstrebenden Dienstadelsgeschlecht entstammende Aleksej Adašev besonders hervortraten. Wenn schon hieraus zu ersehen ist, daß der junge Ivan unter dem unauslöschlichen Eindruck der ihm in seiner Jugend von den Vertretern der herrschenden Fürstencliquen zugefügten Kränkungen vor allem Angehörige aus nicht hocharistokratischen Familien in seine Umgebung zog, so konnten die in Angriff genommenen Reformen jedoch nur deshalb zum Ziele geführt werden, weil nach anderthalb Jahrzehnten bojarischer Anarchie auch in Kreisen des hohen Adels die Überzeugung wuchs, daß es so nicht weitergehen könne.

Die Kirche unter maßgeblicher Regie des Metropoliten Makarij leistete dadurch Beistand, daß sie das von Iosif von Volokolamsk

und seiner Schule ausgehende machtkirchliche Gedankengut und die Ideologie von »Moskau als dem dritten Rom« systematisierte und propagandistisch aufbereitete. Dies geschah nicht nur durch Aufstellung eines eigenen Kanons der zu verehrenden Heiligen auf den beiden Synoden von 1547 und 1549 und durch eine Neufixierung kirchlicher Richtlinien auf der »Hundert-Kapitel-Synode« (Stoglavyj Sobor) von 1551, sondern auch durch neue Chronikkompilationen wie die Nikonchronik oder das in die Form von Herrscherbiographien gekleidete »Stufenbuch« (stepennaja kniga) — beides offiziöse Reichsgeschichte, die das ältere Chronikmaterial im Sinne teleologischer Deutung der Moskauer Selbstherrschaft neu überarbeitete.
Den Forderungen nach Eindämmung des ungerechten Gerichtes der Statthalter, wie sie in der »Publizistik« der damaligen Zeit vor allem Ivan Peresvetov erhob, kam der Zar 1550 durch eine Neukodifizierung des geltenden Rechtes nach. Zudem wurden die schon seit dem Ende der dreißiger Jahre im Gang befindlichen Bestrebungen stärker gefördert, lokale Selbstverwaltungsorgane vor allem an polizeilichen Aufgaben zu beteiligen.
Schließlich fiel dem nach den Erlebnissen von 1553 sich verschärfenden antiaristokratischen Kurs Ivans 1555/56 das gesamte bisherige Kormlen'e-System zum Opfer. An seine Stelle trat in den Posadgemeinden der Städte und insbesondere in den zu diesem Zeitpunkt fast nur noch auf Nordrußland konzentrierten schwarzen Landgemeinden eine Selbstverwaltung mittels gewählter Organe. In den Grenzbezirken blieben die Funktionen der bisherigen Statthalter gewahrt, jedoch nicht mehr auf der Basis des Kormlen'e. Gegen Ende des 16. Jahrhunderts verschmolzen sie mit denen der Militärkommandanten zur Wojewodenverfassung, die sich im 17. Jahrhundert schließlich auf die übrigen Kreise des Moskauer Reiches ausdehnte. Durch Mehrfachbesetzung wichtiger Wojewodenposten wurde ein System gegenseitiger Überwachung geschaffen. Da seit der Mitte des 16. Jahrhunderts einerseits auch die Moskauer Zentralämter, die Prikaze, schärferes Profil gewannen und die Administration straffer in die Hand nahmen, andererseits die Wojewoden meist nur für ein bis drei Jahre an einem Ort verblieben, war seit den Reformen Ivans IV. einer etwaigen Hausmachtbildung einzelner Mitglieder der Hocharistokratie der Boden entzogen. Zugleich aber hatte die bürokratische »Zentralisierung« und damit die bessere Überwachung der Untertanen einen weiteren entscheidenden Schritt nach vorn getan.
Mit der für die imperiale Expansionspolitik ebenfalls unerläßlichen Schlagkraft der Truppen hingen die Reformen des Dienstgutsystems und die Aufstellung neuartiger militärischer Verbände zusammen. Die Ansiedlung von 1078 Dienstleuten

in der unmittelbaren Umgebung Moskaus schuf eine sofort einsatzbereite Verfügungstruppe des Zaren. 1556 wurde die Militärdienstpflicht normiert und prinzipiell auf alle Erbgrundbesitzer ausgedehnt, die über mindestens 150 ha guten Ackerlandes verfügten. Zusätzlich zum berittenen Dienstadel entstanden um diese Zeit stehende, festbesoldete und mit Flinten bewaffnete Schützenverbände (strel'cy, im Deutschen verballhornt zu Strelitzen), die sich aus der bäuerlichen oder städtischen Bevölkerung rekrutierten. Erstmals wurden auch Kosaken als reguläre Reitertruppe eingesetzt.[7]

Beide Stränge der innenpolitischen, wenngleich eng mit den imperialen Intentionen verflochtenen Konzeption Ivans IV. – Zurückdrängung des bojarischen Einflusses bei gleichzeitiger Förderung des Dienstadels – traten in den folgenden Jahren immer schärfer hervor und mündeten schließlich in die Phase der berüchtigten Opričnina. Den psychischen Nährboden für diese Maßnahmen gab neben Ivans übersteigertem autokratischem Selbstgefühl sein zunehmendes Mißtrauen gegenüber dem hohen Adel ab, das schließlich selbst seine engsten Vertrauten traf und den Zaren in immer tiefere Vereinsamung trieb.

Als 1564 der von Ivan zum Statthalter des okkupierten Dorpat in Livland ernannte Fürst Andrej Kurbskij sich nach Litauen absetzte und Ivans tyrannisches Regime in einem Brief offen anprangerte, glaubte der Zar seine schlimmsten Befürchtungen bestätigt. Nun ließ er seinen Haßgefühlen und seinem Hang zur Grausamkeit endgültig freien Lauf, um alle »Verräter« an der Selbstherrschaft erbarmungslos zu strafen. Zu diesem Zweck sonderte er seit 1565 immer größere Gebiete vor allem im Norden und Nordosten des Landes als Opričnina (das »Abgesonderte«) für sich ab und ließ alle dort ansässigen Bojaren umbringen oder aussiedeln. Auf ihren Gütern setzte er eine neue Schicht von bedingungslos ergebenen Dienstleuten, den Opričniki an, die als Werkzeuge seines Hasses den Terror in den letzten Winkel des Staates trugen. Wie inkonsequent seine antibojarische Politik letztlich war, zeigt der Umstand, daß Angehörige hoher Adelsgeschlechter in die Opričnina berufen wurden.

Den Höhepunkt des Wütens der Opričniki bildete 1570 eine offizielle Aktion gegen Novgorod, das wieder einmal in den Verdacht der Litauerfreundschaft geraten war. Diesem Pogrom fielen in Stadt und Land Tausende unschuldiger Menschen aus allen Schichten zum Opfer. Auch wenn die Opričnina schließlich selber vor dem Mißtrauen des Zaren nicht mehr sicher war und 1572 offiziell wieder abgeschafft wurde[8], blieb die Atmosphäre des Schreckens und der Unsicherheit, die der Zar um sich verbreitete, bis zu seinem Tode erhalten.

Obgleich nur die westlichen Grenzgebiete von der Spätphase des Livländischen Krieges unmittelbar betroffen wurden, entwickelte sich seit etwa 1560 in weiten Teilen des Moskauer Reiches eine Wirtschaftskrise, die mit dem eigentlichen Krieg nur indirekt zusammenhing. Sie war vielmehr das Ergebnis der gesamten politischen Maßnahmen Ivans IV., und nicht etwa nur derjenigen aus seiner »bösen« Periode. Die als Ausfluß seiner selbstherrscherlichen Ambitionen in die Wege geleitete imperiale Expansionspolitik überspannte eindeutig die vorhandenen wirtschaftlichen Möglichkeiten. Allein während der Regierungszeit Ivans IV. erhöhte sich die Steuerlast um das Dreifache, wurden zahlreiche neue Sonderabgaben wie die zum Kauf von Feuerwaffen, zum Loskaufen von Kriegsgefangenen, zum Festungsbau eingeführt, die den Staatssäckel zusätzlich füllen sollten. Daß der Zar, um seinen militärischen Bedarf decken oder seine innenpolitischen Terrormaßnahmen ins Werk setzen zu können, innerhalb eines kurzen Zeitraumes scharenweise Dienstleute aus dem Boden stampfte und mit Landgütern ausstattete, vergrößerte die Schicht der wirtschaftlich Unproduktiven und von der Arbeit anderer Lebenden zu schnell.

Gleichzeitig verstärkte sich aber der Druck gerade dieser kleinen und mittleren Dienstgutbesitzer auf die Bauern, da sich die Last, einen Berittenen mit voller Ausrüstung bei gewissen Standesansprüchen zu versorgen, nun in der Regel auf nur eine Handvoll Bauernwirtschaften konzentrierte — konnten doch die wenigsten Pomeščiki die ihnen zustehende Quote von 150 ha guten Ackerlandes (was etwa 15—20 Bauernhöfen entsprochen hätte) als Dienstgut tatsächlich in Empfang nehmen. Also mußten sie Zins und Lasten ihrer Hintersassen entsprechend erhöhen — ebenfalls im Durchschnitt um etwa das Dreifache allein zwischen 1560 und 1590. Da das Pomest'e-Land unaufhaltsam wucherte, gerieten immer mehr Bauern in den Sog permanenter wirtschaftlicher Pression. Verstärkt wurde diese noch dadurch, daß Herrenacker und bäuerliche Fronarbeit sich in der zweiten Hälfte des 16. Jahrhunderts beschleunigt ausbreiteten und die Landwirte damit einem immer intensiveren Zugriff ihrer Herren ausgesetzt waren.

Unter dieser Bürde, die durch mehrere Hungersnöte und Seuchen, durch den Tatarenvorstoß bis vor Moskau 1571 und durch den inneren Terror der Opričnina noch erschwert wurde, brachen zahlreiche Bauernwirtschaften zusammen. Wo der Verlust nur einer Arbeitskraft, des Saatgutes oder Viehbestandes den bäuerlichen Betrieb aus dem Takt gebracht hatte, blieb unter der sich verschärfenden Last der Abgaben und Steuern meist nur die Flucht übrig. Damit kam aber eine verhängnisvolle Lawine ins Rollen, denn Abgaben und Lasten konzentrierten sich nun auf eine immer kleiner werdende Anzahl von Höfen und ruinierten schließlich auch diese. Wahrscheinlich hätten sich die dadurch verursachten Wüstungserscheinungen in Grenzen gehalten, wenn Ivan IV. nicht mit der Beseitigung der Tatarenkhanate des Wolgabeckens das Tor zu dem fruchtbaren Grau- und Schwarzerdestreifen vor der Südostgrenze des Moskauer Reiches aufgestoßen hätte. Damit war der Damm, der die Bevölkerung bis dahin auf den mageren Böden des Misch- und Nadelwaldgürtels gestaut hatte, durchbrochen, ergossen sich immer größere Massen landhungriger Siedler, denen der wachsende Steuer- und Zinsdruck im Nacken saß, in das gelobte Land an den Grenzen, wo sie höhere Ernteerträge und noch keine Grundherren vorzufinden hofften.

Die Entvölkerung traf vor allem die Zentren des Dienstgutbesitzes im Gebiet zwischen oberer Wolga und Oka sowie im Novgoroder und Pleskauer Land (vgl. Abb. 15). Dort waren um 1580 gebietsweise bis zu 90 Prozent, im Mittel aber über die Hälfte der Höfe verlassen. Zu den nord- und südöstlichen Reichsgrenzen hin nahm die Wüstungsintensität ab, um schließlich in ausgesprochene Zuzugsgebiete überzugehen. Daß auch der klimatisch rauhe und ertragsarme, aber weitgehend grundherrschaftsfreie Norden erhebliche Wanderungsgewinne zu verzeichnen hatte, beweist, welche Bedeutung dem herrschaftlichen Druck als treibender Kraft in diesem Prozeß der Bevölkerungsverlagerung beizumessen ist.

Während der letzten zwanzig Jahre des 16. Jahrhunderts stabilisierten sich die Dinge wieder ein wenig. Die Smuta jedoch machte alle wirtschaftlichen Neuansätze zunichte, sie trieb den Wüstungsprozeß auf die Spitze bei gleichzeitigem Ausgreifen in Räume, die zwischen 1560 und 1580 nur schwach oder gar nicht von ihm berührt worden waren (vgl. Abb. 16). In den unfruchtbaren Kerngebieten sowie im Westen und Nordwesten des Reiches waren zwischen 1620 und 1630, als die eigentliche Wüstungsperiode bereits abflaute, durchschnittlich über drei Viertel des Ackerlandes verwildert und mehr als 70 Prozent der Höfe verfallen oder schon vom Wald verschlungen.

Diese Erscheinungen waren nun jedoch nicht mehr nur das Ergebnis einer Abwanderung, die nach der Bindung der Bauern an die Scholle verstärkt weiterlief, sondern in erheblichem Umfang auch der schweren Bevölkerungsverluste durch die fürchterliche Hungerkatastrophe von 1601–1603 und durch die militärischen Auseinandersetzungen, die während der Smuta und der ausländischen Intervention auf dem Boden des Moskauer Reiches selbst tobten. Es gibt gewisse Anhaltspunkte dafür, daß sich die Bevölkerungszahl zwischen 1560 und 1620 um etwa 25–40 Prozent vermindert hat.

Die wirtschaftliche Aktivität konzentrierte sich während der Smuta auf die breiten Säume des Reiches im Osten und Südosten. Von diesen stabileren Randgebieten, vor allem von den Wolga- und Transwolgakreisen um Nižnij-Novgorod aus setzte dann auch die Neukonsolidierung des Reiches ein; dort waren noch Geldmittel und Mannschaften verfügbar, um die für die Verdrängung der ausländischen Interventen entscheidenden Volksaufgebote auszurüsten.

Insgesamt gesehen war die große Wüstungsperiode von 1560 bis 1620 also eng mit einer Krise der bäuerlichen Wirtschaft verflochten, die zugleich die Staatseinnahmen rapide schrumpfen ließ und die materielle Sicherung besonders der kleinen Grundherren unterhöhlte. In den allgemeinen Strudel wurden jedoch auch die Städte hineingezogen. Sie verödeten meist in gleichem Maße wie das umgebende flache Land. Moskau dürfte eine der wenigen Ausnahmen bilden.

Dem Ausbau des russischen Eigenhandels, wie ihn Ivan IV. betrieb, war die Wüstungsperiode nicht dienlich. Seit englische Kauffahrteischiffe 1553 die Nordmeerroute zur Mündung der Nördlichen Dvina erkundet hatten und regelmäßig vor Cholmogory ankerten, war der russische Export nicht mehr nur auf die Vermittlung der livländischen Städte angewiesen; aber die Nordmeerroute konnte lediglich im Sommer befahren werden und war viel beschwerlicher als der Verkehr über die Ostsee. Nicht zuletzt auf diesem Hintergrund ist der Versuch Ivans IV. zu sehen, die livländischen Häfen in seine Hand zu bringen und — als dies mißlang — die englischen Kaufleute nach Narva zu ziehen. Doch auch Narva brachte es als internationaler Warenumschlagplatz nur zu einer vorübergehenden Blüte, denn Engländer, Franzosen und später auch Holländer zogen auf die Dauer für ihren Direkthandel den von politischen Verwicklungen weniger bedrohten Weg um das Nordkap zur Dvinamündung vor, wo schließlich 1584 Archangel'sk als wichtigster russischer Nordmeerhafen gegründet wurde. Da die große Wüstungsperiode den Kapitalmangel der russischen Wirtschaft verschärfte, hatten die einheimischen Kaufleute auch weiterhin keine Möglichkeit, der Monopolstellung der Ausländer bei der Verschiffung entgegenzuwirken oder zu verhindern, daß sie sich als lästige Konkurrenten sogar in den russischen Asien- und Orienthandel einschalteten.

d) Wandlungen der Sozialstruktur

Die in die schwere wirtschaftliche Krise eingebetteten Wüstungsvorgänge zogen tiefgreifende soziale Umwälzungen nach sich. Am folgenreichsten erwies sich dabei die Bindung der Bauern an die Scholle.

Sie ist das Ergebnis einer über fast anderthalb Jahrhunderte sich hinziehenden Verschlechterung der bäuerlichen Rechte, deren tiefste Ursache in der staatstragenden Funktion des grundbesitzenden Adels liegt. Da aus bereits mehrfach genannten Gründen Geld für die Anwerbung von Söldnerheeren nicht hinreichend zur Verfügung stand, blieben die Zaren zur Verwirklichung ihrer imperialen Intentionen nach wie vor auf die militärische Leistungskraft des Dienstadels angewiesen. Anders als in Westeuropa, wo er nach dem Verlust seiner Kriegsbedeutung zunehmend Hof- und Behördenadel wurde und wo das große Geld nicht mehr mit der Landwirtschaft zu verdienen war, sieht der Beginn der Neuzeit den Adel Rußlands jedoch in noch fast völliger Abhängigkeit von den Erträgen seiner Grundbesitzungen. Sicherung der notwendigen Einkünfte einerseits, wachsendes Profitstreben im Zuge einer sich wandelnden Wirtschaftsstruktur andererseits mußten daher das Verhältnis der Grundbesitzer zu ihren Bauern bestimmen.

Wie bereits erörtert, begann sich zwar bereits seit dem Anfang des 16. Jahrhunderts ein gewisser Trend abzuzeichnen, der langfristig auf eine stärkere herrschaftliche Bindung der Bauern hinsteuerte, aber diese Entwicklung machte erst unter den Bedingungen der folgenden Wüstungsperiode rapide Fortschritte.

Bei knappen oder gar fehlenden Arbeitskräften bot sich den Grundherren eine möglichst umfangreiche Eigenwirtschaft häufig als passabelste Lösung an, um ihre Existenz sichern zu können, ließ diese Situation in ihren Augen die Bindung der noch verbliebenen oder neu zu werbenden Arbeitskräfte an das von ihnen zu bestellende Land als einzigen Ausweg erscheinen. Zugleich warf ihnen die Wüstungsperiode, die ja vor allem die Kleinsiedlungen auslöschte, mit der stärkeren Konzentrierung der Bevölkerung in wenigen großen Dörfern die der Gutswirtschaft am ehesten angemessene Siedlungsverfassung von selbst in den Schoß. Damit waren ökonomisch gesehen die Weichen für die weitere Entwicklung zur Gutsuntertänigkeit gestellt. Die Bedeutung der »Großen Wüstungsperiode« als einer politisch bedingten wirtschaftlichen Ausnahmesituation ist in diesem Zusammenhang von der sowjetischen Historiographie allerdings bisher zu wenig gewürdigt worden.[9]

In erstmals verhängnisvoller Massivität brachte die wirtschaftliche Krise nun den Einfluß des Machtfaktors Staat zum Tragen, der – unlösbar an die Interessen des Dienstadels gekettet – seine übrigen Untertanen opfern mußte. Daß diese Interessenkonstellation überhaupt eintreten konnte, ist nun aber nicht nur das Ergebnis bestimmter sozialökonomischer Gegebenheiten wie etwa der Festigung eines infolge mangelhafter Entwicklung der Geldwirtschaft agrarabhängigen Militäradels als staatstragender Schicht, des schwach ausgeprägten Städtewesens und der traditionellen Beteiligung der Grundherren am Handelsleben; sie ist vielmehr ebenso das Ergebnis eines von westeuropäischen Verhältnissen völlig abweichenden Miteinanders herrschaftlicher und genossenschaftlicher Elemente. Während in Deutschland westlich der Elbe seit dem späten Mittelalter eine Auflockerung der Leibeigenschaft einsetzte und die Bauern über ihre Landgemeinde im Zusammenwirken von Herrschaft und Genossenschaft sich an der Regelung ihrer Rechtsverhältnisse selber dauerhaft beteiligen und dies in Weistümern fixieren konnten, es ihnen sogar gelang, den Grundzins einzufrieren, ist es in der Rus' außerhalb der schwarzen Landgemeinden zu einer solchen Kooperation im wesentlichen nicht gekommen. Damit entfiel von vornherein eines der möglichen Hemmnisse für die Entwicklung zur Erbuntertänigkeit. Die marxistische Geschichtsschreibung hat diese Zusammenhänge bisher unterspielt, da sie das obligatorische Ausbeutungsschema zu stark differenzieren würden. Immer noch offen bleiben muß allerdings beim gegenwärtigen Forschungsstand die Frage, welche ökonomischen Faktoren (Anwachsen des Geldzinses und des Geldumlaufs überhaupt, stärkere Nachfrage nach Agrarprodukten infolge Bevölkerungsverdichtung und Städtewachstums, polnisches Vorbild) schon zu Beginn des 16. Jahrhunderts den stillen Trend zur Gutswirtschaft eingeleitet haben und ob das ungefähr gleichzeitige Auftreten dieser Erscheinung in Ost-, Ostmittel- und teilweise auch Südosteuropa bei ganz unterschiedlicher oder gar fehlender Integration in den europäischen Markt auf bisher unbekannte innere Bezüge schließen läßt.[10]

Seit den Untersuchungen von B. D. Grekov und S. B. Veselovskij (1926 und 1928) galt es in der Forschung als erwiesen, daß ein Gesetz (ukaz) des Jahres 1581 generell bzw. in den einzelnen Gebieten sukzessive das bäuerliche Abzugsrecht zum St. Georgstag zunächst vorläufig aufgehoben habe (Gesetz über die »Verbotenen Jahre«). Neue Archivfunde lassen die Existenz eines solchen allgemeingültigen Gesetzes noch zu Regierungszeiten Ivans IV. immer zweifelhafter erscheinen. »Verbotene Jahre« sind vielmehr seit 1581 auf spezielles Bitten einzelner Grundherren, vielleicht auch regional begrenzt auf Kreisebene erlassen worden. Verständlicherweise konzentrieren sich Belege hierfür vor allem auf die von den Wüstungserscheinungen besonders heimgesuchten Altsiedelgebiete des Reiches, ohne diese jedoch voll zu decken. In den südlichen Landstrichen, die ja Zuzugsgebiete waren, gab es zu diesem Zeitpunkt offensichtlich noch keine Aufhebung des Abzugsrechtes zum St. Georgstag; dort konnten die auf Neusiedler bedachten Grundherren auch gar nicht an einem solchen Ukaz interessiert sein. Erst als die allgemeine Inventarisierung der 1580er Jahre eine neue schriftliche Bestandsaufnahme aller lastenpflichtigen Höfe nach dem Abschwellen der ersten Wüstungsphase geschaffen und damit alle Hofwirte namentlich erfaßt hatte, waren die Voraussetzungen für eine generelle Bindung der Bauern an die Scholle gegeben. Sie dürfte 1592/93 durch einen Ukaz des Zaren Fëdor erfolgt sein, der alle folgenden Jahre bis auf Widerruf zu »verbotenen«, d. h. abzugsverbotenen Jahren erklärte.[11]

Die Bauern störten sich nicht an derlei obrigkeitlichen Vorschriften und nahmen ihre alten Rechte wegen des wachsenden herrschaftlichen Drucks eher noch stärker wahr. Damit geriet die Regierung aber zwischen die gegensätzlichen Interessenlager der Grundherren selber, denn während vor allem die Dienstleute, aber auch die Großgrundbesitzer der am stärksten entsiedelten Gebiete eine möglichst ausgedehnte Rückführungsfrist für entlaufene Bauern durchzusetzen suchten, waren Bojaren und Pomeščiki der südlichen Kreise gerade entgegengesetzter Auffassung, um die Läuflinge möglichst rasch legal bei sich festhalten zu können. Die Regierung, sowohl an der Erhaltung des Dienstadels als auch an der Aufsiedlung und Sicherung der Steppengrenze selbst um den Preis von Läuflingen interessiert, hatte sich damit letztlich unlösbar in die Widersprüche ihrer eigenen überzogenen Expansionspolitik verstrickt.

So ist sie in der Frage des Läuflingswesens von Anbeginn das ganze 17. Jahrhundert hindurch einen Zickzackkurs gesteuert. Wurde noch 1597 eine Rückführungsfrist von 5 Jahren gesetzlich festgelegt, wobei die Inventarbücher als Belege für die Bindung der Bauern an bestimmte Herren dienten, so zwang schon die schreckliche Hungersnot zu Beginn des 17. Jahrhunderts die Regierung dazu, das Jahr 1601 zum generell und das Jahr 1602 zum partiell abzugsfreien Jahr zu erklären. Dann traten die »Verbotenen Jahre« vorläufig wieder in Kraft, um schließlich — da sie nie wieder aufgehoben wurden — auf gewohnheitsrechtlichem Wege die endgültige Bindung der Bauern an den Boden zu besiegeln. Vasilij Šujskij dehnte zwar in seinem Gesetzbuch von 1607 die Rückführungsfrist auf 15 Jahre aus, aber Zar Michail Romanov setzte sie anfänglich wieder auf 5 Jahre herab.

In engem zeitlichen und räumlichen Zusammenhang mit der Wüstungsperiode von 1560—1620 stehen noch weitere Wandlungen der ländlichen Sozialstruktur. War für einen Teil des Bauerntums die Flucht eine erhoffte Rettung vor dem unerträglichen Druck der auferlegten Lasten, so zog ein anderer Teil es vor, einen Status anzunehmen, der diese Lasten verringerte. Nur so ist es zu erklären, daß vor allem seit dem Anfang des 17. Jahrhunderts die vorher unbedeutende Gruppe der Bobyle (bobyli) in vielen Kreisen auf mehr als die Hälfte der in den Inventarbüchern verzeichneten Hofwirte anschwoll. Obgleich die Bobyle sich vor allem aus ruinierten Bauern rekrutierten und sozial und wirtschaftlich kaum auf einen Nenner zu bringen sind (sie reichten von landlosen Arbeitern, die ihr Auskommen in Handel, Gewerbe oder der Wirtschaft ihres Herrn suchten, bis hin zu wohlhabenden Landwirten), so haben sie doch gemeinsam, daß sie aus der bäuerlichen Steuergemeinde ausgeschlossen waren und an den Staat wie an den Grundherrn nur eine niedrige Abgabe entrichteten.

Eine andere Möglichkeit, relative wirtschaftliche Sicherheit und Steuerfreiheit zu erlangen, bestand darin, freiwillig ein Knechtschaftsverhältnis einzugehen. Der Cholop war zwar völliges Eigentum seines Herrn, mußte von diesem aber auch in Notzeiten ernährt werden. Daher stieg gerade während der schweren Hungersnot von 1601—1603 die Zahl derartiger Übertritte in die persönliche Unfreiheit stark an.

Wer völlige Freiheit suchte, entlief über den Grenzsaum zu den an unteren Don im Niemandsland zwischen Krimkhanat und Moskauer Reich hausenden freien Kosaken. Im Laufe des 15. Jahrhunderts unter Einschmelzung tatarischer Elemente hervorgegangen aus einem auf Unabhängigkeit bedachten Grenzkriegertum, das neben Jagd und Fischfang von Raub und militärischen Aufträgen für Polen-Litauen bzw. Moskau lebte[12], verkörperten die »Republiken« der großrussischen Don- wie der »ukrainischen« Dneprkosaken mit ihrem frei gewählten und jederzeit absetzbaren Anführer (Ataman bzw. Hetman) genau das Gegenteil des autokratischen Moskauer Dienstpflichtstaates. Doch als die Wüstungsperiode immer größere Massen von Läuflingen in die Reihen dieses Kosakentums spülte, wandelte es allmählich sein Gesicht, entstand auch hier eine Kluft zwischen einem ständig wachsenden Kosakenproletariat (golyt' ba) und einer erstarrenden Oberschicht. Zugleich drängten die nun immer größer werdenden Ernährungsschwierigkeiten im Verein mit dem von den Läuflingen mitgebrachten Haß gegen den Moskauer Staat und seine Träger die Kosaken dazu, sich mit der Hoffnung auf Beute in die Auseinandersetzungen der Smuta einzuschalten.

Unter den extremen Belastungen der Wüstungsperiode wurden die letzten Reste schwarzer Landgemeinden in den Altsiedelgebieten des Reiches den Dienstleuten geopfert, verlor aber auch trotz aller Anstrengungen der Regierung ein erheblicher Teil der kleinen und mittleren Dienstleute seine Existenzgrundlage und verelendete.

So entsprossen dem sozialen Bodensatz der großen Wüstungsperiode in Gestalt von heruntergekommenen Dienstleuten, entlaufenen Bauern, landlosen Bobylen, Cholopen und Kosakenproletariat jene entwurzelten oder halbentwurzelten sozialen Gruppen, die nicht nur die antigrundherrlichen und antistaatlichen Aufstände des beginnenden 17. Jahrhunderts trugen, sondern auch durch ihren ständigen, meist am jeweiligen eige-

nen Vorteil orientierten Frontwechsel das politische Bild der Smuta »verwirrten«.
Die eigentlichen Gewinner der langen Krise waren die geistlichen und weltlichen Großgrundbesitzer. Erneute Versuche Ivans IV., den Landerwerb der Klöster einzuschränken, blieben ebensowenig von Dauer wie die seiner Vorgänger. Die gesteigerte Todesgefahr ließ die Zahl der Stiftungen an geistliche Institutionen hochschnellen. Am Ende des 16. Jahrhunderts sollen Kirchen und Klöster über mehr als ein Drittel des bebauten Bodens verfügt haben, dessen Nutzen für den Fiskus wegen der weitgehenden Privilegierung stark gemindert war. Außerdem schlug gerade während und kurz nach der großen Wüstungsperiode zu Buche, daß geistliche und weltliche Großgrundbesitzer als einzige das nötige Bargeld in Händen hatten, um wüstes Land in großem Umfang aufzukaufen und durch den Anreiz steuer- und zinsfreier Jahre wie durch die Gewährung von Starthilfen neu aufzusiedeln. Entsprechend schritt zwischen 1560 und 1620 die Durchsetzung der Stadtgemeinden mit eximierten herrschaftlichen Enklaven rapide fort. Energische Versuche Boris Godunovs, dieser Entwicklung entgegenzutreten, machte die Smuta wieder zunichte.
So hat die von Ivan IV. begonnene imperiale Expansionspolitik die für die Zukunft verhängnisvolle Schere zwischen staatlichen Forderungen und nachhinkenden wirtschaftlichen Möglichkeiten geöffnet, die die ökonomische und gesellschaftliche Rückständigkeit des Russischen Reiches auf lange zementiert hat. Dadurch daß zu diesem Zweck alle Bevölkerungsgruppen rücksichtslos dem Staatsinteresse unterworfen wurden, gingen die letzten Reste der mittelalterlichen Sozialordnung in einem allgemeinen Chaos unter.

V. Moskauer Tradition und Vorboten der »Europäisierung« (1618–1689)

Die Depression von 1560–1620 konnte nur allmählich überwunden werden. Infolgedessen sah das Moskauer Reich bis zur Mitte des 17. Jahrhunderts im allgemeinen von kostspieligen und kräftezehrenden außenpolitischen Aktionen ab. Als es jedoch 1654 den Übertritt der Dneprkosaken unter seine Herrschaft akzeptierte, nahm es damit eine neue schwere Auseinandersetzung mit Polen-Litauen bewußt in Kauf. Während die 1667 besiegelte Niederlage der polnischen Adelsrepublik das vorübergehende Kräftegleichgewicht nun endgültig zugunsten Moskaus verschob, führte die Festsetzung am unteren Dnepr in die Konfrontation mit dem türkischen Vasallenstaat der Krim und drängte dadurch das Zarenreich in die europäische Antitürkenliga. Am Vorabend des Regierungsantritts Peters des Großen gewannen mithin die schon seit längerem tastenden diplomatischen Kontakte zu anderen Ländern im Westen konkrete Gestalt und integrierten Rußland erstmals seit dem Mongolensturm wieder voll in das europäische Bündnissystem und Staatengefüge.

Dies und zunehmende westliche Einflüsse in verschiedenen Lebensbereichen vermochten jedoch nicht die gewachsenen Moskauer Traditionen des Herrschaftssystems und der Sozialverfassung zu beeinflussen. Im Gegenteil, da mit der fortschreitenden Verschiebung der Steppengrenze, mit der Inbesitznahme Sibiriens bis zum Pazifik, schließlich mit der Wiederaufnahme der Expansionspolitik nach Westen das alte Mißverhältnis zwischen wachsenden staatlichen Aufgaben und wirtschaftlichen Möglichkeiten sich weiter verfestigte, war die Regierung zu einer Verhärtung ihrer repressiven Sozialpolitik gezwungen. Dies führte im Endergebnis zur Vollendung der bäuerlichen Gutsuntertänigkeit, zur Aufrechterhaltung der sozialen Instabilität und zu schweren inneren Konflikten. Zugleich blockierte aber dieser politische Kurs den wirtschaftlichen Fortschritt. In ersten Umrissen begann sich abzuzeichnen, daß die Autokratie und ihre Machtpolitik einer wirtschaftlichen und sozialen Gesundung Rußlands im Wege standen.

a) Wiederaufnahme der Expansionspolitik und Eintritt in das europäische Bündnissystem

Nach dem Ende des Bürgerkrieges und der ausländischen Intervention reichten die Kräfte des Staates zunächst nur aus, um den seit der zweiten Hälfte des 16. Jahrhunderts immer stärker anschwellenden Kolonistenstrom in den Schwarzerdegürtel an der Süd- und Südostflanke zu unterstützen und militärisch abzusichern. An die Stelle der alten Grenzverhaulinie aus der Zeit Ivans IV. trat 1635—1646 eine weit vorgeschobene neue, die im Süden bis an den oberen Donec reichte und 1648—54 bis zur Wolga bei Simbirsk verlängert wurde (vgl. Abb. 16). Da in das Korsett der Wallanlagen, Waldverhaue und Feldschanzen zahlreiche Festungen eingezogen werden mußten, erforderten die Grenzsicherungsmaßnahmen hohe Aufwendungen an Geld und Arbeitskräften. Trotzdem gelang es auch weiterhin nicht, Durchbrüche der Krimtataren tief in das Hinterland hinein völlig zu unterbinden, wenn diese auch keine unmittelbare militärische Bedrohung mehr darstellten, sondern nur auf Nachschub für die Sklavenmärkte der Krim und auf Beunruhigung der Grenzbevölkerung ausgerichtet waren.

Entsprechend galt es den östlich des Urals gewonnenen Brücken-

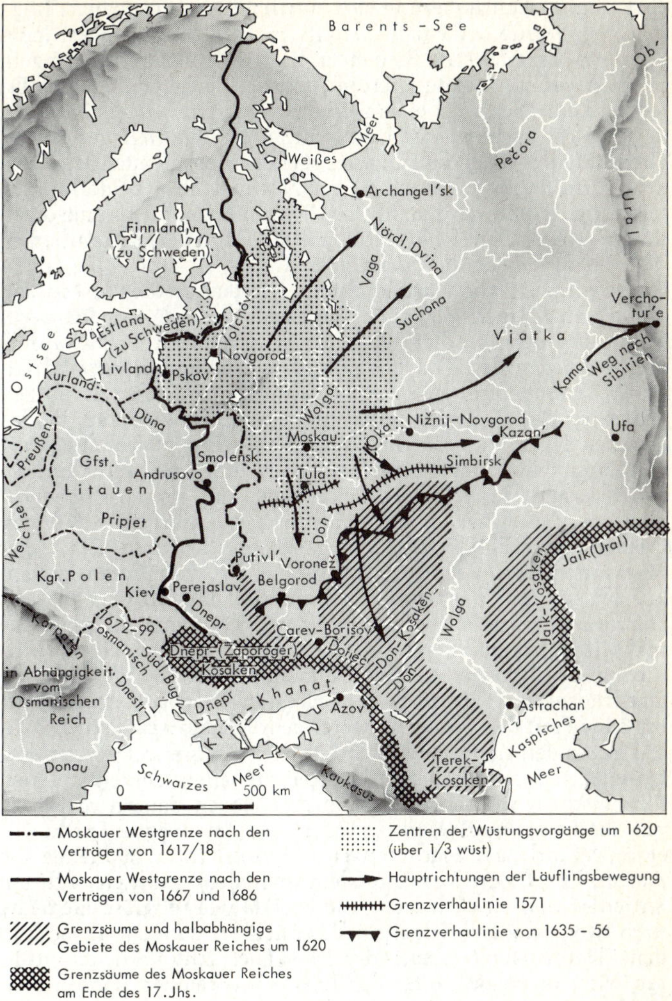

Abb. 16: Osteuropa im 17. Jahrhundert

kopf zu erweitern und die Nachschublinien durch befestigte Stützpunkte zu sichern. Wie an der Steppengrenze gingen auch hier bei der Inbesitznahme neuer Räume Privatinitiative und staatliche Rückendeckung untrennbar Hand in Hand. Dank des verkehrsgünstigen Ost-West-Verlaufs der Hauptflußwege, der eine zügige Durchquerung der unwirtlichen sibirischen Tajga erlaubte, wurde der Pazifik bereits bis zur Mitte des 17. Jahrhunderts an mehreren Stellen erreicht. Mit der Festsetzung in Sibirien geriet Moskau allerdings an die Peripherie Chinas. Da jedoch keine Seite an einem ernsten Konflikt Interesse zeigte, ja auch gar nicht in der Lage war, in diesen weit entlegenen Grenzsäumen Krieg zu führen, regelten Moskau und das Reich der Mitte 1689 im Vertrag von Nerčinsk ihre beiderseitigen territorialen und wirtschaftlichen Beziehungen auf freundschaftlichem Wege. Damit blieb Rußland allerdings das Amurbecken bis zum 19. Jahrhundert verschlossen.

Die machtpolitische Zurückhaltung, die das erschöpfte Moskau sich Polen-Litauen gegenüber auferlegte, wurde nur 1632—34 kurzfristig durchbrochen, als man im Bunde mit Gustav Adolf von Schweden den Tod des polnischen Königs Sigismund III. zur Rückeroberung der 1618 verlorenen Gebiete zu nutzen gedachte. Der Tod des Schwedenkönigs, der Moskau in das Bündnis der antikatholischen Mächte mit eingeplant hatte, warf den Zaren jedoch ganz auf die eigene militärische Macht zurück; zudem erwies der polnische Widerstand sich als noch ungebrochen, so daß Moskau aus dem 1634 geschlossenen »ewigen Frieden« von Poljanovka nur ganz unbedeutende Gebietsgewinne und den Verzicht Władysławs IV. von Polen-Litauen auf den seit 1610 beanspruchten Zarentitel davontrug.

Die gesammelten Mittel und Kräfte waren damit zunächst einmal wieder erschöpft, bis das Moskauer Reich ohne eigenes Zutun in den großen Aufstand hineingezogen wurde, den die Dneprkosaken 1648 unter dem Hetman Bohdan Chmel'nyćkyj im Bunde mit den immer schwerer bedrückten ukrainischen Bauern gegen den König und die polnischen Großgrundbesitzer entfesselten. Da sich die Dneprkosaken vor allem aus entlaufenen ukrainischen, wohl überwiegend orthodoxen Bauern rekrutierten, die polnische Regierung zudem aus berechtigter Furcht vor einer gefährlichen Machtkonzentration an ihrer Südflanke die Anzahl der freien Kosaken klein zu halten trachtete, führten antipolnisches Ressentiment und soziale wie religiöse Elemente nach wechselndem Kriegsglück schließlich zu dem Entschluß, den »Hetmanstaat« lieber der Moskauer Autokratie zuzuführen, als sich wieder unter das Joch der verhaßten katholischen Ausbeuter zu beugen.

Da eine Annahme des Angebotes Chmel'nyćkyjs, unter die Oberhoheit des Zaren zu treten, einen sicheren Krieg mit Polen-Litauen bedeutete, akzeptierte das Moskauer Regime es erst, nachdem es sich 1653 Rückendeckung durch eine Reichsversammlung verschafft hatte. Als am 8. 1. 1654 die Kosakenführer in Perejaslav den Eid auf Zar Aleksej ablegten, war damit eine Entscheidung von großer politischer Tragweite gefallen.

Moskau hatte sich zur Wiederaufnahme seiner expansiven Westpolitik entschlossen und knüpfte erneut an die Tradition der »Sammlung des Landes der Rus'« an. Über die Belange der Dneprkosaken, die sich vom Übertritt auf die Moskauer Seite eine bessere Wahrung ihrer Freiheiten erhofft hatten, ging es dabei letztlich ebenso brutal hinweg wie Polen. Mit der Vorverlegung seines Einflußbereiches bis an den unteren Dnepr verstärkte sich jedoch erstmals seit fast 200 Jahren wieder das Gewicht der südlichen Front in seiner militärischen Expansionspolitik, wurde das Zarenreich bis zum Ende des 18. Jahrhunderts in die direkte Auseinandersetzung mit dem Krimkhanat als dem letzten Tatarenstaat auf osteuropäischem Boden hineingezwungen.
Militärisch hatten die vereinigten Truppen Moskaus und der Kosaken leichtes Spiel gegen die polnische Adelsrepublik, deren oligarchische Verfassung mit der Herausbildung des »Liberum veto« – des Rechtes eines jeden einzelnen Sejm-Mitgliedes, durch ein Nein alle Parlamentsbeschlüsse zu blockieren – gerade jenen Reifegrad erreicht hatte, der durch zunehmende politische Handlungsunfähigkeit das Stadium der nachfolgenden Fäulnis bereits ahnen ließ. Mit dem Eingreifen Schwedens, das aus dem sich anbahnenden Zusammenbruch der Adelsrepublik ebenfalls territorialen Nutzen zu ziehen hoffte, erweiterte sich der Konflikt 1655 zum Ersten Nordischen Krieg. Obgleich Ende 1655 fast ganz Polen und Litauen von fremden Truppen besetzt waren, schafften die zunehmende Erbitterung der einheimischen Bevölkerung gegen die andersgläubigen Fremden und der 1656 einsetzende Kampf zwischen Moskau und Schweden um die Beute dem bedrängten Lande Luft. Eine Koalition aus Polen, Habsburg, Dänemark und Brandenburg, der vorübergehend auch der Zar beitrat, zwang Schweden 1660 mit dem Frieden von Oliva zum Ausscheiden; 1663 begann Polen seinerseits eine Offensive gegen Moskau, die nach allgemeiner Kriegsmüdigkeit und unter dem Eindruck der Bedrohung durch die Türken 1667 zum Waffenstillstand von Andrusovo führte. Das Zarenreich behielt von seinen Eroberungen Smolensk, das Desnabecken und die Ukraine östlich des Dnepr; der faktische Besitz Kievs wurde von Polen erst später anerkannt (vgl. Abb. 16).
Die folgenden Jahrzehnte standen für das Moskauer Reich wie für Polen im Banne der für ganz Mittel- und Osteuropa bedrohlichen Türkengefahr. Unter diesen Umständen verstärkte sich die diplomatische Aktivität der Moskauer Regierung gegenüber den anderen europäischen Mächten in bis dahin ungekannter Weise. Allein nach Paris gingen 1681, 1685 und 1687 drei Gesandtschaften, die Ludwig XIV. für ein antiosmanisches Engagement gewinnen sollten. Die sich seit den Zeiten

Gustav Adolfs anbahnende politische und diplomatische Integrierung Moskaus in das europäische Bündnissystem war erreicht, als zu Beginn der 1680er Jahre Frankreichs gegen Habsburg geknüpftes Netz der östlichen Randallianzen unter dem Eindruck der Türkengefahr zerriß und Moskau 1686 der vom Papst protegierten und 1684 vom Kaiser, von Polen und Venedig begründeten Antitürkenliga beitrat. Wenn auch die Feldzüge, die der Fürst V. V. Golicyn 1687 und 1689 gegen den osmanischen Vasallenstaat der Krim unternahm, ebenso erfolglos blieben wie Moskaus erster Türkenkrieg von 1677 bis 1681, so war das Zarenreich nun endgültig zumindest außenpolitisch aus der jahrhundertelangen Isolierung herausgetreten und machte europäische Politik[1].

b) Wirtschaftliche Neukonsolidierung und soziale Verhärtung

Obgleich nach dem Abklingen der großen Wüstungsperiode wieder eine positive Bevölkerungsentwicklung einsetzte, waren die schweren Einbußen an Menschenleben aus der Zeit der Smuta und der Intervention nicht so schnell wieder auszugleichen, lag die Bevölkerungsziffer des Moskauer Reiches am Ende des 17. Jahrhunderts mit wohl 13 Millionen um kaum mehr als 1 bis 2 Millionen über der des ausgehenden 16. Jahrhunderts. Da sich das Staatsgebiet jedoch in der Zwischenzeit beträchtlich ausgedehnt hatte, blieben das ganze 17. Jahrhundert hindurch Arbeitskräfte weiterhin äußerst knapp. Verstärkt wurde dieser Engpaß noch durch die mit der Modernisierung des Heeres, der militärischen Sicherung Sibiriens und der neuen Südostgrenze sowie mit den Erfordernissen der Kriege im Westen und Süden verbundene rigorose Vergrößerung der militärischen Kader vor allem auf Kosten der bäuerlichen Bevölkerungsschicht. Da sich mithin für die Regierung an der grundsätzlichen Interessenkonstellation gegenüber dem 16. Jahrhundert nichts geändert hatte, sah sie sich weder in der Lage, noch war sie überhaupt willens, die seinerzeit auf Widerruf vorgenommene Bindung aller Steuerpflichtigen an ihren Wohnplatz rückgängig zu machen.

Diesen Interessen der Regierung gesellten sich nun ganz massiv die der Grundbesitzer hinzu. Nachdem die Wüstungsperiode von 1560–1620 die grundherrliche Wirtschaft zunächst notgedrungen stärker auf Herrenacker und Fronarbeit ausgerichtet hatte, begünstigte die ökonomische Gesamtsituation des 17. Jahrhunderts nicht nur die Beibehaltung, sondern sogar den Ausbau dieser neuen Agrarverfassung.

Getreideexporte ins Ausland, vor allem etwa nach Schweden, spielten selbst während des 17. Jahrhunderts noch keine wesentliche, wenn auch eine offensichtlich steigende Rolle; entscheidender war vielmehr die wachsende Nachfrage nach Getreide innerhalb des Moskauer Reiches selbst. Dies hing nicht nur mit den Masseneinkäufen des Staates zur Verproviantierung der unablässig sich vermehrenden Garnisonen und Truppenkontingente zusammen, sondern wohl auch mit der Verlagerung der Getreidebauzentren in die Randzonen des Reiches, die in und um Moskau und vor allem in Sibirien ausgesprochene Bedarfsgebiete entstehen ließ. Ob man freilich auch diese Verhältnisse schon als »russischen Binnenmarkt« bezeichnen kann, wie es die sowjetische Forschung in Anlehnung an Lenin postuliert, wäre erst noch eingehender als bisher zu klären. Kein Zweifel kann jedoch daran bestehen, daß wachsende Ansprüche der Adligen an den Lebensstandard und die rege Nachfrage nach Agrarprodukten die ohnehin traditionelle Einschaltung der Grundbesitzer in das Marktgeschehen und ihr Interesse an der Eigenproduktion immer stärker ankurbelten. Damit begann in Rußland die Periode der Gutswirtschaft, auf deren ökonomischem Hintergrund sich im Laufe des 17. Jahrhunderts die gesamte Rechts- und Herrschaftsstruktur wandelte und sich für die Mehrheit der Landbesitzer der Übergang von der Grund- zur Gutsherrschaft, für die Bauern von der bloßen Schollenpflichtigkeit zur verschärften Erbuntertänigkeit vollzog.

Die Hauptphasen seien hier kurz skizziert. Das von einer Kommission der Bojarenduma ausgearbeitete und 1649 in Kraft getretene neue Gesetzbuch (uloženie) hob unter dem Druck des kleinen und mittleren Dienstadels die Rückführungsfristen für entlaufene Bauern generell auf, so daß der Anspruch eines Grundbesitzers auf die Arbeitskraft seiner Leute auch dann nicht erlosch, wenn diese sich jahrzehntelang in anderen Provinzen des Reiches verborgen hielten. Die Regierung verschaffte diesem Recht dadurch Wirksamkeit, daß sie seitdem umfangreiche Suchaktionen in den beliebtesten Zuzugsgebieten durchführen und die massenhaft aufgespürten Läuflinge wieder ihren rechtmäßigen Herren überstellen ließ. Ausnahmeregelungen wurden von Fall zu Fall nur für solche Grenzkreise getroffen, bei denen das Staatsinteresse an der Verstärkung der dortigen Garnisonen es erfordern konnte, in den Militärdienst übergetretene Läuflinge nicht zurückzugeben.

Wenn auch das Gesetzbuch von 1649 den nun endgültig gebundenen Bauern im Unterschied zum Sklaven noch als Rechtsperson behandelte, so wurde doch sein Verhältnis zum Herrn rechtlich nicht eindeutig genug definiert. Er unterlag dessen Polizeigewalt und Jurisdiktion, soweit es sich um Vorfälle innerhalb der Besitzgrenze und nicht um schwere Verbrechen handelte. Dem Herrn fiel die fiskalische und zivilrechtliche Haftung für seine Hintersassen zu. Dies genügte im Verein mit dem mangelnden rechtlichen Schutz und der wirtschaftlichen Abhän-

Abb. 17: Russische Bauern des 17. Jahrhunderts. Nach Olearius. Die Axt verdeutlicht ihre handwerkliche Geschicklichkeit.

gigkeit Schollenpflichtiger, daß der Bauer wie seine übrigen Schicksalsgenossen östlich der Elbe auf dem Weg des Gewohnheitsrechtes in immer strengere Erb- bzw. Gutsuntertänigkeit hinüberglitt, daß sich der Gutsbesitzer als nahezu allein »zuständige« Zwischeninstanz zwischen ihn und den Staat schob.
Diese deutliche Abwärtsbewegung schlug sich nach der Einführung der Hofbesteuerung in einem Gesetz nieder, das 1680 bereits Cholopen mit eigener Ackerwirtschaft den erbuntertänigen Bauern steuerlich anglich und damit jenen Verschmelzungsprozeß zwischen beiden Gruppen einleitete, der unter Peter dem Großen dann seinen gesetzlichen Abschluß fand. Als die Bauern erst einmal auf das Niveau der Sklaven herabzusinken begannen, wandelte sich ihre rechtliche Situation aufs neue. Waren sie ursprünglich in erster Linie an das Land gebunden gewesen, so nahm ihr Verhältnis zu den Gutsherren nun allmählich einen entscheidenden Wesenszug der Sklaven an – den Übergang in die persönliche Abhängigkeit. Damit begann sich schon am Vorabend von Peters Regierungsantritt die qualitative Umwandlung der Gutsuntertänigkeit in die Realleibeigenschaft des 18. und beginnenden 19. Jahrhunderts abzuzeichnen.
Freilich verlief die Ausformung der Gutsuntertänigkeit auf dem Gebiet des Moskauer Reiches insgesamt keineswegs einheitlich. In Nordrußland, wo die Inselhaftigkeit des Nutzlandes, das wegen der niederen Agrarerträge unabdingbare Nebenein-

kommen aus Wald- oder anderen Gewerben sowie der starke Anteil der Schwendwirtschaft die Ausdehnung des Gutsbesitzes hemmten und die schwarzen Landgemeinden sich im Zuge der Selbstverwaltungsreform des 16. Jahrhunderts zu stabilisieren vermochten, galten die Bauern zwar auch als schollenpflichtig, bewahrten sich aber ein weit größeres Maß an Rechten als ihre gutsuntertänigen Genossen. Daher ging die eigentliche Leibeigenschaft auch in der Folgezeit an ihnen vorüber.

Doch selbst die gutsherrschaftlich geprägten Kerngebiete des Reiches zeigten während des 17. Jahrhunderts keineswegs einen einhelligen Trend zur Ausweitung der bäuerlichen Fronlasten. Vielmehr hat gerade eine jüngere Studie von sowjetischer Seite sichtbar gemacht, daß z. B. auf den außerhalb des Schwarzerdegürtels gelegenen Gütern des Moskauer Patriarchats die Fron zunehmend durch einen Geldzins abgelöst und die bäuerliche Abhängigkeit damit gelockert wurde.[2] Dies gilt allerdings nicht für die Vielzahl der kleinen und mittleren Adelsgüter, deren Besitzer auf eine Gutswirtschaft wegen des geringen Maßstabes der Betriebe nicht verzichten konnten. Zu ihnen zählten am Ende des 17. Jahrhunderts immerhin 57 Prozent aller lastenpflichtigen Höfe, während 13,3 Prozent sich in den Händen kirchlicher Institutionen befanden, 10,4 Prozent schwarzen Bauern oder Stadtgemeinden, 10 Prozent Bojaren und 9,3 Prozent dem Zarenhof gehörten.

Das russische Städtewesen vermochte auch im 17. Jahrhundert nicht die traditionellen Fesseln zu sprengen. In den Kerngebieten der Wüstungsperiode gleichfalls schwer in Mitleidenschaft gezogen, erreichten die meisten Städte noch nicht einmal um die Mitte des 17. den Bevölkerungsstand des 16. Jahrhunderts. Zwar trieben die nun entstehenden Manufakturen und der wachsende Warenaustausch innerhalb des Landes immer mehr Bauern in die Städte, doch beschränkte sich dieser Aufschwung des städtischen Wirtschaftslebens im großen und ganzen auf Moskau, das Gebiet um Tula mit seinen großen Eisengießereien und Waffenfabriken und auf die Städte an den großen Handelsmagistralen, vor allem an der Wolga. Indes schritt gerade seit der Smuta die Aufsaugung der lastenpflichtigen Posadhöfe durch die »weißen Freiheiten« so rapide fort, daß die Stadtgemeinde vielerorts ihren staatlichen Verpflichtungen nicht mehr nachzukommen vermochte. Da die »schwarzen« Posadbewohner wie die Landbevölkerung ihr Abzugsrecht verloren hatten und neuer Zuzug aus der Umgebung gutsuntertänige Bauern in die Städte spülte, blieben diese in die allgemeine Verfassungsentwicklung eingebettet und konnten sich gegenüber dem flachen Land rechtlich und sozial auch weiterhin nicht profilieren.

Desgleichen hielt im 17. Jahrhundert die Entvölkerung der ertragsarmen Kerngebiete des Reiches an. Gefördert wurde sie

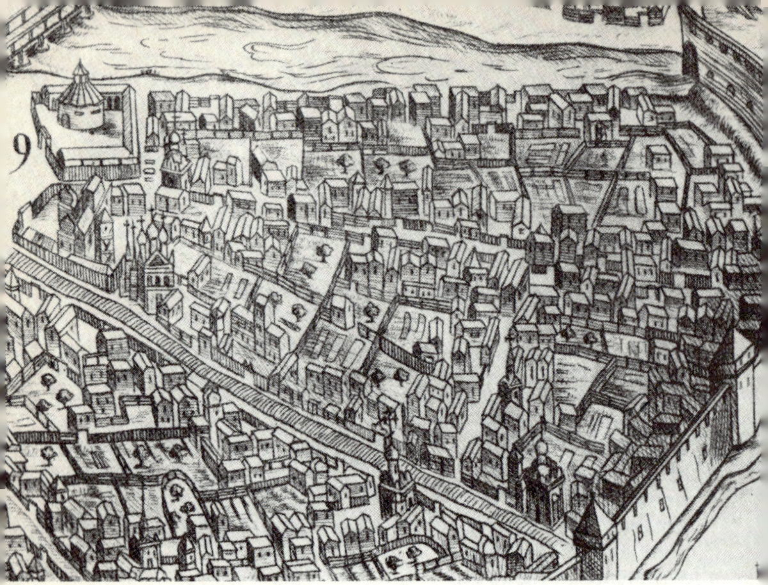

Abb. 18: Teilansicht Moskaus mit dem Pušečnyj dvor an der Neglinnaja-Brücke. Charakteristisch für die altrussische Stadt auch hier die Trennung der Häuser von der bohlenbelegten Straße durch einen Palisadenzaun. Aus dem Moskauer Stadtplan Sigismunds III. von 1610

neben dem illegalen Abfluß von Läuflingen auch dadurch, daß die Grundbesitzer in immer größerem Umfange ihre Bauern von den Ländereien des Zentrums auf neu erworbene Güter in der Nähe oder im Bereich des fruchtbaren Schwarzerdegürtels umsiedelten. Auf diesem Wege begann sich bereits im Laufe des 17. Jahrhunderts jene regionale Arbeitsteilung herauszukristallisieren, die den Schwerpunkt des Getreideanbaus in die steppennahen Kreise südöstlich der Oka verlagerte, während in den zentralen Gebieten des Reiches mit ihren kargen Böden neben die Landwirtschaft immer stärker als Erwerbszweige Wanderarbeit, Heimindustrie und bäuerlicher Handel traten. Auf das hier verfügbare Reservoir überschüssiger Arbeitskräfte konnten die Manufakturen zurückgreifen, die seit dem 17. Jahrhundert entstanden und im 18. Jahrhundert vor allem in der Textilherstellung einen großen Aufschwung nahmen.

Unter den lang anhaltenden Nachwirkungen der Wüstungsperiode von 1560–1620 wie unter dem Einfluß wachsender Lasten, zunehmender Manipulierbarkeit der gutsuntertänigen Bauern und der Zersetzung der Stadtgemeinden nahm die Verelendung in Stadt und Land zu. Die sowjetischen Historiker, die diesem Phänomen unter dem Schlagwort der sozialen »Zerschichtung« (rassloenie) in letzter Zeit viel Aufmerksamkeit gewidmet haben[3], ordnen es zu einseitig in den beginnenden Antagonismus zwischen den ersten Regungen des Kapitalismus und dem erstarrenden Spätstadium der »feudalen Formation« ein. Vielmehr handelt es sich dabei um das viel komplexere Produkt jener mannigfaltigen Kräfte, die unter dem Schleier der Wüstungsperiode seit der Mitte des 16. Jahrhunderts das gesamte Sozialgefüge erschüttert hatten. War ja doch die Öffnung der Schwarzerdegebiete für die Kolonisation durch Ivan IV. letztlich die Voraussetzung dafür gewesen, daß im Zuge einer regionalen Arbeitsteilung die im Zentrum verbliebenen Bauern wirtschaftlich stärker zersplitterten und sich durch Heimarbeit oder — mit einem befristeten Paß des Herrn in der Tasche — als Handwerker in der Stadt, als Saisonarbeiter auf Gütern oder als Schiffsschlepper auf der Wolga den Lebensunterhalt verdienen mußten. Zur Verelendung der Posadbewohner in den Städten schließlich hat die privilegierte Stellung des Zaren, des Adels und der Klöster in Handel und Gewerbe ganz wesentlich beigetragen. Dadurch kommen aber Faktoren mit ins Spiel, die nicht allein in verstärkter Ausbeutung und beginnenden kapitalistischen Strukturen, sondern auch in den Folgeerscheinungen der imperialen Moskauer Machtentfaltung und in traditionellen Verfassungsmerkmalen verankert waren.

Neben schleichender Verelendung in Stadt und Land verstärkten die Auswirkungen der Krise von 1560—1620 die soziale Mobilität. Entlaufenen Cholopen und Bauern bot sich bei dem enormen Truppenbedarf der zahlreichen neuen Festungen vor allem an der Steppengrenze eine nicht ungünstige Chance, die Bindung an ihre alten Herren abzustreifen und in den Militärdienst einzutreten. Aus dieser Grundschicht der regulären Stadtkosaken, Pikeniere, Bombardiere, Strelitzen oder auch der auf Land angesetzten Wehrbauern konnten bis 1675 zahlreiche Angehörige durch persönliche Tapferkeit in die nächsthöhere Gruppe, in den eigentlichen niederen Dienstadel aufsteigen, zu dem etwa die »Bojarenkinder« (deti bojarskie) gehörten.* Diese Aussicht war einer der Motoren, die das ganze 17. Jahrhundert

* Alle genannten Gruppen gehören zu den auf der Kontaktbasis (po priboru) angeworbenen einfachen Dienstleuten:

Stadtkosaken: stehende, in das Moskauer Militär- und Kommandosystem fest integrierte Kosakentruppen im Gegensatz zu den im 17. Jh. noch halb autonomen Kosakenverbänden an Don und Dnepr.

Pikeniere (russ.: kopejščiki): Hellebardentragende Fußsoldaten und Lanzenreiter.

Bombardiere (russ.: puškari): bedienten die städtische Festungsartillerie. Seit Mitte 16. Jhs. erblicher Dienst.

Strelitzen (russ.: strel'cy): wurden Mitte des 16. Jhs. im Rahmen der Militärreformen Ivans IV. als stehende, musketenbewaffnete Fußtruppe geschaffen. Erblicher Militärdienst, geringe Entlohnung in Naturalien und Geld, daher meist zusätzliche Erwerbstätigkeit durch Kleinhandel und Handwerk.

hindurch die Bauernflucht in Gang hielten. Den Aufstieg aus den Reihen des mittleren Dienstadels in höhere Ränge bremste allerdings die »Platzordnung« (mestničestvo), wenn sie ihn auch nicht unterband.
Eine andere Möglichkeit, zu Reichtum und Ansehen zu gelangen, bestand für gutsuntertänige Bauern in Handel und gewerblichem Unternehmertum, wo sie — wie am Ende des Jahrhunderts Nikita Demidov — beträchtliche Kapitalien ansammeln konnten. Rechtlich ließen sich dadurch zwar Bindung und Zins an den Herrn nicht beseitigen, aber das Geld vermochte doch diesen Schmerz weitgehend zu lindern.
Freilich hatte die soziale Mobilität auch eine Kehrseite. Da sie bei großen Teilen der bäuerlichen Bevölkerung zur Entwurzelung entartete und Wanderarbeiter wie Läuflinge ruhelos vom Land in die Stadt oder von Gut zu Gut trieb, bereitete sie zusammen mit der schleichenden Verelendung wie der zunehmenden persönlichen Unfreiheit und Rechtlosigkeit den Nährboden für die im 17. Jahrhundert sich häufenden gewaltsamen Ausbrüche sozialer Unzufriedenheit. Daß die großen Aufstände dabei gerade von dem »Gelobten Land« der Läuflinge, von den grenznahen Kreisen des Schwarzerdegürtels ausgingen wie der Aufstand Bolotnikovs oder der Sten'ka Razins (1669–1671), gründet in der vergeblichen Hoffnung der Entlaufenen, dort dem Zugriff ihrer alten Herren zu entgehen oder gar nicht erst neue Gutsherren vorzufinden. Hieraus wie aus den Bedingungen der wandernden Grenze und der sozialen Labilität des benachbarten Kosakentums, das nicht in der Lage war, die neu hinzustoßenden Läuflingsmassen wirtschaftlich zu integrieren, erwuchs die für die großen Aufstände des 17. und 18. Jahrhunderts charakteristische Verbindung von Kosaken und entwurzelten Bauern.
Zu Unruheherden entwickelten sich immer stärker auch die Städte. Gerade in ihnen konzentrierten sich alle aus den sozialen und wirtschaftlichen Verhältnissen des 17. Jahrhunderts erwachsenen Spannungen auf kleinstem Raume, wie in einem Brennglas verdichtet vor allem in dem Existenzkampf der lastenpflichtigen Stadtgemeinden gegen den Würgegriff der steuerlich eximierten »weißen« Sloboden. Am empfindlichsten registrierten naturgemäß die Einwohner Moskaus Spannungsschübe.
So war es kein Zufall, daß am 1. 6. 1648 gerade in der Hauptstadt jener Aufstand losbrach, der das wegen seiner drastischen Lastenerhöhung verhaßte Regime des Bojaren B. I. Morozov hinwegfegte, der seit 1645 für den minderjährigen Zaren Aleksej Michajlovič die faktische Macht ausübte. Posadbewohner und Dienstadel als Hauptträger des Aufstandes konnten zwar die Einberufung einer allgemeinen Reichsversammlung erzwingen, die dafür sorgte, daß in dem Gesetzbuch von

1649 die eigenen Interessen berücksichtigt wurden, aber weder schützte die generelle Aufhebung der Rückführungsfristen für Läuflinge die Pomeščiki vor weiterer Flucht ihrer Gutsuntertanen, noch konnte die Zwangsüberschreibung der »weißen« Sloboden an die städtischen Steuergemeinden verhindern, daß zahlreiche Immunitäten in den Städten ausgespart blieben oder neue sich bildeten. Die Korporation der Großkaufleute (gosti) erreichte zwar gleichfalls endlich eine Einschränkung der Privilegien ausländischer Konkurrenten, doch da eine eigene Handelsflotte fehlte, blieb die Verschiffung von Massengütern nach wie vor ein gewinnbringendes Monopol vor allem der Engländer und Holländer. Daher erwies es sich auch als gesamtwirtschaftlich relativ belanglos, daß neue Gesetze von 1654 und 1667 die Ausländer wenigstens aus dem russischen Binnenhandel weitgehend ausschalteten.

Wenn das Uloženie also den verschiedenen an ihm beteiligten Interessengruppen nicht mehr als eine nur mäßige Befriedigung ihrer Wünsche verschaffen konnte, so erreichten zwei Gesellschaftsgruppen nicht einmal dies. Die Bauern blieben endgültig auf der Strecke, und kirchlichen wie klösterlichen Grundbesitzern wurde erneut das schon mehrmals gescheiterte Verbot auferlegt, Land zu erwerben. Da zugleich zumindest vorübergehend ein Klosterprikaz als staatliche Zentralbehörde für die Regelung kirchlicher Grundbesitzangelegenheiten ins Leben gerufen wurde und damit die Kirche bei Besitzstreitigkeiten ihre alten Vorrechte verlor, darf man im Gesetzbuch von 1649 die ersten, wenn auch nicht konsequent durchgehaltenen Anfänge der Säkularisationen des 18. Jahrhunderts sehen.

Das 17. Jahrhundert zog die Bilanz aus den inneren Erschütterungen der vorhergehenden Krisenperiode. An dem allgemeinen Trend, der sich seit dem Ende des 15. Jahrhunderts abzeichnete, änderte sich nichts. Weil die rasche, durch die Natur des Raumes und die Machtkonstellation unter den politischen Nachbarn begünstigte Expansion des Reiches den Militäradel zur wichtigsten sozialen Schicht erhob, wurden alle anderen gesellschaftlichen Gruppen dem Wirtschaftsinteresse dieser Schicht untergeordnet. Dies konnte um so leichter gelingen, als infolge der traditionell starken fürstlichen Stellung, der Nachwirkungen des Mongolensturms und der für die Entwicklung des Eigenhandels ungünstigen geographischen Binnenlage das Städtewesen schwach entwickelt blieb. Damit entfiel aber nicht nur ein politisch potentes Gegengewicht gegen Autokratie und Adelsherrschaft, gegen die Knebelung der Bauern und die Erstarrung Rußlands als eines Agrarstaats, sondern es fehlte auch jene breite Konsumentenschicht, die durch ihre Kaufkraft die industrielle Entwicklung hätte ankurbeln können. Zwar kam es während des 17. Jahrhunderts zu vermehrter Kapitalbildung in der Hand privater Unternehmer – sowohl aus der Mitte des Adels wie der Kaufmannschaft –, aber da dies für den wachsenden Bedarf nicht ausreichte, weitete der Staat gerade während des 17. Jahrhunderts zunehmend seine Handels- und Wirtschaftsmonopole aus, hemmte damit aber wiederum die Entfaltung der privaten Initiative. Zugleich vergrößerte sich nun aber auch auf dem Wirtschaftssektor die bereits vorhandene Neigung der staatlichen Behörden, sich auch in die wirtschaftlichen Belange der Untertanen regulierend einzumischen.[4]

Dem Bild einer in der Gutsuntertänigkeit erstarrenden und manipulierten Agrargesellschaft entspricht die Bürokratisierung des Selbstherrschertums. Die hundert Jahre zwischen den beiden großen Zaren Ivan dem Schrecklichen und Peter dem Großen haben trotz des zeitweiligen inneren Auf und Ab, trotz der Farblosigkeit der meisten Herrscher die Autokratie gefestigt. Dies war nicht zuletzt das Werk der üppig wuchernden staatlichen Zentralbehörden, deren Existenz von der der Autokratie abhing. Das Selbstherrschertum wurde bürokratisch institutionalisiert, mußte es werden, weil der Verwaltungsapparat sich in dem riesigen Reich immer unentbehrlicher machte. Damit begann sich aber das Herrscheramt von dem persönlichen Zuschnitt seines Trägers zu trennen. Es spielte keine Rolle mehr, ob ein Minderjähriger Zar wurde oder eine Frau wie Sofija die vorläufige Regentschaft ausübte; die Bürokratie garantierte nicht nur die Beständigkeit des mehr und mehr auf einen bloßen Herrschaftsmechanismus reduzierten Autokratentums, sondern engte praktisch auch den Handlungsspielraum der Herrscher ein. In der Folgezeit hat sich eigentlich nur noch Peter der Große aus dieser Abhängigkeit befreien können.

Überflüssig wurden damit aber die Reichsversammlungen, die ja vorwiegend als Hilfsinstrumente zur Überwindung der Krisenperiode gedient hatten. Logischerweise schliefen sie seit der Mitte des 17. Jahrhunderts ein; entsprechend wurde auch die regionale Selbstverwaltung durch die massive Verschränkung staatlicher Exekutive und militärischer Befugnisse in der Hand von Wojewoden allmählich an die Wand gedrückt.

Ob man die Gestalt, die dieses Herrschaftssystem in der zweiten Hälfte des 17. Jahrhunderts annahm, schon unter den Begriff des »Absolutismus« fassen kann, ist selbst in der sowjetischen Forschung umstritten.[5] Wenn man den gängigen, an westeuropäischen Modellen gewonnenen Verfassungsbegriff nicht völlig aufweichen will, gibt es dafür keinerlei stichhaltige Argumente.

Die Verfilzung von autoritärem Regime und systemstützender zentralistischer Bürokratie ist seitdem ein Grundzug der russischen Verfassungsgeschichte geblieben. Der Wiedererstehung antiautokratischer regional gebundener oder föderalistischer

Kräfte war damit der Boden weitgehend entzogen. Mit seiner Schwerfälligkeit vermochte der zentralistische Verwaltungsmechanismus jedoch den Bedürfnissen des expandierenden Staates schon im 17. Jahrhundert nicht gerecht zu werden. Daher hat er gemeinsam mit den auf die Erhaltung der Gutsuntertänigkeit und damit des Agrarcharakters der Gesellschaft ausgerichteten Interessen des Adels nicht nur die sozialen Spannungen geschürt, sondern darüber hinaus die weitere wirtschaftliche und gesellschaftliche Entwicklung Rußlands gebremst.

c) Anfänge der »Europäisierung«

Über den Handel hinausgehende Kontakte mit dem Westen, wie sie sich auf diplomatischem Gebiet seit dem ausgehenden 15. und allgemeiner im 16. Jahrhundert zu entfalten begannen, beschränkten sich im wesentlichen auf nur wenige Personen und wurden von der orthodoxen Kirche mit großem Mißtrauen beobachtet. Als die Aufgeschlossenheit des ersten falschen Demetrius gegenüber dem Westen und die ausländische Intervention von 1610 eine neue Woge der Fremdenfurcht aufschäumen ließen, wurde jedoch die Doppelbödigkeit der Beziehungen Rußlands zum übrigen Teil Europas noch deutlicher: auf der einen Seite fuhren Regierung und Kirche fort, das Land nach außen hin systematisch abzuschirmen, um durch Schüren der Spionagefurcht die Bevölkerung vor der Ansteckung durch westliche Ideen zu bewahren; auf der anderen Seite zwang die Notwendigkeit, nicht zu stark hinter die rapide technische und militärische Entwicklung der übrigen europäischen Großmächte zurückzufallen, dazu, die Hilfe ausländischer Fachleute weit stärker als vorher in Anspruch zu nehmen. Dies galt neben der Medizin und dem Arzneiwesen, die vor allem für die Bedürfnisse des Hofes mit Beschlag belegt wurden, besonders für die Verpflanzung technischer Errungenschaften des Westens nach Rußland, so etwa moderner Methoden der Eisenverhüttung. Mit den zur Anleitung benötigten Spezialisten kamen zugleich ausländische Geldgeber und Unternehmer ins Land, die wie der Holländer Andreas Winius und der Däne Peter Marselis die Erlaubnis erhielten, auf eigene Rechnung Eisen zu erzeugen und zu verarbeiten.

Während die Regierung derart versuchte, mit ausländischer Privathilfe ihre Waffenproduktion zu vervollkommnen und auf diesem Sektor autark zu werden – ein letzthin weitgehend gelungenes Unterfangen –, bedurfte sie zur Modernisierung der Armee nicht weniger der Hilfe fremder Militärs. Schon in der ersten Hälfte des 17. Jahrhunderts erschienen stehende Truppenteile, die nach westlichem Vorbild organisiert, gegliedert, benannt, von ausländischen Instrukteuren ausgebildet und z. T.

sogar von ausländischen Offizieren geführt wurden. Am Ende des Jahrhunderts dienten immerhin fast 1000 fremde Offiziere in der russischen Armee. Die lange Kriegsphase nach der Jahrhundertmitte beschleunigte die Aufstellung von derartigen Verbänden »neuer Art«. 1681 schließlich ging man dazu über, auch das Adelsaufgebot und das stehende Heer älteren Datums, die Strelitzen, in die moderne Organisationsform einzugliedern. Unerläßliche Voraussetzung dafür war jedoch die Aufhebung der geltenden »Platzordnung« (mestničestvo), die eine ausschließlich auf dem Prinzip der persönlichen Leistung aufgebaute und von dem Status des Betreffenden in der allgemeinen Adelshierarchie unabhängige militärische Karriere verhindert hatte. Nachdem die »Platzordnung« bereits seit 1653 zunehmend durchlöchert worden war, wurde sie 1682 endgültig getilgt. Damit war den endlosen Rangstreitigkeiten der Adligen untereinander ein Riegel vorgeschoben und tüchtigen Emporkömmlingen die Bahn geebnet. Peter der Große hat die hier gewiesenen Möglichkeiten genutzt.
Eine Auflockerung erfuhr seit der Jahrhundertmitte auch die penetrant auf Moskau als das »dritte Rom« eingeschworene nationale Orthodoxie. Da man zunehmend den Buchdruck für die Verbreitung kirchlichen Schrifttums nutzbar machen wollte, erwies sich eine offizielle Festlegung der bis dahin kursierenden Lesarten als unumgänglich. Fragen der Kultreform schlossen sich zwangsläufig an. Unter der tatkräftigen Förderung des jungen Zaren Aleksej Michajlovič und des 1652 auf den Patriarchenstuhl erhobenen Nikon schritt man zur Verwirklichung dieser Ziele, ohne sich dabei zu scheuen, den Rat orthodoxer Experten aus der polnischen Ukraine einzuholen.
Doch sehr bald schon gab es unter den Reformern Spannungen. Während eine Gruppe um den Erzpriester Avvakum meinte, dem ursprünglichen Reformziel einer neuen Glaubensverinnerlichung wäre mit der Beseitigung der schlimmsten liturgischen Mißstände Genüge getan, ging Nikon sehr viel weiter und suchte die russische Tradition generell zugunsten des griechischen Urbildes zu purgieren. Dieses neue Bekenntnis zum byzantinischen Erbe bedeutete aber nichts anderes als einen Bruch mit der herkömmlichen Ansicht, daß die heilsgeschichtliche Sendung nach dem »Verrat« der Byzantiner am wahren Glauben auf Moskau übergegangen sei. Die Verteidiger der Moskauer Kirchentradition um Avvakum brachten damit aber eine Komponente ins Spiel, die dem an sich nichtigen Streit um den Grad der durchzuführenden Reformen einen nationalideologisch gefärbten Prinzipiencharakter verlieh. Daß es darüber schließlich unbeabsichtigt zum Bruch, zur Kirchenspaltung (raskol) kam, lag aber auch an der Unnachgiebigkeit der beiden persönlichen Exponenten und an dem massiven Einsatz staatlicher

Machtmittel durch den Patriarchen gegen seine Gegner. Der innerkirchliche gebar jedoch noch einen anderen, nicht weniger einschneidenden Konflikt. Indem Nikon an die außerordentliche politische Machtstellung anknüpfte, die der Patriarch Filaret während der Regierung seines Sohnes, des Zaren Michail Romanov, besessen hatte, suchte er die Jugend und anfängliche persönliche Ergebenheit des Zaren Aleksej zu einer bis dahin in der Moskauer Kirche ungekannten Ausweitung auch der politischen Befugnisse des Patriarchen auf Kosten der Autokratie auszunutzen. Dieser Bruch mit der Tradition ging allerdings zu weit, der bereits 1660 amtsenthobene Patriarch wurde 1666 von derselben Bischofssynode endgültig abgesetzt, die dann 1667 seine Reformen trotzdem sanktionierte. Damit hatte der autokratische Staat die Kirche noch stärker seinen Interessen untergeordnet.

Von hier bis zur Kirchenreform Peters des Großen war es nur noch ein Schritt. Mit der gleichzeitigen gewaltsamen Durchsetzung der Nikonschen Reformen enthob sich die Autokratie jedoch auch ihrer eigenen religiös-ideologischen Legitimation. Für Millionen Altgläubige, die seitdem lang anhaltender Verfolgung ausgesetzt waren, hatte sich nunmehr der Zar als der Antichrist entlarvt, der den Glauben der Väter nicht achtete.

Wenn auch den Nikonschen Reformen nur ein später Hauch des Westeuropa bewegenden reformatorischen Geistes anhaftete, so sind sie doch in die Anfangsphase der »Europäisierung« Rußlands mit einzubeziehen. Erst durch die von Nikon eingeleiteten engeren Beziehungen zur griechischen Kirche und zur Kiever Geistlichen Akademie war es ja wieder möglich geworden, über den eigenen engen geistlichen Horizont hinauszublicken. Daher konnte Zar Aleksej seine Kinder bereits einem Geistlichen – Simeon von Polock – zur Erziehung anvertrauen, der nicht nur an der nach dem Vorbild der Jesuitenhochschulen begründeten orthodoxen Akademie in Kiev, sondern wahrscheinlich sogar am Jesuitenkollegium in Wilna studiert hatte und der das Lateinische fließend beherrschte. Simeon nahm auch den Kampf um die Errichtung einer ähnlichen geistlichen Fortbildungsstätte in Moskau auf, doch konnte das Projekt infolge zähen Widerstandes der Kirche erst 1687 verwirklicht werden. Auch dann dauerte es noch einige Jahre, bis der Unterricht in erwünschter Weise, darunter auch in griechischer und lateinischer Sprache, erteilt werden konnte.

Zusammen mit der engeren politischen und wirtschaftlichen Integration in das europäische Beziehungsgeflecht unterlagen jedoch zunehmend auch Angehörige der führenden Schicht dem Einfluß westlichen Gedankenguts und westlicher Lebensweise. Dies galt naturgemäß zunächst nur für Teile der Moskauer Hofgesellschaft, da Moskau mit seinem großen Ausländerghetto,

der Nemeckaja sloboda, Wißbegierigen die besten Kontaktmöglichkeiten bot. Immerhin fanden gegen Ende der Regierung Aleksejs selbst am Zarenhofe schon Theater- und Ballettaufführungen statt. Welche Wandlungen sich in Weltoffenheit und Bildungsgrad moskauischer Diplomaten der Zeit Aleksejs vollzogen, konnte die Pariser Presse an drei Gesandten des Zaren goutieren. Während sich noch K. G. Mačechnin 1654 auf dem Parkett am Hofe des Sonnenkönigs wie ein Elefant im Porzellanladen bewegte und kaum von der Wodkaflasche zu trennen war, setzte P. I. Potëmkin 1668 und 1680 die Hofgesellschaft durch seinen Wissensdurst und seine »zivilen« Manieren in Erstaunen. In dem Fürsten Ja. F. Dolgorukij begegnete man schließlich 1687 einem Repräsentanten jener höchsten Moskauer Hofkreise, die wie die Leiter des Außenamtes, A. L. Ordin-Naščokin und A. S. Matveev oder der unter der Carevna Sofija leitende Staatsmann, Fürst V. V. Golicyn, durch westliche Bildung und Sprachgewandtheit glänzten.
Doch darf dies alles nicht darüber hinwegtäuschen, daß auch die zweite Hälfte des 17. Jahrhunderts Rußland noch keinen allgemeinen Aufbruch in die westeuropäische Welt der Neuzeit bescherte. Die von Staatsapparat und Kirche nach wie vor praktizierte Abschirmungspolitik nach außen begann ja selbst auf höchster Ebene nur hier und da Löcher zu zeigen. Der Westen war erwünscht, soweit man ihn brauchte und um keinen Deut mehr. Wenn das 17. Jahrhundert auch zweifellos die Voraussetzungen für die weiteren »Europäisierungsmaßnahmen« Peters des Großen geschaffen hat, so darf man daneben ein zweites Moment nicht übersehen. Indem sich die allmählich einsetzende Verwestlichung der staatstragenden Elemente mit der Verhärtung der sozialen Gegensätze, mit religiösen Spannungen und mit der Bürokratisierung des selbstherrscherlichen Regimes verband, wurden schon am Vorabend der Petrinischen Ära die Voraussetzungen dafür geschaffen, daß im 18. Jahrhundert zwischen der »aufgeklärten« Oberschicht und der breiten Masse des noch ganz in seinen Traditionen dahindämmernden Volkes jene Kluft wachsen konnte, die den Verlauf der russischen Geschichte auf lange begleitet hat.

4. Das Petrinische Kaiserreich

I. DER AUFBAU DES PETRINISCHEN REICHES

a) Peter der Große und sein Werk

Peter der Große hat aus seinem Reich nicht eigentlich einen »westlichen Staat« geformt[1], sondern einen mehr oder minder effektiven Dienst- und Militärstaat; er hat die Staatsraison des Moskauer Rußland erneuert in dem umfassenden Versuch, durch Unterordnung der Geister und Heranziehung aller Produktivkräfte, auch der Menschen, mit oder gegen ihren Willen eine europäische Großmacht aufzubauen. Der Vergleich mit Stalins Revolution von oben durch totale Unterwerfung aller Staatsbürger – in Kollektivierung, Industrialisierung und erzwungenem Konsumverzicht – drängt sich auf. Doch ging es Peter nicht um Macht für sich selbst – diese war für den legitimen Selbstherrscher nach Beseitigung seiner Rivalin, der Schwester Sofija, ohnehin unbestritten –, sondern es ging ihm in erster Linie um das Gemeine Wohl und damit erst mittelbar um das Wohl des Herrschers. Der Dienst am Gemeinen Wohl bestand aber nicht in der energischen Sicherung von Freiheitsräumen für den Staatsbürger, war vielmehr als Dienst an der ungeheuren Aufgabe der Mobilisierung aller Reserven zu verstehen, um durch Eroberungskriege »das Fenster nach Westen zu öffnen« und die immer wieder gefährdete Flanke nach Süden zu sichern. Der Vergleich mit dem Preußen Friedrich Wilhelm I. liegt näher; doch eignete dem petrinischen Experiment mehr notwendige Gewaltsamkeit, nicht zuletzt, weil dem Herrscher, außer einer eingearbeiteten Bürokratie in der Zentralverwaltung, kaum vorgebildete staatstragende Kräfte zur Verfügung standen, die das riesige Reich in bewußter Staatsgesinnung und freiwilliger Mitverantwortung hätten integrieren können. Preußen ist nicht überwiegend auf Zwängen aufgebaut worden. In Rußland hat der Mangel an geeigneten Leuten (maloljudstvo) allen Umgestaltungen für lange Zeit gewisse Grenzen gesetzt.

Die Verwestlichung mit der Übernahme westlicher Verwaltungsformen und Organisationsmaximen, der Kampf gegen traditionelle Trachten und Sitten ist nur in dem Sinne als ein Prozeß geistiger »Bildung« zu verstehen, als das Vertrauen der frühen Aufklärung in die Möglichkeit einer wohlgeordneten, nach den Gesetzen der Mechanik errechenbaren Regierung und Verwaltung den führenden Geistern gemeinsam war. Der alte Moskauer

Abb. 19: Peter der Große. Schabblatt von B. Vogel 1737

Gedanke des technisch-wissenschaftlichen Einholens des auf solche Weise überlegenen Westens fand hier eine willkommene Bestätigung. Gewiß gehörte Peter in die Epoche des europäischen Absolutismus, doch auf eine besondere, abgeleitete Weise. Denn dieser war nicht zuletzt auf den Wirtschafts- bzw. Finanzstaat aufgebaut, einem gesicherten, überschaubaren ökonomischen Gefüge als Grundlage selbstherrscherlichen Handelns und seines Werkzeuges, des stehenden Heeres. Das Moskauer Rußland hat im Falle kriegerischer Gefahr auf Aufgebote zurückgegriffen, war zudem wegen seiner schwachen Finanzkraft nicht imstande, den Schutz des riesigen, nur unzureichend erschlossenen Territoriums überall erfolgreich zu übernehmen, solange nicht an den Grenzen die Truppen auch dortselbst stetig versorgt werden konnten. Im Petrinischen Rußland bedingte allein die Kriegsmacht bei noch unzureichenden ökonomischen Mitteln die Prinzipien des Staatsaufbaus und ging nicht einher — oder nur in Ansätzen, denn Peter war sich dieser Aufgabe durchaus bewußt — mit der Integration des Reiches in einen übersichtlichen Verwaltungsstaat mit effektiven Mittelinstanzen ständischen oder bürokratischen Charakters.

Der moderne Staat setzt ein gewisses Gleichgewicht zwischen Sozialprodukt und öffentlichem Aufwand voraus, was oft die europäischen Herrscher jener Zeit, etwa durch übermäßige Bauausgaben nicht wahrgenommen bzw. nicht beachtet haben. Darüber hinaus stellte sich für Rußland mit neuer Wucht während des Nordischen Krieges das Dilemma der Relation zwischen dem technisch kaum zu bewältigenden ungeheuren Raum und den vorhandenen Kräften von Organisation und Verwaltung. Den Staatsaufbau weniger straff auf ein Machtzentrum hin auszurichten, war bereits von der Überlieferung her nicht einfach, wieviel schwieriger aber, jene Schichten von Staatsdienern zu prägen, die auch an der Peripherie mit weniger strenger Überwachung ehrenhaft ihre Pflicht taten, nicht nur im Blick auf eine — vielleicht bis zu einem gewissen Grade unvermeidbare — Korruption, sondern auch ihre Fähigkeit und Vorbildung. Der Neubau Rußlands — und das hat Peter ebenso gesehen wie Lenin in seinen letzten Jahren — war nicht zuletzt eine Bildungsaufgabe, und zwar nicht nur Bildung einer kleinen hochadligen Schicht, sondern Ausbildung hinunter bis zum Kanzlisten im fernen Astrachan'. Für diese Aufgabe waren noch kaum die einfachsten Voraussetzungen gegeben, nicht zuletzt deshalb, weil die rechtgläubige Kirche in ihrem liturgischen, nicht katechetischen Selbstverständnis sich kaum um die Volksbildung gekümmert hatte. Rußland hat weder die Reformation noch die Gegenreformation gekannt, das heißt bis zum Raskol keine Herausforderung, die Geistliche und Laien zu Reflexion und einsichtiger Vermittlung von Heilstatsachen und Glaubensforderungen — als Proömium ihrer eigenen Säkularisierung — gezwungen hätte. Aus welchen sozialen Ständen sich die Masse ausgebildeter und verantwortlicher Staatsdiener rekrutieren sollte, schien dem Herrscher weniger wichtig: der adlige Stand war bereits unter Peter zahlreich genug und von unterschiedlichem Wohlstand, daß auch seine Angehörigen durchaus im Kanzleidienst Unterschlupf finden konnten; es fragte sich nur, wer geeignet und fähig war. Reichten die Staatseinkünfte hin, um ein genügend dichtes Netz von Administration, nicht zuletzt zur umfassenden und gerechten Steuereintreibung, über das Land zu breiten und die Diener einigermaßen ausreichend zu besolden, bzw. gab es im Reiche latente Kräfte örtlicher und regionaler Selbstverwaltung, die öffentliche Aufgaben wahrnehmen konnten?

Der junge Herrscher richtete in der äußeren Politik seine Aufmerksamkeit zuerst gegen Süden. Hinter den Krimtataren, dem Erbfeind, stand die osmanische Macht. Zwar konnte die wichtige Festung Azov im Jahre 1694 gewonnen werden; aber vergeblich begab sich der junge Herrscher auf eine spektakuläre Europareise, um eine große antitürkische Allianz zusammenzubringen. Selbständig weiter gegen die Türken vorzugehen, ohne zuvor mit einer entsprechenden Flotte das Schwarze Meer zu beherrschen, schien vorerst aussichtslos. In England und Holland hat sich Peter mit den Problemen moderner Schiffbautechnik gründlich vertraut gemacht. Was in seiner Jugend als Spiel begonnen hatte, wurde nun vertieft: Peter hat seine zielstrebige Kraft in das Flottenwesen gesteckt, in zweiter Linie erst in die Technik des Landkrieges; der Kampf um das Schwarze Meer war nur hinausgeschoben. Der nun begonnene Krieg galt Schweden, dem Zugang zur Ostsee und ihrer Beherrschung. Er mußte als Landkrieg begonnen werden, schon weil die Häfen in der Hand des Feindes waren.

Der Nordische Krieg, vom Zaren dem Schwedenkönig Karl XII. im August 1700 erklärt, kostete nicht nur Schweden seine europäische Großmachtstellung, sondern plünderte auch das Russische Reich bis an die Grenze seiner Leistungsfähigkeit aus — nach dem Frieden von Nystad 1721 blieben dem Zaren noch vier knappe Jahre des Friedens und der Reformen bis zu seinem Tode.

Im Gegensatz zur Tradition der Moskauer Herrscher engagierte sich Peter sofort selbst im Kriege; die erste Niederlage von Narva konnte er allerdings nicht hindern. Nun wurde das Land rücksichtslos herangezogen, die Ausfälle an Material, vor allem an Artillerie unter Leitung geschickter holländischer Geschützgießer mehr als wettgemacht. Karl XII. verfolgte das geschlagene russische Heer nicht. Er zog nach Süden ab, eroberte Polen und zwang August von Sachsen und Polen, den Verbündeten des

Zaren, zum Verzicht auf sein Königreich. Daß er die schwedischen Ostseeprovinzen der russischen Verheerung überließ, war schlimm genug; aber er hat in Sachsen in einem Jahr das Vielfache der Jahreseinkünfte des armen Schweden und seiner Ostseelande herauspressen können. Der Vormarsch des schwedischen Königs gegen Moskau im Herbst 1708 trug wegen der russischen Taktik der verbrannten Erde und des drohenden Winters viele Risiken in sich. Sein Abmarsch in die Ukraine ließ nicht nur den Anschluß des seiner Traditionen kosakischer Selbständigkeit durchaus bewußten Hetmans Mazepa verlokkend erscheinen, nicht weniger auch die Möglichkeiten gemeinsamer Aktionen mit dem Sultan und dem Krim-Khan — Perspektiven, die sich durch die vorsichtige Politik der Pforte im entscheidenden Moment nicht verwirklichen ließen. Ob der schwedische König von den Aufständen der Kosaken an Don und Dnepr im gleichen Jahr gehört hatte, die sich für die alten Ordnungen und überlieferten Freiheiten einsetzten, steht dahin; der Hetman Mazepa hat jedenfalls keine sozialrevolutionäre Tendenz gehabt, vielleicht nicht einmal eine national-ukrainische Linie verfolgt, sondern sich, vor die Wahl gestellt, den Schweden angeschlossen. Die große Schlacht von Poltava (Juni 1708) ging für Karl XII. verhängnisvoll verloren; auch damals bestand nur dann eine Chance, mit dem riesigen russischen Reich militärisch fertig zu werden, wenn soziale und nationale Antagonismen tatkräftig genutzt wurden.

Daß auch die russische Macht an ihre Grenzen stieß, wurde zwei Jahre später sichtbar, als nun doch die Türkei den Krieg erklärte und Peter mit seiner Armee am Prut in Gefangenschaft geriet (Juli 1711), jedoch unter Verzicht auf alle russischen Eroberungen nach zwei Tagen überraschenderweise freikam. Warum der Herrscher nicht so lange festgehalten wurde, bis Polen freigegeben war, muß offenbleiben, wenn auch, bei aller Bedeutung von Bestechungsgeldern, ein übermäßiges kriegerisches Engagement der Pforte angesichts anderer brennender Aufgaben — Rückeroberung Moreas — nicht opportun erschienen sein mag. Vorher hatte der Zar versucht, durch Proklamationen die Christen auf dem Balkan unter türkischer Herrschaft zum Aufstande aufzurufen.

Während Karl XII. den Krieg von der Türkei aus fortführte und erst im November 1714 in einem kühnen Zug den Anschluß an den noch ungebrochenen Teil seines Heeres, vor allem seiner Flotte, gewann, war Liv- und Estland endgültig von Rußland unterworfen worden — die in den Bündnisverträgen anerkannten Rechte des Königs von Polen blieben schließlich übergangen. Den Ritterschaften bzw. den Ständen, d. h. der deutschen Oberschicht, wurden von Peter alle Privilegien, die Karl XI. abgebaut hatte, bestätigt und damit zum erstenmal

einem unterworfenen Reichsteile eine eigene Konstitution gewährt — gewiß ein Gnadenakt des Zaren, der ihn bzw. jeden seiner Nachfolger band, sobald er diese Privilegien bekräftigte — nicht aber eine Art zweiseitiger Vertrag.
Damit war das Reich ein Anrainer der Ostsee geworden. In den letzten Jahren des mörderischen Kampfes ging es um Schwedens Einkreisung, und viele Mächte, nicht nur Preußen, waren am schwedischen Erbe auf dem Kontinent interessiert.
Daß erst nach dem Tode Karls XII. (1718) sich der Ring um das ausgeblutete Land — vor allem durch Invasionen der erstarkten russischen Flotte auf das schwedische Festland — fester schloß, ist nicht zuletzt darauf zurückzuführen, daß der Zar sich mit der Heirat seiner Nichte mit dem Herzog Karl von Mecklenburg durch Stationierung von russischen Truppen in diesem Lande offensichtlich auf Dauer festzusetzen drohte und damit Gegenkräfte forcierte. Es bleibt offen, was Peter mit der mecklenburgischen Bindung für die Zukunft bezweckte — sei es, daß eine Sicherung legitimer russischer Interessen angestrebt war oder bereits das Fernziel einer Hegemonie über die europäische Mitte. Fast wäre es, vor allem auf englisches Betreiben, zu einem Koalitionskrieg gegen das siegreiche Rußland gekommen, hätte sich nicht Friedrich Wilhelm I. von Preußen versagt und der Wiener Hof den Plan mit mehr Energie betrieben. So blieb im Frieden ein um Vyborg und Karelien verkleinertes Finnland (etwa den heutigen Grenzen entsprechend) bei Schweden — Ingermanland, Estland und Livland gingen verloren; der Hauptzweck des großen Krieges war erreicht.
Mit einemmal war das Russische Reich in die europäische Geschichte verwickelt, ein Glied des europäischen Staatensystems, in das es in dem Maß einbezogen blieb, wie es glaubte, unmittelbare Interessen im östlichen Mitteleuropa sowie gegenüber der Türkei und auf dem Balkan — bald auch gegenüber Asien — vertreten zu müssen. Doch zeichnete das Reich in der Gestalt, wie sie ihm der große Zar gegeben hat, eines aus: es konnte sich — anders und dauerhafter als das britische Imperium — leisten, aus den internationalen Verwicklungen herauszubleiben. Es brauchte nicht seine Kräfte in kriegerischen Unternehmungen bis zum äußersten anzuspannen, wenn es nicht unmittelbar angegriffen wurde. Alle wichtigen Erwerbungen wurden hinfort ohne eigentliche Risiken gewonnen. Dennoch blieben nicht alle Anstrengungen auf die Entfaltung der ungehobenen Möglichkeiten des Reiches, mit einer friedlichen Außenpolitik und einer intensiven Innenpolitik, gerichtet; immer wieder — bis in das tödliche Abenteuer des Ersten Weltkrieges — strengte das Zarenreich sich in Expansionskriegen bis zum äußersten an und gefährdete so das Gemeine Wohl.
Der Nordische Krieg hat dem russischen Volk das äußerste an

Leistung abverlangt: zeitweilig wurden 82 Prozent der Staatseinnahmen für den Krieg ausgegeben. In immer neuen Rekrutierungsaktionen wurden nicht nur Bauernsöhne, sondern auch steuerpflichtige Städter und Söhne aus anderen Ständen mobilisiert. Der Umbau des Staates war primär auf die Bedürfnisse der Streitkräfte bzw. der Kriegführung zugeschnitten. Das Einholen des Westens zahlte sich zuerst bei der Flotte aus, die im Wettstreit mit der englischen in der Endphase des Krieges die Entscheidung erzwungen hat. Die technischen Schwierigkeiten konnten mit Hilfe fremder Schiffbaumeister und Seeoffiziere überwunden werden; mühsamer war dies beim Landheer. Desertionen kannten auch andere Mächte. Wie schwer es aber war, den ungeübten, den heimischen Wäldern entrissenen Bauernjungen westlichen Drill und Kriegstechnik in europäischer Uniform beizubringen — bei aller Tapferkeit und Durchhaltekraft, die den russischen Soldaten auch künftig auszeichnen sollten —, davon berichten die Zeitgenossen.

Die überkommene Verwaltung war zu schwerfällig und zentralistisch, um eine gleichmäßige und gerechte Verteilung der staatlichen Forderungen auf die steuerpflichtigen Stände zu gewährleisten und Unterschleifen vorzubeugen. Daher gingen Peters erste noch wenig durchdachte und erfolglose Reformversuche[2] seit dem Jahre 1699 auf Einführung bzw. Wiederbelebung der ländlichen bzw. städtischen Selbstverwaltung aus; jedoch gelang es in der Regel nicht, geeignete, d. h. vorgebildete und verantwortungsbewußte Persönlichkeiten zu finden.

Es ist nicht ganz leicht, sich durch die Ratio mancher von Peters Reformversuchen hindurchzufinden, da wir über die Motivationen vieler eiliger Entschlüsse nur unzureichend unterrichtet sind. Der Krieg erforderte immer größere Mittel, und Zeit war nicht zu verlieren. Die Verwaltung sollte straff organisiert sein; anstelle der Zentralbehörden des Moskauer Staates, der Prikazy, deren Zuständigkeiten nicht immer klar abgegrenzt waren, traten in den Funktionen genau abzugrenzende Fachkollegien. Die kollegiale Verwaltung war die damals moderne Struktur in der europäischen Verwaltungslehre — die russischen Kollegien waren diesem Vorbild nachgebildet. Vor allem schien es dem Herrscher angezeigt, gemeinsam Sachentscheidungen durchsetzen zu lassen und nicht einem einzigen Oberbeamten alle Macht in die Hand zu geben. Ohnehin war nicht beabsichtigt, plötzlich die traditionelle Hierarchie der Amtsträger aus den alten Familien umzustoßen. Übrigens ergänzten sich die Kollegien, da es ja keine Fachausbildung und keine Beamtenlaufbahn gab, durch Wahlen aus den Kandidaten des Senats, der Offiziere und bestimmter Gruppen von Edelleuten selbst.

Der Regierende Senat war im Frühjahr 1711 zur Vertretung des Zaren während seiner Abwesenheit im türkischen Feldzug als Oberbehörde geschaffen, der der gleiche Gehorsam geschuldet werden sollte wie dem Herrscher selbst. Er sollte in erster Linie den Staatshaushalt überwachen und überflüssige Ausgaben abstellen, dann »möglichst viel Geld beschaffen, denn Geld ist die Arterie des Krieges«, weitere Edelleute als Reserve für das Offizierkorps sammeln und die, die sich verborgen halten, aufspüren, ebenso tausend Mann aus dem adeligen Gesinde, die lesen und schreiben können für den gleichen Zweck.[3] Entscheidungsfunktionen waren dem Senat nicht übertragen. Ihm unterstanden die Fiskale, Staatskontrolleure mit fast unbeschränkten Vollmachten; diese konnten jeden Verdächtigen vor den Senat zitieren. Sofort stellte sich die Frage, wer die Fiskale kontrolliere.

Der vergebliche Kampf gegen die Korruption begleitet die Regierungspraxis auch für die Zukunft; Peters gewalttätige Eingriffe haben eher demoralisierend gewirkt: die Anspannung aller Kräfte des Landes höhlte die moralische Einheit der adeligen staatstragenden Schicht aus (Dienstflucht). Die Stellung des Senats als oberstes Regierungsorgan ist auch in der Folge nie definiert worden – sein tatsächlicher Einfluß schwankte und ging eher zurück, da er als oberste Kassationsinstanz überwiegend mit juridischen Dingen beschäftigt worden ist. Zwar waren die Präsidenten der Kollegien von Amts wegen Mitglieder des Senats; aber es ist hier nicht etwa ein Ministerkollegium erwachsen, das bis zu einem gewissen Grad dem Selbstherrscher hätte geschlossen gegenübertreten können. Auch künftig sind die engsten Mitarbeiter bzw. Günstlinge eines Herrschers in der Regel nicht Mitglieder des Senats gewesen; dieser war vielmehr oft überaltert und hat nicht als Medium administrativer Integration wirken können.

War schon bei allem Eifer Peters Reform der Zentralverwaltung unvollkommen, da allzu sehr auf beständige Steuerung durch einen einsichtigen und pflichtgetreuen Herrscher abgestellt, so ist, wie bereits angedeutet, die Reform der lokalen und regionalen Bereiche über äußerliche Neuordnungen kaum hinausgelangt (Einteilung des Reiches in Gouvernements). Peter hat früh versucht, die Selbstverwaltung auf den verschiedenen Ebenen zu begründen. Was die Städte angeht, so waren zu einem guten Teil die wohlhabenderen Kaufleute – d. h. die möglichen Träger einer Autonomie – als Altgläubige ohne politische Rechte und nicht interessiert an der Mitwirkung an Institutionen eines Staates, den sie aus religiösen Gründen ablehnten. Nur wenige Städte waren als Handelszentren auch imstande, ihre Angelegenheiten selbst in die Hand zu nehmen. (Städte als reine Verwaltungszentren bzw. Garnisonen mit handwerkenden Zulieferern haben auch anderswo nur mit Mühe ihre Angelegenheiten durch die Bürger selbst ordnen können.) Vor allem ist die Selbstverwaltung weniger als Programm des Mündigwerdens von Untertanen gesehen worden, sondern als billiges Mittel der Delegierung staatlicher Zwecke, vor allem der Steuereintreibung. Der Staat mußte nicht nur wegen des unzureichenden Potentials an Beamten, sondern auch wegen der übergroßen Ausdehnung immer wieder versuchen, Aufgaben zu delegieren, ohne dafür Freiheiten und Verantwortlichkeiten einzuräumen. Auch hier wirkte das Unfertige in der Verwirklichung des Petrinischen Staatskonzepts in die Zukunft weiter.

Unmittelbar von den Reformen betroffen waren der führende Stand, der Adel, und – wenn auch mehr mittelbar – die Bauern. Für den Adel war Dienst am Herrscher im Moskauer Rußland als Grundlage des Lehnsbesitzes selbstverständlich, doch nur als Aufgebot im Falle von Kriegen oder Manövern. Die Adelsreform Peters ergab sich unmittelbar aus den neuen Anforderungen des derzeitigen gleichsam »totalen« Krieges, der statt des temporären Aufgebots permanenten Gamaschendienst verlangte und mit den neuen Waffentechniken für die Offiziere fachliche Ausbildung. Nicht Ruf und Alter des Geschlechtes sollten zählen, nur die Tauglichkeit – als es nämlich darum ging, welche »ansehnlichen« jungen Adligen in den Garderegimentern dienen sollten, da diese nicht alle Edelleute als Soldaten aufnehmen konnten. Jeder Adlige hatte als Gemeiner anzufangen; immer wieder hat der Zar diese Vorschrift eingeschärft, die selbstredend nach Möglichkeit umgangen wurde. Adel hieß hier also Dienstpflicht gegenüber dem Staat und dem Herrscher; der Edelmann hatte sich jene Kenntnisse anzueignen, die der Dienst verlangte. So wurde der gesamte Adel in eine einheitliche Korporation, einen Stand mit grundsätzlich gleichen Rechten und Pflichten zusammengefaßt. Nur ein Drittel aus jeder Familie durfte sich dem Zivildienst widmen; das Militärische genoß Vorrang.

Nicht nur »erfaßt« sollte werden, sondern auch »geordnet«, und so wurde der Adel ohne Rücksicht auf Alter und Ansehen des Geschlechts eingespannt in die »Rangtabelle« vom Januar 1722. Auch die Söhne der Vornehmsten sollten keinen Rang erlangen, bevor sie nicht »Uns und dem Vaterlande« gedient hatten; jeder durfte nur nach Leistung befördert werden. Die Amtshierarchie wurde in vierzehn Rangstufen (čin) – in drei Spalten für Militär-, Zivil- und Hofränge – eingeteilt und damit in eine feste Relation unter Bevorzugung des Militärs hineingestellt. Die obersten acht Rangstufen verliehen – übrigens nur im Kriegsdienst – jedermann den erblichen Adel. Damit war das Prinzip der Nobilität umgestaltet: nicht Geburtsvorrecht, sondern Verdienst – Chance der belohnten Leistung für einen jeden, ob Russe oder Ausländer. Adel bedeutete nicht nur Ehre, sondern vor allem Steuerfreiheit. Für jene Zeit war das hier intendierte das umfassendste und geschlossenste gesellschaftliche Organisationsprinzip, zu dem sich, zumal in Rußland, dem Reiche ohne Mittelstand, keine Alternative bot.

Der Adel hatte seine Funktion im Staatsganzen, war Teil, aber nicht Herr des Gemeinen Wohls. Im Dienst sollte er seine Ehre sehen und seinen Korpsgeist entwickeln. Wer wegen schwerer Verfehlung entlassen wurde, verlor demgemäß Rang und Titel. Solange jeder – sofern er nicht den wenigen reichen Höflingsfamilien angehörte – im öffentlichen Ansehen nur durch seinen Rang etwas galt, war die russische Gesellschaft vom Staatsdienst geprägt. Denn ohne einen Rang sank der untüchtige, verarmte, ungebildete Sproß eines alten Geschlechts in die bedeutungslose halbbäuerliche Existenz hinab. Wer im Dienst aufstieg, dessen Kinder gingen in den Adel ein. Zwischen niederen und oberen Diensträngen gab es gesellschaftliche Spannungen; der Adel wurde nicht zu einer geschlossenen Schicht mit einheitlichen Interessen, weder politisch noch sozial – etwa in der Bauerngesetzgebung. Würde aber die Staatsspitze stark genug bleiben, um den Adel in dieser dienenden Stellung zu halten?

Es ist nicht ohne weiteres festzustellen, wie viele Neulinge sich in den Adel in der Petrinischen Zeit hinaufgedient haben. Peter hat ja dem Senat aufgetragen, tausend Adelsdiener, die lesen und schreiben konnten, zur Musterung für die Offiziere auszuwählen. Eine Übersicht haben wir nur über die Ausländer: Nach der Eingliederung der Ostseeprovinzen sind viele Deutsche[4] in russische Dienste getreten; aber auch Deutsche aus dem Reiche kamen zahlreich, daneben Schweden, Schotten und andere. (Der Zustrom von Serben, Rumänen und Griechen in den Süden des Reiches gehört in einen anderen Zusammenhang.) Die neue Bürokratie hat sich fleißig ausgedehnt und eine ganze Reihe von Nichtadligen zuerst in die Kanzleikarriere aufgenommen.[5]

Peters Konzept hing indessen so lange in der Luft, als es nicht gelang, ein umfassendes Schulwesen wenigstens für die Kinder jener Stände zu schaffen, die für den Staatsdienst in Frage kamen. Beginnend mit der sogenannten »Ziffernschule«, d. h. Kursen für elementare Mathematik, ohne deren Abschlußzeugnis niemand zur Eheschließung zugelassen werden sollte (nach schwedischem bzw. finnischem Vorbilde), wurden immer neue umfassende Projekte dekretiert. Herausgekommen ist so gut wie nichts: das weltliche Schulwesen blieb im argen, weil es an Geld und Lehrern fehlte. Versuche, die Mönche in den Klöstern – oder auch altgediente Soldaten, die in Klöstern untergebracht werden sollten – für den Unterricht einzusetzen, schlugen ebenfalls fehl. Außerdem wurden in den verschiedenen Ukazen jeweils andere Gruppen von der Schulpflicht befreit, einmal die

Kaufmannskinder, die Söhne der Geistlichen, junge Edelleute, ohne daß hier als Motiv ein anderes zu erkennen ist als eine eigentümliche Unsicherheit hinsichtlich der künftigen gesellschaftlichen Trägerschicht des neuen Staatswesens. Das Schulwesen sollte entschieden weltlich sein — ohne antikirchlichen Affekt — und nach dem Willen des Herrschers getragen von der Zuversicht in die menschenbildende Kraft der Vernunft, wie sie in den Naturwissenschaften ihren Ausdruck fand. Daß Leibniz mit seinen Gedanken den Zaren stark beeindruckt hat, wonach die Stätte geistigen Fortschritts sich auf dem Wege von Griechenland über die Mitte Europas gen Norden wenden könne, steht außer Zweifel.[6] Unmittelbar hat er nur an der Gründung der Akademie der Wissenschaften mitgewirkt, einem sorgfältig vorbereiteten Unternehmen, das erst nach Peters Tod verwirklicht werden konnte, intensiv auf Entdeckung und Nutzung der heimischen Naturkräfte ausgerichtet war, aber mangels eines einheimischen Unterbaus von Lehranstalten fürs erste im wesentlichen von Ausländern beschickt wurde.[7]

Es lag nahe, die Kirche in das große Werk der Volksbildung einzuspannen; dem zupackenden Geist Peters ist es schon früh nicht entgangen, daß das Kirchen- und Klosterwesen kaum geneigt und imstande war, auch nur die Kirchendiener notdürftig auf ihren geistlichen Dienst vorzubereiten. Einer der Ansätze der umfassenden Kirchenreform war die Reform der Klöster. Deren Einkünfte wurden vielfach für die Staatsbedürfnisse herangezogen;[8] die Insassen sollten nicht müßig gehen, sondern Nützliches leisten. Folgerichtig wurde der Eintritt in den Mönchsstand erheblich erschwert.

Für die Zukunft wichtiger aber war der politische Aspekt: der selbstbewußte Herrscher ließ nach dem Tode des Patriarchen Adrian (1700) den Sitz vakant. Erst viel später richtete er an seiner Stelle ein Geistliches Kollegium ein, d. h. eine effektive Verwaltungsbehörde, in der kein Hierarch allein bestimmen sollte. Vielleicht hat das Wissen um Nikon und die von ihm beschworene Staatskrise hier mitgewirkt. Dieses Gremium hoher geistlicher Würdenträger wurde als oberstes Organ neben den Senat gestellt. Der absolute Selbstherrscher wachte über das geistliche und zeitliche Wohl seiner Untertanen; von Cäsaropapismus kann aber, jedenfalls im Selbstverständnis Peters, nicht gesprochen werden. Die Reformurkunde, das »Geistliche Reglement« (1721), stellte die Bildungsaufgabe der Kirchen in den Vordergrund, deren Utilität für das Gemeine Wohl.[9] Tatsächlich ist durch diese Reform die orthodoxe Kirche in der Folge oft kurzsichtigen Interessen des Staates in einer Weise untergeordnet worden, die die verhängnisvolle Kluft zwischen ihr und einer mündig werdenden Bildungsschicht für lange Zeit unüberbrückbar erscheinen ließ.

Peters Zugriff auf die Kirche als die Hüterin der Altmoskauer Tradition hat noch eine ganz persönliche Note, als nämlich der Widerstand gegen sein Werk am sichtbarsten und gefährlichsten ihm gegenübertrat in seinem Sohn Aleksej. Die schreckliche Tragödie zwischen dem Vater, der sein Werk gefährdet sah, und dem Sohne, der sich den Anforderungen entzog, bis zu dessen Flucht ins Lager des potentiellen Feindes, des Wiener Hofes, seine Rückkehr, die Folterungen und als Folge sein Tod — alles dieses soll hier nicht noch einmal heraufgerufen werden. Der Hochverrat schien vollendet; der Thronfolger verstarb infolge der Quälereien, bevor das Todesurteil vollstreckt wurde. Offensichtlich ist dieses Jahr 1718 ein besonders unruhiges gewesen; es brodelte im einfachen Volke und in der Geistlichkeit; von einer Verschwörung konnte indessen nicht die Rede sein. Ein Jahr später starb im Alter von vier Jahren der Sohn des Zaren aus seiner zweiten Ehe; damit stellte sich das Problem der Nachfolge neu. Das Thronfolgegesetz von 1722 stellte im ausdrücklichen Hinweis auf den unbegrenzten Willen des Selbstherrschers diesem anheim, wen er zum Nachfolger bestimmen werde. Auf dem Totenbett hat der Zar nicht die Kraft gehabt, einen Nachfolger zu benennen. Dies war verhängnisvoll — die Entscheidung über den Thron ging in die Hände unkontrollierbarer Mächtiger über.

Wir haben bereits die Unruhe und den Widerstand angedeutet, die den ständigen Belastungen und Neuerungen zu begegnen suchten. Nicht selten haben Altgläubige der radikalen Denominationen den energischsten Widerstand angeführt. Die Aufstände der Kosaken, aber auch vieler Bauern sprechen eine deutliche Sprache — es ging um das gute alte Recht, gegen die neuen Rechte der Herren, weniger um eigentlich politische, geschweige denn sozialrevolutionäre Zielsetzungen.[10] Als Symbol des fremden, unverständlichen, unnützen, abgöttischen Neuen wurde der Bau der Hauptstadt seit 1703 angesehen, deren fremder Name Sankt Peterburg bereits Programm war. Der empfindsame Beobachter wird bei Betrachtung des nach Venedig vielleicht größten Kunstwerks — bis zum modernen New York — hindurchfühlen, welche Opfer nicht nur der Bau der Stadt selbst forderte, sondern mit welchem rücksichtslosen Willen diese neue Stadt »peupliert« worden ist. Nicht zufällig war in verschiedenen Projekten des Thronfolgers Aleksej davon die Rede, die Hauptstadt nach Moskau zurückzuverlegen; dies ist bald nach dem Tod des Zaren für kurze Zeit geschehen.

Blicken wir auf das durch den raschen Tod des rastlosen Herrschers abgebrochene Werk zurück, das das geschlossene Leben nicht nur der Bauern und Städter, sondern auch des landbesitzenden Adels bestimmte, dann stellt sich die Frage, warum

Abb. 20: Winterpalais in St. Petersburg. Im Rokokostil erbaut von dem italienischen Baumeister B. F. Rastrelli 1754–1762. Holzstich des 19. Jahrhunderts

nicht das Alte sofort wiederhergestellt wurde, bzw. wer die neuen Strukturen trug, die sich im Laufe des Jahrhunderts ziemlich ungebrochen durchsetzten. Einmal scheint das Bewußtsein des Sieges der Nation im schweren Kriege hier stabilisierend gewirkt zu haben, das ja auch den schlichten Mann durch die schweren Jahre der letzten Stalinzeit hindurchgetragen hat. Patriotismus als einigende Kraft war nicht nur an die Person des Herrschers gebunden, sondern hat – seit den Erfahrungen aus der Zeit der Wirren – eine Gemeinsamkeit aller, auch der Unfreien konstituiert. Außerdem sah eine neue Generation in den veränderten Verhältnissen ihre Chance: Wer einmal in den Rhythmus des Dienstes einbezogen war, mag sich anfangs abgestoßen gefühlt haben. Viele haben aber eingesehen, daß die schlichte Rückkehr zum Alten nicht mehr möglich war – ein elementarer Neuerungsdrang durchbrach die Schranke der überlieferten Sitte, ähnlich wie heute in der Dritten Welt. Aufstieg und Ausblick, das Vertrauen auf die Zukunft mag auch jene bewegt haben, die vom Siècle des lumières nur einen schwachen Abglanz haben aufscheinen sehen, aber dennoch erfühlten, daß die technische Veränderbarkeit der Welt ihre Verheißung in sich trug.[11]

Die Konflikte um den Zarenthron haben dem Russischen Reich im 18. Jahrhundert unendlich geschadet, da angesichts der fragwürdigen Legitimation beim Fehlen direkter Erben letztlich die Interessen der jeweils Machthabenden entscheidend waren. Daß die Witwe Peters, Katharina I. (1725–1727), die Bauernmagd aus Lettland, Geliebte erst seines Günstlings, Menšikov, des zeitweise fast Allmächtigen, von diesem dann an Peter abgetreten, der sie schließlich heiratete und hat krönen lassen, unter Hintansetzung besser legitimierter Anwärter auf den Thron gehoben wurde, war in erster Linie das Werk eben jenes skrupellosen Emporkömmlings. Er hoffte, der heimliche Herr des Reiches zu werden. Daher mobilisierte er die Garderegimenter zugunsten der gutmütigen, aber politisch uninteressierten Frau und inaugurierte damit die Garde als künftigen Königsmacher. Als Katharina zwei Jahre später starb, war Peter II. (1727–1730) an der Reihe, der Sohn des unglücklichen Thronfolgers Aleksej, noch ein Kind, dem Menšikov seine Tochter antrauen wollte. Peter geriet aber unter den Einfluß des Fürsten Dolgorukij, der einer der vornehmsten, durchaus ambitionierten Familien angehörte und der Menšikovs Todfeind war; dieser wurde für den Rest seiner Tage nach Sibirien abgeschoben. Doch starb auch der neue Zar mit 15 Jahren 1730 und enttäuschte auf diese Weise die Dolgorukijs, die ihn hatten mit einer ihrer Töchter verheiraten wollen. Peters Töchter aus seiner zweiten Ehe mit Katharina waren von zweifelhafter Legitimität. Daher erwählten sich die Höflinge die jüngere Tochter von Peters geistesschwachem älterem Bruder und Mitregenten Ivan, Anna, verwitwete Herzogin von Kurland. Das Jahrzehnt ihrer Regierung (1730–1740) unter der Allmacht ihres Günstlings Johann Biron (von Bühren), nunmehrigem Herzog von Kurland, bezeichnet den Höhepunkt des deutschen Einflusses in Rußland. An der Bironovščina wird in der russischen, nicht unpatriotischen, Geschichtsschreibung von jeher kein gutes Haar gelassen, trotz aller offenkundigen Mißstände nicht ganz zu Recht. Das Reich lebte in Frieden und entwickelte in relativ stabilen Verhältnissen seine Produktivkräfte. Biron war bestimmt keine edle Natur, wenn auch nicht ungeschickt. Unter ihm haben sich die Deutschen Münnich und Ostermann um die Erschließung des Landes, z. B. Kanalbauten, verdient gemacht. Unter Anna ist neben den Senat ein Ministerkomitee, eine Konferenz der Präsidenten der Kollegien getreten, die sachliche Arbeit geleistet haben.

Nach dem Tode der Zarin stellte sich die Nachfolgefrage aufs neue. Der Säugling Ivan VI., ein Urenkel des erwähnten Ivan V., wurde unter der Regentschaft seiner Mutter und ihres Gatten, des Herzogs von Braunschweig, auf den Thron gehoben, aber im folgenden Jahr 1741 durch einen Putsch der Garde verjagt und in die Arktis verbannt. Der unglückliche Zar ist 1764 in der Festung Schlüsselburg ums Leben gebracht worden. Die Garde hob Elisabeth (1741–1762), die Tochter Peters aus der zweiten Ehe, auf den Thron.

Während die Thronwechsel von 1725/27 wesentlich das Werk eines zufällig Mächtigen waren, hat sich 1730 gezeigt, daß im russischen Adel weithin durchaus politische Initiativen lebendig waren, nur in je verschiedener Richtung. Das Haupt eines mächtigen Geschlechtes im erwähnten Geheimen Rat, Fürst Golicyn, setzte die Wahl von Anna unter bestimmten Bedingungen durch, die den Magnaten ähnliche Rechte wie in Polen – vor allem in der Steuer- und Finanzkontrolle und der Verfügung über die Armee – garantieren sollten, ohne daß hinter diesen Bedingungen das fertige Projekt einer Verfassung sichtbar gewesen wäre. Mit wachem Mißtrauen hat der in Moskau zum Empfang der Zarin versammelte gesamte Adel gegen die Höflinge sich oligarchischen Plänen verweigert. Einige gebildete Edelleute haben ihrerseits Projekte entworfen, wonach beim Fehlen eines Selbstherrschers nichts ohne das »ganze Volk«, nämlich die Adelsdelegierten, beschlossen werden dürfe – also auch hier Anklänge an polnische Verhältnisse. Da Anna bei ihrer Ankunft sogleich »geruhte«, die Bedingungen (des Geheimen Rates) zu zerreißen, blieben alle Initiativen ohne Wirkung. Die Selbstherrschaft schien so lange als beste Form der Regierung, solange Peters Werk nachwirkte – daß schwache Herrscher als »Strafe Gottes« den »zügellosen Günstlingen« verfallen könnten, wurde dabei durchaus gesehen.[12] Konstitutionelles Denken äußerte sich nur in einem Krisenmoment, als die Gefahr eines längeren Interregnums sich abzuzeichnen schien. Das Exempel der polnischen Adelsrepublik, mit dem Übergewicht der Magnaten, die den mittleren und kleineren Adel in eine Klientelstellung herabzudrücken versuchten, führte vor Augen, daß beinahe die schlechteste Autokratie immer noch ihre Vorzüge hatte.

Jedenfalls waren jene schicksalsschweren Tage der letzte Augenblick, da der staatstragende Stand den Willen zeigte, die Geschicke des Reiches selbst in die Hand zu nehmen. Sofort wurde gefordert, Ausländern den Zutritt zu den höchsten Rängen streitig zu machen. Diese – unter ihnen der Kosakenadel aus der Ukraine – sahen in der Selbstherrschaft ihren einzigen Garanten, wie andererseits ein schwächerer Kaiser sich auf die Ausländer mit besonderer Sicherheit verlassen konnte. Dieses Festhalten der Vertreter des Adels an einem starken Kaisertum bedeutete nicht, daß der lebenslängliche Dienst als moralische Verpflichtung ohne weiteres hingenommen wurde. Unter Elisabeth bildete sich eine einigermaßen gebildete und homogene Führungsschicht heraus, meist aus alten und reichen Familien – nur diese konnten sich eine anspruchsvolle Erziehung und die obligate Bildungsreise leisten.[13]

Dank der Passivität der Herrscherin schien sich paradoxerweise eine verantwortliche Führungsgruppe herauszubilden, die im wohlverstandenen Eigeninteresse rechtsstaatliche Verhältnisse anstrebte, schon um ihren ökonomischen Initiativen, vor allem den neugegründeten Manufakturen, eine gewisse Stetigkeit zu sichern.[14] Daß sie dabei meist trotz billiger Kredite durch die Adelsbank nicht sehr glücklich verfuhr, steht auf einem besonderen Blatt. Eine Minderheit hatte an dem sich langsam entwickelten Binnenmarkte teil, begann sich bereits auf den Export von Holz, Erz und Getreide einzustellen – der große Teil verharrte in der geschlossenen Hauswirtschaft in primitiven Bedingungen oder war, in welcher Rangstufe auch immer, auf den Staatsdienst angewiesen.

Unter Elisabeth ist das Monopol des Adels auf den Besitz von mit Bauern besetztem Land schrittweise durchgesetzt worden. Der Staat verzichtete fast unmerklich auf die letzte Interventionsmöglichkeit zugunsten der Adelsbauern, die damit faktisch zum lebenden Inventar der Güter wurden.[15] Auf der anderen Seite versuchte der Adel insgemein, gegenüber dem schwachen Herrscher sich der Verfügungsgewalt der Staatsmaschinerie zu entziehen. Gewiß waren der kleinere und mittlere Gutsbesitzer, vor allem die jüngeren Söhne, auf diesen Dienst angewiesen. Die feste Ständestruktur des alten Rußlands ließ nicht nur wegen des Verlustes an Sozialprestige den Übergang von Adel zu freien Berufen, soweit es diese gab, nicht zu.

Rußland ist seit eh und je von einer zentralistischen Bürokratie beherrscht worden: sie schob auf Grund der Akten – damals wie heute – ihre Untertanen hin und her und ließ das Bewußtsein der Verantwortung für einen umschriebenen Kreis anvertrauter Menschen verkümmern. Der hilflos Geschobene fühlte sich als Teil eines Mechanismus, als Kettenglied wie als »Hoheitsträger«. Der kaiserliche Doppeladler auf den Uniformknöpfen wies den Beamten auf allen Stufen als Teil eines umfassendsten Willens aus, von dem er zwar durch alle möglichen, nicht immer einsichtigen Instanzen hindurch gelenkt war, aber vollständig legitimiert, inappellabel, von jeder Kritik abgedeckt. Jene Mentalität des Adelsdienstes des 18. Jahrhunderts, der ja die Moskauer Tradition nur moderner gefaßt hatte, ist vorbildlich für die russische Staatspraxis bis in unsere Zeit geblieben. Die Bildung zur selbstverantwortlichen Persönlichkeit – beginnend mit der Adelskultur der russischen Aufklärung – bedeutete Emanzipation vom Staat, aber nicht Bindung an den Staat als moralische Anstalt.

Es waren weniger die notwendige Muße als vielmehr die flüssigen Mittel, die die Ausbreitung von Bildung, der Entwicklung einer eigentümlichen russischen Adelskultur enge Grenzen setzten. Mochte ein kleiner Adliger auch genügend zum Essen haben – seine Leibeigenen haben ihm häusliche Vorräte oft über viele Hunderte Werst, vor allem im Winter auf Schlitten, zum Orte seines Dienstes gebracht, Arbeitskraft zählte ja nicht –, so bedeutete die Anlage einer bescheidenen Bibliothek einen Aufwand an Barmitteln, der kaum aufzubringen war, wenn Uniform und Pferdegeschirre bezahlt waren. Teilhabe am geistigen Leben setzte Ausbildung voraus, und wer konnte sich einen Hauslehrer leisten? Welche Anstrengung mußten kleinere Adlige etwa im Ostpreußen des 18. Jahrhunderts unternehmen, um ihren Söhnen ein für den Staatsdienst einigermaßen zureichendes Wissen zukommen zu lassen – wieviel schwieriger war dies für den Standesgenossen halbwegs zwischen Moskau und der Wolga, der auf seine durch Unbilden ständig gefährdete geschlossene Hauswirtschaft angewiesen war. Die Adelskultur des europäischen Ostens empfing daraus ihre besondere Faszination, den bestimmten Ernst, weil sie unter Mühe errungen war und von dem Jüngling, der sich auf höhere Bildung oder auch die Universität vorbereiten sollte, einen ungemein persönlichen Einsatz forderte. Die russische Kultur war bis weit in das 19. Jahrhundert hinein Gesittung von einzelnen, in geringerem Maße vorbereitet durch einen umfassenden geistigen Rahmen. Die geringe Spezialisierung der Bildung, ihr unakademischer Charakter vermittelte – konnte sie einmal angeeignet werden – nicht nur nützliches Wissen, sondern Enthusiasmus für Neues, les Lumières.

Aus der kurzen Zeit der Regierung Peters III., 1762, verdient das Manifest über die Befreiung des Adels vom obligatorischen Staatsdienst nähere Aufmerksamkeit. Es kam für die Öffentlichkeit überraschend, ist aber offenbar von längerer Hand vorbereitet worden. Elisabeth scheint beabsichtigt zu haben, zwischen Hochadel und Gentry insofern zu unterscheiden, als nur letztere als Dienststand dem Herrscher zur Verfügung bleiben sollte.[16] Der Ukaz Peters III. konnte wesentlich nur dem Hofadel zugute kommen: von der Masse des kleinen und mittleren Adels mußte ohnehin ein großer Teil zu bescheideneren Bedingungen im Dienste bleiben.

b) Das Zeitalter Katharinas II.

Auch Katharina II. (1762–1796) kam durch einen Putsch der Garde auf den Thron, ohne daß sie einiges von ihrer selbstherrscherlichen Machtfülle hätte abgeben müssen.[17] Welcher Art ihre Mitwisserschaft an der Ermordung ihres Gatten auch gewesen sein mag – jedenfalls hat sie nichts getan, ihn zu retten. Vor allem versuchte sie alles, um ihren Sohn Paul (geboren 1754) an der Regierungsübernahme zu hindern. Gegenüber den vorhergehenden Umstürzen sah sich das russische Volk mit einer durch nichts begründeten Usurpation konfrontiert; damit bekam die Unruhe im Volke ein größeres Gewicht. Vor Napoleon hat kein Herrscher in der neueren Geschichte sich propagandistisch so geschickt in Szene gesetzt wie die hochbegabte Tochter eines preußischen Obersten aus dem obskuren Hause Anhalt-Zerbst. Das geistige Europa lag ihr zu Füßen;

Voltaire und Diderot taten alles, der »fortschrittlichen« Macht zu huldigen. Die öffentliche Meinung mehrerer Jahrzehnte zu erkaufen, war an sich schon eine bedeutende Leistung.

Die Verwaltungsreformen ihrer Zeit bezwecken eine bessere Kontrolle, um die selbstherrliche Oligarchie der Magnaten aus den Zeiten der bequemen Elisabeth abbauen zu können. Die übergroßen Gouvernements wurden 1775 verkleinert und deren Verwaltung in der Weise rationalisiert, wie sie im wesentlichen noch während der ganzen späteren Zarenzeit Bestand haben sollte. Der Gouverneur – in gewissen Fällen Generalgouverneur oder Statthalter – war dem Herrscher unmittelbar verantwortlich und insofern mit weitgehenden Vollmachten betraut; seine Administration wurde funktional gegliedert und ressortierte zu den zuständigen Kollegien – der Theorie nach hatte der Regierende Senat die verschiedenen Funktionen zu koordinieren. Doch blieben auch im folgenden Jahrhundert die Kompetenzen der Kollegien bzw. Ministerien gegenüber den Gouverneuren als unmittelbaren Platzhaltern des Herrschers nicht immer klar abgegrenzt, die Stellung der Gouverneure je nach Umfang, wirtschaftlicher Bedeutung ihres Gebietes und der Entfernung von der Hauptstadt verschieden.[18] Der Adel eines jeden Gouvernements sollte in einer Adelsversammlung unter einem gewählten Adelsmarschall zusammenkommen; hier war an eine Art Selbstverwaltung gedacht, doch blieb auch hier die tatsächliche Macht beim Herrscher. Ebenso hat die Städtereform, zuletzt im Jahre 1785, nicht viel Nutzen gestiftet: die Kräfte eigener Verantwortung waren zu gering, der Kreis der Zuständigkeiten auch hier eng umgrenzt und wie überall nur allzu sehr fiskalischen Notwendigkeiten untergeordnet.[19]

Diese Reformen Katharinas – dazu kam noch die kurzlebige Statthalterschaftsverfassung – erscheinen rational, sie setzten die Linie Peters eines regulierten Staates fort. Ob man sie aber als Äußerungen eines aufgeklärten Absolutismus bezeichnen sollte, möchte ich bezweifeln – dieser reflektierte das Gemeine Wohl im Rahmen einer Rechtsstaatlichkeit mit der Selbstbindung des Herrschers. Solche Gedanken hat zwar die Zarin propagiert, aber nicht nach ihnen gehandelt. Katharinas große publizistische Leistung war der Nakaz, d. h. die Instruktion für eine Gesetzgebende Kommission aus den Vertretern aller freien Stände, die aus allen Teilen des Reiches, auch von den Fremdstämmigen gewählt, im Jahre 1767 in Moskau zusammentraten. Die Grundsätze waren – etwa an Montesquieu gemessen – durchaus modern. Die Deputierten brachten meist genaue Instruktionen mit, ein riesiges Material für die Kenntnis des damaligen Reiches – sie berieten sachlich und bereiteten verschiedene Reformpläne vor. (Leider sind die Protokolle im Auftrage der Kaiserin verfälschend redigiert und publiziert worden.) Die Kommission wurde jedoch bald unter Vorwänden aufgelöst, nachdem sie die gewünschte Ergebenheitsadresse an die Herrscherin verabschiedet hatte. Mit Recht ist gesagt worden, Katharina habe mit der Einberufung der Repräsentanten des Volkes nur die eine Absicht gehabt, ihre Usurpation zu legitimieren.[20] Auch im Folgenden hat die Zarin den Adel als Stand nicht zu mächtig werden lassen, aber dem einzelnen Adligen freigesetzt, seine eigenen Angelegenheiten zu fördern, und zu diesem Behuf auf jede Art von Bauernschutz verzichtet (vgl. dagegen Maria Theresias gleichzeitige Bauerngesetzgebung). Ihren Günstlingen hat sie Staatsländereien mit Hunderttausenden von Staatsbauern geschenkt und ohne weiteres die noch relativ freien Landbewohner des Südens der Leibeigenschaft unterworfen.

c) Außenpolitik des 18. Jahrhunderts

Peter der Große hatte in den letzten Jahren sein Interesse nach Südosten gerichtet.[21] Damals bestand die Gefahr, daß das Persische Reich in bedrohlicher Weise unter den Einfluß der Türkei geraten würde und so die Kaspi-See in Zukunft als eine zweite maritime Bedrohung von Süden die schwer zu verteidigende Flanke des Reiches gefährde.

Nach Peters Tod erlahmte die große außenpolitische Planung: das erschöpfte Reich bedurfte der Erholung. Doch blieben die beiden Zielrichtungen gegen Süden und gegen Westen beibehalten. In dem Maße, in dem der Süden des Reiches, die Ukraine, landwirtschaftlich erschlossen wurde und die Möglichkeit des Getreideexportes über See zu locken schien, war der Gewinn der Seeherrschaft im Schwarzen Meer wünschbarer geworden, nicht zuletzt, um eine erneute Gefährdung der Siedlungsgebiete durch Einfälle von der unter der Oberhoheit des Sultans stehenden Krim her auszuschließen.

Die Kontrolle über Polen war bereits eines der Objekte des Nordischen Krieges gewesen – sein Zerfall schien unaufhaltsam, die oligarchische Struktur wohl auch einer Selbstherrschaft als beunruhigendes Exempel verdächtig. Vor allem lebten Millionen orthodoxer »russischer«, d. h. ukrainischer oder weißrussischer Bauern unter polnischer katholischer Adelsherrschaft, als Anstoß für den lebhaften Patriotismus des selbstbewußter werdenden russischen Dienstadels. Weißrußland und Litauen waren wirtschaftlich wenig wertvoll; westlich von Kiev lockten dagegen die fruchtbaren Ebenen von Podolien, Wolhynien und der westlichen Ukraine. Hier hielten sich die kosakischen Traditionen, die zu unterdrücken ein nicht geringes Vorhaben der russischen Integrationspolitik des Jahrhunderts gewesen ist.

Das Reich war nach Nystad (1721) voll in das europäische

Staatensystem und dessen Bündniskonstellationen integriert. Österreich bot sich als der Hauptpartner im Kampfe um Polen (Polnischer Erbfolgekrieg 1733) an.[22] Während der Regierungszeit von Elisabeth blieb Rußland gegenüber der französisch-preußischen Kombination auf der österreichischen Seite. Doch rettete die vorsichtige russische Politik die Habsburger Macht nicht vor den Niederlagen in den beiden Schlesischen Kriegen; dafür aber spielte das Reich im Siebenjährigen Krieg eine ausschlaggebende Rolle; in dem »Renversement des alliances« von 1756 blieb man an Österreichs Seite, selbst um das Risiko der Verfeindung mit England als wichtigstem Außenhandelspartner[23]. Die russischen Siege über die Preußen sind bekannt; Ostpreußen war erobert, Herder schrieb eine Ode auf Peter den Großen; in Königsberg besuchten russische Adlige die Vorlesungen des jungen Privatdozenten Kant. Da Peter III. sofort nach seinem Regierungsantritt sich auf die preußische Seite schlug, mit Friedrich Frieden schloß und sich mit ihm verbündete, waren die Schlachten umsonst geschlagen und die Umklammerung Polens von Norden her aufgegeben.
Im Westen ging es im Sinne der russischen Staatsraison eher um Abrundung; die Ziele im Süden waren dringlicher. Die Phasen der Polnischen Teilungen (1772, 1793, 1795) sollen nicht im einzelnen dargestellt werden. Die Adelsrepublik von Ansätzen innerer Reformen abzuhalten schien eine Aufgabe der russischen Politik, die durch das beibehaltene Bündnis mit Preußen besser abgedeckt war. In der Ersten Teilung eignete sich Rußland nur weißrussische und ukrainische Siedlungsgebiete an.[24] Doch spannte die ehrgeizige Herrscherin Katharina II. den Bogen noch stärker an: Ihr Versuch, die Ostsee unter russische Kontrolle zu bringen, indem die Anrainer in der »Bewaffneten Neutralität« (1780) sich seerechtlich gegen England zusammenschließen sollten, rief die Seemacht auf den Plan.[25] Preußen mißtraute der russischen Ingerenz im Frieden von Teschen 1779, als das Zarenreich die Garantie der Verfassung des Heiligen Römischen Reiches mitübernahm. In den Jahren 1788–1790 schien Rußlands Lage angesichts eines Zweifrontenkrieges gegen Schweden und die Türkei gefährdet – doch fochten beide Gegner mit wenig Glück. Zudem war Rußland durch die Französische Revolution entlastet, die das europäische System, die traditionellen Interessen der Mächte desorientierte. Auch in der Zweiten Polnischen Teilung hat Rußland nur Gebiete mit einer polnischen adligen Oberschicht, nicht aber polnisches Siedlungsgebiet annektiert, im Gegensatz zu Preußen, das durch seine Erwerbungen seine ethnische Einheitlichkeit gefährdete. In der Dritten Teilung erhielt Rußland außer Kurland – also lettischem Siedlungsgebiet mit deutscher Oberschicht – im wesentlichen das ethnographische Litauen mit nur einem Strei-

fen genuin polnischen Volksbodens im Westen, etwa entlang der heutigen russisch-polnischen Grenze. Zwar war die Politik des Zarenreiches gegenüber Polen durchaus aggressiv; von der traditionellen Alt-Moskauer These von der Sammlung des russischen Landes her schien dieser territoriale Zuwachs legitimiert.

Der Kampf um das Schwarze Meer ist von mancherlei Rückschlägen begleitet gewesen; zwar war das Osmanische Reich von der Höhe seiner Macht heruntergestiegen, aber immer noch ein ernstzunehmender Gegner. Zudem waren England, Frankreich und Österreich unter verschiedenen Vorzeichen daran interessiert, daß Rußland nicht allzu weit ausgriff. Katharina hat mit dem berühmten »Griechischen Projekt«, mit der Vertreibung der Türken aus Europa, der Eroberung Konstantinopels und der Hagia Sophia die Wiederaufrichtung des Oströmischen Reiches unter russischer Schirmherrschaft ins Auge gefaßt.[26] Daß es einer russischen Flotte (1770) gelang, unter englischer Führung um Europa herum durch das Mittelmeer zu segeln und die türkische Flotte fast an den Toren der Hauptstadt entscheidend zu schlagen, ließ bedeutende Entwicklungen für die Zukunft vermuten. Zu Lande konnten in mehreren Feldzügen beträchtliche Gewinne erzielt werden. Der Friede von Küčük Kajnardži (einem Dorf in der Dobrudža) vom Juli 1774 brachte nicht nur den größten Teil der südrussischen Steppe unter die Herrschaft der Zarin[27], sondern mit der Erklärung der Unabhängigkeit des Khanats der Krim von der türkischen Oberhoheit wurde dessen Eroberung 1783 vorbereitet. Außerdem mußte die Pforte freie Schiffahrt im Schwarzen Meer und das Recht auf die Durchfahrt von Handelsschiffen durch die Dardanellen einräumen. Eine etwas vage Bestimmung zugunsten der rechtgläubigen Geistlichen im Türkischen Reich wurde bald vom Petersburger Hof als ein Recht auf Protektion für die Balkanchristen ausgelegt. Die Pforte versuchte 1787 mit einer neuen Kriegserklärung das Schicksal zu wenden; nach längeren verlustreichen Kämpfen konnte trotz des Widerstandes der europäischen Mächte Rußland seine Position noch verbessern und den Küstenstreifen zwischen Dnestr und Bug gewinnen (Friede von Jassy, Jahreswende 1791/92).

Mit den Erwerbungen aus der Zweiten Polnischen Teilung erstreckte sich das Reich nun auf das ganze Nordufer des Schwarzen Meeres (Bessarabien trat 1812 noch hinzu); zugleich waren 1774 Teile des nördlichen Kaukasusvorlandes erobert worden. Alles dies waren riesige fruchtbare Landstrecken, deren Aufsiedlung nach Vertreibung der einheimischen Nomaden gleich in Angriff genommen wurde.[28] Am Vorabend des revolutionären und napoleonischen Zeitalters waren so die russischen Grenzen nach allen Seiten weit vorgetrieben und der Zugang zu den beiden Randmeeren auf weiteste Front gesichert, damit auch dem Kommerz ungeahnte Möglichkeiten öffnend.

d) Soziale Problematik

Alle diese Kriege hatten die Wirtschaftskraft des Reiches aufs äußerste angespannt, dessen Sozialprodukt im Vergleich zu seinem Umfang und der Bevölkerung noch immer ein Geringes blieb. Die Hauptlast trugen die Bauern, als Steuerzahler und als Rekruten. Schon vor dem Nordischen Krieg hat Peter der Große sich mit der Frage der flüchtigen Bauern beschäftigen müssen. Kleinere Gutsbesitzer waren besonders betroffen; Magnaten mit großen Besitzungen brauchten ihre Gutsbauern weniger zu belasten und mochten nicht selten Läuflinge verbergen, die hofften, bei ihnen weniger bedrückt zu werden. Tüchtige Arbeitskräfte waren gesucht. Wie vielen Unternehmungslustigen es gelungen sein mag, in der Steppe oder jenseits des Ural unterzutauchen und sich dort, unentdeckt von zarischen Häschern, ein freies Leben aufzubauen, steht dahin. Daß die verschiedenen Befehle zur Fahndung vollen Erfolg zeitigten, müssen wir bezweifeln. Die Regierung war ja unmittelbar an der Seßhaftigkeit der Bauern interessiert; neben den übrigen Lasten sicherten sie durch die Arbeit auf den Gütern den Lebensunterhalt der dienstpflichtigen Gutsherren. 1710 sollten alle Höfe und deren Bewohner registriert werden: erschreckend viele Höfe lagen öde – oft mögen sich die vorgewarnten Bewohner aus dem Staube gemacht haben. Wenn aber alle Bauern festgehalten werden sollten, woher sollten dann die Arbeiter für die neuentstehenden Fabriken, vor allem die Bergwerke im Ural, gewonnen werden? Die Besteuerung des Landvolkes wurde rationalisiert, nach längeren Vorbereitungen 1718 statt der Hofsteuer die Kopfsteuer eingeführt, wonach allen männlichen Landleuten (Revisionsseelen) ohne Rücksicht auf Alter und Arbeitsfähigkeit gleichmäßig die gesamte Steuerlast eines Dorfes aufgebürdet werden sollte. Die mechanische Aufteilung wurde vielfach dadurch gemildert, daß von Gutsherren und Bauerngemeinden die Landanteile nach der Arbeitseinheit (tjaglo, in der Regel arbeitsfähiger Mann und Frau) umgelegt wurden. Bauern hatten, wenn sie auf Staats- bzw. Zarenland saßen, außerdem einen Zins zu zahlen; waren sie Leibeigene eines Gutsherrn, zahlten sie außer der Kopfsteuer ebenfalls an diesen einen Zins oder hatten Fronarbeit zu leisten – oder beides. Hinzu kamen Umlagen zugunsten der Bauerngemeinde, der Geistlichen, der Wegebaudienste etc. Mag auch die Kopfsteuer vom Zaren als Erleichterung der bäuerlichen Lasten gedacht worden sein – tatsächlich hat sich doch unter Peter dem Großen durch die

Abb. 21: Abend in einem russischen Bauernhaus. Französischer Kupferstich ca. 1750

ständigen Finanzanforderungen und die verschärften Rekruteneinziehungen die Lage der Bauern erheblich verschlechtert[29].

Vor allem sind zu dieser Zeit alle unterschiedlichen Rechtsverhältnisse der Gutsbauern eingeebnet worden;[30] ihr Status wurde im wesentlichen den Cholopen der Moskauer Rechtssphäre angeglichen: War deren Schuldknechtschaft dem Grundsatz nach zeitlich begrenzt gewesen, waren jetzt alle »Seelen« ewiger Leibeigenschaft unterworfen. Damit wurde die Bindung an das Land, über das der Gutsherr eine Art Obereigentum innehatte, zu einer persönlichen Bindung an den Herrn, so daß der Bauer als ein Stück lebendes Inventar auf ein Stück gutsherrlichen Landes gesetzt war; jener konnte ihn mit oder ohne Land verpachten oder vermieten und veräußerte ihn manchmal auch ohne Land. Zwar hat Peter 1721 verboten, Bauern wie das Vieh getrennt von ihren Familien zu verkaufen; aber Sanktionen sah er nicht vor. Solch ein Handel mag nicht immer ein Ausdruck frevelhafter Grausamkeit gewesen sein: Kleinere Gutsherren sahen sich den pekuniären Anforderungen des Staatsdienstes ausgesetzt; unter Umständen mußte ein Bauer versteigert werden, um die geforderte Uniform bezahlen zu können.

Das Recht der Gutsherren auf die Nutzung der Arbeitskraft seiner Leibeigenen war in keiner Weise beschränkt. Wie früher bei den Cholopen kam jetzt dem Gutsherrn auch die Verfügung über das persönliche Leben der Bauern zu; er konnte sie nach seinem Gutdünken verheiraten. In der Regel wurden nur so viele Ehen zugelassen, wie Arbeitseinheiten mit Land ausgestattet werden konnten. Einer übermäßigen Bevölkerungszunahme auf Kosten der Ackernahrung waren Grenzen gesetzt. Da der Gutsherr verhindern konnte, daß die Sippen sich teilten, blieben Großfamilien mit zahlreichen Arbeitskräften und auskömmlichem Ackerland bzw. Viehbestand unter einem patriarchalisch herrschenden Familienoberhaupt erhalten, trotz des Widerstandes von Söhnen und Schwiegertöchtern. Das Recht auf Bestrafung mit Ausnahme der Todesstrafe gab Anlaß zu zahllosen Mißbräuchen. Die überkommene juristische Autonomie der Bauerngemeinde war beschränkt, da der Gutsherr alle Streitigkeiten und Gerichtsfälle an sich ziehen konnte und – bei Auseinandersetzungen mit seinen Bauern – als Richter in eigener Sache fungierte, ohne daß seine Leibeigenen ein Recht beanspruchen konnten, in Bittschriften ihre Klagen gegenüber dem Zaren laut werden zu lassen. Es stand dem Herrn frei, ungehorsame Bauern unter die Soldaten zu geben oder nach Sibirien zu schicken. Letzteres ist wohl nicht oft vorgekommen; man verlor eine unentgeltliche Arbeitskraft – Aufsässige wird man den Fabrikanten verkauft haben. (Was die Rekruten anging, so mögen die Dorfältesten unter Umständen froh gewesen sein, daß Burschen, die der etablierten Dorfhierarchie kritisch gegenüberstanden, aus der Gemeinschaft abgeschoben wurden.) Kurzum, die Gewalt des Gutsherrn über seine Bauern war unbegrenzt; nur durfte er nicht einen Bauern statt seiner selbst in Schuldhaft setzen.

Aus dem leibeigenen Stande herauszukommen war während des 18. Jahrhunderts praktisch unmöglich. Alte und Hilflose wurden von rücksichtslosen Herren und Gutsverwaltern auf die Landstraße gejagt; doch versuchten die Behörden dem entgegenzuwirken, um nicht die umherstreunenden Bettlerherden – vielfach Abgebrannte – zu mehren und dem Bandenwesen vorzubeugen. Wenn der Gutsherr himmelschreiende Übergriffe beging, konnte sein Gut sequestriert und die Leibeigenen zu Staatsbauern gemacht werden. Solches geschah seit der Adelscharta von 1762 nur selten und wurde erst unter Nikolaus I. häufiger geübt. Es ist schwer festzustellen, wie häufig Übergriffe seitens der Gutsherren gewesen sein mögen – war er doch in seinem Holzhaus inmitten aufsässiger Bauern manchen Gefahren ausgesetzt. Die Zahl der von aufgebrachten Bauern getöteten Gutsherren ist nicht nur in Zeiten größerer Aufstände nicht ganz klein gewesen. Offenbar haben nicht alle Repressionen der Bauern ihren aktenkundigen Niederschlag gefunden, die der Herren dagegen nur in seltenen Fällen. Die ständige Unsicherheit, das Fehlen von beide Seiten bindenden Abmachungen, hat den Rechtssinn der Bauern stark getroffen. Bäuerliches Aufbegehren ist immer Kampf um »gutes altes Recht«, die Wiederherstellung einer durch Übergriffe der Herren verletzten Rechtsordnung gewesen.[31]

Solange die Kette der Dienstverpflichtungen im Sinne des Alt-Moskauer bzw. Petrinischen Dienstadels intakt war, schien die Bindung der Bauern an den dem Zaren dienenden Gutsherrn im Grundsatz gerechtfertigt. Dies änderte sich im Jahre 1762 durch die Abschaffung der adligen Dienstpflicht – ein gleichzeitiger Ukaz über die Säkularisation des Kirchen- bzw. Klosterlandes wurde unter den Bauern so ausgelegt, als sollten alle Gutsbauern in den Status von Staatsbauern überführt werden. Das »ausländische Weib auf dem Thron«, die »neue Hure Babylon« sollte dem Vernehmen nach durch einen wahren christlichen Herrscher ersetzt und die gute alte Ordnung wiederhergestellt werden. War doch Peter III., so hieß es, nicht tot, sondern nur vor den Anschlägen auf sein Leben aus der feindseligen ausländischen Hauptstadt entwichen und werde in Kürze sich seinen getreuen Untertanen offenbaren. Gleich nach dem Thronwechsel tauchten mehrere falsche Peter auf. An Don und Ural hatten die Kosaken allen Grund, sich über die Eingriffe der Regierung in ihre traditionellen Freiheiten zu beklagen. Emeljan Pugačev, ein selbsternannter Peter, entfachte seit dem Früh-

jahr 1773 den größten und gefährlichsten Bauernaufstand der russischen Geschichte. Er stützte sich auf Kosaken und Baschkiren, hat aber die Chance der spontanen Bauernrevolte an der mittleren Wolga nicht voll genutzt. Nach einigen Rückschlägen ließen ihn die Kosakenobersten im Stich und lieferten ihn aus; im Januar 1775 wurde er hingerichtet. Der Aufstand war weithin getragen von Altgläubigen, denen Pugačev freie Ausübung ihres Kultes zugesichert hatte. Auch Söhne von Dorfgeistlichen schlossen sich an, die keine Pfarre finden konnten und sozial abzusinken drohten. Die Zielsetzung des Aufstandes war nicht revolutionär im modernen Sinn, sondern wie der deutsche Bauernkrieg auf Wiederherstellung des gottgewollten Sozialgefüges gerichtet.[32] Er veränderte das Verhältnis der Herren zu ihren Bauern in zweifacher Weise: Nachdenklichere und Gebildetere begannen nach den moralischen Grundlagen der Leibeigenschaft zu fragen; die Masse verhärtete eher. Vor allem aber zogen diejenigen, die es sich leisten konnten, vor, nicht weiterhin inmitten der offenbar nicht mehr getreuen Untertanen, sondern in den Städten zu leben. Dadurch bekam das gutsherrlich-bäuerliche Verhältnis vielfach etwas Unpersönliches, wie von zwei feindseligen Welten.
Je nach der Wirtschaftsweise der Gutsherren hatten die Gutsbauern einen Zins (obrok) zu zahlen oder bestimmte Frondienste (barščina) zu leisten, später auch beide Verpflichtungen nebeneinander. Vielfach kamen Naturallieferungen aus der bäuerlichen Wirtschaft hinzu. Die Pflichten waren im Gegensatz zu denen der Staatsbauern meist nach Arbeitseinheiten (tjagla) verteilt; nach ihnen wurde auch das Bauernland zugeteilt. Doch blieben die tjagla nicht konstant; so waren Umverteilungen des Gemeindelandes zur Nutzung immer wieder nötig. Im zentralen Rußland war die Bodenqualität auch auf kleine Entfernungen hin sehr unterschiedlich – Sumpfstellen, saure Wiesen, Erosionen –, daher mußte das Land in kleine Stückchen aufgeteilt werden, um jedem tjaglo bzw. jedem Bauernhaushalt gerecht zu werden. Eine unglaubliche Bodenzerstückelung und Gemengelage charakterisierte die russische Landwirtschaft insgemein: Die Parzellen lagen oft in der Breite eines Gartenbeetes strichweise durcheinander, nicht nur die der Bauern, sondern auch die der Herren, vielfach Ländereien verschiedener Gutsbesitzer durcheinander. Nur die Dorfältesten kannten die unsichtbaren Grenzen. Ohne Flurzwang ging es nicht. Ebenso war nicht an eingezäunte Weiden zu denken, geschweige an geordnete Düngung; die derzeit zugeteilten Streifen konnten bei der Umteilung wieder entzogen werden. Die Erstreckung eines Gutsbesitzes sagte auch unter gleichartigen geographischen Bedingungen nicht unbedingt etwas über dessen Ertragsfähigkeit aus; die Gemengelage muß mitbedacht werden.[33] Allenthalben wurde

Dreifelderwirtschaft betrieben. Der eiserne Pflug war noch kaum bekannt, der Holzpflug ritzte das Erdreich nur eben auf. Ob ein allzu tiefes Aufpflügen des Bodens immer von Nutzen war, bleibe dahingestellt; gerade in fruchtbaren Gebieten der Schwarzen Erde trocknete der Boden rasch aus, und die Ackerkrume wurde von Stürmen fortgeblasen.
Abgesehen von dem hinhaltenden Widerstand der Bauern gegen unerprobte Neuerungen – die viel geschmähte Routine beruhte auf langen, nicht immer bewußten Erfahrungen – hatten die Gutsherren in der Regel nicht die Mittel zu größeren Investitionen. Nicht die Verschwendungssucht mancher reicher Magnaten, sondern der chronische Kapitalmangel der marktfernen Landjunker machten jeden landwirtschaftlichen Fortschritt illusorisch. Sie lebten – wir deuteten es an – vielfach unter Bedingungen einer geschlossenen Hauswirtschaft.
Ein möglicher Aufschwung der landwirtschaftlichen Produktion hing im 18. und 19. Jahrhundert vom Entstehen eines allrussischen Marktes ab: Die Flüsse in Richtung auf die Ostsee und das Schwarze Meer ermöglichten eine rationellere Produktion, Vorratswirtschaft und umfassendere Investitionen.[34] Noch vor den größeren Eroberungen der Zeit Katharinas II. hatte der Süden sein Gesicht gewandelt. Die neu eroberten Gebiete wurden durch Militärsiedlungen gesichert; hier strömten viele Südslaven zusammen, die sich aus dem türkischen Machtbereich gerettet hatten. 1783 wurde das russische Bauernregime auf die ukrainischen Bauern ausgedehnt, wobei deren Land an verdiente Adlige verschenkt wurde; die freien Staatsbauern wurden zu Leibeigenen herabgedrückt. Mit der Eroberung der weiten, fast leeren Ebenen am Nordufer des Schwarzen Meeres eröffneten sich weite Perspektiven für unternehmende Günstlinge.[35]
Die verschiedenen Kosakenheere wurden nunmehr zur Verteidigung der von türkischen Nomaden Mittelasiens ständig bedrohten offenen Flanke des russischen Siedlungsbodens im Südosten längs der Flüsse Don und Ural, aber auch im nördlichen Kaukasusvorland und in Sibirien eingesetzt. Ihre autonome politische Organisation versuchten sie weiterhin, etwa durch Teilnahme am Aufstand des Pugačev, zu verteidigen. Die Kosaken blieben zwar persönlich frei, aber durch lebenslange Kriegsdienste und durch Steuern belastet; ihr Landanteil wurde durch die Bodenpolitik ihrer militärischen Führer oftmals gemindert.[36]
Zwar hat der Fernhandel durch das Schwarze Meer große Perspektiven eröffnet – das 1794 gegründete Odessa nahm einen ungemeinen Aufschwung, doch entwickelte sich hier der Getreideexport erst im 19. Jahrhundert (1802 gingen erst 5,5 Prozent des russischen Außenhandelsumsatzes über den Süden).[37] Nach wie vor wurden Getreide, Flachs und anderes wesentlich

aus den baltischen Provinzen und Weißrußland über die Ostsee ausgeführt. Der Binnenmarkt versorgte im engen Umkreis Moskau und – teils von der Wolga aus, teils aus dem Baltikum und Finnland – Petersburg. Der Intensivierung der landwirtschaftlichen Produktion waren enge Grenzen gesetzt; auch die Fabrikbauern im Ural waren im wesentlichen Selbstversorger. Wenn man noch die Transportprobleme angesichts der riesigen Entfernungen bedenkt – Petersburg konnte mit Frischfleisch nur im Winter versorgt werden –, so wird deutlich, daß der Absatz der Agrarprodukte eng begrenzt war und vorerst nicht wesentlich ausgeweitet werden konnte. Nur ganz reiche Familien mit vielen Tausenden von Leibeigenen zogen genügend Gelder von ihren zinsenden Bauern ein, um nicht nur den großzügigen Lebensstil verwirklichen zu können, von dem die Petersburger Paläste eindrucksvoll Zeugnis ablegen, sondern auch flüssige Mittel zur Hand zu haben, um in den Außenhandel zu investieren – daher die anglophile Haltung mehrerer großer Familien – und selbst als Unternehmer tätig zu werden.

Die russische Industrie und das Großgewerbe waren schon in der Zeit vor Peter aus militärischen Bedürfnissen erwachsen. Der Zar hat unter den Bedingungen des Nordischen Krieges die Herstellung von Waffen, Schiffen und Tuchen für die Armee kräftig vorangetrieben, und zwar gestützt auf private Unternehmer, nicht auf Regierungsbetriebe. Durch hohe Zölle wurde die einheimische Produktion abgeschirmt; willigen Investoren waren großzügige Monopole eingeräumt. Als solche kamen außer Ausländern nur der Hochadel in Betracht, da der wenig zahlreiche Kaufmannsstand, soweit er überhaupt über disponibles Vermögen verfügte, als konservativ und altgläubig beiseite stand und erst im 19. Jahrhundert unternehmerische Initiativen langsam entfaltete. Wie so oft bei überstürzten, mit mehr oder minder Recht als merkantilistisch bezeichnet, von oben initiierten Industrialisierungsversuchen des 18. Jahrhunderts ist ein großer Teil der Betriebe bald zusammengebrochen, wenn ein räumlich beschränkter Markt ein überteuertes Angebot nicht annehmen konnte. Doch haben viele Unternehmen überlebt. Die Armee benötigte weiterhin das ihre, wie teuer es auch hergestellt wurde, wenn nur die Qualität der Waffen gleichblieb.[38] Selbstkosten brauchten kaum berechnet zu werden: die Arbeitskräfte waren fast gratis, denn Staatsbauern wurden gewissen Bergwerken oder Fabriken zugeschrieben oder Gutsbauern dorthin verkauft. Diese leisteten, mit einem Stück Eigenland ausgestattet, Fronarbeit in den Fabriken, gewiß nicht sehr produktiv, aber nicht in Rechnung fallend. Daher konnten die Investitionsmittel niedrig gehalten werden, weil man teure Maschinen nicht brauchte.

Der Hochadel hat nicht, wie man erwarten sollte, die ihm gebotenen Chancen industrieller Initiativen in der Hand behalten. Mit einigen Ausnahmen waren die großen Herren zu wenig wirtschaftlich denkend; manche Unternehmen gingen wieder an den Staat zurück oder wurden von der gegen Ende des Jahrhunderts langsam aufsteigenden Mittelklasse übernommen. Ausnahme war die alte Familie der Stroganov, die mit den Neulingen Demidov zusammen den größeren Teil der Bergwerke und Hütten des Urals in ihrer Hand behielten. (Nach 1760 ging übrigens dort die Roheisenproduktion zurück, da England als ein wesentlicher Abnehmer – über Archangel'sk – mit der Verwendung der Steinkohle das eigene Hüttenwesen rasch entwickeln konnte.[39])

II. DIE ENTWICKELTE AUTOKRATIE

a) Rußland im Zeitalter der Französischen Revolution

Bürgerliche und im weiteren Sinne politische Rechte und Freiheiten waren nicht nur das Thema der politischen Theorie der europäischen Aufklärung – sie zu erkämpfen und zu sichern schien das anfängliche große Ziel der Französischen Revolution. Im Russischen Reich hat das Epochenjahr 1789 kaum eine politische Resonanz gefunden. Die radikale französische Aufklärung hatte viele begeistert. Deren neue russische Jünger hatten weder die Antike noch den Humanismus als vertieften Bildungsstoff, als eigene Tradition erlebt und angeeignet, konnten daher den historischen Stellenwert dieser Art von Emanzipation kaum würdigen. Selbständige philosophische Bemühungen waren in Rußland nicht gelehrt; so trat angesichts des Fehlens propädeutischer Grundlagen an ihre Stelle die vorkritische Weltanschauung, eben eine Ideologie. Im Grunde blieb diese spielerisch, wie in den französischen Salons, da sie selten auf die soziale und damit moralische Voraussetzung der eignen Muße zu reflektieren sich veranlaßt fühlte. Das Moralische im Engagement Voltaires ist von seinen Bewunderern selten rezipiert worden. Allein das protestantische Naturrechtsdenken ist seit Peters Tagen bei den Besten in Rußland wirksam geworden; damit erhielt der Vernunftbegriff eine besondere Verbindlichkeit. Hier waren Keime eines Reformbewußtseins angelegt, das auch in den Beratungen der Gesetzgebenden Kommission Ausdruck gefunden hat. Die flüchtige Blüte der Freimaurerei in Rußland im Sinne eines gemeinsamen Dienstes an der Gesellschaft gehört hierher.[1]

Bürgerliche Freiheiten sind dem Adel zweifellos in dem Gnadenbrief vom April 1785 gegeben worden, in dem das adlige Grundeigentum als uneinziehbares Privateigentum bestimmt worden ist.[2] Damit war der Grund der Rechtsstaatlichkeit gelegt: der Herrscher konnte nicht mit Entzug der Huld einem Adligen die Existenz, schon gar nicht das Leben nehmen. Kurz zuvor war das Eigentumsrecht des Adels auch auf Gewässer und Bodenschätze erweitert und die Einschränkung der Verfügungsgewalt über die Wälder abgeschafft worden. Der Adlige war also im modernen Sinne Staatsbürger, aber nur er. Die ständische Ordnung war nicht aufgehoben, bedeutete aber für ihn nichts, da er keine Steuern zahlte und daher nicht in bestimmte Bindungen kollektiver Haftung einbezogen war – etwa im Gegensatz zur Stadtbevölkerung. Zu seinem vollen Eigentum gehörten die Bauern als Teil des Inventars. Ohne Bauernschutz und durchgängige Rechtsordnung wirkte die Selbstbegrenzung des absoluten Monarchen sich verhängnisvoll aus, sobald sie nur den einen Stand als Staatsbürger freisetzte. Die Bauernfrage hatte darum am Anfang jeder konstitutionellen Entwicklung zu stehen.[3] Dieses Faktum sollte die Reform der gutsbäuerlichen Verhältnisse erschweren, da anders als etwa in Preußen und Österreich der Staat in Rußland ausdrücklich auf seine Schutzfunktion zugunsten der Unfreien verzichtet hatte.

In diesem Zusammenhang wird immer wieder Radiščev angeführt, der in seiner berühmten »Reise von Petersburg nach Moskau« 1792 das schreiende Elend der bäuerlichen Massen und ihrer Rechtslage angeprangert hat. Zwar ist das Werk dank des sofortigen Verbots durch die empörte Kaiserin ohne unmittelbare Wirkung geblieben. Doch konnte naturrechtliches Denken, die Moralität der Aufklärung nicht den gemeinen Mann ignorieren. Auch Radiščev ging es um Menschenwürde, nicht nur um Behebung materieller Not.[4] Wenn auch ein junger Graf Stroganov eine Zeitlang in Paris den modischen Revolutionär spielte und auch andere Voltaire-Adepten des höheren Adels mit den neuen Ideen liebäugelten, so schwenkten sie spätestens seit der Hinrichtung des Königs auf die offizielle Linie ein.[5] Die mangelnde Legitimation der Inhaber des Zarenthrons hat die unbeschränkte Selbstherrschaft ebenso gefördert wie – einigermaßen unerwartet – das Eindringen westlicher Rechtsvorstellungen mit dem Begriff des uneingeschränkten Eigentums des privatisierten Staatsbürgers.

Katharinas Regime hatte sich bei ihrem Tode 1796 überlebt – alle Reformansätze, wie problematisch sie auch immer gewesen sein mögen, waren längst versandet. Ihr Sohn Paul, 1754 geboren, war zeit seines Lebens von politischen Geschäften ferngehalten worden; die Zarin schien gesonnen, ihrem Lieblingsenkel Alexander das Erbe unmittelbar zu hinterlassen. Pauls unglückselige Natur, seine jähzornigen Ausbrüche, sein enges Kommißdenken haben früh die Hofkreise entfremdet, die im Reich und Europa die öffentliche Meinung machten. Man wird nicht so weit gehen, ihm ein großes durchgehendes Reformkonzept zuschreiben zu wollen; doch hat er sich, wenn auch ohne letzte Konsequenz, bemüht, die Raison des russischen Staates als die eines alle bindenden Dienstverhältnisses wiederherzustellen. Sein Grundgedanke ähnelte dem friderizianischen: Die Autokratie auf Grundlage fester Gesetze stellt die effektivste Staatsform dar; vom Monarchen geht die gesamte Regierungsgewalt aus, und die Administration hat ihm beizustehen, seine Entscheidungen rasch weiterzugeben und die Resonanz im Volk schleunigst nach oben zu vermitteln. Daher sollten die Kompetenzen der Behörden genauer umschrieben werden, ihnen aber, etwa auch dem Senat, keinerlei Initiative überlassen bleiben. Persönlicher Macht habe auf der ganzen Stufenleiter persönliche Verantwortung zu entsprechen; so wurde militärische Disziplin auf den Zivildienst übertragen; entsprechend sollten die Kollegien durch Ministerien ersetzt werden.[6] Nicht nur galt es, den Adel straffer in den Staatsdienst einzubeziehen, sondern auch die Gutsbauern zu entlasten durch ihren Ukaz von 1797, nach dem diese nicht mehr als drei Tage pro Woche Frondienst ableisten sollten. Inwieweit dieser tatsächlich durchgesetzt worden ist, ist umstritten; jedenfalls blieb der Zar bemüht, das Los der Bauern zu bessern. Dies hinderte ihn nicht, dem Beispiel seiner Mutter folgend, Hunderttausende von Staatsbauern an seine Günstlinge zu verschenken. Dennoch fühlte sich der Hofadel nicht mehr sicher. Offenbar hat ausländischer Einfluß bei der Konspiration und schließlichen Ermordung des Zaren (März 1801) keine Rolle gespielt. Die Einzelheiten der grausigen Intrige können wir übergehen; sie sind neuerdings ausführlich erhellt worden.[7]

Bereits die Zeitgenossen hatten vermutet, daß hier der Wettstreit der verfeindeten Großmächte um die außenpolitische Orientierung des Petersburger Hofes eine wesentliche Rolle gespielt habe – ein voller Einsatz der großen Landmacht hätte im Duell zwischen Paris und London entscheidend sein können. Bei seiner Thronbesteigung hat sich Paul aus der sich bildenden Koalition gegen das revolutionäre Frankreich zurückgezogen; das Reich schien ihm nach den langen und kostspieligen Feldzügen des Friedens zu bedürfen. Doch kam der Zar 1799 dem aufs ärgste gefährdeten Kaiser zu Hilfe. Die hinhaltende Politik der Hofburg verhinderte aber das rechtzeitige Zustandekommen der Zweiten Koalition, des neuen Bundes unter Englands tätiger Mithilfe – die Rivalitäten zwischen den österreichischen und russischen Heeren bzw. Kabinetten um die Ziele künftiger Politik in Italien verhinderten entscheidende Siege.[8]

Die volle Wendung des Zaren Paul, von England fort und dem aufsteigenden Stern Bonaparte zu, wurde ausgelöst durch sein

Engagement für die Insel Malta und den Malteser Orden, als dessen Großmeister er sich feiern ließ. (Ob der Zar tatsächlich, wie neue Archivfunde vermuten lassen, ernsthaft die Absicht hegte, die kirchliche Union wiederherzustellen, oder gar heimlich katholisch zu werden, lassen wir dahingestellt.[9]) Die Petersburger Politik hat die neuen englischen Positionen im östlichen Mittelmeer, in Ägypten, Malta und den Ionischen Inseln für die künftige russische Hegemonie über das Osmanische Reich als bedrohlich angesehen. Pauls Politik folgte hierin durchaus der Linie seiner Mutter: sein Vertrauter Rostopčin, der faktische Leiter der russischen Außenpolitik, entwarf einen Plan zur Aufteilung der Türkei gemeinsam mit Österreich und Frankreich.[10]

Gegen England erneuerte Paul die »Bewaffnete Neutralität«, d. h. den Schutz der Seefahrt der Neutralen und verschärfte die Bestimmungen.[11] In Überbietung von Bonapartes Versuch, England in Ägypten entscheidend zu schlagen, entsandte Paul eine Kosakenformation in Richtung Indien. Die letzte Wendung von Pauls Außenpolitik ist auf keine Weise zu rechtfertigen: Rußland brauchte nicht in die europäischen Verwirrungen einzugreifen, solange nicht die mitteleuropäischen Verhältnisse grundlegend verändert waren. Die Mittelmeerpolitik berührte keine lebenswichtigen Interessen; der Handel mit England dagegen war für lange Zeit von entscheidender Bedeutung für den wirtschaftlichen Aufstieg des Reiches. Nelsons Vernichtung der dänischen Flotte vor Kopenhagen (1801) hat offenbar den Entschluß der Verschwörer, den Zaren irgendwie zu entthronen oder zu beseitigen, beschleunigt.

b) Das Zeitalter Alexanders I.

Katharinas Enkel, zu Großem von ihr vorherbestimmt, bestieg 1801 den Thron. Der geistreiche, liebenswürdig sich gebende Herrscher verkörperte wie kein anderer seiner hochgeborenen Zeitgenossen die schönrednerische, im Grund unverbindliche politische Romantik. Seine wahren Gedanken behielt er für sich; für jeden fand er freundliche Worte und ist dennoch der Autokrat geblieben, der von seiner Machtfülle nicht das geringste aufzugeben bereit war. Nicht zufällig gibt es über diesen Zaren keine umfassende Biographie.[12] Nur von einem Menschen kann man sagen, er habe ihm wirklich nahegestanden — Arakčeev. Dieser Höfling, dessen selbstherrliche Brutalität sprichwörtlich geblieben ist, wurde immer dann herangeholt, wenn es galt, den Druck der Autorität auf eine unruhige oder kritische Gesellschaft zu verstärken.[13]

Alexander hatte der Konspiration gegen seinen Vater beigestimmt, da »das Staatswohl in keiner Weise bei der Leitung der Staatsgeschäfte mitspielte«, wie er bereits 1797 schrieb; daher hielt er für das beste eine »Revolution« seitens der »legalen Macht«, die eine »Konstitution« mit »Repräsentanten der Macht« sichern sollte. Konstitution bedeutete für den Zaren nichts mehr als eindeutige Prinzipien der Verwaltung und der Organisation, die indessen die Prärogative des Herrschers nicht beschränkten. Den Beziehungen zwischen den Staatsbürgern — selbstredend nur den freien — und der Obrigkeit sollten feste Rechtsverhältnisse zugrunde liegen. Noch war der Selbstherrscher nicht völlig von den Privilegierten überwältigt: Ihm waren die Hände frei, zivile Rechte und eine einheitliche Ordnung kraft seiner Einsicht aufzuerlegen. Die Alternative stellte sich nicht oder nicht notwendig zwischen Autokratie und Repräsentativsystem, vielmehr — fühlbar vor allem für die Zeitgenossen — zwischen der Willkür gerichtlich nicht zu belangender Satrapen und allgemein verbindlicher Gesetzlichkeit.[14] Mochte diese auch — in Übernahme aktueller westlicher Vorbilder — noch so formal und untraditionell gefaßt sein, so konnte sie sich auf die Verhältnisse im Reich, auch auf die Leibeigenschaft nur wohltätig auswirken, insofern sie Normen setzte. Die Verfassung des Reiches war erstarrt; was not tat, waren Bildung und positives Wissen derjenigen, die für das Gemeine Wohl in erster Linie zur Verfügung sein sollten. Daher schlug Novosil'cev, einer der jüngeren Ratgeber des Herrschers, bereits 1801 vor, allen Adligen den Sitz in der Adelsvertretung zu nehmen, die weder lesen noch schreiben konnten, noch einen Begriff von den Pflichten des Edelmannes hatten. Als Stand konnte der Adel so lange nichts leisten, als er nicht diese Voraussetzung politischer Eigenverantwortlichkeit mitbrachte. Reform von oben bedeutete unter den gegebenen Umständen effektive und gerechte Verwaltung, die einem jeden Stand seinen Ort und seine Aufgabe zuwies. Sofort stellte sich die Frage nach den Trägern der Reform sowohl in der Hauptstadt wie draußen im weiten Lande.

Die gesetzgeberische Tätigkeit ging aus von der Senatsreform des Jahres 1802. Der Senat sollte nicht nur oberste Exekutivbehörde, Vertreter des Herrschers in seiner Abwesenheit sein, sondern zu einer eigenverantwortlichen Korporation umgestaltet werden und in nicht klar definierter Weise die Rechtsstaatlichkeit garantieren. Daraus ergab sich für ihn sofort die kaum auszuräumende Problematik, ob er gegenüber neuen Ukazen, d. h. Rechtssetzungen des Herrschers, bestehende Rechtsverhältnisse geltend machen konnte, bzw. wo solche überhaupt als Fragmente eines einheitlichen Rechtsguts hätten abgelesen werden können.[15] Die Kodifikation des geltenden Rechts oder der Entwurf eines künftigen Gesetzbuches stellte sich daher als

dringlichste Aufgabe jeder denkbaren Reform und konnte nicht mit einem Schlage erledigt werden.
Jede Kodifikation in sich widersprüchlicher herrscherlicher Erlasse band künftig den Selbstherrscher und schuf in der Sache selbst, durch unabdingbar systematisches Vorgehen, ein objektives rechtliches Gefüge, das unter der Hand eine »Konstitution« setzte. Daher standen die alten Senatoren aus der Zeit Katharinas im Gegensatz zu den Ratgebern des jungen Zaren im sogenannten »Intimen Komitee« eines Kreises gebildeter, »moderner« Aristokraten.[16] Der beklagenswerte Zustand der Verwaltung drängte auf sofortige Neuordnung der obersten Instanzen. Die Petrinischen Kollegien waren durch eine rational durchzuordnende Zentralverwaltung mit relativ umfassender Verantwortlichkeit ihrer Leiter zu erneuern. Statt von einem gemeinsam beratenden und verantwortlichen Kabinett von Fachministern ist in dem Ukaz über die Errichtung der Ministerien im September 1802 nur allgemein von der Zusammenarbeit der Ministerien die Rede gewesen. Ein Kabinett im eigentlichen Sinne unter einem verantwortlichen Premier konnte nur in zweifacher Weise bindend und gebunden sein, gegenüber dem Herrscher und einer Repräsentation der Staatsbürger. Zwar war ein neues Regierungsorgan geschaffen, doch ohne eigene Willensbildung. Solange mit Verwaltungsanordnungen regiert werden konnte, blieb die Administration gesetzgeberisch tätig; jeder Minister war für sich dem Herrn des Gesetzes, dem Kaiser, unterstellt. Jedoch konnte jede »Verfassung« nur dem napoleonischen Beispiel, nicht dem englischen Vorbilde folgen. Denn die Voraussetzungen für eine durchgehende Gewaltenteilung waren noch nicht gegeben. Montesquieu und die moderne Staatslehre setzten den Absolutismus als Schöpfer neuzeitlichen Rechtes voraus, den es in Rußland erst zu konstituieren, nicht einzuschränken galt. Die Rechtsreform — und diese mußte die Rechte aller Staatsbürger umfassen und damit die Lage der Leibeigenen angehen — hatte jeder Staatsreform vorauszugehen und wirkte notwendig als Reform der sozialen Verhältnisse.
Sogleich nach seiner Thronbesteigung schuf der neue Herrscher sich 1801 ein Organ verantwortlicher Berater für die künftige Gesetzgebung, den Reichsrat, noch bevor im »Intimen Komitee« die Konzepte für die Neugestaltung des Staates diskutiert worden sind.[17] Der Reichsrat war eine grundsätzlich offene Veranstaltung (mesto) des Zaren, sich mit seinen »besten Leuten« zu beraten, ohne sich zu binden, ganz im Sinne der Moskauer Bojarenduma — noch vorkonstitutionell. Allem Anschein nach sollte der Reichsrat vor allem weitschauende Planungen vorbereiten, auch dringliche Maßnahmen zur Verbesserung der Lage der Bauern. Doch wurde nicht sofort versucht, Reichsrat und Ministerkomitee zu verschmelzen und die

Aufgaben des Senats als unabhängige Kontrollinstanz und als Kassationsgericht einzugrenzen. Verschiedene politische Vorstellungen haben sich durchkreuzt, obwohl die Ukaze für die Reform des Senates und die Begründung der Ministerien vom gleichen Tag datieren. Da unklar blieb, inwieweit der Senat wegen der Unangebrachtheit (neudobstvo) neuer Verwaltungsorgane beim Zaren Widerspruch erheben konnte, setzten die Minister schon im folgenden Jahr durch, daß der Senat sich nicht um neu zu erlassende Gesetze zu kümmern habe. Damit war er als unabhängiger Hüter einer künftigen »Konstitution« erledigt. Die Ministerialbürokratie hat die Gesetzesinitiative übernommen, und der Reichsrat, in dem die Minister Sitz und Stimme hatten, beriet lediglich vorliegende Gesetzentwürfe und legte sie zur allerhöchsten Entscheidung vor. Und so blieb es bis 1905.[18]
Der Aufstieg von Michael Speranskij (1772–1839) aus dem geistlichen Stande zu den höchsten Würden des Reiches mag als Beispiel dienen, daß das Petrinische Prinzip der Durchlässigkeit der politischen Adelsgesellschaft für Talente von unten nicht völlig verschüttet war, und sei es, wie in diesem Falle, über den Weg des Privatsekretärs eines mächtigen Höflings.[19] Auch für den Reformer Speranskij war die Selbstherrschaft gegeben und fürs erste nicht abzulösen. Alle »konstitutionellen« Modelle hatten zur Voraussetzung einen fachlich gebildeten Juristenstand bzw. einen lückenlosen Instanzenzug mit Kontrollorganen auch in der Lokalverwaltung. Daher Speranskijs berühmtes Projekt von 1809 über die obligatorische Universitätsausbildung für jeden Adligen, der in den Staatsdienst eintreten wollte, das so viel böses Blut gemacht hat.
Anstelle des Kabinetts sollten beratende und kontrollierende Gremien treten. In Speranskijs großem Reformplan von 1809 waren diese eine Reichsduma aus gewählten lebenslänglichen Mitgliedern der freien Stände, die aber keine Gesetzesinitiative haben sollten, dazu der Reichsrat als beratendes Organ. Die Duma setzte, sollte sie nicht ein oligarchisches Adelsgremium bleiben, voraus, daß möglichst breite Schichten der Bevölkerung staatsbürgerliche Rechte genießen konnten. Da die städtische Bevölkerung kaum von Bedeutung war, richtete sich der Blick des Staatsmannes auf das politische und ökonomische Potential im Bauerntum, das mancherorts als Händler und Unternehmer bereits tätig geworden war. Hier zwischen freien Staatsbauern und völlig gebundenen Gutsbauern auf die Dauer unterscheiden zu wollen, ging nicht an. Auch Alexander hat über das Staatsland und die darauf sitzenden Bauern für Dotationen an Höflinge frei verfügt – wer konnte ihn daran hindern? Den Bauern als Staatsbürger in einem Prozeß allmählicher Emanzipation zu sehen – das traf nicht nur die Adligen, sondern den Herr-

scher selbst. Daher wurde in Speranskijs Entwurf von 1809 der Abschnitt gestrichen, wonach auch dem Gutsbauern wie dem Staatsbauern die Selbstverwaltung und das Recht auf Erwerb unbeweglichen Eigentums als Voraussetzung bürgerlicher Freiheit im Sinne der Geschäftsfähigkeit zugestanden werden sollte.[20] Damit wäre die Einheit aller Untertanen statuiert worden und eine feste Einteilung in Stände überwunden. Die grundsätzlich sozial durchlässige »bürgerliche Gesellschaft« aller Untertanen hätte am Anfang der modernen Staatlichkeit auch in Rußland stehen müssen, wobei effektive »Verwaltung« und eigentliche »Verfassung« sich ergänzen.
Von Speranskijs Reformplänen ist nur die neue Ordnung des Reichsrates verwirklicht worden; doch blieb dieses Organ ohne rechte Kontrollfunktion gegenüber den Ministern; die Rechte des Senats waren durch die genannten Einschränkungen ohnehin fragwürdig. Der Versuch, mit einem neuen Zaren und in gewisser Anlehnung an die napoleonische Verfassung das Reich auf den Weg des aufgeklärten Absolutismus zu bringen, ist nicht geglückt. Der Zar wollte nicht, und ein staatstragender, gebildeter Mittelstand war nicht aus dem Boden zu stampfen. Die ständische Ordnung widerstand, nicht nur wegen der Bauernfrage, den Tendenzen der bürgerlichen Leistungsgesellschaft, bei der Bewährung im öffentlichen Dienst, Privatinitiative und gesellschaftliche Geltung Hand in Hand gehen konnten. Solches wäre durchaus im Sinne des Staatskonzepts Peters des Großen gewesen. Bei Speranskijs Sturz im Jahre 1812 haben verschiedene Intrigen eine Rolle gespielt. Der Zar selbst hat die polizeiliche Überwachung des Ministers angeordnet.

c) Alexander und Napoleon

Alexanders Thronbesteigung fiel zeitlich fast zusammen mit einer außenpolitischen Kapitulation. Nach der siegreichen Seeschlacht bei Kopenhagen wandte sich die englische Flotte unter Nelson gegen Petersburg. Der Zar fürchtete, der Thronwechsel sei nicht rechtzeitig den englischen Admirälen zur Kenntnis gelangt, und gab schleunigst die »Bewaffnete Neutralität« auf, nachdem als einziges Ergebnis Dänemark eine schwere Niederlage beigebracht worden war. Auf der Seerechtsordnung wurde nicht mehr beharrt; in der Sache hat England seine Auffassung vom Prisenrecht durchgesetzt und damit den fast uneingeschränkten Handelskrieg als dauernde Belastung auch des für das Russische Reich so wesentlichen Überseehandels.[21] Paul hatte seine politischen Möglichkeiten überschätzt; das Reich konnte nicht beliebig auf jeder der kämpfenden Seiten eingreifen oder sich heraushalten. Die Präliminarien des Friedensschlusses von Amiens (1802) ließen befürchten, daß beide Gegner, Napoleon und Pitt, nicht nur Europa, sondern die Welt in Interessensphären aufteilen würden. Da der Zar zu lange zögerte, gegen Napoleon eine eindeutige Politik zu betreiben, es zudem dem Außenminister Panin nicht gelang, die Rivalitäten der beiden Mittelmächte Österreich und Preußen im Kampf gegen die Erhaltung einer mitteleuropäischen Bastion gegen die französische Ausdehnung auszuschalten, wurde Rußland in der Regelung der deutschen Verhältnisse im Jahre 1803 vor vollendete Tatsachen gestellt.[22] Anstatt die Rolle des europäischen Schiedsrichters zu spielen, der die Geschicke des Kontinents entscheidend mitbestimmt, wenn er sein Gewicht auf die eine oder andere Seite der Waagschale wirft, mußte Alexander nunmehr versuchen, mit der Dritten Koalition die europäische Umwälzung hinzuhalten. Die Niederlage von Austerlitz (Dezember 1805) bestimmte trotz weiterer russischer Gegenwehr im Verein mit Preußen das Verhältnis zwischen Alexander und Napoleon. Rußland war ohne das Zusammengehen mit den beiden Mittelmächten nicht imstande, das Ausgreifen des imperialen Frankreich aufzuhalten. Die britische Politik war wesentlich bedacht, das Engagement der Landmächte auszunutzen, um ihre Auffassung von Seeherrschaft und Kaperrecht voll durchzusetzen. Zudem hat Alexander bei der Unterhandlung mit Napoleon und dem Abschluß des Bündnisses im Frieden von Tilsit (Juli 1807) die geheimen Ziele seines Partners nicht richtig eingeschätzt. Er hoffte, mit dem französischen Kaiser sich über die Teilung des Osmanischen Reiches einigen zu können; Teilungsprojekte pflegen nur zu oft am Streit um die strategischen Kernpunkte zu scheitern, so auch hier, wie zwischen Hitler und Molotov im November 1940, an der Verfügung über Konstantinopel und die Dardanellen. Solange England nicht beisprang, schien jede Frontstellung gegen die herrschenden Mächte vergeblich. Der moralischen Integrität seines Königs verdankte Schweden den Verlust Finnlands, seines wichtigsten Rekrutierungslandes, das Alexander 1808 zu erobern unternahm. Den Einwohnern des Landes wurde als »Großfürstentum Finnland« innerhalb der Autokratie ein konstitutioneller Status zugestanden – gewiß nicht aus übermäßiger Bewunderung des Zaren für eine moderne Staatsform, sondern weil Speranskij die rationale Administration Finnlands als Vorbild für eine künftige Verwaltungsreform des Reiches bewahrt wissen wollte. Nicht nur das türkische Teilungsprojekt, auch Napoleons undurchsichtige Politik gegenüber den Polen, die, in dem ehemals preußischen Anteil als »Großherzogtum Warschau« zum Teil vereinigt, unter der nominellen Hoheit des Königs von Sachsen drohend bereitstanden und die Aspirationen auf die östlichen Teile der Adelsrepublik nicht fallengelassen hatten, hielten das russische Mißtrauen wach.

Volkstümlich ist das Tilsiter Bündnis nie gewesen; wenn auch amerikanische Schiffe von Petersburg aus den Handel mit England einigermaßen aufrechterhielten, waren die Wirkungen der Kontinentalblockade für die Getreide exportierenden Magnaten fühlbar.[23]

Napoleon hatte zu viele Brücken abgebrochen, um den Krieg verhindern zu können, als der Zar kurz hintereinander 1812 mit der Türkei Frieden und mit Schweden ein Bündnis schloß. Die russischen Flanken waren gesichert.

Gegen das riesige Reich läßt sich ein erfolgreicher Krieg nur mit den Mitteln der Revolution als Befreiungskrieg gewinnen. Dieses wurde nicht nur 1941 nicht versucht, sondern auch nicht 1812. Was hinderte den Kaiser, die Befreiung der leibeigenen russischen Bauern zu verkünden, wenn nicht die Rücksicht auf die polnischen Herren in seinem Gefolge? Erwartungen auf einen Umschwung der Dinge sind durchaus an den Einmarsch der Truppen der Revolution geknüpft worden,[24] und — wie unter Hitler — setzte der Widerstand des Volkes erst dann ein, als es sah, daß die Fremden nichts zum Besseren zu wenden gedachten.

Die Geschichte des Krieges von 1812 in ihren Peripetien haben zwei große Schriftsteller, Tolstoj und Stendhal, erzählt; dem ist nichts hinzuzufügen. Wer Moskau angezündet hat, bleibt unklar — eine riesige Ansammlung hölzerner Häuser, die von allen Behörden geräumt worden war, brennt fast von selbst, wenn die Schnapsvorräte aufgefunden worden sind. Der Zar weigerte sich strikt, Gespräche mit dem Feinde anzuknüpfen, solange ein fremder Soldat auf russischem Boden stand — er selbst hat darauf bestanden, daß auch nach der Befreiung der Krieg nach Europa hineingetragen werde; anders sei kein dauernder Friede zu erreichen. Die große Kampagne der »Freiheitskriege« brachte dem Zarenreich einen ungeheuren Machtzuwachs: Die Absicht, ganz Polen, im besten Falle auch das österreichische Galizien sich einzuverleiben, hätte bedeutet, daß Rußland zur absoluten Vormacht in Mitteleuropa wurde. Metternich und Castlereagh widersetzten sich diesem Ausgreifen und riskierten einen neuen Krieg, den nur Napoleons Rückkehr von der Insel Elba verhindert hat.[25]

Die Heilige Allianz, vom Zaren als sentimentales Manifest christlicher Brüderlichkeit gefaßt, von Metternich in ein antirevolutionäres politisches Programm umredigiert, schien ein neues Zeitalter des Zusammenstehens der etablierten Mächte in der Aufrechterhaltung der legitimen Ordnung zur Unterdrückung des »Geschwürs der Revolution« (Metternich) einzuleiten. In einer berüchtigten Denkschrift rief ein russischer Emissär 1819 zur Untersuchung der Zustände an den deutschen Universitäten im Kampf gegen Burschenschaften auf.[26] Die

Einheit der Fürsten wurde durch die griechische Erhebung auf die Probe gestellt, die den Zaren als Schirmherrn der unterdrückten Christen gegenüber der türkischen Ordnungsmacht in einen unlösbaren Konflikt zu stürzen schien. Der Gewinn des größten Teiles Polens, nachdem das Großherzogtum Posen und die wichtige Festung Thorn an Preußen geschlagen waren, warf nicht unbedeutende Probleme auf.

d) Alexanders Ausgang, das System Nikolaus' I.

Eine bedeutende Wirkung des Zuges der russischen Armee nach Europa lag in der Berührung junger aufgeschlossener Offiziere mit den Lebensformen des Westens. Doch ging nach dem opfervollen Volkskrieg das Leben weiter wie bisher: die mobilisierten Bauern wurden nicht freigesetzt; statt dessen übernahm der verhaßte Arakčeev die Macht im Lande. Jedoch war den Polen, die, solange es ging, auf Napoleons Seite gekämpft hatten, eine Verfassung zugestanden worden, mit einem Reichstag aus zwei Kammern und weitgehender Selbstverwaltung sowie einer eigenen Armee; den Russen blieb alles dies vorenthalten. Nach dem Siege der Gegenrevolution bzw. Restauration äußerte sich in ganz Europa politische Opposition als konspirative Planung bzw. Handeln, mit den italienischen Carbonari als Vorbild. In Polen gipfelte diese unter dem Einfluß der Revolutionen von 1830 in einem Aufstand, der nach wechselvollen Kämpfen wegen des Ausbleibens ausländischer Hilfe mit einer Niederlage endete und die Sonderstellung des polnischen Reichsteiles weitgehend vernichtete, wobei der polnische und katholische Einfluß in den westlichen Teilen des eigentlichen Rußland, im ehemaligen Großfürstentum Litauen, zurückgedrängt wurde.[27]
Im Reiche selbst fanden sich unter dem Einfluß der europäischen Bewegung in verschiedenen Zentren Gruppen junger Gardeoffiziere zusammen, in deren Mitte Modelle für die soziale und politische Umgestaltung des Reiches entworfen wurden.
Einmal bot sich das amerikanische Vorbild an, dem eine Petersburger Gruppe mit dem Plan einer konstitutionellen Monarchie und einer recht künstlichen föderativen Aufteilung des Reiches zur Effektivierung der Verwaltung und Heranführung der Staatsbürger an die öffentlichen Angelegenheiten folgte. Dabei sollte ein ziemlich hoch angesetzter Zensus dafür sorgen, daß nur Vorgebildete in die beiden Kammern der nationalen Repräsentation Einzug halten konnten. Die Oligarchie schien sich als einzig mögliche Form konstitutionellen Lebens anzubieten.
Demgegenüber stellte der Entwurf von Pestel, des Führers der »Südgruppe«, d. h. des konspirativen Kreises in der Ukraine,

eine sozialrevolutionäre Selbstherrschaft in Aussicht. Als energischer russischer Nationalist und Gegner jeder föderativen Umgestaltung – nur die Polen sollten eine gewisse Unabhängigkeit erhalten, die Juden in die Türkei abgeschoben werden – glaubte er, nur mit einer uneingeschränkten Zentralgewalt die Gesellschaft zu einer Gemeinschaft von Gleichen umgestalten zu können. Für die längere Übergangszeit bis zur Umerziehung des Volkes sollte die Macht den revolutionären Führern verbleiben, unter denen das Amt der Sbirren den moralisch Integersten vorbehalten sein sollte. (Pestels Entwurf ist erst 1906 veröffentlicht worden, hat also auf die Entwicklung der Theorie revolutionärer Herrschaft keinen Einfluß gehabt.) Zugrunde lag eine agrarische Utopie mit der Feindschaft gegen die großen Städte und die Losreißung der Menschen vom Boden – in etwa an Babeuf erinnernd. Nach Pestels Konzept sollte der Boden des Reiches in zwei Hälften geteilt werden, wobei jedem Bürger gleich welcher Profession ein unveräußerliches Besitztum zugeteilt werden sollte, während die andere Hälfte den Landbebauern zur Nutzung offenstand.[28] Beide Modelle spiegeln von je verschiedenen Winkeln das Dilemma der russischen revolutionären Bewegung – die Frage der Volksbildung als Voraussetzung sozialen Fortschritts wie auch die Problematik dieses Fortschritts unter dem Prospekt des Pauperismus in der westlichen Gesellschaft.

Die Einzelheiten der gescheiterten Dekabristenmeuterei sowie die frühen gesamtslavischen Beziehungen[29] sollen hier nicht beschrieben werden. Es fehlte den Offizieren der Garde an Entschlossenheit, als sich im Dezember 1825 durch den Tod des Zaren und die Unsicherheit der Nachfolge eine ungewöhnlich günstige Gelegenheit zum Losschlagen bot. Wie sehr Alexander, bei aller zur Schau getragenen Modernität, als Alt-Moskauer Selbstherrscher dachte, erweist sich daran, daß die Urkunde über den Thronverzicht seines jüngeren Bruders Konstantin, des Statthalters in Polen, zugunsten des dritten, Nikolaus, als geheime Staatssache, gleichsam als privates Testament behandelt wurde, als ob dieser Entschluß die Öffentlichkeit nichts anginge. Deshalb die Verwirrung wegen der Eidesableistung der Truppen nach der Kunde vom unerwarteten Ableben Alexanders im fernen Taganrog; in der Hauptstadt meuterten einige Einheiten der Garde. Die Loyalitätskrise beim Herrschaftswechsel ist der neuralgische Punkt aller Autokratien – hier war er selbstverschuldet.

Ähnlich wie Peter der Große ist auch Nikolaus I. (1825–1855) geprägt worden durch das Erlebnis dieser tiefen Staatszerrüttung bei seinem Regierungsantritt.[30] Ruhe wiederherzustellen und unbedingte Ordnung zu halten, schien seine erste Pflicht. Seit Josef II. haben die Herrscher des aufgeklärten Absolutismus sich immer wieder der politischen Polizei als Instrument nicht nur zur Überwachung politischer Gegner bedient — so war es auch in Moskau wie im Petrinischen Rußland —, sondern zur unabhängigen Information über die Zustände des Landes, das Funktionieren der Behörden; die »Polizey« gehörte wesentlich zur öffentlichen Wohlfahrt. Dem neuen Herrscher schien der Schutz durch die Getreuesten nach dem Abfall eines Teiles der Garde nicht mehr gesichert. Die überkommenen Instanzen staatlicher Macht waren unverläßlich oder korrupt. Die neu geschaffene III. Abteilung der Privatkanzlei des Zaren ist als der Schrecken der Intelligenz in die Geschichtsschreibung eingegangen.[31] Die Verfolgung Mißliebiger, nicht zuletzt der Adepten staatsgefährdender Sekten, trat vielfach zurück hinter ausführlichen und glaubhaften Berichten über institutionelle oder soziale Mißstände. Gleich im ersten Jahr seiner Regierung hat er den Dichter Puškin beauftragen lassen, die Volksbildung in die Hand zu nehmen. Dieser scheint die Wichtigkeit der Sache nicht recht gewürdigt zu haben; jedenfalls ging er auf die Anregung nicht ein.

Mit den Hingerichteten und Verbannten unter den »Dekabristen« war ein großer Teil der russischen Bildungsschicht verwandt oder freundschaftlich verbunden. Zögernd erst fanden sich die verwirrten Geister nach der Katastrophe von 1825. »Geist« und »Staat« traten auseinander. Noch sei, so sagte der Zar zu Puškin, Rußland nicht reif für eine Verfassung, noch sei es kein Monolith, nur die Selbstherrschaft halte es zusammen.

Noch immer war der Staat der hauptsächliche Unternehmer. Doch hat er versäumt, selbst die industrielle Ausbeutung der schlummernden Produktivkräfte in die Hand zu nehmen.[32] Robert Owen, der englische Sozialist, war 1816 vom damaligen Großfürsten Nikolaus aufgefordert worden, mit seinen Fabrikkooperativen nach Rußland überzusiedeln, er könne soviel Arbeiter mitbringen, wie er wolle. Daraus ist nichts geworden. Der Staat hat das Aufkommen eines unabhängigen Finanzkapitals nicht verhindert, wurde vielmehr von ihm abhängig. Er verhielt sich »liberal«, obwohl die Grundlagen des ökonomischen Liberalismus, ein Bürgertum als wirtschaftender Mittelstand — mit Einwirkung auf die öffentlichen Angelegenheiten — kaum vorhanden waren. Zwar schufen sich Kaufleute und Staatsbauern unter der Hand im Handel ansehnliche Vermögen; doch förderten diese nicht, wegen des fast vollständigen Fehlens eines Kreditsystems, die notwendigen Investitionen. Die Adelsbank versuchte den fortschreitenden Ruin der verschuldeten Gutsherren ohne Erfolg aufzuhalten; dieser nicht wirtschaftende Stand verbrauchte aber fast völlig die zur Verfügung gestellten Kredite. Die öffentliche Hand verarmte

immer mehr im Verhältnis zum nur langsam steigenden Sozialprodukt und angesichts der laufenden Geldentwertung. Kapitalien hatten sich zwar in den Händen der einheimischen Kaufmannschaft angesammelt, doch wurden sie nicht investiert. Die Altgläubigen aller Denominationen wurden von Nikolaus nachdrücklich verfolgt, und so zogen es die in der Mehrzahl altgläubigen Kaufherren vor, ihr Geld zu horten.[33]
Unter Nikolaus wie unter seinem Vorgänger hätte sich die Administration den Bedürfnissen einer langsam arbeitsteiliger werdenden Gesellschaft anzupassen gehabt. Da Ansätze der Selbstverwaltung nie weit gediehen waren, überwältigte das System zentralistischer Bürokratie alles soziale Leben. Zwar gab es tüchtige Gouverneure, doch blieb ihnen, da sie über keine eigenen Mittel verfügten, nur wenig Initiative. Seit eh und je waren den örtlichen Behörden kaum Entscheidungsbefugnisse überlassen, weil man ihrer Rechtlichkeit und ihrem Sachverstand mißtraute; neue Instanzen, so glaubte man an der Spitze, würden effektivere Kontrolle gewährleisten. Besonders im Justizwesen zeigte eine auf die Spitze getriebene Schriftlichkeit des Verfahrens die verhängisvollsten Formen.[34] Daß ganze Wagenladungen von Akten auf dem Transport zur nächst höheren Instanz »verlorengingen«, wird meist nur allzu durchsichtige Gründe gehabt haben, konnte gelegentlich aber als Ausdruck schierer Ratlosigkeit insgeheim angeordnet worden sein. Für ausreichende Ausbildung und vor allem angemessene Bezahlung der zahllosen Sekretäre etc. reichte der Staatssäckel nicht aus. Mußten diese doch oft im Amte selber wohnen und konnten nur umschichtig auf die Straße gehen, weil mehrere gemeinsam einen Mantel und ein Paar Schuhe besaßen.[35] Bestechungsgelder allein mochten vor dem schlichten Verhungern bewahren, zumal angesichts der Entwertung des Papiergeldes. Es bedurfte eines tiefgehenden Anstoßes, um das Staatsgefüge in Bewegung zu setzen.

e) Außenpolitik im Nikolainischen Zeitalter

Rußlands Expansion gegen Osten und Südosten geschah im Windschatten der europäischen Ruhe zur Zeit der Solidarität der konservativen Ostmächte. Sibirien entwickelte sich allmählich, vor allem durch die Bemühungen des verbannten und bald begnadigten Generalgouverneurs Speranskij, zu beachtlicher Wirtschaftskraft, nicht zuletzt dank seines freien und vielfach wohlhabenden Bauernstandes.[36] Durch die verbannten Dekabristen war es nicht mehr nur als Strafkolonie in den Gesichtskreis der Öffentlichkeit getreten, sondern als »Land der Freiheit«, in dem fern von bürokratischen Kontrollen es sich für unternehmende Geister freier atmen ließ. Der große Ausgriff über den Pazifik hinaus bis an die Küsten Kaliforniens und der zeitweiligen Besetzung von Hawaii, noch unter Alexander, wurde — nicht zuletzt wegen der riesigen Versorgungsetappen — nicht weiter verfolgt, die Positionen in Alaska indessen bis 1867 gehalten. Noch war der Stille Ozean kein Feld politischer Rivalitäten.[37]

Das Vordringen nach Mittelasien, d. h. in die Gebiete unterschiedlicher ethnischer Struktur, die später als Turkestan zusammengefaßt wurden, ergab sich aus der ständigen Bedrohung der Südostflanke an Wolga und Uralfluß durch nomadisierende Scharen, vor allem der Kasachen, zu Unrecht Kirgisen genannt.

Mehrere bewaffnete Konflikte mit dem Reiche des Schah brachten Teile Armeniens mit Erevan und einen Teil Azerbajdžans 1828 an das Zarenreich; doch leisteten verschiedene Kaukasusvölker als Glaubenskrieger zähen Widerstand bis in den Krimkrieg hinein. Der beständige Krieg im Kaukasus kostete Geld und Mannschaften und zehrte am russischen Sozialprodukt mehr, als den Zeitgenossen bewußt war. Der Kampf um den Kaukasus bildete zugleich den östlichen Schauplatz des zähen Ringens um die Vorherrschaft im Nahen Osten, vorab der Kontrolle über das Osmanische Reich.[38] Der Widerstand des Sultans gegen eine von den Großmächten — außer Österreich — ausgehandelte Lösung für Griechenland, veranlaßte den Zaren im April 1828, der Pforte den Krieg zu erklären. Der Friede von Adrianopel (September 1829) brachte dem Reich das gesamte Donaudelta — eine für die Kontrolle der Schiffahrt wichtige Erweiterung — sowie einige Gebiete in Transkaukasien. Die »Orientalische Frage« beschäftigte die europäische Öffentlichkeit im Auf und Ab der Rivalitäten um die Kontrolle der Meerengen. Durch das Abkommen von 1841, wonach diese für Kriegsschiffe aller fremden Nationen geschlossen bleiben sollten, schien dieses Problem fürs erste gebannt, solange nämlich alle Großmächte an der Integrität des Osmanischen Reiches interessiert blieben.[39]

Im Krimkrieg (1853—1856) sah sich Rußland allen europäischen Mächten, außer Preußen, gegenüber; er ist bereits von den Zeitgenossen als folgenreiche Wendung nicht nur im Masseneinsatz moderner Kriegsmittel (Panzerschiffe) und verlustreicher Grabenkämpfe erlebt worden, sondern als großer Kampf der Weltanschauungen, des liberalen Denkens gegen reaktionären Despotismus. Über die vielfältigen Spannungen, die schließlich — mit einem nicht völlig ernst gemeinten Überreizen der diplomatischen Karten des englischen und russischen Repräsentanten bei der Pforte — zum Eklat führten, sind die gelehrten Diskussionen noch nicht abgeschlossen.[40]

Die Mitte des Jahrhunderts markierte den Übergang zum nationalstaatlichen Denken, entsprechend zu einer uneinge-

schränkt expansiven Politik der etablierten Großmächte. Die russische Hilfe bei der Niederwerfung des ungarischen Aufstandes (1849) hat zwar dem Anschein nach dem Zaren als europäischer Ordnungsmacht eine hegemoniale Stellung eingeräumt. Damit war aber beim Wiener Hofe eine Art »Frustration« wachgerufen, so daß unter veränderten Auspizien Österreichs Prestige durch eine selbständige, d. h. nicht eben rußlandfreundliche Politik wiederhergestellt werden sollte. Jedenfalls gelang es nicht mehr, die sich verwirrende Lage durch einen internationalen Kongreß zu klären. So sind die Mächte in diesen Krieg hineingerutscht, wobei die unklare Politik des Londoner Kabinetts unter Aberdeen sich verhängnisvoll auswirkte. Nur durch das rasche Ende des Krieges sind weitgespannte Ziele des neuen Kabinetts Palmerston (Wiederherstellung Polens, Finnland an Schweden, Georgien und die Krim an die Türkei) nicht verwirklicht worden, wenn sich auch die britische Wirtschaftsblockade auf die russischen Staatsfinanzen nachdrücklich auswirkte.
Rußland ist im Kampf gegen verbündete Seemächte in einer heiklen Lage gewesen: alle Küsten mußten im Verteidigungszustande sein. Neben dem Schwarzen Meer konnte sich die Ostsee zum gefährlichen Kriegstheater entwickeln, hätte nicht Schweden wiederholten Anbietungen der Westmächte sich verschlossen. Auch vom Nördlichen Eismeer her und — übrigens erfolglos — auf Kamčatka erfolgten einige Angriffe. Vor allem band Österreichs unklare Haltung starke russische Kräfte — Wien versuchte bei dieser Gelegenheit, das gesamte rumänische Volksgebiet, nicht zuletzt als Gegengewicht gegen das aufsässige Ungarn, unter seine Kontrolle zu bringen. Der Hauptkampf spielte sich auf der Krim ab, wobei die russische Heerführung durchaus überlegen war, aber schließlich waren Materialschlachten ohne entsprechend ausgebautes Transportsystem nicht durchzuhalten. Einen modernen Krieg konnte die übergroße Landmacht Rußland nicht ohne entwickeltes Eisenbahnnetz führen.
Der Pariser Friede vom April 1856 neutralisierte das Schwarze Meer für alle Kriegsschiffe — was Rußland allein betraf —, drängte das Reich aus der Donaumündung und aus den Donaufürstentümern (seit 1866 Rumänien) zurück,[41] ließ aber sonst Rußland intakt. Trotz vorheriger Propaganda von den Westmächten wurde kein Versuch gemacht, die nationalen Gegensätze des Reiches auszuspielen. Daher blieben auch die Rebellen im Kaukasus, ungeachtet einiger Hilfe im Kriegsgeschehen, ihrem Geschicke überlassen;[42] das Reich konnte in mehreren Feldzügen die freiheitsliebenden Bergstämme unterwerfen, soweit sie nicht, wie die Tscherkessen, es vorzogen, in die Türkei auszuwandern.

a) Aufbruch zu neuen Ufern

Nikolaus starb im März 1855: sein Reich war niedergebrochen, sein Lebenswille zerstört. An den jungen Zaren Alexander II. (1855–1881) knüpften sich alle Hoffnungen. »Innere Emigration« – so läßt sich am besten der Zustand der gebildeten Gesellschaft bezeichnen, die mit einer restriktiven Bildungspolitik sowie einer uneinsichtigen Zensur zu rechnen hatte. Wichtige Manifeste wurden, wie heute in der Sowjetunion, unter der Hand verbreitet; doch seit der Hinrichtung der fünf Dekabristen ist unter Nikolaus niemand mehr ums Leben gebracht worden.

Die Abwendung von der Politik war nicht nur erzwungen. Soweit sich die am geistigen Leben Teilhabenden über die Debatten unter den Verschwörern von 1825 hatten unterrichten können, sahen sie, wie schwierig die Probleme des Reiches lagen. Nicht nur in Rußland bedeutete die Romantik das Hinweggetragenwerden über die Dilemmata der praktischen Vernunft. In der philosophischen Meditation ließ sich die Vision einer besseren Zukunft unmittelbarer entwerfen. Der Adlige, der ein glückliches Dasein für die ganze Menschheit konzipierte, konnte als Vorleistung das Unrecht seiner gegenwärtigen Existenz in der Nutznießung der Fronarbeit seiner Bauern gleichsam gutmachen. Die jungen Adligen kannten weder Kant noch Aristoteles; ihr Philosophieren war romantisch und kaum ernsthaft um Hegels Anstrengung des Begriffes bemüht. Was lag näher, als zu den Theoremen der französischen Sozialisten überzugehen, als sich die von außen betrachtete Hegelsche Weltvernunft nur als Gedachtes und Denkbares eröffnete? (Nicht zufällig ist Marx bereits 1846 in Brüssel von einigen jungen Russen besucht worden.) Sobald eine Metaphysik abgestreift wäre und der Mensch als reines Naturwesen erkannt, konnte die Menschheitsgeschichte als Teil der Naturgeschichte begriffen werden; der Weg in den Naturalismus war frei. Die sogenannten Westler, unter ihnen Alexander Herzen und Michael Bakunin, sind diesen Weg gegangen.[1]

Doch gab es auch in Rußland eine andere Form von Romantik, die in der Übersteigerung des Bewußtseins von der völkischen Eigenart und Sendung ein konservatives Denken anstrebte, das sich nicht von Peter und seiner Rationalität herleitete. Die Slavophilen standen zwischen romantischem Volksgeist und hegelianischer Geschichtsphilosophie. In der vagen Hoffnung auf eine bessere Zukunft erdachten sie besondere russische Formen politischer Organisation, die die Widersprüche der westeuropäischen Gesellschaft aufheben bzw. vermeiden würden.

Nach 1848 identifizierten sich die Slavophilen mehr und mehr mit dem expansiven Nationalismus, wobei die Einheit der Slaven nicht mehr religiös, sondern dem Wesen nach biologisch verstanden wurde.[2]
Politisch wirksam für beide Gruppierungen ist die Entdeckung der russischen Landgemeinde gewesen. Der bäuerliche Kollektivgeist, wie er sich in der Dorfverfassung kundtat, schien als Zelle eines ursprünglichen Gesellschaftsaufbaus dem westlichen Erwerbsgeist und der Säkularisierung des Volkslebens überlegen. Von hier aus ließ sich das russische Denken sowohl als große konservative Kraft deuten, wie als Träger eines latenten russischen Sozialismus, der sich irgendwann revolutionär werde mobilisieren lassen. Noch vor 1848 haben sich Herzen und Bakunin dem russischen Bauern zugewandt und sind – in wesentlich ästhetisch begründeter Ablehnung der bürgerlichen westlichen Lebensform – zu Radikalen geworden. Lange Zeit blieb die revolutionäre Bewegung in Rußland dem Wesen nach Ideologie, d. h. Theorie ohne unmittelbare ökonomische und soziale Praxis. Von den maßgeblichen Theoretikern hat keiner sich selbständig mit den Verhältnissen auf dem russischen Dorfe befaßt, geschweige denn unter Bauern gelebt oder sie näher gekannt. Der Zusammenbruch der alten Ordnung wurde von den Wohlmeinenden im Reiche, nicht nur von radikalen Emigranten als Chance begriffen. Vor allem anderen drängte sich die Befreiung der Gutsbauern als unmittelbare sittliche Verpflichtung der Gesellschaft wie auch als ökonomische Notwendigkeit auf. Öffentlichkeit und Regierung schienen zusammengehen zu können.

b) Das Zeitalter der Reformen

Auch Nikolaus war dem moralischen Problem der Leibeigenschaft nicht fremd gegenübergestanden – doch fühlte sich der Autokrat nicht so selbständig gegenüber seinem Adel, als daß er dieses Problem selbstherrlich anzupacken gewagt hätte. Zudem hielt ihn seit 1848 die Furcht vor revolutionärer Ansteckung davor zurück, das Gesellschaftsgefüge anzurühren. Der Status der Staatsbauern – in etwa die Hälfte der Landbevölkerung – ist indessen in den vierziger Jahren durch eine Reform geregelt worden, die deren Abgaben normierte und trotz mancher Gängelung von oben ihnen genügenden Spielraum für ökonomische Initiativen öffnete.[3] Der Krimkrieg brachte die Erfahrung, daß moderne Kriege nicht ohne allgemeine Mobilmachung geführt werden konnten. Solange der Staat über einen wesentlichen Teil des Menschenpotentials – nämlich die Gutsbauern – nicht frei verfügen konnte, hatte die einsatzfähige Armee im überwiegenden Teil aus langdienenden

Berufssoldaten (25 Jahre) zu bestehen; allgemeine Wehrpflicht erzwang die rechtliche Gleichstellung der Staatsbürger.

Das Absinken des Gutsbauern zum lebenden Inventar des Hofes wurde bereits gekennzeichnet – den logischen Abschluß gab die Gesetzeskompilation von 1857 (Svod zakonov), wo der Gutsbauer nur insofern erscheint, als dessen Herr bestraft wird, wenn er ihn als Bettler auf die Straße schickt und so die öffentliche Ordnung stört. Der Gutsherr konnte auch bei Mißernten seine Leibeigenen nicht ohne weiteres loswerden, um so mehr als er sie bei nächster Gelegenheit wieder brauchte und freie Arbeitskräfte nicht immer zu haben waren. Der Adel verfügte vielfach wegen der Marktferne über wenig Bargeld. Fast alle Gutsherren lebten über ihre Verhältnisse: die Güter waren verschuldet, ein Gutteil der Leibeigenen an die Adelsbank verpfändet, der Markt für Güter limitiert, so daß der Stand als solcher ständig verarmte, vor allem seitdem die Bauern nicht mehr über den freien Markt ohne ihren Landanteil verkauft werden konnten.

Wo eine eigene Gutswirtschaft geführt wurde, war wegen der Gemengelage und des Flurzwangs eine Modernisierung der Dreifelderwirtschaft kaum möglich. Die Höfe kümmerten dahin, der Boden war ausgelaugt, denn wegen der ungünstigen Ertragslage konnte nicht genügend Vieh für Düngung und als Zugkraft gehalten werden. Während um 1770 etwa fünfmal das Saatkorn geerntet wurde, durfte um 1860 in weiten Gebieten nur mit dem 2,5fachen Saatkorn gerechnet werden. Jede Mißernte wirkte über mehrere Jahre verhängnisvoll nach. Die vielgeschmähte feindliche Haltung der Bauern gegenüber technischen Neuerungen hatte ihre guten Gründe – die Dreifelderwirtschaft hielt die Investitionen so gering, daß die klimatischen Risiken gerade noch getragen werden konnten. Das Land war relativ überbevölkert, die Vegetationsperiode kurz; zu Zeiten erforderten die Feldarbeiten sehr viele Arbeitskräfte, die dann lange Monate hindurch kaum etwas zu tun hatten.[4]

Keine eigenen Gutsbetriebe fanden sich bei Zwergwirtschaften, wo alles Land von den Bauern bewirtschaftet wurde und beide Partner, Herr und Sklave, oft gemeinsam in einer Hütte wohnten. Auch die riesigen Besitzungen der Magnatenfamilien lebten ausschließlich vom Zins, der den einzelnen Bauern um so weniger belastete, je mehr Leibeigene der Magnat besaß. Im Norden, in den eigentlichen Waldgebieten, wo sich ausgedehnte Landwirtschaft nicht lohnte, waren die Bauern in der Regel als Wanderhandwerker, Fuhrleute etc. unterwegs und zinsten ebenfalls.

Innerhalb des Bauernstandes hatte die soziale Differenzierung sich längst durchgesetzt: Nicht nur der Untüchtigere, sondern auch der, dem das Vieh starb, das Korn verhagelte oder der keine Söhne hatte – also weniger Land zugeteilt erhielt –, konnte sich aus dem Unglück kaum mit eigener Kraft herausarbeiten. Er gab sich mit dem verbliebenen Inventar bei einem Wohlhabenderen in eine Art Schutzknechtschaft (dol'nik), bestenfalls als unterdrückter Schwiegersohn. In der Masse sind die Bauern im 19. Jahrhundert schon vor der Agrarreform verarmt: Die Bevölkerung hat sich vermehrt, die Höfe wurden geteilt, damit sanken Betriebsgröße und Ausstattung mit Betriebsmitteln. Die Fronpflichten konnten nicht wesentlich gesteigert werden: 1,5 Hektar pro tjaglo waren als obere Regelgrenze möglicher bäuerlicher Dienstleistung anzusehen. Die Rentabilität eines Fronhofes hing ab von der Entfernung vom Markte und der erreichbaren Arbeitsproduktivität pro tjaglo. So hat sich das Gutsland in den Altsiedelgebieten nicht wesentlich auf Kosten des Bauernlandes erweitert; vielmehr wurden, wenn nötig, die Gemeinschaftsweiden (vygon) und, wenn vorhanden, Buschwerk an den Gemarkungsgrenzen einbezogen. Die Landreserven waren bald erschöpft.

Die Zinslast der Bauern war in keiner Weise normiert; im einzelnen ist kaum festzustellen, ob sie die allgemeinen Preissteigerungen übertraf. Nicht nur Staatsbauern, auch Gutsbauern haben es als Handwerker oder Händler nicht selten zu erheblichem Vermögen gebracht. Ihre Kapitalien sichtbar zu investieren konnte riskant sein, wenn der Gutsherr knapp an Geld war – ähnlich wie bei den altgläubigen Kaufleuten ist wegen der verfehlten Rechtsstruktur viel einheimisches Kapital nutzlos akkumuliert worden.[5]

Die Bauern haben immer wieder gemeutert, doch kann nicht die Rede davon sein, daß eine »revolutionäre Situation« (Lenin) vor der Reform die Regierung im letzten Moment zum Einlenken gezwungen habe. Viele Adlige wollten, soweit sie einige ökonomische Einsicht hatten, aus der Bindung an Flurzwang und widerwillige Untertanen herauskommen. Die Überlegungen zur Bauernreform hatten von folgenden Überlegungen auszugehen: Nach dem geltenden Recht waren die gutsherrlich-bäuerlichen Verhältnisse privatrechtlicher Natur. Die Gutsherren sollten dazu bewegt werden, mit ihren Bauern freiwillige Verträge zur Freisetzung und Ablösung zu schließen. Nur durften die Untertanen – das hatte man von Bauernbefreiungen andernorts gelernt – nicht ohne Recht auf Landnutzung als Landarbeiter freigesetzt sich selbst überlassen sein. Zwar hatte das Land Eigentum der Gutsherren zu bleiben; aber dem Bauern sollten gegen entsprechende Ablösung die Rechte auf dauernde Nutzung seines bisherigen Anteils gesichert werden. Dieser Grundsatz, von dem die die Reform vorbereitende Kommission ausging, ließ sich nicht durchhalten, weil viele Gutsherren entweder überhaupt kein Land hatten oder so wenig nutzen konnten bzw. besaßen, daß sie nach Verlust des Bauern-

landes unter dem Existenzminimum blieben. Ihnen dies zu erhalten, hieß ihre Bauern völlig zu enteignen. So mußten Kompromisse gefunden werden.
»Adel« und »Bauerntum« waren nicht nur soziale, sondern vor allem fiskalische Begriffe. Der Kleinadel war gesellschaftlich ebenso parasitär wie ein Teil der Landleute, die nach westlichen Begriffen zu den »Unterständischen« gehörten. Wo sollten diese in einer vorindustriellen Gesellschaft unterkommen? Das Heraustreten aus den überkommenen Abhängigkeiten und Sicherungen — der Leibeigene stahl sich notfalls vom Gutsherrn, was er dringend brauchte — setzte den Pauper frei. Das Anwachsen der unterständischen Schichten auf Grund der Agrarreformen in den deutschen Landen ging der Industrialisierung voraus, die nicht Menschen vom Boden losriß, sondern die überschüssige Bevölkerung aufnahm. Anscheinend war — unter den gegebenen klimatischen Verhältnissen — bereits damals in Rußland kein auskömmlicher Nahrungsraum für die Bevölkerung aller Schichten zu schaffen; auf die Übersiedlung

Abb. 22: Straßenhändler in Rußland. Lithographie von I. S. Ščedrovskij 1852

nach Sibirien gehen wir noch ein. Ohnehin fielen mit der Freisetzung Heiratsverbote und Begrenzungen der Familienteilung fort.
So konnten die Bauern nicht alles von ihnen genutzte Land erhalten; es wurden für einzelne Gouvernements bzw. Kreise Normanteile festgesetzt, diese aber leider auf Grund der Vorstellungen des eingesessenen Adels zuletzt herabgesetzt. Für diese Anteile sollten die Bauern nach einer Übergangszeit an den Staat einen großen Teil derjenigen Ablösungssumme zurückzahlen, die dieser den Gutsherren zum Aufbau einer eigenen Wirtschaft als Kapital vorgeschossen hatte. Bei den Fron- und Zinsbauern wurde die bisherige Leistung kapitalisiert und der Freizulassende entsprechend belastet. Die Modalitäten können im einzelnen nicht dargestellt werden — zufrieden war keiner der Partner. Die Regierung hat sich gescheut, nach der finanziellen Belastung des Krimkrieges auf dem internationalen Kapitalmarkt sich so zu verschulden, daß sie die Verpflichtungen der Gutsbauern hätte selbst übernehmen können. Ohnehin hätten beim Fehlen eines auskömmlichen Mittelstandes die Staatsbauern zum großen Teil diese Summen aufbringen müssen.
Das Dekret über die Befreiung der Bauern vom 19. April 1861 hat die erhoffte Wirkung nicht gehabt. Von der Rechtslage und der Ratio der Erhaltung möglichst vieler Existenzen ausgehend, war die Reform nicht die schlechteste. Frühjahr und Sommer des Jahres sahen mannigfache Bauernunruhen. Die Öffentlichkeit hatte sich in ihren Erwartungen getäuscht; törichterweise waren seit 1858 Pressedebatten über die Bauernreform untersagt. Sonst hätte sich herausgestellt, daß der Spielraum möglicher Lösungen gar nicht groß war, mehr noch, daß kaum jemand unter den Publizisten ein begründetes Urteil über die ländlichen Verhältnisse und die ökonomischen Sachzwänge besaß. Bei den Beratungen über die bevorstehende Reform in den Adelsversammlungen der Gouvernements waren manche weitergehende Pläne und Forderungen auf verantwortliche Beteiligung von Repräsentanten des Landadels — oder anderer Stände — an den Regierungsgeschäften erhoben worden. Alexander reagierte mit Heftigkeit — der Selbstherrscher konnte Berater um sich versammeln, wenn es ihm an der Zeit schien, aber war nicht gesonnen, Forderungen seiner Untertanen entgegenzunehmen, auch wenn diese zunächst nur beratende Körperschaften im Auge haben mochten.[6]
Die wachsenden Verwaltungsaufgaben bedingten dennoch eine Delegation gewisser Funktionen an Selbstverwaltungsorgane auf Gouvernements- bzw. Kreisebene. 1864 wurde die Zemstva eingeführt, gewählte Vertretungen aus Adel, Städtern und Bauern, in denen zwar dem ersteren die Führung zukam, aber

kein Stand das Übergewicht haben sollte. Diesen Organen wurden Wegebau, Gesundheitswesen und Volksschulen (später in Rivalität zu den Schulen der Geistlichkeit) in eigener Verantwortung übergeben.[7] Viele Gutwillige sahen hier ein Feld praktischer Aufgaben; unabhängig von obrigkeitlichen Genehmigungen konnten soziale Initiativen entfaltet werden. Die politische Reaktion schränkte den Tätigkeitsbereich bald wieder ein; den Zemstva standen aus Abgaben der Stände nur beschränkte Mittel zur Verfügung. Dennoch fanden nicht wenige Oppositionelle hier als Lehrer oder Ärzte Unterschlupf. (Die Zemstvostatistiken haben das Material für die notwendige Überprüfung der ländlichen Verhältnisse gegen Ende des Jahrhunderts geliefert; auch Lenin konnte sein Buch über den Kapitalismus in Rußland nur auf Grund dieser Erhebungen schreiben).

Nicht weniger wichtig war die Justizreform von 1864, die das ungefüge und korrupte Gerichtswesen im Sinne fortschrittlicher Gerichtsverfassung mit unabsetzbaren Richtern, unabhängigen Geschworenen und einem selbständigen Stand der Rechtsanwälte ordnete. Die Reform wurde von einer Gruppe rechtsverständiger Juristen vorbereitet, die eine recht unbestimmte Anordnung des Zaren genutzt haben, um gegen dessen Intentionen die modernsten Justizgesetze des Westens ihrem Werke zugrunde zu legen.[8] Während sonst die russischen Institutionen hinter dem Gemeinsinn des Volkes zurückblieben, war hier eher das Gegenteil der Fall: Bauern als Geschworene sprachen in der Regel bäuerliche Angeklagte frei etc. Spätere Einschränkungen der Justizreform waren zu einem Teil gerechtfertigt; ohnehin blieb die administrative Internierung und Verbannung, die mit dem Aufkommen des Terrorismus (vgl. Nordirland heute) unvermeidlich scheint.

Doch hätte es in der besonderen Situation um 1860 durchaus nahegelegen, schrittweise Rußland auf den Weg der Verfassung zu bringen.[9] Eine wachsende arbeitsteilige Gesellschaft läßt sich durch eine selbstherrliche Bürokratie allein nicht organisieren. Inzwischen waren die Universitäten weiteren Kreisen geöffnet worden; die ersten begabten »Leute von anderem Stande« strömten ein, vor allem Söhne von Geistlichen, die nicht mehr in der Kaste ihrer Väter wirken wollten. Mit dem Bruch mit der staatskirchlichen Praxis vollzog sich bei diesen Geistern meist die Abwendung von der Religion selbst. Die jungen Leute pilgerten zur Universität, um sich dort ihre Weltanschauung des naturwissenschaftlichen Materialismus bestätigen zu lassen. Zu den Popensöhnen kamen Abkömmlinge kleiner Beamter und Händler, ja bereits freie sibirische Bauern. Diese Studenten – mit ihrer anscheinend unwiderleglichen Einsicht in die wahre Wirklichkeit – verband nichts mehr mit der gegebenen Ordnung und ihren Vertretern. Auch war der Staat nicht gewillt und imstande, die Angehörigen der neuen »Intelligencija«[10], die sich selbst als das »denkende Proletariat« bezeichneten, im öffentlichen Dienste zu beschäftigen. Junge Naturwissenschaftler konnten sich zum Teil als Ärzte niederlassen. Andere gingen in die Publizistik, die damals mit einigen radikalen Monatsschriften unter den Augen einer nervösen Zensurbehörde mit »wissenschaftlichen« Verschlüsselungen in »äsopischer« Sprache die neuen Heilslehren verkündete. Mit Selbstverständlichkeit wurde behauptet, daß die Naturwissenschaft alle Lebensfragen ein für allemal gelöst habe, so daß ihre Ergebnisse auf die Gesellschaft als deren Gesetzlichkeit sich übertragen ließen. Damit konnte, so glaubte man, die bäuerliche Welt von ihrem falschen religiösen Bewußtsein freigemacht werden und schließlich den Umsturz selbst in die Hand nehmen. Der Intelligenzler, der sich nicht von seiner Hände Arbeit ernährte, mochte seine Schuld am arbeitenden Volk dadurch wettmachen, daß er sozial nützlich tätig sei, d. h. das notwendige revolutionäre Wissen mitteile. Die Wissenschaftsgläubigkeit — fast eine neue Religion — ist die populäre Form der Aneignung der europäischen geistigen Überlieferung durch die Russen geworden. Wo keine Empirie die Imagination hält, ist der ungebundene Radikalismus nahe. Der »Nihilismus« kündete sich an, doch blieb offen, ob der rechte Egoismus mit dem wohlverstandenen Interesse aller zusammenfalle.[11]

Das Brodeln kam nach 1861 auf verwirrende Weise an die Oberfläche — in mannigfaltigen Proklamationen, in geheimen Organisationen (der spätere Generalstabschef Obručev stand als Leutnant einer konspirativen Gruppe nahe). Aus der Emigration begleitete Alexander Herzen mit seiner illegalen Zeitschrift »Kolokol« — sie wurde in alle Ministerialkanzleien hineingeweht — mit kritischen Entlarvungen die Geschehnisse und schien den Polnischen Aufstand der Jahre 1862 und 1863 hinter den Kulissen zu lenken. Offenbar war die Opposition allgegenwärtig und kaum zu greifen. Als ein Student 1866 ein Attentat auf den Zaren unternahm, war die Selbstherrschaft nachdrücklich in die Defensive gedrängt. — Dennoch sind zwei weitere wichtige Reformen durchgeführt worden. Ab 1870 wurde die städtische Verwaltung im Sinne einer beschränkten Selbstverwaltung auf Grund einer Zensuswahl schrittweise modernisiert; allerdings blieb die Polizei beim Staat. Ähnlich wie ursprünglich in Preußen war die Städteordnung für die kleineren Städte ein zu weites übergeworfenes Gewand; es fehlte an geeigneten Kandidaten in den Provinzzentren. In Moskau hingegen haben sich energische Stadtoberhäupter bald gegen die Generalgouverneure durchzusetzen versucht bzw. vermocht. Um die Jahrhundertwende — mit dem industriellen

Aufschwung und der Zunahme von Ärzten, Rechtsanwälten auch in mittleren Städten — hat diese trotz mancher Einengung weitschauende Planung ihre Früchte getragen und zur Festigung des Gemeinsinnes nicht weniger als die Zemstva gewirkt.
Wie angedeutet, erschienen als unmittelbare Folge des Krieges, komplementär zur Emanzipation der Gutsbauern, Militärreformen unausweichlich. Noch 1862 konnte die russische Armee in Kriegszeiten höchstens um 25 Prozent gegenüber der Friedensstärke vermehrt werden. Neben einer Reduktion der Stäbe und der durchgreifenden Erneuerung der Offiziersausbildung hat der bedeutende Kriegsminister Dmitrij A. Miljutin in harten Kämpfen 1874 die allgemeine Wehrpflicht durchgesetzt. Damit war die Befreiung des Adels von der Dienstpflicht auf Grund der Charta von 1785 aufgehoben. Grundsätzlich hatte jeder Mann sechs Jahre zu dienen, doch brauchten Absolventen einer Universität nur sechs Monate, einer höheren Schule nur zwei Jahre und so fort unter den Fahnen zu stehen. Auch im Russischen Reich hat die Wehrpflicht auf Dauer wohltätig für die Herausbildung eines Gemeinbewußtseins gewirkt. Da die Offizierslaufbahn — allerdings mit Scheidung zwischen Garde und Linie — einem jeden Tüchtigen offenstand, sind, ähnlich wie im Habsburger Reiche, Söhne von Unteroffizieren in hohe Stellungen heraufgerückt.[12]

c) Die Selbstherrschaft in der Defensive

Die Reform des Reiches blieb auf halbem Wege stehen, obwohl es als Ganzes nicht bedroht gewesen ist. Nach dem Abklingen der Bauernunruhen von 1861 war eine ernsthafte Rebellion im Sinne eines sozialen Umsturzes nicht zu befürchten. Die Opposition der studierenden Jugend blieb so lange vergeblich, als nicht die Machtmittel des Staates — Armee, Polizei und Beamtentum — zu erschüttern waren. An der Spitze standen unzulängliche Männer: Miljutin hat sich nur mit Mühe durchgesetzt; die Redaktionskommission für die Bauernrefom hatte an ihren einsichtigen Grundsätzen gegen den Widerstand ihres späteren Vorsitzenden kaum festhalten können. Es fehlte nicht an brauchbaren Leuten, doch war Alexander, bei gelegentlichen guten Ansätzen, an den Regierungsgeschäften zu wenig interessiert, um sich dem Einfluß der hochadligen Hofgesellschaft zu entziehen. Diese betrachtete das Reich nach wie vor als ihre Domäne. Wenig später sind in Japan die grundlegenden Reformen von einsichtigen Angehörigen des Hochadels ausgegangen.[13]
Reform und Reaktion lösten einander nicht ab, sondern überlappten sich für einige Jahre. Für die Wendung ist indessen der Polnische Aufstand von 1861—1863 nicht zu unterschätzen. Die Politik des neuen Zaren zielte auf Versöhnlichkeit ab, blieb

jedoch unzugänglich hinsichtlich der Gewährung der verwirkten konstitutionellen Rechte. Russisch-Polen befand sich dank der Entwicklung der Industrie und des Aufkommens einer gebildeten Mittelschicht kleinadliger Abstammung in rascherer Transformation als das Reich selbst.

Dem polnischen Adel war es zu einem Teil an einem Modus vivendi mit Rußland gelegen. Angesichts der Debatten um die Bauernreform von 1861 mußte auch in Polen die Rechtslage der gutsuntertänigen Bauern überprüft werden. Während der grundbesitzende Adel, wenn auch zögernd, den Weg des friedlichen Ausgleiches in seiner Mehrzahl suchte, vertraten in den Städten die Radikalen, zu einem Teil Studenten, den Grundsatz der permanenten Konflagration. Die beiden Lager der polnischen Emigration, die Weißen und die Roten, trafen in der Heimat aufeinander. Mit nationalen Kundgebungen in Verbindung mit der katholischen Kirche wurden Zusammenstöße mit dem russischen Militär bis zu einem gewissen Grade provoziert, während der Marquis Wielopolski nach manchem Hin und Her im Jahre 1862 beim Zaren praktisch als Chef der Zivilverwaltung in Kongreßpolen erhebliche Konzessionen — eigene Regierung, polnisches Schulwesen, eine polnische Universität — erreichte. Dem geplanten Aufstand suchte er im Januar 1863 durch eine große Rekrutierungsaktion zuvorzukommen, doch vergeblich. Anders als 1831 wurden keine Schlachten geschlagen, da die Polen weder über ausgebildete Soldaten noch über eine effektive Führung verfügten; im Hinblick auf die europäische Öffentlichkeit taktierten die Russen hinhaltend. Solange aber nicht eine der Teilungsmächte — es kam nur Österreich in Frage, da Preußen in der Alvenslebenschen Konvention seine Hilfe bei der Verfolgung der Aufständischen angeboten hatte — zugunsten Polens aktiv eingriff, konnte nur ein allgemeiner europäischer Krieg die Polen entlasten. Der russische Hof hat lange gezögert, hart zuzugreifen; erst die Entscheidung der Weißen, im Frühjahr 1863 sich am Aufstand zu beteiligen, schien zu zeigen, daß die Politik des Ausgleiches nichts fruchtete. Mit dem Bekanntwerden von Mordanschlägen auf russische Truppen ist auch die liberale russische Öffentlichkeit gegen Polen gestimmt worden.[14] Nicht zuletzt ist der Aufstand an der Passivität der polnischen Bauern gescheitert. Zu spät verkündeten die Roten den Übergang des von den Bauern genutzten Herrenlandes in deren Hände. Eine radikale Bauernreform, in der die Adligen nicht geschont wurden, gewann seit 1864 die Bauern in gewisser Hinsicht für die zarische Herrschaft. Die Identität von katholischer Kirche und Polentum sowie die russifikatorische Schulpolitik hielten aber das Bewußtsein der nationalen Identität über die nächsten Jahrzehnte hindurch auch bei den Bauern wach.[15]

In den Westgebieten, d. h. Litauen und Weißrußland, haben sich außer einigen Geistlichen nur wenige hundert katholischer Staatsbauern am Aufstande beteiligt; hier wurde der Einfluß des polnischen katholischen Adels durch Enteignung rigoros zurückgedrängt. Polnische Studenten haben versucht, im russischen Hinterland, z. B. in Kazan', mit Hilfe russischer Kommilitonen Meutereien zu inszenieren. Eine konspirative Organisation Zemlja i volja sollte die polnischen Bestrebungen unterstützen. Bakunin plante eine Landung mit Freiwilligen in Litauen und wollte die Finnländer zur Erhebung ermuntern.

Die studentische Unruhe, der polnische Aufstand mit seinen konspirativen Verbindungen nach Rußland hinein — alles schien auf eine geheime, mächtige internationale Organisation hinzudeuten. Das Attentat auf den Zaren von Karakozov wurde damals als das Werk eines einzelnen angesehen; doch stand der Student einem kleinen revolutionären Zirkel nahe.[16] Andererseits war die radikale Opposition unterdrückt, nachdem Černyševskij, der einflußreiche Publizist und Verkünder des ästhetischen und politischen Materialismus, in einem nicht eben legalen Verfahren 1864 zur Verbannung verurteilt und die übrigen radikalen Zeitschriften teils von der Zensur unterdrückt worden waren, teils sich in den Widersprüchen ihrer materialistisch-nihilistischen Ideologie zerrieben hatten. Pisarev, der geistreiche Prophet des Nihilismus, ertränkte sich 1868 im Alter von 28 Jahren.[17] Wir erwähnen Nečaev und seine konspirative Gruppe, die das Programm der »Leute der sechziger Jahre« vollends diskreditierten.[18]

Immer neue Scharen kamen an die Universitäten. Auch Mädchen versuchten sich zu emanzipieren und ihren eigenen Lebensweg zu finden. Von den zwei Enkeltöchtern des Generals von Schubert, einem der Begründer des russischen Vermessungswesens, hat die eine, zeitweise Dostoevskijs Freundin, in der Pariser Kommune mitgekämpft, während die andere, Sonja Kovalevskaja, nach Studien in Heidelberg Professorin für Mathematik in Stockholm wurde. Sie waren nicht die einzigen: der revolutionäre Aufbruch der siebziger Jahre ist wesentlich durch junge Mädchen und Frauen bestimmt. Da sie wie in Rußland so auch anderswo zum Studium nicht zugelassen waren, gingen sie zum Studium in die Schweiz.[19] Schon vorher hat es freiwillig Exilierte gegeben, zur treibenden Kraft der Bewegung im Lande selbst ist aber die Emigration erst Anfang der siebziger Jahre geworden. Am Beginn der neuen Zeit standen unerfreuliche Auseinandersetzungen: Bakunin, der Heros der europäischen Revolution von 1848, der Märtyrer der Festungen und der sibirischen Gefangenschaft, der Streiter für die politische Freiheit war durch sein Zusammengehen mit Nečaev zeitweilig diskreditiert. Er predigte nach wie vor den Volksaufstand, der den gesamten Staatsapparat mit einem Male zerschlage, um die Föderation freier ackerbauender Kommunen zu begründen. Der Bauer war für ihn der wahre Mensch, weil noch nicht in der Fessel von Arbeitsteilung und Privateigentum befangen. Bakunin stand der Anthropologie des jungen Marx nahe, der später, absorbiert von der Kapitalismus-Kritik, den ursprünglichen Telos seines Denkens, die Wiederherstellung des vollen Menschen in der kommunistischen Gesellschaft, aus dem Auge verloren hat und nur gelegentlich (Kritik des Gothaer Programms) darauf zurückkam. Der Kampf zwischen Bakunin und Marx in der I. Internationale geht uns nur insofern an, als die Spaltung innerhalb der Genfer russischen Emigration das Verhältnis der beiden großen Figuren betraf. Im übrigen hat Bakunin in seiner Marx-Kritik von 1873 auf dessen schwache Stelle, nämlich das Problem der herrschenden Klasse in der Zeit der Diktatur des Proletariats, nachdrücklich hingewiesen. Bakunin hat als Anreger, nicht aber als Theoretiker gewirkt, um so mehr, als er keinerlei Theorie der Organisation zu entwickeln vermochte.[20]

Bakunins Gegenspieler Lavrov, ein früherer Offizier, der 1870 aus der Verbannung in die Schweiz entfliehen konnte, entdeckte in Bakunins Konzept einen fundamentalen Widerspruch: auf der einen Seite ein konspiratives, d. h. elitäres Element, auf der anderen der Anarchismus als Programm des freiwilligen Zusammenschlusses freier Persönlichkeiten. Den Aufstand im gegenwärtigen Moment hielt Lavrov, selbst im unwahrscheinlichen Fall eines Gelingens, für eine schlechte Machtübernahme; daher konnte nach seiner Meinung die revolutionär gesonnene Minderheit fürs erste nur den Umsturz in einem großen Erziehungswerk am Volke vorbereiten. Bei aller Anlehnung an das Leitbild der deutschen Sozialdemokratie blieb Lavrov selbst ein Anarchist, der »nur in der größtmöglichen Entwicklung der persönlichen wie der gesellschaftlichen Autonomie das Unterpfand des künftigen Glücks der Menschheit« sah.[21]

Nach dem Zerfall des Nihilismus waren so der Jugend neue Maßstäbe gesetzt. In Petersburg trafen die Studenten auf junge Landleute, die wegen der schweren Verhältnisse draußen in die Fabriken strömten, wie sie am Seehafen der Hauptstadt entstanden.[22] Hier wurde mit elementarem Unterricht in Sonntagsschulen begonnen und zur Kritik der sozialen Gegenwart übergegangen. Unter den Lehrern hatte bedeutenden Einfluß ein junger Fürst Kropotkin, aus einer der vornehmsten russischen Familien, der bereits als Geologe Erstaunliches geleistet hatte. Die Polizei kam bald dahinter; Kropotkin floh ins Ausland, um schließlich als Theoretiker des friedlichen Anarchismus einer der großen Gestalten der internationalen Arbeiterbewegung zu

werden. Junge Adlige, Popensöhne und Juden arbeiteten gemeinsam an ihrem großen Auftrag.
Immer wieder wurde versucht, in kleinen Zirkeln geheime Propaganda zu treiben; es ließ sich aber absehen, daß selbst bei dem besten Willen der jedes Jahr zur Ernte in die Heimat zurückkehrenden Fabrikarbeiter die Saat in vielen Jahrzehnten nicht würde aufgehen können. So brach vor allem in Petersburg, aber auch in anderen Universitätsstädten im Frühjahr 1874 die Jugend auf, um »ins Volk zu gehen«. Die unerfahrenen jungen Leute wollten den Bauern die Revolution predigen; doch waren die meisten Angesprochenen mißtrauisch gegenüber den Herrensöhnen, die sie offenbar wieder hinters Licht führen wollten. Auch merkten die Dorfgendarmen bald, was los war, und so wurden Hunderte verhaftet, jahrelang in Untersuchungsgefängnissen gehalten und schließlich in zwei Monsterprozessen (193 bzw. 50 Angeklagte) 1877 und 1878 angeklagt.[23] Einige Verschwörer versuchten, mit üblen Tricks die Bauern aus ihrer Reserve zu locken. Als es wegen der Rechte auf Bodennutzung unter den Staatsbauern in der Nähe von Kiev zu Unruhen kam, wurden Manifeste verteilt, wonach der Zar 1861 sofort die volle Freiheit von allen Abgaben zugesagt habe, die Behörden bzw. die Adligen nur die Wahrheit unterdrückten. Auch anderenorts tauchten falsche »goldene Manifeste« und falsche Großfürsten auf. Zur Rebellion im Sinne Bakunins konnten die Bauern durch Betrug bewegt werden.
Städtische Arbeiter waren eher bereit, politische Aktivitäten zu entwickeln. Die Kunde von der europäischen Arbeiterbewegung verbreitete sich bald, nicht zuletzt durch einige Handwerker, die in Europa oder Amerika gearbeitet hatten. Der Begriff Proletariat ließ sich in Rußland noch weniger leicht umschreiben als im Westen: zwischen Facharbeitern, die in der Regel lesen und schreiben konnten und früh wußten, was sie wert waren und wieviel sie durch Zusammenstehen in Streiks erreichen konnten, sowie den wandernden Bauern, den Schwarzen, d. h. ungelernten Arbeitern, die noch an der Scholle hingen, auch im Heimatdorf zur Steuer veranlagt waren, klaffte ein nicht unerheblicher Unterschied. Anscheinend haben sich in den illegalen Arbeiterverbindungen, vor allem in Petersburg und Odessa, ausschließlich Facharbeiter zusammengefunden.
Die Studenten des Jahrgangs 1874 hatten in der Regel nicht lange genug auf dem Lande bleiben können, um die tiefgreifenden Verschiebungen der ländlichen Struktur nach der Reform zu durchschauen. Von ihr soll noch die Rede sein. Aber einige Schriftsteller, wie Uspenskij, haben in lebhaften Skizzen das Eindringen kapitalistischer Denkweise in das Dorf und die Zerstörung der Landgemeindeverfassung geschildert. Der russische bäuerliche Sozialismus als Leitbild der künftigen Weltordnung,

wie ihn Herzen und Bakunin als Unterpfand der russischen Sendung verkündet hatten, war in Gefahr, von der modernen Arbeitsteilung und Marktproduktion überwältigt zu werden. Lavrovs Konzept, in langer Vorbereitungszeit die Kader für die künftige revolutionäre Umgestaltung vom Dorfe her aufzubauen, geriet unter Zeitdruck. Die Revolution mußte heraufgezwungen werden, bevor ihre Voraussetzungen zerstört waren. Da die bürgerliche Wirtschaftswelt sich noch nicht voll etabliert hatte, ein großer Teil der Ideologen als Studenten aus kleinen Beamten- oder Popenfamilien in die moderne Wirtschaft und ihr Denken nicht unmittelbar einbezogen waren, hat Marx — außer als akademischer Kritiker des fernen Kapitalismus — damals keine unmittelbare Aktualität besessen.

Die Entwicklung der Jahre 1877—1881, die Zeit der spektakulären Attentate, kann mit einiger Überspitzung verstanden werden als ein Wettlauf mit dem heranrollenden Verhängnis von Kapitalismus und Zivilisation. Daß das traditionelle Dasein des russischen Bauern in keiner Weise ein ideales war und nicht nur Armut, sondern auch Roheit und Aberglaube es bestimmten, war vielen klar. Uspenskij hat darauf hingewiesen, wie wohltätig jede zivilisatorische Neuerung das schwere Los des Landmannes erleichtern würde.

Die Zielvorstellungen der revolutionär beunruhigten Jugend gingen auseinander — einige versuchten sich auf dem flachen Lande einzuleben und dort den Agrarterror zu entflammen, d. h. koordinierte Übergriffe von Bauern auf Gutshöfe als Auftakt eines allgemeinen Volksaufstandes. Inwieweit diese »Dörfler« erfolgreich waren, sei dahingestellt — immer wieder gab es Brandstiftungen, auch Mordanschläge. Aber nach den veröffentlichten Polizeiberichten scheint es sich um spontane Aktionen ohne Agitatoren von außen gehandelt zu haben.

Jenen stand die Gruppe Narodnaja Volja (Volksfreiheit oder Volkswille) gegenüber, von denen nur wenige, vor allem Morozov, den Terror als Mittel aktiver Politik voranzutreiben suchten, wogegen die Mehrzahl ihn nur als äußerstes Mittel der Selbstverteidigung gegen die Übermacht der Polizei angesehen wissen wollte. Doch verwischten sich die Unterschiede; es hieß dann, ein zielgerichteter Terror solle »die zehn bis fünfzehn Säulen der gegenwärtigen Regierung vernichten, diese in Panik versetzen, ihr das einheitliche Handeln nehmen und die Volksmassen in Bewegung setzen«[24]. An die Stelle der anarchistischen Utopie trat der Kampf um politische Freiheiten — durch den Terror sollten demokratische Grundrechte und eine allgemeine Volksvertretung erzwungen werden, als Voraussetzungen der sozialen Umgestaltung. Dieser blutige Kampf, vor allem gegen hohe Beamte, wurde mit ungeheurem Mut von einer Gruppe von Verschwörern geführt, unter denen neben

Studentinnen und Studenten auch Bauernsöhne sich fanden. Zeitweise hatten sie einen Vertreter sogar im Zentrum der Geheimen Polizei. Ihre Reihen wurden immer wieder durch Verhaftungen gelichtet.
Seit 1879 war das Attentat auf den Zaren das eigentliche Ziel, von dem man sich große Erschütterung des Staatsgefüges erhoffte. Der Anschlag gelang am 1. Mai 1881; wider Erwarten blieb alles beim alten.[25] Die konspirativen Zentren wurden rasch dezimiert; ein Kern blieb zusammen, und es gelang noch einige Zeit, die illegale Zeitung erscheinen zu lassen. Wenn auch die Sozialisten-Revolutionäre, wie sie sich selbst bezeichneten (nicht Volkstümler, Narodniki), sich vom Jakobinertum bzw. Blanquismus einer kleinen Gruppe in der Emigration unter Tkačev absetzten, war doch in den Bedingungen der strengen Konspiration keine Massenbasis von Anhängern aufzubauen. Die überwältigende Masse der Notleidenden war auf dem Lande unerreichbar.[26]
Daß ein riesiges Reich von einer Handvoll entschlossener Leute so tief erschüttert werden konnte — etwa den Tupamaros entsprechend —, hat nicht nur die russische Öffentlichkeit beunruhigt. Konnten doch die Attentäter unter den Gebildeten auf Sympathie rechnen, auch bei den Gerichtsverhandlungen. Das gegebene staatliche Gefüge trat ja dem einzelnen nur in Gestalt der allmächtigen Bürokratie gegenüber; es fehlte, trotz des eben überstandenen Krieges, am Staatsgefühl. Die Macht war gesellschaftlich isoliert.
Solches hat der Zar etwa seit dem Jahre 1879 eingesehen. Dem mit fast diktatorischen Vollmachten ausgestatteten Innenminister Loris-Melikov war die Aufgabe gestellt, einerseits den Terrorismus niederzuschlagen, zum anderen aber durch eine »Diktatur des Herzens« zu versuchen, die Gesellschaft stärker an den Staat heranzuführen. In beratenden Kommissionen sollten vom Zaren ernannte — oder auch gewählte — Vertreter der Zemstva und der Städte zusammentreten, um über die entscheidenden Fragen, vor allem die Überprüfung der Agrargesetze und die Steuerreform, zu beraten. Im übrigen aber wurde der Öffentlichkeit, etwa in der leidigen Frage der Zensur, wenig Entgegenkommen gezeigt. Indessen war ein gangbarer Weg gezeigt, nämlich zuerst die Lasten des gemeinen Mannes zu erleichtern und die Sachkenner in den Zemstva für die Reform des Staates heranzuziehen. Doch kamen diese Pläne in den Wochen nach dem Tode des Zaren zu Fall.[27] In den Beratungen der Minister setzte sich Pobedonoscev, der Lehrer des neuen Zaren Alexander III., durch. Dieser skeptische Konservative versuchte mit allen Mitteln, den verhängnisvollen Gang der Geschichte zu bremsen, wie er durch Aufklärung und Zivilisation vorgezeichnet schien.[28] M. E. waren wirtschaft-

liche Reformen in jener Zeit aktueller als politische Freiheiten für die Intelligenz, die behauptete, im Namen des Volkes sprechen zu können.
Das Zeitalter Alexanders III. (1881–1894) brachte zwar, mit den letzten Jahren der Regierung seines Vaters verglichen, eine Zeit relativer Ruhe nach innen und außen; die Revolution schien zerschlagen und die Presse mundtot gemacht. Die Regierung hatte wieder Aktionsraum, aber nahm ihn nicht wahr. Vor allem versuchte sie sich von neuem auf den Adel als Stand zu stützen, wie es die Übertragung weitreichender Kontrollfunktionen über Zemstva und Bauerngemeinden an adlige Landeshauptleute vorsah. Das heißt, die politische Struktur des Landes blieb von den tatsächlichen sozialen Wandlungen ausgespart, und der sozial absteigende Stand wurde als Stütze des Staates konserviert.[29]

d) Sozialer Wandel nach den Reformen

Nicht nur dank der Beschneidung durch die Normanteile für die Bauern bei den Agrargesetzen ist das Modell einer wünschbaren Befriedung der ländlichen Verhältnisse nicht erreicht worden. Vor allem hätte mit der Befreiung der Gutsbauern eine Steuerreform trotz der schon genannten Problematik angegangen werden müssen. (Bunge, der spätere Finanzminister, schlug vor, anstelle der Kopfsteuer eine Grundsteuer und nach Möglichkeit eine städtische Gewerbesteuer einzuführen.) Noch fehlte aber ein Mittelstand mit mobilem Kapital sowie eine einheimische Großfinanz, die einen wesentlichen Teil der öffentlichen Lasten hätte tragen und vor allem ein effektives einheimisches Kreditwesen speisen können. In der Übergangsphase wollte der Finanzminister Graf Reutern den Adel schonen und seine Steuerfreiheit nicht sofort abbauen. Erst nach 1880 ist die Kopfsteuer in Raten abgelöst worden. Die ehemaligen Gutsbauern hatten außer der Kopfsteuer die Ablösungszahlungen zu tragen; zu diesem Zwecke mußten Landanteile und Verpflichtungen neu festgelegt werden. Die Bauern haben die künftigen Belastungen nicht voraussehen können, ebensowenig die Behörden. Die Geldleistungen sollten fest normiert werden – die Sachkenner der Redaktionskommissionen nahmen an, daß die langsame Geldentwertung voranginge und im Effekt die Rückzahlungslasten der Bauern sich entsprechend verringern würden. Der Rubel stabilisierte sich aber; die Verpflichtungen schienen unabsehbar hoch. Daher wurden immer weniger freiwillige Übereinkommen zwischen Bauern und Gutsherren, wie sie das Reformwerk vorsah, abgeschlossen. 1881 endlich mußten die Ablösungen obligatorisch gemacht werden. Der Staat nahm – nun viel zu spät – das Ordnungswerk selbst in die Hand und widerlegte damit die Prämisse der Agrarreform, daß nämlich der Ablösung eines privatrechtlichen Verhältnisses nur Hilfe geleistet werden sollte. Längere Zeit warteten die Bauern auf eine bessere Lösung, die echte Freiheit, d. h. die Überlassung des gesamten früher von ihnen genutzten Landanteils ohne jede Entschädigung. Mindestens versuchten sie, die Umsetzung der Fronpflicht auf Zins zu verzögern – dies war ja die Voraussetzung jeder Kapitalisierung der dem Gutsherrn entgehenden Bodenrechte –, denn widerwillig geleistete Fron war, vor allem beim Fortfall der Zwangsmittel des Gutsherrn, immer noch besser als Zahlung knappen baren Geldes.

Immer mehr gerieten die Bauern mit ihren Verpflichtungen in Rückstand. Was heißt es, zahlungsunfähige Wirte vom Hofe zu treiben, wenn sie nur der Armenpflege der Zemstva oder der Gemeinde zur Last fielen? Durch die Teilung der großen Familien wurde die Nahrungsdecke für den einzelnen rasch kleiner; dazu nahm die Viehausstattung weiter ab, der Boden laugte aus, die Ernteerträge sanken. Zudem war durch die Reform die Nutzung von Gutsland als Stoppel- oder Waldweide fortgefallen.[30]

Kurz vor der Verabschiedung des Reformwerkes war noch ein Passus eingefügt worden, wonach Bauern sofort und ohne jede Ablösung freikamen, wenn sie nur ein Viertel des zustehenden Landanteils beanspruchten (Gratisanteil). Wo viel Land zur Verfügung stand, z. B. an der mittleren Wolga, oder wo unter einem kleinen Adligen der Anteil ohnehin zu gering geworden wäre, um darauf zu leben, z. B. in der Gegend von Poltava in der Ukraine, nahmen viele Bauern diese Chance wahr. Hiermit wurde ein Landproletariat freigesetzt. Anfangs konnte Land billig hinzugepachtet werden, so daß sich für einen Teil der Gratisanteiler die Entscheidung gelohnt hat. Werden diese mehr oder minder freiwilligen Landverzichte der Bauern nicht berücksichtigt, bekommt die Größe des Landverlustes des Bauernstandes (4,1 %) eine falsche Optik.

Auch nach der Freisetzung blieb der Bauer an die Landgemeinde und deren kollektive Steuerhaftung gebunden: noch immer wurde der Boden regelmäßig unter den männlichen »Seelen« neu verteilt. Dem Buchstaben nach war der Bauer Staatsbürger, tatsächlich aber nur Steuerobjekt und nur als solcher Gegenstand politischer Überlegungen. Bis 1870 durfte der Bauer aus seiner Gemeinde überhaupt nicht umsiedeln – ähnlich wie heute in der Kolchose –, später konnte er nur dann freikommen, wenn er die gesamte Ablösungssumme an die Gemeinde im voraus bezahlt hatte. Deshalb kam die Übersiedlung nach Sibirien nicht in Gang. Gerade die Ärmsten und am meisten Verschuldeten wollten weg, versuchten vielfach zu fliehen; doch hat meist die Dorfgemeinde selbst sie heimgeholt. Zwar leistete der

Bauer individuelle Ablösungszahlungen, aber damit wurde nicht der Landanteil und die Hofstätte zu persönlichem Besitz erworben. Solange sich nicht jemand fand, der die Rückstände der anderen übernahm, mußte die Gesamtgemeinde die fälligen Zahlungen leisten. Tatsächlich hat der Gläubiger den Bodenanteil des Schuldners in seinen Besitz gebracht. Denn bis zur Gründung der Bauernbank 1883 konnte nur beim tüchtigeren oder glücklicheren Dorfgenossen Geld aufgenommen werden. Von 1880 haben wir den ersten Polizeibericht, wonach die Bauern einen besonders smarten Dorfkapitalisten totschlugen.

Auf die kollektive Steuerhaftung hätte der Staat nur mit Mühe verzichten können, denn es gab keine Kataster, keine effektive lokale Steuerverwaltung. Aber daran ist nicht einmal gedacht worden – vielleicht hätte die von Loris-Melikov vorgeschlagene Kommission diese Dinge vorangetrieben. Mit den Barleistungen wurden die Dorfgemeinden bzw. die Wohlhabenderen, die hier den Ton angaben, immer mächtiger. Sie fertigten den Wanderarbeitern ihre Pässe aus. Ob die Feldstreifen der Flur immer gerecht aufgeteilt wurden, sei dahingestellt. Die Bauern lebten in einem autonomen Rechtsbereich; in der Praxis fungierte nur der Landgendarm als mehr oder minder dubioses Kontrollorgan.

Es ist schwer abzuschätzen, inwieweit die Ablösungssummen als solche – sie machten im Staatsbudget von 1885 nur ein Fünftel der Einnahmen aus dem Schnapsmonopol aus – die bäuerliche Verelendung wesentlich mitbewirkt haben. Verschärfend wirkten die Mißernten und Hungersnöte der Jahre 1891–1893: sie haben die Unfähigkeit der Regierung bewiesen, katastrophale Situationen zu meistern. Die Zahlungsrückstände der Bauern vergrößerten sich; die Regierung resignierte allmählich. Bis 1907 waren nicht einmal 50 Prozent der theoretisch fälligen Ablösungssummen gezahlt; dann wurden weitere Zahlungen und Rückstände niedergeschlagen. Man hat nachgewiesen, daß wegen mangelnder Transparenz des 1895 zum erstenmal veröffentlichten (!) Staatshaushaltes die Bauern viel mehr bezahlt haben, als wozu sie verpflichtet waren. Wie dem auch im einzelnen sei – Entscheidendes ist versäumt worden; das Land hätte früher entlastet werden müssen. Die ländliche Übervölkerung hat sich als ein Zentralproblem des Landes bis in unsere Jahrzehnte hinein ausgewirkt.[31]

Die Staatsbauern waren in einer anderen Lage: sie hatten das volle Nutzungsrecht über ihren gesamten Landanteil, blieben aber aus fiskalischen Gründen ebenfalls an die Dorfgemeinde gebunden. Man wüßte gerne, inwieweit sich die bäuerlichen Unternehmer und die künftigen bäuerlichen Großgrundbesitzer in erster Linie aus ihren Reihen rekrutiert haben.

Der Gutsbesitz hat die Reform nur zu einem Teil überstanden. Kleinste Güter, in denen Guts- und Bauernland nicht ohne

Desaster für beide Teile separiert werden konnten, wurden vom Staat aufgekauft – er hatte nicht genügend Kapital und Voraussicht, um nicht noch viel großzügiger zu verfahren. Wo Land knapp war, konnten Gutsherren sich ihre Bodenrente dadurch erhalten, daß sie das Land stückweise kurzfristig an die Bauern verpachteten, entweder gegen Geldzins oder Abarbeitung durch Bestellung der übrigen Gutsfelder. Diese Entwicklung ist von den Reformern nicht vorausgesehen worden. So haben sich kleinere adlige Existenzen längere Zeit über Wasser gehalten, obwohl bereits 1905 ein Viertel alles privat besessenen Landes (also nicht Land von Dorfgemeinden, Staatsland etc.) in bäuerlicher Hand war. Nur größere Güter (über 400 ha) haben mit Erfolg Eigenwirtschaften eingerichtet, d. h. entsprechend Mittel für Investitionen zur Verfügung gehabt. Verpachtung bzw. Eigenwirtschaft hingen von den Konjunkturen ab – vor allem der Krise der Jahre 1890 ff. mit niederen Getreidepreisen, bei der viele Güter verkauft worden sind. Auch auf den selbstbewirtschafteten Gütern wurde die Dreifelderwirtschaft erst langsam durch die Fruchtfolgewirtschaft ersetzt – ab 1900 war es weniger als die Hälfte. Im Westen und in der Ukraine konnte mit günstigeren Absatz- bzw. Bodenverhältnissen leichter eine

Abb. 23: Russischer Böttcher bei der Arbeit. Lithographie von I. S. Ščedrovskij 1846

rentable Gutswirtschaft aufgebaut werden; doch wurde auch in der Ukraine zwischen Reform und Weltkrieg der Adelsbesitz fast halbiert.[32] Da es an Regionalstudien fehlt, lassen sich weniger noch als für bäuerliche Wirtschaften zur Betriebsführung der Güter detaillierte Angaben machen.

Agrarreform und Industrialisierung standen in keinem ursächlichen Zusammenhang; das Proletariat erwuchs aus der Freisetzung bäuerlicher Untertanen, ähnlich wie in den deutschen Ländern. Für die Entwicklung einer größeren Leichtindustrie waren anfänglich keine günstigen Voraussetzungen gegeben. Wegen des Fehlens eines Mittelstandes und der Armut der Bauern blieb der Binnenmarkt beschränkt. Bäuerliche Wanderhandarbeiter vermochten die bescheidenen Bedürfnisse mit Geschick und erträglichen Preisen zu befriedigen. Nur die Textilindustrie entwickelte sich in der ersten Hälfte des Jahrhunderts in größeren Komplexen: sie wurde von Moskauer Kaufleuten in den Gouvernements nordöstlich der alten Hauptstadt aufgebaut. Vor allem nahm die Baumwollverarbeitung einen ansehnlichen Aufschwung, verfügte aber um 1850 nur etwa über 10 Prozent der Spindeln in England. Die Agrarreform brachte das Ende solcher Betriebe, die auf Fronarbeit von sogenannten Fabrikbauern gegründet worden sind; von daher datierte die Krise der Hüttenwerke des Ural, abgesehen von der englischen Konkurrenz wegen der niedrigen russischen Einfuhrzölle.

Wie in anderen Ländern war der Eisenbahnbau der wesentliche Stimulus für das Aufblühen der Schwerindustrie. Alles Material mußte ursprünglich importiert werden, wegen des niederen Produktionsniveaus der Uralwerke auch das Gußeisen für die Schienen. Der enorme Kapitalbedarf konnte weder vom einheimischen Markt aufgebracht noch vom Staate bereitgestellt werden. Dieser war vielmehr interessiert, sein Budget aus den Defiziten herauszubringen. Also mußte die Kapitalbeschaffung soweit möglich durch den Export von Getreide geschehen. Dessen steiler Anstieg (1861–1885 fast vervierfacht) bedeutete, daß der Eigenverbrauch nicht mit dem Wachstum der Bevölkerung zunahm bzw. daß der Lebensstandard der Landbewohner gleichblieb, wenn nicht weiter absackte. Wie in allen Ländern der frühen Industrialisierung war auch die russische Industrie besonders anfällig gegenüber Produktionskrisen. Wegen des Fehlens eines technisch vorgebildeten einheimischen Facharbeiterstammes wurde relativ teuer produziert. Der einheimische Markt entwickelte sich nicht eben rasch und blieb von dem Ergebnis der Getreideernten abhängig. Der Boom setzte erst etwa seit 1890 ein und ist mit dem Namen des Finanzministers Witte verknüpft.[33]

Vor allem nach dem Abschluß des russisch-französischen Bündnisses begann der sprichwörtlich gewordene Zufluß französi-

schen Kapitals, nicht zuletzt infolge von Bismarcks unklugem Schachzug des Verbotes der Lombardierung russischer Papiere an der Berliner Börse 1886. Vielfach mit französischem Geld, aber weitgehend englischen Maschinen und Know-how wurde die Schwerindustrie der östlichen Ukraine entwickelt (einer der Hauptindustrieorte hieß Juzovka, nach dem Ingenieur Hughes genannt). Sie überflügelte rasch die Uralindustrie. Obwohl Sankt Petersburg als Industriestadt seine führende Stellung verlor, entwickelte sich die Produktion auch dort: 1903 beherbergte es etwa 120 000 Arbeiter. Früh hatte das russische Polen einen unglaublich raschen Aufschwung genommen, nicht nur wegen der Textilindustrie in Łódź, sondern auch dank der Kohlengruben im östlichen Oberschlesien. Zwischen 1870 und 1890 hat sich hier die Produktion verzehnfacht. Immer wieder versuchten die Lobbies der russischen Unternehmer durch Zollpräferenzen und Eisenbahntarifmanipulationen sich die polnische Konkurrenz vom Halse zu halten. Die Erschließung der Naphthafelder von Baku wird einem in Petersburg aufgewachsenen Schweden Nobel verdankt.
Zwar wurde mancherorts aus einer verlassenen Steppe eine Industrielandschaft von abstoßender Häßlichkeit; aber die zusammenströmenden Arbeiter waren in der Regel besser untergebracht, mit Schulen, Spitälern etc. versehen als früher in mehr patriarchalischen Verhältnissen — oder etwa gleichzeitig in Petersburg. Doch blieb die industrielle Produktion auf relativ kleine Gebiete beschränkt, der große Teil des Landes unberührt. Im alten Gewerbegebiet, dem zentralen Industrierayon um Moskau, waren 1900 nur 4 Prozent der Bevölkerung als Fabrikarbeiter beschäftigt. Die kleinen Produkte für den täglichen Gebrauch, zum Teil auch die Textilien, wurden handwerklich hergestellt, wenn auch eine gewisse Konzentration in Werkstätten zu verzeichnen war. Je weiter ein Markt für bestimmte Artikel sich ausdehnte, um so mehr beeinflußten Aufkäufer und Händler die Produktionsbedingungen. Der ungemeine Überschuß an Arbeitskräften und die Konzentration der Industrie auf den metallurgischen Sektor hielt, ähnlich wie heute im Nahen Osten, das Handwerk am Leben.
Um 1900 setzte eine neue Krise von Überproduktion ein, die durch den Krieg gegen Japan verschärft wurde. Die Unruhen des Jahres 1905 brachten einen weiteren Rückschlag. Erst um 1909 wendete sich das Blatt; eine Reihe von guten Ernten besserte die Kaufkraft der Bauern. Mit der Stolypinschen Agrarreform wuchs der Bedarf an eisernen Pflügen etc. Man kann jedoch nicht sagen, daß die Produktion der Vermehrung der Bevölkerung rasch voraneilte, vielmehr blieb das Wachstum des Pro-Kopf-Einkommens bescheiden. Die großen Städte füllten sich aber rasch an, weniger in dem seit jeher eher überbe-

setzten Dienstleistungssektor als vielmehr durch zahlreiche neue Kleinbetriebe, Handwerker etc. Von Rüstungsbetrieben abgesehen, ist dank eines restriktiven Managements, das die Zeit der großen Profite gerne andauern sehen wollte, die Schwerindustrie hinter den Bedürfnissen des wachsenden Binnenmarkts zurückgeblieben. Zur Zeit der Depression hatten sich Kartelle zusammengeschlossen, die nun bei besserer Konjunktur die Produktion niedrig und die Preise hoch hielten, so daß sich sogar Anfang 1914 die Regierung zum Eingreifen veranlaßt sah. Überall wo, wie für Naphtha, Konzessionen verteilt oder Zölle, Tarife etc. bestimmt wurden, konnten hohe Beamte unmittelbar interessiert sein. Trotz mancher Bemühungen war die technologische Lücke nicht leicht zu schließen; ausländische Fachleute waren teuer und inländische qualifizierte Arbeiter nicht leicht zu bekommen. Außerdem blieb die russische Industrie, wie später die sowjetische, belastet mit dem ausgeprägten Fluktuationsbedürfnis der Arbeiter, die wie ihre Vorväter, die Wanderhandwerker, glaubten, anderswo könne man bessere Bedingungen finden. Beim Aufbau der Industrie hat, neben französischen, englischen und belgischen Investitionen in bestimmten Sparten (z. B. der Elektroindustrie) die deutsche Beteiligung rasch aufgeholt. Um 1914 ist etwa ein Drittel des investierten Kapitals fremder Herkunft gewesen, darunter befand sich zu einem Teil russisches Kapital, das im Ausland angelegt war. Das russische Privatbankwesen ist erst mit der Jahrhundertwende, dann aber — mit 40 Prozent ausländischem Kapital in den Großbanken — rasch aufgeblüht. Zudem wurde das ausländische Management in der Industrie im letzten Jahrzehnt vor dem Kriege durch einen tüchtigen russischen Ingenieurnachwuchs zum Teil abgelöst.[34] Zwar belastete der Zinsendienst das Entwicklungsland nicht unerheblich. Doch hätte sich bei friedlichen Verhältnissen mit dem fortwährenden Wachstum des Binnenmarktes und einem relativen Gleichgewicht des Außenhandels diese Last bald verringern können.

e) Außenpolitik in der zweiten Jahrhunderthälfte

Das Russische Reich ist aus den Tribulationen des Krimkriegs recht ungeschoren davongekommen. England und Österreich schienen nun die Hauptgegner, daher die vom Außenminister Fürsten Gorčakov geförderte Annäherung an Frankreich. Napoleon III., als der Promotor nationaler Bewegungen, konnte bei den Verwicklungen auf dem Balkan (Umsturz der Dynastie in Serbien 1858, Einigung der Donaufürstentümer zum Fürstentum Rumänien gegen österreichischen und englischen Widerstand 1866) durchaus mit dem Zaren gemeinsam handeln. Wiederum hielt Rußland mit einem Truppenaufmarsch an der

Westgrenze Österreich im Kriege von 1859 in Schach.[35] Aber die Einigung Italiens und der Untergang der legitimen Dynastien beunruhigte das konservative Petersburg; die polnische Frage schien an der Reihe. Der Aufstand und das diplomatische Engagement der beiden Westmächte zugunsten der Polen setzte dem Zusammengehen mit Frankreich ein Ende. Das gemeinsame Interesse der drei Teilungsmächte schien alle Friktionen zu überdauern und die russische Außenpolitik auf die Ausgangslage von 1815 fixiert. Der gegebene Juniorpartner war Preußen, aus dessen Aufstieg unter Bismarcks Führung das Zarenreich so lange Nutzen ziehen konnte, als nicht die überkommene Ordnung in der europäischen Mitte grundlegend verändert war. Im deutsch-dänischen Krieg von 1864 war noch kein Grund zum Eingreifen gegeben. Bedrohlicher wurde die Lage nach dem Blitzkrieg gegen Österreich 1866; Gorčakov hegte den Plan einer europäischen Friedenskonferenz, d. h. der Ingerenz der Randmächte in die deutschen Angelegenheiten. Bismarck spielte die umstürzenden Möglichkeiten der deutschen nationalen Bewegung aus (»Pression des Auslandes wird nur ... zu wirklich revolutionären Maßregeln treiben«); so wurde der Gedanke fallengelassen, und Preußen erhielt freie Hand. Die Annäherung zwischen Paris und Wien in den folgenden Jahren drohte russische Balkaninteressen zu berühren und veranlaßte den Hof, enger mit Preußen zusammenzugehen, immer mit dessen Zusage, in russische Absichten am Schwarzen Meer nicht zu interferieren. Andererseits hat nach dem österreichisch-ungarischen Ausgleich von 1867 der Wiener Hof den polnischen Adel in Galizien gefördert, u. a. die Universität Lemberg auf die polnische Unterrichtssprache umgestellt — und das zu einer Zeit engagierter Maßnahmen zur Russifizierung des »Weichsellandes«. Während des preußisch-französischen Krieges wuchs Preußens Gewicht so rasch, daß Überlegungen über einen Block der Neutralen als Schiedsrichter bald fallengelassen werden mußten. Da England der Kündigung der entscheidenden Klausel des Pariser Friedens heftigen Widerstand entgegensetzte, war Preußens uneingeschränkte Unterstützung um so wertvoller. So nahm die russische Politik die deutsche Einung und die Annexion von Elsaß und Lothringen im voraus hin. Inzwischen war Frankreich besiegt und revolutioniert — die Kommune hat nicht nur unter der radikalen Jugend in Rußland Hoffnungen und Befürchtungen erregt —, der Spielraum war verengt, russische Interessen fürs erste zufriedengestellt, so daß das Zusammengehen der drei konservativen Mächte mit verlagertem Schwerpunkt in Berlin nahelag.[36]

Als Kompensation für das Stillhalten auf der europäischen Bühne eröffneten sich dem imperialen Drang des Zarenreiches die großen Möglichkeiten des Ostens. Die Grenze gegen China wurde bis zum Amur und Ussuri vorgeschoben (Vertrag von Peking 1861), Handelsprivilegien in der Mongolei und in Chinesisch-Turkestan gesichert. Diese großen Erfolge waren dem Generalgouverneur Murav'ev zu verdanken, entgegen den Wünschen des Außenministeriums, das neue Verwicklungen befürchtete. Kurz nach der Gründung des Hafens Vladivostok (»Beherrsche den Osten«) wurde Alaska, ein Vorfeld vergangener pazifischer Penetration, an die USA verkauft (1867).[37] Größeren Widerhall in der Weltpolitik fand die russische Eroberung Mittelasiens in einer Folge von blutigen Feldzügen von den vierziger bis in die achtziger Jahre. Sie endeten mit der Unterwerfung der nomadischen Turkmenen. Wirtschaftliche Gründe spielten keine Rolle; vielmehr war schlicht militärischer Tatendrang im Spiele, wobei die Regierung im fernen Petersburg mehr als einmal vor vollendete Tatsachen gestellt war. Englands Mißtrauen war geweckt; Afghanistan kam schließlich nicht mehr unter russischen Einfluß, und die berühmte »Bedrohung Indiens« blieb ein politisches Schlagwort. Die russische Penetration brachte der einheimischen Bevölkerung anfangs kaum Vorteile. Versuche des bedeutenden Generalgouverneurs Kaufmann, Russen und Einheimische durch ein gemeinsames Schulwesen einander näher zu bringen, blieben auf dem Papier.[38] Das Regime erwies sich wesentlich als ein koloniales. Seit der verstärkten Industrialisierung wurde den fruchtbaren Oasenländereien die Monokultur von Baumwolle aufgezwungen, die sich bei immer neuen Hungersnöten verhängnisvoll für die Wohlfahrt der Einheimischen ausgewirkt hat – dem Autor wurde vor wenigen Jahren in Buchara stolz der erste Getreidesilo gezeigt, der die Vorratshaltung am Orte selbst erlaubte.

Nüchtern betrachtet konnte die russische Position gegen Süden als gesichert angesehen werden, da alle Mächte vernünftigerweise an der Erhaltung des Osmanischen Reiches interessiert sein mußten und keine expansive Handelspolitik besondere Interessen wachrief. Der Getreideexport aus der Ukraine hing ohnehin vom Weltmarkt ab.

Der Panslavismus erscheint als spezifisch russische Form der nationalen Bestätigung, von bürgerlichen Wertvorstellungen und nicht vom aristokratischen Bilde des Dienstes für den Herrscher eines übernationalen Reiches bestimmt. Die lautstarke Propaganda der neuen Ideologie in Presse und Vereinigungen hätte sich vielleicht nicht unmittelbar politisch ausgewirkt, wenn nicht 1875 in der Herzegovina, dann auch in Serbien und Bulgarien sich die Christen gegen die türkische Herrschaft

Abb. 24: Die territoriale Entwicklung des Russischen Staates von Peter dem Großen bis 1914

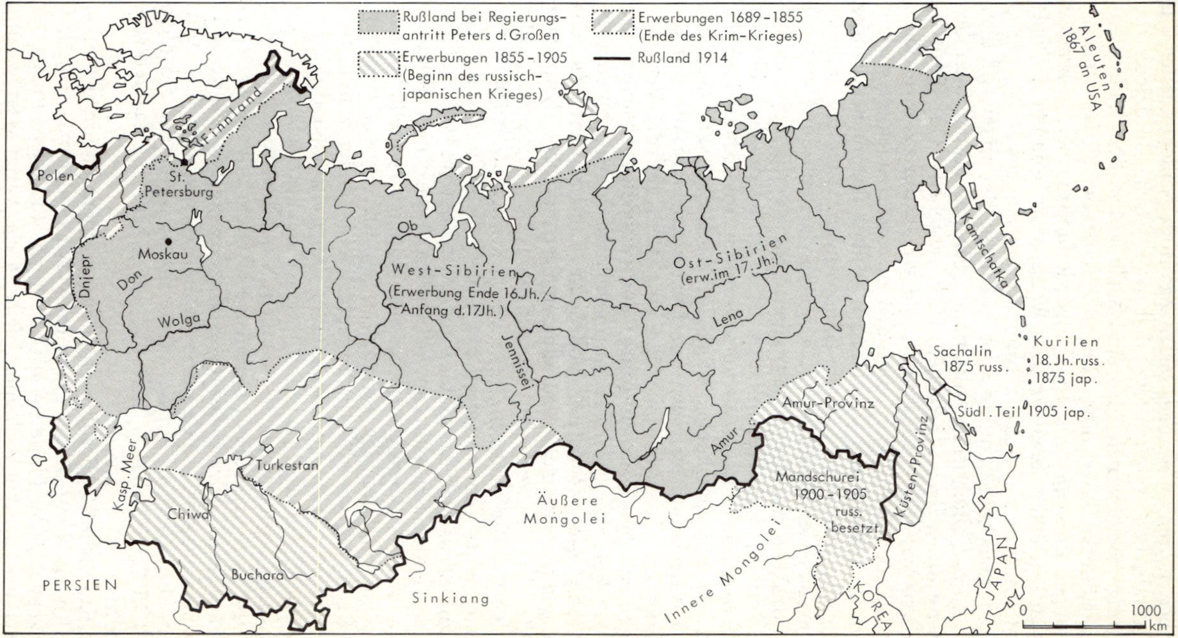

Rußland bei Regierungsantritt Peters d. Großen
Erwerbungen 1689-1855 (Ende des Krim-Krieges)
Erwerbungen 1855-1905 (Beginn des russisch-japanischen Krieges)
Rußland 1914
Finnland
Polen
St. Petersburg
Moskau
Dnjepr
Don
Wolga
Ob
West-Sibirien (Erwerbung Ende 16.Jh./Anfang d.17Jh.)
Jennissej
Ost-Sibirien (erw.im 17.Jh.)
Lena
Amur
Kamtschatka
Aleuten 1867 an USA
Kurilen
18.Jh.russ.
1875 jap.
Sachalin 1875 russ.
Südl. Teil 1905 jap.
Amur-Provinz
Küsten-Provinz
Mandschurei 1900-1905 russ. besetzt
KOREA
JAPAN
Innere Mongolei
Äußere Mongolei
Sinkiang
Turkestan
Chiwa
Buchara
Kasp. Meer
PERSIEN
0
1000
km

erhoben hätten. Während weder Zar noch Außenminister die Aufständischen unterstützte, haben russische Offiziere die Führung übernommen und sind viele Freiwillige hinübergegangen, unter ihnen junge Revolutionäre, die Bürgerkriegserfahrungen sammeln wollten. Die Niederlage der Serben brachte Rußland in einen gewissen Zugzwang; jetzt konnten die Balkanslaven nicht mehr sich selbst überlassen bleiben.[39]

Die Großmächte versuchten die Pforte zu Reformen auf dem Balkan, vor allem einer Autonomie für das am meisten betroffene Bulgarien zu bewegen, aber vergebens. Der russisch-türkische Krieg von 1877 und 1878 war kaum zu vermeiden, die Kämpfe, unter einer zum Teil unzureichenden russischen Führung, schwer und der Übergang über das Balkangebirge nur mit ungeheuren Verlusten zu erzwingen. (Von hier datieren die großen Gemälde von Vereščagin, in denen zum erstenmal die Schrecken des Krieges ohne heroische Überhöhung geschildert waren.) Schließlich glückte der Durchbruch; doch blieben die erschöpften und schlecht versorgten russischen Truppen kurz vor Konstantinopel liegen. Die Engländer schalteten sich mit Flottendemonstrationen ein. Dem alten Gorčakov war die Leitung der Außenpolitik völlig entglitten, und die Verhandlungen mit den Türken führte der ehrgeizige Ignat'ev, der frühere Botschafter in Konstantinopel und spätere Innenminister. Ihm ging es darum, vollendete Tatsachen zu schaffen: unter dem Druck der unmittelbaren Besetzung der Hauptstadt wurde den Türken der Vertrag von San Stefano (heute Yeşilköy) aufgezwungen, der den türkischen Besitzstand zugunsten eines Großbulgarien unter russischem Protektorat, das bis zur Ägäis reichen sollte, drastisch reduzierte.[40] Angesichts der englischen Kriegsdrohung blieb den Russen nichts anderes übrig, als sich einem internationalen Kongreß zu stellen (Berliner Kongreß,[41] Juni bis Juli 1878 n. St.). Obwohl das Habsburger Reich sich vergrößerte, Rumänien selbständig wurde, Serbien wuchs und ein vorerst geteiltes Bulgarien unter türkischer Souveränität errichtet wurde, behielt die Türkei einen großen Teil ihrer europäischen Besitzungen; vor allem sperrte sie den Zugang zum Ägäischen Meer. Angesichts der Alternative eines neuen Krieges war das Ergebnis des Kongresses für Rußland durchaus tragbar. Doch der Nationalismus wollte das nicht wahrhaben, und die Presse wütete gegen Bismarck. Trotzdem blieb in der gegebenen Lage nur der Rekurs auf das deutsche Bündnis.

Das Russische Reich sollte ohnehin zu einem nationalen Staat der Russen werden: die Polen entsprachen dem panslavischen Konzept von der Einheit von Orthodoxie und Slaventum unter russischer Führung in keiner Weise — sie waren westlich und katholisch. Die deutsch-baltische Oberschicht, die bisher so

viele Staatsmänner und Generäle — und nicht die schlechtesten — dem Reichsdienste gestellt hatte, wurde zurückgedrängt, die Autonomie Finnlands in Zweifel gestellt, die ukrainische Kulturbewegung, die zur gleichen Zeit im österreichischen Galizien in Literatur und Wissenschaft erstaunlich aufblühte, beharrlich unterdrückt.
Immerhin hat Rußland ein Land unter seinen ungeminderten Einfluß bringen können, nämlich Bulgarien. Die mannigfachen Intrigen um Alexander von Battenberg, den ersten Fürsten, sollen übergangen werden.[42] Auch hier erwies sich, daß die Direktiven von Hof und Außenminister vom Militär überspielt wurden, die Selbstherrschaft nicht voll funktionsfähig war. Der General, der z. B. gegen den Befehl des Zaren das Kommando über die Serben 1876 übernommen und damit den Krieg mit heraufbeschworen hatte, wurde trotz des Widerstandes des Kriegsministers in Gnaden aufgenommen und 1882 Generalgouverneur von Turkestan.[43] Das Hin und Her der russischen Aktionen in Bulgarien hat Rußland eine wichtige Position gekostet.
Wiederum hat Österreich-Ungarn 1886 Serbien in einem Konflikt mit Bulgarien vor einer vollständigen Niederlage bewahrt. Die Vorstellung von der nicht auszuräumenden russischen Rivalität mit Österreich auf dem Balkan wurde zu einer jener fixen Ideen, die die Politik der Mächte bestimmten — wie etwa die deutsche Flottenpolitik —, so daß das einmal eingegangene Engagement sich jeder rationalen Nachprüfung entzog. Nachdem England den Weg durch die Meerengen versperrt hatte und die Christen auf dem Balkan aus ihrer unterdrückten Stellung freigekämpft waren, gab es dort keine lebenswichtigen Interessen zu verteidigen. Das Dreikaiserbündnis bewährte sich um so mehr, je mehr Österreich im Verhältnis zu Deutschland als Juniorpartner erschien und die Berliner Politik noch im Rückversicherungsvertrag 1887 ihr Desinteresse an der Meerengenfrage ausdrücklich bekundet hatte.
Die russische Wendung von Deutschland fort und zu Frankreich hin unterlag nicht einer unabdingbaren politischen Ratio, sondern war in maßgeblichen Hofkreisen zu einem guten Teil psychologisch bedingt, aber durch ökonomische Komplikationen gefördert. Der Ausweisung von Juden russischer Staatsangehörigkeit aus den preußischen Ostgebieten folgten russische Repressalien gegen den deutschen Grundbesitz an der Westgrenze, der z. B. das riesige Vermögen der Familie Hohenlohe-Schillingsfürst zerrüttete; darauf folgte die nochmalige Anhebung der deutschen Agrarzölle, die den russischen Getreideexport empfindlich traf, aber im Interesse der ostdeutschen Landwirtschaft — nicht nur des Großgrundbesitzes — nicht zu vermeiden war. Zugleich war — und das war ein großer Fehler — mit dem Verbot der Lombardierung russischer Papiere an den

deutschen Börsen der Kapitalexport nach Rußland für eine wichtige Aufbauphase unterbunden.[44] Bald aber trat der russisch-deutsche Handel wieder an die ihm zukommende Stelle (Handelsvertrag 1894).

Die Nichterneuerung des Rückversicherungsvertrages von 1890 war eine Entscheidung der deutschen Politik. Rußland aber konnte nicht ohne Bindung nach außen bleiben und sich aus der internationalen Politik schlicht zurückziehen. Militärische Gründe erzwangen Allianzen – der Nachbar, der rascher mobilisieren konnte, war unweigerlich als Rivale und Gegner anzusehen. Die russische militärische Planung blieb vorerst auf Österreich fixiert. Obručev, der bedeutende Generalstabschef, hat gegen den hinhaltenden Widerstand des Außenministers Giers die Militärkonvention mit Frankreich durchgesetzt, die eine große europäische Militärmacht an die russische Politik binden sollte. (Doch hat sich Frankreich 1895 dem russischen Ansinnen einer Mobilisierung anläßlich einer neuen Balkankrise versagt.) Die Nachteile der – gegenüber den deutschen – längeren russischen Aufmarschfristen schienen gebannt. Alexander III. hat nach langem Zögern die Konvention aus persönlicher Verärgerung über eine der üblichen Reden Kaiser Wilhelms II. ratifiziert. Der französische Außenminister Delcassé hat 1899 dieses Bündnis erweitern können – es sollte nicht nur der Aufrechterhaltung des Friedens, sondern von nun an dem Gleichgewicht der Kräfte in Europa dienen.[45]

Im Wettlauf mit dem politischen und wirtschaftlichen Einfluß der Mächte in China tat auch Rußland mit; die Risiken schienen minimal, nicht nur die Mandschurei, vor allem Korea ein gutes Feld für ertragreiche Investitionen, an denen außer der zarischen Familie Hofkreise beteiligt waren. Seit 1903 wurden die Küstengebiete am Pazifik als Vizekönigtum unmittelbar dem Zaren unterstellt, konnten demnach vom Außenministerium nicht mehr kontrolliert werden. Japans Bündnis mit England von 1902 hätte der russischen Politik in China und Korea eine Warnung sein sollen; dies war nicht der Fall, so zog sich Rußland 1904 einen verhängnisvollen und sinnlosen Krieg auf den Hals.[46]

IV. DAS REICH IM ZEITALTER DES IMPERIALISMUS

a) Die Revolution von 1905

Mit der Wendung der russischen Gesellschaft zur kapitalistischen Formation wurde die Reform der inneren Verhältnisse noch dringlicher. Eine wirtschaftende Mittelschicht war im Entstehen, die ihren Anteil an der Verfügung über die Staats-

einnahmen und die Mitverantwortung für die öffentlichen Angelegenheiten erstrebte. Dieses neue »Bürgertum« hatte sich verhältnismäßig rasch entwickelt, war aber nur zu einem geringen Teil aus einem Stande selbständiger Handwerker mit eigenen Traditionen der Selbstverwaltung erwachsen. Zudem war das Handwerk, wie das kleinere Unternehmertum in den Hauptstädten, oftmals fremder Herkunft und daher nicht voll integriert. Die Städte im Südwesten kannten fast nur jüdische Handwerker. Die Altgläubigen in der Kaufmannschaft blieben nur insofern an politischen Angelegenheiten interessiert, als es um Gleichberechtigung der Konfessionen ging. Dennoch war in den größeren Städten und in Selbstverwaltungsorganen, vor allem in den Berufsorganisationen, den »bürgerlichen Mittelschichten« ein gewisses korporatives Bewußtsein zugewachsen. Man konnte auch von einer bürgerlichen Mittelschicht auf dem Lande sprechen, von bäuerlichen Unternehmern, die in der Regel in Volost'-Verwaltungen und Zemstva ihre Ziele verfolgt hatten.
Diese disparaten Mittelschichten waren zwar noch nicht in ein gemeinsames politisches Bewußtsein integriert, aber die Intelligenz hat ihnen die Forderungen des Tages vermittelt. Politische Freiheit war für den wirtschaftenden Stand weder ein abstraktes noch moralisches Ziel, sondern meinte konkret Freiheit der materiellen Entfaltung und gerechte Besteuerung. Waren diese Ansprüche erfüllt, so konnte der Mittelstand durchaus als stabilisierender Faktor des öffentlichen Lebens wirken; jedenfalls wird es sich nicht auf die Dauer von einer radikalen Intelligencija haben leiten lassen.[1]
Zarenhof und höhere Beamtenschaft haben nicht verstanden, daß der Industrialisierung als staatlicher Politik eine neue politische Struktur entsprechen mußte. Auch ein reformierter Staatsrat, in den Vertreter des Mittelstandes berufen wurden und der mitverantwortlich handeln konnte, hätte — jedenfalls bis zur Wende des Krieges mit Japan — viel bedeutet. M. E. sollte die Lautstärke der oppositionellen Presse nicht über das Maß an Kooperationsbereitschaft der Mittelschichten — auf diese kam es ja in der künftigen Entwicklung des Reiches an — täuschen. Solange der Reichsrat — von seiner Zusammensetzung abgesehen — ohne fest definierte Kompetenzen war und der Herrscher seine Vorschläge ohne Begründung annehmen oder verwerfen konnte, solange Minister Vertrauensleute des Zaren blieben und keinen anderen Gremien verantwortlich, war an keine Partizipation zu denken. Sie wurde auch nicht gesucht. Schienen doch in einem Teil des Adels, vor allem aber im Bauerntum loyale Stützen der gottgewollten selbstherrscherlichen Gewalt gegeben. Zwar konnten Fachminister — wie Witte — Tüchtiges leisten, doch waren die Ressorts der inneren Politik nicht zu koordinieren. Generalgouverneure und Gouverneure

– sie unterstanden nur dem Innenminister – griffen mit weitreichenden Kompetenzen in die verschiedenen Verwaltungszweige ein.

Die Verfassungswirklichkeit des Reiches schien keinerlei Anpassung zu gestatten, um so mehr als nach dem Wiederaufflammen des Terrorismus, der Ermordung der beiden Innenminister Sipjagin (1902) und Plehve (1904) die Regierung ähnlich wie 1881 in die Defensive gedrängt schien. Dennoch hat Plehves Nachfolger, Fürst Svjatopolk-Mirskij, versucht, schrittweise der Bürokratie Reformen abzudrängen und die Regierung in Kontakt mit loyal gesinnten Kräften der gebildeten Gesellschaft zu bringen. Sogleich wurden die Zemstva von schikanösen Einschränkungen befreit und versucht, mit der eigentlich illegalen allrussischen Zemstvoführung (Kontaktaufnahmen der einzelnen Zemstva untereinander waren bereits 1864 inhibiert worden) übereinzukommen.

Damit stellte sich die Frage nach dem Verhältnis der »liberalen«, d. h. nicht sozialistischen Intelligenz zur Regierung. In der Emigration hatte seit 1902 Petr Struve, einer der brillantesten Köpfe seiner Zeit, mit seiner Zeitung »Osvoboždenie« (Befreiung) sich an die Spitze des Kampfes um die politische Freiheit gestellt. Wie Herzens »Kolokol« um 1860 flossen ihm aus allen Teilen des Reiches Nachrichten über die Übergriffe der Bürokratie zu. Struve hoffte, »diese kulturelle und politische Befreiung zur Sache des ganzen Volkes machen« zu können. Während die Vertreter der Zemstva in ihrer Mehrzahl die Positionen des loyal abwartenden, doch vorsichtig drängenden Landadels vertraten, waren die Angehörigen der freien Berufe mehr von den Idealen der westeuropäischen Demokratie bestimmt. Die loyalen Reformwilligen waren auf die Einsicht des Herrschers angewiesen, während die Radikaleren auf die Revolution ausgehen mußten, die mit einer verfassungsgebenden Versammlung eine neue Staatsform heraufführen würde. Die verschiedenen Gruppierungen mit dem Programm der »Befreiung« fanden sich im Verlauf der Bewegung zu einem losen »Bund der Befreiung« zusammen.[2]

Dennoch wäre es ohne den leichtfertig vom Zaun gebrochenen Krieg mit Japan (1904/05) nicht zur Auflehnung der gesamten Gesellschaft gekommen: der blutige Kampf auf dem entfernten Schauplatz ohne sichtbare Vorteile für das Reich fand auch unter patriotischen Russen kaum Resonanz. Zwar taten die Soldaten ihre Pflicht; Niederlagen konnten sich jedoch verhängnisvoll auswirken. Der unerwartete Fall der stark verteidigten Festung Port Arthur (Januar 1905) und die Katastrophe der russischen Flotte bei Tsushima (Mai 1905) zeigten indessen die Unfähigkeit des Regimes, das nutzlos Menschen und öffentliche Mittel vertat.

Gegen Ende des Jahres 1904 trat die gemäßigte Opposition in den Hintergrund, da Svjatopolk-Mirskij trotz seines guten Willens keine politischen Veränderungen versprechen konnte. Auch unter dem Adel wurde der Widerstand entschiedener. Ähnlich wie in Frankreich zu Beginn des Jahres 1848 wurde die politische Agitation allenthalben in der polizeilich schwer zu kontrollierenden Form der Bankette mit entsprechenden Tischreden vorangetrieben. Unter den durchaus gemäßigten Forderungen der Zemstva war eine der wichtigsten die Ergänzung des Reichsrates durch gewählte Vertreter. Darauf wurde im kaiserlichen Ukaz vom Dezember 1904 nicht eingegangen, der i. Ü. den Ausnahmezustand in einigen Gebieten beenden wollte, einige Einschränkungen der Rechte der religiösen und nationalen Minderheiten sowie die Zensur milderte, schließlich eine staatliche Sozialversicherung für Arbeiter in Aussicht stellte. Zu wenig und zu spät – Freunde und Gegner fanden sich zusammen: Was in der Emigration nicht geglückt war, nämlich Sozialisten und »bürgerliche« Radikale bzw. Liberale zu einen, schien zu gelingen, nachdem die erste winzige Bresche in die starre Regierungspolitik geschlagen war und nun weiter gehandelt werden konnte. Jene Monate haben einer weiteren Öffentlichkeit die dringlichen Nöte der Arbeiterschaft deutlich gemacht. In den Jahren zuvor hatte Plehve nicht ohne Geschick versucht, den langsam wachsenden Einfluß der Sozialisten vor allem in der Hauptstadt durch eine loyale Arbeiteropposition zu unterlaufen. Doch wurde dieses Experiment als zu riskant abgebrochen, obwohl es z. B. unter den jüdischen Arbeitern in Weißrußland einige Erfolge gezeitigt hat. Auf die Initiative des jungen Priesters Gapon hin wurde ein neuer Versuch einer staatlich geförderten Arbeiterorganisation in Petersburg Anfang 1904 unternommen; sie radikalisierte sich im Gleichschritt mit der übrigen Opposition im Laufe des Jahres. Auch Gapon, dem bei viel gutem Willen Ehrgeiz und wenig Augenmaß zu eigen war, solidarisierte sich mit den legitimen, in der Sache gewerkschaftlichen Forderungen der Arbeiter.
Als Angehörige seiner Organisation um die Jahreswende von den Putilov-Werken, dem größten Rüstungsbetrieb der Hauptstadt, entlassen wurden, gingen deren Arbeiter unter Leitung des Priesters zum Streik über. Gapon entwarf eine Petition an den Zaren, Nikolaus II. (1894–1917), mit Ansuchen von ökonomischen, aber auch politischen Reformen. Der Marsch der Arbeiter auf das Winterpalais traf die Regierung nicht unvorbereitet: die Meinungen der Verantwortlichen gingen hin und her, aber der Innenminister konnte, als der Zar sich nicht entschied, nur feststellen, daß nicht genehmigte Demonstrationen ungesetzlich seien und zerstreut werden müßten. So schossen die Truppen auf die unbewaffneten Arbeiter, die sich dem Geist-

lichen ohne weiteres anvertraut hatten. Vielleicht ist es zuviel gesagt, daß an diesem 9. Januar 1905, dem »blutigen Sonntag«, die Bande zwischen dem Zaren und dem einfachen Volke endgültig zerrissen worden sind; aber die psychologische Wirkung war ungeheuer. Nach Lage der Dinge hätten Gapon und einige seiner Helfershelfer verhaftet werden können, keinesfalls aber durfte auf die gutgläubige Masse geschossen werden.

Nicht nur griffen die Streiks auf andere Teile des Reiches über, sondern in der Hauptstadt erklärten alle Schichten der Bevölkerung ihre Solidarität in einer großen Welle einhelligen Protestes. Der Klub der Kaufleute sperrte Gardeoffizieren den Zutritt zu seinen Räumen, weil sie an dem Massaker teilgenommen hätten. Mitglieder der Akademie der Wissenschaften sowie Professoren der Universität forderten die Übertragung der Gesetzgebungsgewalt an frei gewählte Volksvertreter und die Kontrolle der Verwaltung als Voraussetzung allgemeiner Volksbildung. Ihnen schlossen sich Wissenschaftler und Lehrer aus allen Teilen des Landes an. Noch gingen diese Proteste fast stets in friedlichen Formen vor sich.[3]

Die allgemeine Unruhe brachte die unterschwellig brodelnden Nationalitätenprobleme an die Oberfläche. Nicht nur politisch mehr oder minder organisierte Nationalitäten — Polen, Letten, Georgier und Juden hatten ihre sozialistischen Parteien — meldeten ihre Forderungen an. Die fast totgeglaubte ukrainische Bewegung rührte sich wieder — aber auch Litauer, Weißrussen sowie viele muslimische Fremdvölker des weiten Reiches, die bisher nur als ethnische Relikte oder kolonisierte Einheimische in den Gesichtskreis der Zentralbehörden getreten waren, beriefen Kongresse ein und entwarfen Autonomieprogramme. Mancherorts gerieten verschiedene politische Richtungen einer Nationalität in Konflikte, wie unter den Armeniern. In der Regel erstrebten die Nationalitäten neben der politischen die soziale Emanzipation aus russischer, polnischer bzw. deutscher Oberherrschaft. Nicht nur äußerte sich der Mißmut über die Abhängigkeit vom jüdischen Kleinkapital in verschiedenen Gegenden der Ukraine, sondern tätliche Ausbrüche in verschiedenen Orten Transkaukasiens gegen die Armenier zeigten, wo dort der Schuh drückte. Der Kampf der Letten und Esten gegen den deutschen Landadel prägte sich den Zeitgenossen besonders tief ein. Eine Rolle für sich spielten die Finnländer, deren radikaler Flügel während des Krieges insgeheim von den Japanern mit Waffen versehen war und die mit ihrer Polizeihoheit vor den Toren der Hauptstadt mittelbar jederzeit bei den Ereignissen in der Zentrale mitspielen konnten. Die Nationalitäten waren so als politische Kraft in den ersten Monaten des Jahres 1905 wesentlich bedeutsamer als die revolutionären Parteien.[4]

Von diesen waren die Sozialrevolutionäre in ihren terroristischen Kampfgruppen durch die Attentate schon vorher spektakulär in Erscheinung getreten und hatten ihren Ruf durch die Ermordung des Großfürsten Sergej, des verhaßten Moskauer Generalgouverneurs, befestigt. In der Tradition der sogenannten »Volkstümler« setzten sie in erster Linie auf die Unruhen beim Landvolk und fingen im Sommer und Herbst politische Impulse der sich organisierenden Bauernschaft auf. Sie standen in Rivalität zu den Sozialdemokraten, die nach einem mißglückten Gründungswerk von 1898 – damals hatte Struve noch als Marxist das Programm entworfen – im Jahre 1903 in London sich als erste russische Partei mit einem fertigen Programm konstituiert, aber vor allem wegen der Prinzipien der Taktik und der politischen Organisation – Volkspartei oder Kaderorganisation – sich sogleich in zwei Gruppen gespalten hatten. Unter den Petersburger Arbeitern hatte die Gruppe der Menschewiki 1905 eine gewisse Gefolgschaft, die der Anhänger Lenins (Bolschewiki) war wesentlich geringer. Doch haben Sozialdemokraten wie Sozialrevolutionäre zum Ausbruch der Revolution nichts beigetragen; der Umschlag vom Protest zum politischen Aufbegehren nach dem blutigen Sonntag war Ergebnis falscher Politik der Herrschenden, nicht erfolgreicher Agitation revolutionärer Gruppen.[5]

Zwar versuchte der Zar mit den Petersburger Arbeitern ins Gespräch zu kommen und sie zur Vernunft zu ermahnen, aber die Streiks gingen weiter. Entgegenkommen wurde nicht honoriert, vielmehr als Ermunterung zu weitergehenden Forderungen betrachtet. Im Verlauf der Streikbewegung entstanden Gewerkschaften; die erste wurde von den Petersburger Drukkern begründet. Rückwirkungen des Streiks auf die ländliche Bevölkerung waren sichtbar, Flugblätter weit verbreitet. Nachrichten von der kritischen Lage an der Front mit erneuten Mobilisierungen verstärkten die Unruhe. Güter wurden überfallen, Gutshäuser in Brand gesteckt, das Vieh verschleppt und verteilt. Erst in der zweiten Hälfte des Jahres 1905 häuften sich die Übergriffe auf dem Lande und waren so gut koordiniert, daß man von einer organisierten Bauernrevolte sprechen konnte.

Überall im Lande begannen sich Verbände zu bilden, teils auf lokaler, teils berufsständischer Basis, die auf der Linie des »Bundes der Befreiung« die Konstituante forderten und sich im Mai zum »Verband der Verbände« unter dem Vorsitz des Historikers Miljukov zusammenfanden. Damit waren alle nicht sozialistischen oppositionellen Kräfte auf ein Maximalprogramm festgelegt, das – so hoffte man – durch fortgesetzten Druck der Öffentlichkeit durchgesetzt werden konnte. Demgegenüber waren die Sozialisten der Meinung, daß der bürgerlichen Revolution die soziale folgen müsse. Das alte Mißtrauen

gegenüber dem liberalen Bürgertum hinderte die Linke, sich in die gemeinsame Front einzureihen. Dahinter stand nicht zuletzt die Furcht vor dem Revisionismus, d. h. der nicht von der Theorie vorgegebenen, faktisch reformistischen Politik von Arbeiterparteien in parlamentarischen Systemen. Zudem waren die theoretischen Zentren in der Emigration vom Orte des Geschehens weit entfernt. Die Organisation für einen bewaffneten Aufstand befand sich noch nicht einmal in den Anfängen.
Im Frühjahr wuchs die Streikwelle kontinuierlich an (80 000 im April zu 220 000 im Mai); die Vernichtung der russischen Flotte im Mai und die erfolglose Meuterei des Panzerkreuzers »Potemkin« im Juni verunsicherten die Regierung weiterhin. Schon länger war insgeheim das Projekt einer Reichsversammlung (Duma) vorbereitet worden, die nach Ständen und einem Zensus – unter Bevorzugung der Bewohner des flachen Landes – gewählt werden, aber ohne eigene Initiative Gesetze nur beraten und das Budget nur zur Kenntnis nehmen durfte. Fast alle Einwohner Polens, Sibiriens, des Kaukasusgebietes sowie Mittelasiens waren vom Wahlrecht ausgeschlossen. Zudem wurden keine staatsbürgerlichen Grundrechte garantiert. Als dieser Ukaz Anfang August verkündet wurde und die Wahlen ausgeschrieben, standen die Liberalen vor einem Dilemma – das Risiko des Boykotts der Wahlen auf sich zu nehmen oder mit dem beschränkten Spielraum politischen Handelns innerhalb dieser fragwürdigen, nach dem Innenminister sogenannten Bulyginschen Duma sich abzufinden. Die liberale Front drohte sich zu zerspalten und die politische Initiative wieder an die Regierung überzugehen.
Da brachte der ländliche Widerstand die Sache weiter, als auch die Bauern sich politisch in Bauernverbänden zu organisieren begannen. Mögen hier und da sozialrevolutionäre Agenten tätig gewesen sein, haben die Bauern doch ihr traditionelles sozialpolitisches Konzept – die Wiederherstellung des guten alten Rechts – selbständig formuliert, nämlich die Vergesellschaftung des gesamten Grund und Bodens und die Verteilung zur Nutzung an diejenigen, die ihn mit ihrer Hände Arbeit bebauen. Eine so weitreichende Umgestaltung konnte unter den gegebenen Rechtsverhältnissen von der gegenwärtigen Regierung nicht erwartet werden. Daher forderten auch die Bauernverbände die Konstituante und verstärkten den radikalen Flügel in der Befreiungsbewegung. Auch in den Städten flaute die Unruhe nicht ab. Man fragt sich, wie dieses Jahr voller Streiks von der arbeitenden Bevölkerung durchgestanden werden konnte, bzw. warum trotz mannigfacher Schwierigkeiten sich das Geld nicht stärker entwertete.
Trotz gelegentlicher Konfiskationen konnte die Presse in diesen Monaten fast uneingeschränkt wirken. Damit erfuhr jeder-

mann, nicht immer verläßlich, was andernorts im riesigen Reich vor sich ging. Die Universitäten hatten ihre Autonomie zurückerhalten und wurden von der Polizei nicht heimgesucht – so wirkten sie als Propagandazentren. Neben den Buchdruckern bildeten die Eisenbahner die mächtigste Gewerkschaft; sie hatten die Schalthebel der Macht in den Händen. Von Moskau als dem Zentrum des russischen Eisenbahnnetzes ging im Oktober der große Eisenbahnerstreik aus, in dem es nicht mehr um nur ökonomische Forderungen ging. Das Angebot der Bulygin-Duma hatte gezeigt, daß ohne politische Freiheitsrechte keine wirtschaftlichen Sicherungen durchgesetzt werden konnten. Der Moskauer Streik breitete sich – immer in der gleichen Abfolge – in alle Richtungen aus: den Eisenbahnern schlossen sich andere Arbeiter an, bevor noch der Generalstreik formal erklärt worden war. Noch suchten die Städter keine Verbindung zu den unruhigen Bauern; auch hat es keine einheitliche Streikführung für das gesamte Rußland gegeben. Inzwischen bildeten sich mancherorts in den Städten lokale Streikkomitees, Räte (sovety) mit gewählten Vertretern aus den einzelnen Betrieben.
Die Wiederherstellung der Autorität hing allein von der Loyalität der Streitkräfte ab. Die Marine war bereits unterwandert; die Revolutionäre bemühten sich kräftig, in der Armee zu agitieren. Unruhig waren vor allem die Reservisten, die auf den Abtransport in ein ungewisses Schicksal warteten. Der Friede von Portsmouth (August 1905) beendete zwar den Schwebezustand, aber die Heimführung konnte nicht zuletzt wegen der Streiks nur langsam in Gang kommen. Spät setzte der Rücktransport der Truppen von der Mandschurei auf der eingleisigen Transsibirischen Eisenbahn ein; an manchen Orten, vor allem in Čita, mußte der Weg gegen den bewaffneten Widerstand der Eisenbahnarbeiter erkämpft werden. Vorerst war die Regierung im Herbst in der Vorhand; es ließ sich aber voraussehen, daß, abgesehen von den ökonomischen Schwierigkeiten, eine manifeste Machtlosigkeit der obersten Gewalt das Staatsgefüge zusammenbrechen ließe.
Witte schien der Mann der Stunde; er hatte erträgliche Friedensbedingungen eingehandelt. Der Zar mochte ihn persönlich nicht, doch konnten ihm die militärischen Ratgeber nicht garantieren, daß die Ordnung in den Hauptstädten würde aufrechterhalten bzw. wiederhergestellt werden können, wenn erst Truppen zu den Arbeitern übergingen. So mußte der Zar das »Oktobermanifest« (17. Oktober) unterzeichnen, das wegen des Druckereistreiks nicht sofort überall im Reiche bekanntgemacht werden konnte: Hier wurden die staatsbürgerlichen Grundrechte etabliert, die Beschränkungen des Wahlrechtes für die einzuberufende Duma i. W. aufgehoben und vor allem erklärt, daß kein Gesetz ohne Zustimmung der Duma erlassen werden

konnte und die Volksvertreter die Legalität aller administrativen Maßnahmen effektiv würden kontrollieren können.
Streikkomitees und radikale Opposition glaubten, es sei nur eine Atempause gekommen; nicht nur Sozialisten wollten die Republik. Unter dem Eindruck der Volksbewegung hatte man sich — vor allem in der Presse — nach links solidarisiert. In den Augen der Mittelklasse, aber auch vieler einfacher Leute, war mit den Zusagen des Manifests das Ziel der Auflehnung erreicht. Vielerorts schlug die Stimmung um; nicht zum ersten Male wurden in Moskau die Studenten am Ochotnyj rjad, also vor den Toren der Universität, von den Kaufmannsburschen verprügelt. Das wirtschaftende Volk wehrte sich unbewußt gegen die Bevormundung durch die Intelligenzler — elementare politische Rechte als Grundlage ökonomischer Initiative waren erkämpft. Weitergehende Forderungen schienen unpatriotisch. Die populare Gegenaktion von rechts mag alles mögliche Gesindel mitumfaßt haben — immerhin sind die »Schwarzen Hundertschaften« später entstanden als der revolutionäre Terror.
Witte war es nicht möglich, sich mit der liberalen Opposition so zu verständigen, daß aus ihren Reihen führende Persönlichkeiten als Minister zu gewinnen waren. Die Konstitutionellen Demokraten, die sich soeben als Partei etabliert hatten, waren nur zur Mitarbeit bereit, wenn Witte eine verfassungsgebende Versammlung einberufe. Durch die Ernennung von Durnovo zum Innenminister war auch der Weg zur Zusammenarbeit mit der gemäßigten Opposition blockiert.
Alles kam auf die letzte Konfrontation an: das Machtvakuum in den Hauptstädten hatte den Streikkomitees die Möglichkeit gegeben, sich als Arbeiterräte zu konstituieren und gewisse öffentliche Funktionen wahrzunehmen. Die vielberufene Rätedemokratie, die unmittelbare Repräsentation der Betriebsangehörigen im Rat bei jederzeitiger Verantwortlichkeit gegenüber den Wählern, ist weder aus dem Vorbild der Pariser Kommune zu erklären, noch hat sie überhaupt Wurzeln in einer politischen Theorie. Sie entstand aus dem unmittelbaren Bedürfnis überbetrieblicher Streikleitung — angesichts des Fehlens gewerkschaftlicher Organisationen — und lehnte sich eher an die traditionelle Form des Handwerkerartel' an. Die tatsächliche Macht der Räte lag bald in den Händen der Exekutivkomitees. Während die Arbeiter ursprünglich entschlossen waren, keine Intelligenzler, vor allem keine Parteileute, an die Führung zu lassen, setzten sich die Literaten, die Proklamationen formulieren und Protokolle abfassen konnten, doch an die Spitze. Neben dem Rechtsanwalt Chrustalev-Nosar', der 1918 ein frühes Opfer des roten Terrors werden sollte, trat der junge Trockij an die Spitze des Petersburger Rates. Er war als einziger der führenden Sozialdemokraten gleich im Frühjahr heimgekehrt.

Der Petersburger Rat setzte sofort Presse- und Versammlungsfreiheit durch; doch hat er nie die volle polizeiliche Gewalt übernehmen können. Führende Sozialisten wurden weiterhin verfolgt; nur die Mitglieder des Exekutivkomitees genossen eine Gnadenfrist, solange die staatlichen Autoritäten ihrer Sache nicht wieder ganz sicher waren.[6]

Die Freiheitstage des Oktober und November 1905 sahen heftigere Unruhen der Bauern – mit zahlreichen Brandstiftungen und Morden an Gutsherren, vor allem in den baltischen Provinzen – sowie neue Meutereien unter Matrosen und Soldaten. Mitte November streikten Eisenbahner, Post- und Telegraphenbeamte und legten damit das Reich vollends lahm. Doch machte, wie gesagt, nicht jedermann mit; auf dem Lande begannen Bauern mit der Jagd auf revolutionäre Agenten.

Da in der Front der Gegner des Regimes das flache Land der am wenigsten organisierte und organisierbare Faktor war, begann der Gegenschlag des Regimes Ende November mit der Pazifikation der unruhigen Provinzen des Schwarzerdegebietes, d. h. Gegenden mit starker agrarischer Übervölkerung und entscheidender Bedeutung für die Versorgung des Reiches. Die Kosaken blieben loyal, die Bauern waren gespalten. Der Innenminister griff auch in den Städten durch; als erstes wurden die Streikführer unter den Post- und Telegraphenbeamten verhaftet, Anfang Dezember fast der gesamte Petersburger Arbeiterrat, nachdem er zum Steuerboykott und zum Abziehen aller Bankguthaben aufgerufen hatte. Er rief nun zu einem neuen Generalstreik auf, der für einige Tage eindrucksvoll befolgt wurde; doch bestand die Regierung die Kraftprobe. Anfang Dezember kam es noch zu dem berühmten bewaffneten Aufstand in einigen Arbeitervorstädten Moskaus. Hier hatten Sozialisten aller Parteien Waffen heranschaffen können, doch war der Kampf von vornherein vergeblich. Die Stadt wartete ab; die Soldaten blieben unbeeindruckt, nachdem unverläßlich erscheinende Einheiten rechtzeitig verlegt worden waren. Die Moskauer Arbeiter waren isoliert; es fehlte wie Monate vorher eine überregionale Streikleitung.[7]

Nun ließ sich die Regierung nicht mehr einschüchtern; die Zentren des Widerstandes wurden überrannt. Die Konstituante war nicht mehr zu erzwingen. Nikolaus II. hat gute Nerven bewiesen. Zwar sah das Frühjahr 1906 noch täglich fünf politische Attentate – oftmals von Anarchisten ausgeführt – und damit den roten Terror auf seiner Höhe. Es mehrten sich Banküberfälle, Expropriationen, um Geld für die Revolution zu beschaffen. Die Regierung hat ihrerseits kein Augenmaß bewiesen: vergeblich wehrte sich Witte gegen Durnovos rücksichtslose Strafexpeditionen. Die Verhaftung der Petersburger Räteführung hatte gezeigt, daß die Entfernung einiger Führer jede

Bewegung sich totlaufen läßt. Im einzelnen sind die Strafaktionen, zum Teil auch Racheakte, undurchsichtig geblieben – ob die Ziffer von 15 000 Toten stimmt, können wir nicht nachprüfen. Jedenfalls wollte Witte diese Maßnahmen nicht verantworten und trat zur Erleichterung des Zaren im April 1906 zurück. Anstatt an die maßvollen Kräfte der Bevölkerung, d. h. den Mittelstand zu appellieren, ließ sich Nikolaus von der äußersten Rechten, vor allem den militanten Antisemiten, einspannen und verlor damit seine Chance als Mediator über den politischen Parteien.

Schon vorher hatten Witte und der Zar der – wie zu erwarten – weithin oppositionellen Volksvertretung gegenüber ein Gegengewicht geschaffen: Ein einheitliches Ministerkabinett sollte unter Entlassung einiger ungeeigneter Mitglieder die oberste Exekutive unter unmittelbarer Leitung des Zaren straffer zusammenfassen. Dem Staatsrat wurde gleiche gesetzgebende Gewalt wie der Duma eingeräumt; schließlich hatte der Herrscher gegenüber Gesetzen, die beide Kammern passiert hatten, ein Vetorecht und freie Entscheidung in den Fällen, in denen Duma und Staatsrat in Finanzdingen verschiedener Meinung waren. Die Legislative konnte die Minister nicht zur Verantwortung ziehen, sondern nur ihre begrenzten Möglichkeiten bei der Budgetbewilligung nutzen. Doch war das Militärbudget ihr entzogen. Die Exekutive hatte noch die Möglichkeit, während der Parlamentsferien Gesetze zu erlassen, ein dubioser Paragraph, von dem immer wieder Gebrauch gemacht worden ist.[8] Im neuen Grundgesetz wurde das Wort Konstitution ängstlich vermieden; vergeblich versuchte der Zar, den Terminus »unumschränkter Selbstherrscher« beizubehalten.

Das Wahlrecht für die Duma war kompliziert; durch nachträgliche Änderungen war trotz indirekter Wahlen eine relativ breite Vertretung aller Volksschichten erreicht. Für den Bauernstand bestand kein Vermögenszensus; die Fabrikarbeiter wählten über ihre Betriebe ihre Vertreter. Die Wahlen zogen sich über einige Wochen hin; wider Erwarten erfaßten überall die Bauern ihre Chance. Sozialdemokraten wie Sozialrevolutionäre waren von dem Mißerfolg des Moskauer Aufstandes verunsichert und boykottierten die Wahl, um ihre Grundsätze nicht zu verraten. Damit vertaten sie eine wesentliche Chance. Denn zum ersten Parlament erschienen viele Deputierte ohne bestimmte Parteiaffiliation und schlossen sich der Gruppierung an, bei der sie gemäß den mitgegebenen speziellen Instruktionen sich am besten aufgehoben glaubten.[9]

Abgesehen von den Sozialisten hatten sich als Partei bereits im Oktober die Konstitutionellen Demokraten unter der Führung von Miljukov konstituiert, die einen großen Teil der Intelligenz mit den radikaleren Vertretern der Zemstvobewegung vereinigten. Das Programm war kompromißlos: die Verfassungsgebende Versammlung soll die Staatsform festlegen, also das souveräne Volk auch die Republik proklamieren können. Gegenüber der in direkter Wahl zu wählenden Duma sollte die Regierung verantwortlich und demgemäß in der Gesetzgebung ganz von ihr abhängig sein. Zugunsten der Arbeiter wurden Streikrecht, Koalitionsfreiheit, Achtstundentag sowie staatliche Sozialfürsorge verlangt. Zugunsten der Bauern sollten Staats-, Apanagenbesitz etc. sowie gegen Entschädigung das Gutsland enteignet werden. Miljukov selbst erklärte die Partei für sozialreformerisch und grenzte sich von den Sozialisten nur insofern ab, als die umfassende Vergesellschaftung der Produktionsmittel in der Praxis nicht durchzuführen sei. Die Partei der Kadetten konnte in der ersten Duma bäuerliche Abgeordnete bei sich aufnehmen; von den Städtern wurde sie in der überwiegenden Mehrheit gewählt. Links von den Kadetten fand sich, in der Fortführung alter »volkstümlerischer« Vorstellungen eine Gruppe von »Schaffenden« (trudovaja gruppa) kurz vor Einberufung der Duma zusammen, zu der ein anderer Teil der bäuerlichen Abgeordneten sowie Arbeiter stießen. Zwar fehlte dieser Gruppe die Organisation, doch hat sie als engagierter Verfechter der radikalen agrarischen Umgestaltung Ansehen bei den bäuerlichen Wählern gewinnen können. Bereits in den frühen Phasen der Befreiungs-Bewegung hatte sich ein Teil der Zemstvovertreter dem politischen Radikalismus widersetzt; zu ihnen kamen Vertreter der Kaufmannschaft und des wirtschaftenden Mittelstandes, die die Formen des kompromißlosen Radikalismus für das Volkswohl wirklichkeitsgerechter beurteilten als die Kadetten, wenn diese auch im Schwung der ersten Wahlen den größten Widerhall hatten. Der »Bund des 17.–30. Oktober« – Oktobristen genannt – stellte sich auf den Boden des Manifestes als einer erträglichen Verfassungsgrundlage, aber in scharfer Frontstellung gegenüber Versuchen der Aushöhlung dieser Errungenschaften. Ebensowenig wie die Gruppe der Rechten hatten sie in den ersten Dumen wesentliche Chancen.[10]

Die Konstitution war oktroyiert, bevor die Duma zusammentrat. Witte wollte auch in der Agrarfrage das Parlament auf die Politik der Regierung festlegen, nämlich nach Erlaß der Loskaufzahlungen jedem Bauern sein derzeitiges tatsächliches Landeigentum als persönlichen Besitz unmittelbar zuteilen. Der Kampf zwischen arm und reich auf dem Dorf war ohnehin unvermeidlich. Eigentümer und Landarbeiter aus dem bäuerlichen Stande hätten im Parlament früher oder später verschiedenartige Interessen vertreten. Eine knappe Mehrheit im Reichsrat wollte aber unbegreiflicherweise diese Frage der Initiative der Duma überlassen. Ende April 1906 trat die Duma zusammen; nach den ersten feindseligen Plänkeleien der radikalen Mehrheit gegen die Regierung ging es um die Agrarfrage. Auch die Kadetten sprachen sich für Enteignung der Großgrundbesitzer aus, hatten sich aber offenbar für die künftige Form der Versorung der Bevölkerung beim nun ausschließlichen Klein- und Kleinstbesitz keine rechten Gedanken gemacht. Zwischen Duma und Regierung war keine Verständigung möglich, ihre Auflösung im Juli daher notwendig. Die Führung der Kadetten forderte vom Boden Finnlands aus die Verweigerung von Steuern und Militärdienst (Vyborger Manifest). Wiederum steuerte der Staat einer schweren Krise zu; Polen, Finnland und die baltischen Provinzen schienen sich vom Reiche lösen zu wollen. Der neue Ministerpräsident Stolypin griff mit Hilfe von Feldkriegsgerichten im Herbst hart durch; die Ruhe schien einigermaßen hergestellt. Die zweite Duma (Februar—Juni 1907) war nicht weniger radikal zusammengesetzt: die Sozialisten hatten nach langen Debatten, vor allem unter den Bolschewiki, sich an der Wahl beteiligt, aber zusammen weniger Sitze als die Trudoviki erhalten; die Kadetten wurden fast halbiert, die Oktobristen verdoppelten ihre Sitze auf 32. Auch mit dem neuen Parlament konnte Stolypin nicht arbeiten. Ein unbefangener Leser der Protokolle der beiden ersten Dumen wird betrübt feststellen, daß wesentliche Chancen der Parlamentarisierung des russischen öffentlichen Lebens in ständiger Demagogie vertan worden sind. Nicht zuletzt haben die Kadetten, die Partei der Intelligenz, vor allem mit dem unseligen Manifest hier die hauptsächliche Verantwortung zu tragen. Hätte die Regierung ein festes Agrarprogramm vorgelegt, wäre manches anders gelaufen. Wenn aber kein Konsensus über die sozialen Grundlagen eines Gemeinwesens erreicht werden kann, dann wird die tatsächliche Macht entscheiden.

b) Konsolidierung

Die Einführung des neuen Wahlrechts im Juni 1907 war ein glatter Staatsstreich; mit neuen Relationen wurden die Besitzenden und die Russen eindeutig bevorzugt: Den Polen blieb nur ein Drittel ihrer Abgeordneten, ebenso den Kaukasiern; Zentralasien durfte statt 23 Abgeordnete nunmehr einen entsenden. Die Zahl der Wahlmänner wurde für die Kurie der Bauern und Arbeiter sowie der städtischen Mieter etwa halbiert, für die größeren Grundbesitzer und die städtischen Eigentümer verdoppelt. Wie man diese Minderung der politischen Rechte der Mehrzahl der Bevölkerung auch aufnehmen mag — im Grunde hat sich dieser Rückgriff auf parlamentarische Frühformen positiv ausgewirkt, solange nämlich ein verantwortlicher Staatsmann an der Spitze stand.

Linke und Kadetten gingen in die permanente Opposition. Die Verantwortung lag bei den Oktobristen, deren moralische Grundlage, das Oktobermanifest, ihnen aber entzogen war und die nun versuchen mußten, die Gesetzlichkeit des Reiches durch ein funktionsfähiges Honoratiorenparlament zu kontrollieren. Die Rechte war stärker geworden, aber in sich nicht einheitlich – ihr Gewicht nahm zu mit dem Aufkommen des neuen russischen Nationalismus.[11] Die mannigfachen nationalen Spannungen, vor allem in den westlichen Gebieten des Reiches, schienen dessen Bestand zu gefährden. Finnland als selbständige politische Einheit unmittelbar vor den Toren der Hauptstadt hatte den Revolutionären wiederum förderliches Asyl geboten, Kongreßpolen durch seinen ungemeinen industriellen Aufschwung und die Umschichtung der Gesellschaft ein neues Selbstbewußtsein gewonnen. Das Russentum schien in den »Westgebieten« wieder in der Defensive – daher Stolypins hart umkämpfter Plan der Abtrennung des Bezirks Cholm vom »Weichselland« und der Einführung einer russisch bestimmten Zemstvo-Organisation in diesen Gebieten. Während die baltischen Deutschen nach 1906 sich wieder mehr entfalten konnten, wurden die deutschen Kolonien in Südrußland als Vorposten reichsdeutscher Penetration verdächtigt. Die russische Rechte war aber kaum konservativ-aristokratisch, sondern demokratisch-agrarisch bestimmt.[12] Ein sich etablierender Mittelstand wandte sich vor allem in der Ukraine unter antisemitischem Vorzeichen den »Schwarzen Hundertschaften« zu. Mit dem Übergang zur bürgerlichen Gesellschaft prägten sich deren zeitgenössische Verhaltensweisen aus.

Die dritte und – ab 1912 – vierte Duma haben nicht wenig erreicht. Gegen sie arbeiteten nur allzuoft Staatsrat und vor allem die Administration, die ihre Omnipotenz mit allen Mitteln verteidigte und gesonnen war, eigene Initiativen nicht zu entwickeln, sondern es bei der Routine zu belassen. In der Führung der Regierungsparteien, vor allem bei den Oktobristen, gab es loyale Patrioten, die die Gesetzlichkeit mit Mut verteidigten. Ihnen entsprechend amtierte eine Reihe von Ministern, die nach erstem Zögern mit der Volksversammlung zusammenarbeiteten und deren Initiativen aufnahmen. Nach dem tödlichen Attentat auf Stolypin (September 1911), den der Zar, genau wie Witte, wegen seiner übermächtigen Stellung ohnehin bei nächster Gelegenheit entlassen hätte, fand sich – mit Ausnahme des noblen, aber nicht genügend machtbewußten Kokovcov (vorher Finanzminister, dann Präsident des Ministerrats bis November 1914) und einiger Fachminister – keine Persönlichkeit, die der Hofkamarilla auf die Dauer hätte Widerstand leisten können.[13] Der Einfluß Rasputins, des sibirischen Bauern mit seiner hypnotischen Einwirkung auf den Thronfolger Aleksej, den gefährdeten Bluter, ist kaum zu überschätzen: Er erschütterte das Ansehen der den Oberschichten wegen ihrer früheren Haltung nicht sehr glaubwürdigen Orthodoxen Kirche durch seine ständigen Eingriffe in die Kirchenpolitik; während des Krieges wurde seine Stellung unangreifbar. Seine Orgien erlangten nicht nur in der oppositionellen Presse viel Publizität; sie untergruben das Ansehen der Kaiserfamilie bei den breiten Massen in bedenklicher Weise.

Vor allem zeigte sich, daß die starke Herrschergewalt nur dann sich wohltätig auswirken konnte, wenn der Zar kein persönliches Regiment führte und — ohne Hintergedanken der Rücknahme der konstitutionellen Zusagen — sich an die Grundgesetze hielt. In den wenigen Jahren von Stolypins Führung haben sachverständige Patrioten die Verwaltungsreform, die Trennung von Justiz und Verwaltung, die Entwicklung des Volksschulwesens (bis 1925 sollte die allgemeine Schulpflicht durchgeführt sein) nachdrücklich gefördert, wobei zu bedenken ist, daß keinerlei Vorarbeiten genutzt werden konnten.

Die Finanzen in Ordnung zu bringen war viel schwieriger. Die Staatseinnahmen beruhten immer noch zu mehr als 50 Prozent auf indirekten Steuern, vor allem auf Schnaps. Verwaltungsapparat und Bemessungsgrundlagen für eine gerechte direkte Besteuerung der Gesamtbevölkerung waren erst aufzubauen. Mit 14 Rubel pro Jahr war die Steuerlast für die unteren Schichten fürs erste noch sehr drückend; zudem kann nur eine integere Behörde in langer Arbeit eine Steuermoral anerziehen.

Die Wirtschaftslage der noch relativ kleinen, aber stetig wachsenden Zahl der Arbeiter war noch recht gedrückt, ihre Arbeitsproduktivität meist gering. (Der Vergleich ihres Lebensstandards mit dem heutigen der Sowjetunion ist nicht leicht, da damals in der Regel die Ehefrauen nicht mitarbeiteten.) 1912 wurde eine Sozialgesetzgebung nach deutschem Muster eingerichtet. Dennoch wuchs die Streikwelle im Jahre 1914; kurz vor Kriegsbeginn waren in Petersburg wieder Barrikaden errichtet.[14] Administrative Übergriffe waren der Anlaß — bei gleichbleibender ökonomischer Entwicklung fehlte die Autorität einer auf Vertrauen gegründeten Regierung. Das ländliche Kleingewerbe (etwa 11 Millionen Beschäftigte) war dagegen dem Bauerntum hinzuzurechnen.

Von erheblicher Bedeutung war Stolypins Reform der Agrarverfassung vom November 1906 bis Juni 1910: Hiernach sollte jede Bauernfamilie aus der Landgemeinde mit dem derzeit genutzten Landanteil ausscheiden können und dabei durch Flurbereinigung die Bedingung des Landbaus verbessert werden. Staats-, Kron- und Adelsland wurden in großem Umfang zum Verkauf angeboten: 1906 bis 1910 wurden etwa 4 Millionen Hektar Staatsland an landarme Bauern zu sehr günstigen Bedingungen ausgeteilt. Außerdem siedelte man neue Massen von Landleuten nach Sibirien und in die Steppengebiete Mittelasiens über — bald war allerdings der gute Boden verteilt; in den letzten Vorkriegsjahren kehrte etwa ein Drittel der Übersiedler wieder um. Bis zum Mai 1915 haben fast ein Drittel der Hofwirte erklärt, aus der Landgemeinde ausscheiden zu wollen: die Landarmen versuchten, ihren unproduktiven Rest zu verkaufen, die Wohlhabenden sich zu vergrößern. In den Dörfern kam es zu Zusammenstößen, da die Landgemeinde manche Randexistenzen durch die kollektive Steuerhaftung geschützt hatte.[15] Wegen des Krieges hat sich die Stolypinsche Reform nicht voll ausgewirkt; die Praxis der Neuen Ökonomischen Politik nach 1921 hat faktisch diese Linie fortgesetzt. Für die ländliche Übervölkerung als solche war kein Remedium zu schaffen; die Aufteilung allen Landes in existenzerhaltende Kleinsthöfe hätte die Getreideproduktion nicht nur für den Export, sondern auch für den Binnenmarkt zum Erliegen gebracht. In vielfacher Hinsicht war eine längere Zeit friedlichen Aufbaus für die Wohlfahrt des Volkes unerläßlich.

c) Rußland im Weltkrieg

Der russisch-japanische Krieg und die Revolution hatten wider Erwarten den russischen Kredit auf dem internationalen Finanzmarkt nicht wesentlich erschüttert. Danach war, nach dem vergeblichen Versuch von Kaiser Wilhelm II., in Björkö im Juli 1905, in einem Handstreich den Zaren in einem Bündnis zu binden, die Linie der Allianz mit Frankreich vorgezeichnet, die allein der russischen Balkanpolitik zu entsprechen schien. In Interessensphären wurden die Grenzen russischer Politik in Asien gegenüber der englischen ausgesteckt. Im August 1907 verständigte man sich mit London wegen der »besonderen Interessen« in Persien und verzichtete auf russische Ambitionen in Afghanistan und Tibet. Mit Japan kam man in der Weise überein, daß dieses 1910 Korea inkorporierte, während Rußland 1912 die Mongolei unter seinen tatkräftigen Schutz nahm. Im November 1910 einigte man sich über deutsche Interessen entlang der Bagdad-Bahn und die russischen Prärogativen in Persien sowie im April 1908 in vagen Termini über die Remilitarisierung der Ålandinseln, die zwischen Schweden und Finnland die nördliche Ostsee kontrollierten.
Verhängnisvoll unklar blieb die Lage auf dem Balkan, nachdem im Juli 1908 durch die Jungtürkische Revolution die Dinge im Osmanischen Reich ins Gleiten gekommen waren. Die wechselvollen Intrigen in und um die einzelnen Balkanstaaten können hier nicht nachgezeichnet werden. Ethnische Einheiten und Prätentionen überlappten die Grenze des Habsburgischen

Reiches; hinzu kamen die Ambitionen des montenegrinischen Fürsten. Rußland ist nicht mit Serbien durch dick und dünn gegangen; 1908 hat es die Krise um Bosnien überwinden helfen. Die zaristische Diplomatie hat sich allerdings den tatsächlichen oder angeblichen Plänen eines österreichischen Vordringens in Richtung Saloniki entgegengestellt, daher die Einigung der Balkanstaaten unterstützt, aber nicht systematisch vorbereitet.[16] Die beiden Balkankriege (1912—1913), der erste zur Vertreibung der Türkei aus ihren europäischen Positionen, der zweite zur Niederwerfung Bulgariens im Streit um die Beute durchgeführt, haben die russische Position gestärkt, obwohl es nicht unmittelbar eingegriffen hat. Petersburg war nicht an dem Entstehen eines Großbulgarischen Reiches an der Ägäis und vor den Toren Konstantinopels interessiert, das eine selbständige Politik hätte verfolgen können. Serbien ging gestärkt aus den Entwicklungen hervor, die Türkei war bis auf Thrakien aus Europa abgedrängt. Nicht nur in der russischen Presse, sondern auch im Admiralsstab wurde ein Handstreich auf die Meerengen für die absehbare Zukunft diskutiert. Das besiegte Bulgarien lehnte sich an Österreich an, das hoffte, auch Griechenland und Rumänien zu sich herüberziehen zu können. Bei einiger Einsicht hätten die Großmächte gemeinsam den Balkan ruhig halten können, um so mehr als keine lebenswichtigen Interessen hier wahrzunehmen waren. Auch Rußland hätte einsehen müssen, daß die Unterstützung jedes Nationalismus den Bestand des eigenen Vielvölker-Reiches gefährden konnte. Österreich-Ungarn war unmittelbar von den serbischen und in minderem Maße von rumänischen Nationalbestrebungen betroffen.[17]

Der russisch-österreichische Gegensatz war nicht zuletzt durch die neue Welle des Panslavismus, dessen Bedeutung für die russische Politik schwer zu überschätzen ist, irrational festgelegt. Von russischer Seite konnte keine mäßigende Einwirkung auf die serbische Subversion in Bosnien erwartet werden. Ob der russische Militärattaché auch nur mittelbar den Mord an Franz Ferdinand unterstützt hat, steht dahin. Bekannt waren ja die slavischen Sympathien des Thronfolgers, der die ethnischen Gewichte im Habsburgerreiche hätte verschieben und so dessen Stellung im Balkan indirekt festigen können. Der serbische Ministerpräsident Pašić soll um den Mordplan gewußt haben.

Die unabsehbare Kriegsschulddiskussion kann hier nicht einmal angerissen werden — die Maschinerie der Mobilisierung, die technische Seite des modernen Krieges, hat in der tödlichen Krise den Spielraum der Diplomatie entscheidend eingeengt. Auf russischer Seite bestürmten die militärischen Ratgeber den Zaren, so rechtzeitig zu mobilisieren, daß die leistungsfähigere deutsche Kriegsmaschinerie nicht die Aufmarschräume überrannte, bevor die russischen Truppen sich zu versammeln vermochten. So viel läßt sich sagen, die russische politische und militärische Führung hat sich in den entscheidenden Wochen weniger leichtfertig verhalten als die österreichisch-ungarische.

So verschiedene Charaktere wie Witte, Kokovcov und der zu Kriegsbeginn von der Hauptstadt abwesende Rasputin haben gemahnt, den Frieden mit allen Mitteln aufrechtzuerhalten. Einsichtige wußten, daß die russische Volkswirtschaft zwar einen Blitzkrieg würde durchhalten können, nicht aber auf längere Anstrengungen eingerichtet war. Von dem Kriege hatte Rußland nicht eben viel zu erwarten: Annexionen Ostpreußens und Galiziens mehrten nur die Zahl der fremden Untertanen; ein vereinigtes Polen würde beim Friedensschluß mit Sicherheit selbständig werden und damit das Reich einer wesentlichen Wirtschaftskraft berauben. Nach dem befriedigenden Ergebnis des zweiten Balkankrieges war Rußlands Position im Süden so gefestigt, daß es keine ernstzunehmende Rivalität der Mittelmächte zu fürchten hatte.[18] Ein Zusammenbruch des Habsburger- und Hohenzollernreiches hätte das Ende des monarchischen Prinzips bedeutet, zudem auch das des Zarentums. Dies äußerte schon damals Witte, der ohnmächtige Staatsmann, zum französischen Botschafter Paléologue.

Aber vorläufig schien patriotische Einigkeit das Leben zu bestimmen. Die Kriegskredite wurden bewilligt, ohne daß die Duma auf den Gedanken kam, hierfür Reformen zu fordern. Der Schnapsverkauf wurde verboten und half die Sparkassen füllen. Die Vorbereitungen für den Krieg waren durchaus unzureichend; den Kriegsminister Suchomlinov wird man des bodenlosen Leichtsinns, aber nicht des Verrats bezichtigen können. Nicht nur haperte es mit der Versorgung mit technischem Gerät, es gab auch kaum Flugzeuge; bald fehlte es an Gewehr- und Artilleriemunition. Das Kabinett blieb, was es war, unter der Präsidentschaft des alten Goremykin, der »Butler des Zaren« genannt; die Bürokratie war darauf bedacht, das Regime zu lassen, wie es war. Initiativen der Zemstva, den guten Willen der Öffentlichkeit für die gemeinsame Kriegsanstrengung heranzuziehen, wurden nach Kräften gebremst.

Eine Geschichte des Krieges soll hier nicht einmal angedeutet werden. Gleich bei der katastrophalen Niederlage von Tannenberg (August 1914) zeigte sich das Fehlen moderner Kriegsmittel, nämlich Feldtelefone. Doch vermochten die Russen das östliche Galizien mit Lemberg zu erobern und schlossen zum ersten Male die gesamten ukrainischen Gebiete unter russischer Oberhoheit zusammen. Unter den ukrainischen Politikern des Habsburger Reiches sah die russische Partei große Perspektiven. Die russische Seite aber würdigte deren Autonomie-Anliegen

nur wenig, sondern ging auf unmittelbare Einbeziehung in das Reich aus — sofort wurde die Unierte Kirche mit der orthodoxen vereinigt.
Der Aufruf des Oberkommandierenden Großfürsten Nikolaj Nikolaevič an das polnische Volk mit dem Versprechen einer vagen Autonomie kam zu spät; die Polen warteten ab. Es war vorauszusehen, daß sich die Mittelmächte über das Geschick ihres Landes nicht würden einigen können, denn ein selbständiges Polen müßte eine überwältigende Anziehungskraft auch auf das preußische wie das österreichische Teilgebiet ausüben. Mit dem beginnenden russischen Rückzug aus Polen begann die sinnlose Evakuierung der einheimischen Bevölkerung, unter der vor allem die Juden zu leiden hatten. Sie waren im ganzen Osten diejenigen, die einen deutschen Sieg ohne alle Hintergedanken wünschen konnten. Der deutsche Vormarsch über Warschau hinaus kam im August 1915 etwa auf der Höhe von Wilna zu stehen; inzwischen beliefen sich die russischen Verluste auf 3,8 Millionen.
Je kritischer aber die Lage an der Front wurde, desto weniger konnte die Regierung vernünftigerweise auf die aktive Mitarbeit der Öffentlichkeit und der Duma verzichten. Ihr Präsident Rodzjanko wurde zu einer Schlüsselfigur. Für die Kadetten und die Linken stellte sich die Frage, ob sogleich eingreifende Verfassungsreformen gefordert werden sollten, so vor allem die Verantwortlichkeit der Minister gegenüber dem Parlament. Das Versagen der politischen Führung, nicht nur des Kriegsministers, konnte diesem Anliegen Nachdruck verleihen. Von den Nationalisten bis zu den Kadetten schlossen sich die Abgeordneten Anfang September 1915 im Fortschrittlichen Block zusammen, der in seinem Programm maßvolle Reformen zur Befriedung des Landes im Sinne uneingeschränkter Rechtsstaatlichkeit verlangte. Sogar der Reichsrat erklärte sich mehrheitlich für dieses Programm; einige Minister, u. a. der Außenminister Sazonov, folgten der gleichen Linie. Einige besonders stark angegriffene Minister waren ausgewechselt worden, an der Spitze der Kriegsminister. Anstatt den guten Willen der Öffentlichkeit zu nutzen, wurde die Duma vertagt und anläßlich einiger Proteste in der letzten Sitzung die sozialdemokratischen Abgeordneten verhaftet und nach Sibirien geschickt. Der folgende zweitägige Streik aller Fabriken in der Hauptstadt — nun Petrograd genannt — bezeichnete die Wende zu offenem Widerstand. Der Mann auf der Straße sah seine einzige Garantie gegen Verrat und Mißbrauch außer Gefecht gesetzt.
Ständigen Intrigen der Zarin folgend hat der Zar Ende August 1915 anstelle von Nikolaj Nikolaevič das Oberkommando an der Westfront selbst übernommen; der Großfürst wurde an die Kaukasusfront versetzt, wo er gegen die Türken Bedeuten-

Российская Соціалъ-Демократическая Рабочая Партія.

ПРАВДА

ОРГАНЪ Центральнаго Комитета и Петербургскаго Комитета Р. С.-Д. Р. П.

Воскресенье, 6-го Мая (23 апр. ст. ст.) 1917 г. ЕЖЕДНЕВНАЯ ГАЗЕТА. Цѣна № 8 коп. № 39.

День печати.

Ко дню печати.

Нашимъ друзьямъ!

Уроки кризиса.

Vor 75 Jahren (1912): Als Organ der russischen Bolschewiken wird von Josef Stalin die »Prawda« (»Wahrheit«) gegründet. Im Bild die Ausgabe vom 23. April (6. Mai) 1917 mit Wladimir Lenins Artikel »Die Lehre in der Krise«.

…ung Wladimir Iljitsch Lenins von Petersburg (heute Leningrad) ge…ng »Prawda« (Wahrheit), das Or…ewiken (= »Mehrheitler«, Anhän…scheint erstmals am 5. Mai 1912.

…n (1862):

…uebla

…chen Interventionstruppen in Me…m 5. Mai 1862 in der Schlacht bei …geschlagen. 1861 sind Franzosen, …anier gemeinsam in Mexiko einge…blich um ausstehende Schuldenzah…reiben. Als offensichtlich wurde, …ösische Kaiser Napoleon III. die Er… Mexikos beabsichtigt, haben sich …en und Spanien wieder aus Mexiko …n. Die Franzosen können die Inter…hren, da die USA durch den Nord…en Bürgerkrieg (Sezessionskrieg) ge… 1864 errichten sie das Kaiserreich

…en (1837):

…torklub

…t der junge Student Karl Marx im …torklub mit der linkshegelianischen …en und politischen Avantgarde sei…iesem Kreis, von dessen Mitgliedern …uno Bauer und Karl Friedrich Köp…ge Entwicklung des jungen Marx be…urde das Interesse für Philosophie … Marx bald ganz beherrschte. Marx …Mai 1818 in Trier geboren, heute vor

…sich Geschichte nach dem Gese…spruchs entwickelt. Triebkräfte d… sind jedoch laut Marx nicht Idee… Menschen in ihrer gesellschaftliche… die Widersprüche, die sich aus d… Produktion ergeben. – Marx starb 1883 in London.

Vor 240 Jahren (1747):

Leopold II. – Kaiser und König

Leopold II. († 1. 3. 1792, Wien), …scher Kaiser, König von Böhmen… sowie Erzherzog von Österreich 1… Leopold I. Großherzog von Tosk… wird am 5. Mai 1747 in Wien gebo… Als Herzog Leopold I. von Tosk… 1790) verkörperte der Sohn von Fr… und Maria Theresia den im Sinn de… Katholizismus zu Konzessionen … scher. Nach dem Tod seines Brud… wurde er 1790 Kaiser und sah sich g… gunsten ständischer und kirchlich… viele der von Joseph II. eingeführ… rückgängig zu machen.

Es gelang ihm, Aufstände in den ös… Niederlanden und in Ungarn nie… und den 1787 ausgebrochenen Tür… durch den Frieden von Sistowa zu … Französischen Revolution stand er… wartend gegenüber, bis ihn die Gefä… Schwester Marie Antoinette und de… Übergriff auf das Elsaß zu einem… Preußen veranlaßten. Kurz nach… erfolgte die Kriegserklärung Fr… Österreich.

Am 5. Mai wurden geboren:

Hans Schmidt-Isserstedt (1900–1973), deutscher Dirigent und Komponist
Gyula Háy (1900–1975), deutsch-ungarischer Dramatiker (»Attilas Nächte«)
Hans Pfitzner (1869–1949), deutscher Komponist
…k Sienkiewicz (1846–1916), polnischer Schriftsteller, Literaturnobelpreisträger 1905 (»Quo v…
…erdinand von Richthofen (1833–1905), deutscher Geograph und China-Forschungsreisende…
Eugénie (1826–1920), Kaiserin der Franzosen 1853–1871 als Frau von Napoleon III.
Karl Marx (1818–1883), deutscher Philosoph und Politiker
Sören Kierkegaard (1813–1855), dänischer Philosoph, Theologe und Schriftsteller

des leistete. Damit hat der Zar sein eigenes Geschick und das der Dynastie völlig mit dem der Armee identifiziert.
Je prekärer die Versorgungs- und Transportprobleme wurden, um so mehr hing die Zukunft vom Zusammenspiel mit den westlichen Verbündeten ab. Die Gewinnung Konstantinopels, dieser alte slavophile Traum, wurde durch geheime Abkommen über die Auflösung des Osmanischen Reiches im März 1915 Rußland als wertvoller Preis in Aussicht gestellt – ob der Besitz der Stadt die Opfer wert war, bleibe dahingestellt. Vor allem war die russische Flotte vorerst nicht imstande, im Schwarzen Meer effektiv in das Ringen um die Meerengen einzugreifen; damit bestand keine Möglichkeit, im entscheidenden Falle etwa den Franzosen in Konstantinopel zuvorzukommen. Mit dem Scheitern des Gallipoli-Unternehmens und dem Kriegseintritt Bulgariens (1915) auf seiten der Mittelmächte war die Chance der Eröffnung des Seeweges nach Süden ohnehin vergeben.
Wenn es auch 1916 mit allen Anstrengungen glückte, in der ungemein verlustreichen Brusilov-Offensive nach den großen Rückzügen die österreichische Front noch einmal einzudrücken, so gelang doch kein Durchbruch – allein die italienische Front war entscheidend entlastet. Rumäniens Kriegseintritt an der Seite Rußlands Ende August 1916 hat die russische Frontlinie um ein Viertel verlängert. Militärisch war dieser Krieg für die Russen nicht zu gewinnen – wenn die Mittelmächte zusammenbrachen, dann wegen der Anstrengungen der Westmächte.
Als der Zar die Front übernahm, ging die Macht daheim nach Alt-Moskauer Weise an die Zarin über. Vom Herrscherpaar wurde das Reich noch immer als eine Art Familieneigentum angesehen, das man möglichst intakt dem Thronfolger bewahren müsse. Die Kaiserin übte unter Rasputins Weisungen ihren unheilvollen Einfluß auf des Zaren personalpolitische, aber auch militärische Entscheidungen aus. Innerhalb eines Jahres wechselten die Ministerpräsidenten und Außenminister dreimal, die Innenminister viermal, und so ging es fort. In der Gesellschaft und an der Front redete man vom Verrat der Zarin und ihren engen Beziehungen zu Rasputin. Unter dem Ministerpräsidenten Stürmer (Januar 1916) ging die tatsächliche Gewalt in die Hände von Rasputins Hintermännern, dubiosen Polizeiagenten und Geschäftemachern, über. Indessen war es dem Anfang 1916 auf Drängen der Zarin entlassenen Kriegsminister Polivanov gelungen, mit Hilfe der Kriegsindustriekomitees die Versorgung der Front wieder einigermaßen zu normalisieren. Die Zarin handelte bona fide, aber ohne jede Menschenkenntnis, wenn auch mit wacher Eifersucht gegen jede starke Figur. Miljukovs deutliches Wort in der Duma – Dummheit oder Verrat? – war unvorsichtig gewählt, sprach aber aus, was das Volk glaubte.

Rasputin hat immer wieder auf einen Separatfrieden gedrängt; das Volk kannte er besser als die hochmögenden Herren, die er haßte. Aber in deutschen Diensten stand auch er nicht, wie seine Mörder vermuteten. Der unter makabren Begleitumständen vollzogene Mord an Rasputin (Dezember 1916) hat die Lage nicht verändert. Ein Soldat kommentierte: »Ein einziger Bauer konnte zum Zaren vordringen, und ihn haben die Herren getötet.« Schon hatte die Kaiserin ihren neuen »hellseherischen« Vertrauten, Protopopov, den letzten Innenminister. Das Karussell von Entlassungen und Ernennungen ging weiter; in den Palästen der Großfürsten wurden Putschpläne geschmiedet, man erinnerte sich des Jahres 1801. Von einer revolutionären Führung konnte aber keine Rede sein; nirgendwo lagen Pläne für einen Umsturz fest. Die Masse geriet von selbst in Bewegung; der gute Wille war versickert — Brot und Frieden waren das, was nötig war und was erst zögernd und dann immer lautstarker die Petrograder Arbeiter und Reservisten verlangten.[19]

d) Die Februarrevolution

Die exponierte Lage der Hauptstadt, welche zugleich ein großes Industriezentrum wie auch eine Hauptausbildungsstätte für die Rekruten war, erwies sich im Jahre 1916 als verhängnisvoll. Mit dem Ausbruch der Feindseligkeiten waren durch den Fortfall des Getreideexports die Vorräte im Lande zwar wesentlich erhöht worden, und das Verbot des Schnapsbrennens stellte riesige Mengen von Kartoffeln zur Verfügung. Viele Bauern waren mobilisiert, aber die Frauen sprangen ein; anscheinend sind die Hunderttausende von Gefangenen vor allem aus der österreich-ungarischen Armee in erster Linie auf den Gütern beschäftigt gewesen. Doch war, wie Kenner vorausgesehen hatten, das Eisenbahnnetz, auch das rollende Material, den plötzlichen Anforderungen nicht gewachsen — die Werkstätten reichten nicht aus. Die Industrie konnte Konsumgüter kaum noch bieten; infolgedessen lieferten die Bauern immer weniger ab. An ein einigermaßen funktionierendes Kontrollsystem von Zwangsablieferungen wie im Deutschen Reich war in Rußland nicht zu denken; aber auch dort ist die genuine Krise in der Versorgung der Zivilbevölkerung gelegen gewesen. Infolgedessen stiegen die Preise ungemein, vor allem stand der Reallohn in keinem Verhältnis mehr zur Inflation. In Petrograd war mit dem Ausfall englischer Kohlelieferungen die Brennstofflage besonders prekär geworden.
Die Zahl der meist lokalen Streiks war gleich nach Kriegsbeginn fast auf den Nullpunkt gesunken: 1916 haben aber wieder über eine Million Arbeiter — allerdings meist kürzere Zeit — im Ausstand gestanden. Aus politischen Gründen waren die

Petersburger Fabriken nach der Vertagung der Duma im September 1915 für zwei Tage stillgelegt. Die Heimatfront konnte also politischen Druck ausüben. Dabei sind Lenins defätistische Thesen damals im Lande kaum bekannt geworden; überhaupt haben die sozialistischen Führer auf den einfachen Mann wenig Einfluß ausgeübt, schließlich hatte er gelernt, auch der Intelligenz zu mißtrauen. Kerenskij, der prominente Sprecher der Trudovaja gruppa und damit aller legalen Sozialisten, schätzte die Zahl der Mitglieder aller sozialistischen Parteien Anfang 1917 auf etwa 35 000, darunter 15 000 Bolschewisten. In den Berichten der Kommission, die unter der Provisorischen Regierung die Ursachen des Zusammenbruchs des Reiches untersuchte, ist Lenins Name nur ganz beiläufig genannt.
Um die Jahreswende 1916/17 wuchs die Streikwelle neuerlich an. Protopopov setzte törichterweise die Arbeitervertreter im zentralen Kriegsindustriekomitee fest. Diese für die Koordination der Kriegswirtschaft erfolgreich tätigen Organisationen hatten auch gewählte Arbeitervertreter umfaßt, die zwar positiv mitarbeiteten, aber immer wieder auf die Not ihrer Brüder hinwiesen. Die Unruhen wuchsen an; noch einmal wurde der Zar vergeblich ersucht, ein Ministerium zu berufen, das das Vertrauen des Landes besäße. Statt dessen fuhr der Herrscher ins Hauptquartier.
Arbeiter rotteten sich zusammen; ihnen schlossen sich Reservisten an, und zwar auch aus den Garderegimentern, so daß innerhalb eines Tages der Militärkommandeur der Hauptstadt sich nicht mehr auf verläßliche Truppen stützen konnte. Während die Mitglieder der Duma, mit Ausnahme der äußersten Rechten, d. h. der Fortschrittliche Block mit einigen Sozialisten, sich zu einem Dumakomitee zusammenfanden (14. Februar), lief das alte Ministerium auseinander. Ziemlich gleichzeitig installierte sich im Taurischen Palast, dem Gebäude der Duma, der Arbeiter- und Soldatenrat von Petrograd. Nicht mehr waren wie 1905 nur die Arbeiter vertreten, sondern jede Kompanie entsandte einen Delegierten, so daß der Rat alle Machtmittel in der Hauptstadt kontrollierte. Der berühmte »Befehl 1« zerstörte mit einem Schlage die Disziplin innerhalb der Truppe durch Abschaffung der Grußpflicht gegenüber den Offizieren, Einrichtungen von Räten mit Beschlußkompetenz in den Einheiten und Unterstellung der hauptstädtischen Garnison unter das Kommando des Rates. Schon hatten meuternde Truppen ihre Offiziere getötet. Ursprünglich beabsichtigte der Befehl nur, die Kontrolle des Rates über die Petersburger Garnison sicherzustellen, doch wurde er im ganzen Land und an der Front befolgt. Mit einem Schlag war der Gruppenkonflikt als Ratio einer Wehrmacht im Krieg institutionalisiert.
Alle künftige Autorität hing von der Geistesgegenwart und

dem Mut einiger Männer ab, außer Miljukov vor allem von Kerenskij, dem es im Moment gelang, weiteres Blutvergießen zu verhindern. Noch vor der Abdankung des Zaren (im März 1917), die kaum Eindruck gemacht zu haben scheint, konstituierte sich aus dem Dumakomitee eine Provisorische Regierung, in die als Verbindungsmann zum Exekutivkomitee des Rates Kerenskij als Justizminister eintrat (3.3.1917). Das Regierungsprogramm ist mit der Führung des Rates abgesprochen worden und stellte als erstes die Einberufung einer Verfassungsgebenden Versammlung in Aussicht; von Forderungen unmittelbarer sozialer Umgestaltung war nicht die Rede. Das einigermaßen heterogene Kabinett unter der Leitung des angesehenen, im Kriege in der Zemstvoarbeit verdienten Fürsten L'vov setzte sich zwar aus Honoratioren zusammen — entsprechend dem beschränkten Dumawahlrecht — stand aber nicht etwa für die bestehenden gesellschaftlichen Verhältnisse ein. Die laufenden Lasten einigermaßen gerecht auf die Bevölkerung zu verteilen, die Rechtsstaatlichkeit überall durchzusetzen, erschien als dringlichste Aufgabe, wobei die großen Reformen der Verfassungsgebenden Versammlung vorbehalten bleiben sollten. Das Exekutivkomitee des Rates war der Regierung anfänglich nicht feindlich gesinnt; es übte eher eine gleichsam parlamentarische Kontrollfunktion aus.
Zweifellos hatte die Regierung die größere Sachkenntnis voraus; mit Hilfe liberal gesonnener Beamter ist vieles an Gesetzgebung eingeleitet worden. Alle bürgerlichen Grundrechte wurden ohne Einschränkung konstituiert, die zentralistische Verwaltung abgebaut, die verhaßte Polizei durch eine den Zemstva unterstellte autonome Miliz ersetzt. Nur fehlte es an Instrumenten der Macht: die Armee war nach dem Fortfall der Eidesleistung der Soldaten an den Herrscher vom guten Willen einsichtiger Soldatenräte abhängig. Die Auflösung der Polizei war wohl nicht zu vermeiden, die innere Ordnung damit aufs stärkste gefährdet.
Mit dem »Aufruf an die Völker der ganzen Welt« (14. 3.) war das neue außenpolitische Programm — Friede ohne Annexionen und Kontributionen — vom Arbeiter- und Soldatenrat verkündet. Über die Köpfe der Regierung hinweg wurden besonders die Arbeiter in den anderen Ländern, vor allem in Deutschland, zu gleichen Schritten aufgerufen. Hier ging es um den erreichbaren Frieden durch Appell an die Wohlmeinenden aller Nationen. Der Regierung blieb nichts übrig, als sich anzuschließen. Der Außenminister Miljukov hat in einer Note an die Alliierten vom 20.4. an den traditionellen Kriegszielen, vor allem an Konstantinopel festgehalten. Als dies bekannt wurde, kam es zu ungewöhnlich heftigen Ausschreitungen nicht nur in der Hauptstadt; die Existenz der Regierung schien gefährdet. Doch

gelang es, unter Ausschaltung Miljukovs ein neues Koalitionsministerium zusammenzubringen; die Teilnahme der Sozialisten (Trudoviki, Sozialrevolutionäre und Menschewiki) wurde im Plenum des Arbeiter- und Soldatenrates mit überwältigender Mehrheit gebilligt. Auch der Rat hat eine Katastrophenpolitik nicht führen wollen. Die Regierung schickte sich an, sofort eingreifende Finanzmaßnahmen zu treffen und die Kriegsgewinne abzuschöpfen, nicht ohne den Widerstand der Unternehmer heraufzurufen. Unerwarteterweise zerbrach die Koalitionsregierung am Nationalitätenproblem. Die Minister der Kadettenpartei traten zurück, als in Kiev eine Regierungskommission mit der Führung der ukrainischen Nationalisten bzw. Separatisten sich auf den Rahmen einer Autonomie für die Ukraine geeinigt hatte. Der Regierung blieb nichts anderes übrig, wollte sie nicht die Getreide- und Kohleversorgung des Reiches gefährden. Entgegen der Absicht, alle entscheidenden Umgestaltungen der möglichst bald einzuberufenden Konstituante zu überlassen, mußten auf dem Agrarsektor Vorentscheidungen getroffen werden. Der Konflikt mit dem Landwirtschaftsminister Černov, dem Führer der Sozialrevolutionäre, führte zum Rücktritt des Fürsten L'vov und zur Bildung des Ministeriums Kerenskij (3. Juli). Černov hatte den Übergang des Bodens aus den Händen der Gutsbesitzer in die der Bauern administrativ gefördert – doch konnte er kaum anders handeln: die Bauern hatten ohnehin den Umbruch als Entmachtung der Herrenklasse verstanden und hielten sich für aufgefordert, deren Gut unter sich zu verteilen. Die so lang ersehnte »schwarze Umteilung« setzte die bäuerlichen Wirte auch an der Front in Bewegung. L'vov und die Regierung hatten recht, daß die künftige Agrargesetzgebung gewählten Volksvertretern vorbehalten bleiben solle, aber die elementare Bewegung ließ sich nicht mit rechtsstaatlichen Gesinnungen lenken. Daß die schwarze Umteilung wesentlich zum Ansteigen der Desertionen beigetragen hat, läßt sich begreifen. Die Erosion war unaufhaltsam. Dennoch hielt die Armee mit all ihren Spannungen noch den Versuch einer Offensive Ende Juni durch, nun allerdings mit desaströsen Folgen.[20]

Welches immer die Motive dieses riskanten Unternehmens gewesen sein mögen – hier scheint mir der kardinale Fehler der Regierung vorgelegen zu haben, nämlich den Moment separater Friedensverhandlungen zu versäumen. Man kann füglich behaupten, daß es im Juli noch möglich gewesen wäre, das Fortrollen der revolutionären Woge zu bremsen. Die Bevölkerung der Hauptstadt mußte nur einen Moment des Aufatmens haben, d. h. ihr eine reelle Chance auf Besserung der Versorgung gegeben werden. Die eigentlich mögliche Wende war der Friede. So aber mußten auch die führenden Kräfte im Exekutivkomitee den Einfluß auf die Massen langsam verlieren, sie wurden unglaubhaft. Kerenskij erscheint in der Literatur als der große Versager, der Rhetor, der alles versprach, aber nichts hielt. Das Urteil ist nicht ganz gerecht – er spielte auf Zeit und scheute sich, die Opfer von mehr als 4 Millionen – nicht nur vor den Petrograder Arbeitern und Reservisten, sondern auch vor dem ganzen Volke – als vergeblich erscheinen zu lassen. Lenin hat durch den Zusammenbruch der deutschen Militärmacht überlebt.

5. Die Sowjetunion (1917–1941)*

I. VOM FEBRUAR ZUM OKTOBER 1917

a) Die politischen Kräfte

Der Februarumsturz, »eine der spontansten, anonymsten und führerlosesten Revolutionen aller Zeiten«[1], leitete die völlige Auflösung der alten staatlichen Ordnung ein. Es stellte sich rasch heraus, daß die Provisorische Regierung nicht in der Lage war, sich eine eigene Machtbasis zu schaffen. Die Miliz, die an die Stelle der Polizei trat, war den örtlichen Organen unterstellt und daher der Verfügung der Zentralgewalt entzogen; die alte Armee war im Zerfall begriffen; die Bürokratie aber wartete die weitere Entwicklung ab und verhielt sich passiv. Auf dem Lande war der Einfluß der Regierung besonders gering; die Regierungskommissare, die hier die Gouverneure ablösten, verfügten kaum über Autorität. Im lokalen Rahmen traten den Selbstverwaltungsorganen die Sowjets gegenüber, die sich in allen Landesteilen auf spontanem Wege gebildet hatten. Die Provisorische Regierung beseitigte die gröbsten Formen der zaristischen Tyrannei und gewährte die grundlegenden demokratischen Rechte und Freiheiten. Sie war jedoch nicht bereit, den Wünschen der breiten Massen entgegenzukommen und sofort Frieden zu schließen und eine Agrarreform durchzuführen. Die nationalen Interessen des Landes blieben nach ihrer Auffassung am besten gewahrt, wenn sie versuchte, den Krieg an der Seite der Alliierten bis zum siegreichen Ende fortzuführen, um dadurch die russische Großmachtstellung zu erhalten. Erst eine – später zu wählende – Verfassunggebende Versammlung sollte über die Aufteilung des Bodens beschließen. Auf diese Weise blieben die dringendsten Probleme des Landes, die Friedens- und die Landfrage, auch nach dem Sturz der Autokratie ungelöst.

Der Petrograder Sowjet der Arbeiter- und Soldatendeputierten, der von den Menschewiki und den Sozialrevolutionären beherrscht wurde, besaß von Anfang an die größere politische Autorität. Er fungierte als »eine Art Parlament, das die Regierung kritisierte und kontrollierte«[2]. Der Sowjet tolerierte

* Der folgende Beitrag behandelt vor allem die grundlegenden sozialökonomischen Prozesse und Zusammenhänge, die die Entwicklung der sowjetischen Wirtschafts- und Gesellschaftsordnung bestimmten. Über die politische Seite der Entwicklung informieren R. V. Daniels, The Conscience of the Revolution. Cambridge/Mass. 1960; deutsch: Das Gewissen der Revolution. Köln, Berlin 1962 sowie T. H. Rigby, Communist Party Membership in the U.S.S.R. 1917–1967. Princetown, N. J. 1968.

zwar in allen wichtigen Punkten die Regierungspolitik, versuchte jedoch, die Vorbereitungsarbeiten für die Agrarreform zu beschleunigen und eine konkrete Friedensperspektive zu entwickeln. Im März 1917 verabschiedete er ein Manifest »An die Völker der ganzen Welt«, in dem er der Eroberungspolitik des eigenen Landes den Kampf ansagte und das europäische Proletariat zu ähnlichen Schritten aufrief.[3] Er zwang die Provisorische Regierung, eine Erklärung zu unterzeichnen, die sich gegen eine »gewaltsame Aneignung fremder Territorien« richtete. Der Sowjet schreckte allerdings vor einem Separatfrieden mit den Mittelmächten zurück und wollte den Krieg auch dann noch fortsetzen, als die Masse der Soldaten längst nach Hause drängte. Auf diese Weise verlor er immer mehr an Einfluß. Das wurde bereits im April deutlich, als es im Zusammenhang mit einer Note von Außenminister Miljukov, in der – entgegen der kurz zuvor unterzeichneten Erklärung – am Prinzip der Eroberungspolitik festgehalten wurde, in Petrograd zu Straßenunruhen kam. Nur mit Mühe gelang es den Führern des Sowjet, die Massenaufläufe unter Kontrolle zu halten. Als das erste Kabinett der Provisorischen Regierung nach der Aprilkrise zurücktrat, sagte es größere und schlimmere Unruhen voraus. »Vor Rußland erhebt sich die schreckliche Vision des Bürgerkrieges und der Anarchie, die das Grab der Freiheit bedeuten«, lautete sein politisches Vermächtnis.[4] Da das neue Kabinett, obwohl ihm eine Reihe menschewistischer und sozialrevolutionärer Minister angehörte, im wesentlichen die alte Politik fortzusetzen und die Kriegsanstrengungen sogar zu verstärken suchte, wandten sich die Massen immer mehr den Bolschewiki zu. Sie folgten in zunehmendem Maße ihren Parolen, da sie als einzige Partei für einen sofortigen Friedensschluß und die entschädigungslose Enteignung der Gutsbesitzer eintraten.

Die Bolschewiki betrachteten ursprünglich – ebenso wie die übrigen Sowjetparteien – die Provisorische Regierung als ein progressives Regime, dem es eine begrenzte Unterstützung zu gewähren galt. Eine solche Einstellung entsprach den langjährigen theoretischen Traditionen der Partei, die seit ihrer Entstehung davon ausging, daß in Rußland zuerst eine bürgerliche Revolution erfolgen müsse, um den Zarismus zu beseitigen und eine demokratische Republik mit einer Konstituierenden Versammlung zu errichten. Erst wenn sich auf dieser Basis der Industriekapitalismus voll entfaltet habe, so glaubte man, könne das dann numerisch erstarkte und politisch gereifte Proletariat eine sozialistische Revolution durchführen. Von diesen theoretischen Prämissen ausgehend, versuchten die bolschewistischen Führer in Petrograd, vor allem Kamenev und Stalin, der Provisorischen Regierung gegenüber zunächst eine loyale

Opposition zu betreiben. Erst nach der Rückkehr Lenins nach Rußland im April 1917 erfolgte allmählich eine Neuorientierung der Partei. Lenin versuchte zu zeigen, daß sich die Regierungspolitik seit dem Februarumsturz nicht grundlegend geändert hatte. Der Krieg, den Rußland führte — so argumentierte er —, hatte seinen Charakter als imperialistischer Eroberungskrieg nicht verloren. Die Provisorische Regierung war an das englische und französische Kapital gefesselt und daher nicht in der Lage, einen demokratischen Frieden herbeizuführen. Nur eine Arbeiterregierung, wie sie der Petrograder Sowjet zumindest in Keimform darstellte, war nach Ansicht Lenins fähig, die großen nationalen und sozialen Probleme des Landes zu lösen. Daher — so lautete seine Schlußfolgerung — mußte die Revolution in jedem Fall weitergetrieben werden. »Die Eigenart der gegenwärtigen Lage in Rußland«, schrieb Lenin in seinen berühmt gewordenen Aprilthesen, »besteht im Übergang von der ersten Etappe der Revolution, die infolge des ungenügend entwickelten Klassenbewußtseins und der ungenügenden Organisiertheit des Proletariats der Bourgeoisie die Macht gab, zur zweiten Etappe der Revolution, die die Macht in die Hände des Proletariats und der ärmsten Schichten der Bauernschaft legen muß.«[5] Die Februarrevolution hatte für die Entfaltung des politischen Kampfes die günstigsten Voraussetzungen geschaffen, da sie ein »Höchstmaß an Legalität« gestattete. Die bolschewistische Partei sollte diese Möglichkeit nutzen, um für die Ersetzung der parlamentarischen Republik durch eine Rätemacht zu kämpfen. »Alle Macht den Räten!« — so hieß die politische Losung des Tages. Allerdings erwartete Lenin, daß sich die bestehenden Räte immer mehr radikalisierten, bis die Bolschewiki schließlich das Übergewicht erlangten. Das russische Rätesystem würde dann eine Staatsmacht vom Typ der Pariser Kommune darstellen. — Zunächst stieß diese Konzeption, die eine Machtübernahme durch die (bolschewisierten) Sowjets und die unmittelbare Errichtung einer proletarischen Diktatur in Rußland anstrebte, innerhalb der Partei auf energische Ablehnung. Die anderen bolschewistischen Führer warfen Lenin die Preisgabe des wissenschaftlichen Sozialismus und eine Rückkehr zur blanquistischen Verschwörertheorie vor. Sie konnten sich nicht vorstellen, daß gerade das rückständige, halbbarbarische Rußland, »das kleinbürgerlichste Land in Europa«[6], an die Spitze des sozialen Fortschritts treten sollte. Erst nach längeren Auseinandersetzungen gelang es Lenin, seine Auffassungen allmählich durchzusetzen.

Die Bolschewiki forderten die sofortige Beendigung des Krieges, die Aufteilung der Adelsgüter unter die Bauernschaft, die Kontrolle der Arbeiter über die Industrieproduktion sowie das Selbstbestimmungsrecht für alle nichtrussischen Nationalitäten. Da ihre einfach und zündend formulierten Losungen: Frieden, Land, Brot, Freiheit genau die Wünsche und Interessen der Bevölkerung widerspiegelten, gewannen sie immer größeren Anhang. Das wurde bereits im Juni 1917 deutlich, als der Erste Gesamtrussische Sowjetkongreß in Petrograd zu einer Demonstration aufrief. Obwohl der Kongreß völlig von den Menschewiki und Sozialrevolutionären beherrscht war, marschierte die überwältigende Mehrheit der Demonstranten unter bolschewistischen Parolen. Einige Wochen später, als eine von der Koalitionsregierung intensiv vorbereitete und großangelegte Frontoffensive kläglich zusammengebrochen war und sich die russische Armee unter den Schlägen eines deutschen Gegenangriffs in einen großen Flüchtlingstreck verwandelte, führten Unzufriedenheit und Verbitterung zu spontanen Demonstrationen in der Hauptstadt, an denen sich Hunderttausende Arbeiter, Soldaten und Matrosen beteiligten. Sie verlangten den Rücktritt der Provisorischen Regierung und die Übernahme der gesamten politischen Macht durch die Sowjets. Es kam zu blutigen Zusammenstößen mit Regierungstruppen, die einige hundert Tote und Verwundete kosteten. Die »Julitage« endeten mit der Unterdrückung der bolschewistischen Partei, die man für die Demonstrationen verantwortlich machte. Lenin und andere bolschewistische Führer wurden als angeblich deutsche Agenten verfolgt. Das bestehende Regime aber hatte seine Schwäche offenbart, als es Truppen zu Hilfe rufen mußte. Damit war deutlich geworden, daß es über keine politische Basis mehr im Lande verfügte. Als Ausweg blieb unter diesen Umständen nur eine konterrevolutionäre Militärdiktatur oder eine Diktatur, die sich auf die revolutionären Massen stützte. Die Alternative hieß jetzt, wie Miljukov erkannte, »Kornilov oder Lenin«.

Als General Kornilov, der neue militärische Oberbefehlshaber, im September 1917 tatsächlich einen Putschversuch unternahm und die Provisorische Regierung die Hilfe der Sowjetparteien benötigte, bewiesen die Bolschewiki, daß ihre Kraft und ihr Einfluß auf die Massen ungebrochen waren. Sie nutzten den ihnen gewährten Handlungsspielraum, mobilisierten die Arbeiter und Soldaten und stellten eine bewaffnete Arbeitermiliz auf. Nachdem der Putschversuch Kornilovs ohne Kampf und Blutvergießen, nur durch Agitation und Sabotage, zusammengebrochen war, schritt der Radikalisierungsprozeß weiter fort. Unmittelbar nach dem Scheitern des Kornilov-Putsches erhielten die Bolschewiki die Mehrheit in den Sowjets von Petrograd und Moskau, die sich hierdurch in potentielle Aufstandsorgane verwandelten. Auf der anderen Seite zeigte die Provisorische Regierung, die inzwischen, nach einer Reihe von Kabinettsumbildungen, im wesentlichen von Kerenskij verkörpert wurde, bereits Auflösungserscheinungen. In den Rei-

hen der Sozialrevolutionäre und der Menschewiki herrschten Lähmung und Desorganisation.
Mitte September forderte Lenin von Finnland aus, wo er sich seit den Juliunruhen verborgen hielt, zum erstenmal den bewaffneten Aufstand. Nach seiner Auffassung waren nun alle objektiven und subjektiven Voraussetzungen für eine bolschewistische Machtübernahme gegeben. Er nannte in diesem Zusammenhang drei Grundsätze, durch die sich der Marxismus in der Frage des Aufstandes grundlegend vom Blanquismus unterschied: »Um erfolgreich zu sein, darf sich der Aufstand nicht auf eine Verschwörung, nicht auf eine Partei stützen, er muß sich auf die fortgeschrittenste Klasse stützen. Dies zum ersten. Der Aufstand muß sich auf den revolutionären Aufschwung des Volkes stützen. Dies zum zweiten. Der Aufstand muß sich auf einen solchen Wendepunkt in der Geschichte der anwachsenden Revolution stützen, wo die Aktivität der vordersten Reihen des Volkes am größten ist, wo die Schwankungen in den Reihen der Feinde und in den Reihen der schwachen, halben, unentschlossenen Freunde der Revolution am stärksten sind. Dies zum dritten.«[7] Da diese drei Bedingungen nach Lenin bereits Mitte September 1917 vorhanden waren, erschien ihm ein weiteres Abwarten als Verrat an der Revolution. Das bolschewistische Zentralkomitee zögerte jedoch zunächst. Erst am 10. Oktober identifizierte es sich mit Lenins Initiative und erklärte, »daß der bewaffnete Aufstand unumgänglich und völlig herangereift ist«[8].
Vorbereitung und Durchführung des Aufstandes lagen in den Händen des Militärischen Revolutionskomitees, das Anfang Oktober beim Petrograder Sowjet gegründet wurde. Sie trugen defensiven Charakter: Trockij, der neue Präsident des Sowjet, rief die Arbeiter und die Garnison immer wieder auf, die revolutionäre Hauptstadt vor dem inneren und äußeren Feind zu schützen. In diesem Sinne fungierte das Militärische Revolutionskomitee zugleich als Verteidigungs- und Aufstandsorgan, das die bolschewistische Machtübernahme legal, im Rahmen der Sowjetdemokratie, vorbereitete. Am 24. Oktober unternahm die Provisorische Regierung einen letzten Versuch, die Initiative zurückzugewinnen. Sie befahl, eine bolschewistische Druckerei sowie einige Brücken zu besetzen. Daraufhin wurde das Militärische Revolutionskomitee aktiv: Es ließ die Druckerei von revolutionären Soldaten wieder öffnen und die Brücken bewachen. In der Nacht vom 24. zum 25. Oktober verfügte es die Besetzung aller strategisch wichtigen Punkte der Hauptstadt. Dabei gab es kaum Widerstand. Bereits am nächsten Morgen konnte das Militärische Revolutionskomitee das Ende der Provisorischen Regierung verkünden: »Die Provisorische Regierung ist gestürzt. Die Staatsmacht ist in die Hände des

Organs des Petrograder Sowjets der Arbeiter- und Soldatendeputierten, des Militärischen Revolutionskomitees, übergegangen ... Die Sache, für die das Volk gekämpft hat: das sofortige Angebot eines demokratischen Friedens, die Aufhebung des Eigentums der Gutsbesitzer am Grund und Boden, die Arbeiterkontrolle über die Produktion, die Bildung einer Sowjetregierung — sie ist gesichert.«[9] Am Nachmittag bestätigte der Petrograder Sowjet die Machtübernahme. Der von den Bolschewiki beherrschte Zweite Gesamtrussische Sowjetkongreß, der am Abend des 25. Oktober zusammentrat, erließ eine Reihe von Aufrufen und Proklamationen, die den Übergang der Macht an die lokalen Sowjets im ganzen Lande sichern sollten. Außerdem erteilte er drei grundlegenden Dekreten seine Zustimmung: dem Dekret über den Frieden, das das Angebot eines sofortigen Friedens »ohne Annexionen und ohne Kontributionen« enthielt, dem Dekret über den Boden, das alle Gutsbesitzer enteignete und die Verfügung über Grund und Boden den örtlichen Bauernkomitees und Sowjets übertrug, sowie dem Dekret über die Bildung einer Provisorischen Arbeiter- und Bauernregierung, des Rates der Volkskommissare, dessen Vorsitz Lenin übernahm.[10]

b) Die sozialen Massenbewegungen

Der revolutionäre Prozeß, der zwischen Februar und Oktober 1917 zu einer Auflösung der alten wirtschaftlichen und politischen Ordnung führte, wurde in erster Linie von den Massen selbst getragen. »Der unbestreitbarste Charakterzug der Revolution ist die direkte Einmischung der Massen in die historischen Ereignisse«, schreibt Trockij.[11] Ihre Aktivität kam in drei großen sozialen Bewegungen zum Ausdruck, die den Hintergrund der bolschewistischen Machtübernahme bildeten: der Meuterei der Armee, der Bauernrebellion und der Radikalisierung der Arbeiterschaft.
Die Meuterei der Armee, die zur Zeit der Februarrevolution etwa 9 Millionen Mann, zumeist Bauern, umfaßte, setzte bereits in den Wochen unmittelbar nach dem Februarumsturz ein. Eine dreijährige erfolglose Kriegführung, die schlechte Ernährung sowie ständige Transportschwierigkeiten hatten Unzufriedenheit und Verbitterung unter den Soldaten hervorgerufen, die sich nach dem Zusammenbruch der alten Autorität in Befehlsverweigerungen und Desertionen äußerten. Vielfach glaubten die Soldaten, daß mit dem Sturz des Zarismus auch der Krieg zu Ende sei — darin erblickten sie den grundlegenden Sinn der Revolution. Sie versuchten daher, sich allen Kampfhandlungen zu entziehen, und warteten auf den endgültigen Friedensschluß. Verbrüderungen zwischen russischen und deutschen bzw.

österreichischen Truppen häuften sich. »In der Armee entwickelt sich eine pazifistische Stimmung«, schrieb der militärische Oberbefehlshaber, General Alekseev, im April 1917 an den Kriegsminister.[12] Als sich an der Front das Gerücht verbreitete, daß in der Heimat der Boden aufgeteilt würde, versuchten immer mehr Soldaten, nach Hause zu kommen, so daß die Zahl der Desertionen ständig zunahm. Offiziere, die den Gehorsam wiederherzustellen suchten, wurden verprügelt und manchmal auch gelyncht. »Die Offiziere sind in einer schrecklichen Lage«, beklagte sich General Denikin. »Sie werden beleidigt, geschlagen, ermordet.«[13]
Während die Kriegsmüdigkeit zunächst vor allem im Verfall der Disziplin zum Ausdruck kam, entwickelten die Soldaten später in wachsendem Maße politische Aktivität. Sie schufen sich eigene Organe, um ihre Interessen gegenüber der bisherigen militärischen Führung wirksamer durchsetzen zu können. Auf Kompanie-, Regiments- oder Armeebene wurden spezielle Komitees gewählt, die sich – ähnlich wie die Sowjets – immer mehr Leitungs- und Verwaltungsfunktionen aneigneten. Sie waren nicht ohne weiteres bereit, den Anordnungen der Provisorischen Regierung Folge zu leisten und mit deren Kommissaren loyal zusammenzuarbeiten. Ihre Vollmachten gründeten sie auf den »Befehl Nr. 1«, der nach dem Bericht des Augenzeugen Suchanov bereits in den Tagen des Februaraufstandes unter dem Diktat einer Soldatenkommission verfaßt wurde.[14] Danach mußte jede militärische Anordnung in Übereinstimmung mit der Politik des Sowjets stehen und vom jeweiligen Soldatenkomitee legitimiert werden. Auch die Waffen wurden der Kontrolle dieser Komitees unterstellt. Die zaristischen Dienstregeln, die auf eine Diskriminierung des einfachen Soldaten hinausliefen, verloren ihre Gültigkeit, wie in einer besonderen Deklaration der Soldatenrechte noch einmal bestätigt wurde. Auf diese Weise wurde das alte Offizierskorps völlig entmachtet. Es gelang ihm nicht, Autorität und Disziplin in der Armee wiederherzustellen. Als sich im Sommer 1917, nach dem Zusammenbruch der Offensive, die totale Niederlage der russischen Truppen immer deutlicher abzeichnete, entglitt der Auflösungsprozeß jeder Kontrolle. Selbst die Komitees waren nun machtlos. Niemand konnte die Soldaten aufhalten, die massenhaft die Front verließen, um zu Hause an der Landaufteilung teilzunehmen. Die Provisorische Regierung versuchte vergeblich, die militärische Disziplin durch die Einführung der Todesstrafe an der Front zu festigen und die Schlagkraft des Heeres durch die Aufstellung freiwilliger Stoßtrupps sowie die Bildung von Frauenverbänden zu stärken. Als es im Oktober 1917 zum entscheidenden Machtkampf in der Hauptstadt kam, konnte sie lediglich eine Gruppe von Offiziersschülern, ein

Frauenbataillon sowie einige Kosaken zu ihrer Verteidigung aufbieten. Damit war ihr Untergang besiegelt.

Ein Hauptmotiv für die Meuterei der russischen Armee bildete die Bewegung der Bauernschaft, die auf eine Aufteilung der Adelsgüter und einen allgemeinen Landausgleich zielte. Die Bauern machten die Gutsherren für ihre Not und Armut verantwortlich. Sie erstrebten die Befreiung von den drückenden Pachtlasten, ein Stück Land vom benachbarten Gutsbesitzer und ein Pferd oder eine Kuh aus seinem Stall. Der Sturz der Autokratie, der zum Verfall der administrativen Autorität auf dem Lande führte, bot ihnen die Möglichkeit, ihren alten Traum von der Schwarzen Umteilung in die Tat umzusetzen. In der ersten Zeit kam es allerdings nur zu sporadischen Unruhen. Der Winter sowie die Isolierung und Unwissenheit der Bauern hemmten ihre Aktivität. Auch war wohl die Erinnerung an die Strafexpeditionen nach der Revolte von 1905 noch wach. Als die Bauern jedoch erkannten, wie schwach und hilflos die Zentralgewalt tatsächlich war, griffen sie immer tiefer in die Eigentumsrechte der Gutsbesitzer ein: Sie trieben ihr Vieh auf die Gutsweide, schlugen Holz im Walde der Grundherren und zahlten keine Pacht mehr. Immer häufiger wurden nun auch die Grundherren selbst sowie ihre Verwalter und Aufseher davongejagt. Eine Gutsbesitzerin berichtete dem Landwirtschaftsminister, daß »das ganze Land jetzt von Unruhen heimgesucht wird, die es der Mehrheit der Gutsbesitzer dringend ratsam erscheinen lassen, ihren Besitz aufzugeben und in die Stadt zu ziehen«[15]. Die Regierung warnte zwar immer wieder vor einer gewaltsamen Besitzergreifung der benachbarten Gutsländereien, die nach ihrer Auffassung zu Willkür und Chaos auf dem Lande führen und die Lebensmittelknappheit in den Städten verschärfen mußte. Es fehlten ihr jedoch die Machtmittel, um ihren Warnungen Nachdruck zu verleihen.

Während die Bauernunruhen im ganzen Land immer mehr um sich griffen, fand in Petrograd im Mai 1917 der Erste Gesamtrussische Kongreß der Bauerndeputierten statt. Delegierte überreichten dem Kongreß eine Musterinstruktion zur Bodenfrage, die auf insgesamt 242 lokalen Versammlungsresolutionen basierte und die Wünsche der Bauern treffend zum Ausdruck brachte. Sie verlangte vor allem die Aufhebung des Privatbesitzes an Grund und Boden, die entschädigungslose Enteignung des großen Grundbesitzes und eine ausgleichende Bodennutzung. Es handelte sich hierbei um Forderungen, die bereits im sozialrevolutionären Parteiprogramm aufgenommen waren. Ähnliche Maßnahmen wurden auf allen Versammlungen und Kongressen gefordert, die damals im Lande stattfanden. Man wählte Komitees und Sowjets, die die Funktionen der bisherigen Lokalbehörden übernahmen und den bäuerlichen Wünschen

nachzukommen versuchten. Die Landkomitees, die die Provisorische Regierung zur Schlichtung von Streitigkeiten eingerichtet hatte, begannen mit der systematischen Aufteilung des Grundbesitzes. Bauernsowjets übernahmen das Land des Staates, der Kirche und der Gutsherren, um es bis zur endgültigen Regelung der Besitzverhältnisse zu verwalten.
Zwischen April und Juni breitete sich die Bauernbewegung über das ganze Land aus. Oft traten jetzt heimkehrende Soldaten an ihre Spitze. Die Bewegung richtete sich nicht mehr allein gegen den Großgrundbesitz, sondern manchmal auch gegen die wohlhabenderen Bauern, die im Rahmen der Stolypinschen Agrarreform aus der Dorfgemeinschaft ausgeschieden waren. In vielen Gouvernements zwang man diese Bauern, in die Dorfgemeinde zurückzukehren. Die Provisorische Regierung ging nach Unterdrückung der Juliunruhen in Petrograd, als sie sich stark genug fühlte, mit Strafexpeditionen, Verhaftungen und Strafprozessen gegen den Aufruhr auf dem Lande vor. Hierdurch fühlten sich jedoch die Bauern erst recht provoziert. Ihre Bewegung wurde nun zunehmend gewalttätiger — vor allem in den Gebieten, in denen das Pachtsystem stark verbreitet war. Sie kannten gegenüber den Gutsbesitzern keine Schonung mehr; ihr lange aufgestauter Haß entlud sich in hemmungslosen Plündereien, Verwüstungen und Brandstiftungen; Gutshäuser und Wirtschaftsgebäude wurden dem Erdboden gleichgemacht. Das Eigentum der Gutsherren: Inventar, Möbel, Geschirr usw. wurde gleichmäßig unter die plündernden Bauern verteilt, um dadurch alle Voraussetzungen für eine Rückkehr des Eigentümers zu beseitigen. — Im Herbst, als im Zusammenhang mit der Winteraussaat Pacht- und Landfragen geregelt werden mußten, erreichte der bäuerliche Aufruhr seinen Höhepunkt. Er entwickelte sich zu einem regelrechten Bauernkrieg, an dem ganze Dörfer und sogar Bezirke teilnahmen. So war die radikale Umwälzung der alten Agrarverhältnisse bereits in vollem Gange, als die bolschewistische Partei in Petrograd die Macht an sich riß.
Inzwischen hatte auch die russische Arbeiterschaft einen Radikalisierungsprozeß durchlaufen. Der Kampf um die Macht in den Betrieben begann unmittelbar nach dem Februarumsturz. Zunächst beseitigten die Belegschaften die alte Arbeitsverfassung und setzten Lohnerhöhungen sowie eine Verkürzung der Arbeitszeit durch. Schon im März 1917 zwangen der Petrograder und anschließend der Moskauer Sowjet den lokalen Industriellenverbänden den Achtstundentag auf. Allerdings wurden die materiellen Verbesserungen, die die Arbeiter im Kampf gegen die Unternehmer erreichten, durch die inflationäre Entwicklung im Lande wieder zunichte gemacht. Bereits im März lagen die Preise für Massenbedarfsartikel um fünf- bis sechsmal höher

als vor dem Kriege. Der Reallohn der Fabrikarbeiter sank im Laufe des Jahres auf die Hälfte. Die Industrie des Landes arbeitete fast ausschließlich für den militärischen Bedarf, so daß sich die Produktion von Konsumgütern erheblich verringerte. Unter diesen Umständen nahm der Warenmangel zu, und die Spekulation mit den notwendigsten Gebrauchsgütern blühte. Da die Ernte 1917 nicht besonders gut ausfiel und ihre Nutzung durch Bauernunruhen und Transportschwierigkeiten erschwert wurde, ging der Lebensstandard in den Städten und Industriegebieten immer weiter zurück. Das staatliche Getreidemonopol, das die Provisorische Regierung Ende März eingeführt hatte, war wenig wirksam, da es infolge fehlender administrativer Möglichkeiten nicht durchgesetzt werden konnte. Während im Frühjahr die tägliche Brotration in den Städten durchschnittlich ein Pfund pro Person betrug, wurde sie bald darauf auf drei Viertel und schließlich auf ein halbes Pfund herabgesetzt, das nicht einmal regelmäßig zur Verteilung gelangte.

Die Arbeiter machten für die Verschlechterung der Lebensbedingungen in erster Linie die Unternehmer verantwortlich, die – wie es schien – bedeutende Spekulationsgewinne und Kriegsprofite erzielten und stellten immer höhere Forderungen. Die Unternehmer versuchten, sich hiergegen mit Produktionseinschränkungen und Aussperrungen zur Wehr zu setzen. Bereits Ende Mai schrieb die Zeitung des Petrograder Sowjet: »Der Widerstand der vereinigten Unternehmer gegen die Forderungen der Arbeiter nimmt zu. Die Unternehmer leisten eine Art passiver Resistenz und greifen versteckt zu Aussperrungen.«[16] Nach den Juliunruhen in Petrograd nahmen die Aussperrungen Massencharakter an. Die innerbetrieblichen Auseinandersetzungen wurden von beiden Seiten immer erbitterter geführt. Als Rjabušinskij, ein bekannter Industrieller, erklärte, »die knochige Hand des Hungers und des Volkselends« sei nötig, um die »Mitglieder der verschiedenen Sowjets und Komitees« zur Räson zu bringen, rief dieser Ausspruch, der von der linken Presse im ganzen Land verbreitet wurde, einen regelrechten Aufruhr unter den Arbeitern hervor. Die Streikbewegung, die die gesamte Industrie erschütterte, riß nicht mehr ab. Die Provisorische Regierung aber war nicht in der Lage, Streiks und Aussperrungen zu verhindern. Ihre zahlreichen Aufrufe, Mahnungen und Vermittlungsversuche blieben in einer Situation wachsender sozialer Spannungen wirkungslos.

An der Spitze der Arbeiterbewegung standen Arbeiterdeputiertenräte, Gewerkschaften und vor allem Betriebskomitees, die einen neuen Typ der Arbeiterorganisation darstellten. Die Betriebskomitees bildeten sich unmittelbar nach der Februarrevolution in allen Industriegebieten heraus und entwickelten sich bald zu den eigentlichen Herren der Werke und Fabriken.

Direkt von der Belegschaft gewählt, übten sie den größten Einfluß unter den Arbeitern aus. Sie entfernten nicht nur mißliebige Werkmeister und Betriebsleiter, sondern überwachten auch die Geschäftsleitung, setzten die Löhne fest, verfügten über Einstellungen und Entlassungen. Häufig zwangen sie die Eigentümer, die Produktion gegen den eigenen Willen fortzuführen, wodurch sie Massenentlassungen verhindern konnten. Wenn ein Besitzer oder eine Direktion das Werk verließen, übernahmen die Betriebskomitees in der Regel die administrativen Funktionen. Die Provisorische Regierung war nicht in der Lage, ihre Macht auf gesetzlichem Wege zu begrenzen. Gewiß äußerte sich die Aktivität der Betriebskomitees zeitweise in recht willkürlichen Formen. Häufig benutzten sie ihre Macht dazu, um — ohne Rücksicht auf gesamtwirtschaftliche Belange — Vorteile für die eigene Belegschaft zu erzwingen. Sie nahmen planlos Eingriffe in den Betriebsablauf und den Geschäftsgang vor, drangsalierten das Leitungspersonal und beschlagnahmten die Produktion für den Eigenbedarf. Die Forderung »Die Fabriken den Arbeitern« wurde sozusagen wörtlich verstanden. Das Verdienst der Betriebskomitees bestand jedoch vor allem darin, daß es ihnen gelang, in einer Phase zunehmender wirtschaftlicher Zerrüttung die unmittelbaren Interessen der Arbeiter zu schützen. Die auf diese Weise praktizierte Arbeiterkontrolle bildete eine der wichtigsten revolutionären Forderungen. Die Belegschaften betrachteten sie »als grundlegenden ersten Paragraphen eines neuen proletarischen Wirtschaftsprogramms«[17].

II. DER »KRIEGSKOMMUNISMUS«

a) Die Anfänge der Sowjetmacht

Unmittelbar nach dem Oktoberumsturz versuchte die bolschewistische Partei zunächst, den revolutionären Prozeß im Lande weiterzutreiben, der ihr die Machtübernahme ermöglicht hatte. Das bedeutete vor allem — neben der weiteren Demokratisierung der Armee — die Legalisierung der Agrarrevolution sowie der Inbesitznahme der Betriebe durch die Arbeiterschaft. In diesem Sinne waren die ersten Dekrete der Sowjetmacht konzipiert. Dem Dekret über den Grund und Boden, das der Zweite Gesamtrussische Sowjetkongreß am 26. Oktober 1917 verabschiedete, lag jene Musterinstruktion zugrunde, die dem Ersten Gesamtrussischen Kongreß der Bauerndeputierten im Mai des Jahres vorgelegt worden war und die im wesentlichen den traditionellen sozialrevolutionären Forderungen entsprach. Der Boden durfte von nun an weder gekauft noch verkauft, verpfändet oder auf irgendeine andere Weise veräußert werden. Außerdem

wurden eine ausgleichende Bodennutzung nach der Arbeits- oder Verbrauchsnorm und die periodische Neuaufteilung des Bodens festgelegt. »Das Wesentliche ist«, erklärte Lenin in seiner Begründung des Dekrets, »daß die Bauernschaft die feste Überzeugung gewinnt, daß es auf dem Lande keine Gutsbesitzer mehr gibt, daß es den Bauern selbst überlassen wird, alle Fragen zu entscheiden, selbst ihr Leben zu gestalten.«[1] Auch das Grundgesetz über den Boden vom Februar 1918 orientierte sich an den bäuerlichen Wünschen, wie sie das Programm der Sozialrevolutionäre formulierte. Danach ging der gesamte Grund und Boden in die Nutznießung des werktätigen Volkes über. Jeder, der Anspruch darauf erhob – unabhängig von Geschlecht, Religion, Nation oder Staatsangehörigkeit –, hatte nun Anrecht auf ein Stück Land. Der Boden sollte gleichmäßig verteilt werden; Pacht und Lohnarbeit wurden untersagt.
Um den Boden möglichst genau auszugleichen, scheute man – vor allem in Gebieten, in denen das Land besonders knapp war – auch vor einer Neuverteilung des bäuerlichen Besitzes nicht zurück. Nicht selten bezog man hierbei sogar das Hofland mit ein. Auf diese Weise sollte jede Differenzierung innerhalb der Bauernschaft beseitigt und die totale Gleichheit hergestellt werden. Allerdings ließ sich der Ausgleich des Bodens im allgemeinen nur in lokalem Rahmen, innerhalb der einzelnen Amtsbezirke, durchführen. Der Traum von der gesamtrussischen Feldgemeinschaft, also ein Bodenausgleich, der sich auf das ganze Russische Reich erstreckte, war nicht realisierbar, da dies eine Umsiedlung von mehr als zwanzig Millionen Bauern bedeutet hätte. Die Bauern wollten aber keine Umsiedlung, sondern ein Stück Land in ihrer Heimat. So kam es, daß in manchen dichtbevölkerten Gebieten Zentralrußlands pro Person nur ein halber Hektar Land entfiel, während in anderen Teilen des Landes fruchtbarer Boden unbebaut blieb.
Im Frühjahr 1918 war die Bodenaufteilung im größten Teil des Russischen Reiches abgeschlossen. Die Resultate entsprachen allerdings keineswegs den bäuerlichen Wünschen und Erwartungen. Obwohl fast der gesamte Besitz der Adelsgüter, der Klöster, des Fiskus und der Zarenfamilie – insgesamt mehr als 150 Millionen Desjatinen Land – aufgeteilt wurde, blieb der durchschnittliche Landzuwachs für den einzelnen Bauern minimal und fiel lediglich für die ärmsten Schichten stärker ins Gewicht. Der allgemeine Landhunger konnte nicht befriedigt werden. Das erklärte sich vor allem daraus, daß die Bauern auch schon vor der Revolution fast die Hälfte des großen Grundbesitzes – zumeist als Pachtland – bearbeitet hatten. Außerdem war nach der neuen Agrargesetzgebung der Kreis der Landanteilsberechtigten nun größer als zuvor. Der Zusammenbruch der russischen Wirtschaft und der Hunger in den Städten und Indu-

striezentren trieb Millionen Menschen aufs Land, wo man ihnen nach dem Gesetz einen Bodenanteil überlassen mußte. Häufig fehlte es auch an Inventar, um das erhaltene Land zu bearbeiten. Bei dem Boden aus ehemaligem Staatsbesitz waren erst einmal große Investitionen erforderlich, um ihn urbar zu machen. So bestand für die meisten Bauern die Hauptbedeutung der Agrarrevolution nicht im Landgewinn, sondern darin, daß sie durch sie von den hohen Pachtzahlungen und Schuldverpflichtungen sowie der halbfeudalen Abhängigkeit von den Grundherren befreit wurden, die in der Vergangenheit die Ursache ihrer Verelendung gewesen waren.

Während die Bauern mit Unterstützung der Sowjetmacht die Schwarze Umteilung durchführten, bauten auch die Arbeiter ihre Herrschaft über die Industrie weiter aus. Im November 1917 wurden ihre Bestrebungen durch das Dekret über die Arbeiterkontrolle legalisiert. Danach durften die Betriebskomitees oder ihre Kontrollorgane die Anordnungen des Eigentümers aufheben und durch eigene Verfügungen ersetzen. Allerdings sollte dieser nicht ausgeschaltet werden, sondern — im Gegenteil — nach wie vor an der Spitze des Unternehmens bleiben, damit man seine technischen und organisatorischen Fähigkeiten ausnutzen konnte. Der passive und aktive Widerstand der alten Eigentümer zeigte jedoch bald, daß eine Zusammenarbeit zwischen kapitalistischer Unternehmensleitung und Belegschaft unmöglich war. Wie sich die Arbeiter zumeist nicht mit der bloßen Kontrolle begnügten, sondern aktiv in den Betriebsablauf selbst eingriffen, so waren die Unternehmer und leitenden Angestellten auf der anderen Seite kaum bereit, sich dem Diktat der Belegschaft zu unterwerfen. Die angestrebte Arbeiterkontrolle tendierte in der Praxis zu einer Arbeiterverwaltung. Die Folge war eine Welle spontaner Enteignungen, die im Winter 1917/18 das ganze Land durchlief. Zwar gelang es auf diese Weise, die Macht der Unternehmer zu brechen, nicht aber, die Produktion neu zu organisieren. Die Betriebskomitees, die in erster Linie die Macht über die Industrie ausübten, waren nicht in der Lage, einen arbeitsfähigen, das ganze Land umspannenden wirtschaftlichen Verwaltungsapparat aufzubauen. Solange sie durch den Widerstand oder die Demission der alten Besitzer und Direktoren gezwungen wurden, ihre Energie auf innerbetriebliche Auseinandersetzungen zu konzentrieren, rückten gesamtwirtschaftliche Erwägungen völlig in den Hintergrund. »Das Betriebskomitee ist in vieler Beziehung der Nachfolger des kapitalistischen Unternehmers«, bemerkte ein bolschewistischer Kritiker Anfang 1918. »Es schaut auf alle industriellen Beziehungen zuallererst mit den Augen der betreffenden Fabrik oder Firma. Seine erste Aufgabe sieht es darin, den Arbeitern dieser Fabrik oder Firma eine Möglichkeit zu verschaffen, die schwere Zeit zu überleben.«[2] An die Stelle der privaten traten sozusagen kollektive Unternehmer; die kapitalistische Konkurrenz wurde durch eine Konkurrenz zwischen Produktionsgenossenschaften abgelöst. Trotz einzelner gelungener planwirtschaftlicher Versuche war man von einer bewußten und planmäßigen Leitung der Volkswirtschaft weit entfernt. Die Herrschaft der Betriebskomitees, wie sie sich im Winter 1917 bis 18 herausbildete, drohte allmählich die ökonomische Basis der Revolution zu untergraben.

Unter diesen Umständen sah sich die Sowjetführung zu einer Änderung ihrer Industriepolitik veranlaßt. Sie benutzte die »Atempause«, die dem Land durch die Unterzeichnung des Brester Friedens* Anfang März 1918 gewährt wurde, um den syndikalistischen Bestrebungen der Arbeiterschaft entgegenzutreten und auf die Einführung einer straffen Arbeitsorganisation hinzuwirken. Während sie die Arbeiter bisher immer wieder zu Eigeninitiative und Spontaneität aufgerufen hatte, forderte sie nun vor allem Disziplin, Ordnung und Organisation. In diesem Zusammenhang entwickelte Lenin seine Theorie der staatskapitalistischen Übergangswirtschaft. »Staatskapitalismus« bedeutete hierbei einen Kapitalismus unter staatlicher Kontrolle, der in Rußland in möglichst kurzer Frist die industrielle Entwicklung nachholen und zu einer Entfaltung der technischen Produktivkräfte führen sollte, die der Sozialismus — nach Marx — voraussetzte. Dazu gehörten die Ausnutzung kapitalistischer Produktions- und Distributionsmethoden, der Einsatz bürgerlicher Spezialisten in leitende Funktionen, eine straffe, von Disziplinargerichten kontrollierte Arbeitsverfassung, die Zentralisierung der wirtschaftlichen Verwaltungsfunktionen sowie der Übergang zur Einzelleitung in allen Unternehmen. Ein solches System bildete nach Lenin für das zurückgebliebene Rußland, wo die Klein- und Kleinstproduktion vorherrschte und die Großindustrie sowie das Eisenbahnnetz völlig zerrüttet waren, die einzige praktikable Möglichkeit, die Wirtschaft wiederaufzubauen. Fünf verschiedene sozialökonomische Formationen, so erläuterte er, bildeten das widerspruchsvolle System der russischen Volkswirtschaft: die patriarchalische Bauernwirtschaft (geschlossene Hauswirtschaft), die kleine Warenproduktion (Getreide verkaufende Bauern), der privatkapitalistische Sektor (freier Markt), der staatskapitalistische Sektor (kapitalistische Unternehmen unter staatlicher Kontrolle) und der sozialistische Sektor (nationalisierte Unternehmen). Man

* Am 3. März 1918 wurde in Brest-Litovsk zwischen der RSFSR auf der einen sowie Deutschland, Österreich-Ungarn, Bulgarien und der Türkei auf der anderen Seite ein Friedensvertrag unterzeichnet. Sowjetrußland verlor hierdurch Lettland, Litauen, Estland, Polen, die Ukraine, einen Teil Belorußlands sowie einige andere Territorien. In späteren Ergänzungsverhandlungen mußte sich die Sowjetmacht verpflichten, an Deutschland eine Kontribution in Höhe von 6 Milliarden Goldmark zu zahlen.

könne nun nicht von den beiden ersten vorkapitalistischen Wirtschaftsformen, die bei weitem überwogen, unmittelbar zum Sozialismus übergehen, argumentierte Lenin. Dieser setze vielmehr die Errungenschaften einer industrialisierten und rationalisierten Wirtschaft voraus, wie sie der Staatskapitalismus darstelle. Dabei schien ihm die deutsche Kriegswirtschaft gleichsam das staatskapitalistische Musterbeispiel, das es auf die russischen Verhältnisse zu übertragen galt. Er verlangte, »vom Staatskapitalismus der Deutschen zu lernen, ihn mit aller Kraft zu übernehmen, keine diktatorischen Methoden zu scheuen, um diese Übernahme noch stärker zu beschleunigen, als Peter die Übernahme der westlichen Kultur durch das barbarische Rußland beschleunigte«[3].

Im Sinne dieser Konzeption bemühte sich die Sowjetführung, mit einer Reihe privater Kapitalgruppen zu einer Zusammenarbeit zu gelangen. Den ernsthaftesten Versuch dieser Art bildete das sogenannte Meščerskij-Projekt. Meščerskij, Leiter eines riesigen Konzerns, der etwa 60 000 Arbeiter beschäftigte und dessen Zentrum die Werke von Sormovo und Kolomna bildeten, befaßte sich bereits unmittelbar nach der Oktoberrevolution mit Plänen zur Gründung eines staatskapitalistischen Supertrusts. Im Auftrag der Sowjetmacht arbeitete er das Projekt einer »Nationalen Gesellschaft« aus, die als Trust organisiert werden und mit 300 000 Beschäftigten und einem Grundkapital von 1,5 Milliarden Rubel fast die gesamte russische Schwerindustrie umfassen sollte. Als unmittelbares Ziel dieses kombinierten Trusts wurde die Wiederherstellung des Transportsystems angegeben. Da jedoch Meščerskij und seine Mitarbeiter einen großen Teil der Aktien sowie der leitenden Stellungen in der Nationalen Gesellschaft forderten und außerdem die Arbeiterorganisationen der betroffenen Betriebe immer wieder Protest gegen eine solche Zusammenarbeit erhoben, wurde das Projekt der Nationalen Gesellschaft — ebenso wie eine Reihe ähnlicher Pläne — schließlich aufgegeben.

Die Entscheidung über die einzuschlagende Industriepolitik fiel in den Betrieben selbst, wo die großen sozialen Auseinandersetzungen stattfanden. Die staatskapitalistischen Versuche scheiterten gewöhnlich am Widerstand der Arbeiter, die ihre Machtstellung dazu benutzten, die Unternehmer und leitenden Angestellten aus ihren Positionen völlig zu verdrängen. Während sich diese vor dem Oktoberumsturz in erster Linie mit Hilfe von Aussperrungen und Produktionseinschränkungen zur Wehr gesetzt hatten, überließen sie jetzt häufig ihre Werke und Fabriken dem Schicksal und warteten auf den baldigen Zusammenbruch der Sowjetmacht; oder sie versuchten, deren Anordnungen zu sabotieren. Unter solchen Umständen blieb der Zentralgewalt und den lokalen Sowjets nichts anderes übrig, als die betreffenden Betriebe zu enteignen und in eigene Verwaltung zu übernehmen, wenn ihnen die Entwicklung nicht völlig aus der Hand gleiten sollte. Der Erste Gesamtrussische Volkswirtschaftskongreß, der Ende Mai 1918 zusammentrat, beschloß schließlich die planmäßige Nationalisierung der Industrie und den Aufbau einer Arbeiterverwaltung. Kurz danach wurde die völlige Nationalisierung einer Reihe von Industriezweigen sowie aller Großbetriebe dekretiert. Parallel hierzu vollzog sich der Aufbau von Arbeiteradministrationen, wobei zunächst die Betriebskomitees, später die Gewerkschaften die entscheidende Rolle spielten. Auf diese Weise begann sich in Sowjetrußland im Sommer 1918 eine sozialistische Industrieorganisation, die auf dem Räteprinzip basierte, herauszubilden.

b) Die Ernährungsdiktatur

Ob es gelungen wäre, die sozialistischen Organisationsformen weiterzuentwickeln und schließlich auf die gesamte Wirtschaft auszudehnen, war insofern zweifelhaft, als kaum eine Möglichkeit bestand, die Bauernschaft in ein solches System einzubeziehen. Die russischen Bauern erlebten ihre eigene Revolution, die sich gegen den Gutsbesitzer richtete und eine allgemeine Gleichheit auf dem Lande anstrebte; an den politischen Kämpfen in den Städten waren sie wenig interessiert. Als ihnen die Stadt keine Industrieerzeugnisse mehr anbieten konnte, hielten sie ihre Erzeugnisse zurück. Es gab für sie keinerlei Verkaufszwang mehr, da die Revolution die hohen Zahlungsverpflichtungen beseitigt hatte. Die landwirtschaftlichen Großbetriebe, die vor allem für den Markt produziert hatten, waren zum größten Teil zerstört. Auf diese Weise kam der Warenverkehr zwischen Stadt und Land allmählich zum Erliegen, so daß die Bevölkerung der Städte und Industriezentren immer stärker Hunger zu leiden begann. Die Ernährungskrise verschärfte sich weiter, als die Truppen der Mittelmächte nach dem Abschluß des Brester Friedens die Ukraine besetzten und außerdem in zahlreichen anderen getreidereichen Gebieten Bauernunruhen ausbrachen. Im April 1918 stand schließlich nicht einmal mehr die Hälfte der üblichen Monatsnorm an Getreide zur Verfügung. In Moskau und Petrograd wurde pro Tag und Person höchstens noch ein Viertel bis ein Achtel Pfund Brot verteilt. Die Landbevölkerung in den nichtlandwirtschaftlichen Gouvernements erhielt monatelang überhaupt kein Brot. Unter diesen Umständen wurde die Getreidebeschaffung für die Sowjetmacht zu einer Existenzfrage. »Es könnte scheinen, als sei das nur ein Kampf um das Brot«, erklärte Lenin, »in Wirklichkeit ist das der Kampf um den Sozialismus.«[4]

Die Sowjetführung entschloß sich, das Problem der Getreidebeschaffung mit Hilfe von Gewalt zu lösen; im Mai 1918 errichtete sie eine Ernährungsdiktatur im Lande. Das staatliche Getreidemonopol, das bereits die Provisorische Regierung eingeführt hatte, sollte nun mit allen Mitteln – notfalls mit Waffengewalt – durchgesetzt werden. Das bedeutete die völlige Unterdrückung des privaten Getreidehandels und vor allem der Spekulation. Alle Vorräte durften entschädigungslos konfisziert werden. Die Bauern, die Getreide zurückhielten oder zur Herstellung von Branntwein verwandten, sollten vor ein Revolutionstribunal gestellt und mit mindestens zehn Jahren Gefängnis sowie Zwangsarbeit bestraft werden. Das Volkskommissariat für Ernährungswesen erhielt alle Vollmachten, um die Abgabe der bäuerlichen Erzeugnisse zu erzwingen. Auf diese Weise begann in den Monaten vor der neuen Ernte ein erbarmungsloser Kampf um das Getreide, der sich mit voller Wucht gegen die Kulaken richtete. Zwar versuchte man, den Bauern nach Möglichkeit Textilien, Garne, Haushaltswaren sowie landwirtschaftliche Geräte anzubieten und dadurch einen direkten Naturaltausch zwischen Stadt und Land einzuführen. Da jedoch die industrielle Produktion weitgehend zusammengebrochen war, blieb ein solcher unmittelbarer Tauschverkehr auf wenige Ausnahmen beschränkt. In der Regel mußten die staatlichen Organe, die mit der Getreidebeschaffung beauftragt waren, Zwangsmittel anwenden. Die Sowjetführung forderte die Arbeiter der großen Betriebe auf, Lebensmittelbeschaffungs-Abteilungen zu gründen und das überschüssige Getreide bei den Bauern selbst zu beschlagnahmen. Bald operierte auf dem Lande – vor allem in Zentralrußland und im Gebiet der Nördlichen Wolga – eine ganze Lebensmittelbeschaffungs-Armee. Die städtischen Abteilungen versuchten, sich bei ihren Aktionen auf die ärmeren Bauern zu stützen und sie auf ihre Seite zu ziehen, indem sie ihnen jeweils ein Viertel des konfiszierten Getreides aushändigten. Sie riefen die Dorfarmut auf, mit ihnen ein »Bündnis aller Hungrigen gegen die Satten« zu schließen.[5] Es gelang, die Einheitsfront des Dorfes gegen die Stadt aufzubrechen und die sozialen Auseinandersetzungen zwischen den verschiedenen bäuerlichen Schichten zu forcieren. Das bedeutete in der Konsequenz den Bürgerkrieg mit allen seinen Folgen. In diesem Sinne erklärte Trockij auf einer öffentlichen Versammlung Anfang Juni in Moskau: »Unsere Partei ist für den Bürgerkrieg. Der Bürgerkrieg entbrennt um der Brotfrage willen. Wir, die Sowjets, haben die Initiative ergriffen.«[6]

Die Dorfarmut schloß sich in ihrem Kampf gegen die bäuerlichen Oberschichten häufig zu festen Gruppen zusammen. Um die Bestrebungen dieser Gruppen zu unterstützen, dekretierte die Sowjetführung im Juni 1918 die Gründung von Komitees der Dorfarmut und übertrug ihnen eine Reihe administrativer Vollmachten. Dadurch erhielt der Bürgerkrieg auf dem Lande seine institutionelle Grundlage. Mit Hilfe der Komitees der Dorfarmut gelang es den städtischen Lebensmittelbeschaffungs-Abteilungen, die Getreidevorräte der wohlhabenderen Schichten zu requirieren und die Versorgung der Städte und Industriezentren etwas zu verbessern. Auch bei der Eintreibung der außerordentlichen Revolutionssteuer, der die besitzenden Schichten in Stadt und Land unterworfen wurden, spielten diese Komitees eine wichtige Rolle. Sie beschränkten sich allerdings nicht darauf, Überschüsse zu beschlagnahmen und Steuern einzutreiben, sondern benutzten ihre zunehmende Machtstellung im Dorf immer häufiger, um den bessergestellten Bauern Land und zum Teil auch Vieh und Inventar fortzunehmen und unter die Dorfarmut aufzuteilen. Die meisten größeren Bauernwirtschaften wurden hierdurch aufgelöst. Fast die Hälfte der ehemaligen ärmeren Bauern entwickelte sich zu Mittelbauern, die nun die wichtigste Schicht auf dem Lande darstellten. Außerdem verwandelten sich Millionen von Landarbeitern in kleine Eigentümer, ohne allerdings dadurch eine ausreichende Existenzgrundlage zu finden. Der Nivellierungsprozeß der landwirtschaftlichen Bevölkerung, der bereits in der ersten Phase der Agrarrevolution eingesetzt hatte, wurde auf diese Weise noch weitergetrieben. – Die Komitees der Dorfarmut neigten allerdings immer mehr dazu, beschlagnahmte Vorräte im Dorf zu behalten, statt sie an die hungernde Stadt abzugeben. Auf die Dauer ließ sich mit ihrer Hilfe das Versorgungsproblem kaum lösen. Außerdem richtete sich ihre Aktivität in wachsendem Maße gegen die Mittelbauern, die nun die Mehrheit im Dorfe bildeten und auf deren wohlwollende Neutralität die Sowjetmacht angewiesen war. Daher löste man die Komitees der Dorfarmut Ende 1918 auf, wobei ihre aktivsten Mitglieder in die Dorfsowjets übernommen wurden. Die Lebensmittelbeschaffung wurde nun fast ausschließlich von bewaffneten Arbeitergruppen bzw. Abteilungen der Roten Armee durchgeführt.

Die gesetzliche Grundlage des Requisitionssystems bildete die obligatorische Ablieferungspflicht, die im Januar 1919 zuerst für Getreide eingeführt und dann schrittweise auf fast alle Agrarerzeugnisse ausgedehnt wurde. Der Staat stellte zunächst den Bedarf an Lebensmitteln und landwirtschaftlichen Rohstoffen fest und verteilte dann die Umlage auf die einzelnen Gouvernements und Kreise, wobei die unterschiedlichen wirtschaftlichen Möglichkeiten, also Saatfläche, Erntemenge, Viehbestand und ähnliche Kriterien zugrunde gelegt wurden. Auch die Ablieferungsnorm für die einzelnen Höfe orientierte sich an der Leistungsfähigkeit. Vor allem sollten jene Bauern besteuert werden, die das meiste Land, Vieh und Inventar besaßen.

Die Notwendigkeit, um jeden Preis Lebensmittel für die Stadt zu beschaffen, führte jedoch in der Praxis dazu, daß auch die Mittel- und ärmeren Bauern in die Ablieferungspflicht einbezogen wurden. Jedes Pud Getreide, das der Bauer nicht für den eigenen Verbrauch benötigte, mußte er nun zu festen niedrigen Preisen an den Staat abgeben. Auf keinen Fall war ein freier Verkauf zulässig, zumal dadurch die Entwicklung kapitalistischer Verhältnisse gefördert würde. »Freier Handel mit Getreide bedeutet Bereicherung durch dieses Getreide«, erklärte Lenin, »und das ist die Rückkehr zum alten Kapitalismus, das werden wir nicht zulassen, dagegen werden wir kämpfen, koste es, was es wolle.«[7] Der Staat konnte den Bauern jedoch nur einen Bruchteil des Gegenwertes zur Verfügung stellen und zahlte gewöhnlich mit wertlosem Papiergeld. Unter solchen Umständen mußten die Beschaffungsabteilungen immer wieder Gewalt anwenden, um die Bauern zur Abgabe ihrer Erzeugnisse zu zwingen. Es gelang ihnen auf diese Weise, in den schweren Jahren des Bürgerkrieges ein Minimum an Lebensmitteln für die hungernde Bevölkerung bereitzustellen.

Ablieferungspflicht und Requisitionssystem, die die ökonomische Basis des Kriegskommunismus bildeten, fügten jedoch der Landwirtschaft größten Schaden zu. Die Bauern, die für ihre Erzeugnisse kein Äquivalent erhielten, kehrten immer mehr zur geschlossenen Hauswirtschaft zurück. Sie produzierten zumeist nur noch für den Eigenbedarf und versuchten, alle benötigten Nahrungsmittel und Rohstoffe in ihrem Betrieb herzustellen. Dadurch kam es nicht nur zu einem Rückgang der Ernteerträge, sondern auch zu einer Nivellierung der landwirtschaftlichen Produktion. Naturalwirtschaftliche Verhältnisse dominierten nun noch weit stärker als vorher. Die Sowjetführung versuchte zwar, wenigstens einen Teil der ehemaligen Adelsgüter zu erhalten oder auf neuer Grundlage wiederherzustellen, indem sie sie in staatliche Musterbetriebe, sogenannte Sowjetwirtschaften, verwandelte. Außerdem förderte sie die verschiedenen Formen von Kollektivwirtschaften, zu denen sich vor allem die Dorfarmut und städtische Arbeiter zusammengeschlossen hatten, wobei entweder der Boden gemeinsam bestellt oder häufig sogar die gesamte Produktion und Konsumtion nach kollektiven Prinzipien organisiert wurde. Derartige landwirtschaftliche Großbetriebe verfügten jedoch nur über 3–4 Prozent der gesamten landwirtschaftlichen Nutzfläche. Es fehlte ihnen an lebendem und totem Inventar. Die wenigen — zumeist schlecht ausgestatteten und schlecht geleiteten — Sowjet- und Kollektivwirtschaften verbrauchten ihre Erzeugnisse in der Regel selbst und spielten für die Versorgung der Städte und Industriezentren kaum eine Rolle. Daher war der Staat auf die rücksichtslose Ausbeutung der Klein- und Kleinstwirtschaften angewiesen, die das Bild der russischen Landwirtschaft nach der Agrarrevolution bestimmten.

c) Die proletarische Naturalwirtschaft

Auf dem Höhepunkt der inneren Krise, als die Sowjetmacht verzweifelt gegen Hunger, Massenarbeitslosigkeit und lokale Unruhen, die ihre Herrschaft bedrohten, ankämpfte, sah sie sich weiteren Gefahren gegenüber. Ende Mai 1918 kam es zu einem Aufstand der tschechoslowakischen Legion*, wodurch ihr die gesamte Transsibirische Eisenbahn und damit riesige Territorien verlorengingen. Es konnten sich eine Reihe gegenrevolutionärer Regierungen etablieren, die ihre Macht – da sie kaum auf Widerstand stießen – rasch ausweiteten. Zugleich wurden auch die Westmächte aktiv, die sich durch den russischen Kriegsaustritt, die Annullierung der alten Staatsschulden und die Nationalisierung der Industrie, die zum großen Teil mit westlichem Kapital arbeitete, herausgefordert fühlten. Sie landeten Truppen in einigen russischen Küstenstädten und gewährten allen Kräften, die auf den Sturz der Sowjetmacht hinarbeiteten, ihre materielle Unterstützung. Die Sowjetführung, die weder über einen funktionierenden Verwaltungsapparat noch über eine schlagkräftige Armee verfügte, sah sich zunächst völlig in die Defensive gedrängt. Anfang September 1918 wurde Sowjetrußland zur »belagerten Festung« erklärt, deren Verteidigung alle anderen Zielsetzungen untergeordnet werden mußten.

Von jetzt an wurde die innere Entwicklung des Landes in erster Linie von den Bedingungen des Bürgerkrieges und der bewaffneten Intervention bestimmt. Alle Versuche, die russische Industrie in sozialistische Richtung umzugestalten, waren nun schon allein deshalb zum Scheitern verurteilt, weil das Land als einheitlicher Wirtschaftsorganismus völlig zerstört wurde. Außer den Territorien, die die Sowjetmacht bereits durch den Brester Frieden verloren hatte, fielen nun auch solche industrie- und rohstoffreiche Provinzen wie der Ural, das Wolgagebiet, Sibirien, Turkestan, der Kaukasus und das Donecbecken zeitweise unter antisowjetische Herrschaft. Ohne die Roh- und Brennstoffe dieser Gebiete aber war die Industrie Nord- und Mittelrußlands, die sich während des gesamten Bürgerkrieges in den Händen der Sowjetmacht befand, kaum produktionsfähig. Zwar gelang es, Steinkohle und Erdöl zu einem großen Teil durch

* Die tschechoslowakische Legion, ein Heer von 40 000 bis 50 000 gut bewaffneten Soldaten, bestand aus ehemaligen Angehörigen der österreichisch-ungarischen Armee, die während des Krieges in russische Gefangenschaft geraten waren. Die Sowjetmacht hatte der Legion gestattet, sich über Sibirien und den Fernen Osten nach Westeuropa einzuschiffen. Als sie jedoch die tschechoslowakischen Truppen entwaffnen wollte, setzten sich diese zur Wehr, und es kam zum Aufstand.

Holz, Torf oder Braunkohle, die in der Nähe von Moskau gewonnen wurde, zu ersetzen; aber die Arbeitsproduktivität der Betriebe sank hierdurch auf ein Minimum herab. Von außen war in dieser Situation nicht die geringste Hilfe zu erwarten. Die Westmächte verhängten über Sowjetrußland die totale Wirtschaftsblockade, so daß der Außenhandel völlig unterbunden wurde. Zur Isolierung des Landes kam die Unsicherheit der wirtschaftlichen und politischen Verhältnisse. Die Zentralgewalt wußte nie genau, über welche Gebiete sie am nächsten Tag noch verfügen würde. Nur ein Neuntel des europäischen Rußland und ein Sechstel der Bevölkerung befanden sich während des Bürgerkrieges ununterbrochen unter ihrer Kontrolle. Die Wirtschaft der Gebiete, die die Rote Armee zurückeroberte, war gewöhnlich restlos zerstört. »Das von den Bolschewiki eroberte Land hatte große Ähnlichkeit mit einer Wüste.«[8]

Soweit die Industrie in der Verfügungsgewalt der Sowjetmacht verblieb, mußte sie sich den Notwendigkeiten der Kriegführung anpassen. Zunächst wurde die Rüstungsproduktion, bald darauf die gesamte Industrie einem militärischen Regime unterstellt. Die Außerordentliche Kommission zur Versorgung der Roten Armee und der Rat für Verteidigung, denen alle anderen Verwaltungsorgane untergeordnet waren, leiteten die Industrie durch Kommissare, die über absolute Vollmachten verfügten. Dadurch wurden die Arbeiterorganisationen, die die Betriebe bisher weitgehend nach ihren eigenen Vorstellungen verwaltet hatten, zu administrativen Exekutivorganen der Zentralgewalt degradiert. An die Stelle des Kollegialsystems trat auf allen Ebenen die Einzelleitung. Der Oberste Volkswirtschaftsrat, der bereits unmittelbar nach dem Oktoberumsturz gebildet worden war, zwang mit Hilfe eines streng zentralisierten Verwaltungsapparats die funktionsfähigen Betriebe, für den Kriegsbedarf zu produzieren. Dabei versuchte er, ihre gesamte Tätigkeit durch Hauptverwaltungen und Zentren zu lenken. Roh- und Brennstoffe wurden den Betrieben von der Zentrale zugeteilt; sie waren ihrerseits verpflichtet, ihre Produktion voll und ganz dem Staat abzuliefern. Eine solche Organisationsform erforderte einen riesigen bürokratischen Apparat, dessen Umfang sich schließlich derart ausweitete, daß er selbst die zaristische Bürokratie in den Schatten stellte.

Im November 1918 wurde der gesamte Binnenhandel nationalisiert. Das Volkskommissariat für Ernährungswesen, dessen Organe bereits die Zwangseintreibungen bei den Bauern durchführten, erhielt den Auftrag, die Versorgung der arbeitenden Bevölkerung mit Lebensmitteln und Gütern des täglichen Bedarfs zu übernehmen. Um die knappen Nahrungsmittel möglichst rationell und gleichmäßig verteilen zu können, verfügte

die Sowjetführung den zwangsweisen Zusammenschluß der gesamten Bevölkerung in einheitliche Genossenschaften, die dem Ernährungskommissariat unterstellt werden sollten. Die Verteilung erfolgte meist unentgeltlich und nach festen Normen. Dabei unterteilte man die städtische Bevölkerung in drei Kategorien: Schwerarbeiter, die übrigen Werktätigen sowie die ehemaligen besitzenden Klassen, denen Rationen im Verhältnis von 4 : 3 : 1 zugewiesen wurden. Allerdings waren diese Rationen so gering, daß selbst die Versorgung nach der höchsten Kategorie bestenfalls ein Hungerdasein ermöglichte. Auch die Bauernschaft sollte allmählich in das Rationierungssystem einbezogen werden. Je weiter das System der unentgeltlichen Versorgung ausgebaut wurde, um so mehr ging die Bedeutung der Markt- und Geldbeziehungen zurück. Die offiziell festgesetzten Preise hatten nur noch nominellen Charakter. Da infolge der fortschreitenden Inflation auch die Arbeitslöhne immer mehr in natura ausgezahlt werden mußten, kam es zu einer zunehmenden Naturalisierung der wirtschaftlichen Beziehungen.
Auf diese Weise bildete sich im Laufe des Jahres 1919, als der Bürgerkrieg seinen Höhepunkt erreichte, das System des Kriegskommunismus heraus, in dem der Staat sämtliche Produktions- und Distributionsfunktionen selbst zu übernehmen versuchte. Dieses System ermöglichte es, die allerdringendsten Bedürfnisse der Roten Armee und der städtischen Bevölkerung zu befriedigen, so daß sich Sowjetrußland im Kampf gegen eine feindliche Übermacht erfolgreich behaupten konnte. Allerdings gelang es nicht, mit seiner Hilfe den weiteren Verfall der Wirtschaft und die rapide Verschlechterung der Lebensverhältnisse aufzuhalten. Die Bevölkerung hatte unter ständigem Hunger und im Winter außerdem unter entsetzlicher Kälte zu leiden. Den Bewohnern Moskaus stand nur ein Siebentel der Kalorien zur Verfügung, die in Deutschland während des Ersten Weltkrieges durch das Rationierungssystem verteilt wurden. Unterernährung und Hungertod bildeten unter solchen Umständen alltägliche Erscheinungen. Da das vorhandene Holz als Brennstoff für die Industrie benötigt wurde, blieben selbst bei schlimmster Kälte die meisten Wohnungen unbeheizt. Epidemien wie Cholera und vor allem Typhus waren weit verbreitet. Derartige Lebensbedingungen machten die Menschen zum großen Teil arbeitsunfähig. Sie flohen aufs Land, das noch am ehesten eine Existenzmöglichkeit bot, so daß sich die großen Städte entvölkerten. Als der Bürgerkrieg um die Jahreswende 1919/20 zunächst beendet und die Sowjetmacht gefestigt war, stand das Land am Abgrund. Die »Pravda« schrieb: »Die Arbeiter der Städte und zum Teil auch der Dörfer krümmen sich vor Hunger. Die Eisenbahnen rücken kaum vom Fleck. Die Häuser verwittern und verfallen. Die Städte sind voller Unrat. Epidemien breiten sich

aus, und der Tod holt überall seine Opfer. Die Industrie ist zugrunde gerichtet.«[9]

Das vorläufige Ende des Bürgerkrieges, die Aufhebung der wirtschaftlichen Blockade und der Abschluß erster Verträge mit ausländischen Staaten schufen eine Situation*, in der die Sowjetführung versuchen mußte, den optimalen Weg des wirtschaftlichen Wiederaufbaus zu bestimmen. Sie hatte zu entscheiden, ob sie ihre bisherige Politik, die auf einer rücksichtslosen Ausbeutung der Bauernschaft und einer völligen Unterordnung der Industrie unter ein militärisches Reglement basierte, fortsetzen oder an frühere Organisationsformen anknüpfen wollte, die sich in den Monaten nach der Oktoberrevolution herausgebildet hatten. Die Sowjetführung entschloß sich, die russische Wirtschaft mit Hilfe des kriegskommunistischen Systems, das weiter ausgebaut werden sollte, wiederherzustellen und unmittelbar, ohne Übergangsstufe, zur kommunistischen Wirtschafts- und Gesellschaftsordnung überzugehen. Das bedeutete nach ihrer Auffassung zunächst einmal die konsequente Übertragung militärischer Mittel und Methoden auf die gesamte Volkswirtschaft, wobei im Mittelpunkt die sogenannte Militarisierung der Arbeit stand, die Trockij Ende 1919 vorgeschlagen hatte. Die gesamte arbeitsfähige Bevölkerung des Landes sollte sich in eine riesige Arbeitsarmee verwandeln, wobei jeder eine bestimmte Aufgabe zu erfüllen hatte und als Deserteur bestraft wurde, falls er sich dieser Aufgabe zu entziehen suchte. So wurden große Teile der Bauernschaft zu Wald- und Wegearbeiten, zu lokalen Transportaufgaben, zum Torfstechen und zu anderen öffentlichen Arbeiten herangezogen. Zugleich verwandelte man eine Reihe militärischer Einheiten in Arbeitsarmeen, die vor allem zum Holzfällen, im Straßenbau und für Schienenreparaturen eingesetzt wurden. Die hierdurch ermöglichte Organisation und planmäßige Verteilung der Arbeitskräfte bildete die elementare Grundlage des wirtschaftlichen Aufbaus. In der Zukunft, so meinte Trockij, sollte der Unterschied zwischen militärischer und Arbeitsarmee völlig verschwinden: »Die Arbeit wird militarisiert, und die Armee wird industrialisiert.«[10] Um die Arbeitsintensität zu heben, förderte die Sowjetführung zugleich die Bewegung der kommunistischen Subbotniks (von subbota = Samstag), d. h. der freiwilligen unbezahlten Mehrarbeit. Immer größere Teile der Bevölkerung wurden so zu unentgeltlicher Arbeit herangezogen. Darin lag nach Lenin ge-

Der Sieg der Roten Armee über die Armeen Kolčaks, Denikins und Judeničs bedeutete die Zerschlagung der wichtigsten militärischen Kräfte der Gegenrevolution. Im Januar 1920 beschloß der Oberste Rat der Entente, die Wirtschaftsblockade gegen Sowjetrußland aufzuheben. Am 2. Februar schloß die Sowjetmacht einen Friedensvertrag mit Estland, der erstmals ihre totale diplomatische Isolierung durchbrach. Es folgten Verträge über den Austausch von Kriegsgefangenen mit England, Frankreich, Belgien, Italien, Dänemark, Österreich und Ungarn.

radezu die Gewähr, daß sich Sowjetrußland in kommunistischer Richtung entwickelte. »Das ›Kommunistische‹ beginnt erst dort«, so schrieb er, »wo in großem Ausmaß unentgeltliche, von keiner Behörde, von keinem Staat genormte Arbeit von einzelnen zum Nutzen der Gesellschaft geleistet wird.«[11]

Nach den Vorstellungen der Sowjetführung sollte die russische Wirtschaft in einer ganz bestimmten Reihenfolge aufgebaut werden. An erster Stelle stand die Wiederherstellung des Transportsystems; anschließend wollte man eine Produktionsmittelindustrie errichten; erst auf dieser Grundlage sollte die Herstellung von Massenbedarfsartikeln erfolgen. Dabei ging es nicht darum, die russische Wirtschaft erst auf den Stand zu bringen, den sie bereits vor dem Krieg erreicht hatte. Die großen Zerstörungen boten ja gerade die Möglichkeit, sofort die modernste Technologie einzuführen und dadurch bestimmte Entwicklungsstufen zu überspringen. Besondere Erwartungen knüpfte man in diesem Zusammenhang an die Elektrifizierung der Wirtschaft. Eine theoretische Diskussion über einen einheitlichen Wirtschaftsplan führte im Dezember 1920 zur Vorlage eines langfristigen Aufbauprogramms, des GOĖLRO-Plans. Den Kern dieses Plans bildete die Neugestaltung aller Wirtschaftszweige auf der Basis elektrischer Energie. »Kommunismus – das ist Sowjetmacht plus Elektrifizierung des ganzen Landes«, erklärte Lenin.[12] Mit Hilfe der Elektrizität sollte die Arbeitsproduktivität in Industrie und Landwirtschaft weit über das vorhandene Niveau hinaus erhöht werden. Im Verlauf von zehn bis fünfzehn Jahren wollte man die industrielle Produktion gegenüber 1913 verdoppeln, dreißig große Überlandzentralen errichten und 20 000–30 000 Kilometer Eisenbahnlinien bauen. Die finanziellen Mittel – insgesamt 17 Milliarden Goldrubel – hoffte man, hauptsächlich durch den Agrarexport, zu einem weiteren Teil durch Vergabe von Konzessionen sowie die Aufnahme von Krediten aufzubringen. Der GOĖLRO-Plan unterstellte also eine prosperierende Landwirtschaft sowie die wirtschaftliche Kooperation mit dem kapitalistischen Ausland.

Inzwischen hatte der Oberste Volkswirtschaftsrat die Nationalisierung der Industrie fortgesetzt, die sich immer mehr auch auf die Klein- und Heimindustrie erstreckte. Zugleich wurde das System der unentgeltlichen Versorgung weiter ausgedehnt. Die Zahl der öffentlichen Speisehallen, in denen kostenlose Mahlzeiten ausgegeben wurden, nahm vor allem in den großen Städten rasch zu; im Jahre 1920 benutzte in Petrograd fast die ganze und in Moskau die halbe Bevölkerung derartige Speiseanstalten. Die Organe des Volkskommissariats für Ernährungswesen versorgten insgesamt 38 Millionen Menschen mit Lebensmitteln und Gegenständen des täglichen Bedarfs.

Auch staatliche und kommunale Dienstleistungen wie Post, Telefon, Telegraf, Eisenbahn, Wohnungen u. ä. waren nun kostenlos. Das Geld spielte in weiten Bereichen keine Rolle mehr. Man versuchte, alle geschäftlichen Beziehungen zwischen staatlichen Betrieben auf geldlose Verrechnung umzustellen, wobei als Grundlage sogenannte Arbeitseinheiten dienten, die der mittleren Arbeitsleistung einer einfach qualifizierten Arbeitskraft entsprachen. Die nationalisierten Banken bildeten zusammen mit der Staatskasse einen einheitlichen Verrechnungsapparat. Die Geldsteuern, die unter diesen Umständen ihren Sinn verloren hatten, wurden abgeschafft. Es schien, als könne die Markt- und Geldwirtschaft so durch ein System der »proletarischen Naturalwirtschaft« ersetzt werden.
Im Winter 1920/21 versuchte man schließlich, auch die Landwirtschaft in das System der proletarischen Naturalwirtschaft einzubeziehen. Während die Bauern bisher nur dem Ablieferungszwang unterworfen waren, sollte nun auch ihre Produktion staatlich reguliert werden, um dadurch die landwirtschaftliche Stagnationskrise zu überwinden. In diesem Sinne wurden Aussaatkomitees gegründet, die die Frühjahrsbestellung in die Wege leiten und überwachen sollten. Man wollte damit die Bauern zur Erweiterung der Anbaufläche zwingen und der Rückkehr zur Bedarfsdeckungswirtschaft entgegenwirken. Besonders erfolgreiche Landwirte sollten prämiiert werden. Allerdings durfte niemand Überschüsse für den freien Verkauf behalten. Dabei betrachtete die Sowjetführung die staatliche Regulierung der vielen Millionen bäuerlicher Einzelwirtschaften nur als eine Übergangsphase. Für die Zukunft war die massenhafte Gründung landwirtschaftlicher Großbetriebe, die bisher nur die Funktion von Musterwirtschaften erfüllten, vorgesehen, wobei mit der Wiederherstellung der zerstörten Gutsbetriebe begonnen werden sollte.
Obwohl die Sowjetführung alle Anstrengungen unternahm, um das System der proletarischen Naturalwirtschaft auf sämtliche Bereiche auszudehnen, gelang es ihr nicht, den freien Markt zu verdrängen. Der private Handel erfüllte nach wie vor eine unentbehrliche Funktion. Unzählige sogenannte Sackträger brachten trotz aller Sperrkommandos Getreide und andere Nahrungsmittel in die Städte, die sie bei den Bauern gegen Salz und Manufakturwaren eingetauscht hatten. Überall im Lande bildeten sich kleine Märkte heraus, die dem privaten Handel immer neue Betätigungsfelder eröffneten. Selbst in den Städten lieferte der freie Markt noch den größten Teil der Lebensmittel, so daß sich die Bevölkerung nur mit seiner Hilfe überhaupt am Leben erhalten konnte. Die russische Volkswirtschaft zerfiel auf diese Weise in die Sphäre der proletarischen Naturalwirtschaft, die die Sowjetführung mit allen Mitteln förderte, und in die Sphäre

der privaten Marktwirtschaft, die sie mit der gleichen Energie bekämpfte.

Der Versuch, nach den immensen Verlusten des Bürgerkrieges die Politik des Kriegskommunismus fortzusetzen, führte schließlich – nach einigen wenigen Teilerfolgen, die durch die polnische Intervention* und die erneute Aktivität gegenrevolutionärer Truppen wieder zunichte gemacht wurden – im Winter 1920/21 zur wirtschaftlichen Katastrophe. Die meisten Werke und Fabriken standen entweder völlig still, oder sie arbeiteten nur noch wenige Tage im Monat. Die Produktion der Großindustrie erreichte gerade ein Siebentel ihres früheren Umfangs. Die Roheisengewinnung entsprach der Ausbeute zur Zeit Peters I.; in ganz Rußland war kaum noch ein Hochofen in Betrieb. Soweit die Fabrikarbeiter nicht zur Roten Armee eingezogen oder vor dem Hunger aufs Land geflohen waren, stellten sie während der Arbeitszeit überwiegend Gegenstände des persönlichen Bedarfs her, um sie dann bei den Bauern gegen Lebensmittel einzutauschen. Auch in der Landwirtschaft sank die Produktion weit unter den Stand von 1913. Die Ernteerträge gingen um fast ein Drittel zurück, so daß nicht einmal mehr – gemessen an den Vorkriegsnormen – der bäuerliche Eigenbedarf befriedigt werden konnte. Die Produktion des Kleingewerbes war um durchschnittlich zwei Drittel zurückgegangen. Das Eisenbahnsystem lag vollkommen danieder. Es handelte sich um einen Rückgang der Produktivkräfte, wie er »kein Beispiel in der Geschichte der Menschheit findet«[13].

Die Lebensverhältnisse in den Städten waren inzwischen unerträglich geworden. Die Sowjetführung sah sich gezwungen, die vorgesehenen Rationen immer wieder zu kürzen. Sie verfügte weder über Roh- und Brennstoffe, um auch nur die wichtigsten Betriebe in Gang zu halten, noch über Lebensmittel, um die Belegschaften zu ernähren. Die Arbeiter waren nicht mehr bereit, Opfer und Entbehrungen in diesem Ausmaß länger zu ertragen. In Petrograd, Moskau und Kiev fanden Streiks, Protestversammlungen und Demonstrationen statt, auf denen Winterkleidung, die Abschaffung der Arbeitsverpflichtungen und freier Handel mit Nahrungsmitteln gefordert wurden. Der menschewistische Augenzeuge Dan, der Anfang Februar 1921 nach Petrograd kam, berichtet: »In den Fabriken und Werken brodelte es, Arbeiter versammelten sich, um die Lage zu diskutieren. Ihre Forderungen konzentrierten sich weitgehend auf die Abschaffung der Sperrkommandos und die Aufhebung aller Beschränkungen des freien Lebensmittelmarktes. Die Arbeiter

* Ende April 1920 begannen polnische Truppen eine Offensive gegen die Ukraine. Es kam zu monatelangen schweren Kämpfen. Erst am 12. Oktober wurde in Riga ein Präliminarfrieden geschlossen, dem am 18. März 1921 ein Friedensvertrag folgte. Polen behielt nach den Bestimmungen dieses Vertrages die Westukraine und Westbelorußland.

ließen bolschewistische Redner in den Fabriken nicht zu Wort kommen; auf der Straße wurden bolschewistische Funktionäre aus ihrem Auto geworfen und mit Prügeln bedroht. Bis zum 20. Februar war die Bewegung zu einem Generalstreik herangewachsen.«[14] Inzwischen häuften sich auch die Unruhen und Aufstände auf dem flachen Lande, die sich vor allem gegen die Brutalität der Requisitionskommandos richteten. Als die Requisitionen nach der schlechten Ernte von 1920, die vielen bäuerlichen Wirtschaften den Ruin brachte, rücksichtslos fortgesetzt wurden, nahm die Unzufriedenheit für die Sowjetmacht immer gefährlichere Formen an. Fast alle Gebiete, die Nahrungsmittel für die Städte und Industriezentren lieferten, wurden von einer Aufstandsbewegung erfaßt. »Zahlt nicht die Abgabe! Nieder mit den Beschaffungstrupps! Es lebe der freie Handel!« — so und ähnlich lauteten die bäuerlichen Forderungen. Am zahlreichsten und heftigsten waren die Bauernaufstände in den traditionellen Getreideüberschußgebieten wie dem Zentralen Schwarzerdegebiet, der Ukraine und Sibirien. Im Gouvernement Tambov, das den Requisitionen besonders stark ausgesetzt war, hatten sich Anfang 1921 etwa 50 000 Bauern in einer regelrechten Armee organisiert. Eine ähnlich große Zahl bewaffneter Bauern operierte in der Ukraine. In Westsibirien erreichten die militärisch ausgebildeten Bauerngruppen einen noch größeren Umfang. Der Partisanenkrieg gegen die Rote Armee, der beiden Seiten größte Verluste zufügte, unterbrach wochenlang die Verbindungswege zwischen Sibirien und dem europäischen Rußland. Nach offiziellen Angaben kämpften auf dem Territorium der Sowjetmacht insgesamt 165 größere bewaffnete Bauernbanden. Auf dem Höhepunkt der Aufstandsbewegung — in den ersten Monaten des Jahres 1921 — gab es kaum ein Gouvernement, in dem die Bauern nicht Krieg gegen die Organe der Sowjetmacht führten. Die Aufstands- und Protestwelle gipfelte schließlich Anfang März in der Erhebung der Matrosen und Soldaten von Kronstadt. Während zunächst nur eine verbesserte Lebensmittelversorgung und in diesem Zusammenhang die Wiederzulassung des freien Handels zwischen Stadt und Land verlangt wurde, nahm der Aufstand bald politischen Charakter an. Man forderte Neuwahlen zu den Sowjets sowie Freiheit für alle sozialistischen Organisationen. Die Revolte in der Seefestung Kronstadt war Ausdruck der schwersten wirtschaftlichen und politischen Krise der Sowjetmacht. Ihre Existenz war nur noch durch eine grundlegende Änderung der bisherigen Wirtschaftspolitik zu retten.

a) Der Wiederaufbau der Wirtschaft

Am 15. März 1921, als der Kronstädter Aufstand noch im vollen Gange war, verkündete der Zehnte Parteitag der KPR eine neue Agrarpolitik. Die Ablieferungspflicht, die in der Regel mit Waffengewalt durchgesetzt werden mußte, wurde durch eine Naturalsteuer ersetzt; die Bauern durften nun über die verbleibenden Überschüsse frei verfügen. An der Dringlichkeit dieser Maßnahmen bestand kein Zweifel. »Es ist notwendig«, so erklärte Lenin, »das Beschlossene noch heute abend durch Rundfunk der ganzen Welt mitzuteilen und bekanntzugeben, daß der Parteitag der Regierungspartei im Prinzip die Ablieferungspflicht durch eine Steuer ersetzt und dadurch dem kleinen Landwirt eine ganze Reihe von Anreizen gibt, seine Wirtschaft zu erweitern und die Anbaufläche zu vergrößern; daß der Parteitag, indem er diesen Weg beschreitet, das System der Beziehungen zwischen Proletariat und Bauernschaft korrigiert und die Überzeugung zum Ausdruck bringt, daß auf diesem Wege gefestigte Beziehungen zwischen Proletariat und Bauernschaft erreicht werden.«[1] Man hoffte also, durch die Abschaffung der Ablieferungspflicht und die Wiederherstellung des freien Umsatzes zugleich ein politisches Bündnis mit den Bauern schließen zu können. Ohne ein solches dauerhaftes Bündnis — davon war man nach den Erfahrungen der letzten Monate überzeugt — war die Sowjetmacht nicht existenzfähig.

Während die Sowjetführung ursprünglich den freien Warenaustausch auf den lokalen Rahmen beschränken und ihm naturalwirtschaftliche Prinzipien zugrunde legen wollte, mußte sie unter dem Druck der spontanen wirtschaftlichen Kräfte, die sich nun entfalteten, bald den gesamten Markt- und Geldverkehr im Lande legalisieren. Das führte schließlich auch zu einer Umwandlung der Naturalsteuer in eine reine Geldsteuer. Die privatwirtschaftlichen Antriebe konnten sich nicht nur in der Landwirtschaft, sondern auch im Kleinhandel und Kleingewerbe, die fast völlig reprivatisiert wurden, frei entfalten. Auf diese Weise bildeten sich in weiten Bereichen der Volkswirtschaft kapitalistische Marktbeziehungen heraus. Auch unter den neuen Bedingungen blieb der Staat jedoch wichtigstes Wirtschaftssubjekt. Er konzentrierte in seinen Händen nach wie vor fast die gesamte Großindustrie, das Verkehrswesen, das Bank- und Kreditsystem, den Außenhandel sowie zum überwiegenden Teil den Großhandel. Von diesen sogenannten Kommandohöhen aus versuchte er, die private Wirtschaft zu kontrollieren und ihre Gewinne so weit wie möglich dem Aufbau der Staatsindustrie zuzuführen. Allerdings mußten sich nun auch die Staatsbetriebe an den Prinzipien kommerzieller Rechnungsführung,

d. h. an Rentabilitätsgesichtspunkten, orientieren. Im Grunde genommen lief die Neue Ökonomische Politik, wie die Gesamtheit der seit März 1921 beschlossenen Maßnahmen bezeichnet wurde, auf einen Konkurrenzkampf zwischen privater und staatlicher Wirtschaft hinaus, aus dem die staatliche Seite schließlich als Sieger hervorgehen sollte.

Die Neue Ökonomische Politik kam allerdings zu spät, um noch im gleichen Jahr eine bessere Bestellung der Felder zu bewirken. Das Jahr 1921 brachte eine furchtbare Dürre und eine Mißernte – vor allem in den Wolgagebieten –, wie sie Rußland seit drei Jahrzehnten nicht mehr erlebt hatte. Das Ernteergebnis erreichte kaum die Hälfte des durchschnittlichen Vorkriegsertrages; Massenschlachtungen dezimierten den Viehbestand; die amtliche Statistik zählte 5 Mill. Menschen, die in den von der Mißernte betroffenen Gebieten verhungerten. Erst im folgenden Jahr, das eine ausgezeichnete Ernte brachte, begann sich die Landwirtschaft zu erholen. Auch die regionale Mißernte von 1924 konnte diese Aufwärtsentwicklung nicht mehr aufhal-

Abb. 25: Hungernde im Wolgagebiet 1921/22. – Die Dürre des Jahres 1921 traf eine durch sieben Jahre Krieg, Revolution und Bürgerkrieg bereits stark geschwächte Landwirtschaft, so daß eine katastrophale Mißernte die Folge war. Um die hierdurch hervorgerufene Hungersnot zu mildern, organisierte die Sowjetführung unter der Losung »Zehn Satte ernähren einen Hungernden« eine umfassende Hilfskampagne, erhob eine Sondersteuer und beschlagnahmte die Kirchenschätze für den Verkauf ins Ausland. Von den ausländischen Organisationen, die Sowjetrußland in dieser schwierigen Situation unterstützten, sind besonders die Organisation F. Nansens sowie die Organisation American Relief Administration (ARA) hervorzuheben.

ten. Die Neue Ökonomische Politik entfesselte durch die Wiederzulassung des Marktes und später auch der Bodenpacht sowie der Lohnarbeit Kräfte, die in kürzester Frist die in den Kriegs- und Bürgerkriegsjahren erlittenen Schäden beseitigten. Im Wirtschaftsjahr 1926/27 erreichte der Wert des landwirtschaftlichen Gesamtprodukts — umgerechnet auf eine mittlere Ernte — 98 Prozent des Vorkriegsumfangs. Die Wiederherstellung der Landwirtschaft war damit im wesentlichen abgeschlossen.

Auch der Wiederaufbau der Industrie orientierte sich — entgegen den Plänen aus der Zeit des Kriegskommunismus — an den Bedürfnissen und Möglichkeiten des Marktes. Er begann in der Klein- und Heimindustrie, die nur wenig Kapitalien, Rohstoffe und Brennmaterial benötigten, so daß sie sofort nach Beseitigung der Zwangswirtschaft ihre Produktion wieder aufnehmen bzw. erweitern konnten. Auch jene Industriezweige, die Massenbedarfsgüter herstellten, entwickelten sich rasch, da sie ihre Erzeugnisse leicht absetzen und sich mit Hilfe hoher Gewinne selbst finanzieren konnten. Allerdings wurde diese Entwicklung im Herbst 1923 durch eine schwere Absatzkrise unterbrochen, die aus der zunehmenden Diskrepanz zwischen Industrie- und Agrarpreisen, der sogenannten Schere, resultierte. Während die Industrie rücksichtslos die Konjunktur ausnutzte und für ihre Produkte immer höhere Preise verlangte, erzielten die Bauern aus dem Verkauf ihrer Erzeugnisse einen derart niedrigen Erlös, daß sie nicht in der Lage waren, die teuren Industriewaren zu bezahlen. Daher stockte der Absatz, und der Warenverkehr zwischen Stadt und Land, der mit dem Übergang zur Neuen Ökonomischen Politik eingesetzt hatte, kam weitgehend zum Erliegen. Erst als die Sowjetführung Anfang 1924 die Preispolitik zugunsten der Landwirtschaft korrigierte und sich die Scherenöffnung wieder zu schließen begann, wurde die Absatzkrise überwunden, und die weitere wirtschaftliche Entwicklung verlief relativ störungsfrei. Die Leichtindustrie erhielt die finanziellen Mittel, die sie für ihren Ausbau benötigte, über den Markt. Im Bereich der Schwerindustrie, die weitaus zerrütteter als die übrigen Industriezweige und zum größten Teil stillgelegt war, gelang es, durch staatliche Subventionen die Kapitalschrumpfung aufzuhalten und die seit dem Krieg erlittenen Verluste an Anlagevermögen auszugleichen. Ebenso wie die Agrarproduktion erreichte der Ausstoß der Industrie zehn Jahre nach der Oktoberrevolution im Durchschnitt das Vorkriegsniveau. Obwohl die Zerstörungen in Rußland größer als in Westeuropa waren, der Wiederaufbau später einsetzte und überdies ohne fremde Hilfe erfolgte, hatte man auf diese Weise die Wiederherstellungsperiode früher als die meisten anderen Länder abgeschlossen. Damit hatte die Neue Ökonomische Politik ihre erste Bewährungsprobe bestanden.

Allerdings war die Sowjetunion auch noch nach dem Wiederaufbau der Wirtschaft ein rückständiges Agrarland, in dem (bei einer Gesamtbevölkerung von 147 Millionen) mehr als 120 Millionen Personen im Dorf lebten. Die wenigen Industriezentren ragten wie Inseln aus einem riesigen Meer bäuerlicher Klein- und Kleinstwirtschaften empor. Die Zahl der Fabrikarbeiter erreichte (bei einer arbeitsfähigen Bevölkerung von mehr als 83 Millionen) knapp 2,5 Millionen und war damit etwa ebenso hoch wie im Jahre 1913. Die vorhandenen industriellen Anlagen waren stark abgenutzt und technisch weitgehend veraltet. Der Wirtschaftstheoretiker Bazarov bezeichnete die wichtigsten Industriezweige als »historische Museen, die die industrielle Entwicklung seit dem achtzehnten Jahrhundert bis heute in Aktion demonstrieren, wobei es auch hier eine ›Disproportion‹ gibt: das achtzehnte und das neunzehnte Jahrhundert sind bedeutend vollständiger vertreten als das zwanzigste.«[2] Die Folgen der technischen Rückständigkeit und Abnutzung waren hohe Ausgaben für Arbeitslöhne, Roh- und Brennstoffe. Die durchschnittlichen Produktionskosten in der Großindustrie waren zwei- bis dreimal höher als in Westeuropa oder in den USA und lagen sogar weit über dem russischen Vorkriegsstand. Die Sowjetführung entwickelte zwar immer wieder Initiativen, um die Selbstkosten der Industrie herabzudrücken. So leitete sie im Sommer 1926 eine Sparsamkeitskampagne ein, um die Ausgaben für den wirtschaftlichen Verwaltungsapparat einzuschränken. Außerdem versuchte sie, die Rationalisierung der Industrie, die für die Verbilligung der Massenproduktion entscheidend war, nach westlichem Vorbild voranzutreiben. Derartige Maßnahmen konnten jedoch unter den gegebenen Bedingungen lediglich als Palliativmittel wirken. Eine grundlegende Besserung war nur durch eine radikale Erneuerung des Produktionsapparats, die Errichtung einer neuen technischen Basis, zu erreichen.

Die hohen Herstellungskosten bedingten relativ hohe Industriepreise. Es gelang der Sowjetführung nicht, die weitreichende Preissenkung, die sie anstrebte, zu verwirklichen, so daß eine Differenz zwischen Industrie- und Agrarpreisen bestehen blieb. Trotz der hohen Industriepreise herrschte im ganzen Lande ein regelrechter »Warenhunger«. Dieser Warenhunger, der die Diskrepanz zwischen der kaufkräftigen Nachfrage – vorab des Dorfes – und dem Angebot an Industrieerzeugnissen zum Ausdruck brachte, resultierte ursprünglich aus dem Mißverhältnis zwischen landwirtschaftlicher und industrieller Produktion, wurde jedoch durch die Industrialisierungspolitik, die Mitte der zwanziger Jahre einsetzte, weiter verschärft. Um den Aufbau der Schwerindustrie zu beschleunigen, mußte man dem volkswirtschaftlichen Kreislauf immer größere Mittel ent-

ziehen, ohne daß sofort ein Gegenwert zur Verfügung gestellt werden konnte. Auf diese Weise entwickelte sich der Warenhunger zur Dauererscheinung, die sich weder durch den Ausbau des genossenschaftlichen und staatlichen Handelsnetzes noch mit Hilfe preispolitischer Maßnahmen beseitigen ließ.
Der zunehmende Warenhunger führte schließlich zu einer Stagnation der landwirtschaftlichen Marktproduktion. Da man nicht in der Lage war, den Bauern in ausreichendem Maße billige Industrieerzeugnisse zur Verfügung zu stellen, waren sie am Verkauf ihrer Erzeugnisse nur wenig interessiert. So erreichte die Getreidemenge, die 1926/27 in den Handel kam, kaum die Hälfte des Vorkriegsumfangs. Die pflanzlichen und tierischen Rohstoffe wurden — außer Baumwolle und Zuckerrüben — zum weitaus größten Teil im eigenen Betrieb oder in der bäuerlichen Hausindustrie verbraucht bzw. verarbeitet. Allerdings wurde die stagnierende Marktproduktion nicht nur durch den Warenhunger, sondern auch durch die Veränderungen der Agrarstruktur verursacht, die die Revolution hervorgerufen hatte. In erster Linie ist hier die allgemeine Bodenzersplitterung zu nennen. An die Stelle der Adelsgüter und der großbäuerlichen Betriebe, die bis zur Hälfte ihrer Erzeugnisse zum Verkauf angeboten und vor dem Kriege sieben Zehntel des gesamten Marktgetreides geliefert hatten, waren vorwiegend kleinere Wirtschaften getreten, die oft kaum in der Lage waren, ihre eigenen Mitglieder zu ernähren und im Durchschnitt nur eine Marktquote von ca. 11 Prozent erreichten. Diese Wirtschaften, die sich zwischen 1913 und 1927 um einige Millionen vermehrten, bestimmten in den Jahren der Neuen Ökonomischen Politik die Struktur der Landwirtschaft. »Allein die Tatsache«, erklärte Stalin, »daß wir vor dem Kriege 15 bis 16 Millionen individueller Bauernwirtschaften hatten, jetzt hingegen 24 bis 25 Millionen Bauernwirtschaften haben, allein schon diese Tatsache besagt, daß die Hauptbasis unserer Landwirtschaft gegenwärtig die kleine Bauernwirtschaft ist, die ein Minimum an Warengetreide liefert.«[3] Die ununterbrochene Vermehrung der Einzelwirtschaften führte zu einem ständigen Rückgang der durchschnittlichen Saatfläche, die im Jahre 1927 nur noch knapp 4 Desjatinen betrug. Außerdem mangelte es an lebendem und totem Inventar. Die Landwirtschaft verfügte 1927 über nur 27 000 Traktoren, wovon die Hälfte zum Besitz der wenigen Sowjet- und Kollektivwirtschaften gehörte. In der Masse der Wirtschaften wurde noch mit der Hand gesät, mit Sense und Sichel gemäht und mit dem Dreschflegel oder anderen Handgeräten gedroschen. Nach einer Erhebung des Volkskommissariats für Landwirtschaft entfielen 1927 auf 24 Millionen Höfe nur 9 Millionen Pflüge und 8 Millionen Eggen. Insgesamt waren um diese Zeit noch

5 bis 6 Millionen altertümlicher Hakenpflüge in Gebrauch. Künstliche Düngemittel waren den meisten Bauern so gut wie unbekannt.
Besonders hemmend auf die landwirtschaftliche Produktivität wirkte sich die innerbetriebliche Zerstückelung aus. Sie entsprang dem permanenten Umteilungsprozeß, der mit der traditionellen Gemeindeverfassung verknüpft war. Mehr als neun Zehntel der Bauern lebten unter den Bedingungen der Neuen Ökonomischen Politik innerhalb der Dorfgemeinde, so daß die wirtschaftlich rückständigste und unproduktivste Form der Landnutzung bei weitem überwog. Obwohl die Agrargesetzgebung den allzu häufigen Wechsel des Bodens untersagt hatte, verteilten die Bauern das Land trotzdem immer wieder um, damit bei einer endgültigen Regelung der Besitzverhältnisse niemand benachteiligt werden konnte. Oft wurde die Neuverteilung auch als Kampfmaßnahme gegen die wiedererstarkenden bäuerlichen Oberschichten durchgeführt. Dadurch nahm die Gemengelage, die bereits vor der Revolution jede rationelle Wirtschaftsführung verhindert hatte, immer weiter zu. Die Landstücke, über die der Bauer jetzt verfügte, waren noch zahlreicher und zerstreuter als vorher. Nach Angaben des Volkskommissariats für Landwirtschaft setzten sich Mitte der zwanziger Jahre die einzelnen Landanteile im Durchschnitt aus sechzehn, stellenweise sogar aus 100 und mehr – oft weit auseinanderliegenden – winzigen Streifen zusammen. Auf diese Weise ergab sich eine Unmenge überflüssiger Wege und Transporte, die – ebenso wie die großen Entfernungen der Schläge vom Hof, vor allem im Süden und Südosten der Sowjetunion – die Kosten der Bestellung, Düngung und Ernte vervielfachten. Eine geregelte Fruchtfolge war bei dieser chaotischen Bodenorganisation unmöglich. Das einfache Dreifeldersystem oder noch extensivere Betriebsformen bildeten die bei weitem vorherrschende Wirtschaftsweise. Eine intensivere und rationellere Nutzung der Betriebsflächen setzte daher zunächst einmal die radikale Reorganisation der Besitzverhältnisse voraus.
Eine gewisse Konzentration der bäuerlichen Mittel konnte innerhalb der Zirkulationssphäre, durch die Bildung von Genossenschaften, erreicht werden. Im Herbst 1927 war etwa ein Drittel der Bauernhöfe in landwirtschaftlichen Einkaufs- und Absatzgenossenschaften zusammengefaßt, die vor allem die Versorgung der Bauern mit Industrieerzeugnissen sowie den Absatz der Agrarerzeugnisse organisierten. Zur gleichen Zeit zählte man in der gesamten Sowjetunion nur 17 860 Kollektivwirtschaften, wovon lediglich 14 500 organisatorisch erfaßt waren. Ohne eine weitere Konzentration der Produktivkräfte, vor allem des Bodens, hatte jedoch die Landwirtschaft keine Perspektive. Nur wenn es gelang, dem Prozeß der Bodenzer-

splitterung und -zerstückelung ein Ende zu setzen und die Zahl der landwirtschaftlichen Großbetriebe beträchtlich zu erhöhen, war die Ernährungs-, Rohstoff- und Exportbasis der Sowjetunion auch in Zukunft gesichert.

b) Die soziale Differenzierung der Bauernschaft

Bald nach Beginn der Neuen Ökonomischen Politik setzte auf dem Lande erneut der soziale Differenzierungsprozeß ein, der durch die Stolypinsche Agrarreform gefördert, durch die Revolution und den Kriegskommunismus jedoch unterbunden worden war. »Der Faden wird von der Geschichte wieder aufgenommen und weitergesponnen.«[4] Das Landproletariat auf der einen und die Zahl der größeren Bauern auf der anderen Seite nahmen wieder zu. Die Ausgangsbasis für die Erstarkung der bäuerlichen Betriebe bildete die Erweiterung der Anbaufläche. Während diese zunächst in der Weise erfolgte, daß der während der Kriegs- und Bürgerkriegsjahre brachliegende Boden wieder bestellt wurde, entwickelten sich seit Mitte der zwanziger Jahre, als die alten Bodenreserven erschöpft waren, die größeren Wirtschaften auf Kosten der kleinen und kleinsten Betriebe. Da der Boden unverkäuflich war, bildete die Bodenpacht die wichtigste Form der Landerweiterung. Gewöhnlich pachteten die wohlhabenderen das Land der ärmeren Bauern, das diese aus Mangel an Arbeitsvieh und -gerät nicht bestellen konnten. Der Verpächter war also — ebenso wie vor der Revolution — vor allem der Dorfarme, der kaum Inventar besaß, sein Stückchen Land jedoch weder verpfänden noch verkaufen durfte. Die meisten Pächter waren Mittelbauern, aber die größten Pachtflächen konzentrierten sich in den Händen der bäuerlichen Oberschichten. Neben der Bodenpacht trug vor allem der Besitz und die Vermietung von landwirtschaftlichem Inventar sowie die Einstellung von Lohnarbeitern zu deren Stärkung bei.
Der soziale Differenzierungsprozeß war allerdings zahlenmäßig nur schwer zu erfassen. Versuche der sowjetischen Statistik, die Bauernschaft nach Größe der Anbaufläche sowie Besitz von Nutz- und Arbeitsvieh zu klassifizieren, erwiesen sich als ungenügend — schon allein deshalb, weil die regionalen Unterschiede in der Form der Bodennutzung und der Bedeutung der Viehhaltung außerordentlich groß waren und überdies häufig nichtlandwirtschaftliche Einkommen eine wichtige Rolle spielten. Daher mußte man neben dem Land- und Viehbesitz auch die Lohnarbeit, die Bodenpacht, die Kapitalausstattung und die Steuerstatistik berücksichtigen. Mit Hilfe aller dieser Kriterien ließ sich die landwirtschaftliche Bevölkerung in vier große soziale Gruppen einteilen: das Landproletariat, die Dorfarmut, die Mittelbauern und die Kulaken. Zum Landproletariat gehör-

ten alle Landbewohner, die entweder bei den bäuerlichen Oberschichten, in kommunalen und staatlichen Betrieben oder auf Höfen, in denen das Familienoberhaupt fehlte, tätig waren. Zur Dorfarmut zählten die Zwergwirtschaften mit unzureichender Ausstattung an Boden und Inventar. Um ein Einkommen zu erlangen, das ihnen das Existenzminimum gewährleistete, waren diese Halbbauern gezwungen, landwirtschaftliches Inventar zu mieten, Land zu verpachten oder einen Nebenerwerb zu suchen. Die zahlreichste Gruppe bildeten die Mittelbauern. Ihr Besitz an Boden und Inventar reichte in der Regel aus, um mit Hilfe der Angehörigen den Lebensunterhalt zu bestreiten und wenigstens einen kleinen Überschuß zu erwirtschaften. Sie stellten nur ausnahmsweise – vorwiegend zur Erntezeit – Lohnarbeiter ein, die gewöhnlich als Tagelöhner beschäftigt wurden. Auch zugepachteter Boden konnte meistens mit den eigenen Arbeitskräften bestellt werden. Dagegen verwendeten die Kulaken systematisch Lohnarbeit, um über die eigene Bedarfsdeckung hinaus für den Verkauf zu produzieren. Es handelte sich hierbei um die wohlhabenden Bauern, die Dorfreichen oder ländlichen Kleinkapitalisten, deren Betriebe rationeller geführt wurden und am Erwerb orientiert waren. Sie verfügten über eine überdurchschnittlich große Anbaufläche, pachteten Boden hinzu und vermieteten Arbeitsvieh und Inventar. In manchen Gebieten betrieben sie außerdem ein Nebengewerbe oder beschäftigten sich mit Handel. Häufig liehen sie den übrigen Bauern auch Geld, wofür sie gewöhnlich Wucherzinsen verlangten. Ihre stärksten wirtschaftlichen Positionen besaßen die Kulaken einmal in den Randgebieten der RSFSR und in den Randrepubliken – vorab in Uzbekistan, Gruzinien und Belorußland –, zum anderen in den landwirtschaftlichen Überschußgebieten, d. h. in Gebieten mit extensiver Getreidewirtschaft oder landwirtschaftlichen Spezialkulturen wie zum Beispiel dem Nordkaukasus oder der Krim. Im Jahre 1926/27 zählten das Landproletariat 5,8 Millionen, die Dorfarmut 22,4 Millionen, die Mittelbauern 76,7 Millionen und die Kulaken 4,9 Millionen Personen.

Aus dieser sozialen Gliederung des Dorfes ergab sich eine Reihe schwieriger Probleme. Nach wie vor gab es eine große soziale Gruppe, die zwar ein Stückchen Land, aber kein oder kaum landwirtschaftliches Inventar besaß, um es zu nutzen, und die auch in anderen Wirtschaftszweigen kein ausreichendes Einkommen fand, so daß sie am Rande des physischen Existenzminimums – noch unter dem Niveau des Landproletariats – dahinvegetierte. Die Millionenmassen der Dorfarmut, um die es sich hierbei handelte, bildeten die agrarische Überbevölkerung, deren Ursprünge in der sozialökonomischen Struktur des zaristischen Rußland lagen. Die mit der kapitalistischen Entwicklung verknüpfte Differenzierung der Landbevölkerung führte hier — im Unterschied zu Westeuropa — nicht zur Proletarisierung und Abwanderung in die Industriegebiete, sondern zur Entstehung einer halbproletarischen Bauernschicht. Die verarmten Bauern blieben nicht nur durch das System der Abarbeit und die alte Dorfverfassung an Scholle und Gemeinde gebunden; sie fanden auch infolge ungenügender Nachfrage der nur schwach entwickelten Industrie kaum Möglichkeiten für einen Nebenerwerb außerhalb des Dorfes. Die Agrarrevolution hatte diese Situation nur wenig verändert, da der Landhunger kaum gemildert wurde und der Inventarmangel sich durch die ständige Vermehrung der Wirtschaften noch stärker bemerkbar machte. Die Bevölkerungsdichte auf dem Lande aber nahm ununterbrochen zu. In den Hungerjahren hörte die bäuerliche Abwanderung auf, und es kam zu einem großen Zustrom aus den Städten und Industriezentren. Nach Beginn der Neuen Ökonomischen Politik setzte zwar der Abzug aus den Dörfern wieder ein, so daß jahrein, jahraus Hunderttausende in den Industriegebieten Arbeit suchten. Dieser Abzug, der für die Städte eine zunehmende Zahl von Arbeitslosen bedeutete, konnte jedoch kaum ein Drittel der natürlichen Bevölkerungszunahme absorbieren, so daß die Diskrepanz zwischen Bevölkerungszahl und Produktionskapazität der Landwirtschaft immer krasser wurde.

Die agrarische Überbevölkerung war — entsprechend den regionalen Unterschieden in der sozialökonomischen Grundstruktur der Landwirtschaft — sehr ungleichmäßig über das Land verbreitet. Das Gebiet der europäischen Sowjetunion ließ sich unter diesem Gesichtspunkt in vier verschiedene Regionen unterteilen. Am meisten überbevölkert waren das Zentrale Schwarzerdegebiet, das Gebiet der Mittleren Wolga, Belorußland, Dagestan, Baschkirien und Gebiete der Ukraine — eine Region, die man bereits im 19. Jahrhundert als das »verelendete Zentrum« bezeichnet hatte. Hier herrschte — ebenso wie vor dem Kriege, als der Großgrundbesitz in seiner präkapitalistischen Form überwog — bitteres Elend. Die Masse der Bauern gehörte zur Dorfarmut; es gab kaum größere Betriebe. Da Städte und Industriezentren fehlten, blieb eine Nachfrage nach Arbeitskräften aus, und die Klein- und Kleinstbauern mußten versuchen, ein Auskommen auf ihrem Stückchen Land zu finden. Auch in einer zweiten Region, zu der bestimmte Teile der Ukraine und der Ural gehörten, gab es zumindest partiell eine Überbevölkerung. Hier herrschten die kleinen und mittleren Betriebe vor, während es nur wenige große Höfe gab. Nichtlandwirtschaftliche Einkünfte spielten eine mäßige Rolle. Eine dritte Region, die sich auf die Krim, den Nordkaukasus, das Gebiet der Unteren Wolga und die Südukraine erstreckte, konnte dagegen nicht als überbevölkert bezeichnet werden. Die Landwirtschaft, die hier die Haupterwerbsquelle bildete, lieferte hohe Getreideüberschüsse. Größere Betriebe, die Lohnarbeiter beschäftigten, waren stark verbreitet. Es herrschte ein relativer Wohlstand, wobei die Krim mit ihren intensiven Kulturen und der Nordkaukasus mit seinem extensiven Getreideanbau an der Spitze lagen. Auch in einer vierten Region, die das Nordostgebiet sowie die Gebiete um Moskau und Leningrad umfaßte, ließ sich nicht von überschüssiger Bevölkerung sprechen. Das relative Wohlstandsniveau, das diese Region kennzeichnete, resultierte vorwiegend aus nichtlandwirtschaftlichen Einkünften, da die Industrie hier genügend Arbeitsmöglichkeiten bot. Der Ackerbau, in dem die kleineren Betriebe dominierten, spielte eine untergeordnete Rolle; nur die Milchwirtschaft war stärker entwickelt.

Im Unterschied zum Zentrum, dem Westen und Südwesten der europäischen Sowjetunion, die völlig überbevölkert waren, war der Osten — vor allem Sibirien — nach wie vor äußerst dünn besiedelt, so daß einer inneren Kolonisation große Möglichkeiten offenstanden. Allerdings erforderte diese immense Investitionen. Der asiatische Teil der Sowjetunion mußte erst erschlossen und urbar gemacht werden. Es waren riesige Sumpf- und Morastgebiete trockenzulegen und große Waldgebiete zu

Abb. 26: Russisches Dorf Ende der zwanziger Jahre. — In dieser Form blieb das Dorf auch nach der Kollektivierung zunächst noch bestehen, so daß sich die bäuerliche Lebensweise kaum veränderte. Erst in späteren Jahren kamen neue Wirtschaftsgebäude und manchmal auch Verwaltungsgebäude, Klubs und Kinderheime hinzu, die fast ausschließlich mit Hilfe der örtlichen Baumaterialien (Lehm, Holz, Schilf, Stroh) errichtet wurden.

roden, oder, wie in den kirgisischen Steppen, umfangreiche Meliorationsarbeiten durchzuführen und erst einmal ein System von Bewässerungsanlagen zu errichten. Zwar meldeten sich viele Hunderttausende Bauern bei der staatlichen Siedlungsverwaltung; außerdem gab es auch eine spontane Ostwanderung. Doch reichten die zur Verfügung stehenden Mittel nicht aus, um genügend neue Hofstellen zu schaffen und die damit verknüpften umfangreichen Vorarbeiten zu leisten. Eine Umsiedlung kam daher von vornherein nur für die wohlhabenderen Bauern in Frage. Die innere Kolonisation konnte allerdings, selbst wenn sie einen größeren Umfang angenommen hätte, immer nur eine Hilfsfunktion ausüben. Letzten Endes war das Problem der agrarischen Überbevölkerung nur durch die Industrialisierung sowie die hiermit verbundene umfassende Intensivierung und Rationalisierung der landwirtschaftlichen Produktionsweise zu lösen.

Während auf der einen Seite eine breite Schicht der Landbevölkerung in der Landwirtschaft weder ausreichende Arbeits- noch Ernährungsmöglichkeiten fand, gab es auf der anderen Seite eine kleine bäuerliche Spitzengruppe, der es gelang, in ihren Händen immer mehr Boden, Inventar, Geldmittel und Naturalvorräte zu konzentrieren und auf einer solchen Grundlage Lohnarbeiter einzustellen. Infolge der verhältnismäßig guten Ausstattung mit Kapital und Arbeit sowie einer besseren Betriebsorganisation lagen die Erträge dieser Kulakenbetriebe weit über dem Durchschnittsniveau und übertrafen sogar häufig die Ergebnisse der Kollektivwirtschaften. Die wirtschaftliche Macht der Kulaken war weitaus größer als ihre numerische Stärke. Obwohl ihnen nur vier Prozent der Höfe gehörten, verfügten sie über ca. 13 Prozent der gesamten landwirtschaftlichen Nutzfläche und über 15 Prozent der Saatfläche. Drei Viertel von ihnen, d. h. mehr als eine halbe Million, besaßen eine Anbaufläche von 16 Desjatinen an aufwärts. Zwar war durch die Nationalisierung eine Konzentration des Bodens in einem Umfang wie vor der Revolution ausgeschlossen. Manche Kulaken verfügten jedoch über riesiges Pachtland – nicht selten mehr als 100 Desjatinen –, auf dem sie zahlreiche Lohnarbeiter beschäftigten. Die Zahl der Zwergbauern, die ihr Land an die Kulaken verpachteten oder bei ihnen Arbeit suchten, nahm ständig zu. Indem die Kulakenbetriebe Landanteile übernahmen, die sonst unbebaut blieben, und dadurch Millionen von armen Bauern und Landarbeitern eine produktive Nutzung ihrer Arbeitskraft ermöglichten, übten sie eine wichtige ökonomische Funktion aus. Ihre Hauptbedeutung aber lag wohl darin, daß sie die meisten und modernsten Produktionsmittel besaßen, die sie zum Teil an die anderen Bauern vermieteten. Da die Kulaken auch die größten Geld- und Getreidevorräte besaßen, mit denen sie den ärmeren Bauern des Dorfes häufig aushalfen, gerieten diese in immer größere Abhängigkeit. Auf der Grundlage der allgemeinen wirtschaftlichen Verflechtung, durch die die Kulaken eine zentrale ökonomische Position in der landwirtschaftlichen Produktion erhielten, reproduzierten sich somit alte Abhängigkeits- und Ausbeutungsverhältnisse, die man mit der Revolution für immer überwunden glaubte.

Die hohe Produktivität ihrer Wirtschaften ermöglichte es den Kulaken, eine wichtige Rolle auf dem Markt zu spielen. Sie versorgten nicht nur die anderen Dorfbewohner mit ihren Erzeugnissen, sondern produzierten zu einem großen Teil für den Absatz außerhalb des Dorfes. Ihre Marktquote lag etwa doppelt so hoch wie die der übrigen Einzelwirtschaften. Der Anteil der Kulaken an der gesamten Marktproduktion erreichte im Wirtschaftsjahr 1926/27 bei Getreide ein Fünftel, bei den übrigen Erzeugnissen ein Siebentel. »Das war eine ziemlich bedeutende Macht, mit der man rechnen mußte.«[5] Die Kulaken verstanden es, die günstige Marktposition zu ihrem Vorteil zu nutzen. Schon im Wirtschaftsjahr 1925/26 gelang es ihnen, durch das Zurückhalten ihrer Vorräte die Preise in einer Weise hochzutreiben, daß schwere Störungen in der Warenzirkulation eintraten und schließlich der gesamte Wirtschaftsplan revidiert werden mußte. Da sich die Masse der Bauern in ihrem Marktverhalten an den Kulaken orientierte, bestand die Gefahr, daß die wirtschaftlichen Verbindungen zwischen Stadt und Land unterbrochen wurden.

Auch im politischen Leben des Dorfes traten die Kulaken immer stärker hervor. In der Agrargemeinde, der Versammlung der Bodenbesitzer, übten sie gewöhnlich den größten Einfluß aus. Da die Agrargemeinden auf Grund ihrer wirtschaftlichen Möglichkeiten häufig den Dorfsowjet völlig beiseite drängten, gewannen die bäuerlichen Oberschichten de facto ihre alten Rechte zurück, die ihnen die Revolution genommen hatte. Sie entwickelten allmählich ein politisches Bewußtsein, und es gab bereits erste Initiativen zur Gründung einer eigenen Bauernpartei. Als 1925/26 die Rätewahlen, die bisher – nach Stalin – »keine wirklichen Wahlen waren, sondern eine leere Kanzleiprozedur«[6], zum erstenmal in relativer Freiheit stattfanden, entfalteten die bäuerlichen Oberschichten eine rege Aktivität und schickten zum großen Teil ihre eigenen Vertreter in die Dorfsowjets. Die Kommunisten bildeten eine machtlose Minderheit und waren häufig selbst in irgendeiner Form von den Kulaken abhängig. Auch als im folgenden Jahr eine neue Wahlordnung eingeführt wurde, die den Kulaken das Wahlrecht nahm, konnten diese – wie aus den zahlreichen Berichten über die zunehmenden Spannungen und Auseinandersetzungen im Dorf hervorgeht – ihre politische Position weiter behaupten.

Die wachsende wirtschaftliche und politische Macht der Kulaken veranlaßte schließlich die Sowjetführung im Herbst 1927 zu einer Änderung ihrer Agrarpolitik, die — vor allem seit Mitte der zwanziger Jahre — darauf abgezielt hatte, die Schranken der privaten Akkumulation auf dem Lande zu beseitigen. Während sie bisher die Entwicklung eines Agrarkapitalismus im Interesse der Akkumulation in gewissen Grenzen durchaus zugelassen hatte, beschloß sie nun ein ganzes System von Restriktionsmaßnahmen, das jede derartige Entwicklung verhindern sollte. Vor allem wurde die Bodenpacht und die Einstellung von Lohnarbeitern erschwert, wodurch die Kulaken ihre Betriebe weitgehend einschränken mußten. Man verkaufte ihnen keine landwirtschaftlichen Geräte und Maschinen mehr und entzog ihnen Kredite und andere Unterstützungen. Bei der Landvermessung mußten die Kulaken die höchsten Gebühren bezahlen und erhielten den schlechtesten und am ungünstigsten gelegenen Boden zugeteilt. Außerdem durften sie kein Inventar mehr verleihen und keinen Handel mehr treiben. Von der Steuer wurden sie nun noch stärker als vorher belastet. Um die Kulaken als politische Kraft auf dem Lande auszuschalten, entzog man ihnen das Stimmrecht in der Agrargemeinde, durch das sie bisher im wesentlichen ihren Einfluß ausgeübt hatten. Während die Sowjetführung so mit Hilfe administrativer Maßnahmen die wirtschaftliche und politische Macht der Kulaken im Dorf zu brechen suchte, entwickelte sie zugleich ein großzügiges Förderungsprogramm für die kleineren Bauernwirtschaften. Um ihre Leistungsfähigkeit zu heben, belieferte sie sie bevorzugt mit Saatgut und Ackergerät und gewährte ihnen steuerliche Vergünstigungen. Durch die Einschränkung der größeren und eine gewisse Hebung der kleineren Betriebe begann sich seit Herbst 1927 — nach der zunehmenden sozialen Differenzierung, die mit dem wirtschaftlichen Aufschwung während der Neuen Ökonomischen Politik verknüpft war — ein neuer Nivellierungsprozeß auf dem Lande abzuzeichnen.

c) Das Industrialisierungsprogramm

Von Anfang an stand für die Bolschewiki außer Zweifel, daß sie ihre Macht auf die Dauer nicht in einem rückständigen Agrarland behaupten konnten. Die in viele Millionen Klein- und Kleinstwirtschaften zersplitterte Landwirtschaft bildete keine stabile soziale Basis. Schon im Dezember 1920 hatte Lenin im Zusammenhang mit der Diskussion um den GOĖLRO-Plan erklärt: »Solange wir in einem kleinbäuerlichen Lande leben, besteht für den Kapitalismus in Rußland eine festere ökonomische Basis als für den Kommunismus.« Und er hatte hinzugefügt: »Erst dann, wenn das Land elektrifiziert ist, wenn die In-

dustrie, die Landwirtschaft und das Verkehrswesen eine moderne großindustrielle technische Grundlage erhalten, erst dann werden wir endgültig gesiegt haben.«[7] Die Sowjetführung hielt also an der traditionellen marxistischen Auffassung fest, daß der Sozialismus nur auf der Grundlage hochentwickelter technischer Produktivkräfte zu verwirklichen sei. Durch die Industrialisierung, so hoffte sie, würde das Land nicht nur eine moderne Großindustrie erhalten, sondern die gesamte Landwirtschaft ließe sich dadurch auf eine neue technische Basis stellen.
Über die immensen Schwierigkeiten, die mit der Industrialisierung eines rückständigen Agrarlandes verbunden waren, gab man sich keinerlei Illusionen hin – vor allem, seitdem klar geworden war, daß das Ausland nicht zu einer umfassenden Wirtschaftshilfe bereit war, mit der man ursprünglich fest gerechnet hatte. Die Sowjetführung hatte zu Beginn der zwanziger Jahre alle Anstrengungen unternommen, um westliche Staatsanleihen oder private Direktinvestitionen zu erhalten und in diesem Zusammenhang privaten Kapitalgruppen Konzessionen zur Ausbeutung russischer Bodenschätze sowie gewinnbringende Beteiligung an russischen Industrie- und Handelsunternehmen angeboten. Auf den internationalen Wirtschaftskonferenzen in Genua und im Haag 1922 war von sowjetischer Seite versucht worden, die westeuropäischen Regierungen für eine langfristige ökonomische Kooperation zu gewinnen. Diese forderten jedoch zunächst einmal die bedingungslose Anerkennung der russischen Vorkriegs- und Kriegsschulden sowie die volle Rückerstattung des nationalisierten ausländischen Eigentums. Sie stellten immer wieder Forderungen, deren Annahme Sowjetrußland in die gleiche Abhängigkeit wie China oder Indien gebracht hätte. Dadurch waren alle Bemühungen, hohe und langfristige Kredite zu erhalten, zum Scheitern verurteilt. Der einzige größere Kredit, der der Sowjetunion eingeräumt wurde, war der deutsche 300-Millionen-Kredit von 1926. Auch das großangelegte Konzessionsprogramm, auf das vor allem Lenin größte Hoffnungen gesetzt hatte, war – trotz guter Profitchancen für das Auslandskapital – fast vollkommen gescheitert. Politische Gründe und ungünstige Arbeitsbedingungen verhinderten langfristige Kapitalanlagen. Im Wirtschaftsjahr 1926/27 betrugen die Fremdinvestitionen in das industrielle Anlagekapital nicht einmal 1 Prozent. Die Konzessionäre beschäftigten nur knapp 25 000 ständige Arbeitskräfte, wozu noch bis zu 30 000 Saisonarbeiter kamen. Die Jahresproduktion aller Konzessionsunternehmen erreichte einen Wert von knapp 60 Millionen Rubel, was bei einer Gesamtproduktion von 9 Milliarden kaum ins Gewicht fiel. Selbst die Handelsbeziehungen, die zunächst so energisch angestrebt wurden, brachten nur geringen Gewinn. Da die russische Industrie bestimmte

ausländische Maschinen und Rohstoffe benötigte, die Sowjetunion jedoch kaum über Exportüberschüsse verfügte, schloß fast jedes Jahr mit einer passiven Handelsbilanz ab. Unter solchen Umständen wurde das Industrialisierungstempo so gut wie ausschließlich von der inneren Kapitalakkumulation abhängig. In diesem Sinne bestimmte der erste Gesamtplan, der nach Beginn der Neuen Ökonomischen Politik ausgearbeitet wurde, als den für das volkswirtschaftliche Wachstum entscheidenden Faktor »den Umfang der nationalen Akkumulation in seiner materiellen Form . . ., d. h., die Gesamtheit aller produzierten Güter, die nach der Befriedigung des Bedarfs der einfachen Reproduktion verbleiben und auf diese Weise die materielle Basis für die erweiterte Reproduktion und den Neuaufbau abgeben«[8].
Das Industrialisierungsprogramm, das während der Zeit der Neuen Ökonomischen Politik entwickelt wurde, orientierte sich nicht am Vorbild des kapitalistischen Industrialisierungsprozesses, der von den konsumnahen Produktionszweigen ausgegangen war, sondern sah die vorrangige Entwicklung der Schwerindustrie vor. In dieser grundsätzlichen Frage gab es innerhalb der Sowjetführung keine Meinungsverschiedenheiten. Bereits der Vierzehnte Parteitag im Dezember 1925 forderte, »die UdSSR aus einem Land, das Maschinen und Ausrüstung importiert, in ein Land, das Maschinen und Ausrüstung produziert, zu verwandeln«[9]. Er erklärte die von der – weitgehend mit der Schwerindustrie identischen – Produktionsmittelindustrie aus vorgetragene Industrialisierung zur Generallinie der Partei, da nur auf diese Weise die wirtschaftliche und politische Unabhängigkeit des Landes zu gewährleisten sei; ein sozialistischer Staat ohne eigene Schwerindustrie schien auf die Dauer nicht lebensfähig. Allerdings sollte die Entwicklung der Schwerindustrie innerhalb eines »dynamischen wirtschaftlichen Gleichgewichts« erfolgen, wobei drei verschiedene Zielsetzungen miteinander verknüpft werden mußten: die Entfaltung der Produktivkräfte, die Hebung des Lebensstandards und die Ausweitung der sozialistischen Wirtschaftsformen. Die Entwicklung der Schwerindustrie – darüber war man sich einig – durfte keinesfalls zu einer Vernachlässigung der übrigen Wirtschaftszweige führen. Schon allein im Interesse einer beschleunigten Akkumulation war ein gleichzeitiger rascher Aufbau der Leichtindustrie, deren Betriebe sofort effektiv und rentabel arbeiteten, unerläßlich. Vor allem aber mußten bestimmte Proportionen zwischen Landwirtschaft und Industrie gewahrt bleiben. Die Mittel der Landwirtschaft, die vor allem als innerer Markt, Rohstoffproduzent und Nahrungsmittellieferant die Grundlage des industriellen Aufbaus bildete, durften nur so weit in Anspruch genommen werden, wie es ihre eigenen Wachstumsinteressen jeweils gestatteten. Der Fünfzehnte Parteitag im Dezember

1927 betonte noch einmal die zentrale Bedeutung des wirtschaftlichen Gleichgewichts in der beginnenden Industrialisierungsphase. Er warnte vor einem Primat der Akkumulation, vor einer einseitigen Forcierung der Schwerindustrie und einer zu weitgehenden Übertragung von Mitteln aus dem landwirtschaftlichen in den industriellen Sektor. In der Perspektive zeigte Rykov, seit Lenins Tod (1924) Vorsitzender des Rates der Volkskommissare, ein umgekehrtes Leistungsverhältnis zwischen Industrie und Landwirtschaft auf. Zwar sei ein Industrialisierungsbeitrag der Landwirtschaft sowie der übrigen Wirtschaftszweige zunächst unvermeidlich. »Aber später, wenn die Industrie erstarkt und das Niveau der industriellen Entwicklung des Landes weitaus höher sein wird als heute, ist auch die umgekehrte Möglichkeit denkbar: die Überleitung von Mitteln aus der Industrie in die Landwirtschaft, um diese in sozialistischer Richtung entwickeln zu können.«[10]
Das dynamische wirtschaftliche Gleichgewicht bildete auch für die Perspektivplanung das bestimmende Prinzip. Bereits im Jahre 1925 hatten sowohl die Staatliche Plankommission als auch der Oberste Volkswirtschaftsrat, die beiden führenden Wirtschaftsgremien zur Zeit der Neuen Ökonomischen Politik, den Auftrag erhalten, einen fünfjährigen volkswirtschaftlichen Entwicklungsplan auszuarbeiten. Die Fünfjahresperiode wurde deshalb gewählt, weil sie am besten den Verhältnissen der sowjetischen Industrie und Landwirtschaft entsprach: In dieser Zeitspanne ließen sich industrielle Großbauten errichten, und man konnte mit einer Durchschnittsernte rechnen. Die grundlegende Aufgabe des Fünfjahresplans bestand darin, eine möglichst krisenlose erweiterte Reproduktion der gesamten Volkswirtschaft auf der Basis der Industrialisierung zu gewährleisten, wobei sowohl das Wachstumstempo als auch die Entwicklungsrichtung möglichst genau bestimmt werden sollten. Eine solche Aufgabe war schon allein deshalb außerordentlich schwierig, weil das genaue Ausmaß der — tatsächlichen und möglichen — Kapitalakkumulation unter den Bedingungen der Neuen Ökonomischen Politik noch unbekannt war. Ungeachtet der extremen Kapitalarmut wurden jedoch von Anfang an hohe und höchste Wachstumsraten (10—20 Prozent) für die Industrieproduktion angesetzt, die weit über dem durchschnittlichen Entwicklungstempo der fortgeschrittenen Industriestaaten (2—4 Prozent) lagen. Bereits das zaristische Rußland hatte sich ja als late-comer die Möglichkeiten der modernen Technik zunutze gemacht und innerhalb weniger Jahre inmitten einer primitiven Agrarordnung eine moderne Großindustrie aufgebaut. Mit Hilfe planwirtschaftlicher Methoden würden sich nun — so glaubte man — selbst die höchsten bisher erreichten Zuwachsraten noch übertreffen lassen. In dieser Auffassung sahen sich

die Planorgane durch die Erfahrungen zu Beginn der Industrialisierungsphase durchaus bestätigt. Zwischen 1926 und 1929 erzielte die Industrie Produktionsergebnisse, die die ursprünglichen Erwartungen weit übertrafen. Trotz aller Schwierigkeiten, die aus dem Kapitalmangel resultierten, gelang es immer wieder, neue Wachstumsreserven ausfindig zu machen. In diesem Zusammenhang ist vor allem das Dreischichtensystem zu nennen, das dazu diente, das vorhandene Anlagekapital besser auszunutzen und seit dem Winter 1927/28 zunächst in der Textilindustrie eingeführt wurde.

Unter dem Eindruck der ersten Erfolge schraubten die Planorgane die Industrialisierungsziele immer höher hinauf. Während alle Planentwürfe ursprünglich höchstens eine Verdoppelung der Industrieproduktion innerhalb eines Jahrfünfts projektiert hatten, sah die Endfassung des ersten Fünfjahrplans eine Zunahme um 135 Prozent in der Ausgangsvariante und um 180 Prozent in der Optimalvariante vor. Durch die Ausarbeitung von zwei verschiedenen Varianten wollte man den Unsicherheitsfaktoren begegnen, die mit der Unklarheit über die genauen wirtschaftlichen Möglichkeiten, den Witterungseinflüssen, der Verflechtung mit der Weltwirtschaft sowie der politischen und militärischen Situation des Landes zusammenhingen. Die Verwirklichung der Optimalvariante setzte voraus, daß während des Planjahrfünfts keine ernsthafte Mißernte eintrat, daß sich die Verbindungen mit der Weltwirtschaft durch erhöhten Agrarexport und langfristige Auslandskredite immer mehr ausweiteten, daß sich die Produktionskosten der Industrie sowie die Ernteerträge günstig entwickelten und daß schließlich nur geringfügige Rüstungsausgaben notwendig wurden. Obwohl die Durchführung des Optimalprogramms ausdrücklich an die genannten Voraussetzungen geknüpft war, beschloß die Sowjetführung nach intensiven Diskussionen schließlich, diese Variante in jedem Fall als verbindlich anzunehmen. In dieser Form wurde dann der Fünfjahrplan von der Sechzehnten Parteikonferenz Ende April und dem Fünften Sowjetkongreß Ende Mai 1929 als – wie es zunächst schien – endgültiges Industrialisierungsprogramm für das Jahrfünft von 1928/29 bis 1932/33 bestätigt.

Im Mittelpunkt des ersten Fünfjahrplans stand ein umfassendes Investitionsprogramm. Insgesamt waren 40 Prozent des Nationaleinkommens, das sich innerhalb des Jahrfünfts etwa verdoppeln sollte, für Investitionen vorgesehen. Im Bereich der Industrie sollten vor allem der Maschinenbau und die Energiewirtschaft gefördert werden. Um die einseitige Verteilung der industriellen Produktivkräfte zu überwinden, die aus der profitorientierten Industrialisierung der Vorkriegszeit herrührte, richtete sich die geplante Standortverteilung der neuen Betriebe nach

den Rohstoff- und Energiequellen, wobei vor allem die rückständigen Gebiete nationaler Minderheiten berücksichtigt wurden. Grundsätzlich war nur der Bau von Großbetrieben vorgesehen, so daß die Heimindustrie und das Hausgewerbe, die in Rußland bisher eine zentrale Rolle gespielt hatten, ganz in den Hintergrund treten mußten. Obwohl die projektierten Kapitalanlagen einen ständig steigenden Teil des Nationaleinkommens beanspruchten, sollte von Jahr zu Jahr auch der Verbrauch der arbeitenden Bevölkerung wachsen. Immerhin war für die Produktion von Konsumtionsmitteln eine Zunahme auf fast das Anderthalbfache vorgesehen, so daß gegen Ende des Jahrfünfts die Verbrauchsnormen für Nahrungsmittel und andere Konsumgüter erheblich erhöht werden könnten. Auf diese Weise hoffte man, den Warenhunger zu beseitigen, der sich hemmend auf den Marktverkehr zwischen Stadt und Land auswirkte, und das Marktgleichgewicht endgültig zu stabilisieren. »Der Aufgabe, dieses Gleichgewicht zu sichern, muß unsere Arbeit untergeordnet werden«, hieß es in den Plandirektiven.[11] Der Fünfjahrplan versuchte also – darin bestand seine Bedeutung – die Entwicklung der technischen Produktivkräfte mit der ständigen Hebung des Lebensstandards zu verknüpfen.
Ob es gelingen würde, die Zielsetzungen des Fünfjahrplans zu erreichen, hing vor allem davon ab, ob der industrielle Aufbau effektiv und rationell gestaltet werden konnte. Die Industrialisierung mußte ja »mit rückständigen Händen«, wie Rykov es einmal ausdrückte, durchgeführt werden. Vor allem mangelte es an ausgebildeten Fachkräften. Während in den westeuropäischen Staaten der Anteil des technischen Personals an der Zahl aller in der Industrie beschäftigten Personen im Durchschnitt bei 10–15 Prozent lag, betrug er in der Sowjetunion nur 1–2 Prozent, bei Ingenieuren sogar nur 0,62 Prozent. In der ganzen Sowjetunion arbeiteten im Jahre 1928 nur 24 200 Techniker und Ingenieure mit Spezialausbildung, darunter 250–260 ausländische Kräfte. Die Qualifikation der Betriebsleiter war sehr mangelhaft. Ein großer Teil von ihnen waren ehemalige Arbeiter, die sich erst während ihrer neuen Tätigkeit ein Minimum an technisch-ökonomischen Kenntnissen angeeignet hatten und kaum in der Lage waren, die mit einer technologischen Umwälzung verbundenen organisatorischen Probleme zu lösen. Es fehlte jedoch nicht nur an technischen und wirtschaftlichen Führungskräften, sondern auch an qualifizierten Facharbeitern, zumal die Schicht der alten geschulten Arbeiter seit dem Bürgerkrieg stark zusammengeschrumpft war. Während in der Periode des wirtschaftlichen Wiederaufbaus in erster Linie ehemalige Arbeiter eingestellt wurden, die während des Bürgerkrieges Zuflucht auf dem Lande gesucht hatten, handelte es sich nun in wachsendem Maße um Landarbeiter und arme

Bauern, die bisher keinerlei Verbindung zur Industrie besaßen und sich auch als Fabrikarbeiter noch dem Dorf zugehörig fühlten. Gerade als der industrielle Neuaufbau einsetzte und sich die Anforderungen an die Arbeitskräfte in jeder Hinsicht erhöhten, zeigte das technisch-kulturelle Durchschnittsniveau der russischen Arbeiterschaft durch den starken Zustrom vom Lande eine sinkende Tendenz, die zu zunehmenden Disziplinschwierigkeiten führte.
Eine weitere grundlegende Voraussetzung, von der der Erfolg des Fünfjahrplans maßgeblich abhing, bildete die Stabilität der Marktbeziehungen. Der Plan unterstellte, daß die Industrialisierung des Landes mit den Mitteln und Methoden der Neuen Ökonomischen Politik, d. h. im Rahmen einer staatlich kontrollierten Marktwirtschaft, durchgeführt würde. Das setzte in erster Linie einen störungsfreien Warenverkehr zwischen Stadt und Land voraus. Nur wenn das landwirtschaftliche Marktangebot ständig zunahm, konnten die wachsende Zahl der Fabrikarbeiter ernährt und die Industrie in ausreichendem Maße mit Rohstoffen versorgt werden. Ob jedoch die Masse der Einzelwirtschaften, die auch in der Konzeption des Fünfjahrplans noch die Grundlage der Agrarproduktion bildeten, bei dem herrschenden Warenhunger mit Hilfe von preis- und steuerpolitischen Maßnahmen zu einer Erhöhung ihres Marktangebots veranlaßt werden konnten, war nach den bisherigen Erfahrungen zumindest fraglich.

d) Der Zusammenbruch des Getreidemarktes

Die Zukunft der Neuen Ökonomischen Politik entschied sich auf dem Getreidemarkt, der für die russische Volkswirtschaft von überragender Bedeutung war. Auch in den zwanziger Jahren entfielen noch mehr als vier Fünftel der Gesamtanbaufläche auf Getreide. Allerdings kam im Durchschnitt nur ein Drittel der Ernte in den Handel, wovon ein großer Teil von der Landbevölkerung aufgekauft wurde. Das erklärte sich aus der Nachfrage von Bezirken, die landwirtschaftliche Rohstoffe erzeugten oder in denen das bäuerliche Heimgewerbe vorherrschte; hinzu kam, daß sich die ländliche Bevölkerung gegenüber der Vorkriegszeit um ca. 7 Prozent vermehrt hatte; darüber hinaus war ihr Eigenverbrauch gestiegen, seitdem sie nicht mehr gezwungen war, ihre letzten Vorräte zu verkaufen, um die drückenden Zahlungsverpflichtungen erfüllen zu können. So war die Getreidemenge, die bei einer Durchschnittsernte für die Versorgung der Stadt und den Export bereitgestellt werden konnte, von vornherein verhältnismäßig gering. Außerdem mußte man infolge der ungünstigen agroklimatischen Bedingungen in der So-

wjetunion mit häufigen Mißernten rechnen. So gab es im ersten Jahrzehnt nach der Oktoberrevolution zwei ausgesprochene Hungerjahre, fünf schlechte und nur drei gute Erntejahre. Oft wurde das vorausberechnete Ernteergebnis noch im letzten Augenblick — etwa durch die Einwirkung heißer Winde oder durch anhaltendes Regenwetter — erheblich vermindert. Vor allem aber hatte man keine Gewißheit darüber, ob die Bauern ihre Überschüsse auch tatsächlich auf den Markt bringen würden, solange man ihnen kein ausreichendes Sortiment an Industriewaren als Gegenleistung anbieten konnte. Häufig zogen sie es vor, Getreide zu verfüttern, größere Reserven anzulegen oder auch zu spekulieren. Daher verfolgte die gesamte Öffentlichkeit den Verlauf der Getreidekampagne, die im wesentlichen in den Händen der genossenschaftlichen und der staatlichen Aufkaufsorgane lag, jedes Jahr aufs neue mit gespanntester Aufmerksamkeit.
Im Jahre 1927/28 erwartete man zunächst ein hohes Getreideangebot. Das Ernteergebnis entsprach einer guten Mittelernte, und da schon in den beiden vorangegangenen Jahren die Ernte günstig ausgefallen war, verfügten die Bauern über relativ hohe Überschüsse. Man war daher überzeugt, daß die Getreideaufkäufe besonders umfangreich ausfallen würden. Schon bald zeigte sich jedoch, daß sich diese Erwartungen nicht erfüllten und die Ankäufe statt dessen weit hinter dem Plan zurückblieben. Die Bauern, die bereits aus den vorhergehenden Jahren über eine hohe Kaufkraft verfügten, hielten ihre Erzeugnisse zurück, da sie keine Industriewaren kaufen konnten. Daraufhin mußte der Getreideexport eingeschränkt und schließlich ganz eingestellt werden. Darüber hinaus entstanden Schwierigkeiten bei der Versorgung des inneren Marktes; vor den Lebensmittelgeschäften konnte man bereits lange Schlangen beobachten. Die Sowjetführung aber unternahm zunächst keinerlei Anstrengungen, um das Defizit an Marktgetreide zu beseitigen, so daß es schließlich gegen Jahresende zu einer regelrechten Getreidekrise kam, deren Auswirkungen die Durchführung des gesamten Wirtschaftsplans in Frage stellten.
In dieser — durch eigene Versäumnisse zumindest mitverschuldeten — Situation blieb der Sowjetführung als einziger Ausweg nur noch eine rasche Notaktion, wenn sie nicht die Getreidepreise erhöhen oder Getreide importieren und damit das Industrialisierungsprogramm gefährden wollte. Anfang Januar 1928 reisten führende Partei- und Staatsfunktionäre aufs Land, wo sie eine Reihe »außerordentlicher Maßnahmen« anordneten, die der Beschaffungskampagne immer mehr Zwangscharakter verliehen. Man forderte die Bauern auf, ihre Getreideüberschüsse zu den vom Staat festgesetzten Preisen abzuliefern. Wenn sie sich weigerten, wurden ihnen die Überschüsse unter Anwendung der Gesetze gegen Spekulation gewaltsam fortgenommen,

wobei ein Viertel des konfiszierten Getreides an die armen Bauern verteilt wurde, um deren Bedarf zu decken und sie zugleich auf die Seite der Sowjetorgane zu ziehen. Obwohl sich die Zwangseintreibungen formell nur gegen die Kulaken, »die wirklich großen Besitzer von Überschüssen an Warengetreide«[12], richteten, war hiervon de facto die gesamte Bauernschaft betroffen – in erster Linie aber die Mittelbauern, die in ihrer Gesamtheit über das meiste Getreide verfügten. Auch der private Handel, der bislang vor allem den Bedarf der getreidearmen Bauern, des Hausgewerbes und der Kleinstädte befriedigt hatte, wurde nun mit Hilfe administrativer Maßnahmen unterdrückt. In gleicher Weise ging man gegen das private Mühlengewerbe vor. Die lokalen Behörden, die durch zentrale Direktiven immer wieder zur Erhöhung der Beschaffungsergebnisse angehalten wurden, scheuten vor keinerlei Gewaltanwendung zurück.
Zeitweilig schien es, als habe man mit Hilfe der Requisitionen das Getreidedefizit beseitigen können. Nach einigen Anfangserfolgen gingen jedoch die Beschaffungsergebnisse abermals zurück, und man wandte nun in noch größerem Umfang Zwangsmaßnahmen an. »Aber Getreide mußte doch nun einmal aufgebracht werden«, erklärte Stalin lapidar. »Daher erneute Rückfälle in außerordentliche Maßnahmen, administrative Willkür, Verletzung der revolutionären Gesetzlichkeit, Hofrevisionen, ungesetzliche Haussuchungen usw., wodurch die politische Lage des Landes verschlechtert und der Zusammenschluß zwischen Arbeiterklasse und Bauernschaft gefährdet wurde.«[13] Da die Masse der Bauern aber jetzt im Unterschied zu den Wintermonaten kaum noch über größere Vorräte verfügten und in Erinnerung an die Hungerkatastrophe von 1921 nicht ihre letzten Reste abgeben wollte, brachte die erneute Gewaltanwendung nur wenig Erfolg. Statt dessen führte der wiederholte Rückgriff auf außerordentliche Maßnahmen zu wachsenden politischen Spannungen im Lande. Während die Sowjet- und Parteiorganisationen ursprünglich von der Dorfarmut unterstützt wurden, verhielt sich diese jetzt zunehmend feindselig, da sie selbst indirekt von den Requisitionen betroffen war: Nach der Beschlagnahme der Vorräte und der Beseitigung der lokalen Märkte waren die bäuerlichen Oberschichten kaum noch in der Lage, den ärmeren Bauern, deren Reserven im Frühjahr regelmäßig zur Neige gingen, Getreide zu verkaufen. Auf diese Weise bildete sich rasch eine Interessengemeinschaft aller ländlichen Schichten gegen die Sowjetmacht heraus. Auf dem Lande herrschten Angst und Panik, die jederzeit in einen offenen Aufstand umschlagen konnten. Auch die Städte und Industriezentren wurden immer mehr von diesen Stimmungen erfaßt. Die Sowjetmacht stand vor ihrer schwersten innenpolitischen Krise seit Beginn der Neuen Ökonomischen Politik.

Um eine weitere Zuspitzung der Situation zu vermeiden, wurden zunächst die freien Marktbeziehungen schrittweise wiederhergestellt. Die Sowjetführung hob in diesem Zusammenhang hervor, daß die Neue Ökonomische Politik der einzige Weg sei, um in Rußland eine sozialistische Wirtschafts- und Gesellschaftsordnung zu errichten. An eine Rückkehr zum System des Kriegskommunismus, der auf einer obligatorischen Ablieferungspflicht basiert hatte, sei nicht zu denken. Im Juli 1928 beschloß die Sowjetführung, alle außerordentlichen Maßnahmen endgültig aufzuheben und den Getreidepreis, abgestuft nach Bezirken und Sorten, um 10 bis 20 Prozent zu erhöhen. Um künftigen Schwierigkeiten vorzubeugen, sollten — vorab in landreichen Bezirken — große Staatsgüter, sog. Getreidefabriken, errichtet werden. Zugleich wurde eine großangelegte Kampagne zur Durchführung einfacher agrikultureller Maßnahmen in allen Bauernwirtschaften eingeleitet, die innerhalb eines Jahrzehnts zu einer Verdoppelung der Ernteerträge führen sollten.
Als jedoch im Winter 1928/29 die Getreidebeschaffung ebenso wie im Vorjahr weit hinter dem Plan zurückblieb, griff man trotz der wenige Monate zuvor gefaßten Beschlüsse wieder zu Zwangsmitteln. Die Bauern, die Getreide zurückhielten, wurden aus den Genossenschaften ausgeschlossen; sie erhielten keine Industriewaren und Kredite mehr. Die Behörden organisierten Dorfversammlungen, um dort mit Hilfe von Parteifunktionären massiven Druck auszuüben. Kamen die Bauern der Aufforderung, Getreide abzugeben, nicht nach, so wurden sie entweder zu einer hohen Geldstrafe verurteilt oder ausgesiedelt. Die wohlhabenden Bauern versuchten, sich hiergegen mit allen Mitteln zur Wehr zu setzen. Die Presse berichtete fast täglich von Brandstiftung, Mord und Totschlag auf dem Lande. Unzählige Dorfkorrespondenten und Funktionäre fielen diesem Gegenterror, der äußerster Wut und Verzweiflung entsprang, zum Opfer. Die Getreidebeschaffung aber konnte auch durch Anwendung rigoroser Zwangsmittel nicht mehr gesteigert werden; der ursprüngliche Plan wurde nicht erfüllt; im Endergebnis wurden 1928/29 insgesamt ca. 2 Millionen Tonnen weniger als im Vorjahr aufgebracht. Nur durch eine immer strengere Rationierung gelang es, 1929 — im Unterschied zum vorangegangenen Jahr — ohne Getreideeinfuhr auszukommen.
Nach den Erfahrungen der Jahre 1927/28 und 1928/29 bezweifelte die Sowjetführung von vornherein, die Beschaffungskampagne 1929/30 mit preispolitischen Maßnahmen steuern zu können. Sie war überzeugt, daß das bisherige System der Getreidebeschaffung, das auf dem freien Marktangebot der Bauern beruht hatte, endgültig versagt habe. Daher dekretierte sie — entgegen allen vorherigen Versicherungen — kurz vor der Ernte die obligatorische Ablieferungspflicht, wie sie

bereits zur Zeit des Kriegskommunismus bestanden hatte. Die lokalen Partei- und Sowjetorganisationen sollten die Getreideüberschüsse bei den Bauern ermitteln und für die einzelnen Höfe bestimmte Normen festsetzen, die auf Dorfversammlungen zu bestätigen waren. Damit wollte man die Bauern zwingen, den lokalen Beschaffungsplan zu erfüllen. Spezielle Kommissionen hatten die Einhaltung der Ablieferungssätze zu kontrollieren. Die Dorfsowjets erhielten in diesem Zusammenhang das Recht, Prämien auszuteilen und Strafen zu verhängen. Sie durften den Bauern, die sich der Ablieferungspflicht zu entziehen suchten, hohe Geldbußen auferlegen und notfalls deren gesamten Besitz versteigern. Falls bestimmte bäuerliche Gruppen Widerstand gegen den von der Dorfversammlung beschlossenen Beschaffungsplan leisteten, waren die Dorfräte berechtigt, strafrechtliche Verfolgung zu beantragen. Auf diese Weise verlor die Bauernschaft die Möglichkeit, frei über ihre Überschüsse zu verfügen. Der Handel wurde unterbunden, und ein privater Getreidemarkt existierte nur noch illegal. Die Gesamtheit der für die neue Getreidekampagne beschlossenen Maßnahmen bedeutete eine eindeutige Abkehr von den Prinzipien der Neuen Ökonomischen Politik.
Die Sowjetführung forderte die lokalen Partei- und Sowjetorganisationen zur rücksichtslosen Durchführung der neuen Direktiven auf und scheute nun auch vor dem Einsatz militärischer Mittel nicht mehr zurück. Während man den Bauern in den vergangenen Jahren gewöhnlich ein Minimum an Brot-, Futter- und Saatgetreide belassen hatte, wurden ihnen jetzt alle Reserven fortgenommen. Um sich selbst zu entlasten, erhöhte die Dorfarmut, die nun mit Unterstützung der Arbeiter und Funktionäre die Macht im Dorf ausübte, die Ablieferungsnormen der wohlhabenderen Bauern in einem Maße, daß sie nicht mehr zu erfüllen waren. Diese mußten daraufhin nicht nur Vieh und Inventar, sondern oft auch Hausrat, Möbel und Gebäude verkaufen, um die fehlenden Getreidemengen zunächst einmal auf dem Markt hinzukaufen zu können. Da auch der Privathandel unterdrückt wurde, fiel diese Möglichkeit bald fort. Konfiskationen, Versteigerungen und Zwangsaussiedlungen waren daher im russischen Dorf seit dem Sommer 1929 an der Tagesordnung. Die Wirtschaften der wohlhabenderen Schichten, vor allem der Kulaken, gelangten massenweise zur Liquidation. Da sich viele Bauern gegen die Auflage der örtlichen Getreidekommissionen zur Wehr setzten, kam es immer wieder zu gewälttätigen Auseinandersetzungen. Die Jagd nach Getreide war von Terror und Gegenterror begleitet. Auf dem Lande — vor allem in den südlichen Bezirken — herrschten bürgerkriegsähnliche Zustände. Mit Hilfe brutaler Zwangsmittel gelang es zwar, den zentralen Beschaffungsplan bereits gegen Jahresende zu erfüllen. Dieses

Ergebnis, das zum erstenmal die Anlage einer größeren staatlichen Getreidereserve ermöglichte, wurde jedoch mit der massenhaften Zerstörung bäuerlicher Betriebe erkauft.

Die Verfolgung der Kulaken wurde auch nach Abschluß der Getreidekampagne noch fortgesetzt. Die Bauern, die man von Haus und Hof vertrieben hatte, waren dem völligen wirtschaftlichen und politischen Boykott ausgesetzt. Sie hatten weder Anspruch auf Unterkunft noch auf Arbeit. Die Genossenschaften und Kollektivwirtschaften waren ihnen ebenso verschlossen wie die Gewerkschaften. Die Sowjetführung schien sich zunächst nicht darüber schlüssig, was mit den Kulaken und ihren Familien — immerhin einigen Millionen Menschen — geschehen sollte. Im Winter 1929/30 wurden Hunderttausende von Kulakenfamilien deportiert. Diese Deportationen vollzogen sich in den grausamsten Formen, so daß viele Menschen hierbei ums Leben kamen. Anfang 1930 erschien ein Gesetz, das die Kulaken nach politischen Kriterien in drei Gruppen unterteilte: Die erste Gruppe wurde kurzerhand in sogenannten Konzentrationslagern zusammengefaßt, die zweite in entlegene Gebiete, vorab nach Sibirien und in den Fernen Osten, zu Zwangsarbeit verbannt, und eine dritte Gruppe erhielt nach Konfiskation ihres gesamten Besitzes eine neue Hofstelle außerhalb des Kollektivsystems zugewiesen. Auf diese Weise wurde die »Liquidierung des Kulakentums als Klasse«[14] im nachhinein gesetzlich sanktioniert.

Der systematische Terror der Getreidekampagne 1929/30 zerstörte endgültig die Agrarverfassung der Neuen Ökonomischen Politik, die den Bauern die private Nutzung des Bodens und den freien Zugang zum Markt gestattet hatte. Er zeigte auch dem letzten Landwirt die Aussichtslosigkeit einer selbständigen Existenz; es bestand keinerlei Hoffnung mehr, auf dem eigenen Hof noch vorwärtszukommen. Das alte russische Dorf, das durch die Requisitionen, die seit dem Winter 1927/28 im Stil des Kriegskommunismus durchgeführt wurden, immer ärmer geworden war, hatte jede Entwicklungsperspektive verloren. Not und Elend bestimmten das Leben auf dem Lande in noch weit höherem Maße als vorher. Unter solchen Umständen blieb als einziger Ausweg der Eintritt in die Kollektivwirtschaft, den die Sowjetführung nun in verstärktem Maße propagierte und mit allen administrativen Mitteln förderte. Die Masse der Bauern, deren Lebensniveau immer weiter herabgedrückt wurde, begann sich an dieser Perspektive zu orientieren, nachdem ihr jeder andere Ausweg versperrt worden war. Im Kollektiv war ihnen und ihren Familien zumindest das physische Existenzminimum gesichert. Je größer die materielle Not nach den Zwangseintreibungen auf dem Lande wurde, um so stärker war der Andrang bei den Kollektiven, so daß sich schließlich eine regelrechte Massenbewegung entwickelt, die die radikale Umwälzung der Agrarverhältnisse einleitete.

IV. DER STALINISMUS*

a) Die Massenkollektivierung

Für den Übergang zum kollektiven landwirtschaftlichen Großbetrieb bestanden in der Sowjetunion eine Reihe günstiger Voraussetzungen, die sich einmal aus der Struktur der alten russischen Bauernwirtschaft, zum anderen aus den geographischen Bedingungen des Landes ergaben. Die Arbeits- und Lebensweise der russischen Bauern wurde in der Regel von der traditionellen Bindung an die Dorfgemeinde bestimmt, die auf dem Prinzip der periodischen Umteilung basierte. Daher war die private Verfügungsform hier weniger verwurzelt als in Westeuropa und die Masse der Bauern nicht in gleichem Maße mit dem Boden verbunden. Da es noch Formen der Gemeindenutzung gab, ließen sich die Grenzen der individuellen Wirtschaft leichter überschreiten, zumal ja das Privateigentum an Grund und Boden durch die Revolution auch formal aufgehoben worden war. Die Entwicklung der modernen Technik schien den Zusammenschluß der zersplitterten Klein- und Kleinstwirtschaften zu landwirtschaftlichen Großbetrieben geradezu zu fordern. So war vor allem der Einsatz von Traktoren, die die energetische Basis der modernen Landwirtschaft bildeten, nur auf größeren Flächen rentabel. Die weiten Steppen im Süden und Südosten des Landes, wo das kontinentale Klima die extensive Getreidewirtschaft bedingte, bildeten »das gegebene Zukunftsland für den Traktor«[1]. Die Feldarbeiten beschränkten sich hier im wesentlichen auf Pflügen, Säen und Ernten und waren daher leicht zu mechanisieren. Mit Hilfe des Traktors ließ sich nicht nur dem Mangel an Zugvieh abhelfen, sondern er erleichterte zugleich die Arbeit, ermöglichte die Erhöhung der Erträge und vor allem eine Senkung der landwirtschaftlichen Produktionskosten. Die Ablösung der verfallenden Zwergwirtschaft durch den kollektiven Großbetrieb und die mechanisierte Bodenbearbeitung hätte also zu einer außergewöhnlichen Steigerung der landwirtschaftlichen Leistungsfähigkeit führen müssen.

Die überstürzte und chaotische Form, in der sich die Kollektivierung vollzog, bewirkte jedoch das Gegenteil. Die Sowjetführung, die nach dem Terror der letzten Getreidekampagnen keine

* Unter Stalinismus werden nicht – im Sinne der Totalitarismustheorie – politische Institutionen und Erscheinungen wie Einparteienherrschaft, Terror, Personenkult u. ä. verstanden, sondern das sozialökonomische System, das sich im Zusammenhang mit der forcierten Industrialisierung und der Massenkollektivierung herausbildete.

Möglichkeit mehr sah, den Verfall der individuellen Wirtschaften aufzuhalten, peitschte das Land in die Massenkollektivierung hinein, ohne daß sie elementare organisatorische Vorbereitungen getroffen und die notwendigen technischen Voraussetzungen geschaffen hatte. Bereits im Sommer 1929 forderte sie die Parteiorganisationen der wichtigsten Getreidegebiete auf, das Kollektivierungstempo so stark wie möglich zu beschleunigen. Viele lokale Organisationen versuchten daraufhin, in kürzester Frist ganze Bezirke geschlossen zu kollektivieren. Die Presse berichtete nun täglich von vielen Tausenden neuer Kollektivwirtschaften. Im Süden, Südosten und Osten des Landes nahm diese Bewegung bald einen lawinenartigen Charakter an. »Seit der zweiten Hälfte des Jahres 1929 brodelte das Dorf wie in den Tagen der Revolution.«[2] Von Juli bis September 1929 schlossen sich über 900 000 Bauernhöfe zu Kollektivwirtschaften zusammen – fast so viele wie in den ganzen zwölf Jahren vorher. Von Oktober bis Dezember des Jahres waren es sogar 2,4 Millionen Höfe, also im Durchschnitt fast 30 000 am Tag. Die Zahl der Zusammenschlüsse stieg nun von Monat zu Monat, so daß die bisherige Agrarplanung, der zufolge während der Laufzeit des ersten Fünfjahrplans (1928/29 bis 1932/33) nur etwa ein Siebentel der Höfe kollektiviert werden sollte, vollkommen hinfällig wurde. Anfang Januar 1930 legte die Sowjetführung ein neues Programm vor, wonach der Kollektivierungsprozeß im Nordkaukasus sowie im Gebiet der Mittleren und Unteren Wolga bis zum Frühjahr 1931 und in der Ukraine, im Zentralen Schwarzerdegebiet, in Sibirien, im Ural sowie in Kazachstan bis zum Frühjahr 1932 abgeschlossen werden sollte. Nur für die Zuschußgebiete, die selbst Getreide hinzukaufen mußten, sowie für die Randrepubliken wurden spätere Termine festgelegt. – Die lokalen Parteiorganisationen orientierten sich jedoch kaum noch an zentralen Direktiven. Sie handelten nach dem Motto »Wer hat die meisten!« und riefen die Bauern immer wieder zum Zusammenschluß ihrer Höfe auf, ohne sich dann weiter um den organisatorischen Aufbau zu kümmern. So kam es in den ersten Monaten des Jahres 1930 in der gesamten Sowjetunion zu einem regelrechten Kollektivierungstaumel. Wirtschaftliche Not und Existenzangst, Propaganda und administrativer Druck trieben die Bauern in solchen Massen in die Kollektive, daß die Bewegung rasch der Kontrolle der Behörden entglitt. Die Kollektivierung entwickelte sich so zu einer unorganisierten bäuerlichen Massenbewegung, die sich jeder Regulierung entzog, zumal klare Direktiven ebenso fehlten wie ein gültiges Musterstatut. Dabei überschritt der Kollektivierungsprozeß alle ursprünglich gesteckten Grenzen. Der Mangel an Produktionsmitteln zwang, wie die »Pravda« schrieb, »in den jungen Kollektiven zur hundertprozentigen Vergesell-

schaftung der lebendigen Zugkraft und des einfachsten Inventars«[3]. Man kollektivierte nicht nur Pferde und Arbeitsgerät, sondern auch Wohngebäude, Milchkühe, Schafe und Schweine, ja selbst Küken, obwohl gerade die Trennung vom Vieh den Bauern — wie man wußte — ungewöhnlich schwerfiel. Nach Angaben des Volkskommissariats für Landwirtschaft gab es Anfang März 1930 in der Sowjetunion 110 200 Kollektivwirtschaften, die insgesamt 14 264 300 Einzelhöfe (55 Prozent) umfaßten, während zur gleichen Zeit insgesamt 9 235 300 Stück Vieh kollektiviert waren, ohne daß allerdings Stallgebäude und ausreichende Futtermittel zur Verfügung standen.
Die überstürzte Kollektivierung führte dazu, daß ein großer Teil der neuen Betriebe »papierene Kollektive« darstellte, die nur in den Resolutionen der lokalen Parteiorganisationen existierten. Zwang und Terror nahmen auf dem Lande in einem solchen Ausmaß zu, daß unter der bäuerlichen Bevölkerung Verbitterung und Empörung herrschten, die zu wachsendem passivem Widerstand gegenüber allen Anordnungen der Behörden führten. Die Sowjetführung war sich darüber im klaren, daß unter derartigen Umständen die kommende Frühjahrsbestellung ernsthaft gefährdet war. Aus diesem Grunde mußte sie das Kollektivierungstempo zunächst einmal abbremsen. Anfang März 1930 veröffentlichte die gesamte sowjetische Presse einen Artikel Stalins unter der Überschrift »Vor Erfolgen von Schwindel befallen«, in dem vor allem die zwangsweise Gründung von Kollektivwirtschaften kritisiert wurde. Die Zeitungen brachten in den folgenden Wochen massenhaft Beispiele für ungerechtfertigte Zwangsanwendung, wobei für jede Übertretung bestehender Gesetze ausschließlich die lokalen Parteiorganisationen verantwortlich gemacht wurden. Eine größere Zahl der instabilen Kollektivwirtschaften löste sich daraufhin wieder auf. Die Bauern, denen die Kollektivierung statt der versprochenen Vorteile meist zusätzliche Schwierigkeiten gebracht hatte, bestellten wieder ihre eigenen Felder. Der Prozentsatz der kollektivierten Höfe ging so in den wichtigsten Getreidegebieten etwa auf die Hälfte, in anderen Bezirken noch weit mehr zurück und betrug Anfang Mai 1930 im Durchschnitt des Landes 23,6 Prozent.
Diejenigen Kollektivwirtschaften, die die Austrittsbewegung überstanden hatten, versuchte man in eine einheitliche Betriebsform zu überführen, wobei ein Musterstatut für das landwirtschaftliche Artel' zugrunde gelegt wurde. Bisher gab es drei Grundtypen einer kollektiven Wirtschaft, die sich nach dem Grad der Vergesellschaftung voneinander unterschieden: die Genossenschaft zur gemeinsamen Bodenbearbeitung, das landwirtschaftliche Artel' und die Kommune. Die Genossenschaft zur gemeinsamen Bodenbearbeitung bildete noch keinen einheitlichen Betrieb; zwar waren die individuellen Bodenanteile

zu einem einheitlichen Feld zusammengelegt, doch die gemeinsame Arbeit beschränkte sich auf die Periode von der Feldbestellung bis zur neuen Ernte. Im landwirtschaftlichen Artel' waren Bodennutzung, Inventar, Arbeitsvieh und Wirtschaftsgebäude, also alle wichtigen Produktionsmittel, kollektiviert, während das Hofland, d. h. Gemüse- und Obstgärten, die Wohnhäuser, zum Teil das Milchvieh, das Kleinvieh und Geflügel in privater Nutzung verblieben, so daß die individuelle Wirtschaft hier zumindest teilweise fortgeführt werden konnte. In der Kommune waren dagegen neben der Bodennutzung das gesamte Vieh und Inventar sowie die Wirtschafts- und Wohngebäude kollektiviert. Die Sowjetführung versuchte nun, sowohl die Genossenschaften als auch die Kommunen in die Artel'form zu überführen, da diese nach ihrer Auffassung bäuerliches Einzel- und staatliches Gesamtinteresse am besten miteinander verknüpfte. So entwickelte sich das landwirtschaftliche Artel' bereits im Frühjahr 1930 zur fast ausschließlichen kollektivwirtschaftlichen Betriebsform.

Nach der Ernte 1930 unternahm die Sowjetführung aufs neue alle Anstrengungen, um den Kollektivierungsprozeß zu beschleunigen, so daß es wiederum zur massenhaften Gründung neuer Betriebe kam. Die Zahl der kollektivierten Bauernhöfe, die im Sommer 1930 etwa 6 Millionen betragen hatte, nahm innerhalb eines Jahres um weitere 7 Millionen zu, und im Sommer 1931 waren wieder mehr als die Hälfte aller Einzelbetriebe zu Kollektivwirtschaften zusammengeschlossen. In den wichtigsten Getreidegebieten waren jetzt bereits mehr als vier Fünftel der Höfe kollektiviert, die über etwa neun Zehntel der Anbaufläche verfügten, so daß hier die Umgestaltung der Landwirtschaft im wesentlichen als abgeschlossen angesehen werden konnte. Daraufhin ließ sich der Kollektivierungsprozeß endgültig verlangsamen. Im folgenden Jahr wurden zunächst keine neuen Kollektivwirtschaften mehr gebildet; etwa zwei Millionen Einzelbauern traten den bestehenden Betrieben bei, auf deren organisatorische Stabilisierung sich das Schwergewicht der agrarpolitischen Bemühungen nun immer mehr verlagerte. Im Sommer 1932 waren insgesamt etwa 15 Millionen Bauernwirtschaften kollektiviert, die über knapp sieben Zehntel der gesamten Anbaufläche verfügten. Außerdem hatte man inzwischen das Netz der Sowjetwirtschaften, die nach denselben Grundsätzen wie alle übrigen Staatsbetriebe arbeiteten, stark erweitert. In den waldlosen Steppengebieten im Südosten des Landes, wo zwar trockenes Klima herrschte, der Boden aber besonders fruchtbar war, waren einige Tausend solcher staatlicher Getreidegüter entstanden. In der gesamten Sowjetunion gab es nun etwa 200 000 Kollektivwirtschaften und mehr als 4000 Sowjetwirtschaften, während die restlichen bäuerlichen Einzelwirtschaften dem endgültigen Verfall preisgegeben waren. Die Sowjetführung erklärte damit die Reorganisationsperiode der Landwirtschaft für abgeschlossen: »Die Partei hat erreicht, daß die UdSSR aus einem Lande der kleinbäuerlichen Wirtschaft bereits zum Lande der größten landwirtschaftlichen Betriebe der Welt geworden ist.«[4]

Die erhoffte Überlegenheit des landwirtschaftlichen Großbetriebs gegenüber der traditionellen Einzelwirtschaft war jedoch zunächst ausgeblieben. Das lag vor allem daran, daß es nicht gelungen war, die neugegründeten Betriebe ausreichend mit modernem technischem Inventar auszustatten, so daß sie zumeist das primitive bäuerliche Gerät benutzen mußten. Obwohl die Landmaschinenindustrie ihr Programm stark erweitert hatte, konnte sie vorerst nur einen Bruchteil der erforderlichen technischen Ausrüstung liefern. Auch der Import von Traktoren und landwirtschaftlichen Maschinen, der vor allem in den Jahren 1930 und 1931 stark forciert wurde, konnte hier keine grundlegende Abhilfe schaffen. Um das vorhandene Inventar besser auszunutzen, organisierte man Ausleihstellen für Geräte und Maschinen, Traktorenkolonnen, Maschinen- und Pferdestationen sowie vor allem gut ausgerüstete Maschinen- und Traktorenstationen, die über das erforderliche Gerät, mechanische Zugkraft und qualifizierte Fachleute verfügten. Trotz aller Anstrengungen war es jedoch gegen Ende der Reorganisationsperiode kaum möglich, auch nur ein Fünftel des vorhandenen Ackerlandes mechanisch zu bearbeiten. Der Einsatz von etwa 150 000 Traktoren konnte zunächst nicht einmal die Verluste an tierischer Zugkraft ausgleichen, die die überstürzte Kollektivierung der Landwirtschaft zugefügt hatte. Ende 1932 standen ihr trotz zunehmender Mechanisierung statt vorher 15 Millionen nur noch 10 Millionen PS zur Verfügung. Da es an qualifizierten Traktorführern sowie an Reparaturwerkstätten und Ersatzteilen fehlte, waren die vorhandenen Traktoren häufig nicht einsatzbereit bzw. einem immensen Verschleiß ausgesetzt. Obwohl sie mit modernen Anhängegeräten ausgestattet wurden, erreichten sie nur selten eine tiefere Pflugfurche als das traditionelle Pferdegespann. So kam es vor allem in den Getreidegebieten zu unsachgemäßer Bodenbearbeitung, die sinkende Ernteerträge nach sich zog. Die wahllose Erweiterung der Anbaufläche, die mit der Massenkollektivierung verbunden war, vermochte das Produktionsdefizit nicht auszugleichen.

Die niedrige Produktivität der neuen landwirtschaftlichen Großbetriebe erklärte sich auch aus einer schlechten Betriebsorganisation und der unrationellen Wirtschaftsführung. Die massenweise Gründung immer neuer und größerer Betriebe war nicht mit ihrer inneren Konsolidierung verknüpft; nur selten verfügte man über einen Organisations- und Arbeitsplan. Vor allem aber mangelte es an qualifizierten Betriebsleitern und Agronomen, die die Agrarproduktion in großem Maßstab organisieren konnten. Die Industriearbeiter, die man zu Tausenden aufs Land schickte, waren mit den speziellen Problemen des landwirtschaftlichen Produktionsprozesses zu wenig vertraut, um hier wirksam helfen zu können. So standen die Bauern, die an die Traditionen des Kleinbetriebs gewöhnt waren, den Problemen des landwirtschaftlichen Großbetriebs meist ziemlich hilflos gegenüber. Dabei wuchsen die organisatorischen Schwierigkeiten mit der Betriebsgröße. Während in den vorangegangenen Jahren fast ausschließlich kleine Kollektivwirtschaften gegründet worden waren, die im Durchschnitt nur 10 bis 15 Bauernhöfe umfaßten, strebte die Sowjetführung nun plötzlich die Errich-

Abb. 27: Der erste Traktor im kollektivierten Dorf wird feierlich begrüßt. — Ursprünglich wurde der Traktor als die wichtigste Voraussetzung für die Gründung einer Kollektivwirtschaft angesehen. Da man den Bauern aus propagandistischen Gründen die Lieferung von Traktoren versprach, schlachteten sie häufig ihre Arbeitspferde ab, die sie ja dann nicht mehr benötigen würden. Nach Beginn der Massenkollektivierung wurde jedoch zeitweise die Losung »Kollektivierung ohne Traktor« ausgegeben, da man den immensen Bedarf an modernen Maschinen nicht im geringsten befriedigen konnte.

tung immer größerer Betriebe an, da nach ihrer Auffassung die Mechanisierung und Rationalisierung der landwirtschaftlichen Arbeitsprozesse nur auf diese Weise gewährleistet war. Durch die Gründung derartiger Betriebsgiganten, die – vor allem in der ersten Phase der Massenkollektivierung – 50 000 bis 100 000 Hektar und mehr umfaßten, wurden die Ansätze jeder genossenschaftlichen Solidarität auf dem Lande zerstört, die sich in den kleineren Kollektiven noch produktionsfördernd ausgewirkt hatte. Die veränderte Stellung der Bauern im landwirtschaftlichen Produktionsprozeß führte zu einer sinkenden Arbeitsintensität, zumal es zunächst weder gültige Arbeitsnormen gab, noch Klarheit über das System der Entlohnung und Ertragsverteilung bestand. Während in vielen Kollektivwirtschaften das Bedarfsprinzip zugrunde gelegt wurde, ging man in anderen Betrieben von den eingebrachten Vermögensanteilen aus. Das Leistungsprinzip, d. h. die Entlohnung nach Quantität und Qualität der geleisteten Arbeit, gelangte zunächst nur selten zur Anwendung. Um der mangelhaften inneren Organisation der neuen landwirtschaftlichen Großbetriebe zu begegnen und die Agrarproduktion überhaupt aufrechtzuerhalten, sah sich der Staat zu immer neuen Eingriffen in den landwirtschaftlichen Produktionsprozeß gezwungen. Er versuchte, auch die letzten arbeitstechnischen Details zu regulieren, so daß die bäuerliche Eigeninitiative fast völlig ausgeschaltet wurde. Die Bevormundung der einzelnen Betriebe und die Zentralisierung aller Leitungs- und Verwaltungsfunktionen führte zur Herausbildung eines riesigen bürokratischen Apparats, der um so schwerer auf der Landwirtschaft lastete, als sie zugleich für seinen finanziellen Unterhalt aufzukommen hatte.
Am meisten wurde durch die plan- und rücksichtslose Kollektivierung und die mangelhafte organisatorische Vorbereitung die Viehwirtschaft geschädigt. Soweit die Bauern ihr Vieh vor dem Eintritt in die Kollektivwirtschaft nicht einfach abschlachteten, wurde es gewöhnlich auf einem Hof oder Platz der Dorfgemeinde zusammengetrieben, wo es dann häufig erst einmal ohne Futter und Pflege stehen blieb. »Unter der durchgängigen Kollektivierung leidet in erster Linie das Arbeitsvieh, für das es an Ställen und Futter fehlt«, schrieb die »Pravda« bereits Anfang März 1930.[5] Auch als es in den Jahren 1930 und 1931 in zunehmendem Maße gelang, kollektive und staatliche Viehfarmen einzurichten, arbeiteten diese zunächst wenig erfolgreich, da es an einer guten Organisation sowie an ausreichend geschultem Personal mangelte. Außerdem standen Futterknappheit und die schlechte Ernährungslage einer Aufzucht von Jungvieh entgegen und führten wiederholt zu Massenschlachtungen. Daher setzte sich der Rückgang der Viehzucht immer weiter fort, so daß schließlich der Viehbestand innerhalb von drei

Jahren um mehr als die Hälfte zusammenschrumpfte. Diese Verluste, die bei allen Anstrengungen nur im Laufe vieler Jahre ausgeglichen werden konnten, bedeuteten den schwerwiegendsten Rückschlag, den die überstürzte Kollektivierung der Landwirtschaft zufügte.

Im Ergebnis führte die Massenkollektivierung zu einer Zerrüttung des landwirtschaftlichen Produktionsprozesses, die sämtliche Krisen während der Neuen Ökonomischen Politik in den Schatten stellte und die Leistungsfähigkeit der russischen Landwirtschaft noch unter das erbärmliche Vorkriegsniveau herabdrückte. Während dieser Leistungsrückgang im Jahre 1930 infolge einer besonders guten Ernte noch verdeckt blieb, hatte die Mißernte im darauffolgenden Jahr, die durch Dürre und Heißwinde verursacht wurde und das große Gebiet von der Wolga über den Ural bis nach Westsibirien erfaßte, verheerende Folgen für die Versorgung der Bevölkerung. Da die Beschaffungsorgane auf den schlechten Ernteausfall keinerlei Rücksicht nahmen und selbst vor der Anwendung militärischer Gewalt nicht zurückschreckten, um ihre Auflagen erfüllen zu können, nahm die Ernährungslage in den landwirtschaftlichen Gebieten rasch katastrophale Ausmaße an. Bereits im Winter 1931/32 brach in einigen Teilen der Sowjetunion eine Hungersnot aus. Als die Zwangseintreibungen trotz einer weiteren schlechten Ernte auch im folgenden Jahr in der gleichen rücksichtslosen Weise fortgesetzt wurden, kam es schließlich im Winter 1932/33 — vor allem im Süden und Südosten der Sowjetunion — zu einer schrecklichen Hungerkatastrophe, die Millionen Menschen das Leben kostete. Häufig konnte man sich nur von Tierkadavern, Katzen und Hunden ernähren. Auf der Suche nach besseren Lebensbedingungen verließen die Bauernfamilien scharenweise ihre Heimatdörfer, so daß ganze Landstriche verödeten. Die Eisenbahnen und Straßen waren von Bauern überfüllt, die in der Stadt vergeblich um Arbeit und Brot nachsuchten. Auch die Städte und Industriegebiete wurden immer mehr in Mitleidenschaft gezogen. Die Verschlechterung der Ernährungslage bewirkte, daß die Leistungen der Arbeiterschaft erheblich nachließen und der Enthusiasmus, den die Sowjetführung ursprünglich für ihr Industrialisierungsprogramm zu wecken vermocht hatte, einer wachsenden Unzufriedenheit Platz machte. Außerdem gerieten sämtliche Industriezweige in Schwierigkeiten, die landwirtschaftliche Rohstoffe benötigten. So stand am Ende der landwirtschaftlichen Reorganisationsperiode die gesamte Volkswirtschaft am Rande des Abgrunds.

b) Das kollektivwirtschaftliche System

Die zentrale Funktion, die die Landwirtschaft nach der Kollektivierung zugewiesen erhielt, bestand darin, die rasch wachsenden Städte und Industriezentren regelmäßig und in ausreichendem Maße mit Nahrungsmitteln und Rohstoffen zu versorgen. Der Staat errichtete ein Erfassungssystem, mit dessen Hilfe die landwirtschaftlichen Erzeugnisse bis auf ein unerläßliches Minimum abgeschöpft werden konnten. Dabei versuchte er zugleich die Unsicherheit und Willkür zu beseitigen, die in den letzten Jahren mit der Beschaffungskampagne verbunden waren. Während man bisher — entgegen bestehenden Verträgen, dem sogenannten Kontraktsystem — immer wieder zusätzliche Abgaben von den Bauern erzwungen hatte, wurden 1933 für die meisten landwirtschaftlichen Erzeugnisse feste Ablieferungsnormen eingeführt. Diese Normen richteten sich nach dem Anbauprogramm bzw. nach dem Viehbestand und durften nicht mehr erhöht werden. Es handelte sich dem Wesen nach um eine Naturalsteuer, da nur minimale Preise gezahlt wurden, die häufig — vor allem bei Getreide — weit unter den Produktionskosten lagen. Die einzelnen Betriebe konnten nun ihre Verpflichtungen für eine längere Zeitspanne übersehen und entsprechend kalkulieren. Allerdings bedeutete die Normierung der Ablieferungen keine Erleichterung der Last, die die Landwirtschaft zu tragen hatte. Häufig lagen die Ablieferungsquoten sogar noch über den Abgaben, die der Beschaffungsapparat und die Behörden in den vergangenen Jahren erzwungen hatten. Da sich die Normen nicht nach dem tatsächlichen Ernteergebnis richteten, sondern jeweils auf Grund des von den Behörden verfügten Anbauprogramms im voraus festgesetzt wurden, waren Gebiete, die von einer Mißernte heimgesucht wurden, stark benachteiligt. In ähnlicher Weise mußten auch Kollektivwirtschaften, die unter ungünstigen Bedingungen arbeiteten, besondere Nachteile in Kauf nehmen.

Während man den Sowjetwirtschaften — wie auch bisher — alle Überschüsse abforderte, hatten die Kollektivwirtschaften einen bestimmten Teil ihrer Gesamtproduktion abzuliefern, der bei Getreide ein Viertel bis ein Drittel, bei technischen Kulturen und anderen Erzeugnissen bis zu 100 Prozent betrug. Auch das private Hofland der Kollektivbauern wurde in die Ablieferungspflicht einbezogen, wobei die Normen sogar noch etwas höher lagen. Jeder Kollektivbauer hatte eine bestimmte Menge an Eiern, Fleisch und Kartoffeln abzuliefern — unabhängig davon, ob er überhaupt Vieh und Geflügel besaß oder Kartoffeln anbaute. Häufig waren die Bauern gezwungen, die Erzeugnisse, für die sie eine Pflichtabgabe zu entrichten hatten, zunächst einmal auf dem — 1932 wieder legalisierten — freien Markt hinzuzukaufen. Noch höhere Ablieferungsquoten wurden für die restlichen Einzelbauern festgesetzt, obwohl diese im Durchschnitt niedrigere Erträge als die landwirtschaftlichen Großbetriebe erzielten. Sie mußten außerdem eine Mahlabgabe für die Verarbeitung des Getreides entrichten, das der Eigenversorgung diente. Diese Abgabe, die mehr als doppelt so hoch wie vor dem Ersten Weltkrieg lag, wurde erst im Jahre 1940 abgeschafft, wobei man jedoch zugleich die allgemeinen Ablieferungsnormen erhöhte. Selbst den Arbeitern, Angestellten und Handwerkern, die auf dem Lande lebten und über ein winziges Bodenstück verfügten, wurden gewisse Abgabeverpflichtungen auferlegt, so daß auf diese Weise die gesamte landwirtschaftliche Produktionstätigkeit erfaßt wurde.

Eine wichtige Rolle bei der Beschaffung landwirtschaftlicher Erzeugnisse spielte das Naturalentgelt, das die Kollektivwirtschaften für die technischen Dienste der staatlichen Maschinen- und Traktorenstationen zu entrichten hatten. Da sie selber über kein modernes Inventar verfügen durften, waren die Kollektivwirtschaften auf die Hilfe dieser Stationen angewiesen, deren Bedeutung für die Landwirtschaft ständig zunahm. Die Höhe des Naturalentgelts richtete sich nicht nach der faktischen bzw. Speicherernte, sondern nach der sogenannten biologischen Ernte, d. h. der Ernte auf dem Halm, so daß auf diese Weise überhöhte Zahlungen geleistet wurden. Außerdem zwang man durch Differenzierung des Naturalentgelts nach dem jeweiligen Ernteergebnis diejenigen Kollektivwirtschaften, die überdurchschnittliche Produktionsresultate erzielten, zu zusätzlichen Leistungen. Je weiter die Mechanisierung der Landwirtschaft — vor allem des Getreidebaus — fortschritt und je mehr jener Teil der Feldarbeiten zunahm, den die Maschinen- und Traktorenstationen ausführten, um so höher stieg auch der Betrag, den die Kollektivwirtschaften entrichten mußten. Auf diese Weise erhielt der Staat Ende der dreißiger Jahre den größten Teil der landwirtschaftlichen Lieferungen über die Naturalzahlungen an die Maschinen- und Traktorenstationen.

Wenn die Kollektivwirtschaften schließlich ihren vielfältigen Verpflichtungen, die für sie eine außerordentliche Belastung bedeuteten, nachgekommen waren, versuchte man sie zur Abgabe weiterer Erzeugnisse zu bewegen. Der Staat zahlte ihnen nun über seinen Genossenschaftsapparat höhere Preise sowie besondere Prämien und bot ihnen als Gegenleistung Industriewaren zu niedrigen Staatspreisen an. Er hoffte, dadurch alle Überschüsse zu erfassen, die über das zur Erhaltung der physischen Existenz notwendige Minimum hinausgingen. Da solche zusätzlichen Ankäufe von vornherein eingeplant waren, mußten sie in jedem Fall durchgeführt werden. Man wandte daher — entgegen den gesetzlichen Vorschriften — Zwangsmittel an, wenn sich die Bauern dagegen sträubten.

Soweit die Kollektivwirtschaften oder Bauern trotz aller Abgaben und Zwangsverkäufe noch über Erzeugnisse verfügten, die sie nicht unbedingt für den Eigenbedarf benötigten, gestattete man ihnen, diese auf dem freien Kolchosmarkt abzusetzen, der im Hungerjahr 1932 eingerichtet worden war. Allerdings durften sie nur direkt an die Verbraucher verkaufen, da – im Unterschied zur Periode der Neuen Ökonomischen Politik – jeder Zwischenhandel ausgeschaltet werden sollte. Da sich im Kolchoshandel die Preise nach dem Prinzip von Angebot und Nachfrage herausbildeten, erzielten die Bauern oft außerordentlich hohe Knappheitsgewinne. Bei manchen Erzeugnissen lag der freie Marktpreis zeitweise um das 50- bis 100fache über dem Staatspreis. Die Kolchosmärkte spielten in erster Linie in der Nähe der Städte und Industriezentren eine Rolle; man kaufte hier vor allem Obst, Gemüse und tierische Erzeugnisse. Im Jahre 1940 erhielt die städtische Bevölkerung im Durchschnitt ein Fünftel aller Nahrungsmittel über den Kolchoshandel. – Der freie Verkauf von Agrarerzeugnissen bedeutete allerdings nicht, daß die Kollektivwirtschaften oder Bauern noch über Überschüsse verfügten. Sie verkauften gewöhnlich nur, um dadurch Bargeld zum Einkauf der allerdringendsten Industriewaren zu erhalten.

Das neue Erfassungs- und Preissystem, das 1933 eingeführt wurde und mit geringfügigen Änderungen zwei Jahrzehnte lang in Kraft blieb, war außerordentlich effektiv. Mit seiner Hilfe war der Staat in der Lage, den Eigenverbrauch der Landbevölkerung zu regulieren und die übliche Vorratsbildung zu verhindern. Er konnte nun den Einfluß der Bauern auf dem Markt ausschalten und auf diese Weise eine – vom jeweiligen Ernteausfall weitgehend unabhängige – von Jahr zu Jahr steigende Menge an Nahrungsmitteln und Rohstoffen zu den niedrigsten Kosten bereitstellen, so daß der Industrialisierungsprozeß auf einer relativ sicheren Basis beruhte. Es gelang, auch die letzten Reserven aus der Landwirtschaft herauszupressen. Obwohl die Agrarproduktion nach den Erschütterungen der Massenkollektivierung nur langsam wieder anstieg, erhöhte sich die Marktleistung rapide. Im Jahre 1940/41 wurde dreimal soviel Getreide wie 1928/29, dem letzten Jahr der Neuen Ökonomischen Politik, aufgebracht. In den Jahren unmittelbar vor dem Zweiten Weltkrieg gelang es dem Staat, im Durchschnitt mehr als 40 Prozent der Bruttoernte zu erfassen. Obwohl sich der Viehbestand vermindert hatte, war auch die Fleisch- und Milchlieferung enorm gestiegen. Dadurch hatte die volkswirtschaftliche Bedeutung der Landwirtschaft gegenüber der Periode der Neuen Ökonomischen Politik erheblich zugenommen.

Die außerordentliche Marktleistung der Landwirtschaft ergab sich jedoch fast ausschließlich aus einer verstärkten Zwangsanwendung. Im Unterschied zur Neuen Ökonomischen Politik, die auf Entfaltung der Marktbeziehungen und in der Perspektive auf den Äquivalententausch zwischen Stadt und Land, d. h. den Abbau der Preisdiskrepanz zwischen Industrie- und Agrarerzeugnissen, abzielte, basierte das neue System auf der fast völligen Beseitigung des Marktes und einer maximalen Öffnung der Preisschere. Legt man einen durchschnittlichen Preisindex für die verschiedenen Formen der landwirtschaftlichen Abgaben und Verkäufe zugrunde, so ergibt sich für das Jahr 1935, daß sich die Preisschere — im Vergleich zur Vorkriegszeit — bei Getreide im Verhältnis 1 : 7 geöffnet hatte. Das bedeutete, daß die Bauern siebenmal mehr Getreide als vor dem Kriege abgeben mußten, um die gleiche Menge an Industriewaren zu erhalten. Für die Gesamtheit der Agrarerzeugnisse (einschließlich Getreide) erreichte der Preisindex im günstigsten Fall ein Drittel, häufig nur ein Fünftel des Preisindexes für Industriewaren. Die Bauernschaft mußte also drei- bis fünfmal mehr Erzeugnisse für die gleiche Menge an Industriewaren hergeben. Da die Agrarproduktion insgesamt gegenüber der Vorkriegszeit kaum gestiegen war, läßt sich ungefähr ermessen, in welchem Maße sich die Einkommensverhältnisse auf dem Lande verschlechtert hatten. Durch die systematische Unterbewertung der Agrarerzeugnisse und ihren Verkauf zu hohen Einzelhandelspreisen an die städtische Bevölkerung erzielte der Staat in Form einer Umsatzsteuer höchste Gewinnspannen, die den eigentlichen Industrialisierungsbeitrag der kollektivierten Landwirtschaft darstellten.

Die Funktion der kollektivierten Landwirtschaft als Akkumulationsreservoir der Industrie bestimmte ihre gesamte Arbeitsordnung, vor allem aber die Einkommensverfassung. Es war der Sowjetführung gelungen, in den Kollektivwirtschaften allmählich das Akkordsystem durchzusetzen, so daß in zunehmendem Maße das Prinzip »Wer mehr und besser arbeitet, erhält mehr; wer nicht arbeitet, erhält nichts« verwirklicht wurde. Dabei ging die Leistungsberechnung in den Kollektivwirtschaften von anderen Voraussetzungen als in den übrigen Bereichen der Volkswirtschaft aus. Als Recheneinheit diente das sogenannte Tagewerk, das sich am traditionellen bäuerlichen Arbeitstag orientierte und nominell einer Arbeitsleistung entsprach, die bei durchschnittlicher Qualifikation an einem Tag möglich war. Es gab auch keine festen Löhne. Anstelle einer laufenden Entlohnung erhielten die Kollektivbauern einen Vorschuß — in Geld oder Naturalien — auf einen provisorisch angenommenen Lohnsatz, damit sie wenigstens ihre allerdringendsten Bedürfnisse befriedigen konnten. Die Anzahl der Tagewerke, die sie im Laufe des Jahres leisteten, wurde ihnen zunächst einmal gutgeschrieben. Diese Gutschriften stellten einen Berechtigungsschein für den Arbeitslohn dar, dessen Höhe endgültig erst bestimmt wurde, wenn am Jahresende die Höhe der Betriebseinkünfte feststand. Erst dann erfuhren die einzelnen Kollektivbauern, ob sie überhaupt etwas verdient hatten. Sie erhielten sozusagen eine Arbeitsdividende, falls sich am Ende der Wirtschaftsperiode ergab, daß der Betrieb erfolgreich gearbeitet hatte.

Der Betriebserfolg war jedoch – selbst bei einer guten Ernte – gewöhnlich sehr gering, da die Kollektivwirtschaften hohe Abgaben zu entrichten und zahlreichen weiteren Verpflichtungen nachzukommen hatten. Erst wenn alle Verpflichtungen gegenüber dem Staat erfüllt sowie Betriebsmittel, Saatgut und Futtermittel bereitgestellt waren, ergab sich der Betrag, der unter die Kollektivbauern verteilt wurde. Es handelte sich also um eine Residualgröße, deren Höhe im wesentlichen von außerbetrieblichen Bedingungen abhing. Im allgemeinen war der Barlohn derart niedrig, daß die Bauern nicht einmal einen minimalen Bedarf an Massenverbrauchsartikeln befriedigen konnten. Obwohl die Einkommen von Jahr zu Jahr und von Gebiet zu Gebiet stark schwankten, konnten sie sich im günstigsten Fall für ihren Jahreslohn ein Paar Stiefel oder einen Wintermantel kaufen. Kollektivbauern mit einer geringen Arbeitsleistung waren buchstäblich vom Hungertod bedroht, falls sie von anderen keine Unterstützung erhielten. In schlechten Erntejahren stellte sich bei der Gesamtabrechnung vielfach heraus, daß die Bauern Schuldner ihres Betriebes waren, da die Summe der Abschlagszahlungen die Einkünfte überstieg. Oft konnten sich die Kollektivbauern nur mit Hilfe ihrer persönlichen Nebenwirtschaft überhaupt am Leben erhalten. Aber selbst wenn im Einzelfall ein höheres Einkommen erzielt wurde, nutzte das wenig, da – zumindest bis Mitte der dreißiger Jahre – die Kaufkraft des Geldes ständig sank und man außerdem auf dem Lande fast keine Industriewaren erhalten konnte. So lebten die Bauern häufig in der Vorstellung, daß sie in der Kollektivwirtschaft umsonst arbeiteten.

Unter solchen Umständen waren auch geringe Leistungen nur mit Hilfe von Zwang zu erreichen. Die Arbeitsdisziplin, der die kollektivierte Landwirtschaft unterworfen wurde, bedeutete de facto die allgemeine Arbeitspflicht. Ihre Einhaltung wurde von einem aufgeblähten Verwaltungs- und Kontrollapparat überwacht, der schwere Strafen verhängen und in besonderen Fällen den Ausschluß aus dem Kollektiv verfügen durfte. Da die Kollektivbauern jedoch außerhalb des Betriebs keine Existenzgrundlage mehr fanden, gab es für sie kaum eine Möglichkeit, sich dem Arbeitszwang zu entziehen; sie blieben allein schon aus wirtschaftlichen Gründen an ihren Betrieb gebunden. So gab es nach der Kollektivierung auch keine Freizügigkeit mehr auf dem Lande; die persönliche Handlungsfreiheit war weitgehend aufgehoben; die Beziehung der Kollektivbauern zu ihrem Be-

trieb glich dem Hörigkeitsverhältnis der mittelalterlichen Agrarverfassung.
Derartige Arbeitsbedingungen führten unvermeidlich zu einer stagnierenden Entwicklung der Agrarproduktion – auch nachdem sich das kollektivwirtschaftliche System endgültig konsolidiert hatte. Selbst als das Netz der Maschinen- und Traktorenstationen immer stärker ausgebaut wurde, stieg die landwirtschaftliche Produktionsleistung im Durchschnitt nur geringfügig an. In der Getreidewirtschaft, die nach wie vor den wichtigsten Produktionszweig darstellte und auch Ende der dreißiger Jahre noch etwa drei Viertel der Anbaufläche beanspruchte, erreichten die Erträge trotz fortgeschrittener Mechanisierung nur langsam das Vorkriegsniveau – d. h. das Niveau der rückständigen bäuerlichen Einzelwirtschaft. Selbst wenn man die ungünstigen agroklimatischen Bedingungen des Landes in Rechnung stellt, war ein durchschnittliches Hektarergebnis von 8 bis 10 Doppelzentnern außerordentlich niedrig. Der Vorkriegsumfang der Getreideernte wurde in den Jahren vor dem Zweiten Weltkrieg nur auf Grund einer erheblich erweiterten Anbaufläche erreicht. Da jedoch inzwischen auch die Einwohnerzahl des Landes zugenommen hatte, stand pro Kopf der Bevölkerung etwa ein Fünftel weniger Getreide zur Verfügung als im Jahre 1913. So blieb trotz des erhöhten Kartoffel- und Gemüseanbaus die Ernährungsbasis des Landes gefährdet, zumal es auch noch längst nicht gelungen war, die Einbuße auszugleichen, die die Viehzucht während der Massenkollektivierung erlitten hatte.
In der sowjetischen Landwirtschaft hatten sich innerhalb von zehn Jahren zwar grundlegende Veränderungen vollzogen: An die Stelle von 25 Millionen bäuerlicher Klein- und Kleinstbetriebe, die nur primitives Gerät besaßen, waren ungefähr 240 000 Kollektivwirtschaften, mehr als 4000 Sowjetwirtschaften sowie etwa 5000 spezielle Versorgungsbetriebe getreten, denen insgesamt mehr als eine halbe Million Traktoren sowie Hunderttausende von Mähdreschern und anderen modernen Maschinen zur Verfügung standen. Die Produktionsleistung entsprach jedoch nicht im geringsten den immensen Möglichkeiten, die der Übergang zum mechanisierten landwirtschaftlichen Großbetrieb eröffnet hatte. Die Arbeitsproduktivität lag weit unter dem amerikanischen Niveau. Zwar versuchte die Sowjetführung unmittelbar vor dem Kriege, durch Korrekturen im Ablieferungssystem sowie die Einführung eines obligatorischen Arbeitsminimums für alle Kollektivbauern die Leistungsfähigkeit der Landwirtschaft zu steigern. Ohne eine grundlegende Änderung der Agrarpolitik, die das Tributverhältnis der Landwirtschaft gegenüber der Industrie und die damit verknüpfte wirtschaftliche und rechtliche Diskriminierung der Kollektivbauern

beseitigte, war jedoch die Agrarproduktion nicht mehr wirksam zu erhöhen. Das bestehende System führte zu einer Bewahrung der landwirtschaftlichen Rückständigkeit, die sich schließlich — das war abzusehen — zum Hemmschuh für die gesamte Volkswirtschaft entwickeln mußte.

c) Die beschleunigte Industrialisierung

Im Herbst 1929 schlug die Sowjetführung eine neue Industrialisierungspolitik ein, die auf einen völligen Bruch mit den Zielsetzungen und Methoden der Neuen Ökonomischen Politik hinauslief. Im Gegensatz zur ersten Phase des industriellen Neuaufbaus, in der sich die Schwerindustrie im Rahmen eines relativen wirtschaftlichen Gleichgewichts entwickelte, wurde nun der Ausbau einzelner Schlüsselindustrien in außerordentlich beschleunigtem Tempo vorangetrieben. Man konzentrierte die verfügbaren Mittel auf einige wenige Industriezweige — vorab die Metallproduktion, den Maschinenbau und die Energieerzeugung —, ohne hierbei auf gesamtwirtschaftliche Zusammenhänge Rücksicht zu nehmen. Das entscheidende Investitionskriterium bildete nicht mehr der optimale Nutzeffekt für die Gesamtwirtschaft, sondern die Produktionsmaximierung in ausgewählten Industriezweigen. Die Sowjetführung hoffte, die wirtschaftliche Entwicklung des Landes auf diese Weise schneller vorantreiben zu können. Durch eine einseitige Industrialisierung, die eine riesige Akkumulationsanstrengung auf Kosten des Massenkonsums bedeutete, wollte sie in kürzester Frist eine Entwicklung nachholen, für die andere Länder Jahrzehnte und Jahrhunderte benötigt hatten.
Die neue Industrialisierungsstrategie stützte sich zunächst auf bestimmte Möglichkeiten, die bislang nur wenig oder auch gar nicht ausgeschöpft worden waren. In erster Linie sind hier das ununterbrochene Betriebsjahr sowie der Arbeitswettbewerb zu nennen. Während bisher nur einzelne kleinere Industriezweige ohne Unterbrechung gearbeitet hatten, versuchte man nun, den gesamten industriellen Apparat auf die kontinuierliche Produktion umzustellen. Wenn die Industrie — so hatten Berechnungen ergeben — das ganze Jahr über in Gang gehalten werden konnte, ließ sich der Produktionsausstoß während der Laufzeit des Fünfjahresplans, der nur 263 Arbeitstage unterstellt hatte, noch um mindestens 100 Prozent erhöhen. Da das ununterbrochene Betriebsjahr für den einzelnen Arbeiter nicht zu einer Verlängerung der Arbeitszeit führen durfte, mußte zugleich die Arbeitswoche verkürzt werden. An die Stelle des Siebenstundentages trat daher in allen Betrieben, die seit Herbst 1929 die neue Produktionsorganisation einführten, die Fünftagewoche, so daß die Arbeiter jetzt auf je

5 Arbeitstage einen Ruhetag erhielten. Da die Ruhetage der einzelnen Gruppen, in die die Belegschaften nun eingeteilt wurden, verschieden lagen, stand der Betrieb nie still. Die Sowjetführung erhoffte sich von dem neuen Arbeitsrhythmus, der mit jahrhundertealten Traditionen brach, außerdem eine erhöhte Tagesleistung und eine gleichmäßigere Leistungskurve. Dem gleichen Ziel diente die Einführung eines ständigen Arbeitswettbewerbs. Wie die kapitalistischen Unternehmer um Maximalprofite konkurrierten, so sollten die Betriebe, Arbeitergruppen und schließlich auch die einzelnen Arbeiter miteinander um Höchstleistungen in der Produktion wetteifern. Ein solcher

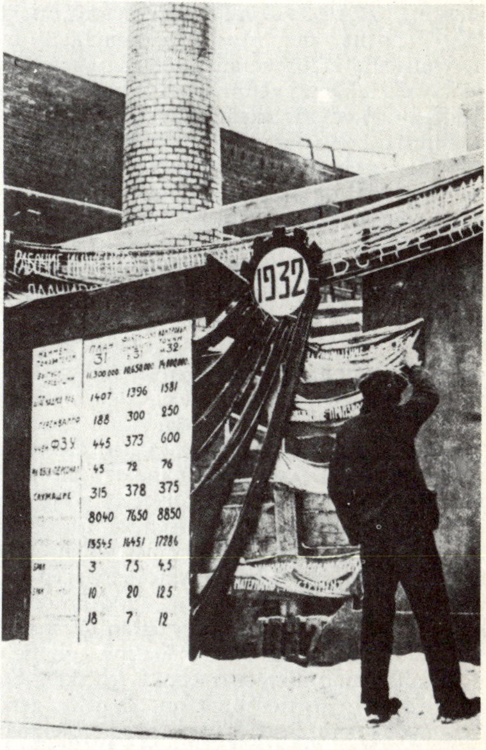

Abb. 28: Öffentliche Bekanntgabe der Produktionsergebnisse von Stoßarbeiterbrigaden. — Solche Brigaden wurden ursprünglich zur Bewältigung besonders dringender Aufgaben organisiert; Arbeitsenthusiasmus sollte alle wirtschaftlichen Engpässe überwinden. Bald jedoch nahm die Stoßarbeit Massenumfang an und entwickelte sich zu einer grundlegenden Form des »sozialistischen Wettbewerbs«.

Wettbewerb, der durch Appelle an die Eigeninitiative ausgelöst, später aber vor allem durch ein Prämiensystem gefördert wurde, schien das geeignete Instrument, um alle Energien und Fähigkeiten der Arbeiterschaft zu mobilisieren. Aus ihm ging auch die Bewegung der Stoßarbeiterbrigaden hervor, die man zur Bewältigung besonders dringender Aufgaben – vorab bei Planrückständen – einsetzte. Der Übergang zum ununterbrochenen Betriebsjahr und zum ständigen Arbeitswettbewerb gestattete, die Industrialisierungsziele bedeutend heraufzusetzen. Unter der Losung »Fünfjahrplan in vier Jahren!« wurde daraufhin die gesamte Perspektivplanung einer radikalen Revision unterzogen, wobei sich die Investitionspolitik nun ganz einseitig am Ausbau der Schwerindustrie orientierte.
Die Tendenz, den Ausbau bestimmter Industriezweige in maximalem Tempo voranzutreiben, wurde auch durch die Massenkollektivierung gefördert, die im Herbst 1929 einsetzte. Dadurch entstand vor allem ein riesiger Bedarf an Traktoren und Landmaschinen, den man durch umfangreiche zusätzliche Investitionen zu befriedigen versuchte. Der Traktorenbau sollte gegenüber den Ansätzen des Fünfjahrplans um vier- bis fünfmal erhöht werden, so daß der Landwirtschaft am Ende des Planjahrfünfts statt – wie vorgesehen – 91 000 insgesamt 443 000 Traktoren aus eigener Produktion zur Verfügung stehen würden. Während der Bau von Mähdreschern ursprünglich überhaupt nicht beabsichtigt war, sollte nun die Jahresproduktion am Ende des Jahrfünfts 50 000 Stück betragen. Die Erfüllung dieses Programms bedeutete, daß die Sowjetunion, die im Jahre 1923 mit Mühe ihre ersten 6 Traktoren produziert hatte, im Landmaschinenbau den ersten Platz in der Welt einnehmen würde. Zugleich wurde beschlossen, die Automobilproduktion von 100 000 auf 250 000 bis 300 000 im letzten Jahr des Fünfjahrplans heraufzusetzen, um den gesteigerten Transportbedarf der Landwirtschaft besser zu befriedigen. Der forcierte Ausbau der Traktoren-, Landmaschinen- und Automobilindustrie stellte wieder erhöhte Anforderungen an andere Industriezweige – vor allem die Metall- und Erdölindustrie –, die nun ebenfalls ihr Produktionsprogramm drastisch erhöhen mußten, so daß sich auf diese Weise der sprunghafte Charakter der Industrialisierung immer mehr verstärkte. So wurden bereits zahlreiche Industriebauten in Angriff genommen, die erst für eine spätere Entwicklungsphase projektiert waren. »Es sind Zeiten angebrochen, die uns Errungenschaften bringen, von denen keiner geträumt hat«, erklärte Kržižanovskij, Vorsitzender der Staatlichen Plankommission in den Jahren der Neuen Ökonomischen Politik.[6]
Bedeutende Einzelerfolge, die sich schon früh abzeichneten, schienen die Effektivität der neuen Industrialisierungspolitik

Abb. 29: Bau der Turksib; die letzten Schwellen und Schienen werden verlegt. — Die Eisenbahnstrecke wurde in Rekordzeit fertiggestellt. Sie verband die Getreidebezirke Westsibiriens mit den Baumwollbezirken Mittelasiens und hatte schon allein deshalb eine enorme wirtschaftliche Bedeutung. Auch die wirtschaftliche Erschließung der angrenzenden Gebiete, vor allem Kazachstans, wurde mit ihrer Hilfe vorangetrieben.

zu beweisen: So wurde am 1. Mai 1930 der Durchgangsverkehr auf der Turkestan-Sibirischen Eisenbahn (Turksib) eröffnet, nachdem die 1500 km lange Bahnlinie vorfristig fertiggestellt worden war. In Rostov am Don nahm ein großes Landmaschinenwerk die Produktion auf. Das Stalingrader Traktorenwerk, das in der Rekordzeit von knapp einem Jahr erbaut worden war, begann zu arbeiten. In Zaporož'e wurde die erste landwirtschaftliche Kombine hergestellt. Einzelne Industriezweige hatten ihre Produktion inzwischen weit über die ursprünglichen Planziele hinaus erhöht, so daß sie den Fünfjahrplan in der Hälfte der vorgesehenen Zeit erfüllen konnten. Auf Grund solcher Erfolge beschloß der Sechzehnte Parteitag im Juni/Juli 1930, ein ganz neues Zentrum der Schwerindustrie, das Ural-Kuzneck-Kombinat, zu errichten, um auf diese Weise die wirtschaftliche Erschließung der östlichen Landesteile vorzubereiten. Das Kombinat, das auf der Verbindung der riesigen Kohlefelder des Kuzneckbeckens in Westsibirien mit den Erzvorkommen des Ural basierte, sollte bereits in den vierziger Jahren die Hälfte der industriellen Gesamtproduktion erzeugen. Auf diese Weise versuchte man, trotz der immensen Schwierigkeiten, die mit der Verwirklichung eines derartigen Projekts verknüpft waren, das Industrialisierungstempo immer stärker zu beschleunigen. In der Diskussion um den Jahresplan für 1931, der eine 45prozentige Zuwachsrate für die Industrieproduktion vorsah, erklärte Stalin, gegen verschiedene Kritiker gewandt: »Das Tempo darf nicht herabgesetzt werden! Im Gegenteil, es muß nach Kräften und Möglichkeiten gesteigert werden.« Der Rückstand gegenüber den westlichen Industriestaaten, die der Sowjetunion feindlich gegenüberstanden, machte — so meinte Stalin — eine weitere Beschleunigung zum Gebot der Stunde: »Wir sind hinter den fortgeschrittenen Ländern um 50 bis 100 Jahre zurückgeblieben. Wir müssen diese Distanz in 10 Jahren durchlaufen. Entweder wir bringen das zuwege, oder wir werden zermalmt.«[7]

Als allerdings die einseitige Entwicklung der Industrie infolge zunehmender Disproportionen zu großen Schwierigkeiten führte, so daß schließlich der durchschnittliche Produktionszuwachs im Jahre 1932 auf ein Minimum von 8,5 Prozent herabsank, war die Sowjetführung bereit, das Industrialisierungstempo erst einmal etwas zu verlangsamen. Man versuchte nun, zunächst die begonnenen Investitionsarbeiten zu Ende zu führen, einige bisher völlig vernachlässigte Industriezweige zu entwickeln und vor allem die technisch-organisatorische Arbeit zu verbessern, um auf diese Weise den bereits errichteten Produktionsapparat rationeller als bisher ausnutzen zu können. Während in den ersten Jahren um jeden Preis der Bau immer neuer und größerer Betriebe in Angriff genommen wurde, berücksichtigte man nun in zunehmendem Maße die qualitativen Probleme. So rückten im zweiten Fünfjahrplan, der die Zeitspanne von 1933 bis 1937 umfaßte, die Hebung der Arbeitsproduktivität, die Senkung der Selbstkosten und die Verbesserung der Qualität der Erzeugnisse in den Mittelpunkt der Industrialisierungspolitik. — Die Sowjetführung war sich darüber im klaren, daß sie die qualitative Arbeit der Industrie nur verbessern konnte, wenn es ihr gelang, das technisch-kulturelle Niveau der Arbeiterschaft bedeutend zu heben. Daher wurde nun das Netz der Betriebsberufsschulen, das die Hauptrolle bei der Ausbildung qualifizierter Arbeitskräfte spielte, stärker ausgebaut. In den größeren Werken errichtete man in zunehmendem Maße Arbeiterlehrkombinate, die ein geschlossenes Ausbildungssystem umfaßten: von der Beseitigung des Analphabetentums über die allgemeinbildende Vierklassenschule bis zur Hochschule. Die Arbeiterschaft wurde aufgefordert, sich das sogenannte technische Minimum anzueignen; bereits im Jahre 1935 legten Hunderttausende von Arbeitern der Schwerindustrie ein technisches Examen ab. — Allerdings konnte die Effektivität des Produktionsapparates auf die Dauer nur gesteigert werden, wenn es gelang, die Arbeitsleistung wesentlich zu verbessern. Diese Aufgabe fiel der Stachanovbewegung zu, die Mitte 1935 eingeleitet wurde. Die Sowjetführung nahm den — sorgfältig vorbereiteten — Einzelerfolg des Hauers Stachanov, der in einer Grube des Donecbeckens während einer Schicht 102 Tonnen Kohle abgebaut und damit das Vierzehnfache seiner Norm erreicht hatte, zum Anlaß, die bestehenden Arbeitsnormen im Kohlebergbau einer Revision nach oben zu unterziehen. In ähnlicher Weise dienten nun in allen Industriezweigen einzelne Produktionsrekorde dazu, jeweils die Gesamtleistung zu steigern. Arbeiter und Arbeiterinnen, die sich die Überwindung der technischen Normen, der projektierten Leistungsfähigkeiten und der bestehenden Produktionspläne zum Ziel setzten, wurden mit Orden ausgezeichnet. Es gelang so, überholte Arbeitsmethoden und mangelhafte Qualifikation zu überwinden. Da die moderne Technik die Möglichkeit bot, oft schon durch geringfügige Verbesserungen der Arbeitsorganisation die Leistung erheblich zu steigern, führte die Stachanovbewegung zu einer bedeutenden Produktionszunahme.

Ende der dreißiger Jahre hatte man eine mächtige Schwerindustrie mit zahlreichen neuen Produktionszweigen geschaffen. Es waren Tausende neuer — teils gigantischer — Betriebe entstanden, und die meisten alten Werke und Fabriken waren mit moderner Ausrüstung ausgestattet worden. So gab es im Bereich der Schwerindustrie kaum noch Betriebe mit veralteter Technik. Fast die gesamte Industrie war elektrifiziert, wobei der Kraftstrom zugleich technologischen Zwecken diente. Auch die

Mechanisierung der Produktionsprozesse hatte inzwischen bedeutende Fortschritte gemacht, die vor allem dem Kohleabbau zugute kamen. Zahlreiche neue Kraftwerke vermehrten das Angebot an Elektroenergie, so daß wichtige energieintensive Produktionen (Elektrostahl, Aluminium) aufgenommen werden konnten. Besonders stark entwickelt war der Maschinenbau, das Kernstück der Industrialisierung. Während Rußland vor dem Ersten Weltkrieg den größten Teil seines Maschinenbedarfs importieren mußte, war die neuerrichtete Maschinenindustrie in der Lage, alle Zweige der Volkswirtschaft mit moderner Technik auszurüsten, so daß die wirtschaftliche Unabhängigkeit vom Ausland endgültig gesichert war. Nur noch einzelne Maschinensysteme wurden aus den westlichen Ländern eingeführt. Aus dem Maschinenbau gingen Dutzende hochspezialisierter Industriezweige hervor, wobei vor allem die Rüstungsproduktion eine wachsende Bedeutung erlangte. – Die Standortverteilung der Industrie hatte sich im Laufe der dreißiger Jahre völlig geändert. Während sich die Industrie des zaristischen Rußland in den südlichen und zentralen Gebieten des Landes konzentriert hatte, waren nun auch die östlichen und nördlichen Gebiete in hohem Maße in den Industrialisierungsprozeß einbezogen. Im Ural, in den Steppen Mittelasiens, in der Tajga Sibiriens und der Tundra im hohen Norden entstanden Industriegebiete und wurden Eisenbahnen gebaut. Das Ural-Kuzneck-Kombinat bildete die Voraussetzung für die industrielle Erschließung der östlichen und fernöstlichen Landesteile, die mit der Errichtung weiterer Industriezentren und hydroelektrischer Bauten in Sibirien ihren Fortgang nahm, so daß sich das Schwergewicht der Investitionsarbeiten – auch aus strategischen Erwägungen – immer mehr nach dem Osten verlagerte. Zugleich hatte sich auch die wirtschaftliche Struktur der traditionellen Industriezentren radikal gewandelt. Die ukrainische Kohle- und Hüttenindustrie war von Grund auf neu ausgerüstet worden. Leningrad produzierte nun vor allem hochwertige Maschinen für die elektrotechnische Industrie sowie den Schiff- und Gerätebau. Die Kattunstadt Moskau war zu einer Industriegroßstadt mit Maschinenbau und Elektrotechnik geworden. Im Jahre 1940 erzeugten allein die Betriebe von Moskau wertmäßig etwa doppelt soviel wie die Industrie des alten Rußland zusammengenommen. Die Sowjetunion hatte dem Produktionsumfang nach Frankreich, England und Deutschland überholt und nahm somit den ersten Platz in Europa und – nach den USA – den zweiten Platz in der Welt ein. Sie verfügte nun über die entsprechenden technisch-ökonomischen Voraussetzungen, um die fortgeschrittenen westlichen Industrieländer allmählich auch in der Pro-Kopf-Produktion, in der sie bisher noch weit zurücklag, einzuholen – eine Zielsetzung, für die

der Achtzehnte Parteitag im März 1939 eine Zeitspanne von 10 bis 15 Jahren veranschlagte.
Der forcierte Aufbau der Schwerindustrie, der sich ohne nennenswerte Auslandshilfe vollzog, erforderte allerdings einen außerordentlichen Konsumverzicht. Die riesigen Mittel, die der Bau von Hochöfen, Stahlwerken und Traktorenfabriken verschlang, mußten letztlich von der gesamten arbeitenden Bevölkerung aufgebracht werden. Immer wieder wurden vorgelagerte Produktionsstufen errichtet, die nicht unmittelbar für den Konsum produzierten, so daß sich der Produktionsumweg ständig verlängerte. Es schien, als sei die Errichtung einer Produktionsmittelindustrie lediglich Selbstzweck. Auf diese Weise entstand ein enormer Investitionsbedarf, ohne daß zugleich in ausreichendem Maße Erzeugnisse für den Massenkonsum zur Verfügung gestellt werden konnten. Im Durchschnitt wurden in den dreißiger Jahren 25 bis 35 Prozent des Nationaleinkommens investiert, wobei zu berücksichtigen ist, daß das Nationaleinkommen pro Kopf der Bevölkerung außerordentlich niedrig war.
Besonders hohe Kosten verursachte die Industrialisierung der östlichen und fernöstlichen Landesteile, die mit der Errichtung des Ural-Kuzneck-Kombinats begann. Um die Eisenindustrie des Ural mit der Kohle des Kuzneckbeckens zu versorgen, mußte mit Hilfe der Eisenbahn eine Entfernung von mehr als 2000 km überwunden werden — eine »in der Welt der Eisenverhüttung einzig dastehende Transportentfernung«[8]. Dazu kamen die hohen sekundären Kosten, die mit der städtebaulichen und verkehrstechnischen Erschließung dünn besiedelter, unwirtlicher Territorien verbunden waren. Schließlich waren die Zulieferindustrien auf lange Zeit festgelegt. Die fertiggestellten Werke aber produzierten zunächst einmal mehr Eisen und Stahl, als in der Region gebraucht wurde, so daß weitere Transportkosten hinzukamen. Obwohl man dieselben Produktionsresultate mit wesentlich geringeren Kosten durch den verstärkten Ausbau des Donecbeckens hätte erreichen können, hatte sich die Sowjetführung zum Bau des Ural-Kuzneck-Kombinats entschlossen, da nur auf diese Weise die Industrialisierung Sibiriens und des Fernen Ostens möglich war.
Die Politik der einseitigen Industrialisierung, die von Anfang an die Entwicklung der Leichtindustrie benachteiligte, führte — vor allem zu Beginn der dreißiger Jahre — zu zahlreichen weiteren Disproportionen: Die verschiedenen Produktionszweige und die industriellen Teilkomplexe waren schlecht aufeinander abgestimmt; oft wurden Industrien, die aus technischen Gründen aufeinander angewiesen waren, nicht gleichzeitig errichtet; man baute eine Industrie auf und übersah den Ausbau der Komplementärindustrie; Lieferwerke für Roh- und Brenn-

stoffe wurden ebenso häufig vergessen wie Reparaturwerkstätten und die Ersatzteilproduktion. Während manche Industriezweige völlig überlastet waren, blieben daher in anderen die Kapazitäten ungenutzt. So berichtete Ordžonikidze, Volkskommissar für Schwerindustrie, Anfang 1935 von Betrieben, »die sich zu den besten zählen, die aber ihre Einrichtung nicht mehr als zu 50 oder 60 Prozent ausnutzen«[9]. Unter solchen Umständen waren Betriebsstillstände und Leerlauf an der Tagesordnung. Lange Zeit vernachlässigte man auch das Transportwesen. Obwohl die territoriale Arbeitsteilung, die mit dem Industrialisierungsprozeß verknüpft war, erhöhte Anforderungen an die Verkehrskapazität stellte, wurde das Eisenbahnnetz nur mangelhaft instand gehalten und viel zu langsam ausgebaut, so daß auch hierdurch der volkswirtschaftliche Kreislauf immer wieder gestört wurde. Dadurch herrschte ein chronisches Ungleichgewicht, und die Industrie entwickelte sich von Engpaß zu Engpaß. Um die krassesten technischen Disproportionen zu beseitigen, waren hohe Mehrausgaben erforderlich.

In besonderem Maße erhöhten sich die Industrialisierungskosten durch den Mangel an geschulten Arbeitskräften und qualifizierten Fachleuten. Die Arbeiterschaft war nicht auf die speziellen Anforderungen des forcierten industriellen Aufbaus vorbereitet. Die Schnellkurse, die man zu Beginn der dreißiger Jahre einrichtete, verfehlten weitgehend ihren Zweck. So war man in der Regel zunächst gezwungen, an Stelle von Facharbeitern ungelernte Arbeitskräfte einzustellen, die nicht mit den komplizierten Maschinen umzugehen verstanden. Aus Unkenntnis und Mangel an technischen Fähigkeiten wurden zahlreiche Werkzeugmaschinen, Traktoren und Autos beschädigt oder zerstört. Die Sowjetführung sah in solchen Verlusten den Preis, den das Land entrichten mußte, um so schnell wie möglich den industriellen Erziehungsprozeß der Arbeitskräfte nachzuholen. »Das, was in Europa im Verlauf von Jahrzehnten geleistet wurde, haben wir in groben Umrissen und im wesentlichen im Laufe von drei bis vier Jahren zu leisten versucht«, erklärte Stalin. »Die Unkosten und Mehrausgaben, die Ruinierung von Maschinen und andere Verluste haben sich reichlich bezahlt gemacht.«[10]

Es fehlten jedoch nicht nur Hunderttausende qualifizierter Arbeitskräfte, sondern auch Zehntausende von Technikern und Ingenieuren. Das Qualifikationsniveau des ingenieurtechnischen Personals war in der Sowjetunion niedriger als in Westeuropa oder den USA. Die sowjetischen Spezialisten waren nicht ohne weiteres in der Lage, die neueste westliche Technik ohne fremde Hilfe zu meistern. Zwar gelang es mit Unterstützung ausländischer Spezialisten, in kürzester Zeit einen modernen Produktionsapparat im Lande zu installieren; seine Arbeitsfähigkeit aber war damit noch längst nicht gewährleistet. Oft dauerte es Jahre, bis die neuen Industrieanlagen richtig funktionierten. So beherrschte man zunächst nicht die Methode der Fließbandproduktion, wie Ordžonikidze am Beispiel des Stalingrader Traktorenwerks berichtet: »Ich entsinne mich, als dieses Werk eröffnet wurde, brachten wir im Sommer einen Traktor heraus, dann vergingen aber vier bis fünf Monate, ohne daß wir einen Traktor ausliefern oder Ersatzteile herstellen oder montieren konnten. Das ganze folgende Jahr mühten wir uns ab, um mit Müh und Not bis zu zehn Traktoren pro Tag, schließlich bis zu 25 Traktoren am Tag herzustellen, und wir waren froh darüber, glaubten, daß es uns nun gelänge.«[11] In ähnlicher Weise blieb auch in den meisten anderen neuerrichteten Werken und Fabriken die projektierte Kapazität zunächst unerreicht.

Schließlich wurde die Effizienz der Industrialisierungspolitik auch durch das gespannte Verhältnis der Sowjetführung zu den technischen und wirtschaftlichen Führungskräften beeinträchtigt. Man machte ihnen die Arbeit immer wieder schwer, indem man sie zu Sündenböcken für ungenügende Produktionsleistungen stempelte, so daß sie mit Zurückhaltung, Passivität und Verantwortungsscheu reagierten. In diesem Zusammenhang wirkte sich die politische Säuberung der Jahre 1936 bis 1938, der zahlreiche hochqualifizierte Fachleute zum Opfer fielen, ganz besonders schädlich aus. Am meisten waren hiervon die Schwerindustrie – vorab der Hüttenbau – und das Transportwesen betroffen. Die Auswirkungen dieser Säuberung, die für ihre Opfer in der Regel Verhaftung und Hinrichtung bedeutete, lähmten den gesamten Wirtschaftsapparat. Niemand wollte mehr eine Entscheidung riskieren, da jeder Mißerfolg, jeder Unglücksfall und jeder Fehler als konterrevolutionäre Sabotage bestraft wurde. Auf der anderen Seite wagte auch niemand mehr, einer falschen Entscheidung der Zentrale zu widersprechen, da er dann ebenfalls der Sabotage angeklagt wurde. Eine solche Situation, in der lähmende Furcht vor der Anwendung unberechenbarer Gewalt jede Initiative erstickte, hatte für den Industrialisierungsprozeß verheerende Folgen, die sich vor allem in der Zersplitterung der Investitionsarbeiten äußerten. In fast allen Produktionszweigen – sowohl der Schwer- als auch der Leichtindustrie – kam es Ende der dreißiger Jahre zu Stagnationserscheinungen, so daß die Planziele nicht erreicht wurden. Vor allem blieb die Eisen- und Stahlindustrie zurück, wodurch auch der Ausbau der Rüstungsindustrie behindert wurde, der für die Sowjetunion infolge der drohenden Kriegsgefahr von zentraler Bedeutung war.

Das Grundproblem, vor das sich die sowjetische Industriepolitik Ende der dreißiger Jahre gestellt sah, bildete die Erhöhung der Arbeitsproduktivität, die Lenin als »das Allerwichtigste, das Ausschlaggebende für den Sieg der neuen Gesellschaftsordnung«[12] bezeichnet hatte. Die Industrie hatte sofort die modernste Technik übernommen, ohne erst die zahlreichen technologischen Zwischenstufen zu durchlaufen. Es war jedoch nicht gelungen, in gleichem Tempo die technisch-organisatorischen Fähigkeiten der Menschen zu entwickeln. Daher entsprach die industrielle Leistungsfähigkeit noch längst nicht den vorhandenen Möglichkeiten. Die Presse führte immer wieder Beispiele für die unterschiedlichen Leistungen an, die dasselbe Maschinensystem, dieselbe Maschine in der Sowjetunion und in den fortgeschrittenen Industriestaaten erbrachte. Nach wie vor waren die Produktionskosten enorm hoch, und die großen quantitativen Erfolge wurden oft durch die schlechte Qualität der Erzeugnisse wieder aufgehoben. Die hohen Wachstumsraten der Industrieproduktion, die in den westlichen Ländern nicht ihresgleichen fanden, wurden zu einem großen Teil durch Raubbau an den natürlichen und menschlichen Ressourcen erzielt. Man beutete immer nur die ergiebigsten Erzadern und die reichlichsten Kohlenflöze aus – ebenso wie man die Wälder ohne reproduktive Forstwirtschaft abholzte oder Landwirtschaft ohne Düngung betrieb. Immer wieder wurden Massen neuer ungeschulter Arbeitskräfte eingesetzt, die die kollektivierte Landwirtschaft in ausreichendem Maße zur Verfügung stellte, und Mehrleistungen durch verstärkten Druck auf die Arbeiter erzwungen. Die produktiven Möglichkeiten aber des technischen Apparats blieben unausgeschöpft. In diesem – für den wirtschaftlichen Wettbewerb mit den westlichen Industriestaaten letztlich ausschlaggebenden – Aspekt blieb die sowjetische Industrie den Beweis ihrer Überlegenheit schuldig.

d) Die neue Arbeiterschaft

Die Umwandlung der Sowjetunion aus einem Agrar- in ein Industrieland war mit einem Umbruch der alten Sozialstruktur verbunden, der – sowohl dem Umfang als auch dem Tempo nach – in der Geschichte anderer Länder kein Beispiel findet. In dem Jahrzehnt von 1929 bis 1939 nahm die Stadtbevölkerung von 28,7 Millionen (19 Prozent der Gesamtbevölkerung) auf insgesamt 56,1 Millionen (33 Prozent der Gesamtbevölkerung) zu, während die Zahl der Landbewohner in der gleichen Zeit trotz einer höheren Geburtenquote um 10,2 Millionen zurückging. Das enorme Wachstum der städtischen Bevölkerung erklärte sich in erster Linie aus dem riesigen Zustrom vom Lande, der mit Beginn der forcierten Industrialisierung einsetzte. Im Durchschnitt nahmen die Städte und städtischen Siedlungen zwischen 1929 und 1939 jährlich fast 2 Millionen ländliche Zuwanderer auf. Der zeitliche Schwerpunkt dieser sozialen Umschichtung lag allerdings zu Beginn der dreißiger

Jahre; so zählte man allein 1931 mehr als 4 Millionen Zuwanderer.
Der umfangreiche Zustrom ländlicher Arbeitskräfte wurde durch die Umwälzung der Agrarverhältnisse ermöglicht, die den potentiellen Arbeitskräfteüberschuß auf dem Lande gegenüber der Periode der Neuen Ökonomischen Politik weiter vergrößerte. Zunächst einmal löste die Massenkollektivierung jedoch eine gegenläufige Bevölkerungsbewegung aus. Im Winter 1929/30 kam es zu einer Rückwanderung industrieller Arbeitskräfte ins Dorf, die sich aus dem halbbäuerlichen Charakter der russischen Arbeiterschaft ergab. In den zwanziger Jahren war – ebenso wie vor dem Kriege – das Lohngängertum, die sogenannte temporäre Abwanderung, weit verbreitet. Bauern und Mitglieder von Bauernfamilien, die in der Landwirtschaft nicht ausreichend beschäftigt waren, wanderten für einen Teil des Jahres in die Industrie ab, ohne dabei ihren landwirtschaftlichen Betrieb aufzugeben. Solange aber die Fabrikarbeiter und Bergleute noch ein Stückchen Land behielten, das sie zeitweise auch selbst bearbeiteten, blieben sie ökonomisch und psychologisch mit dem Dorf verbunden. Daher strömten sie mit Beginn der Massenkollektivierung aufs Land zurück, um dort ihre Interessen wahrzunehmen. Da außerdem die Partei- und die Gewerkschaftsführung die Mitglieder ihrer Organisationen, die noch Verbindungen zum Land hatten, aufforderten, die Kollektivierungsbewegung zu unterstützen, kam es – vor allem in Gebieten, in denen der Typ des Halbbauern vorherrschte – zu einer regelrechten Stadtflucht, über die die Industriepresse immer wieder Klage führte: »Die Bergwerke leeren sich. Bergarbeiter, Bauarbeiter, Mechaniker – alles will aufs Land, in die Kollektive.«[13] Allerdings wurde dieser Rückwanderungsprozeß, der auch einen großen Teil der städtischen Arbeitslosen erfaßte, durch das sinkende Lebenshaltungsniveau in den Städten mitverursacht, das vor allem in der rapiden Verschlechterung der Ernährungslage und in der anhaltenden Wohnungsnot zum Ausdruck kam.
Die Massenkollektivierung rief in ihrer ersten Phase nicht nur einen breiten Rückstrom aus den Industrie- und Bergwerksgebieten hervor, sondern wirkte zunächst auch der bäuerlichen Abwanderung entgegen. Obwohl der Übergang zum landwirtschaftlichen Großbetrieb die Möglichkeit für einen rationelleren Einsatz der Arbeitskräfte bot, versuchten die Kollektivwirtschaften, ihre Mitglieder vorerst zu Hause festzuhalten, da sie infolge der schlechten Arbeitsorganisation den Bedarf an Arbeitskräften nicht überschauen konnten. Die Kollektivbauern zeigten allerdings auch selbst wenig Interesse, ihren Betrieb zu verlassen, da sie befürchten mußten, bei dem permanenten Reorganisationsprozeß der Agrarverhältnisse, vor allem bei

der Verteilung der Arbeit und der Erträge, benachteiligt zu werden. Für die Landarbeiter und die Dorfarmut, die früher den größten Teil der Abwanderer stellten, war nun die Notwendigkeit fortgefallen, sich außerhalb der Landwirtschaft ihren Lebensunterhalt zu verdienen, da sie in den Kollektiven zumindest ein Existenzminimum erhielten. Je weiter der Kollektivierungsprozeß fortschritt, desto geringer wurde die Zahl derjenigen, die an Arbeit in der Stadt interessiert waren.
Die Mehrzahl der industriellen Arbeitskräfte rekrutierte sich zunächst aus denjenigen bäuerlichen Schichten, die durch die Kollektivierung von Haus und Hof vertrieben wurden. Der Kampf gegen die Kulaken, der sich auch gegen einen großen Teil der Mittelbauern richtete, war häufig mit einer Zwangsumsiedlung verbunden, durch die vor allem die nördlichen und östlichen Industriegebiete mit Arbeitskräften versorgt wurden. In die Städte und Industriezentren zogen nun in erster Linie diejenigen Einzelbauern, die sich der Kollektivierung widersetzten. Auch die große Wanderbewegung, die durch die Hungersnot im Winter 1931/32 und 1932/33 verursacht wurde, trieb zahlreiche Bauern auf Arbeitssuche in die Stadt. Zunächst kam nur ein geringer Teil der industriellen Arbeitskräfte aus den Kollektivwirtschaften. Aber auch bei ihnen handelte es sich – ebenso wie bei den anderen Bauern – nicht mehr um die traditionelle temporäre Abwanderung, da sie in der Regel nicht beabsichtigten, wieder ins Dorf zurückzukehren. Die neue Arbeiterschaft, die sich seit Beginn der dreißiger Jahre herausbildete, war endgültig von der Landwirtschaft losgelöst.
Um der Verknappung der Arbeitskräfte entgegenzuwirken, die sich schon zu Beginn der beschleunigten Industrialisierung abzeichnete, ging man zur organisierten Anwerbung über. Die Kollektivwirtschaften wurden verpflichtet, die von den Industriebehörden geforderte Zahl an Arbeitskräften zur Verfügung zu stellen und den abwanderungswilligen Bauern keine Hindernisse in den Weg zu legen. Um ihren Widerstand gegen die Anwerbung zu beseitigen, wurde ihnen gestattet, ein Zehntel des künftigen industriellen Arbeitsverdienstes einzuziehen. 1931 erhielten die Wirtschaftsorganisationen und Betriebsleitungen das Recht, unmittelbar mit den Kollektivwirtschaften und -bauern zu verhandeln und entsprechende Arbeitsverträge abzuschließen. Dabei sollte die Industrie den landwirtschaftlichen Betrieben anstelle der ausscheidenden Mitglieder Produktionsmittel zur Verfügung stellen, sozusagen Menschen gegen Maschinen eintauschen. Auf dieser Basis entwickelte sich eine intensive Werbekampagne, wobei die Werber der verschiedenen Wirtschafts- und Industrieorganisationen häufig miteinander konkurrierten und übertriebene Versprechungen – vor allem im Hinblick auf Verpflegung und Unterkunft – machten, die

dann nicht eingehalten werden konnten. Allerdings war nur verhältnismäßig selten direkte Zwangsanwendung erforderlich, um die notwendigen Arbeitskräfte zu gewinnen. Die Kollektivwirtschaften verfügten nicht nur über einen immensen Überschuß an erwachsenen männlichen Arbeitskräften, sondern konnten auch in zunehmendem Maße Frauen, Jugendliche und Kinder zur Arbeit heranziehen. Außerdem wurde der Abzug der Bauern durch das ökonomische Gefälle zwischen Stadt und Land erleichtert. Obwohl sich mit Beginn der forcierten Industrialisierung auch die Lebensbedingungen in den Städten und Industriezentren verschlechterten, erreichte der Verelendungsprozeß, der mit der Massenkollektivierung verbunden war, derartige Ausmaße, daß den Bauern das Verlassen des Dorfes nicht mehr allzu schwerfiel. In der zweiten Hälfte der dreißiger Jahre verlor dann die organisierte Anwerbung immer mehr an Bedeutung. Man zog jetzt in verstärktem Maße die städtischen Arbeitskraftreserven heran und gliederte vor allem die Frauen in den Arbeitsprozeß ein, so daß deren Anteil an der Industriearbeiterschaft bis Ende 1939 auf 43,3 Prozent anstieg.

Während es verhältnismäßig leicht gelang, die wachsende Industrie aus der kollektivierten Landwirtschaft regelmäßig und ausreichend mit Arbeitskräften zu versorgen, stieß deren Einsatz innerhalb der Industrie auf große Schwierigkeiten. Da die Lohn- und Arbeitsverhältnisse im allgemeinen nicht den Erwartungen entsprachen, die man zunächst geweckt hatte, wechselten die neuen Arbeiter immer wieder die Arbeitsstelle. Sie zogen von Fabrik zu Fabrik und von Bergwerk zu Bergwerk, um bessere Versorgungs- und Wohnverhältnisse zu suchen. In dieser Fluktuation kam zugleich der Protest gegen die industrielle Disziplin zum Ausdruck, die — im Unterschied zur selbstgeregelten bäuerlichen Arbeit — Ein- und Unterordnung, exakte Ausführung von Weisungen und ähnliche mit der Ausübung von Einzelfunktionen in einem arbeitsteiligen System verknüpfte Eigenschaften und Tätigkeiten verlangte. Im Jahre 1930 erreichte die Fluktuation in der Industrie 100 Prozent, d. h. die gesamte Belegschaft wurde im Durchschnitt einmal vollständig ausgewechselt. Besonders katastrophale Zustände herrschten in der Kohle- und Hüttenindustrie, in der im selben Jahr die durchschnittliche Beschäftigungsdauer etwa 4 Monate betrug. Der fortwährende Belegschaftswechsel, der schließlich auch die qualifizierten Stammarbeiter erfaßte, übte einen verheerenden Einfluß auf die Produktionsorganisation aus und verhinderte einen kontinuierlichen industriellen Erziehungs- und Ausbildungsprozeß.

Die Sowjetführung versuchte der zunehmenden Fluktuation vor allem mit administrativen Maßnahmen entgegenzuwirken. »Arbeitsdeserteure« wurden mit Lohnabzügen, Kürzungen der Lebensmittelration oder Ausweisung aus der Werksunterkunft bestraft, die unter den bestehenden Verhältnissen zumeist den Verlust jeder Wohnmöglichkeit bedeutete. Außerdem wurde die Bewegungsfreiheit der Arbeiter immer mehr eingeschränkt, so daß von wirklicher Freizügigkeit bald keine Rede mehr sein konnte. In diesem Zusammenhang ist vor allem der Paßzwang zu nennen, der Ende 1932 eingeführt wurde, um eine Kontrolle der zunehmenden Bevölkerungsbewegung im Lande zu ermöglichen. Der Inlandspaß diente als eine Art Arbeitsausweis, der bei jeder neuen Arbeitsstelle vorgelegt werden mußte und in den die Betriebsleitung ihre Eintragungen vornahm. Im Dezember 1938 wurde schließlich das Arbeitsbuch für die ganze arbeitende Bevölkerung obligatorisch, so daß nun jeder Arbeitsplatzwechsel leicht kontrolliert werden konnte. Zugleich unterzog man das gesamte Arbeitsrecht einer Revision, deren Kern die Verschärfung der disziplinarischen Bestimmungen bildete. Jedes ungerechtfertigte Fernbleiben von der Arbeit, jedes vorzeitige Verlassen des Arbeitsplatzes und jeder Müßiggang während der Arbeitszeit wurde nun streng – unter Umständen mit Entlassung – bestraft. Die Betriebsleiter waren verpflichtet, ohne Rücksicht auf das jeweilige Werksinteresse in jedem Fall die vom Gesetz vorgesehene Strafe zu verhängen. Falls sie sich weigerten, waren sie selbst strafrechtlicher Verfolgung ausgesetzt. Im Juni 1940 hob man schließlich das freie Arbeitsverhältnis endgültig auf. Die Strafbestimmungen für Verstöße gegen die Arbeitsordnung wurden weiter verschärft, so daß sich die betriebliche Disziplin einem militärischen Gehorsamsverhältnis annäherte. Wenige Monate später wurde unter dem Eindruck der zunehmenden Kriegsgefahr die Dienstverpflichtung eingeführt; der Staat erhielt das Recht, alle Fachkräfte und gelernten Arbeiter an jeden beliebigen Arbeitsplatz zu versetzen. Damit waren alle Voraussetzungen für eine umfassende Zwangsorganisation der Arbeit geschaffen.

Inzwischen hatte auch die Arbeit Strafgefangener Massencharakter angenommen. Sie war vor allem in solchen Gebieten verbreitet, in denen infolge ungünstiger natürlicher Bedingungen großer Mangel an Arbeitskräften herrschte – also im Norden und Osten des Landes. Obwohl die Zwangsarbeit im gesamtwirtschaftlichen Maßstab nur eine periphere Rolle spielte, war sie doch in manchen wirtschaftlichen Bereichen – im Kanal- und Eisenbahnbau, in der Forstwirtschaft oder im Goldbergbau – unentbehrlich. Ende der dreißiger Jahre, als Massendeportationen im Rahmen der politischen Säuberung in der Sowjetunion zur Alltagspraxis gehörten, erreichte die Zahl der Strafarbeiter ihren höchsten Umfang. Nach vorsichtigen Schätzungen waren etwa 7 Millionen Personen in Arbeitslagern zusammengefaßt. Für den Staat bestand der wichtigste Vorteil der

Zwangsarbeit darin, daß sie unbeschränkt disponibel war. Da allerdings der Arbeitsertrag relativ niedrig und die Unterhaltskosten, die die fixen Kosten für einen ausgedehnten Apparat einschlossen, relativ hoch lagen, war die Zwangsarbeit von Anfang an ökonomisch wenig ergiebig.
Während die Sowjetführung auf der einen Seite die Disziplinierung der Arbeitskräfte mit Hilfe von Zwangsmitteln durchzusetzen versuchte, war sie andererseits bemüht, das Arbeitsinteresse durch eine stärkere Differenzierung der Löhne zu steigern. Unter der Losung »Kampf gegen die Gleichmacherei!« wurde 1931 damit begonnen, das Tarifsystem in der Weise umzustellen, daß sich die Lohnabstufungen zwischen leichter und schwerer sowie unqualifizierter und qualifizierter Arbeit erheblich vergrößerten. Um besondere Leistungen zu belohnen, baute man das bestehende Prämiensystem weiter aus. Vor allem aber wurde in vielen Industrien das Entlohnungssystem auf den progressiven Leistungslohn umgestellt, so daß nun jede Leistungssteigerung einen überproportionalen Lohnanstieg nach sich zog. Die neue Lohnpolitik verfehlte allerdings zunächst infolge der laufenden Geldentwertung, die mit der forcierten Industrialisierung verbunden war, weitgehend ihren Zweck. Solange die inflationäre Entwicklung anhielt, wirkten sich selbst Spitzenlöhne kaum leistungssteigernd aus. Zwar orientierte sich auch das Rationierungssystem, das seit 1929/30 im ganzen Land bestand, immer stärker an der Arbeitsleistung, und außerdem verteilte man in zunehmendem Maße Naturalprämien. Doch solche Mittel blieben unzureichend, zumal die materielle Not immer wieder egalisierende Tendenzen innerhalb der Betriebe hervorrief und viele Belegschaften von sich aus Produktions- und Verbrauchskommunen gründeten. Die Situation änderte sich jedoch schlagartig, als im Jahre 1935 die Rationierung der Verbrauchsgüter aufgehoben und zugleich der Rubel stabilisiert wurde. Das Lebenshaltungsniveau war nun im wesentlichen von der Höhe des Geldlohns abhängig, der immer weiter differenziert wurde. Die Lohnpolitik förderte jetzt in erster Linie die sogenannten führenden Gruppen, d. h. Arbeiter, die für die Produktion besonders wichtig waren. Während das Gros der Arbeiter auf einen durchschnittlichen Monatslohn von etwa 100 Rubel kam, verdiente eine relativ kleine Gruppe 1000 und mehr Rubel im Monat. Der Lohn der Stachanovarbeiter, die in der zweiten Hälfte der dreißiger Jahre an der Spitze der Lohnpyramide standen, übertraf den Verdienst der untersten Kategorien oft um das Zwanzig- bis Dreißigfache. Auf dem Achtzehnten Parteitag im März 1939 wurde das Beispiel eines Schrämmaschinenarbeiters angeführt, der im Jahre 1938 auf einen durchschnittlichen Monatsverdienst von 3549 Rubel gekommen war.

Die Vergrößerung der Lohnspannen und das System der Spitzenlöhne führte zu einer zunehmenden Differenzierung in der Lebenshaltung. Bereits Ende 1935 wurden im Rahmen von Haushaltserhebungen große Unterschiede im Pro-Kopf-Verbrauch ermittelt. Bei einer Reihe von Lebensmitteln ergaben sich zwischen der untersten und der obersten Einkommensstufe folgende Relationen:

Fleisch	1 : 5,7
Butter	1 : 17,0
Fisch	1 : 1,9
Obst	1 : 6,7
Backwaren	1 : 3,4

Bei dem niedrigen Niveau der allgemeinen Lebenshaltung mußte sich eine solche Verbrauchsstreuung besonders kraß auswirken, zumal die führenden Gruppen der Arbeiterschaft außerdem zahlreiche soziale Vergünstigungen erhielten. »Man bringt sie in neuen Wohnungen unter und repariert ihnen die alten«, schrieb Trockij. »Sie kommen außer der Reihe in die Ruhehäuser und Sanatorien, man schickt ihnen unentgeltlich Lehrer und Ärzte ins Haus, schenkt ihnen Freikarten fürs Kino, stellenweise werden sie sogar unentgeltlich und außer der Reihe geschoren und rasiert.«[14]

Die krasse Differenzierung im Lebenshaltungsniveau vollzog sich auf dem Hintergrund sinkender Reallöhne. Während in der Periode der Neuen Ökonomischen Politik das durchschnittliche Lohnniveau ständig gestiegen war und Ende der zwanziger Jahre den Vorkriegsstand überschritten hatte, war seither eine rückläufige Bewegung festzustellen, die in den Jahren 1931 und 1932 ihren Tiefpunkt erreichte. Obwohl der Nominallohn nach wie vor weiter anstieg, ging der Reallohn aufgrund der inflationistischen Entwicklung ungefähr um die Hälfte zurück. Erst seit 1935 zeichnete sich wieder eine deutlich aufsteigende Kurve ab, die allerdings schon 1938 – infolge Teuerung und Warenmangel – aufs neue von einer fallenden Tendenz abgelöst wurde. Das Lohnniveau in der Sowjetunion lag weit unter demjenigen der fortgeschrittenen Industrieländer. Legt man den Arbeitsaufwand zugrunde, den der Kauf bestimmter Waren erforderte, so war im Jahre 1938 die Kaufkraft des Lohns (ausgedrückt in 9 wichtigen Lebensmitteln) in den USA mehr als 7,5mal, in Großbritannien und Schweden mehr als 4mal, in Deutschland 2,5mal, in Frankreich 2,2mal und selbst in so rückständigen Ländern wie Polen, Estland oder Lettland etwa doppelt so hoch wie in der Sowjetunion. Bei einem solchen internationalen Lohnvergleich ist allerdings zu berücksichtigen, daß es in der Sowjetunion im Unterschied zu den meisten westlichen Ländern keine Massenarbeitslosigkeit mehr gab. Außerdem wirkte eine Reihe der sowjetischen Arbeitsverfassung inhärenter Faktoren der Senkung der Lebenshaltung entgegen. So war inzwischen eine zunehmende Zahl von Familienmitgliedern – vor allem Frauen – erwerbstätig, so daß das Familienbudget entsprechend aufgebessert wurde. Soziale Leistungen wie Versicherung und Gesundheitsdienst spielten eine wichtige Rolle. In diesen Zusammenhang gehört auch die öffentliche Speisung, die Anfang der dreißiger Jahre eingeführt wurde, um der Arbeiterschaft ein Ernährungsminimum zu sichern. Später übernahmen diese Funktion die Gemüsegärten, die Geflügel- und Viehzucht und ähnliche Formen einer Selbstversorgungswirtschaft. Trotzdem lebte die Masse der Arbeiter in den dreißiger Jahren unter erbärmlichen Bedingungen. Der Rückgang des Lebensstandards, der mit der beschleunigten Industrialisierung verbunden war, wirkte sich um so mehr aus, als die Bevölkerung ja auch während der vorangegangenen Jahre der Neuen Ökonomischen Politik ein kümmerliches Dasein geführt hatte, das sich nur wenig vom Elend der Vorkriegsperiode unterschied.

Das niedrige Lebensniveau beeinträchtigte von Anfang an die Arbeitswilligkeit und Leistungsfähigkeit der Menschen. Zwar gelang es der Sowjetführung, durch ständige Verschärfung der disziplinarischen Bestimmungen sowie eine extrem differenzierende Lohnpolitik die Arbeitsleistungen allmählich etwas zu steigern; auf die Dauer reichten jedoch derartige Mittel nicht aus; im Interesse eines effizienten Produktionsapparats war früher oder später eine wesentliche Verbesserung der Ernährungs- und Wohnverhältnisse erforderlich. Außerdem führte der Industrialisierungsprozeß zu einer Intensivierung und Differenzierung der Arbeit, wodurch sich – schon infolge der neuen und andersartigen Belastung – die Bedürfnisstruktur und die Reproduktionsbedingungen der Arbeitskraft selbst veränderten. Das Existenzminimum schloß daher in zunehmendem Maße eine Verbesserung der Ernährungsstruktur, die Versorgung mit industriellen Massenverbrauchsartikeln sowie bestimmte Leistungen der modernen Zivilisation ein. Ohne Berücksichtigung dieser Zusammenhänge war an eine entscheidende Erhöhung der Arbeitsproduktivität nicht zu denken. Eine quantitativ und qualitativ verbesserte Bedürfnisbefriedigung aber erforderte eine Neubestimmung sowohl der gesamtwirtschaftlichen als auch der innerindustriellen Entwicklungsproportionen zu Gunsten der Konsumgütererzeugung, d. h. eine grundlegende Neuorientierung der Wirtschaftspolitik.

Anmerkungen

Verzeichnis der in den Anmerkungen und im Literaturverzeichnis gebrauchten Abkürzungen

AHR	American Historical Review
ASEER	The American Slavic and East European Review
CSS	Canadian Slavic Studies
FzoG	Forschungen zur osteuropäischen Geschichte
HZ	Historische Zeitschrift
Ist. SSSR	Istoria SSSR
JBfGO	Jahrbücher für Geschichte Osteuropas
Kl. Pauly	Der kleine Pauly. Lexikon der Antike
L.	Leningrad
LAS	Lexicon Antiquitatum Slavocarum
M.	Moskau
PSRL	Polnoe sobranie russkich letopisej
RE	Realencyclopaedie der klassischen Altertumswissenschaft
SEER	The Slavonic and East European Review
SIĖ	Sovetskaja istoričeskaja ėnciklopedija
StPbg.	Petersburg
VI	Voprosy istorii
ZfO	Zeitschrift für Ostforschung
ŽMNP	Žurnal ministerstva narodnogo prosveščenija

Anmerkungen zu 1.

1 C. GOEHRKE, Geographische Grundlagen der russischen Geschichte. In: JBfGO, N. F. Bd. 18, 1970, S. 161 ff (dort alle wichtige Literatur zum Thema).

2 Für die Frühzeit Osteuropas vgl. K. J. NARR und B. ROLLE, Vor- und Frühgeschichte. In: Handbuch der Geschichte Rußlands, Bd. I. Das Mittelalter, hrsg. v. M. HELLMANN u. G. STÖKL (im Druck).

3 RE XI, Sp. 397 ff; E. J. KRUPNOV, Kimmerijcy na Severnom Kavkaze. In: Drevnie plemena i narodnosti Kavkaza (M.-L. 1958); Kl. Pauly III, Sp. 210/11; H. KOTHE, Die Herkunft der kimmerischen Reiter. In: KLIO 41, 1963, S. 11 ff; SIĖ 7, Sp. 240/41; Ist. SSSR I, S. 212 ff.

4 RE, II, Sp. 757 ff; M. J. ROSTOVCEV, Skythien und der Bosporus (Berlin 1931); G. BOROFFKA, Scythian Art (London 1928); K. SCHEFOLD, Der skyth. Tierstil in Südrußland. (Eurasia Septentrionalis Antiqůa 12, 1938, 1–78); B. N. GRAKOV, Skifi (Kiev 1947); M. J. ARTOMONOV, Etnogeografija Skifii (Uč. zap. Len. univ. 1949, Ser. ist. Vyp. 13); P. N. ŠUL'C, Mavzolej Neapolja skifskogo (M. 1953); Voprosy skifosarmatskoj archeologii (M. 1954); B. N. GRAKOV, Kamenskoe gorodišče na Dnepre (M. 1954); Pamjatniki skifo-sarmatskogo vremeni v Severnom Pričernomor'e (M. 1958); A. J. TERENOZKIN, Predskifskij period na dneprovskom Pravoberež'e (Kiev 1961); ders., Lesostepnye kul'tury skifskogo vremeni (M. 1962); LAS I (1961), S. 152/53; A. P. SMIRNOV, Skifi (M. 1966); I. BRAŠINSKIJ, Sokrovišča skifskich carej (M. 1967); SIĖ 12, Sp. 954–957 (1969).

5 Außer den Artikeln in der RE für die einzelnen Städte M. EBERT, Südrußland im Altertum (Bonn, Leipzig 1921); M. ROSTOVTZEFF, Iranians and Greeks in South Russia (Oxford 1922); Ol'vija I (Kiev 1940); Archeologičeskie pamjatniki Bospora i Chersonesa (M.-L. 1941); G. D. BELOV, Chersones Tavričeskij (L. 1948); T. N. KNIPOVIČ, Tanais (M.-L. 1949); V. F. GAJDUKEVIČ, Bosporkoe carstvo (M.-L. 1949); L. M. SLAVIN, Drevnyj gorod Ol'vija (Kiev 1951); S. A. ŽEBELEV, Severnoe Pričernomor'e (M.-L. 1953); Bosporskie goroda I, II, (M.-L. 1952–1958); Materialy po archeologii Iugo-Zapadnogo Kryma (Chersones, Mangup), (M.-L. 1953); Antičnye goroda Severnogo Pričernomor'ja 1 (M.-L. 1955); Ol'via i Nižnee Pobuž'e antičnuju epochu (M.-L. 1956); Fanagorija (M. 1956); Pantikapej (M. 1957); Nekropoli bosporskich gorodov (M.-L. 1959); N. D. BLAVATSKIJ, Antičnaja archeologija Severnogo Pričernomor'ja (M. 1961); E. G. SUROV, Chersones Tavričeskij (Sverdlovsk 1961); D. B. SELOV, Nekropol' Tanaisa (M. 1961); Pantikapej (M. 1962); SIĖ, 2, Sp. 642–646 (V. F.

GAJDUKEVIČ (1962); Ol'vija. Temenos i Agora (M.-L. 1964); Kl. Pauly, I, Sp. 931–934, 1143–1145 (1964).

6 J. HARMATTA, Studies on the History of the Sarmatians (Budapest 1950); K. F. SMIRNOV, Répartition des tribus sarmates en Europe Orientale (VI congrès international des sciences préhistoriques et protohistoriques, Moscou 1962); ders. Savromaty (M. 1964); SIĖ, 12, Sp. 559/560 (K. F. SMIRNOV, 1969).

7 Die Literatur über die Goten und Gepiden verzeichnet LAS II (1964), S. 121 ff; zur Kultur von Černjachov, die auch im Hinblick auf die Goten von den sowjetischen Archäologen viel diskutiert worden ist, vgl. E. A. SYMONOVIČ, Ob edinstve i zazličijach pamjatnikov černjachovskoj kul'tury. In SOVETSKAJA ARCHEOLOGIJA 29/30 (959), S. 84–107; zur Kultur von Zarubincy vgl. Pamjatniki zarubineckoj kul'tury (M.-L. 1959); SIĖ, 5, S. 626 (1964).

8 Die Literatur zum Problem der slavischen Urheimat ist vollständig verarbeitet in dem enzyklopädischen Werk von H. ŁOWMIAŃSKI, Poczatki Polski, Bd. I (Warschau 1964), bes. S. 71 ff.

9 Über die sprachlichen Probleme V. KIPARSKY, The Earliest Contacts of the Russians with the Finns and Balts. In: Oxford Slavonic Papers, Vol. 3 (1952), S. 67 ff; zum archäologischen Befund vgl. P. N. TRET'JAKOV, Finno-Ugry, Balty i Slavjane na Dnepre i Volge (M.-L. 1966); die sowjetische Forschung gibt jetzt zu, was M. VASMER, Über die Ostgrenze der baltischen Stämme (Berlin 1932) u. ders., Die alten Bevölkerungsverhältnisse Rußlands im Lichte der Sprachforschung (Berlin 1941), sowie C. ENGEL, Die baltische Besiedlung Weiß- und Mittelrußlands in vorgeschichtlicher Zeit, in: Liber saecularis litterarum societatis Esthonicae (Dorpat 1938), S. 904–910 längst erwiesen hatten.

10 D. M. DUNLOP, The History of the Jewish Khazars (Princeton, N. J. 1954); M. I. ARTAMONOV, Istorija Chazar (L. 1962); neuerdings ist die Frage nach dem Chazarentum selbst, der führenden Gruppe des Reiches, und seiner Hauptstadt neu gestellt worden; dazu vgl. den Forschungsbericht L. N. GUMILEV, Otkrytie Chazarii (M. 1966).

11 Zu den skandinavisch-baltischen Beziehungen vgl. B. NERMAN, Die Verbindungen zwischen Skandinavien und dem Ostbalticum in der jüngeren Eisenzeit (Stockholm 1929); P. JOHANSEN, Nordische Mission, Revals Gründung und die Schwedensiedlung in Estland (Stockholm 1951); M. HELLMANN, Das Lettenland im Mittelalter (Graz/Köln 1954); B. NERMAN, Grobin-Saeburg (Stockholm 1958).

12 Die Literatur zur Warägerfrage ist unübersehbar; zum Streit in der Akademie vgl. M. I. RADOVSKIJ, M. V. Lomonosov i Petersburgskaja Akademija Nauk (M.-L. 1961); zur Warägerfrage die Übersicht von I. P. ŠASKOL'SKIJ, Normanskaja teorija v sovremennoj buržuaznoj nauke (M.-L. 1965), trotz des polemischen Tones ein guter Überblick über die Problematik und die Literatur; wichtig A. N. NASONOV, »Russkaja zemlja« i obrazovanie Drevnerusskogo gosudarstva (M. 1951).

13 Dazu P. N. TRET'JAKOV, Vostočno-slavjanskie plemena (2. Aufl. M. 1953); I. I. LJAPUŠKIN, Gorodišče Novotroickoe. O kul'ture vostočnych slavjan v period složenija Kievskogo gosudarstva (M.-L. 1958); Slavjane nakanune obrazovanija Kievskoj Rusi (M. 1963).

14 Daß die Slaven bei der Landnahme in erheblichem Umfange auch gerodet haben und nicht nur in alten Offenlandschaften siedelten, ist entgegen früheren Ansichten neuerdings verschiedentlich nachgewiesen, vgl. etwa J. HERRMANN—E. LANGE, Einige Probleme der archäologischen Erforschung der frühmittelalterlichen Agrargeschichte der Nordwestslaven (Slovenská Archeologia XVIII, 1970, S. 79–86).

Anmerkungen zu 2., I.

1 Zum Problem des Reitertums bei den Goten vgl. G. VERNADSKY, Der sarmatische Hintergrund der germanischen Völkerwanderung, S. 367 ff.

2 Vgl. hierzu G. VERNADSKY, M. DE FERDINANDY, Studien zur ungarischen Frühgeschichte (München 1957), S. 26 ff, dort auch über weitere magyarische Siedlungen im osteuropäischen Raum (»Lebedia« zwischen oberen Donec und Don und Podolien und dem Flußgebiet des Ingul).

3 Vgl. dazu die bei Z. VÁŇA, Einführung in die Frühgeschichte der Slaven (Neumünster, 1970), S. 135 ff genannte Literatur; für die Rodungstätigkeit vgl. die oben Kap. I, Anm. 14 genannte Untersuchung.

4 Zum Problem der frühslavischen Familien-, Sippen- und Stammesverfassung vgl. die kritische Studie von J. ADAMUS, Polska teoria rodowa (Łódź 1958); K. ZERNACK, Die burgstädischen Volksversammlungen bei den Ost- und Westslaven (Wiesbaden 1967), S. 258 ff; M. HELLMANN, Slavisches, insbes. ostslavisches Herrschertum. In: Das Königtum, hrsg. v. TH. MAYER (Lindau/Konstanz

1955), S. 243 ff; ders., Zum Problem der ostslavischen Landgemeinde. In: Die Anfänge der Landgemeinde und ihr Wesen; Bd. II (Konstanz 1964), S. 255 ff. Die marxistische, auf Engels zurückgehende Theorie der Sippenverfassung (rodovoj byt) sieht im rod ein »Kollektiv von Blutsverwandten«, in dem Kollektivarbeit und Gemeineigentum herrschten. Vgl. L. A. FAJNBERG, Rod. In: SIĖ, Bd. 12 (M. 1969), Sp. 103–105 (mit Lit.).

5 Vgl. dazu F. GRAUS, Raně středověké družiny a jejích význam při vzniku státu ve středni Evrope. In: Československý Časopis Historický, XIII, 1965, S. 1 ff; ders., Deutsche und slavische Verfassungsgeschichte. In: HZ 197, 1963, S. 307 ff.

6 Die These wurde vertreten von ADOLF STENDER-PETERSEN, Die vier Etappen der russisch-varägischen Beziehungen. In: JBfGO, N. F. Bd. 2, 1954, S. 137 ff; alle Literatur erörterte H. PASZKIEWICZ, The Origin of Russia, S. 107 ff, und ders., The Making of the Russian Nation, vgl. die Übersicht bei J. P. ŠASKOL'SKIJ, Normanskaja teorija, S. 14 ff; M. HELLMANN, Einheimische und äußere Faktoren bei der Entstehung des mittelalterlichen Rußland. In: I Normanni e la loro espansione in Europa nell' alto medioevo (Spoleto 1969), S. 207 ff; ders., Neue Forschungen zur Frühgeschichte des Kiever Reiches. In: Frühmittelalterliche Studien, Bd. II, 1968, S. 398 ff.

7 Vgl. dazu G. v. RAUCH, Frühe christliche Spuren in Rußland. In: Saeculum, Bd. 7, 1956, S. 40 ff; M. DE TAUBE, Rome et la Russie avant l'invasion des Tatars. I. (Paris 1947), S. 83 ff.

8 Über die Griechenverträge gibt es eine umfangreiche Literatur. Vgl. G. OSTROGORSKY, Geschichte des byzantinischen Staates. 3. Aufl. (München 1963), S. 215, Anm. 1. Die Daten sind nicht unbestritten; Ostrogorsky entscheidet sich für September 911. Aus verschiedenen Gründen ist jedoch der 2. September 912 als Abschlußdatum des ersten, die Zeit zwischen Mitte Dezember 944 und Ende Januar 945 für den zweiten Griechenvertrag anzusetzen.

9 Über Ol'gas Taufe (ob in Kiev oder erst in Konstantinopel, ob im Jahre 955 oder erst 957) vgl. M. V. LEVČENKO, Očerki po istorii rusko-vizantijskich otnošenij (M. 1956), S. 217 ff; G. OSTROGORSKY, Vizantija i Kievskaja knjagina Ol'ga. In: To Honor R. Jakobson, vol. II (Den Haag/Paris 1967), S. 1458 ff.

Anmerkungen zu 2., II.

1 Sie tragen den Namen Otto (wohl Ottos I. d. Gr., nicht Ottos III.) und der Kaiserin Adelheid, der zweiten Gattin Ottos d. Gr. Vgl. V. M. POTIN, Drevnjaja Rus' i evropejskie gosudarstva v X–XII vv. (L. 1968), S. 155 ff.

2 Die Verbindung der Maluša mit dem Derevljanenfürsten Mal (sie wird als seine Tochter angesehen) hat zuerst D. J. PROZOROVSKIJ, O rodstve sv. Vladimira po materi. In: Zapiski Imp. Akademii Nauk, tom 5, kn. 1 (StPbg. 1864), S. 17–26, vermutet; dazu jüngst A. M. ČLENOV, Zur Frage der Schuld an der Ermordung des Fürsten Boris. In: JBfGO, N. F. 19, 1971, S. 321–346, bes. S. 335 ff unter Hinweis auf die Ergebnisse neuer Ausgrabungen in Kiev, die die Siedlung des 6. Jhs. den Derevljanen zuweisen könnten.

3 Dazu G. RHODE, Die Ostgrenze Polens I (Köln/Graz 1955), S. 32 ff.

4 Povest'vremennych let (Laurentios-Handschrift), hrsg. v. D. S. LICHAČEV u. V. P. ADRIANOVA-PERETC (M.-L. 1950), I, S. 75–80, II (Kommentare), S. 335–338; zu den Problemen der Taufe Vladimirs und zu der »Korsuner Taufgeschichte« vgl. L. MÜLLER, Zum Problem des hierarchischen Status und der jurisdiktionellen Abhängigkeit der russischen Kirche vor 1039 (Köln-Braunsfeld 1959), S. 19–22.

5 Die Ausgrabung der Zehntkirche bei M. K. KARGER, Drevnyj Kiev, II (M.-L. 1961), S. 9–59.

6 Der Begriff stammt von F. DÖLGER, Die »Familie der Könige« im Mittelalter. In: ders., Byzanz und die europäische Staatenwelt (Ettal 1953), S. 34–69.

7 A. M. AMMANN SJ., Untersuchungen zur Geschichte der kirchlichen Kultur und des religiösen Lebens bei den Ostslaven (Würzburg 1955), vor allem S. 41–78.

8 Der Brief Brunos von Querfurt an Kaiser Heinrich II. In: S. Bruno di Querfurt, Vita dei cinque fratelli, ed. B. IGNESTI (Tivoli 1951), S. 155–160.

9 C. GOEHRKE, Wüstungsperioden des frühen und hohen Mittelalters in Osteuropa. In: JBfGO, N. F. 16, 1968, S. 22–25.

10 Povest' vremennych let I, S. 95 f. Dazu A. M. ČLENOV, Zur Frage (wie Anm. 2), S. 322 ff.

11 Das berichtet sein Schulfreund und Bruder im Bischofsamt, Thietmar von Merseburg in seiner Chronik, ed. R. HOLTZMANN, (Berlin 1935) VII, 72, S. 486 ff.

12 Povest' vremennych let, I, S. 100 f.

13 Die Einritzung von ungelenker Hand bei S. A. VYSOCKIJ, Drevnerusskie nadpisi Sofii Kievskoj (Kiev 1966), S. 39/40 u. Taf. IX.

14 Des Metropoliten Ilarion Lobrede auf Vladimir den Heiligen und Glaubensbekenntnis, hrsg. v. L. MÜLLER (Wiesbaden 1962).

15 Vorzügliche Darstellung bei M. K. Karger, Drevnyj Kiev II, S. 98–206.
16 Die maßgebende 3bändige Akademie-Ausgabe: Pravda Russkaja, hrsg. v. B. D. Grekov (M.-L. 1940–1963).
17 Daß das Wergeld (vira) auf skandinavische Rechtsgewohnheiten zurückgeht, dürfte sicher sein. Pravda Russkaja I, S. 73, 81 u. passim.
18 Man hat u. a. an Herkunft aus dem reiternomadischen Bereich gedacht.
19 H. Jablonowski, Das Problem bäuerlicher Abhängigkeit im Kiever Reich. In: Vasmer-Festschrift (Berlin 1956), S. 193–198; da die Bezeichnung für die freien Bauern (smerdy = die Stinkenden) gemeinslavisch ist und auch bei den West- und Südslaven vorkommt, muß es soziale Differenzierungen (und Diffamierungen) schon in sehr alter Zeit gegeben haben.
20 Dazu M. Hellmann, Zum Problem der ostslawischen Landgemeinde. In: Die Anfänge der Landgemeinde und ihr Wesen, hrsg. v. Th. Mayer, II (Stuttgart 1964), S. 255–272.
21 Pravda Russkaja, I, S. 70, 79 und passim.
22 Darüber M. N. Tichomirov, Drevnerusskie goroda (M. 1956), freilich allzu schematisch; H. Ludat, Frühformen des Städtewesens in Osteuropa. In: Studien zu den Anfängen des europäischen Städtewesens (Lindau/Konstanz 1958), S. 527–553; M. Hellmann, Probleme früher städtischer Sozialstruktur in Osteuropa. In: Untersuchungen zur gesellschaftlichen Struktur der mittelalterlichen Städte in Europa (Konstanz/Stuttgart 1966), S. 379–402 (dort weitere Literatur).
23 Dazu K. Zernack, Die burgstädtischen Volksversammlungen bei den Ost- und Westslaven (Wiesbaden 1967), S. 29 ff.

Anmerkungen zu 2., III.

1 Zur Periodisierung des Feudalismus und Kapitalismus in der geschichtlichen Entwicklung der UdSSR. Diskussionsbeiträge, hrsg. v. K. E. Wädekin (Berlin Ost 1952); G. Stökl, Russisches Mittelalter und sowjetische Mediaevistik. In: JBfGO N. F. 3, 1958, S. 1–40, 105–122.
2 M. Hellmann, Herrschaftliche und genossenschaftliche Elemente in der mittelalterlichen Verfassungsgeschichte der Slawen. In: ZfO 7, 1958, S. 321–338.
3 Izjaslavs Beziehungen zu Rom sind behandelt von A. W. Ziegler, Gregor VII. und der Kiewer Großfürst Izjaslaw. In: Studi Gregoriani I, 1947, S. 392 ff; G. Hofmann, Papst Gregor VII. und der christliche Osten. Ebenda, S. 169 ff; V. Meysztowicz, L'union de Kiev avec Rome sous Grégoire VII. Avec notes sur les précédents et le rôle de la Pologne pour cette union. Ebenda, 5, 1956, S. 83 ff; T. Grudziński, Polityka papieża Grzegorza VII wobec państw Europy środkowej i wschodniej (1073–1080). Thorn 1959. Zu den westlichen Beziehungen des Kiever Fürstenhauses im 11. Jh.: Raissa Bloch, Verwandtschaftliche Beziehungen des sächsischen Adels zum russischen Fürstenhause im XI. Jh. In: Festschrift A. Brackmann (Weimar 1931), S. 184 ff; M. Hellmann, Die Heiratspolitik Jaroslavs des Weisen. In: FzoG 8, 1962, S. 7 ff.
4 Die »Belehrung« Vladimir Monomachs ist nur in der Laurentios-Handschrift der »Erzählung von den vergangenen Jahren« (Povest' vremennych let) von 1377 überliefert. Vgl. dazu die Ausgabe der »Povest« von D. S. Lichačev und V. P. Adrianova-Peretc (M.-L. 1950) und die dort Bd. II, S. 425 ff angeführte Literatur. Dt. Übersetzung von R. Trautmann in: Die Nestorchronik (Leipzig 1931), S. 194 ff. Leider fehlt eine Untersuchung dieses Denkmals unter vergleichendem Gesichtspunkt.
5 Vgl. zum Folgenden K. Zernack, Die burgstädtischen Volksversammlungen bei den Ost- und Westslaven (Wiesbaden 1967), bes. S. 126 ff; C. Goehrke, Die Sozialstruktur des mittelalterlichen Novgorod. In: Untersuchungen zur gesellschaftlichen Struktur der mittelalterlichen Städte in Europa, hrsg. v. Th. Mayer (Konstanz/Stuttgart 1966), S. 357 ff; M. Hellmann, Probleme früher städtischer Sozialstruktur in Osteuropa. Ebenda, S. 379 ff. Dort weitere Literatur.
6 Zernack, Die burgstädtischen Volksversammlungen, S. 84 ff; dazu das Monumentalwerk zur Archäologie Kievs von M. K. Karger, Drevnyj Kiev. 2 Bde. (Kiev 1958–1961).
7 Dazu M. Hruševśkyj, Istorija Ukrainy-Rusi, 10 Bde., 1898–1936 (noch immer grundlegend); P. Hrycak, Halyčko-volynśka deržava (New York 1958); die Darstellung von V. T. Pašuto, Očerki po istorii galickovolynskoj Rusi (M. 1950) ist wegen ihrer politischen Tendenz nur in einzelnen Partien brauchbar.
8 Zernack, Die burgstädtischen Volksversammlungen, S. 55 ff, 87 ff; M. N. Tichomirov, Drevnerusskie goroda (2. Aufl. M. 1956), S. 401 ff; M. K. Ljubavskij, Obrazovanie osnovnoj gosudarstvennoj territorii velikorusskoj narodnosti. Zaselenie i ob-edinenie centra (M. 1929; immer noch wichtig); C. Goehrke, Wüstungsperioden des frühen und hohen Mittelalters in Osteuropa. In: JBfGO, N. F. 16, 1968, S. 1 ff, bes. S. 22 ff.

9 ZERNACK, Die burgstädtischen Volksversammlungen, S. 113 ff; P. V. GOLUBOVSKIJ, Istorija Smolenskoj zemli do načala XV veka (M. 1895), S. 259 ff; V. E. DANILEVIČ, Očerk istorii Polockoj zemli do kanca XIV stoletija (Kiev 1896; beide Werke immer noch wichtig); A. L. MONGAJT, Rjazanskaja zemlja (M. 1961).
10 Außer auf die allgemeinen Darstellungen zur russischen Kirchengeschichte ist hier besonders hinzuweisen auf W. PHILIPP, Ansätze zum geschichtlichen und politischen Denken im Kiever Rußland (1940, Neudruck Darmstadt 1967); G. STÖKL, Die politische Religiosität des Mittelalters und die Entwicklung des Moskauer Staates. In: Saeculum, 2, 1951, S. 393 ff; I. SMOLITSCH, Russisches Mönchtum (Würzburg 1953); G. FEDOTOV, The Russian Religious Mind. Kievan Christianity (1946; Neudruck New York 1960).
11 Für das Folgende sind die Bemerkungen bei K. RAHBEK SCHMIDT, Soziale Terminologie in russischen Texten des frühen Mittelalters (bis zum Jahre 1240) (Kopenhagen 1964) nur mit großer Vorsicht heranzuziehen.
12 Hierzu hat C. GOEHRKE, Einwohnerzahl und Bevölkerungsdichte altrussischer Städte (in Vorbereitung), grundsätzlich Wichtiges gesagt.

Anmerkungen zu 2., IV.

1 N. DE BAUMGARTEN, Généalogies et mariages occidentaux des Rurikides Russes du Xe au XIIIe siècles. In: Orientalia Christiana, 9, 1927; M. v. TAUBE, Russische und litauische Fürsten an der Düna zur Zeit der deutschen Eroberung Livlands. In: Jahrbücher f. Kultur u. Geschichte der Slaven, N. F. 11 (1936), S. 367 ff; immer noch unüberholt O. BALZER, Genealogia Piastów (Krakau 1895); W. DWORZACZEK, Genealogia (Warschau 1959); freilich enthalten fast alle genealogischen Tafeln Hypothesen bzw. Fehler, da die Quellenzeugnisse vielfach unsicher sind und die altrussischen Quellen über diese westlichen Verbindungen schweigen.
2 Zum Folgenden: M. HELLMANN, Das Lettenland im Mittelalter (Münster/Köln 1954); G. GNEGEL-WAITSCHIES, Bischof Albert von Riga (Hamburg 1958); P. JOHANSEN, Nordische Mission, Revals Gründung und die Schwedensiedlung in Estland (Stockholm 1951); die Hauptquelle, das Chronicon Livoniae des Heinrich von Lettland, haben L. ARBUSOW und A. BAUER neu ediert (Hannover 1955 = Monumenta Germaniae Historica, SS rer. Germ. in usum scholarum).
3 Grundlegend H. ŁOWMIAŃSKI, Studja nad początkami społeczeństwa państwa Litewskiego. 2 Bde. (Wilna 1931); neueste Gesamtdarstellung von J. OCHMAŃSKI, Historia Litwy (Breslau/Warschau/Krakau 1967) mit reichen Literaturangaben; für die Frühzeit M. HELLMANN, Zu den Anfängen des litauischen Reiches, in: JBfGO, N. F. 4, 1956, S. 159 ff.
4 Zum Folgenden G. VERNADSKY, The Mongols in Russia (New Haven 1953); B. SPULER, Die Goldene Horde. Die Mongolen in Rußland 1223–1502 (Leipzig 1943, Neudruck 1965); ders., Die Mongolenzeit. (Handbuch der Orientalistik II, Berlin 1948); B. D. GREKOV/A. JU. JAKUBOVSKIJ, Zolotaja orda i ee padenie (2. Aufl. M. 1950); M. DE FERDINANDY, Tschingis Khan (Hamburg 1958).

Anmerkungen zu 3., I.

1 Anfänglich war die Oberschicht der Goldenen Horde mongolischer Herkunft. Erst seit der unter Khan Özbek (1313–1341) erfolgten endgültigen Hinwendung zum Islam verschmolz diese Oberschicht mit den in ihrem Kerngebiet ansässigen turksprachigen Volkssplittern zu einem Neuvolk türkischer Zunge, das die Wissenschaft als »tatarisch« bezeichnet. Diese Bezeichnung knüpft an den Namen des mongolischen Stammes Tatar an, der 1202 von Tschingis Khan vernichtet wurde. Als Gesamtbezeichnung des Mongolenvolkes lebte er bei den Ostslaven und im Abendland fort, (dort wohl in Beziehung zum Tartarus der Antike gebracht und daher zu »tartari« verballhornt).
2 A. N. NASONOV, Mongoly i Rus' (Istorija tatarskoj politiki na Rusi). (M.-L. 1940), S. 15–22; G. VERNADSKY, The Mongols and Russia (New Haven 1953), S. 219 f = A History of Russia, vol. 3.
3 Vgl. M. B. ZDAN, The Dependence of Halych-Volyn' Rus' on the Golden Horde, in: SEER 35 (1956/57), S. 505–522. V. V. KARGALOV, Suščestvovala li na Rusi »voenno-političeskaja baskačeskaja organizacija« mongol'skich feodalov? in: Ist. SSSR 1962, 1, S. 161–165.
4 PSRL 2, Sp. 843.
5 Inwieweit entgegen der verbreiteten Ansicht, daß die Großfürsten von Moskau die einzigen legitimierten Tributeinnehmer der Horde gewesen seien, die Fürsten von Tver', Rjazan' und wahrscheinlich auch Nižnij-Novgorod-Suzdal' spätestens seit den 1330er Jahren ebenfalls dem Khan fiskalisch direkt unterstellt

waren (so Nasonov, Mongoly, 1940, S. 103–105), bleibt noch näher zu untersuchen.

6 Dazu ausführlicher J. L. I. Fennell, The Emergence of Moscow 1304–1359 (London 1968).

7 Die Mehrzahl der ukrainischen vorrevolutionären wie der Historiker der Emigration betont demgegenüber strikt, daß das Ukrainertum bereits im Kiever Reich voll ausgeprägt gewesen sei und es kein einheitliches altrussisches Volkstum gegeben habe. Dazu zuletzt: M. Čubatyi, Knjaža Rus'-Ukraïna ta vynyknennja tr'och schidn'o-slov-jans'kych nacij (New York/Paris 1964).

8 Der Anteil ostbaltischen bzw. finno-ugrischen Substrats an der ethnischen Ausprägung der Weiß- und Großrussen ist bis heute strittig. Dazu zuletzt: V. V. Sedov, Ešče raz o proischoždenii belorusov, in: Sovetskaja ėtnografija 1969, 1, S. 105–120.

9 Zusammenfassung aller gängigen, nicht immer klischeefreien Vorstellungen bei B. Spuler, Die Goldene Horde und Rußlands Schicksal, in: Saeculum 6 (1955), S. 397–406.

10 V. V. Kargalov, Drevnie goroda Rusi, in: Prepodavanie istorii v škole, 1963, 1, S. 59.

Anmerkungen zu 3., II.

1 Unter »schwarzen« Bauern (černye krest'jane) – der Begriff ist in den Quellen des ausgehenden 14. Jhs. bereits nachweisbar – sind die voll steuerpflichtigen, noch nicht grundherrschaftlich gebundenen Landwirte zu verstehen im Gegensatz zu den »weißen«, steuerfreien grundherrlichen Ländereien, soweit sie von Sklaven bearbeitet wurden. Der Begriff »weiße« Ländereien dehnte sich vom 16. Jh. an auf grundherrlichen Besitz allgemein aus, auch wo er von lastenpflichtigen Bauern bewirtschaftet wurde. »Weiß« meinte nunmehr die Exemtion der herrschaftlichen Bauern aus dem staatlichen Steuerverband.

2 So noch der Altmeister der russischen Sozialgeschichtsforschung V. O. Ključevskij. Vgl. die deutsche Übersetzung seines »Russischen Geschichtskurses«: W. Kliutschewskij, Geschichte Rußlands. Hrsg. v. F. Braun und R. v. Walter, Bd. 1 (Stuttg./Leipz./Bln. 1925), S. 320 f.

3 Nicht ganz zufällig beginnt mit der Periode der Binnenkolonisation die Siedlungsbezeichnung Derevnja (von derevo, Baum) sich für die Rodesiedlungen durchzusetzen. Ins Novgoroder Land wurde sie allerdings erst nach 1478 von Moskauer Steuerbuchschreibern mitgebracht.

4 Näheres bei C. Goehrke, Die Theorien über Entstehung und Entwicklung des »Mir« (Wiesbaden 1964).

5 In der Einschätzung der Starožil'cy ist weitgehend zu folgen P. E. Michajlov, K voprosu o proischoždenii zemel'nago starožil'stva, in: ŽMNP N. S. 1910, 6, otd. 2, S. 318–357, der sich erstmals gegen die bis heute verbreitete Lehre von den Starožil'cy als am frühesten des Abzugsrechtes beraubter bäuerlicher Gruppe wendet.

6 Zum Vergleich: auf dem Gebiet des flächenmäßig um ein Vielfaches kleineren Deutschland gab es im späten Mittelalter 26 Städte mit mehr als 10 000 Einwohnern (vgl. H. Ammann, Wie groß war die mittelalterliche Stadt? in: Studium Generale 9, 1956, S. 503–506).

7 Dazu M. N. Tichomirov, O kupečeskich i remeslennych ob-edinenijach v drevnej Rusi (XI–XV v.), in: VI 1945, 1, S. 22–33.

8 Schlagwort »Klosterkolonisation«. So noch das im übrigen ausgezeichnete Buch von I. Smolitsch, Russisches Mönchtum. Entstehung, Entwicklung und Wesen 988–1917, (Würzburg 1953), bes. S. 91 f.

9 Diese Erkenntnis verdanken wir I. U. Budovnic, Monastyri na Rusi i bor'ba s nimi krest'jan v XIV–XVI vekach (po »žitijam svjatych«) (M. 1966). Im übrigen aber ist das Buch gekennzeichnet durch die völlige Verständnislosigkeit des Vf. für die religiösen Antriebe der Klostergründer, die er sich entsprechend seiner streng marxistischen Grundposition nur auf der Basis von materieller Gewinnsucht und Machthunger vorzustellen vermag.

10 Eingehender: Artikel »Feudalismus« von H. Neubauer, in: Sowjetsystem und demokratische Gesellschaft. Eine vergleichende Enzyklopädie. Bd. 2 (1968), Sp. 477–490.

11 Derzeit beste und differenzierteste Darstellung: W. Schulz, Die Immunität im nordöstlichen Rußland des 14. und 15. Jahrhunderts. Untersuchungen zu Grundbesitz und Herrschaftsverhältnissen, in: FzoG 8 (1962), S. 26–281.

12 Vgl. D. Gerhard, Regionalismus und ständisches Wesen als ein Grundthema europäischer Geschichte, in: HZ 174 (1952), S. 307–337; neu abgedruckt in: Herrschaft und Staat im Mittelalter (Darmstadt 1960), S. 332–364 = Wege der Forschung, II.

1 P. A. CHROMOV, Ėkonomičeskoe razvitie Rossii (M. 1967), S. 171 f.
2 Gründliche Auseinandersetzung mit den Thesen der sowjetischen Historiographie bei W. SCHULZ, Zur Problematik der Entstehungsgeschichte des Moskauer Staates, in: JBfGO 13 (1965), S. 381–410.
3 Eingehender zur Außenpolitik Ivans III.: J. L. I. FENNELL, Ivan the Great of Moscow (London 1961).
4 Die Spiegelung der Entwicklung der Autokratie in der zeitgenössischen Literatur untersucht W. PHILIPP, Die gedankliche Begründung der Moskauer Autokratie bei ihrer Entstehung (1458–1522), in: FzoG 15 (1970), S. 59–118.
5 Dmitrijs Großvater mütterlicherseits, Stefan von der Moldau, war ins litauische Lager übergeschwenkt; zudem konnte Ivan es sich nicht länger leisten, die von Dmitrijs Mutter Elena offen unterstützte häretische Sekte der »Judaisierenden« zu begünstigen, ohne in einen Koflikt mit der orthodoxen Kirche zu geraten.
6 So jüngst noch R. STUPPERICH, Überblick über die Geschichte der Russischen Orthodoxen Kirche unter besonderer Berücksichtigung ihres Verhältnisses zum Staat, in: Die Russische Orthodoxe Kirche in Lehre und Leben, hrsg. v. R. STUPPERICH (Witten 1966), S. 28 f.
7 G. ALEF, The Adoption of the Muscovite Two-Headed Eagle: A Discordant View, in: Speculum 41 (1966), S. 1–21; R. BINNER, Zur Datierung des »Samoderžec« in der russischen Herrschertitulatur, in: Saeculum 20 (1969), S. 57–68. Am umfassendsten: M. HELLMANN, Moskau und Byzanz, in: JBfGO 17 (1969), S. 321–344.
8 A. MICHEL, Die Kaisermacht in der Ostkirche (843–1204), (Darmstadt 1959).
9 Dabei ist bemerkenswert, daß das Wort »Zar« nicht den Titel des Basileus kopiert, sondern den des Mitregenten.
10 H. SCHAEDER, Moskau, das Dritte Rom. Studien zur Geschichte der politischen Theorien in der slawischen Welt (Darmstadt 1957²); W. LETTENBAUER, Moskau, das Dritte Rom. Zur Geschichte einer politischen Theorie (München 1961).
11 Dazu H.-D. DÖPMANN, Der Einfluß der Kirche auf die moskowitische Staatsidee. Staats- und Gesellschaftsdenken bei Josif Volockij und Nil Sorskij (Berlin 1967).
12 A. A. ZIMIN, Iz istorii pomestnogo zemlevladenija na Rusi, in: VI 1959, 11, S. 130–142, arbeitet zu Recht die historischen Wurzeln des Pomest'e-Systems heraus, erweckt aber durch Überbetonung der sozialökonomischen Basisfaktoren den Eindruck, als sei dieses System unabhängig vom Willen Ivans III. und von den politischen Umständen sozusagen zwangsläufig entstanden.
13 Dazu A. K. LEONT'EV, Obrazovanie prikaznoj sistemy upravlenija v russkom gosudarstve (M. 1961).
14 Näheres bei G. ALEF, Reflections on the Boyar Duma in the Reign of Ivan III, in: SEER 45 (1967), S. 76–123.
15 Zur Opposition während der Herrschaft Ivans III. eingehend FENNELL, Ivan the Great, S. 287–352. Auf breiterer Basis untersucht die verfassungsgeschichtliche Rolle des Adels G. ALEF, The Crisis of the Muscovite Aristocracy: A Factor in the Growth of Monarchical Power, in: FzoG 15 (1970), S. 15–58.
16 J. SPÖRL, Gedanken um Widerstandsrecht und Tyrannenmord im Mittelalter, in: Widerstandsrecht und Grenzen der Staatsgewalt (Berlin 1956), S. 11–32.
17 D. P. HAMMER, Russia and the Roman Law, in: ASEER 16 (1957), S. 1–13.
18 Dazu grundsätzlich G. STÖKL, Religiös-soziale Bewegungen in der Geschichte Ost- und Südosteuropas, in: Ostdeutsche Wissenschaft 2 (1955), S. 257–275.
19 Vgl. E. v. PUTTKAMER, Grundlinien des Widerstandsrechtes in der Verfassungsgeschichte Osteuropas, in: Spiegel der Geschichte. Festgabe für M. Braubach zum 10. 4. 1964 (Münster 1964), S. 198–219; G. RHODE, Staaten-Union und Adelsstaat. Zur Entwicklung von Staatsdenken und Staatsgestaltung in Osteuropa, vor allem in Polen/Litauen, im 16. Jh., in: ZfO 9 (1960), S. 185–215.
20 Einen interessanten Versuch, die Investitionsintensität westlicher Kaufleute in Ostmittel- und Osteuropa regional zu differenzieren, unternimmt M. MAŁOWIST, Uwagi o roli kapitału kupieckiego w Europie Wschodniej w późnym średniowieczu, in: Przegląd historyczny 56 (1965), S. 220–231, räumt im Sinne der Marxschen »Ursprünglichen Akkumulation« der Bedeutung der Kapitalanhäufung für die Entwicklung des Städtewesens m. E. jedoch zuviel Gewicht ein. Dem unmittelbaren Austausch zwischen Stadt und Land, d. h. der Siedlungs- und Bevölkerungsverdichtung dürfte demgegenüber wohl eine mindestens ebenso wichtige Rolle zufallen.
21 Dazu zuletzt A. D. GORSKIJ, Ob ograničenii krest'janskich perechodov na Rusi v XV v. (K voprosu o Jur'eve dne), in: Ežegodnik po agrarnoj istorii Vostočnoj Evropy 1963 g. (Wilna 1964), S. 132–144.

Anmerkungen zu 3., IV.

1 Zu Ivan IV. sei empfohlen: B. Nørretranders, The Shaping of Czardom under Ivan Groznyj (Copenhagen 1964); M. Hellmann, Iwan der Schreckliche. Moskau an der Schwelle der Neuzeit (Göttingen 1966).
2 W. Conze, Agrarverfassung und Bevölkerung in Litauen und Weißrußland. 1. Die Hufenverfassung im ehem. Großfürstentum Litauen (Leipzig 1940).
3 Vgl. etwa M. N. Tichomirov, Soslovno-predstavitel'nye učreždenija (zemskie sobory) v Rossii XVI veka, in: VI 1958, 5, S. 3–22.
4 G. Stökl, Der Moskauer Zemskij Sobor. Forschungsproblem und politisches Leitbild, in: JBfGO 8 (1960), S. 149–170.
5 G. Stökl, Gab es im Moskauer Staat »Stände«?, in: JBfGO 11 (1963), S. 321–342.
6 Stökl, Stände (1963), S. 323.
7 Näheres bei A. A. Zimin, Reformy Ivana Groznogo (M. 1960).
8 A. A. Zimin, Opričnina Ivana Groznogo (M. 1964).
9 Dazu unter Nachweis aller wichtigen Literatur V. I. Koreckij, Zakrepoščenie krest'jan i klassovaja bor'ba v Rossii vo vtoroj polovine XVI veka (M. 1970).
10 Zur Begründung der bäuerlichen Bindung an den Boden in der sowjetischen Historiographie eingehender C. Goehrke, Leibeigenschaft, in: Sowjetsystem und Demokratische Gesellschaft. Eine vergleichende Enzyklopädie. Bd. 3 (1969), Sp. 1399–1410.
11 Von westlicher Seite zu diesem Problemkreis: A. Eck, L'asservissement du paysan russe, in: Le servage (Bruxelles ²1959), S. 243–263, mit Ergänzungen von M. Szeftel, S. 263–274; J. Blum, The Rise of Serfdom in Eastern Europe, in: A. H. R. 62 (1956/57), S. 807–836.
12 Guter geraffter Überblick bei P. Rostankowski, Siedlungsentwicklung und Siedlungsformen in den Ländern der russischen Kosakenheere, in: Berliner Geographische Abhandlungen, Heft 6 (Berlin 1969), S. 9–17.

Anmerkungen zu 3., V.

1 Diese allmähliche Integrierung in das Spiel der europäischen Politik verfolgt am Beispiel der Beziehungen zu Frankreich in mustergültiger Weise F. Grönebaum, Frankreich in Ost- und Nordeuropa. Die französisch-russischen Beziehungen von 1648–1689 (Wiesbaden 1968).
2 A. N. Sacharov, Russkaja derevnja XVII veka (M. 1966).
3 Dazu zusammenfassend: Diskussija o rassloenii krest'janstva v épochu pozdnego feodalizma, in: Ist. SSSR 1966, 1, S. 70–81.
4 Vgl. auch S. H. Baron, The Weber Thesis and the Failure of Capitalist Development in »Early Modern« Russia. in: JBfGO 18 (1970), S. 321–336, der jedoch die weiter zurückliegenden Ursachen zu wenig ausleuchtet.
5 Vgl. den Sammelband Absoljutizm v Rossii (XVII–XVIII vv.), (M. 1964).

Anmerkungen zu 4., I.

1 Das verstreute Quellenmaterial und die Literatur in vielen Sprachen ist verarbeitet in der bedeutenden Biographie von R. Wittram (Peter I. Czar und Kaiser, 2 Bände, Göttingen 1964), die auch hier dankbar – wenn auch mit manchen anders gesetzten Akzenten und Urteilen – benutzt wurde und auf die als Grundlage aller weiteren Forschung nachdrücklich verwiesen sei. Ihr voraus ging eine kürzere Darstellung des gleichen Autors (Peter der Große – Der Eintritt Rußlands in die Neuzeit, Berlin etc. 1954), die durchaus selbständigen Wert besitzt. Bei der übergroßen Fülle sind nur wichtige oder klassische Werke genannt; auf Kontroversen konnte nur ausnahmsweise eingegangen werden.
2 Hierfür, neben Wittram, a.a.O., das materialgesättigte Handbuch von E. Amburger, Geschichte der Behördenorganisation Rußlands von Peter dem Großen bis 1917 (Leiden 1966 = Studien zur Geschichte Osteuropas, Bd. 10).
3 N. A. Voskresenskij (ed.), Zakonodatel'nye akty Petra I. Akty o vysšich gosudarstvennych ustanovlenijach, t. l. (M.-L. 1945), S. 199.
4 Vgl. neuerdings W. Lenz (ed.), Deutsch-baltisches biographisches Lexikon 1710–1960 (Köln/Wien 1970).
5 Zur Entwicklung der Bürokratie, N. F. Demidova, in: Absoljutizm v Rossii – XVII–XVIII vv. (M. 1964), S. 206–242.
6 V. Ger'e (Guerrier, ed.), Sbornik pisem i memorialov Lejbnica otnosjaščichsja k Rossii i Petru Celikomu (StPbg. 1873, auch in einer deutschen Ausgabe vorhanden); für den Hintergrund wichtig J. Baruzi, Leibniz et l'organisation religieuse de la Terre (Paris 1907).
7 E. Amburger, Beiträge zur Geschichte der deutsch-russischen kulturellen Beziehungen (Gießen 1961, = Gießener Abhandlungen zur Agrar- und Wirt-

schaftsforschung des europäischen Ostens, Bd. 14); über deutsch-russische Verbindungen, darunter die Reihe der Ostberliner Arbeiten, der umfassende Literaturbericht von M. RAEFF, Les Slaves, les Allemands et les »Lumières«, in CSS (franz. Nebentitel), Vol. 1 (1967), S. 521–557.

8 Einzelheiten bei G. BISSONETTE, in: Essays in Russian and Soviet History in Honor of Geroid Tanquary Robinson (Leiden 1963, = Studien zur Geschichte Osteuropas, Bd. 8), S. 3–19, allgemein s. SMOLITSCH und WITTRAM.

9 Außer WITTRAM, a.a.O., Bd. II, Kap. 12, auch ders., Peters des Großen Verhältnis zur Religion und den Kirchen, in: HZ 173/2, 1952, jetzt in: Rußland, Europa und der deutsche Osten (München 1960, = Beiträge zur europäischen Geschichte, Bd. 2), S. 85–120.

10 Außer WITTRAM a.a.O., Bd. II, Kap. 11 wichtig A. L. ŠAPIRO, in: Očerki po istorii SSSR. Period feodalizma. Rossija v pervoj četverti XVIII v., Preobrazovanja Petra I. (M. 1954), S. 152–185.

11 M. RAEFF, Origins of the Russian Intelligentsia. The Eighteenth-Century Nobility (New York 1966). Allgemein für das 18. Jh. neuerdings der ausgezeichnete Band des gleichen Autors, Imperial Russia 1682–1825. The Forming of Age of Modern Russia (New York 1971); auf den kritischen Literaturanhang sei ein für allemal verwiesen.

12 H. FLEISCHHACKER, in: JBfGO, Bd. 6, 1943, S. 201–274; dazu RAEFF, Origins, S. 194.

13 K. H. RUFFMANN, Russischer Adel als Sondertyp der europäischen Adelswelt, JBfGO, NF 9 (1961), S. 161–178; vgl. das wichtige ältere Werk von A. V. ROMANOVIČ-SLAVANTINSKIJ, Dvorjanstvo v Rossii ot načala XVIII v. do otmeny krepostnogo prava (2. Aufl., Kiev 1912).

14 RAEFF, Origins, Kap. 3; W. R. AUGUSTINE, Notes towards a Portrait of the Eighteenth-Century Russian Nobility, in: CSS, wie Anm. 17, S. 373–425. Für die Kultur des Landadels aufschlußreich die Erinnerungen von S. S. BOLOTOV, 4 Bde. (M. 1873).

15 Übersicht über die die Gutsbauern betreffenden Ukaze bei VLADIMIRSKIJ-BUDANOV, 6. Aufl., S. 234–238.

16 M. RAEFF, The Domestic Policies of Peter III and his Overthrow, in: AHR Bd. 75, 1970, S. 1289–1310.

17 Eine wissenschaftliche Biographie Katharinas II. fehlt; neuerdings wird in den USA viel über ihre Zeit gearbeitet, vgl. die Sondernummer The Reign of Catherine II., von CSS (frz. Nebentitel), Vol. 4, No. 3, 1970.

18 Zur Gebietsreform von 1775 M. P. PAVLOV-SIL'VANSKAJA, in: Absolutizm v Rossii, a.a.O., S. 460–492 sowie R. E. JONES über die Motive zur Reform und J. P. LEDONNE zur Polizeiverwaltung in dem genannten Sonderband von CSS, a.a.O., S. 497–512 und S. 513–528.

19 A. A. KIZEVETTER, Posadskaja obščina v Rossii XVIII v. (1903); JU. R. KLOKMAN, Social'no-ėkonomičeskaja istorija russkogo goroda (M. 1967).

20 G. SACKE, Die Gesetzgebende Kommission Katharinas II. (Breslau 1940, = JBfGO, Beiheft 2); über die Rolle der Kommission über das Verwaltungssystem K. R. MORRISON in: CSS, a.a.O., S. 464–484.

21 R. WITTRAM, Peters des Großen Interesse an Asien (Göttingen 1957, = Nachrichten der Akademie der Wissenschaften in Göttingen. Philologisch-historische Klasse 1957, Nr. 1).

22 E. v. PUTTKAMER, Frankreich, Rußland und der polnische Thron 1733 (Königsberg 1937 = Osteuropäische Forschungen, N. F. Bd. 24).

23 D. GERHARD, England und der Aufstieg Rußlands (München 1933).

24 H. KAPLAN, The First Partition of Poland (London/New York 1962).

25 I. DE MADARIAGA, Britain, Russia and the Armed Neutrality of 1870 (New Haven 1962). Für das »Nordische System« der Jahre 1762–1772 vgl. die letzte Übersicht von D. M. GRIFFITHS, in CSS, a.a.O., S. 547–569.

26 E. HOESCH, Das sogenannte »Griechische Projekt« Katharinas II., in JBfGO N. F. 12, 1964, S. 168–106.

27 E. I. DRUŽININA, Kúčük-Kajnardžijsikij mir 1774 goda. (Der Friede von Küčuh-Kajnardži) M. 1955.

28 H. AUERBACH, Die Besiedlung der Südukraine in den Jahren 1774–1787 (Wiesbaden 1965, = Veröffentlichungen des Osteuropa-Instituts München, Bd. 25); N. D. POLONS'KA-VASYLENKO, The Settlement of the Southern Ukraine 1750–1775 (New York 1955, = The Annals of the Ukrainian Academy of Arts and Sciences in the U.S., Vol. 4–5); E. I. DRUŽININA, Severnoe pričernomor'e v 1775 do 1880 gg. (M. 1959).

29 WITTRAM, a.a.O., Bd. II, Kap. 11.

30 Vgl. Anm. 15.

31 Außer der alten Darstellung von SEMEVSKIJ (2 Bde. 1881 und 1901) jetzt M. T. BELJAVISKIJ, Krest'janskoe dviženie i krest'janskij vopros v Rossii nakanune vosstanija E. I. Pugačeva (M. 1965).

32 Kritische Übersicht über die sowjetische Literatur zum Pugačev-Aufstand von J. T. ALEXANDER, in: CSS, a.a.O., S. 602–617; sein Buch Autocratic Politics in a National Crisis: The Imperial Russian Government and Pugachev's Revolt (Bloomington, Ind. 1969) versucht einen Einblick in die soziale Problematik jener Zeit.
33 M. CONFINO, Domaines et seigneurs en Russie vers la fin du 18e siècle. Etude de structures agraires et de mentalités économiques (Paris 1963, = Collection historique de l'Institut d'Etudes slaves, Vol. 18)
34 Außer der in Anm. 28 genannten Literatur BORIS BARON NOLDE, La formation de l'Empire Russe. Etudes, notes et documents. T. 2 (Paris 1952, = Collection historique de l'Institut d'Etudes slaves, Vol. 15).
35 V. A. GOLOBUCKIJ, Zaporožckoe kazačestvo (Kiev 1957), Kap. 13 und 14; V. A. MJAKOTIN, Očerki social'noj istorii Ukrainy XVII–XVIII vv. 3 Bde. (Prag 1926).
36 A. M. STANISLAVSKAJA, Russko-anglijskie otnošenija i problemy Sredizemnomor'ja 1798–1807 (M. 1962), S. 31.
37 Eine wissenschaftliche Geschichte des gesamten Kosakentums existiert nicht. Lesbarer Überblick PH. LONGWORTH, The Cossacks (London 1969), mit Literatur; S. G. SVATIKOV, Rossija i Don 1549–1917 (Belgrad 1924).
38 S. BLANC, La politique économique de Pierre le Grand, in: Cahiers du Monde Russe et Soviétique, Vol. 3 (1962), S. 122–139. A. KAHAN, Continuity in Economic Activity and Policy during the Post-Petrine Period in Russia, in: Journal of Economic History, Vol. 25 (1965), S. 61–85.
39 R. PORTAL, L'Oural ou XVIIIe siècle (Paris 1950, = Collection historique de l'Institut d'Etudes slaves, Vol. 14); N. I. PAVLENKO, Istorija metallurgii v Rossii XVIII veka. Zavody i zavodovladel'cy (M. 1965).

Anmerkungen zu 4., II.

1 RAEFF, Origins, mit der weiteren Literatur.
2 V. LEONTOVITSCH, Geschichte des Liberalismus in Rußland (Frankfurt 1957, = Frankfurter Wissenschaftliche Beiträge, Kulturwissenschaftliche Reihe, Bd. 10); BARON S. A. KORFF, Dvorjanstvo i ego soslovnoe upravlenie za stoletie 1762–1855 (StPbg. 1906).
3 Vgl. seine philosophischen Schriften, dazu A. MCCONNELL, A Russian Philosopher: Alexander Radishchev 1749–1802 (Den Haag 1964).
4 M. M. ŠTRANGE, Russkoe obščestvo i francuzskaja revoljucija 1789–1794 gg. (M. 1956). Vgl. auch H. ROGGER, National Consciousness in the 18th Century Russia (Cambridge, Mass. 1960).
5 M. V. KLOČKOV, Očerk pravitel'stvujuščej dejatel'nosti Pavla I (StPbg. 1916); C. SCHARF, Staatsauffassung und Regierungsprogramm eines aufgeklärten Selbstherrschers: Die Instruktion des Großfürsten Paul von 1786, in: Studien zur europäischen Geschichte – Gedenkschrift Martin Göhring (Wiesbaden 1968), S. 91–106.
6 V. GRAF ZUBOW, Zar Paul I., Mensch und Schicksal (Stuttgart 1963).
7 Quellenmäßige Darstellung s. ZUBOW, a.a.O.
8 Neue Zusammenfassung u. a. G. LEFÈBVRE, Napoléon, 4 éd. (Paris 1953, = Peuples et civilisations, Vol. 14).
9 Die Aufsätze von P. ROUET DE JOURNEL, zit. ZUBOW, a.a.O., S. 44–48.
10 Rostopčins Denkschrift in: Russkij archiv 1878, Bd. 1, S. 103–110.
11 P. SCHEIBERT, »Quelques changements dans le code maritime«, in Festschrift Percy Ernst Schramm, Bd. 2 (Wiesbaden 1964), S. 145–153.
12 Eine nützliche Übersicht von A. MCCONNELL, Tsar Alexander I – Paternalistic Reformer (New York 1970), faßt die Forschung zusammen; dem Untertitel des Buches würde ich nicht zustimmen. Für das neunzehnte Jahrhundert sei ein für allemal auf das umfassende, verläßliche Handbuch von H. SETON-WATSON, The Russian Empire 1801–1917 (Oxford 1967, 813 S.) hingewiesen, als Grundlage für alle weiteren Studien.
13 Über ihn noch immer das Beste der Essay von A. A. KIZEVETTER, Istoričeskie očerki (M. 1912), S. 362–401.
14 Für die Fragen der Staatsreform M. RAEFF, Michael Speransky, Statesman of Imperial Russia 1772–1839 (Den Haag, 2. Aufl. 1968), dazu P. SCHEIBERT, in: JBfGO, N.F. 6 (1958), S. 449–467, sowie die zusammenfassende Charakteristik über die Voraussetzungen der Reformprojekte von M. RAEFF, in: Cahiers du Monde Russe et Soviétique, Bd. 2 (1961), S. 415–433, und A. MCCONNELL, in: Slavic Review, Bd. 28 (1969), S. 373–393.
15 Dieses ist in der Tat abgelehnt worden (§ 74 der Grundgesetze des Russischen Reiches).
16 Die Protokolle der Beratungen des »Intimen Komitees« gedruckt in: GRAND DUC NICOLAS MIKHAILOVICH, Le comte Paul Stroganov, 3 Bde. (Paris 1905).

17 R. Maurach, Der russische Reichsrat (Berlin 1939).

18 »Alle obersten Regierungsorgane haben keine ihnen eigentümliche selbständige Gewalt, sondern sind ausschließlich dem Monarchen bei der Realisierung der Gewalt behilflich.« So bündig in der maßgeblichen Darstellung von N. M. Korkunov, Russkoe gosudarstvennoe pravo, Bd. 2 (StPbg. 1893), S. 27.

19 Außer Raeff etc. (s. Anm. 14), die nicht ganz vollständige Quellenveröffentlichung von S. N. Valk (ed.), M. M. Speranskij, Proekty i zapiski (M.-L. 1961).

20 Scheibert, a.a.O., S. 462. – Übrigens hat auch Alexander 731 000 Desjatinen Land an Günstlinge verschenkt.

21 Zur Außenpolitik allgemein P. K. Grimsted, The Foreign Ministers of Alexander I. Political Attitudes and the Conduct of Russian Diplomacy 1801–1825 (Berkeley and Los Angeles 1969), mehr biographisch angelegt, aber unter Heranziehung russischer Archivalien ungemein materialreich. – Zur Aufgabe der bewaffneten Neutralität, Scheibert, Quelques . . . a.a.O.

22 Hierzu U. Krüger-Löwenstein, Rußland und das Ende des Deutschen Reiches 1801–1803 (Wiesbaden 1972).

23 Zum ganzen Abschnitt A. Vandal, Napoléon et Alexandre I – L'alliance russe sous le premier Empire, 2 Bde. (Paris 1891–1896), neben der neueren Literatur noch immer nützlich; für Speranskijs Finnlandpolitik eine mit Sicherheit von ihm stammende Denkschrift, ed. P. Scheibert, in: FzoG, Bd. 7 (1959), S. 26–58. – Zur Kontinentalblockade das posthume Werk von M. F. Zlotnikov, Kontinental'naja blokada i Rossija (M.-L. 1966); interessant der Überblick von E. Tarle, in: Zeitschrift für die gesamte Staatswissenschaft, Bd. 94 (1933), S. 70–106.

24 Krest'janskoe dviženie v Rossii v 1796–1825 gg. Dokumenty (M.-L. 1961), S. 280–308.

25 Aus der umfangreichen Literatur sei neben dem bekannten Werk von K. Griewank, Der Wiener Kongreß und die europäische Restauration 1814/15 (2. Aufl. Leipzig 1954) wegen des neuen Materials genannt: L. A. Zak, Monarchi protiv narodov – Diplomatičeskaja bor'ba na razvalinach Napoleonovskoj imperii (M. 1966). – Zu den Redaktionen des Vertragstextes W. Näf, Zur Geschichte der Heiligen Allianz (Bern 1928, = Berner Untersuchungen zur allgemeinen Geschichte, H. 1).

26 Zu Sturdzas »Etat actuel de l'Allemagne« C. Brinkmann, in: HZ, Bd. 120 (1919), S. 80–103.

27 Umfassend R. F. Leslie, Polish Politics and the Revolution of November 1830 (London 1956).

28 Die amtlichen Papiere zu den Dekabristen in der großen Sammlung: Vosstanie dekabristov, Dokumenty (M.-L. 1927 ff), in: Bd. 7 (1958) Pestels »Russkaja pravda« und die zugehörigen Materialien. Die offizielle materialreiche sowjetische Darstellung M. V. Nečkina, Dviženie dekabristov, 2 Bde. (M. 1955).

29 H. Lemberg, Die nationale Gedankenwelt der Dekabristen (Köln/Graz 1963, = Kölner historische Abhandlungen Bd. 7) enthält implizit eine Darstellung ihres Staatsdenkens.

30 Für das Nikolainische Zeitalter, P. Schiemann, Geschichte Rußlands unter Kaiser Nikolaus I. (Berlin 1904–1919, der erste Band bezieht sich nur auf Alexander I., die späteren sind noch immer grundlegend für die Außenpolitik); M. Polievtkov, Nikolaj I – Biografija i obzor carstvovanija (M. 1918), u. a. für die Innenpolitik; N. V. Riasanovsky, Nicholas I. and Official Nationality in Russia 1825–1855 (Berkeley/Los Angeles, 2. Aufl. 1967) handelt unter diesem Aspekt die gesamte russische Politik jener Zeit ab.

31 P. S. Squire, The Third Department – The Establishment and Practices of the Political Police in the Russia of Nicholas I. (Cambridge 1968) behandelt u. a. die Organisation; S. Monas, The Third Section – Police and Society in Russia under Nicholas I. (Mass. 1961, = Russian Research Center Studies 42) die Einwirkung auf das Geistesleben.

32 W. M. Pintner, Russian Economic Policy under Nicholas I. (Ithaca, New York 1967).

33 M. Gerschenkron, Europe in the Russian Mirror. Four lectures in Economic History (Cambridge 1970).

34 F. Kaiser, Die russische Justizreform von 1864 (Leiden 1972).

35 H. J. Torke, Das russische Beamtentum in der ersten Hälfte des 19. Jahrhunderts (Berlin 1967, = Sonderdruck aus FzoG, Bd. 13), mit vielen Einzelheiten und Einsichten.

36 Neben M. Raeff, Siberia and the Reforms of 1822 (Seattle 1956), das magistrale Werk von F. X. Coquin, La Sibérie. Peuplement et immigration paysanne au XIX siècle (Paris 1969, 789 S., = Collection historique de l'Institut d'Etudes slaves, Vol. 20).

37 Zusammenfassend H. Jablonowski, in: Festschrift für Margarete Woltner zum 70. Geburtstag (Heidelberg 1967), S. 108–112, mit der Literatur.

38 J. HOFFMANN, Die Politik der Mächte in der Endphase der Kaukasuskriege, in: JBfGO, N.F. 17 (1969), S. 215–258.
39 V. J. PURYEAR, England, Russia and the Straits Question 1844–1856 (Berkeley 1931, Nachdruck 1965 = University of California Publications in History, Vol. 20); H. TEMPERLEY, England and the Near East. The Crimea (London etc. 1936, Nachdruck 1964).
40 Zum Forschungsstand die ausführlichen Referate E. HOESCH (für 1940 bis 1960), in: JBfGO, N. F. 9 (1961), S. 399–434, und W. BAUMGART, in JBfGO, N. F. 19 (1971), S. 49–109, 243–264, 371–400.
41 T. W. RIKER, The Making of Rumania (Oxford 1931); B. JELAVICH, Russia and the Rumanian National Cause 1858–1859 (Bloomington, Ind. 1959, = Indiana University Publications, Slavic and East European Series, Vol. 17).
42 Über den Plan einer Seeblockade der Kaukasusküste nach 1856, J. HOFFMANN, in: FzoG, Bd. 11 (1966), S. 130–175.

Anmerkungen zu 4., III.

1 M. MALIA, Alexander Herzen and the Birth of Russian Socialism 1812–1855 (Cambridge, Mass. 1961, = Russian Research Center Studies, Vol. 39); P. SCHEIBERT, Von Bakunin zu Lenin. Geschichte der russischen revolutionären Ideologien 1840–1895. Bd. 1 (Leiden 1957, =Studien zur Geschichte Osteuropas, Bd. 3).
2 Über einen wichtigen Slavophilen E. MÜLLER, Russischer Intellekt in europäischer Krise. Ivan V. Kireevskij (1806–1856). (Köln/Graz 1966, = Beiträge zur Geschichte Osteuropas, Bd. 5); U. PICHT, M. P. Pogodin und die Slavische Frage. Ein Beitrag zur Geschichte des Panslavismus (Stuttgart 1969, = Kieler historische Studien, Bd. 8); M. B. PETROVICH, The Emergence of Russian Panslavism 1856 to 1870 (New York 1956).
3 N. M. DRUŽININ, Gosudarstvennye krest'jane i reforma P. D. Kiseleva, 2 Bde. (M. 1946–1958).
4 M. CONFINO, Systèmes agraires et progrès agricole. L' assolement triennal en Russie au XVIII–XIX siècles. Etude d'économie et de sociologie rurales (Paris etc. 1969, = Etudes sur l'histoire, l'économie et la sociologie des Pays Slaves, Vol. 14).
5 Zur neuen sowjetischen Literatur demnächst P. SCHEIBERT, Die russische Agrarreform von 1861. Probleme ihrer Erforschung (Köln 1973).
6 P. A. ZAJONČKOVSKIJ, Otmena krepostnogo prava v Rossi (3. Aufl., M. 1968); ders. Provedenie v žizn' krest'janskoj reformy 1861; M. 1958. R. PORTAL, Le Statut des paysans libérés du servage 1861–1961. Recueil d'articles et de documents (Paris etc. 1963, = Etudes sur l'histoire, l'économie et la sociologie des Pays Slaves, Vol. 6); T. EMMONS, The Russian Landed Gentry and the Peasant Emancipation of 1861 (Cambridge 1968).
7 V. V. GARMIZA, Podgotovka zemskoj reformy 1864 goda (M. 1957).
8 Ausführlich KAISER, a.a.O.; zur Rechtskodifikation bis zum Svod Zakonov, auch N. REICH, in: Jus Commune, Bd. 3 (1970), S. 152–185.
9 SETON-WATSON, a.a.O., S. 353.
10 O. W. MÜLLER, Intelligencija. Untersuchungen zur Geschichte eines politischen Schlagworts (Frankfurt 1971, = Frankfurter Abhandlungen zur Slavistik, Bd. 17).
11 F. VENTURI, Roots of Revolution (aus dem Italienischen, London 1960).
12 Neben der Übersicht von F. A. MILLER (Dimitri Miluitin and the Reform Era in Russia, Nashville, Tenn. 1968), den Literaturbericht von P. v. WAHLDE, in: CSS, Vol. 3, 1969, S. 400–414; H. P. STEIN, Der Offizier des russischen Heeres im Zeitabschnitt zwischen Reform und Revolution 1861–1905, in: FzoG, Bd. 13, 1967, S. 346–507.
13 SETON-WATSON a.a.O., S. 389.
14 R. F. LESLIE, Reform and Insurrection in Poland 1856–1865 (London 1963). – Auf die große Literatur in Polen und der Sowjetunion zur Jahrhundertfeier kann nicht i. E. verwiesen werden.
15 I. I. KOSTJUŠKO, Krest'janskaja reforma 1864 goda v Carstve Pol'skom (M. 1962). Vgl. vom Anfang des 20. Jh. den Roman von W. REYMONT, Die Bauern (Chłopi), 1904–1909.
16 E. S. VILENSKAJA, Revoljucionnie podpol'e v Rossii – 60-e gody XIX v. (M. 1965); daneben VENTURI, a.a.O., E. LAMPERT, Sons against Fathers. Studies in Russian Radicalism and Revolution (Oxford 1965), u. a. zu Černyševskij und Dobroljubov.
17 A. COQUART, Dimitri Pisarev (1840–1868) et l'idéologie du nihilisme russe (Paris 1946, = Bibliothèque russe de l'Institut d'Etudes slaves, T. 21).
18 A. LEHNING (ed.) Michel Bakounine et ses relations avec Sergej Nečaev 1870 à 1872 (Leiden 1972, = Archives Bakounine, T. 4).

19 J. M. Meijer, Knowledge and Revolution. The Russian Colony in Zuerich (1870–1873). A Contribution to the Study of Russian Populism (Assen 1955).

20 Dazu die holländische neue Ausgabe von Bakunins Nachlaß, Archives Bakounine – Bakunin-Archiv u. a., Bd. 3.

21 B. Sapir (ed.) »Vpered!« 1873–1877. Materialy iz archiva Valeriana Nikolaeviča Smirnova (engl Nebentitel »Vpered« etc. – d. h. die Londoner Zeitung dieses Namens, von Lavrov begründet), Bd. 1 (Geschichte der Zeitung, auch engl. Text, Dordrecht 1970).

22 R. E. Zelnik, Labor and Society in Tsarist Russia. The Factory Workers of St. Petersburg 1855–1870 (Stanford 1970).

23 Unter den von 1873 bis 1877 Verhafteten waren 279 Adlige, 117 nichtadlige Beamte oder deren Söhne, 197 Popensöhne, 73 Kaufmannssöhne, 92 Kleinbürger, 138 Bauern oder Bauernsöhne, 68 Juden.

24 Aus einem der Programme. Literatura Narodnoj Voli (Paris 1905), S. 869.

25 S. S. Volk, Narodnaja Volja 1879–1882 (M.-L. 1966).

26 Vorstehendes beruht auf eigener Durcharbeitung der Quellen, z. T. in Auseinandersetzung mit Venturis grundlegendem Werk.

27 P. A. Zajončkovskij, Krizis samoderžavija na rubeže 1870–1880 godov (M. 1966), grundlegend wie auch die anderen Werke dieses Historikers.

28 Materialreich: R. F. Byrnes, Pobedonostsev. His Life and Thought (Bloomington 1968). Ein wichtiger Aspekt schärfer analysiert von G. Simon, Konstantin Petrovič Pobenoscev und die Kirchenpolitik des Heiligen Synod (Göttingen 1969). Zum geistesgeschichtlichen Hintergrund auch E. C. Thaden, Conservative Nationalism in Nineteenth-Century Russia (Seattle 1964).

29 P. A. Zajončkovskij, Rossjiskoe samoderžavie v konce XIX stoletija (Političeskaja reakcija 80ch- načala 90ch godov), (M. 1970).

30 G. T. Robinson, Rural Russia under the Old Régime. A History of the Landlord-Peasant World and a Prologue to the Peasant Revolution of 1917 (3. Aufl., New York 1961); A. Gerschenkron, Agrarian Policies and Industrialization: Russia 1861–1917, in: H. J. Habakuk & M. Postan (edd.), The Cambridge Economic History of Europe, Vol. 6 (Cambridge 1966), S. 706–800. Für die finanzielle Seite: P. L. Kovan'ko, Reforma 19 fevralja 1861 goda i eja posledstvija s finansovoj točki zrenija (Kiev 1914).

31 Wichtig für die Fragestellung J. Nötzold, Wirtschaftspolitische Alternativen der Entwicklung Rußlands in der Ära Witte und Stolypin (Berlin 1966, = Veröffentlichungen des Osteuropa-Instituts München. Wirtschaft u. Gesellschaft, H.4).

32 A. M. Anfimov, Krupnoe pomeščič'e chozjajstvo Evropejskoj Rossii konca XIX-načala XX vv. (M. 1969), wegen der mechanischen Definition von »Großbetrieb« begrenzt brauchbar.

33 Zur Industrialisierung außer Gerschenkron, a.a.O., R. Portal, ebendort, S. 801 bis 863 (beide mit Literatur) sowie methodisch wichtig: A. Gerschenkron, Economical Backwardness in Historical Perspective (Cambridge, Mass. 1962); Th. H. von Laue, Sergei Witte and the Industrialization of Russia (New York & London 1963).

34 J. P. McKay, Pioneers for Profit. Foreign Entrepreneurship and Russian Industrialization (Chicago 1970); J. Mai, Das deutsche Kapital in Rußland 1850 bis 1894 (Berlin 1970, = Veröffentlichungen des Historischen Instituts der Universität Greifswald, Bd. 4).

35 E. Schüle, Rußland und Frankreich vom Ausgang des Krimkrieges bis zum italienischen Kriege 1856–1859 (Königsberg 1935, = Osteuropäische Forschungen, N. F., Bd. 19).

36 W. E. Mosse, The European Powers and the German Question 1848–1871 with Special Reference to England and Russia (Cambridge 1958). – Zur Kommune etc. B. P. Koz'min, Russkaja sekcija I Internacionala (M. 1957).

37 Zur Bedeutung der Eroberung des Küstenlandes Coquin, a.a.O., S. 634–657.

38 R. A. Pierce, Russian Central Asia 1867–1917 (Berkeley 1960); S. Becker, Russia's Protectorates in Central Asia: Buchara and Khiva 1865–1924 (Cambridge, Mass. 1968). Über die Politik der Generäle in Turkestan 1863–1866 D. Mackenzie, in: CSS, Vol. 3, 1969, S. 286–311. Für das kulturelle Leben H. Carrère d'Encausse, Réforme et révolution chez les musulmans de l'Empire Russe. Bukhara 1867–1924 (Paris 1965).

39 B. H. Sumner, Russia and the Balkans 1870–1880 (London 1937).

40 G. Hünigen, N P. Ignat'ev und die russische Balkanpolitik 1875–1878 (Göttingen 1968, = Göttinger Bausteine zur Geschichtswissenschaft, Bd. 40).

41 W. N. Medlicott, The Congress of Berlin and after, 2. Aufl. (London 1963).

42 C. Jelavich, Tsarist Russia and Balkan Nationalism. Russian Influence in the Internal Affairs of Bulgaria and Serbia (Berkeley/Los Angeles 1958).

43 D. A. Miljutin, Dnevnik, Tagebuch, T. 2, 1876–1877, (M. 1949), s. Reg.

44 H. U. Wehler, in: M. Stürmer (ed.), Das kaiserliche Deutschland. Politik und Gesellschaft 1870–1918 (Düsseldorf 1970), S. 235–264.

45 P. JAKOBS, Das Werden des französisch-russischen Zweibundes 1890–1894 (Wiesbaden 1968, = Marburger Abhandlungen zur Geschichte und Kultur Osteuropas, Bd. 8).
46 A. MALOZEMOFF, Russian Far Eastern Policy 1881–1904. With Special Emphasis on the Causes of the Russo-Japanese War (Berkeley/Los Angeles 1958).

Anmerkungen zu 4., IV.

1 C. E. BLACK (ed.), The Transformation of Russian Society. Aspects of Social Change since 1861 (Cambridge, Mass. 1960); ein umfassender Überblick, verfolgt den sozialen Wandel in die Sowjetzeit hinein; Rußlands Aufbruch ins 20. Jahrhundert. Politik – Gesellschaft – Kultur 1894–1917 (Olten und Freiburg 1970), ein Überblick aus mehreren Federn mit einigen anregenden Beiträgen.
2 R. PIPES, Struve, Liberal on the Left, 1870–1905 (Cambridge, Mass. 1970, = Russian Research Center Studies, Vol. 69); G. FISCHER, Russian Liberalism. From Gentry to Intelligentsia (Cambridge, Mass. 1958, = gleiche Serie, Vol. 30); V. ZILLI, La Rivoluzione Russa del 1905. La Formazione dei Partiti Politici (1881–1904), (Neapel 1963, 769 S.), für die gesamte politische Bewegung dieser Zeit unentbehrlich.
3 Trotz der riesigen, vielfach parteiischen Literatur fehlt eine umfassende Darstellung der Jahre 1904–1906; neue nicht tiefgehende Übersicht von S. HARCAVE, The Russian Revolution of 1905 (London 1970, zuerst unter dem Titel: First Blood, London 1964), mit einigen wichtigen Dokumenten im Anhang. Das meiste verarbeitete Material immer noch in dem menschewistischen Sammelwerk J. MARTOV etc. (edd.), Obščestvennoe dviženie v Rossii v načale XX veka, 4 Bde. (StPbg. 1909–1914); S. M. SCHWARTZ, The Russian Revolution of 1905: The Workers Movement (Chicago 1967).
4 Für die Nationalitätenbewegung um 1905 viel Material bei MARTOV (ed.), u. a. Bd. 4. Die ungleichwertige Literatur über die einzelnen Nationalitäten kann hier nicht genannt werden, ebensowenig die zur Stellung der Parteien zur nationalen Frage. Genannt sei die erste Übersicht: A. I. KASTEL'JANSKIJ (ed.), Formy nacional'nogo dviženija v sovremennych gosudarstvach (StPbg. 1910).
5 Für die Sozialisten ZILLI, a.a.O., D. GEYER, Lenin in der russischen Sozialdemokratie. Die Arbeiterbewegung im Zarenreich als Organisationsproblem der revolutionären Intelligenz 1890–1903 (Köln/Graz 1962, = Beiträge zur Geschichte Osteuropas, Bd. 3), dazu eine Reihe englischer und amerikanischer Beiträge zur Frühgeschichte der russischen Sozialdemokratie, zuletzt PIPES, a.a.O. – Die Frühzeit der Sozialrevolutionäre hat außer ZILLI noch keinen modernen Darsteller gefunden. – Vgl. auch P. AVRICH, The Russian Anarchists (Princeton 1967).
6 O. ANWEILER, Die Rätebewegung in Rußland 1905–1921 (Leiden 1958, = Studien zur Geschichte Osteuropas, Bd. 5).
7 A. FISCHER, Russische Sozialdemokratie und bewaffneter Aufstand im Jahr 1905 (Wiesbaden 1967, = Frankfurter Abhandlungen zur osteuropäischen Geschichte, Bd. 2).
8 A. PALME, Die russische Verfassung (Berlin 1910).
9 Zusammenfassende Arbeiten über die vier Dumen fehlen noch; von ihren Verhandlungen sind nur die Protokolle der Plenarsitzungen und des Finanzausschusses veröffentlicht. Zwei wichtige Teilstudien: A. LEVIN, The Second Duma. A Study of the Social-Democratic Party and the Russian Constitutional Experiment (New Haven, Conn. 1940). – S. L. LEVITSKY, The Russian Duma. Studies in Parliamentary Procedure 1906–1907 (New York 1958); s. a. ders., Interpellation und Verfahrensfragen in der russischen Duma, in: FzoG, Bd. 6 (1958), S. 170–207; Für die Entstehung der Kadetten, FISCHER, a.a.O., PIPES, a.a.O. – Über die Rechtsparteien H. ROGGER, in: California Slavic Studies, Bd. 3 (1964), S. 66–94.
10 Über Oktobristen und Trudoviki liegt keine Literatur vor.
11 Zur Charakteristik der dritten und vierten Duma noch lesenswert O. HOETZSCH, Rußland. Eine Einführung auf Grund seiner Geschichte (Berlin 1913), vom gemäßigten Standpunkt aus. Von sowjetischer Seite neuerdings die Bücher von A. J. AVRECH.
12 HOETZSCH, a.a.O., S. 178.
13 Eine umfassende Biographie Stolypins fehlt; für seine Innenpolitik E. CHMIELEWSKI, in: CSS, Vol. 7 (1964) und 4 (1967); Kokovcevs Memoiren sind eine wichtige Quelle und sollen als einzige hier genannt werden: GRAF V. N. KOKOVCEV, Iz moego prošlogo, 2 Bde. (Paris 1933, etwas verkürzte englische Ausgabe: Out of my Past, Stanford, Calif. 1935).
14 SIR B. PARES, The Fall of th Russian Monarchy (New York, 2. Aufl., 1961); H.. ROGGER über Rußland 1914, in: Journal of Contemporary History, Bd. 1 (1961), H. 4, S. 55–120.

15 Zur Stolypinschen Reform liegen eine Reihe guter zeitgenössischer Darstellungen (z. B. PREYER, 1914), vor. Überblick bei ROBINSON, a.a.O., letzte Kapitel; S. M. DUBROVSKIJ, Stolypinskaja reforma (Die Stolypinsche Reform, M. 1925, 3. Aufl. M. 1963).
16 E. C. THADEN, Russia and the Balkan Alliance of 1912 (University Park, Penn. 1965).
17 Unter vielen Erinnerungswerken zu empfehlen FRHR. V. TAUBE, Der großen Katastrophe entgegen. Die russische Politik der Vorkriegszeit und das Ende des Zarenreiches (1904–1917). (Leipzig 1937).
18 Zur Außenpolitik der Kriegszeit: C. J. SMITH, The Russian Struggle for Power 1914–1917 (New York 1956); A. DALLIN (e.al.), Russian Diplomacy and Eastern Europe 1914–1917 (New York 1963).
19 Für die Innenpolitik der Kriegszeit, mit Benutzung der Ergebnisse der Untersuchungskommission der Provisorischen Regierung 1917, PARES, a.a.O. – Einzelne Aspekte in der Serie der Carnegie-Stiftung »Social and Economic History of the World War«; A. N. ANTSIFEROV, Russian Agriculture during the War; M. T. FLORINSKY, The End of the Russian Empire; N. N. GOLOVIN, The Russian Army in the World War; P. P. GRONSKY & N. ASTROV, The War and the Russian Government; D. M. ODINETZ & P. J. NOVGOROTSOV, Russian Schools and Universities during the World War; T. I. POLNER, Russian Local Government during the War and the Union of Zemstvos; S. O. ZAGORSKY, State Control of Industry during the War (alle New Haven, Conn., 1929–1931). Die wertvollen Bände sind leider selten und mir nicht alle zugänglich gewesen.
20 Zur Februarrevolution und Provisorischen Regierung: R. P. BROWDER & A. F. KERENSKY (edd.), The Russian Provisional Government. Documents, 3 Bde. (Stanford 1961); R. WITTRAM, Studien zum Selbstverständnis des 1. und 2. Kabinetts der russischen Provisorischen Regierung (März bis Juli 1917), (Göttingen 1971, = Abhandlungen der Akademie der Wissenschaften in Göttingen, Phil.-Hist. Klasse 3. F. Nr. 78 – grundlegend); G. WETTIG, Die Rolle der Armee im revolutionären Machtkampf 1917, in: FzoG, Bd. 12 (1967), S. 46–389; D. GEYER, Die Russische Revolution. Historische Probleme und Perspektiven (Stuttgart etc. 1968), anregend, kritische Auseinandersetzung mit der Forschung. – R. A. WADE, The Russian Search for Peace: February–October 1917 (Stanford 1969).

Anmerkungen zu 5., I.

1 W. H. CHAMBERLIN, Die russische Revolution 1917–1921. 2 Bde. (Frankfurt/Main 1958), Band I, S. 68.
2 R. H. BRUCE LOCKHART, Die beiden Revolutionen (Düsseldorf 1957), S. 118.
3 Text bei M. HELLMANN (Hrsg.), Die Russische Revolution 1917 (München 1964), S. 181 f. Vgl. D. GEYER, Die russischen Räte und die Friedensfrage, in: Vierteljahreshefte für Zeitgeschichte (1957), S. 220–240.
4 Zit. bei CHAMBERLIN, a.a.O., S. 137.
5 W. I. LENIN, Werke (Berlin 1955 ff), Band 24, S. 4.
6 Sed'maja (Aprel'skaja) vserossijskaja konferencija RSDRP(B), Aprel' 1917 g., Protokoly (M. 1958), S. 107.
7 LENIN, Werke, Band 26, S. 4 f.
8 Ebenda, S. 178.
9 Zit. nach LENIN, Werke, Band 26, S. 227.
10 In seiner ersten Zusammensetzung bestand der Rat der Volkskommissare aus folgenden Personen: V. I Uljanov (Lenin), (Vorsitzender des Rates); A. I. Rykov (Volkskommissar für Inneres); V. P. Miljutin (Volkskommissar für Landwirtschaft); A. G. Šljapnikov (Volkskommissar für Arbeit); V. A. Ovseenko (Antonov), N. V. Krylenko, P. J. Dybenko (Komitee für Heer und Flotte); V. P. Nogin (Volkskommissar für Handel und Industrie); A. V. Lunačarskij (Volkskommissar für Volksbildung); I. I. Skvorcov (Stepanov), (Volkskommissar für Finanzen); L. D. Bronštejn (Trockij), (Volkskommissar für Auswärtiges); G. I. Oppokov (Lomov), (Volkskommissar für Justiz); I. A. Teodorovič (Volkskommissar für Ernährungswesen); N. P. Avilov (Glebov), (Volkskommissar für Post und Telegraf); J. V. Džugašvili (Stalin), (Vorsitzender des Kommissariats für Angelegenheiten der Nationalitäten). Der Posten des Volkskommissars für das Eisenbahnwesen blieb zunächst unbesetzt.
11 L. D. TROTZKI, Geschichte der russischen Revolution. 2 Bde. (Berlin 1931 und 1933), Band I, S. 9.
12 Vgl. A. ŠLJAPNIKOV, Semnadcatyj god. 4 Bde. (M. 1925–1931), Band II, S. 236.
13 Die Äußerung stammt aus einer Rede, die General Denikin auf einer militärischen Geheimbesprechung im Generalstabsquartier im Juli 1917 hielt. Das Protokoll der Geheimbesprechung ist abgedruckt in: Krasnaja letopiś (1923) Nr. 6, S. 9–64.

14 Vgl. N. N. SUCHANOW, 1917. Tagebuch der russischen Revolution, hrsg. von N. EHLERT (München 1967), S. 122. Vgl. auch G. WETTIG, Die Rolle der Armee im revolutionären Machtkampf 1917, in: FzoG (1967), S. 148 ff.
15 Vgl. ŠLJAPNIKOV, Band III, S. 330.
16 Zit. bei LENIN, Werke, Band 24, S. 526.
17 M. TOMSKI, Abhandlungen über die Gewerkschaftsbewegung in Rußland (Hamburg 1921), S. 43.

Anmerkungen zu 5., II.

1 LENIN, Werke, Band 26, S. 252/253.
2 I. I. STEPANOV-SKVORCOV, Ot rabočego kontrolja k rabočemu upravleniju (M. 1918), S. 5/6.
3 LENIN, Werke, Band 27, S. 333.
4 Ebenda, S. 472.
5 Bednota vom 14. April 1918.
6 L. D. TROCKIJ, Kak vooružalaś revoljucija. 3 Bde. (M. 1923), Band I, S. 71
7 LENIN, Werke, Band 30, S. 134.
8 CHAMBERLIN, Die russische Revolution, Band II, S. 273.
9 Pravda vom 26. Februar 1920.
10 Rede auf dem Neunten Parteitag, in: Devjatyj s-ezd RKP(b), mart—april' 1920 g., Protokoly (M. 1960), S. 396.
11 LENIN, Werke, Band 30, S. 276.
12 LENIN, Werke, Band 31, S. 513.
13 L. KRICMAN, Geroičeskij period velikoj russkoj revoljucii. 2. Aufl. (M.-L. 1926), S. 153.
14 T. DAN, Gewerkschaften und Politik in der Sowjetunion (Berlin/Stuttgart 1923), S. 101 f.

Anmerkungen zu 5., III.

1 LENIN, Werke, Band 32, S. 231 f.
2 V. BAZAROV, O našich chozjajstvennych perspektivach i perspektivnych planach, in: Ėkonomičeskoe obozrenie (1927), Nr. 5, S. 35.
3 J. W. STALIN, Werke. 13 Bde. (Berlin 1950—1955), Band 11, S. 74—75.
4 Diskussionsbeitrag von Preobraženskij zum Industrialisierungsproblem, in: Vestnik Kommunističeskoj Akademii (1926), Nr. 17, S. 232.
5 STALIN, Werke, Band 12, S. 148.
6 STALIN, Werke, Band 7, S. 159.
7 LENIN, Werke, Band 31, S. 513.
8 Kontrol'nye Cifry narodnogo chozjajstva na 1925/26 g. (M.-L. 1925).
9 M. Savel'ev Direktivy VKP(b) v oblasti chozjajstvennoj politiki za desjat' let (1917—1927), (M. 1928), S. 51. Auf Grund dieser Forderung wurde der Vierzehnte Parteitag später als »Parteitag der Industrialisierung« bezeichnet.
10 Pjatnadcatyj s-ezd RKP(b). Stenografičeskij otčet. 2 Teile (M. 1961 und 1962). Teil 2, S. 868.
11 Pjatiletnij plan narodno-chozjajstvennogo stroitel'stva SSSR. Band 1—3 (M. 1929). Band 1, S. 104.
12 STALIN, Werke, Band 11, S. 16.
13 STALIN, Werke, Band 11, S. 183.
14 Pravda vom 1. Februar 1930; vgl. auch die Ausführungen von Jakovlev in Izvestija vom 20. Januar 1930.

Anmerkungen zu 5., IV.

1 O. SCHILLER, Die Kollektivierung der sowjetrussischen Landwirtschaft, in: Berichte über Landwirtschaft N. F., Band 11, Nr. 3, S. 447.
2 Ist. SSSR. Band 8 (M. 1967), S. 540.
3 Pravda vom 11. November 1929.
4 STALIN, Werke, Band 13, S. 171.
5 Pravda vom 9. März 1930.
6 Internationale Presse-Korrespondenz (1929), Nr. 116, S. 2728.
7 STALIN, Werke, Band 13, S. 36.
8 H. RAUPACH, Die Grundbedingungen der Sowjetwirtschaft, in: Die Wirtschaftssysteme der Staaten Osteuropas und der Volksrepublik China. Schriften des Vereins für Socialpolitik N. F., Band 23, Nr. 1, S. 106.
9 G. K. ORDSHONIKIDSE, Bericht des Volkskommissars für Schwerindustrie, in:

Sowjetunion 1935 (M.-L. 1935), S. 282. Vgl. auch V. W. KUIBYSCHEW, Vom VI. zum VII. Sowjetkongreß der UdSSR, ebenda, S. 145–217.
10 Pravda vom 29. Dezember 1934.
11 G. K. ORDŽONIKIDZE, Izbrannye stati i reči (M. 1945), S. 274.
12 LENIN, Werke, Band 29, S. 416.
13 Za industrializaciju vom 22. März 1930.
14 L. TROTZKI, Verratene Revolution (Zürich 1957), S. 124.

Kritische Literaturhinweise

ALEKSEEV, JU. G., Agrarnaja i social'naja istorija Severo-vostočnoj Rusi XV—XVI vv. Perejaslavskij uezd. (Agrar- und Sozialgeschichte der Nordost-Rus' im 15./16. Jh. Der Kreis Perejaslavl'-Zalesskij) M.-L. 1966. [Hervorragende Detailstudie zur Entwicklung der sozialökonomischen Verhältnisse in einem Kreis der Nordost-Rus'.]

ALEXEIEV, N. N., Beiträge zur Geschichte des russischen Absolutismus im 18. Jh. in: FzoG 6/1958. S. 7—81

AMBURGER, E., Die Anwerbung ausländischer Arbeitskräfte für die Wirtschaft Rußlands vom 15. bis ins 19. Jahrhundert. Wiesbaden 1968. (= Gießener Abhandlungen zur Agrar- und Wirtschaftsforschung des europ. Ostens, Bd. 42.)

—, Geschichte der Behördenorganisation Rußlands von Peter dem Großen bis 1917. Leiden 1966. (= Studien zur Geschichte Osteuropas, Bd. 10.)

BACHRUŠIN, S. V., Očerki po istorii remesla, torgovli i gorodov centralizovannogo gosudarstva XVI — načala XVII veka. K voprosu o predposylkach vserossijskogo rynka (Skizzen zur Geschichte von Handwerk, Handel und Städten des russ. zentralis. Staates des 16. bis Anfang des 17. Jh. Zur Frage der Voraussetzungen des allruss. Marktes.) M. 1952. [Posthum edierter Torso einer geplanten Sozial- und Wirtschaftsgeschichte, materialreich und mit interessanten Perspektiven, doch in den Schlußfolgerungen über die Anfänge eines gesamtruss. Binnenmarktes etwas zu weitreichend.]

BLUM, J., Lord and Peasant in Russia from the Ninth to the Nineteenth Century. Princeton/New York 1961. [Brauchbarer Überblick mit reichhaltiger Bibliographie.]

ČEREPNIN, L. V., Obrazovanie russkogo centralizovannogo gosudarstva v XIV—XV vekach. Očerki social'no-ėkonomiceskoj i političekoj istorii Rusi. (Die Herausbildung des russ. zentralisierten Staates im 14./15. Jh. Skizzen zur sozialökonomischen und politischen Geschichte der Rus'.) M. 1960. [Materialreiche Studie, deren grundsätzlicher Fehler jedoch darin liegt, daß sie fortschreitende gesellschaftliche Arbeitsteilung und Waren—Geld-Beziehungen einseitig als Schrittmacher der »Zentralisierung« des Moskauer Staates darzustellen versucht.]

CHAMBERLIN, W. H., Die russische Revolution 1917—1921. 2 Bde. Frankfurt/Main 1958. [Erstm. 1935 erschienen, populäre und zugleich informative Übersicht, in der die sozialgesch. Zusammenhänge gut herausgearbeitet werden.]

EHRLICH, A., The Soviet Industrialization Debate 1924—1928. Cambridge/Mass. 1960. Dtsch. Ausgabe, Frankf./Main 1971. [Theoriegesch. orientiert, versucht die verschiedenen Alternativen der sowjet. Industrialisierungspolitik herauszuarbeiten.]

FLORINSKY, M. T., Towards an understanding of the U.S.S.R. A study in Governement, Politics, and Economic Planning. New York 1939. Rev. Ausgabe 1951. [Gute Einführung in den Zusammenhang zwischen ökonomischer und politischer Entwicklung.]

—, Russia, a History and an Interpretation. 2 Bde. New York 1947
FLOROVSKIJ, G. T., Puti russkogo bogoslovija. (Wege der russ. Theologie.) Paris 1937
GERSCHENKRON, A., Agrarian Policies and Industrialization: Russia 1861—1917, in: The Cambridge Economic History of Europe VI. 2 S. 706—800. Cambridge 1966
GEYER, D., Die russische Revolution. Historische Probleme und Perspektiven. Stuttgart/Berlin/Köln/Mainz 1968. [Problemgeschichtliche Erörterung, die die neuesten Forschungsergebnisse auswertet und mit den Fragestellungen und Interpretationsweisen der mod. hist. Forschung vertraut macht.]
GOEHRKE, C., Die Wüstungen in der Moskauer Rus'. Studien zur Siedlungs-, Bevölkerungs- und Sozialgeschichte. Wiesbaden 1968. = Quellen und Studien zur Geschichte des östlichen Europa 1. [Analyse der Verflechtung von wirtschaftlichen und demographischen Krisen mit Wandlungen der sozialökonomischen Verhältnisse des 14. bis beginnenden 18. Jh.]
Goroda feodal'noj Rossii. Sbornik statej pamjati N. V. Ustjugova. (Die Städte des feudalen Rußland. Aufsatzsammlung zum Gedenken an N.V. Ustjugov.) M. 1966. [Die Beiträge behandeln Fragen der Verfassungs-, Sozial- und Wirtschaftsgeschichte des russischen Städtewesens vom frühen Mittelalter bis zum Anf. des 19. Jh.]
GREKOV, B. D., Krest'jane na Rusi s drevnejšich vremen do XVII veka. 2 Bde. M. 1952. Dtsch. Ausgabe unter dem Titel: Die Bauern in der Rus' von den ältesten Zeiten bis zum 17. Jh. 2 Bde. Berlin (Ost) 1958/59. [Materialreiche, in den Grundzügen jedoch starr dogmatische Untersuchung; schlechte dtsch. Übersetzung.]
HELLMANN, M., Grundzüge der Geschichte Litauens und des litauischen Volkes. Darmstadt 1966. [Wichtiger Abriß, der auch die Geschichte der ins Großfürstentum Litauen eingegangenen ostslavischen Gebiete mit umfaßt; jedoch nicht primär sozialgesch. ausgerichtet.]
—, Herrschaftliche und genossenschaftliche Elemente in der mittelalterlichen Verfassungsgeschichte der Slaven, in: ZfO 7. S. 321-338. 1958
—, Probleme des Feudalismus in Rußland, in: Studien zum mittelalterlichen Lehenswesen. S. 235—258 = Vorträge und Forschungen. Bd. 5. Lindau/Konstanz 1960
HOFMANN, W., Die Arbeitsverfassung der Sowjetunion. Berlin 1956. [Leitet die sowj. Wirtschafts- und Arbeitsverfassung aus der beschleunigt nachgeholten Industrialisierung ab, die »als der entscheidende Vorgang der Sowjetepoche« (S. VIII) betrachtet wird.]
Istorija Kul'tury drevnej Rusi. (Kulturgeschichte der alten Rus') Hrsg von B. D. GREKOV und M. L. ARTAMANOV. 2 Bde. M. 1951. [Dtsch. Ausgabe von B. WIDERA. Berlin 1960; für die ausgehende Stalinzeit maßgebendes Werk zur russ. Kulturgeschichte; die dtsch. Ausgabe »bereinigt« und unbrauchbar.]
JAKOVLEV, A., Cholopstvo i cholopy v Moskovskom gosudarstve v XVII veke. Bd. 1. (Sklaventum und Sklaven im Moskauer Reich im 17. Jh.) M.-L. 1943
JASNY, N., The Socialized Agriculture of the U.S.S.R. Standford/Calif. 1949. [Standardwerk über die Geschichte der sowjetischen Landwirtschaft, enth. zahlreiche statistische Berechnungen zur Entwicklung der Agrarproduktion.]

—, Soviet Industrialization 1928—1952. Chicago 1961. [Versucht auf Grund ausführlicher Berechnungen eine Periodisierung der sowjetischen Industrialisierung — unabhängig von den Fünfjahresplänen — zu geben.]

KARGALOV, V. V., Vnešnepolitičeskie faktory razvitija feodal'noj Rusi. Feodal'naja Rus' i Kočevniki. (Außenpolitische Faktoren der Entwicklung der feudalen Rus'. Die feudale Rus' und die Nomaden.) M. 1967. [Rückt von der sowjetischen Forschung bislang vernachlässigte hist. Kräfte ins Blickfeld.]

KOČIN, G. E., Sel'skoe chozjastvo na Rusi v period obrazovanija russkogo centralizovannogo gosudarstva konec XIII — načala XVI veka. (Die Landwirtschaft in der Rus' in der Periode der Herausbildung des russ. zentralisierten Staates Ende des 13./Anfang des 16. Jh.) M.-L. 1965. [Bietet den derzeitigen Forschungsstand auf dem Gebiet der ländlichen Sozialgeschichte.]

LEWIN, M., La Paysannerie et le Pouvoir Soviétique 1928—1930. Paris 1966. Engl.: Russian Peasants and Soviet Power. London 1968. [Untersucht die Verhältnisse auf dem Lande sowie die Diskussionen und Aktionen der Sowjetführung.]

LJUBAVSKIJ, M. K., Obrazovanie osnovnoj gosudarstvennoj territorii velikorusskoj narodnosti. Zaselenie i ob-edinenie centra. (Die Herausbildung des staatlichen Kernterritoriums des großrussischen Volkstums. Besiedlung und Zusammenfassung des Zentrums.) L. 1929. [Immer noch die grundlegende Arbeit zur Kolonisation der Nordost-Rus'.]

LORIMER, F., The Population of the Soviet Union. Genf 1946. [Beste Darstellung der mit der Industrialisierung verknüpften Bevölkerungsbewegung.]

MEDLIN, W.-K., Moscow and East Rome. A Political Study of the Relations of Church and State in Muscovite Russia. Thèse: Genf 1952

NEUBAUER, H., Car und Selbstherrscher. Beiträge zur Geschichte der Autokratie in Rußland. Wiesbaden 1964

NOVE, A., An Economic History of the U.S.S.R. Baltimore 1969. [Wirtschaftsgeschichte, die in hohem Maße die neueren Forschungsergebnisse einbezieht.]

Očerki istorii SSSR. (Skizzen zur Geschichte der Sowjetunion.) Hrsg. von der Akademie der Wissenschaften der Sowjetunion, Hauptherausgeber N. M. Družinin und A. L. Sidorov. M. 1953 ff.

Očerki russkoj kul'tury XIII—VV vekov. (Skizzen zur russ. Kultur des 13.—15. Jh.) I.: Material'naja kul'tura. II.: Duchovnaja kul'tura. Hrsg. von einem Redaktionskollegium unter der Leitung von A. V. Arcichovskij. M. 1970. [Forts. der Istor. kul'tury drevnej Rusi unter Mitarbeit der maßgebenden Forscher, guter Überblick über Forschungsstand.]

POCHILEVIČ, D. L., Krest'jane Belorussii i Litvy v XVI—XVIII vv. (Die Bauern Weißrußlands und Litauens im 16.—18. Jh.) L'vov 1957. [Brauchbarer Überblick.]

PORTAL, R., The Industrialization of Russia, in: The Cambridge Economic History of Europe VI, 2. S. 801—874. Cambridge 1966

RAEFF, M., Imperial Russia 1682—1825. The Coming of Age of Modern Russia. New York 1971. (Borzoi History of Russia Vol. 4)

RAUCH, G., Volk und Staat in der russischen Geschichte. Zum Problem

der Autokratie in Rußland, in: Europa-Archiv 6. 1952. S. 5113 bis 5120
ROMANOVIČ-SLAVIATINSKIJ, A., Dvorjanstvo v Rossii ot načala XIII veka do otmeny krepostnogo prava. Svod materiala i priugotovitel'nye etjudy dlja istoričeskago izsledovanija. (Der Adel in Rußland vom Anfang des 18. Jh. bis zur Abschaffung der Leibeigenschaft.) Kiev 1912
ROŽKOV, N. A., Sel'skoe chozjajstvo Moskovskoj Rusi v XVI veke. (Die Landwirtschaft in der Moskauer Rus' im 16. Jh.) M. 1899. [Vom Materialreichtum her immer noch grundlegend, wenn auch in den Schlußfolgerungen über den Wandel der Wirtschaftsformen weitgehend widerlegt.]
RUBINŠTEIN, N. L., Sel'skoe chozjajstvo Rossii vo vtoroj polonine XVIII v. (istoriko-ekonomičeskij očerk). (Die Landwirtschaft Rußlands in der zweiten Hälfte des 18. Jh. — Historisch-ökonomischer Abriß.) M. 1957
RYBAKOV, B. A., Remeslo drevnej Rusi. (Das Handwerk der alten Rus'.) o. O. 1948. [Materialreiche Studie über den Zeitraum bis zum 15. Jh.]
SACHAROV, A. M., Goroda Severo-Vostočnoj Rusi XIV—XV vekov. (Die Städte der Nordost-Rus' im 14.—15. Jh.) M. 1959. [Kritische, in den Schlußfolgerungen sehr zurückhaltende Studie zu den Anfängen des Moskauer Städtewesens.]
SCHWARZ, S. M., Labor in the Soviet Union. New York 1952. Dtsch.: Arbeiterklasse und Arbeiterpolitik in der Sowjetunion. Köln 1953. [Histor. Darstellung der Arbeitsverhältnisse, beschränkt sich nicht auf Gesetze und Verordnungen, sondern behandelt vor allem deren praktische Auswirkungen.]
SMOLITSCH, I., Geschichte der russischen Kirche 1700—1917, Bd. 1 Leiden 1964. (= Studien zur Geschichte Osteuropas Bd. 9)
SPULER, B., Die Goldene Horde. Die Mongolen in Rußland 1223—1502. Leipzig 1943; 2. unveränd. Auflage u. d. Titel: Geschichte der Mongolen. Nach östlichen und europäischen Zeugnissen des 13. u. 14. Jh. Zürich 1968. [Standardwerk!]
STÖKL, G., Russische Geschichte von den Anfängen bis zur Gegenwart. 2. erw. Auflage. Stuttgart 1965. [Derzeit beste einbändige Gesamtdarstellung.]
TSCHIŽEWSKIJ, D., Das heilige Rußland. Russische Geistesgeschichte I. 10.—17. Jh. Hamburg 1959. (= rde Bd. 84)
—, Rußland zwischen Ost und West. Russische Geistesgeschichte II. 18.—20. Jh. Hamburg 1961. (= rde Bd. 122)
TSCHIŽEWSKIJ, D. und D. GROH (Hrsg.), Europa und Rußland. Texte zum Problem des europäischen und russischen Selbstverständnisses. Darmstadt 1959
VLADIMISKIJ-BUDANOV, M. F., Obzor istorii russkogo prava. (Abriß der Geschichte des russischen Rechts.) 6. Auflage. StPbg./Kiew 1909
ZERNACK, K., Die burgstädtischen Volksversammlungen bei den Ost- und Westslaven. Studien zur verfassungsgeschichtlichen Bedeutung der Veče. Wiesbaden 1967

Verzeichnis und Nachweis der Abbildungen

1 *Die Völker Osteuropas am Anfang des 10. Jahrhunderts:* nach einer Vorlage von Professor Dr. Carsten Goehrke

2 *Einritzung an einem Pfeiler der Sophienkathedrale in Kiev: »Im (Jahre) 6562 (1054) im Monat Februar am 20. Tod unseres Zaren ...«:* nach S. A. Vysockij, Drevnerusskie nadpisi Sofii Kievskoj (Die altrussischen Inschriften der Kiever Sophienkathedrale) XI—XIV vv. vyp. I, Kiev, »Naukova Dumka«, 1966. Tafel IX, 1

3 *Silbermünzen, Vladimir dem Heiligen zugeschrieben, aus dem Anfang des 11. Jahrhunderts, möglicherweise aber erst unter Vladimir II. Monomach geprägt. Sie zeigen auf der Vorderseite Christus mit dem Kreuzstab, auf der Rückseite das Hauszeichen (stilisierter Falke) der Rjurikiden:* nach I. G. Spasskij, Russkaja monetnaja sistema, Leningrad 1970, Izdatel'stvo »Avrora«, S. 50

4 *Geschäftsbrief auf Birkenrinde, Novgorod, Wende vom 11. zum 12. Jahrhundert: »Von Tverdjata an Zouber. Ziehe von der Herrin 13 Rezan (= kleine Geldmünze) ein.«:* nach A. V. Arcichovskij und V. J. Borkovskij, Novgorodskie gramoty na bereste (iz raskopok 1953—1954 gg.) [Novgoroder Urkunden auf Birkenrinde aus den Ausgrabungen der Jahre 1953—1954]. Moskau, Izd. Akademii Nauk SSSR, 1958, Urk. Nr. 84, Tafel I, 84

5 *Ljubeč nördlich Kiev am Dnepr, 11. Jahrhundert. Blick auf die Ausgrabungen (1957—1960):* nach B. A. Rybakov, Pervye veka russkoj istorii (Die ersten Jahrhunderte der russ. Geschichte), Moskau, Izd. »Nauk« 1964, S. 89

6 *Ljubeč am Dnepr, Rekonstruktion:* nach B. A. Rybakov, Pervye veka russkoj istorii (Die ersten Jahrhunderte der russ. Geschichte), Moskau, Izd. »Nauk« 1964, S. 89

7 *Das Kiever Reich in der zweiten Hälfte des 12. Jahrhunderts:* nach einer Vorlage von Professor Dr. Carsten Goehrke

8 *Vladimir, Demetriuskathedrale, 12. Jahrhundert:* nach G. K. Vagner, Skul'ptura Drevnej Rusi. XII vek. Vladimir, Bogoljubovo (Die Skulptur der alten Rus'. 12. Jahrhundert. Vladimir, Bogoljubovo) Moskau, Izd. »Iskusstvo«, 1969, S. 235

9 *Vegetationszonen und Kolonisationsbewegungen im 13.—15. Jahrhundert:* nach einer Vorlage von Professor Dr. Carsten Goehrke

10 *Ackerarbeit mit der hölzernen, eisenbeschlagenen, dreizinkigen Socha. (Miniatur aus der »Vita des Hl. Sergij von Radonež« Ende 16./Anf. 17. Jahrhundert):* nach Kul'tura drevnej Rusi, L. 1967, S. 204

11 *Typische Kleinsiedlung: Derevnja Rachino zwischen Novgorod und Tver'. Gereihte Anordnung von vier bis fünf Höfen. Aus dem Album Meyerbergs von 1661/62:* nach Sovetskaja ètnografija 1955, Heft 1, S. 166

12 *Novgorod: Grabungsausschnitt im ehem. Nerevschen Quartier der Stadt auf der Sophienseite nördlich der Burg (detinec). Horizont der 2. Hälfte des 14. Jahrhunderts:* nach M. W. Thompson [Ed.]:

Novgorod the Great: Excavations at the Medieval City, 1951—62, New York—Washington, Praeger 1967

13 *Novgorod, das zugehörige Rekonstruktionsmodell läßt deutlich die von der westeuropäischen verschiedene, nämlich straßenabgewandte Bebauung der Hofgrundstücke erkennen:* nach M. W. Thompson [Ed.]: Novgorod the Great: Excavations at the Medieval City, 1951—62, New York—Washington, Praeger 1967

14 *Osteuropa beim Regierungsantritt Ivans III. (1462):* nach einer Vorlage von Professor Dr. Carsten Goehrke

15 *Osteuropa in der zweiten Hälfte des 16. Jahrhunderts:* nach einer Vorlage von Professor Dr. Carsten Goehrke

16 *Osteuropa im 17. Jahrhundert:* nach einer Vorlage von Professor Dr. Carsten Goehrke

17 *Russische Bauern des 17. Jahrhunderts. Nach Olearius. Die Axt verdeutlicht ihre handwerkliche Geschicklichkeit:* nach Velikaja reforma, I, 1911, S. 16

18 *Teilansicht Moskaus mit dem Pušečnyj dvor an der Neglinnaja-Brücke. Charakteristisch für die altrussische Stadt auch hier die Trennung der Häuser von der bohlenbelegten Straße durch einen Palisadenzaun. Aus dem Moskauer Stadtplan Sigismunds III. von 1610:* nach Kul'tura drevnej Rusi, L. 1967, S. 198

19 *Peter der Große. Schabblatt von B. Vogel 1737:* Foto Archiv Gerstenberg, Frankfurt am Main

20 *Winterpalais in St. Petersburg. Im Rokokostil erbaut von dem italienischen Baumeister B. F. Rastrelli 1754—1762. Holzstich des 19. Jahrhunderts:* Foto Archiv Gerstenberg, Frankfurt am Main

21 *Abend in einem russischen Bauernhaus. Französischer Kupferstich ca. 1750:* Foto Archiv Gerstenberg, Frankfurt am Main

22 *Straßenhändler in Rußland. Lithographie von I. S. Ščedrovskij 1852:* Foto Archiv Gerstenberg, Frankfurt am Main

23 *Russische Böttcher bei der Arbeit. Lithographie von I. S. Ščedrovskij 1846:* Foto Archiv Gerstenberg, Frankfurt am Main

24 *Die territoriale Entwicklung des Russischen Staates von Peter dem Großen bis 1914:* nach Angaben von Helmut Altrichter

25 *Hungernde im Wolgagebiet 1921/22 ...:* Foto Archiv Gerstenberg, Frankfurt am Main

26 *Russisches Dorf Ende der zwanziger Jahre ...:* Foto Archiv Gerstenberg, Frankfurt am Main

27 *Der erste Traktor im kollektivierten Dorf wird feierlich begrüßt ...:* Foto Archiv Gerstenberg, Frankfurt am Main

28 *Öffentliche Bekanntgabe der Produktionsergebnisse von Stoßarbeiterbrigaden ...:* Foto Günter Dill, Offenbach am Main

29 *Bau der Turksib; die letzten Schwellen und Schienen werden verlegt:* Foto Archiv Gerstenberg, Frankfurt am Main

Register

Die Bearbeitung des Registers erfolgte durch die Redaktion der Fischer Weltgeschichte.

Europäische Geschichte 1550–1779

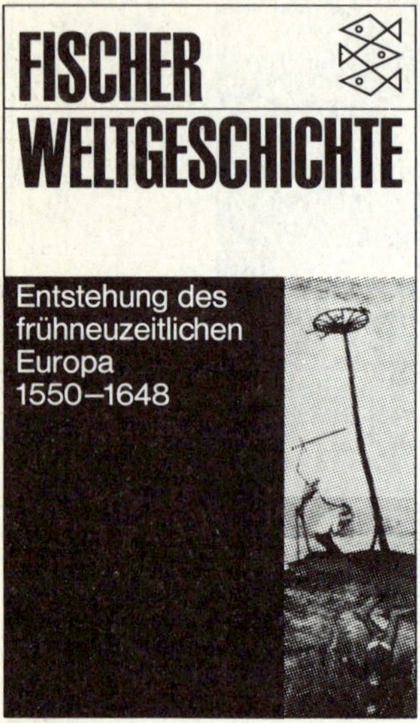

Band 24

Herausgegeben und verfaßt von Richard van Dülmen
Mit diesem Band legt der Saarbrücker Historiker Richard van Dülmen eine umfassende Strukturgeschichte der europäischen Gesellschaft in der frühen Neuzeit zwischen 1550 bis 1648 vor. Die Darstellung ist weniger an politischen Ereignissen und an den Einzelentwicklungen der verschiedenen Länder orientiert und interessiert, sondern mehr an Problemen, die die Strukturprozesse unter den Bedingungen der Vielfalt unterschiedlicher Entwicklungen der Neuzeit wesentlich begründeten.

Band 25

Herausgegeben und verfaßt von Günter Barudio
Dieser Band behandelt den historischen Werdegang Europas zwischen 1648 und 1779 – das Zeitalter des Absolutismus und der Aufklärung. Der Leser wird anhand von sechs repräsentativen Fällen, denen noch ein Exkurs begegeben ist, in die Mechanismen einer Machtstruktur eingeführt, aus deren Wirkungen das entstanden sein soll, was noch immer häufig der »moderne Staat« genannt wird.

fi 35/1

Fischer Taschenbuch Verlag